Inhaltsverzeichnis

Horst Albert Glaser
Einleitung 1

Robert Hettlage
Epoche – sozialgeschichtlicher Abriß: BRD – DDR 5

Sigurd Paul Scheichl
Epoche – sozialgeschichtlicher Abriß: Österreich 19

Peter J. Brenner
Nachkriegsliteratur 33

Horst Albert Glaser
Eine oder mehrere deutsche Literaturen? 59

Horst Albert Glaser
Der Streit um die deutsche Einheit 69

Sigrid Schmid-Bortenschlager
Neuanfang oder Wiederbeginn in Österreich 81

Michael Kämper-van den Boogaart
Literarische Öffentlichkeit in der BRD 93

Wolfgang Emmerich
Literarische Öffentlichkeit und Zensur in der DDR.........................113

Horst Albert Glaser
Ein Zensurfall...141

Klaus Zeyringer
Literarische Öffentlichkeit in Österreich...........................147

Gesine von Prittwitz
Das MfS und die Schriftsteller der DDR.............................161

Michael Kämper-van den Boogaart
Theorien – Ideologien – Programme: BRD 175

Horst Domdey
Theorien – Ideologien – Programme: DDR 201

Günther Rüther
Vom Stalinismus zum 'Bitterfelder Weg' 215

Axel Schalk
Die Bundesrepublik im Roman nach 1945 235

Detlev Schöttker
Zeitschriften in der BRD...249

Sigurd Paul Scheichl
Zeitschriften in Österreich..261

VI

Horst Albert Glaser (Hg.)

Deutsche Literatur
zwischen 1945 und 1995

Eine Sozialgeschichte

Verlag Paul Haupt
Bern · Stuttgart · Wien

Verantwortlich für den Fachbereich «Geisteswissenschaften» im Rahmen des UTB-Programmes des Verlages Paul Haupt:
Prof. Dr. Monika A. Vernooij

100168231?

Horst Albert Glaser (geb. 1935) ist Professor für Allgemeine und Vergleichende Literaturwissenschaft an der Universität Essen. Er studierte Literaturwissenschaften, Philosophie und Soziologie an den Universitäten in Frankfurt/Main und Berlin. Gastprofessuren in Pisa (Italien), Amsterdam (Holland), Jena, Triest (Italien), Durban (South Africa) und Brisbane (Australien).

Die Deutsche Bibliothek — CIP-Einheitsaufnahme

Deutsche Literatur zwischen 1945 und 1995 : eine Sozialgeschichte /
Horst Albert Glaser. —
Bern ; Stuttgart ; Wien : Haupt, 1997
(UTB für Wissenschaft : Uni-Taschenbücher : Uni-Taschenbücher, 1981)
ISBN 3-8252-1981-X (UTB)
ISBN 3-258-05584-X (Haupt)
NE: Glaser, Horst Albert (Hrsg.); UTB für Wissenschaft / Uni-Taschenbücher

ISBN 3-8252-1981-X(UTB-Bestellnummer)

Klaus Zeyringer
Schriftstellergruppierungen in Österreich 275

Karl-Heinz Hartmann
Romane und Erzählungen der fünfziger und sechziger Jahre
(BRD).. 287

Wolfgang Rath
Romane und Erzählungen der siebziger bis neunziger Jahre
(BRD).. 309

Volker Neuhaus
Romane und Erzählungen der fünfziger bis sechziger Jahre
(DDR) 329

Joachim-Rüdiger Groth
Romane und Erzählungen der siebziger bis neunziger Jahre
(DDR) 339

Jürgen Egyptien
Romane und Erzählungen der Schweiz... 359

Eberhard Mannack
Aufarbeitung des Faschismus 375

Sabine Wilke
Portrait Christa Wolfs 393

Richard Weber
Neue Dramatiker in der BRD... 407

Gerhard Scheit
Neue Dramatiker in der DDR... 425

Alfred Barthofer
Neue Dramatiker in Österreich..443

Peter Rusterholz
Portrait Thomas Bernhards..455

Richard Herzinger
Konservative Autoren 469

Richard Weber
Theater in der BRD 493

Richard Weber
Theater in der DDR 509

Gerhard Scheit
Theater in Österreich..523

Karl Riha
Experimentelle Literatur 535

Lothar Jordan
Lyrik..557

Martin Kane
Politische Lyrik 587

Klaus Manger
Portrait Paul Celans..599

Helmut Arntzen
Portrait Ernst Meisters..609

Bernhard Zimmermann
Arbeiterliteratur..621

Horst Albert Glaser
Neue Heimatliteratur..633

Claude Foucart
Körper und Literatur 655

Franz Stadler
Massenliteratur...673 ←

Joachim Paech
Autorenfilm...693

Bernhard Zimmermann
Epoche in der Literaturgeschichtsschreibung.................................713

Bibliographie...725

Über die Verfasser...745

Personenregister 749

Werkregister..763

Horst Albert Glaser

Einleitung

Dieser Band zur deutschsprachigen Gegenwartsliteratur ist der zehnte und letzte, der im Rahmen der *Deutschen Literatur. Eine Sozialgeschichte* erscheint. Seit wir mit den ersten Bänden debütierten (es waren in der Reihenzählung die Bände 4 und 6), sind mehr als fünfzehn Jahre vergangen. Diese lange Erscheinungsdauer ist nicht durch besondere Saumseligkeit des Reihen- oder der Bandherausgeber verursacht worden; sie erklärt sich vielmehr aus den besonderen Koordinationsproblemen eines Projekts, an dem - je Band - etwa 25 bis 30 Autoren (viele von ihnen im Ausland lebend) mitwirkten. Mit diesem Band 10 haben sich insgesamt zweihundert Autoren an der *Deutschen Literatur. Eine Sozialgeschichte* beteiligt - damit dürfte sie eines der größten (ich meine: umfangreichsten) Projekte sein, die jemals in der deutschen Literaturgeschichtsschreibung realisiert wurden.

Der Band hat länger als andere auf sich warten lassen. Wir hätten ihn früher herausgeben können, wenn nicht ein historisches Ereignis eingetreten wäre, das uns zu einer tiefgreifenden Änderung des Konzepts zwang, das wir für die Darstellung der Gegenwartsliteratur entwickelt hatten. Mit dem historischen Ereignis meine ich den 1989 erfolgten Untergang der Deutschen Demokratischen Republik. Dieser Untergang zog fast alle Konzepte in den Orkus, die von der DDR-Literatur-Forschung in den vergangenen Dezennien entwickelt worden waren. Nichts schien - in germanistischer Hinsicht - überholter zu sein, als nach 1989 noch von der Existenz zweier deutscher Literaturen (analog zur Existenz zweier deutscher Staaten) auszugehen. Eine Zweiteilung des Bandes in eine Darstellung der bundesrepublikanischen und eine der 'volksdemokratischen' Literatur war mithin unmöglich geworden.

Wir haben uns von dem Konzept 'zweier' deutscher Literaturen freilich umso leichter verabschieden können, da es auch in einer anderen Hinsicht unzulänglich war: die deutschsprachige Literatur Österreichs, der Schweiz, Südtirols und Rumäniens fand darin keinen Platz.

In langen Gesprächen wurde sodann ein neues Konzept entwickelt, das die vielen deutschsprachigen Literaturen in ihrer Differenz präsentiert, sie aber doch nicht in separaten Kästchen einsargt. Drum finden sich zwar einzelne Artikel zu Sonderentwicklungen in Österreich und der Schweiz, doch in der Mehrzahl solche, in denen wiederum gemeinsame Züge der deutschsprachigen Literaturen thematisiert werden. Dies erklärt zum Teil die Vielzahl der Artikel, denn anders als in den vorangegangenen Bänden haben wir nationale und regionale Differenzen diesmal deutlicher hervorgehoben. Dies entsprach auch dem Wunsch vieler Mitarbeiter (insbesondere aus Österreich). Doch die Vielzahl der Artikel hat noch einen anderen Grund: stärker als in früheren Epochen hat sich die zeitgenössische Literatur in Genera unterschiedlichster Art facettiert. Ihren Pluralismus von Formen und Inhalten wollten wir angemessen abbilden, indem wir möglichst viele Sub- und Parallelthemen artikulierten. Mit diesem Verfahren haben wir freilich die ausgetretenen Heerstraßen einer Literaturgeschichtsschreibung verlassen, die stets auf den allgemeinen Trend setzte und hierüber - nicht selten - die besonderen Wege und Abwege vernachlässigte, die Autoren gingen und auch gehen wollten. Dem einen oder dem anderen Leser mag der Facettenreichtum, den der vorliegende Band bietet, als Kaleidoskop erscheinen - wir halten ihn für das leidlich zutreffende Abbild einer literarischen Produktion, die nicht beabsichtigte, sich ins Prokrustesbett literarhistorischer Systematik zu begeben. Solches hätte ihrem innersten Telos widersprochen: dem freien Ausdruck.

***

Der vorliegende Band der *Sozialgeschichte der deutschen Literatur* erscheint – wie der Leser vielleicht bemerken wird – nicht mehr im Rowohlt Taschenbuch Verlag, der die Bände 1 bis 9 herausgebracht hat. Daß der Paul Haupt Verlag (Bern) in die Bresche gesprungen ist, hierfür danken dem Verleger nachdrücklich der Herausgeber und die Autoren.

Robert Hettlage

Epoche – sozialgeschichtlicher Abriß: Bundesrepublik – DDR

Die gemeinsame Grunderfahrung aller Deutschen seit 1945 ist die eines Kontinuitätsbruchs in der Geschichte, der einhergeht mit Traditionsunsicherheit, Identitätssuche und dem Wunsch der erneuten Anerkennung. Deswegen waren von Anfang an (und blieben) die Bewertungen des Kriegsendes weitgehend gebrochen.

Das Jahr 1945 und die Jahre bis zur neuen Eigenstaatlichkeit (1949) blieben als „schlechte Zeiten" in Erinnerung. Nicht nur die Befreiung vom Joch der Diktatur und den Schrecken des Krieges standen im Vordergrund, sondern auch und vor allem die selbstverschuldete Katastrophe in politischer, militärischer, wirtschaftlicher und moralischer Hinsicht. Deutsche Großmachtträume, an die viele geglaubt hatten, waren vor den Augen der Welt militärisch und politisch zerstoben. Die Besetzung durch die Alliierten wurde deshalb nur von wenigen als Befreiung, sondern überwiegend als ohnmächtig hinzunehmende Demütigung erlebt. Kriegsgefangenschaft und Hunger, verwüstete Städte, Obdachlosigkeit und Flüchtlingsströme, Vertreibung und Verlust der Ostgebiete waren nicht nur Folge und Ausdruck der neuen Machtlosigkeit, sondern auch die Strafe der Siegermächte. Denn die Deutschen hatten nicht nur die Kriegsschuld auf sich zu nehmen, sondern waren darüber hinaus, und in vielleicht noch stärkerem Maße, durch die menschenverachtende Rassenpolitik moralisch diskreditiert. Viele fragten sich, warum sie sich nicht rechtzeitig von den NS-Verbrechern hatten befreien können, viele aber entschuldigten sich mit ihrem realen oder angeblichen Unwissen. Der Neubeginn war demütigend auch dadurch, daß er nicht aus eigenen Kräften erfolgen konnte, denn die gewaltsame Befreiung vom Tyrannen (mit dem Zentraldatum des 20. Juli 1944) war nicht erfolgreich gewesen, aber immerhin ein kleiner Trost, daß Deutschland nicht in allen Teilen diskreditiert war. Es waren die Sieger, die für die moralische und politische Erneuerung in Form der Entmilitarisierung und der Demokratisierung zu sorgen hatten. Das machte ein Umdenken umso schmerzlicher und hatte für die deutsche Identität und die Politik beider deutscher Staaten weitreichende Folgen. Einerseits wurde die Zerschlagung der ehemaligen Kriegsindustrien, die Demontage der deutschen Wirtschaft und die Zahlung von Reparationen verordnet, die von vielen als rachsüchtiger Raubbau und Vernichtung von Arbeit in der Not- und Trümmerzeit gewertet wurde. Andererseits mußten die hauptverantwortlichen NS-Verbrecher vom Nürnberger Gerichtshof der Alliierten und von anderen ausländischen Tribunalen abgeurteilt und das öffentliche Leben (insbesondere die im Neuaufbau befindliche Verwaltung) von Mitgliedern der NSDAP gereinigt (d.h.mit Hilfe von Spruchkammern „entnazifiziert") werden.

Powerplay um Deutschland

Bald schon traten Probleme der neuen Staatlichkeit in den Vordergrund. Es zeigte sich nämlich, daß sich die vier Besatzungszonen unter der beginnenden Konfrontation der beiden Supermächte, USA und UdSSR, um die „Kriegsdividende" in Deutschland und Europa schnell auseinanderentwickelten. Die Spannungen verschärften sich ab 1946 (Berlin-Krise 1948/9) so sehr, daß man die faktische Teilung des Landes hinnehmen mußte. Deutschland war für lange Zeit zu nur begrenzter Souveränität verurteilt und zum Spielball oder Unterpfand im 'kalten Krieg' der Siegermächte gegeneinander geworden. Im Westen ('Trizone') ging man daran, die Weichen auf Eindämmung der sowjetischen Expansionsversuche ('containment'-Konzept) zu stellen. In diesem Rahmen erschien es vorrangig, das darniederliegende (West)Deutschland wirtschaftlich zu stärken und zum politischen Bollwerk gegen den Kommunismus auszubauen. Dem diente eine freiheitlich-demokratische Verfassung (Grundgesetz 1949), der Einbezug der Bundesrepublik in das europäische Wiederaufbauprogramm (Marshallplan) und die Lösung des 'Deutschlandproblems' durch die Integration in die westliche Allianz und den europäischen Einigungsprozeß (EZU, Montanunion, EWG). Parallel zur Westintegration der Regierung Adenauer ging die UdSSR mit der SED-Regierung Walter Ulbrichts auf Ostkurs und gründete beinahe zeitgleich die DDR als „Arbeiter- und Bauernstaat auf deutschem Boden". Damit wurde eine vierzigjährige Systemkonkurrenz um das produktivere Wirtschaftssystem, die gerechtere Verteilung der Lebenschancen und um die 'deutsche Identität' in Gang gesetzt, die große Teile der jeweiligen Innen- und Außenpolitik in Beschlag nahm, die internationale Sicherheitspolitik dominierte, die öffentlichen Diskussionen besetzte und das Lebensgefühl der Generationen im Osten und Westen Deutschlands prägte.

Wiederaufbau und Modernisierung

Im Prozeß der weltpolitischen Konfrontation zweier militärischer Lager (Nato versus Warschauer Pakt) und Wirtschaftsblöcke hatte die BRD das weit bessere Los gezogen. Freie Wirtschaftsinitiative im Inneren verbunden mit dem Aufbau eines dichten sozialen Netzes ('soziale Marktwirtschaft'), Handelsliberalisierungen nach außen, Wirtschaftshilfe und ein dauernder Zustrom von Arbeitskräften (Flüchtlinge aus den Ostgebieten und der DDR bis 1961) hatten einen Wirtschaftsboom ohnegleichen in Gang gesetzt ('Wirtschaftswunder'). Er erlaubte es, die Wiederaufbauphase Anfang der sechziger Jahre abzuschließen und damit eine durchgreifende gesellschaftliche Modernisierung voranzutreiben (Verarbeitungsindustrie, Exportorientierung, soziale Mobilität, Verkehrsentwicklung, Wohnungsbau, technische

Ausstattung der Haushalte, Konsum-, Freizeit- und Bildungsorientierung). Damit hatte sich der neue Staat bei seinen Bürgern einen hohen Grad an Legitimität besorgt.

Die DDR hingegen hatte mit der Integration in einen weniger reichen Wirtschaftsblock, mit der rigiden Sozialisierungspolitik, den einseitigen und ungünstigen Handelsverträgen mit der UdSSR, dem diktatorischen Regime der SED und den Fluchtbewegungen nach dem Westen (bis 1961: 2,7 Mio) die Zeche der deutschen Teilung zu zahlen. Zwar gelang es auch, sich mit Hilfe der 'preußischen' Tugenden aus dem Elend der Nachkriegsjahre herauszuarbeiten und wichtige Aufbauleistungen zu erbringen. Die Mängel in der sozialen, wirtschaftlichen und politischen Struktur machten es aber unmöglich, die BRD einzuholen bzw. ein vergleichbares Wirtschaftswunder zu vollbringen. Zu sehr fielen der Verlust großer Teile der Führungsgruppen, die Demotivierung privater Initiative und die Verkrustungen der zentralistischen Kommandowirtschaft ins Gewicht. Da dies der DDR-Bevölkerung nicht verborgen blieb, die über die Westmedien und die Besuche aus der BRD den tagtäglichen Vergleich mit den 'reichen Brüdern' anstellen konnte, blieb die Legitimität des Systems – mit Ausnahme der privilegierten Führungsgruppen – immer brüchig. Die Denunzierungen des angeblich unfreien, unsozialen, militaristischen und faschistischen Ausbeuterstaates 'BRD' verfingen wenig. Sie konnten die unter dem Deckmantel des 'real existierenden' Sozialismus aufgebauten Abhängigkeitsverhältnisse von Partei, Bürokratie und Betrieb ('sozialistische Ständeordnung') nicht verschleiern.

Gegenüber dem Partei-'Adel' mit seinem abgesicherten Machtmonopol, seiner spezifischen Rekrutierung und Privilegierung ('Datschen' als Symbol) und den abgeleiteten, allgegenwärtigen Herrschaftsinstrumenten des geheimpolizeilichen Sicherheitsapparats, der Kultur-, Wirtschafts- und Politikverwaltung waren die 'Arbeiter der Hand' nur rechtlose „Hintersassen" [vgl. 27, *S. 13*]. Sie konnten und wollten den schwerfälligen Moloch nicht tragen und versuchten, wo immer sich Gelegenheit bot 'rüber zu machen', d.h. in die BRD zu fliehen. Die sowjetisierte Führungselite sah es zunächst ziemlich gelassen: aufgewachsen im autoritären Kaiserreich oder in den Krisenjahren von Weimar und geprägt vom Kampf gegen Hitler-Deutschland war sie – anfänglich zumindest – davon überzeugt, den besseren und gerechteren (weil antifaschistischen und anti-kapitalistischen) Staat mit Hilfe des von der UdSSR kopierten 'demokratischen Zentralismus' aufzubauen. Deswegen schienen ihr auch die Absetzbewegungen der Älteren solange hinnehmbar als sie davon überzeugt war, mit ideologischen Anstrengungen die jüngere Generation für sich zu gewinnen.

Die Mauer

Als jedoch klar wurde, daß der Aderlaß zu groß war, entschloß sich die SED mit Rückendeckung Moskaus 1961 das Leck zu stopfen und die Berliner Mauer ('antifaschistischer Schutzwall') zu bauen. Dieser nationale und internationale Schock hatte mehrere paradoxe, d.h. trennende und verbindende Wirkungen:

'Die Mauer' dokumentierte schlagartig die Zweistaatlichkeit Deutschlands. Sie war der eigentliche Gründungsakt der DDR und der Höhepunkt des Kalten Krieges. Von nun an setzte die 'DDR' bewußt auf eigenstaatliche Anerkennung, internationale Reputation, moralische Alleinvertretung aller Deutschen als 'sozialistische Nation'. Die Bevölkerung gewöhnte sich an die Realitäten, ja die kleine, unnachgiebige, 'rote', und eben nicht 'braune' DDR erhielt sogar eine gewisse Attraktivität als der Staat der 'anderen' Deutschen. Die Aufarbeitung der Vergangenheit wurde abgebrochen und der BRD zugeschoben. „Hitler, so schien es, ist ein Westdeutscher gewesen" (P. Bender). Einen Sympathiebonus bekam die DDR auch, weil sie dem Status der 'Sowjetzone' endgültig entwachsen war und gegenüber dem 'großen Bruder' – wegen der Breschnew-Doktrin weitgehend vergeblich – auf Souveränität pochte, auch wenn sie faktisch stärker als zuvor in den sowjetischen Herrschaftsbereich eingegliedert war.

Dem schien die Stimmung in der BRD Recht zu geben. Seit 1961 wollte niemand mehr so richtig an die Wiedervereinigung in absehbarer Zeit glauben. Auch die Politiker nicht, die zwar weiterhin von Einheit redeten, aber – wie sich später zeigen sollte – keineswegs darauf vorbereitet waren. Die Politik der Stärke (Hallstein-Doktrin) mußte in eine der 'kleinen Schritte' umformuliert werden. 'Wandel durch Annäherung' (Egon Bahr) wurde der Angelpunkt der späteren 'Ostpolitik' Willy Brandts (eigtl. Herbert Ernst Karl Frahm, 1913 – 1992) (Grundlagenvertrag 1972). Der Kampf der Regierungen mit Aggressionsverdächtigungen, Destabilisierungsversuchen, Bespitzelungen ('Guilleaume-Affaire') und Freikäufen von Regimegegnern ging unter gelegentlichen Zuspitzungen und Abwiegelungen weiter, wenn auch im allgemeinen *sotto voce*. Trotz staatlicher Trennung und politischer Entfremdung wurden die Beziehungen auf verschiedenen Ebenen enger als je zuvor. Aus Staatsraison hatte man seriös miteinander zu verkehren, aus wirtschaftlichen und politischen Gründen (Kredite, EG-Sonderregelungen, Jugend- und Wissenschaftleraustausch) war es nicht opportun, die Brücken abzubrechen. Und kulturell blieb die DDR-Bevölkerung, auch die jüngere Generation, auf die BRD fixiert. Nirgendwo sonst in den Oststaaten „emigrierte allabendlich fast ein ganzes Land durch den Äther in den Westen." [vgl. 6, *S. 52*]. Diesem Sog der ökonomisch mächtiger werdenden BRD und ihrer zeitweiligen Idealisierung konnten sich nur wenige entziehen.

Die Ostpolitik und ihre Folgen

Allmählich begann in Deutschland der kalte Krieg in einen 'heißen Frieden' (Pierre Hassner) zu mutieren. Das galt zunächst für die 'Ostpolitik' mit ihren Abkommen zum Gewaltverzicht, zum verbesserten Zugang nach West-Berlin, zur Anerkennung beider deutscher Staaten unterhalb völkerrechtlicher Kodifizierung und zur Austausch- und Reiseerleichterung. Das zwang die Supermächte und die beiden deutschen Staaten zu vermehrter Kooperation, auch wenn es den einen nur um gute Nachbarschaft und *modus vivendi* ging, der anderen Seite aber entschieden um die Regelung der Außenbeziehungen und der Teilung. Die unterschiedlichen Interessen und Interpretationen der Verträge mußten bald zu Verzögerungen und Enttäuschungen führen. Die Gewinne der Regierungen Brandt, Schmidt und Kohl waren hier zunächst sehr bescheiden, dennoch erwiesen sie sich längerfristig als entscheidende Durchlöcherung der Mauer. Erich Honecker (1912 – 1994) nutzte zwar alle Zugeständnisse zur „Stabilisierung ohne Liberalisierung" [vgl. 1, *S. 7*], zum Ersatz für Reformen und zur Abgrenzung, wurde wirtschaftlich und politisch aber doch immer abhängiger von den Bonner Devisen. Überdies begann das Feindbild 'BRD' dahinzuschmelzen, das ja die *raison d´être* der 'DDR' in den fünfziger bis siebziger Jahren gewesen war.

Die Achtundsechziger-Bewegung und der Kulturprotest

Heiß ging es in der Bundesrepublik auch her, als Ende der sechziger Jahre die anti-autoritäre Revolte an den Hochschulen ausbrach. Unter dem Eindruck des Vietnam-Kriegs, des Prager Frühlings von 1968 ('Sozialismus mit menschlichem Gesicht') und der Pariser Mairevolte kam unter der ersten wirklichen Nachkriegsgeneration (der zwischen 1940 und 50 Geborenen) eine Protestbewegung in Gang, die sich bald zur 'Kulturrevolution' mauserte. Die 'Achtundsechziger'-Generation ging mit dem Aufbau-Kult der 'Väter' ins Gericht, denen sie vorwarf, vor lauter 'anpacken und Ärmel aufkrempeln' die Trauerarbeit über die eigenen Verstrickungen in der braunen Vergangenheit verdrängt zu haben, so daß ein wirklicher Neuanfang nach 1945 nicht zustande gekommen sei. Verknüpft wurde dies mit der Schelte vom kaschierten Faschismus des 'Establishments' in allen Gesellschaftsbereichen und von der Ausbeutergesinnung der Kapitalisten. Die von Karl Heinrich

Marx (1818 – 1883), Wladimir Iljitsch Lenin (eigtl. W. I. Uljanow, 1870 – 1924) und Mao Zedong (1893 – 1976) inspirierte Kritik am 'Kapital', an der Konsumpeitsche und an der Wachstumseuphorie des westlichen, vor allem des amerikanischen 'Spät-Kapitalismus' gipfelte im Bemühen, überall die 'repressive Toleranz' (Herbert Marcuse) der bestehenden Verhältnisse zu entlarven und das wahre Gesicht der Herrschaft durch Kritik am 'System' und gezielten Regelverstoß zu provozieren. Emanzipation von struktureller Gewalt schien den 'Achtundsechzigern' durch außerparlamentarische Opposition (APO, 'sit in'), lustvolle 'happenings' und totale Verweigerung zu gelingen.

Der angekündigte 'Marsch durch die Institutionen' blieb zwar in den Hochschulen hängen, hatte dort aber bis in die Mitte der achtziger Jahre seine Wirksamkeit erhalten. Ein anderer Teil der protestierenden akademischen Jugend wurde von den Betrieben, Parteien und Behörden absorbiert. Ein weiterer, sehr kleiner Teil (die sog. 'zweite Generation der Achtundsechziger') wurde aus revolutionärer Ungeduld offen terroristisch. Dem Regime der DDR kam dieser antikapitalistische Jugendprotest beim ungeliebten Nachbarn als Destabilisierungselement sehr gelegen und wurde heimlich oder sogar offen und propagandistisch unterstützt. Nach 1989 zeigte sich, daß man zeitweise geglaubt hatte, 'nützliche Idioten' für die wahre proletarische Revolution gefunden zu haben. Das galt auch für die Terror-Szene („Baader-Meinhof-Bande" und deren Nachfolger), die durch gezielte Anschläge auf Zentralen und Exponenten 'des Systems' in den späten siebziger und frühen achtziger Jahren zur politischen Herausforderung geworden waren. Ihnen hatte die DDR als 5. Kolonne Schutz, Finanzierung, Logistik und paramilitärische Ausbildung besorgt.

Rückblickend zeigt sich, daß die Achtundsechziger-Bewegung (und die DDR) ihre Ziele keineswegs erreichte, daß sie aber weitreichende gesellschaftliche Folgen zeitigte. Zwar mag den 'Vätern' die Zeit und die Lust gefehlt haben, die Verhältnisse „zu hinterfragen" und die Vergangenheit „auszudiskutieren", das „kollektive Beschweigen" (Herrmann Lübbe) war hingegen aufgebrochen. Die Protestgeneration war zum Vorboten eines allgemeinen Modernisierungsschubs und einer Orientierungskrise geworden. Sie hatte der vornehmlich linken Intellektuellenschicht wichtige Stichworte geliefert und einer „stillen Revolution der Werte" (Ronald Inglehart) bis hin zum Ökologie-Protest der achtziger und neunziger Jahre den Boden bereitet.

Individualistische 'Zitadellenkultur' im Westen

Die Regierung Brandt hatte zunächst auf die Kulturkrise damit geantwortet, „mehr Demokratie wagen" zu wollen, was Anfang der siebziger Jahre eine beispiellose Planungseuphorie in den Bereichen Politik, Wirtschaft und Bildung nach sich zog. In den achtziger Jahren war dieser Elan mit seinen weitgesteckten Hoffnungen auf eine „rationalere", egalitäre und partizipative Gesellschaft verflogen. Die Regierungen Schmidt und Kohl setzten wieder auf europäische, innenpolitische und sozioökonomische Konsolidierung, statt auf 'innere Reformen'. Trotz mancher Konjunktureinbrüche hat sich im Verlauf einer jahrzehntelangen Wachstums- und Verteilungspolitik eine „Wohlfahrtskultur" [vgl. 33, *S. 88 ff.*] gebildet, durch die sich die Identitäten aus der Arbeitswelt herauszulösen begannen. Die Lebensführung wurde für viele nicht mehr von Pflichtgefühl und Arbeitsethos geprägt, sondern von der Klientenstellung gegenüber der Wohlfahrtsbürokratie. Die 'Krise der Arbeitsgesellschaft' bestand aber auch darin, daß die 'Arbeitsbesitzer' ihren Besitz- und Wohlstand wahrten und dem schwächsten Teil der Gesellschaft die Risiken des weltwirtschaftlichen Strukturwandels aufbürdeten ('Entsolidarisierung'). Manche soziale Milieus konnten sich auf die Darstellung ihrer Autonomie und ichbezogenen Handlungsfähigkeit verlegen. Die Modernisierung hat insgesamt, vor allem aber für die Nach-Achtundsechziger-Generation eine Modernitätskrise (Institutionenverfall, Fragwürdigkeit von Wertmaßstäben, Zerstörung von Lebenszusammenhängen, Perspektivlosigkeit) ausgelöst.

Die Fragmentierung der Bezugssysteme spiegelt sich in einer Ausdifferenzierung der Lebensstile wider. Seit den achtziger Jahren haben sich bestimmte Gruppierungen Gleichgesinnter ('Milieus') vergrößert: die radikalen Individualisten (Hedonisten) sind von 10 auf 13 Prozent angewachsen, die Aufstiegsorientierten von 20 auf 24 Prozent, während das technokratisch-liberale Milieu der nach Lebensstandard, Berufserfolg und intensivem Leben Strebenden mit 9 Prozent stabil blieb. Das traditionelle Arbeitermilieu der bescheidenen, wenig Kompetenzen vermittelnden, pflichtgemäßen Arbeitshaltung hingegen ist auf nur noch 5 Prozent der westdeutschen Bevölkerung geschrumpft. Die Mischtypen aus Idealismus und Hedonismus sowie aus Hedonismus und Materialismus ('Konsumjugend' der achtziger Jahre) sind im Anwachsen. Aus der negativen Besetzung von Zukunft und der „neuen Unübersichtlichkeit" (Jürgen Habermas) ist eine postmodern inflationäre, auf Reiz, Plaisir und Beliebigkeit abzielende 'Zitadellenkultur' [vgl. 38] erwachsen.

Die innere Erosion der DDR

Dieser Trend hatte einiges mit der 'Nischengesellschaft' der DDR gemeinsam, wenngleich dort auf niedrigerem Modernitätsniveau. Sicherlich war die DDR keine Wohlstandsgesellschaft und hatte auch den von der Achtundsechziger-Bewegung angestoßenen Anti-Industrialismus nicht mitgemacht. Die Mauer hatte diese Gesellschaft radikal isoliert und des Zwangs zur Strukturveränderung beraubt. Die realitätsblinde Nomenklatura betrieb eine Politik auf Kosten der wirtschaftlichen und ökologischen Substanz. Aber auch die soziale Substanz wurde zunehmend verbraucht, denn die Bevölkerung schien sich an das Unausweichliche zu gewöhnen und zog sich – mobilisierungsresistent – in die private Nische zurück. Es war die logische Konsequenz aus der versorgungsstaatlichen Vormundschaft, die in allen Gesellschaftsbereichen apriori, unfehlbar und zwingend den geschichtlich richtigen Weg wußte und wies. Dieses außengesteuerte makroge-sellschaftliche Desengagement fand allerdings unter produktions- und nicht dienstleistungsdominanten Strukturen statt. Deswegen fehlten in der DDR auch die aufstiegsorientierten, liberalen Gruppen weitge-hend. Hingegen umfaßt das traditionsverwurzelte Arbeiter- und Bau-ernmilieu noch 27 Prozent, das kleinbürgerlich-materialistische Milieu 23 Prozent. Insgesamt sind Karriere-Mentalitäten weit geringer, Norm- und Konventionsorientierung, Arbeiterstolz und Bescheiden-heitsimperativ, aber auch Häuslichkeit, Innerlichkeit und Zusammen-gehörigkeitsgefühl, Betriebs-, Orts-, und Milieuvernetzung im DDR-System viel höher ausgeprägt als in der Bundesrepublik. In diesem Sinn waren die DDR-Bürger tatsächlich die 'besseren', weil typi-scheren Deutschen geblieben. Jedoch darf auch hier der Generatio-nenbruch nicht übersehen werden. Zwar ist das postmaterialistische Jugendmilieu viel kleiner und weniger individualistisch als konsum-asketisch, kündigt aber wie in Westdeutschland eine andere Epochen-erfahrung an. Auch bei der DDR-Jugend hatte Mitte der achtziger Jahre ein rasanter Verfall des politischen, d.h. des 'sozialistischen Bewußtseins' eingesetzt.

Die Irritationen der Einheit

Es verwundert nicht, daß der zweite deutsche Staat im Jahr 1989 an innerer Schwäche zerbrach und von der Bundesrepublik in Form von fünf neuen Bundesländern ('Ostdeutschland') 1990 übernommen wurde. Das war undenkbar gewesen, solange die UdSSR ein vitales Interesse an ihren Satelliten besaß. Unter Michail Sergejewitsch Gor-batschows (geb. 1931) 'perestroika' wurde die Breschnew-Doktrin aufgrund gravierender innenpolitischer Probleme *ad acta* gelegt. Ohne Furcht vor sowjetischen Interventionen öffnete Ungarn die Grenzen nach Österreich und ermöglichte damit seit 1961 wieder die ersten Massenfluchten aus der DDR. Auf die sich ständig ausweitenden

'Montagsdemonstrationen' in Dresden, Leipzig und Berlin wußte die überalterte SED-Führung keine Antwort mehr. Auch eine Ablösung Honeckers konnte den Umschlag vom Slogan *„Wir sind das Volk"* zum Ruf nach der deutschen Einheit („Wir sind *ein* Volk") nicht mehr aufhalten, so daß die Mauer am 9. November 1989 in Berlin unter Jubelgeschrei auf beiden Seiten geöffnet werden mußte. Für viele war ein Wunder geschehen, für manche ein böser Albtraum beseitigt, für nicht wenige aber waren auch liebgewordene politische Illusionen vom 'an sich' besseren System 'drüben' unter dem Schutt der berstenden Mauer begraben worden. Die ersten freien Wahlen der Noch-DDR (1990) brachten die endgültige 'Wende': Schon unter massivem Einfluß der westdeutschen Parteien leitete die Übergangsregierung De Maizière die Eingliederung in die 'alte' BRD (d.h. in den Geltungsbereich des Grundgesetzes) ein. Mit der Abstimmung vom 3. Oktober 1990 hatte die Bevölkerung die DDR abgewählt. Damit war auch das 'Provisorium' Bundesrepublik nach 40 Jahren einer größeren, neuen Bundesrepublik gewichen. Die Nachkriegsepoche der deutschen Teilung war definitiv an ihr Ende gekommen.

Die euphorische Wiedervereinigungsstimmung, die von den europäischen Nachbarn höchst skeptisch verfolgt worden war, mußte auch im gesamtdeutschen Alltag bald erheblichen Ernüchterungen weichen:

Umfang und Kosten der Systemtransformation

Schnell wurden das Ausmaß der Privilegierungen der Parteiführung und der Umfang der Bespitzelungen durch den allgegenwärtigen Staatssicherheitsdienst ('Stasi') bekannt und über die bloße Vermutung hinausgehoben. Der Schock ging aber tiefer. Die ehemaligen DDR-Bürger merkten sehr bald, daß der 'Geltungsbereich des Grundgesetzes' weit mehr bedeutete, als ihnen bei der Abwahl der 'DDR' zugunsten der 'DM' vor Augen stand. Der 'Einheit' folgte nicht die Übernahme des westdeutschen Wohlstands, sondern zunächst die

Angleichung der gesellschaftlichen Strukturen, also die Übernahme des Wirtschafts- und Finanzsystems, der politischen Ordnung, der Rechtsstaatlichkeit und des Verwaltungssystems, der Verbandsordnung und der Kulturpolitik – um nur einige wichtige Bereiche zu nennen. Mit all dem wurden die 'neuen Länder' auf allen Ebenen schlagartig kontrontiert, ohne daß sie Zeit gefunden hatten, die nötigen Kenntnisse und Erfahrungen zu erwerben. Die Radikalität des Umbruchs ('Anschluß') fiel ihnen erst allmählich auf. Überall waren sie auf Hilfe, Korrektur und neuen Gehorsam angewiesen. Ihr Wissen zur Bewältigung des Alltags war dramatisch entwertet worden. Aus den 'Wessis' wurden bald die 'Besser-Wessis', die keinen Stein auf dem anderen lassen, eine Art 'Ost-Kolonisation' betreiben und die Reste der (jetzt idealisierten) 'guten alten DDR' einebnen wollen.

Die 'Bundesbürger' im Westen machten die Erfahrung, daß die Vereinigung nicht so billig zu haben war wie versprochen und wie sie geneigt gewesen waren zu glauben. Der Umfang des ökonomischen und ökologischen Desasters in Ostdeutschland war größer, als selbst die schärfsten Kritiker angenommen hatten. Auf Westdeutschland kam eine Wiederaufbau- und Gründerzeit zu. Die finanziellen Anstrengungen (bis 1995 rund 1 Billion DM), die Verschuldungskrise, die Diskussionen um Sonderopfer und Steuererhöhungen, um Staatsüberforderung und 'Gürtel-enger-Schnallen' paßten jedoch nicht in das Weltbild des autonomiebetonten, politikentfremdeten Wohlstandsbürgers – zumal die 'Ossis' unter kräftiger Anleitung der importieren Westeliten sich schnell aufs Nachfordern zu verstehen schienen und im übrigen von den Westlern – wie bisher – lieber in Ruhe gelassen werden wollten.

Die Persistenz der Mentalitäten

Das größte Erstaunen auf beiden Seiten rief aber hervor, daß vierzig Jahre getrennter Staaten offenbar genügt hatten, nicht nur unterschied-

17

liche Entwicklungen anzustoßen, sondern sogar die mentale Lage grundlegend zu verändern – und zwar so dauerhaft, daß auch acht Jahre intensiver Arbeit an der Einheit nicht hinreichten, die 'Mauer in den Köpfen' niederzureißen. Vor allem können die Westdeutschen nicht verstehen, daß die 'Neuen' nicht glücklich sind, endlich die Freiheit erlangt zu haben und dafür alles andere hintanstellen. Statt dessen beharren die 'Zwangsmodernisierten' darauf, daß in der DDR nicht alles schlecht, marode, rückständig und unfrei war, sondern daß es sogar Gutes oder Besseres gab: Die Nischen am Arbeitsplatz und im privaten Raum boten ein soziales Klima der Nähe, Geborgenheit, Sicherheit, Schicksalsgemeinschaft und Heimat, für das es in der neuen Bundesrepublik keinen Ersatz gibt. Daher die Verlusterfahrungen, das Bedauern und das Beharren auf alten DDR-Gewohnheiten, wo es keine unsicheren Marktbedingungen und keine Privatisierung der Risiken (z.B.Arbeitslosigkeit) gegeben habe.

Tatsächlich ist eine „heimliche Ethnisierung" [vgl. 36, *S. 30*] auf beiden Seiten nicht zu übersehen. Die „Polarisierungszwillinge DDR und Bundesrepublik" [vgl. 3, *S. 17*] sind immer noch auf der Suche nach der Einheit ihrer Unterschiede. Die langfristig schwierigere Aufgabe ist die der kulturellen Integration von Fremdheit. Denn nicht nur die DDR, sondern auch die alte BRD hat, genau besehen, aufgehört zu existieren.

Sigurd Paul Scheichl

Epoche – sozialgeschichtlicher Abriß: Österreich

1945 wurde Österreich durch die Alliierten befreit; einen wenn auch geringen Beitrag zu dieser Befreiung leistete der österreichische Widerstand, in dem sich vor allem die Kommunisten verblutet hatten. Im April 1945 wurde in den Grenzen von 1918 und mit der Verfassung von 1920/1929 die Republik Österreich wieder begründet. Die ersten Parlamentswahlen im Herbst 1945, unter Ausschluß der ehemaligen Nationalsozialisten, brachten den Kommunisten (5%) eine unerwartete Niederlage. Die drei im Parlament vertretenen Parteien – die Konservativen (Österreichische Volkspartei, ÖVP), die die Mehrheit hatten, die Sozialistische Partei Österreichs (SPÖ) und die Kommunisten – bildeten gemeinsam die Bundesregierung, deren Entscheidungsspielraum allerdings durch die vier Besatzungsmächte ziemlich eingeschränkt war. 1947 schieden die Kommunisten aus der Regierung aus.

Bis 1966 regierte eine Große Koalition aus ÖVP und SPÖ, stets unter einem konservativen Bundeskanzler; eine wirkungsvolle Opposition gab es nicht, das Parlament war fast bedeutungslos. Bei den zweiten Nationalratswahlen (1949), bei denen die ehemaligen Nationalsozialisten wieder stimmberechtigt waren, war eine nicht nur, aber doch in großem Maße von diesen getragene Protestpartei (seit 1956 unter den Namen Freiheitliche Partei, FPÖ) erfolgreich. Ihr Stimmenanteil nahm jedoch bei weiteren Wahlen ab; sowohl sie als auch die nur bis 1959 im Parlament vertretenen Kommunisten waren zahlenmäßig schwach und aus je verschiedenen Gründen diskreditiert.

1955 gelang Österreich nach langen Verhandlungen die Wiederherstellung seiner völligen staatlichen Souveränität im sogenannten Staatsvertrag; die alliierten Besatzungstruppen verließen das Land, das gleichzeitig seine immerwährende Neutralität erklärte. Deshalb ist es Österreich erst durch die Veränderungen von 1989 möglich geworden, der Europäischen Union beizutreten (1995).

1966 erreichte die ÖVP die absolute Mehrheit; die Sozialisten gingen in die Opposition. Von 1970 bis 1983 regierten die Sozialisten unter Bruno Kreisky (1911 – 1990) allein. Einer kurzlebigen kleinen Koalition zwischen Sozialisten und Freiheitlichen folgte 1986 wieder eine Große Koalition zwischen ÖVP und SPÖ – die sich allerdings mit einer zunehmend stärkeren Opposition auseinandersetzen müssen: den Grünen, der unter dem Rechtspopulisten Jörg Haider (geb. 1950) erstarkenden FPÖ und zuletzt (seit 1994) dem Liberalen Forum. Die beiden Großparteien verfügen seit 1994 nicht mehr über die Zweidrittelmehrheit.

1986 war auch insofern ein entscheidendes Jahr, als die Wahl von Kurt Waldheim (geb. 1918) zum Bundespräsidenten die überfällige Debatte über die österreichische Verwicklung in das nationalsozialistische Herrschaftssystem ausgelöst hat, als in eben diesem Jahr nach dem Rücktritt des weltoffenen Wiener Kardinals Franz König (geb. 1905) eine Serie von Ernennungen konservativer Bischöfe einsetzte und als schließlich auch der Aufstieg Jörg Haiders begann, der die österreichische Öffentlichkeit wie kein anderer polarisiert.

Blickt man auf die Hauptlinien der gesellschaftlichen Entwicklung in Österreich – in deren Darstellung ich im wesentlichen Ernst Hanisch [vgl. 21] folge –, ist mit der in jeder Hinsicht katastrophalen Situation im Jahre 1945 zu beginnen: Hunger, Wohnungsmangel, eine zerstörte Infrastruktur, zahllose zerbrochene Familien, Flüchtlingselend, hohe Besatzungskosten, Verlust der Sparguthaben durch (notwendige) währungspolitische Maßnahmen, tiefe politische Enttäuschung vieler Menschen. Zahlreiche Österreicher empfanden das Kriegsende nicht als Befreiung, sondern als Niederlage.

Intensive gemeinsame Bemühungen um den Wiederaufbau ließen aber das Bruttonationalprodukt 1950 bereits das des bisher besten Jahres

1913 überschreiten – womit die Stagnation auch der ganzen Ersten Republik überwunden war. Mehrere Lohn-Preis-Abkommen – gegen das von 1950 gab es im Oktober dieses Jahres eine als kommunistischer Putsch diffamierte große Streikbewegung – zwischen Gewerkschaft und Arbeitgebern führten dazu, daß von 1947 bis 1951 die Preise schneller stiegen als die Löhne; dafür wuchs die Investitionsquote.

Aus den Lohn-Preis-Abkommen entwickelte sich das für die österreichische Entwicklung charakteristische System der 'Sozialpartnerschaft', das Robert Menasse (geb. 1954) in seinen „Essays zum österreichischen Geist" *Die sozialpartnerschaftliche Ästhetik. Das Österreichische an der österreichischen Literatur* (1990) auf geistvolle Weise mit der Literatur Österreichs in Beziehung setzte. „Mit dem Begriff 'Sozialpartnerschaft' wird in Österreich [...] die Ansicht verbunden, daß alle gesellschaftlichen und wirtschaftlichen Probleme, die die sozialen Gruppierungen betreffen, auf dem Verhandlungswege beigelegt werden können." [vgl. 26, *S. 432*] Dieser Verhandlungsweg ist in einer wenn auch informellen Weise institutionalisiert, und die so erreichte Konfliktminimierung dürfte wesentlich zur Produktionssteigerung beigetragen haben. So gab es zwischen 1954 und 1979 in Österreich nur 35 Streiks – Streik paßt nicht in dieses politisch-soziale Klima. Die Parallele zur Konfliktminimierung in der Großen Koalition ist evident – auch deshalb, weil die in der Sozialpartnerschaft maßgebenden Interessenvertretungen den beiden Großparteien SPÖ und ÖVP nahestehen.

Wahrscheinlich hätte sich ein solches System des Aushandelns der Löhne und Preise nicht in diesem Ausmaß etablieren können, wenn nicht die Verstaatlichung großer Sektoren der österreichischen Wirtschaft (1946/47) – Anfang der fünfziger Jahre erfolgte etwa ein Viertel der Wertschöpfung im Bereich verstaatlichter Firmen – und die damit verbundene teilweise Entmachtung des Wirtschaftsbürgertums die Spannungen zwischen Arbeitgebern und Arbeitnehmern vermindert hätte. Die Folgen der in den neunziger Jahren sich beschleunigenden Privatisierung des verstaatlichten Sektors auf die Sozialpartnerschaft und auf die so lange wirksamen Konfliktvermeidungsstragien sind noch nicht abzusehen.

Für den wirtschaftlichen Aufstieg Österreichs war noch mehr als diese strukturellen Veränderungen der Marshall-Plan ausschlaggebend, der ab 1947 große Geldmittel – relativ größere als für die spätere Bundesrepublik Deutschland – in die österreichische Wirtschaft pumpte. Das bedeutete trotz 'Sozialpartnerschaft' und Verstaatlichung eine Eingliederung Österreichs in das westliche Wirtschaftssystem sowie eine, von der sowjetischen Besatzungsmacht hingenommene, Eindämmung des Kommunismus.

Insgesamt ist es Österreich „in den Jahrzehnten nach dem Zweiten Weltkrieg gelungen, in den Klub der reichsten Länder der Welt vorzustoßen." [vgl. 39, *S. 254*].

Das steigende Einkommen fast aller Gruppen der Bevölkerung, die Verbesserungen in den Arbeitsbedingungen und der Ausbau der sozialen Sicherheit brauchen hier im einzelnen nicht belegt zu werden; im großen und ganzen verläuft die Entwicklung mit einer leichten Zeitverschiebung parallel zu der in der Bundesrepublik Deutschland, dem wichtigsten Handelspartner Österreichs. Auch Österreich hat wirtschaftliche Einbrüche erfahren, vor allem seit 1973/75. Den Strukturbruch und die daraus resultierende Arbeitslosigkeit konnte man in der Ära Kreisky durch eine Politik des „Austrokeynesianismus" lange eindämmen; doch seit 1980 steigt die Arbeitslosigkeit. Auch wenn Österreich ein ausgebauter Sozialstaat ist, trifft seit dem Beginn der achtziger Jahre die 'neue Armut' einen beachtlichen Sektor der Bevölkerung.

Zu den ökonomischen Entwicklungen gehört auch der rapide Rückgang der Beschäftigten im Agrar- und die enorme Zunahme der im Dienstleistungssektor Tätigen. Entfielen 1951 noch 32,6 % der Berufstätigen auf Land- und Forstwirtschaft, waren 1981 nur noch 8,5 % diesem Sektor zuzuordnen; bei den Dienstleistungsberufen lauten die entsprechenden Zahlen 29,8 % und 50,5 %. Großen Anteil an dieser Zunahme hat der Fremdenverkehr, der zu einem der wichtigsten Sektoren der österreichischen Wirtschaft geworden ist (etwa 12 % der Wirtschaftsleistung).

Der Tourismus (dessen Anfänge im 19. Jahrhundert liegen) ist auch wegen seiner negativen ökologischen Auswirkungen und seiner zerstörerischen Folgen für die traditionelle Dorfkultur im alpinen Raum in großen Teilen Österreichs eine der wichtigsten gesellschaftsverändernden Entwicklungen. Die Vermarktung Österreichs in der Fremdenverkehrswerbung ist auf das Bild des Landes im Ausland wie auf das Selbstbild des Landes nicht ohne Einfluß geblieben.

Die Bevölkerung Österreichs nahm seit 1945 zu: durch einen Wanderungsgewinn (vor allem von sogenannten 'Volksdeutschen') unmittelbar nach dem Zweiten Weltkrieg, seit den sechziger Jahren durch 'Gastarbeiter' (vor allem aus dem damaligen Jugoslawien und der Türkei), in den letzten Jahren durch Asylsuchende aus vielen Ländern (die eine Welle der Fremdenfeindlichkeit ausgelöst haben). Einem 'Babyboom' um 1963 folgte seit Ende der siebziger Jahre ein Geburtenrückgang, auch ein Reflex des zurückgehenden Einflusses der Kirche. Die Zahl der Alten in Österreich steigt (20% 1986 gegenüber 15 % 1951), die der Kinder sinkt (17,9% 1986, 21,8% 1957). Der Anteil Wiens an der Gesamtbevölkerung Österreichs ist zurückgegangen; die westlichen Bundesländer wachsen schneller.

Wie überall in Europa ändern sich in Österreich die Lebensbedingungen der Frauen; gesetzliche Verbesserungen werden sehr langsam in die Realität des alltäglichen Lebens umgesetzt. Seit den siebziger Jahren fördert eine ausdrückliche Frauenpolitik „eine wachsende gesellschaftliche Sensibilisierung gegenüber der Diskriminierung von Frauen" [vgl. 35, *S. 354*]. Immerhin waren 1994 21,7 % der Abgeordneten zum Nationalrat Frauen (gegenüber 6,3 % 1945 und 6,0 % 1971), und im Wahlkampf 1994 stellten zwei Oppositionsparteien Spitzenkandidatinnen auf. Wichtige Gesetze – etwa das sogenannte 'Familienpaket' von 1989 oder das Gleichbehandlungsgesetz (1979; letzte Fassung 1993) – sollen der Frau die berufliche Karriere erleichtern; doch die Möglichkeit einer Beurlaubung zur Pflege eines Kleinkinds wurde 1994 zwar von 121.597 Müttern, aber nur von 1.023 Vätern genützt.

Junge Frauen absolvieren im – für Fortschritte der Frauen entscheidenden – Bildungsbereich nun ebensooft Höhere Schule und Universität wie Männer ihrer Generation; Frauen sind aber am unteren Ende des Bildungssektors bis heute überrepräsentiert. Vor allem haben sie ihr gestiegenes Bildungsniveau bis heute nicht in entsprechende Positionen und Einkommen umsetzen können. Die Einkommensdisparitäten zwischen Frauen und Männern sind allen Gesetzen zum Trotz von zäher Beharrlichkeit.

„Was den privaten Lebensbereich betrifft, so gibt es eine eindeutige Tendenz: Die traditionelle Familie hat seit Mitte der 1980er Jahre verstärkt an Bedeutung verloren." [vgl. 10, *S. 452*] Auf die häusliche Arbeitsteilung hat sich diese veränderte Einstellung allerdings bisher kaum ausgewirkt. Insgesamt geht so die „Modernisierung der Lebenssituation" der Frau „einher mit dem Fortbestand patriarchaler Verhältnisse" [vgl. 10, *S. 453*].

Im politischen Leben der Zweiten Republik setzten sich neben der neuen Konfliktminimierung durch Sozialpartnerschaft und Große Koalition (mindestens anfänglich) auch Strukturen fort, die weit in die Zeit vor 1914 zurückreichen, nämlich die traditionellen drei 'Lager': konservativ/christlichsozial, sozialistisch/kommunistisch, liberal/ deutschnational (nach 1933 nationalsozialistisch). Die Zugehörigkeit zu einem bestimmten Lager ist weitgehend durch Interessenstruktur und Weltanschauung geprägt; die Parteien – von denen vor allem die beiden großen eine sehr hohe Mitgliederzahl hatten und haben – sind (waren) Weltanschauungsparteien, die alle Bereiche des Lebens Totalentwürfen der Gesellschaft unterordnen wollten und daher von einer Fülle von Vorfeldorganisationen umgeben waren; man konnte in Österreich beispielsweise nur schwer unpolitisch Sport betreiben. Der allmähliche Abbau dieser Lagermentalität gehört zu den großen Fortschritten der Zweiten Republik.

Er beginnt Mitte der sechziger Jahre; damit stieg der Anteil der Wechselwähler (was die Wahlerfolge Kreiskys ermöglichte). Die Einbrüche der FPÖ Haiders in die Arbeiterschaft zeigen diese Entwicklung ebenso wie überparteiliche Bürgerbewegungen, die Volksabstimmung gegen die Inbetriebnahme des Atomkraftwerks Zwentendorf (1978) und die erfolgreichen Proteste gegen das Donaukraftwerk Hainburg (1984). Die Parteienlandschaft differenzierte sich ebenfalls in den achtziger Jahren. Die wachsende Sensibilität für Umweltprobleme läßt sich nicht mehr in das alte Lagerschema einordnen.

Ein Merkmal des 'Lager'-Systems hat das Leben vieler Menschen unmittelbar beeinflußt: der sogenannte 'Proporz', den es in manchen Bereichen bis heute gibt. Wichtige (oft auch unwichtige) Stellen nicht nur in der Verwaltung, sondern in allen Bereichen des öffentlichen Lebens – auf die der Staat in vielerlei Weise Einfluß hat – wurden und werden weniger nach der Fähigkeit der Bewerber als nach deren Parteizugehörigkeit besetzt. Das hat sich insbesondere in den Bereichen der Schule, des öffentlich-rechtlichen Rundfunks (bis 1966) und der verstaatlichten Industrie negativ ausgewirkt. Diese Patronagefunktion der großen Parteien, die man selbst bei der Wohnungssuche in Anspruch nehmen mußte, trug zum sinkenden Ansehen der Parteien ganz wesentlich bei.

Zu den politischen Strukturen der Zweiten Republik gehört schließlich die – vielleicht wegen der Anwesenheit der sowjetischen Truppen so ausgeprägte – Zuspitzung der Positionen des Kalten Krieges und die (auch intellektuelle) Ausgrenzung der Kommunisten. Der Streik vom Herbst 1950 ermöglichte politische Säuberungen. Charakteristisch für das Klima waren der publizistisch erzwungene Boykott Bert[olt] Brechts (1898 – 1956) durch die österreichischen Bühnen nach dem Juni 1953, die Schließung des Neuen Theaters in der Scala in Wien (1956) und die von der CIA finanzierte Gründung der durchaus beachtlichen Zeitschrift *Forum. Österreichische Monatsblätter für kulturelle Freiheit* (1954) durch den Remigranten Friedrich Torberg (eigtl. Kantor-Berg, 1908 – 1979). Der verdienstvolle Unterrichtsminister der provisorischen Regierung von 1945, Ernst Fischer (1899 – 1972), hatte beispielsweise kaum die Möglichkeit, in Österreich entsprechend zu wirken. Es kam auch zu einer oft verschwiegenen Abwanderung von linken Intellektuellen und Künstlern in die Deutsche Demokratische Republik.

Zu den ideologischen Neuerungen der Zweiten Republik gehört die allgemeine Akzeptanz der Vorstellung einer eigenen, von der deutschen wesentlich unterschiedenen 'österreichischen Nation'. Hatte sich noch der 'Ständestaat' vom nationalsozialistischen Deutschen Reich als 'zweiter deutscher Staat' abgegrenzt, besteht in der Zweiten Republik bei einer großen Mehrheit der Bevölkerung Einigkeit über die Besonderheiten der österreichischen Tradition. Die „Propaganda eines enthusiastisch-verkrampften österreichischen Patriotismus, die sich um die historischen Fakten wenig kümmerte und bei der Konservative und Kommunisten [...] zusammenarbeiteten" [vgl. 21, *S. 398*], diese Propaganda, die auf – zum Teil in der 'Anschluß'-Ära entstandene – antideutsche Ressentiments nicht verzichtete, schlug sich in den ersten Nachkriegsjahren in einer Distanzierung von Deutschland nieder, die den Alliierten lieb war und von ihnen gefördert wurde. Heute wird nur noch belächelt, daß in den Schulzeugnissen der ersten Nachkriegsjahre Noten nicht für das Fach 'Deutsch', sondern für das Fach 'Unterrichtssprache' stehen. In den ersten Nachkriegsjahren funktionierte nicht einmal mehr der Handel (einschließlich des Buch-Handels) mit dem nördlichen Nachbarn, auch sonst waren die Kontakte eingeschränkt. Verbunden mit den unzweifelhaften Erfolgen der Zweiten Republik, führte dieser neue Patriotismus zu einem Österreich-Bewußtsein, das es weder vor 1938 noch vor 1918 in dieser Form gegeben hatte. „Das Konstrukt eines deutschen Volkes [...], zu dem Österreich nach wie vor gehören soll, ist für die Mehrheit der jungen Österreicher [...] eine inhaltslose Leerformel geworden; [...]" [vgl. 21, *S. 164*].

Die seit Beginn der fünfziger Jahre wieder problemlosen Kontakte zu Deutschland haben daran nichts geändert, ebensowenig der Umstand, daß österreichische Autoren und Autorinnen häufig in Verlagen der Bundesrepublik Deutschland veröffentlichen und zum Teil, auch als Reaktion auf eine konservative Kulturpolitik in Österreich, sogar dorthin übersiedelt sind (wie zeitweise Ilse Aichinger und Ingeborg Bachmann). Antideutsche Ressentiments gibt es aber bis heute; sie klingen etwa in den Polemiken gegen den aus Bochum nach Wien geholten Burgtheaterdirektor Claus Peymann (geb. 1937) nach.

Eine Glorifizierung der eigenen Geschichte, vor allem der Monarchie und ihres 'Habsburgischen Mythos' (Claudio Magris), hat diese Nationsbildung gefördert, und Trivialfilme wie Sissi (1. *Sissi*, 1955; 2. *Sissi, die junge Kaiserin*, 1956; 3. *Sissi. Schicksalsjahre einer Kaiserin*, 1957) haben zum neuen Österreich-Bewußtsein nicht wenig beigetragen. Es erleichterte die für die Österreicher bequeme Abschiebung der Schuld an den Verbrechen des Nationalsozialismus auf 'die Deutschen'. Man stilisierte sich, zunächst vor allem in Hinblick auf eine bessere Position gegenüber den Alliierten, zu den „ersten Opfern der nationalsozialistischen Expansionspolitik", und trotz der Entnazifizierung verschwieg man sowohl die österreichischen Wurzeln der nationalsozialistischen Ideologie, auf die dann in den sechziger Jahren Friedrich Heer (1916 – 1983) nachdrücklich aufmerksam machte, als auch den überproportional hohen Anteil von Österreichern an den Kriegsverbrechen im engsten Sinn.

Dieser 'Opfermythos' war außenpolitisch effizient und mag zur Erlangung des Staatsvertrags beigetragen haben; innenpolitisch führte er zu einer Verdrängung und nicht zu einer Bewältigung der jüngsten Vergangenheit. Der Bruch mit dem Faschismus scheint trotz manchen gesetzlichen Maßnahmen die kollektive Mentalität der Österreicher weit weniger berührt zu haben als die der Deutschen. Erst mit der Bundespräsidentenwahl von 1986 entzündet sich an der Person Waldheims eine Phase der intensiven Auseinandersetzung mit der nationalsozialistischen Belastung Österreichs.

Dieses fehlende Schuldbewußtsein schlug sich auch im Desinteresse an der Rückkehr der Emigranten von 1938 – selbst der noch lebenden Führer der alten österreichischen Sozialdemokratie –, und in der Verweigerung angemessener Entschädigungen nieder.

Man muß wohl von einem Fortleben von Bestandteilen nationalsozialistisch/faschistischer Ideologie sprechen, gerade im Kulturbereich. Eine Umfrage von 1947 ergab, daß damals weit mehr Österreicher den Kommunismus als den Nationalsozialismus ablehnten. Der Kalte Krieg konnte in Österreich also auch auf heimische Wurzeln zurückgreifen. Rasch nach 1945 einsetzende Bemühungen, den Lyriker Josef Weinheber (1892 – 1945), einen deklarierten Parteigänger Adolf Hitlers (1889 – 1945), zu rehabilitieren, belegen diese Kontinuität ebenso wie der Erfolg einer Ausstellung des NS-Bildhauers Josef Thorak (1889 – 1952) 1950 in Salzburg: 22.000 Besucher wollten seine Skulpturen sehen, nur 800 kamen zu einer gleichzeitigen Präsentation der Werke des kompromißlos modernen Fritz Wotruba (1907 – 1975), eines Emigranten. Auch der in den fünfziger Jahren heftig geführte Kampf gegen 'Schmutz und Schund', sprich: gegen die von den U.S.A. geprägten Formen der Massenkultur, speziell gegen Comics, dürfte selbst bei unzweifelhaft demokratisch gesinnten Menschen Wurzeln in der Kulturpolitik der Nationalsozialisten (und der österreichischen Christlichsozialen vor 1938) gehabt haben.

Durch die Entnazifizierung ist es in manchen Bereichen (z. B. an den Universitäten und in der Justiz), in denen seinerzeit bürgerlich-liberale Kreise stark vertreten waren, zu einem Elitenaustausch gekommen. Liberale jüdischer Herkunft waren 1938 vertrieben worden, die eher 'großdeutschen' Kreise waren durch ihre Zuwendung zum Nationalsozialismus kompromittiert. Da die Sozialisten, deren Akademikeranteil 1934 und 1938 dezimiert worden war, für die frei gewordenen Führungspositionen kaum genug Fachleute stellen konnten, führte dieser Elitenaustausch bis in die Ära Kreisky hinein zu einer Dominanz der konservativen katholischen Akademiker, gerade auch in der Kulturpolitik. Die Kontinuität zum Ständestaat – personifiziert etwa durch den einflußreichen Publizisten Rudolf Henz (1897 – 1987) und Heinrich Drimmel (1912 – 1991), den für Kulturfragen zuständigen Unterrichtsminister von 1954 bis 1964 – ist frappierend, was sich etwa in der Liste der Staatspreisträger zeigt, wohl auch in der Bevorzugung der reproduzierenden Hochkultur (Salzburger Festspiele). Weil wegen der Kleinheit des Landes die Kulturförderung der öffentlichen Hand große Bedeutung hat, prägte diese Struktur bis in die sechziger Jahre das Kulturleben Österreichs.

Der Modernisierungsschub, der mit der ÖVP-Alleinregierung Klaus beginnt und sich mit den Liberalisierungstendenzen der Kreisky-Ära fortsetzt, fiel wohl nicht zufällig mit dem altersbedingten Ausscheiden vieler 1945 (wieder) in führende Positionen eingerückten Personen konservativer Prägung zusammen.

Im Bereich der Medien ist die Zweite Republik, wie andere Länder auch, vom Wandel der Wort- zu einer Bildkultur geprägt. Das für die Bildkultur maßgebende Medium, das Fernsehen, stand bis 1966 unter dem unmittelbaren Einfluß der Großparteien und der Sozialpartner. 1964 bis 1967 wurde der öffentlich-rechtliche Österreichische Rundfunk (ORF) durch ein Volksbegehren weitgehend unabhängig vom direkten Zugriff der Parteien, sicherlich ein Schlüsseldatum für die Demokratisierung der österreichischen Gesellschaft. Zu dieser trug auch die Gründung des Nachrichtenmagazins *Profil* (1970), eines Wiener *Spiegel*, ganz wesentlich bei; dieser Enthüllungsjournalismus machte Österreich lebendiger.

Gegenentwicklungen im Bereich der Printmedien, in dem die Parteiblätter ausgestorben sind, sind der Aufstieg des populistischen Boulevardblatts *Kronen-Zeitung* zu einem Fast-Monopol (1981 38% der Druckauflage aller Tageszeitungen) und lokale Zeitungsmonopole in einzelnen Bundesländern. Durch eine intensive Presseförderung versucht der Staat, die Medienvielfalt zu stärken.

Einige andere Entwicklungen können hier nur noch angedeutet werden: der von der ÖVP-Alleinregierung ab 1966 eingeleitete und von

den Sozialdemokraten entschieden fortgesetzte Ausbau des Bildungs-
systems, der zu einer signifikanten Erhöhung der Zahl der Abi-
turienten und der Studierenden geführt hat; der große Einfluß der katholischen Kirche auf Alltagsleben, Schule und Kultur in den fünfziger Jahren und seine sich seit den achtziger Jahren rapid beschleuni-
gende Abnahme, durch die sich etwa das Sexualverhalten stark verändert hat; das Ansteigen der Kirchenaustritte, die den Anteil der Katho-
liken von 89% (1951) auf 79% (1991) haben sinken lassen; die Unterschiede und Spannungen zwischen Wien und den Bundesländern sowie zwischen den Bundesländern untereinander (bei einer insgesamt
nicht sehr ausgeprägten föderalistischen Struktur), die Ausgrenzung
von auch literarisch relevanten Subkulturen vor 1966/70 und ihre
seitherige Integration, wobei dem Jahr 1968 in Österreich kein besonderer Stellenwert zuzukommen scheint.

Die einzige bedeutende, aber auch nicht sehr große Sprachminderheit
Österreichs, die Slowenen in Kärnten, durch einige Autoren im literarischen Leben präsent, droht trotz gesetzlichem Schutz ihrer Schulen
und ihrer Kultur auszudorren, woran die in Kärnten noch besonders
lebendig gebliebenen Reste des Deutschnationalismus keineswegs un-
schuldig sind.

Zentral für die österreichische gesellschaftliche und kulturelle Entwicklung nach 1945 sind die große politische und soziale Stabilität,
das Streben nach Konfliktvermeidung, die lang anhaltende Dominanz
einer konservativen Mentalität sowie die Modernisierung, Liberalisierung und Demokratisierung seit 1966, vor allem aber der Aufstieg von
einem armen zu einem reichen Land. Die Erste und Zweite Republik
Österreich unterscheiden sich – zum Teil als direkte und indirekte
Folge der brutalen Maßnahmen des Nationalsozialismus – mindestens
so sehr voneinander wie die Weimarer Republik und die Bundesrepublik Deutschland.

Obwohl man die in deutscher Sprache erscheinende Literatur Südtirols nicht an Österreich 'anschließen' darf, ist ihr Verhältnis zu die-

sem Land, in dem ein großer Teil von ihr gedruckt wird, eng genug und ist zugleich ihre Bedeutung so groß, daß einige Absätze zu ihren sozialen Voraussetzungen angefügt werden müssen.

Südtirol, die etwa zu zwei Dritteln deutschsprachige italienische Provinz Bozen, 1919/20 zu Italien gekommen, war radikalen Italianisierungsbemühungen des Faschismus ausgesetzt, die ab 1943 (Einmarsch deutscher Truppen) bzw. 1946 (Vertrag mit Österreich) teilweise rückgängig gemacht wurden. Spannungen blieben und führten 1961 zu einer Attentatswelle gegen italienische Einrichtungen. Das Autonomiestatut von 1971/72 gewährt nun den Deutschen Südtirols sehr großzügige Minderheitenrechte, sodaß etwa der überwiegende Teil der Studierenden heute österreichische Universitäten besucht. Die 'nationalen' Konflikte haben gegenüber den fünfziger und sechziger Jahren stark abgenommen. Eine Besonderheit des Landes liegt darin, daß die Hauptstadt Bozen eine große italienische Bevölkerungsmehrheit hat.

Durch den Fremdenverkehr, aber auch durch eine leistungsfähige Industrie hat sich Südtirol modernisiert und ist von einem eher armen, landwirtschaftlich geprägten Gebiet zu einer der wohlhabendsten Regionen Italiens geworden.

Diesem sozialen und ökonomischen entspricht nicht unbedingt ein geistiger Wandel. Die dominierende Südtiroler Volkspartei hat es verstanden, die (legitime) Verteidigung der ethnischen Identität mit einer Verteidigung konservativer Positionen in allen Bereichen (besonders auch in der Kultur) gleichzusetzen; ein katholisches Pressemonopol hat sie darin unterstützt. Opposition war und ist zum Teil bis heute im regionalen Rahmen nur durch Anlehnung an italienische Parteien möglich. Seit den sechziger Jahren bilden auch die Studierenden eine oppositionelle Gruppierung. Ende der sechziger Jahre beginnt eine 'neue Literatur' in Südtirol zu entstehen, die sich den alten, heimattümelnden Mustern entzieht.

Seit den achtziger Jahren nähern sich, insbesondere mit dem Abtreten der alten Generation von Politikern, die Verhältnisse denen in Österreich und der Bundesrepublik Deutschland stärker an. Bei der mittleren und jüngeren Generation der Intellektuellen wächst die Offenheit gegenüber Italien und gegenüber den (immer noch wenig genutzten) Möglichkeiten der Zweisprachigkeit. Intellektuelle und Literaten wandern zum Teil nach Österreich und Deutschland ab.

Peter J. Brenner

Nachkriegsliteratur

Nach dem Zweiten Weltkrieg herrscht in der deutschen Literatur das Bedürfnis nach einem Neuanfang. Eine 'Stunde Null' hat es freilich nicht gegeben. Diese Metapher hat zwar für lange Zeit in Westdeutschland die Diskussion bestimmt und der westdeutschen Literaturentwicklung in den frühen Nachkriegsjahren ein spezifisches Selbstverständnis und eine gewisse Kohärenz verliehen. Faktisch sind die ersten Neuansätze der Literatur im Nachkriegsdeutschland jedoch dadurch gekennzeichnet, daß sie fast durchgehend hinter das Jahr 1945 zurückweisen. So sehr dieses Jahr in politischer, wirtschaftlicher und vielleicht auch in mentalitätsgeschichtlicher Hinsicht einen epochalen Umbruch markieren mag, so deutlich lassen sich in der Literatur Kontinuitäten feststellen, die über den 'Nullpunkt' hinausreichen. Das gilt sowohl für die literarische Entwicklung der drei Westzonen wie für die der sowjetischen Zone, auch wenn unter dem Druck äußerer Einflüsse die Literaturentwicklung höchst unterschiedlich verlief. Während im Westen das Nullpunkt-Bedürfnis sowohl die Literaturpolitik der Alliierten wie auch das literaturprogrammatische Denken beherrschte, wird im Osten zunächst ein programmatischer Neuanfang durch die Rückbesinnung auf das 'kulturelle Erbe' angestrebt.

'Verspätete Literatur' in den Westzonen

Unmittelbar nach dem Krieg treten in Westdeutschland Autoren mit Texten hervor, die noch während des 'Dritten Reiches' geschrieben worden sind. Es handelt sich um eine 'verspätete Literatur', die zur

Zeit des Nationalsozialismus nicht oder nur illegal publiziert werden konnte. Sie wurde geschrieben von Autoren, die sich in versteckter oder offener Opposition zum 'Dritten Reich' sahen und deren Texte noch etwas von diesem Selbstverständnis erkennen lassen, ohne daß sie aber unbedingt der ohnehin nur vagen Idee einer 'Inneren Emigration' verpflichtet gewesen wären. Von dieser unterscheiden sich die Texte der 'verspäteten Literatur' dadurch, daß sie der Entstehung nach ins 'Dritte Reich', der Wirkung nach aber in die Nachkriegszeit gehören, weil sie erst dann veröffentlicht werden konnten.

Einer der wichtigsten dieser Texte wurde von Werner Krauss (1900 – 1976) 1946 bei Klostermann in Frankfurt verlegt: der Roman *PLN. Die Passionen der halkyonischen Seele* (entst. 1943/44, Dr. 1946). Krauss war Nachfolger des 1935 vertriebenen Erich Auerbach auf dessen Marburger Romanistikprofessur und Widerstandskämpfer der 'Roten Kapelle'; er schrieb seinen Roman in den Jahren 1943/44 in verschiedenen Gefängnissen des 'Dritten Reiches'. Sein Interesse gilt dem Widerstand, der sich diesem Staat entgegenstellt. Der in dem Roman beschriebene 'Bund für unentwegte Lebensfreude' entzieht sich dem Allmachtsanspruch des Staates und schafft sich 'Inseln eines trotzigen Glückes' weniger durch politische Aktion als durch eine spezifische geistige Haltung. Der diktatorische NS-Staat erscheint hingegen nur in einer grotesken Allegorie. Die 1940 tatsächlich erfolgte Einführung der 'Postleitnummern' – dafür steht das Kürzel des Titels – , manifestieren den Allmachtsanspruch des Staates, der am Ende seine treuesten Diener wie den Postminister Schnipfmeier in sein diktatorisches Getriebe hineinzieht und vernichtet.

Krauss findet damit eine Form der Auseinandersetzung mit dem Schrecken des Nationalsozialismus, die zwar nicht direkt gewirkt haben dürfte, die aber symptomatisch ist für die literarische Bearbeitung dieses Themas in den frühen Nachkriegsjahren. Fast durchgehend verzichten die Autoren dieser Zeit auf eine realitätsnahe Schilderung des 'Dritten Reiches'. Stattdessen bedienen sie sich gerne literarischer Techniken, für die die Literatur der europäischen Moderne Pate gestanden hat. Schon bevor Franz Kafka (1883 – 1924) in den fünfziger und sechziger Jahren Einzug in die deutsche Literatur und literaturtheoretische Diskussion gehalten hat, lassen sich Kafkas Spuren in der Romanliteratur feststellen. Die Neigung zur surrealen Überhöhung einer Wirklichkeit, die sich mit den Mitteln realistischen Schreibens nicht bewältigen läßt, dominiert.

Sie kann freilich sehr verschiedene Ausformungen erfahren. Während sie bei Krauss einen deutlich ironisch gefärbten Gestus annimmt, der auch einen Einfluß Robert Musils (1880 – 1942) erkennen läßt, erscheint sie in Hermann Kasacks (1896 – 1966) *Stadt hinter dem Strom* (1947) in einer eher düsteren Variante. Der Roman wurde sehr viel stärker rezipiert als Krauss' *PLN*. Der erste Teil von Kasacks Roman ist noch während des 'Dritten Reiches' entstanden. Er beschreibt mit kafkaesker Unbestimmtheit das Leben in einem 'Zwischenreich' zwischen Leben und Tod, das deutliche Spuren der NS- und vor allem der Kriegswirklichkeit in Deutschland zeigt. Der zweite Teil des Romans, der nach dem Krieg entstand und im stilistischen Gestus deutlich vom ersten unterschieden ist, läßt sich als Reaktion auf die Sinnlosigkeitserfahrungen deuten: Kasack nimmt Anleihen auf bei westlichen und östlichen mystischen Philosophien, die der Gegenwart ein Sinnangebot vermitteln sollen. Dieser zweite Teil mag dem zeitgenössischen Rezeptionsbedürfnis in besonderem Maße entgegengekommen sein; als literarische Verarbeitung des Nationalsozialismus läßt er sich jedoch kaum begreifen. Er verweist aber auf die charakteristische Affinität dieser verspäteten Literatur zu einem religiösen, metaphysischen oder literarischen Eskapismus.

Seine religiöse Variante wird von Elisabeth Langgässer (verh. Hoffmann, 1899 – 1950) in ihrem Roman *Das unauslöschliche Siegel* (1946) realisiert. Langgässer entwirft ein Welt- und Geschichtsbild, das auf katholischen Prämissen beruht. Das unauslöschliche Siegel – die Taufe – wird zum Ausweis einer Gnade, die alle geschichtlichen Katastrophen überdauert; die in dem Roman beschriebene historische deutsch-französische Wirklichkeit der Jahre 1914 – 1945 wird in diesem Sinne religiös überhöht und in ihrer konkreten politischen Gestalt damit auch entwertet: Die Geschichte des getauften Juden Belfontaine ist Teil der Heilsgeschichte und nicht Teil der politischen Geschichte.

Diese Romane, die das Bild der westdeutschen Literatur in den ersten Nachkriegsjahren wesentlich bestimmt haben, zeugen von einer spezifischen Kontinuität, die über den Nullpunkt hinaus zurückreicht in das 'Dritte Reich'. Sie sind Dokumente einer Auseinandersetzung mit dem Nationalsozialismus, die nicht schon Vergangenheitsbewältigung ist, sondern den Versuch darstellt, die Literatur als ein Medium der Selbstbehauptung gegen den totalitären Staat zu benutzen.

Das gilt in ähnlicher Weise für die ersten Lyriksammlungen, die nach dem Krieg in Westdeutschland erscheinen. Werner Bergengruens (1892 – 1964) Gedichtsammlung *Dies Irae. Eine Dichtung* (1945), nach Auskunft des Autors 'geschrieben im Sommer 1944', ist noch ein Zeugnis der 'Inneren Emigration', das sich den Herausforderungen der Zeitgeschichte in metaphysischer Unschärfe nähert. Ähnliches gilt für die Sonette in Rudolf Hagelstanges (1912 – 1984) Sammlung *Venezianisches Credo* (1945). Sie sind bereits in Verona im April 1945 als Geheimdruck erschienen und wurden gleich nach dem Krieg in Deutschland aufgelegt. In Form und Inhalt repräsentieren sie den lyrischen Zeitgeist. Hagelstange sucht bewußt den Anschluß an klassische Gedicht- und Werttraditionen und erörtert auf dieser Grundlage in lyrischer Entrückung die zeitgeschichtlichen Erfahrungen von Krieg und Nationalsozialismus. Religiös bestimmt ist die Gedichtsammlung *Apokalypse* (1946) des katholischen Schriftstellers Reinhold Schneider (1903 – 1958), der mit seinem Roman *Las Casas vor Karl V. Szenen aus der Konquistadorenzeit* von 1938 zur 'Inneren Emigration' im engeren Sinne gehört hat. Der politischen Wirklichkeit wird eine religiöse Weltsicht gegenübergestellt, die aber politisches Handeln nicht ausschließt. Wenige Jahre später profiliert sich Schneider in öffentlichen Aufsätzen als einer der schärfsten Kritiker der Remilitarisierung, der er die Verantwortung des christlichen Gewissens gegenüberstellt.

Dezidiert politischen Inhalt haben hingegen viele der Gedichte in Albrecht Haushofers (1903 – 1945) *Moabiter Sonetten* (1946). Sie werden 1946 postum publiziert; entstanden sind sie im Gefängnis von Moabit, wo der vormalige außenpolitische Berater von Rudolf Heß wegen seiner Beteiligung am Attentat des 20. Juli inhaftiert war und auch erschossen wurde. Gunter Grolls wichtige Anthologie *De Profundis* (1946) beansprucht programmatische Bedeutung weniger im Sinne eines Neuanfangs als im Sinne der Vergegenwärtigung der Vergangenheit; sie versammelt vorwiegend Gedichte, die während des 'Dritten Reiches', in Konzentrationslagern und in der Wehrmacht, entstanden sind.

Die Gedichtsammlungen dieser frühen Nachkriegszeit erweisen sich bei allen formalen, thematischen und weltanschaulichen Unterschieden in ihren Grundintentionen als recht kohärent. Mit den Romanen teilen sie eine Neigung zur metaphysischen oder religiösen Weltdeutung; und formal zeigen sie eine deutliche Affinität zu den klassischen Traditionen der abendländischen Literatur. Besonders das Sonett erfährt wieder, wie schon in den Krisenzeiten des Barock und des ausgehenden 18. Jahrhunderts, eine unverhoffte Blüte.

Gegen diese Literatur ist später der Vorwurf erhoben worden, mit ihren eskapistischen Neigungen und dem Ausgriff ins Metaphysische habe sie sich der historischen und politischen Wirklichkeit ihrer Zeit entzogen und einen ersten Schritt zu jener Verdrängung gemacht, die sich im Bewußtsein der späteren Bundesrepublik mentalitätsgeschichtlich fest etablierte. Der Vorwurf ist nicht ganz unberechtigt. Diese Kritik an den Romanen und der Lyrik der ersten Nachkriegsjahre wird jedoch der Tatsache nicht ganz gerecht, daß es sich hier um eine Literatur handelt, die zum größten Teil während des 'Dritten Reichs' entstanden ist. Sie ist geprägt von der Schreibsituation, den Arbeitsbedingungen und den Lebensformen unter einer Diktatur.

Hinter dem metaphysischen Eskapismus oder der Flucht in die klassische Form bleibt in dieser 'verspäteten Literatur' thematisch die Gegenwart des 'Dritten Reiches' fast immer präsent. Am deutlichsten wird

dieser Doppelcharakter in den Gedichten Gottfried Benns (1886 –
1956); sie sind fast die einzigen, die in ihrer Wirkung die unmittelbare
Nachkriegszeit überdauert haben. Gottfried Benns Sammlung *Statische Gedichte* von 1948, in Zürich erschienen, ist eines der letzten
Zeugnisse der 'verspäteten Literatur'. Ihre Keimzelle sind die *Biographischen Gedichte*, die Gottfried Benn in den frühen vierziger Jahren
illegal drucken und verbreiten ließ. Ihr politischer Gehalt ist häufig
manifest; insbesondere das Gedicht *Monolog* von 1941, in dem 'er-
wählte Völker' als 'Narren eines Clown's' beschrieben werden, läßt an
politischer Deutlichkeit nichts zu wünschen übrig. Die Rezeptionsgeschichte speziell dieser Gedichte ist jedoch einen anderen Weg gegangen. Nicht das politische, sondern das 'statische' Moment wurde
sehr bald in den Vordergrund gerückt, eine Rezeptionshaltung, die
Benn selbst bewußt gefördert hat: 'Entwicklungsfremdheit ist die
Tiefe des Weisen' heißt es in dem Titelgedicht der *Statischen Gedichte*. Sein berühmter Marburger Vortrag *Probleme der Lyrik* von 1951
verdrängt die wirklichkeits- und geschichtsnahe Seite seiner eigenen
Lyrik schließlich zugunsten der Rezeption einer ästhetizistischen Moderne.

Die Bewältigung der Vergangenheit

In den ersten Nachkriegsjahren waren die Schrecken des Nationalsozialismus in der westlichen Öffentlichkeit durchaus präsent, wenn
auch nicht unbedingt in der Form, wie es die späteren germanistischen
Kritiker gewünscht hätten. Die direkte Auseinandersetzung wird zunächst weniger in der Literatur gesucht als vielmehr in essayistischen,
philosophischen und geschichtswissenschaftlichen Arbeiten. Auch hier
hat es eine 'verspätete Literatur' gegeben; bereits in der Emigration
haben deutsche Soziologen und Philosophen erste Entwürfe zur theoretischen Aufarbeitung des Nationalsozialismus vorgelegt. Ernst
Fraenkels (1898 – 1975) *The Dual State* wurde noch im 'Dritten

Reich' als eine der ersten soziologischen Analysen des Nationalsozialismus geschrieben und im amerikanischen Exil 1940 publiziert; Franz Neumann (1900 – 1956) analysiert in seinem *Behemoth* (1942) ebenfalls den totalitären Staat. Der Philosoph Ernst Cassirer (1874 – 1945) schreibt im amerikanischen Exil seinen *Myth of the State* (1946), der schon 1949 (ersch. u.d.T. *Vom Mythus des Staates*) übersetzt wurde; in mancher Hinsicht vergleichbar, aber wesentlich prominenter geworden ist die *Dialektik der Aufklärung* (1947) von Max Horkheimer (1895 – 1973) und Theodor W. Adorno (1903 – 1969), im amerikanischen Exil geschrieben und in Amsterdam 1947 veröffentlicht.

Diese und andere Auseinandersetzungen mit dem Nationalsozialismus aus der Emigration haben ihre Wirkung in der Frühphase der Nachkriegsgesellschaft verfehlt. Für die Diskussion entscheidend waren zunächst die Untersuchungen aus der westdeutschen Binnenperspektive. In seinem Buch über den *SS-Staat. Das System der deutschen Konzentrationslager* (1946) hat Eugen Kogon (1903 – 1987) erstmals und unüberholt das Material bereitgestellt, an dem die Diskussion nicht vorbeigehen konnte. Auch wenn Kogon in seinem Vorwort noch mit der theologischen Kategorie des 'Bösen' argumentiert, die die Diskussion bis hin zu Hannah Arendts (1906 – 1975) *Eichmann in Jerusalem. A Report of the Banality of evil* (1963) beherrschen wird, ist seine Studie doch weniger eine moralisierende Auseinandersetzung als vielmehr eine nüchterne Analyse, die sozialpsychologische, geschichtswissenschaftliche und politische Kategorien bereitstellt, um das Unbegreifliche greifbar zu machen. Kogon stand mit diesem Buch nicht allein; in den ersten fünf Jahren nach dem Krieg erschienen mehr als hundert autobiographische Schilderungen über die Konzentrationslager.

Neben den autobiographischen und wissenschaftlichen Arbeiten erschienen 1946 wichtige Essays, in denen auf verschiedene Weise der Versuch zur geistigen und moralischen Aufarbeitung der Vergangenheit unternommen wurde. Hans B. Gisevius' (1904 – 1974) Schilderung aus dem Innenleben der nationalsozialistischen Macht, *Bis zum bitteren Ende* (1946), hatte großen Erfolg, blieb aber wegen seines Autors, der Gestapo-Angehöriger, deutscher und amerikanischer Agent in Zürich und schließlich Widerstandskämpfer des 20. Juli war, umstritten; aber am heftigsten diskutiert wurde Karl Jaspers' (1883 – 1969) Studie über *Die Schuldfrage* (1946). Seine Ablehnung der 'Kollektivschuld' und sein Verweis auf die individuelle Verantwortlichkeit eines jeden einzelnen wird bis in die sechziger Jahre hinein diskutiert. Max Picard (1888 – 1965) schließlich unternimmt in seinem Buch über *Hitler in uns selbst* (1946) den Versuch einer sozialpsychologischen Erklärung des Nationalsozialismus und seiner Ursprünge in der Weimarer Republik. Diese und andere Studien zeugen vom Bedürfnis der unmittelbaren Nachkriegszeit, sich der Ursachen der Katastrophe zu vergewissern; sie zeigen in der Vielfalt ihrer Erklärungsansätze aber auch die Hilflosigkeit, mit der die Diskussion den Ereignissen der vergangenen zwölf Jahre gegenübersteht – für die historische Singularität des 'Dritten Reiches' stehen weder wissenschaftliche noch moralische Kategorien bereit.

Diese intensive Diskussion hat freilich auch ihre Grenzen; sie zeigen sich gerade in den literarischen Zeugnissen und Diskussionen. Hans Egon Holthusen (1913 – 1997) veröffentlicht im ersten Jahrgang der Zeitschrift *Die Wandlung* von 1945/46 sein Gedicht *Tabula rasa*, das eine geschmäcklerisch-exkulpatorische Haltung gegenüber Krieg und Nationalsozialismus pflegt. Der Umgang mit dem Neuanfang in der westdeutschen Öffentlichkeit läßt sich am deutlichsten vergegenwärtigen in der unterschiedlichen Aufnahme zweier signifikanter Dramen: Während Wolfgang Borcherts (1921 – 1947) *Draußen vor der Tür* (1947) mit seiner allegorisierenden und letztlich unverbindlichen Thematisierung der Schuldfrage ein großer Erfolg wird, verschwindet Günther Weisenborns (1902 – 1969) Stück *Die Illegalen. Drama aus der deutschen Widerstandsbewegung*, uraufgeführt 1946, nach einigen Anfangserfolgen aus dem öffentlichen Bewußtsein. Dieses Drama, „niedergeschrieben als Denkmal der Schafott-Front" und leicht episierend im Stile Brechts angelegt, rührt an ein Unbehagen, das einer breiten Rezeption entgegenstand. An den Widerstand gegen Hitler zu erinnern, dem auch Weisenborn als Mitglied der 'Roten Kapelle' angehörte, war bald nicht mehr opportun. Noch deutlicher sichtbar wird dieses Unbehagen im Umgang mit den literarischen Emigranten. Die 'große Kontroverse', die um die Rückkehr Thomas Manns (1875 – 1955) geführt wurde, wirft ein Schlaglicht auf die geistige Situation dieser Zeit. Frank Thieß (1890 – 1977) hat sich zum Wortführer gegen die Emigranten gemacht und eine Auffassung ausgesprochen, die von vielen geteilt und von Gottfried Benn in einem privaten Brief vom 19.3.1945 an Oelze bündig vorweggenommen wurde: „Wer über Deutschland reden und richten will, muss hier geblieben sein."

Nullpunkt, Kahlschlag, Trümmerliteratur

Die 'verspätete Literatur', deren Wurzeln noch im 'Dritten Reich' liegen, wird bald abgelöst von einer neuen Literatur, die sich in bewußter Abkehr von den Auseinandersetzungen um den Nationalsozialismus um einen Neuanfang bemüht. Hier hat der Mythos vom Nullpunkt seinen Ursprung. In seiner literarischen Variante wird er in programmatischen Schriften entwickelt, die zwischen 1946 und 1952 entstehen.

Einen ersten Ansatz zur reflexiven Selbstbesinnung der Schriftsteller auf ihre Möglichkeiten und Aufgaben unternimmt Gustav René Hocke (1908 – 1985) in seinem Aufsatz *Deutsche Kalligraphie oder: Glanz und Elend der modernen Literatur*, der im November 1946 in der Zeitschrift *Der Ruf* erschien. In dieser programmatischen Schrift zeichnet Hocke die eine Linie vor, welcher die Diskussion um die Literatur in Westdeutschland folgen wird. Er fordert ein realistisches Schreiben, das sich der Wirklichkeit stellt und damit jenes kalligraphische Schreiben ablösen soll, das in Deutschland allein unter der Diktatur möglich gewesen sei: Sein Ziel ist die „reine Übereinstimmung von Aussage und Wirklichkeit" [vgl. 123, *S. 79 f.*]. Dieses Programm findet seinen letzten Ausläufer in Heinrich Bölls (1917 – 1985) *Bekenntnis zur Trümmerliteratur*, erschienen in *Die Literatur* vom 15.5.1952. Fast schon im Rückblick verteidigt Böll seine eigene Schreibweise gegen die erneut erhobenen Forderungen nach einer wirklichkeitsabgewandten Literatur, welche die Welt durch eine 'rosarote Brille' sieht. Gefordert werde eine Poesie der Verklärung, „die die Realität der Abbilder, der Abziehbilder durchstößt und ins Irreale fortschwebt." Bölls Kritik ist gleichermaßen rückwärtsgewandt wie gegenwartsbezogen. Er sieht in der Bundesrepublik Tendenzen wirksam werden, die von der Literatur ebenso kritisch beschrieben werden müssen wie die jüngste Vergangenheit: Die Übermacht der Verwaltung sei die Tendenz, der die Literatur entgegenwirken müsse.

Die literarische Version dieses von Böll angegriffenen Eskapismus wird etwa von Ernst Kreuder (1903 – 1972) vertreten. Auch er ist unmittelbar nach dem Krieg, 1946, mit einem viel gelesenen Roman hervorgetreten: *Die Gesellschaft vom Dachboden*. Der Roman liest sich als heitere Variante zur düsteren Welt von Kasacks *Stadt hinter dem Strom* und von Krauss' *PLN*. Die Gesellschaft, die sich bezeichnenderweise auf dem Dachboden – und nicht, wie in der Nachkriegsliteratur üblich, in einem Keller – etabliert, entwirft ein romantisches Gegenprogramm zur herrschenden Wirklichkeit. Dagegen ist Böll bemüht, sein Programm der 'Trümmerliteratur' literarisch zu realisieren. In seinen ersten Kurzgeschichten und Romanen wird auf unprätentiöse Weise die Alltagswirklichkeit der Zeitgenossen dargestellt und zugleich unter einer moralischen Perspektive bewertet. Seine Themen sind der Krieg und die Nachkriegszeit; seine erste Buchveröffentlichung, die längere Erzählung *Der Zug war pünktlich* von 1949, bemüht sich um Wirklichkeitsnähe, zeigt mit ihren Vertrauen auf humanistische und religiöse Werte aber noch charakteristische Eigenheiten der 'verspäteten Literatur', die Böll eigentlich überwinden wollte.

Zwischen Hockes programmatischem Aufruf und Bölls retrospektiver Verteidigung der eigenen Schreibweise entfaltet sich jene Literatur, die in diesen Jahren den Anspruch erhob, einen Neuanfang darzustellen. Ihr Schlagwort hat Wolfgang Weyrauch (1904 – 1980) 1949 im Nachwort zu seiner Prosa-Anthologie *Tausend Gramm* (1949) mit der Formel vom 'Kahlschlag' gefunden: „Die Kahlschlägler fangen in Sprache, Substanz und Konzeption von vorn an." Freilich belegt Weyrauch selbst entgegen diesem Programm die Kontinuität über den Nullpunkt hinweg: Während des 'Dritten Reiches' hatte er Erzählungen publiziert und auch schon eine Prosa-Anthologie *Junge deutsche Prosa* (1940), den *Tausend Gramm* vergleichbar, herausgegeben.

Die Rolle der Sprache in der Ideologie des Nationalsozialismus ist früh erkannt worden; 1957 erschien unter dem schlagwortbildenden Titel *Aus dem Wörterbuch des Unmenschen* von Dolf Sternberger (1907 – 1989), Gerhard Storz (geb. 1898) und Wilhelm E. Süskind (1901 – 1970) eine erste Analyse nationalsozialistischer Sprache; 1947 publiziert der im 'Dritten Reich' verfolgte Romanist Victor Klemperer (1881 – 1960) seine privaten Sprachimpressionen unter dem Titel *LTI - Lingua Tertii Imperii*. Die Auseinandersetzung mit der Sprache bleibt auch in der Literaturdiskussion um den 'Kahlschlag' ein beherrschendes Thema. Im Nachwort zu *Tausend Gramm* führt Weyrauch jenen modellbildenden Text an, der am Ende als einziges Beispiel einer solchen radikalen Kahlschlagliteratur gelten konnte – es ist bezeichnenderweise ein Gedicht: Günter Eichs (1907 – 1972) *Inventur*, das zuerst in der Sammlung von Gedichten deutscher Kriegsgefangener erschienen ist, die Hans Werner Richter (1908 – 1993) 1947 unter dem Titel *Deine Söhne, Europa. Geschichten deutscher Kriegsgefangener* herausgegeben hatte.

Insbesondere in sprachlicher Hinsicht hat sich das Kahlschlagprogramm als wenig fruchtbar erwiesen. Die radikale Minimalisierung der Sprache erwies sich nicht als der geeignete Weg zur Überwindung der nationalsozialistischen Sprachverwüstung. Am deutlichsten wird dies bei Wolfgang Borchert. Er hat 1947 in seiner kleinen Programmschrift *Das ist unser Manifest* das Paradox der Nachkriegssprache beschrieben, wenn auch nicht erkannt: Wir brauchen Dichter, die „zu Baum Baum und zu Weib Weib sagen und ja sagen und nein sagen",

fordert er, um im gleichen Atemzug diesem nüchternen Sprachpro-
gramm „den erregten, verrückten und hektischen, den hemmungslosen" Rhythmus des Jazz zu verschreiben. Die rhetorische, bombasti-
sche und emotionalisierte Propagandasprache des Nationalsozialismus
ist auch in der Kahlschlagliteratur noch längst nicht überwunden; vor
allem in Borcherts Heimkehrerdrama *Draußen vor der Tür* läßt sich
das Nachwirken eben dieser Sprache zeigen.

Einen anders gelagerten und politisch bewußteren literarischen Neuansatz unternimmt die 'junge Generation' in jener lockeren Gruppierung, die sich um die Zeitschrift *Der Ruf. Unabhängige Blätter der
jungen Generation* (1, 1946/47 – 4, 1949) zusammengefunden hat und
aus der später die Gruppe 47 hervorgehen wird. Auch dieser Neuansatz reicht hinter das Jahr 1945 zurück; die Vorläuferzeitschrift des
Ruf wurde mit amerikanischer Unterstützung im Kriegsgefangenenla-
ger Camp Ellis seit 1944 entwickelt und herausgegeben; sein endgül-
tiges Gesicht erhielt der *Ruf* dann unter der Redaktion von Alfred
Andersch (1914 – 1980) und Hans Werner Richter.

Die im Umfeld des *Ruf* publizierenden Autoren unternehmen den Versuch, zunächst in politischer und philosophischer Hinsicht den Anschluß an die westliche Entwicklung zu finden und eine Literatur aufzubauen, die diesen Prinzipien folgt. Zunächst wird die amerikanische
Literatur der Zwischenkriegszeit, Ernest Miller Hemingway (1899 –
1961) und die *lost generation*, aufgegriffen. Charakteristisch ist Walter Kolbenhoffs (eigtl. W. Hoffmann, 1908 – 1993) 1946 in amerikanischer Kriegsgefangenschaft geschriebener und im Stockholmer Bermann Fischer-Verlag 1946 erschienener Roman *Von unserm Fleisch
und Blut*, der zu den sehr seltenen Texten dieser Zeit gehört, die den
Krieg thematisieren. Auch hier wieder ist das Bemühen erkennbar, einen realistischen und wirklichkeitsnahen Stil zu finden, zugleich sind
aber auch expressionistische Einflüsse erkennbar.

Bei Andersch und im *Ruf* verbindet sich dieser Schreibgestus mit der
Rezeption französischer zeitgenössischer Philosophie. Der aus dem
Geist der *Résistance* geborene französische Existenzialismus eines

Jean-Paul Sartre (1905 – 1980) und eines Albert Camus (1913 – 1960) liefert das philosophische Fundament, auf dem die neuen realistischen Schreibweisen aufbauen wollen; vor allem Sartres Dramen mit *Résistance*-Thematik, *Les mouches* (UA 1943, dt.: *Die Fliegen*, 1947) und *Les mains sales* (UA 1948, dt. *Die schmutzigen Hände*, 1949), werden in Deutschland aufmerksam wahrgenommen.

Eine generelle Bestandsaufnahme der deutschen Literatur vor diesem Hintergrund unternimmt Alfred Andersch in seinem Essay *Deutsche Literatur in der Entscheidung. Ein Beitrag zur Analyse der literarischen Situation* (1948). Der Schriftsteller, so lautet sein Fazit, muß sich der Einsicht stellen, daß „uns nichts bleibt als die schlechthinnige Existenz des Menschen"; und er muß seine persönliche Entscheidung für die menschliche Freiheit treffen. Hier ist der Einfluß Sartres deutlich spürbar, der auch in Anderschs späterem Bericht über seine Desertion, *Die Kirschen der Freiheit. Ein Bericht* (1952), weiter nachwirken wird. Andersch und die Autoren des *Ruf* fordern einen sozialistischen Humanismus, der die Beschränkungen der westlichen Demokratien ebenso überwindet wie den Dogmatismus des stalinistischen Kommunismus. Dieser Versuch, einen dritten Weg zwischen West und Ost zu finden, ist gescheitert. Sein Programm dokumentiert aber noch einmal eindringlich, was unter dem Eindruck der späteren Entwicklung in Vergessenheit zu geraten droht: Erst in den fünfziger Jahren hat sich die entschiedene Politik Adenauers zur Westbindung endgültig durchgesetzt; in den ersten Nachkriegsjahren wurde hingegen noch der Versuch unternommen, sowohl literarisch wie politisch und auch philosophisch eigene Wege zu finden.

Es ist inzwischen nachgewiesen, daß die Rede vom Nullpunkt eine bewußte Mystifikation darstellt. Der 'Nullpunkt'-Mythos ist die konsequente Umkehrung des Mythos vom totalitären Staat des 'Dritten Reiches'. Die von den Nationalsozialisten selbst propagierte und nach dem Krieg gerne akzeptierte Vorstellung vom monolithischen Staat, der alle geistigen und kulturellen Regungen seiner Ideologie und seinem Diktat unterwarf, hat die Illusion ermöglicht, mit dem Verschwinden dieses Staates sei die Situation eines radikalen Neuanfangs gegeben. Tatsächlich jedoch bot das überkomplizierte Geflecht der Literaturlenkung im 'Dritten Reich' mit seinen vielfältigen und teilweise konkurrierenden Entscheidungsinstanzen vielen 'nichtnationalsozialistischen' Schriftstellern weiterhin die Gelegenheit zur Publikation; sie sicherten eine Kontinuität, die über die Epochenjahre 1933 und 1945 hinwegreichte.

An diese Kontinuität knüpft die Literaturentwicklung nach 1945 programmatisch wie biographisch unmittelbar an. Nach dem Krieg sind die Autoren jener 'jungen Generation' der zwischen 1900 und 1914 geborenen Schriftsteller wieder präsent, die überwiegend schon gegen Ende der Weimarer Republik hervorgetreten waren und auch nach 1933 publizieren konnten: Günter Eich schrieb und realisierte auch während des 'Dritten Reiches' Hörspiele, Erich Kästner (1899 – 1974) war als Filmautor tätig, Wolfgang Koeppen (1906 – 1996) publizierte 1934 *Eine unglückliche Liebe* und 1935 *Die Mauer schwankt* und konnte zwischen 1935 und 1941 im *Berliner Tageblatt* und der *Kölnischen Zeitung* Erzählungen publizieren, Alfred Andersch veröffentlichte 1944 ebenfalls in der *Kölnischen Zeitung* seine erste Erzählung, und auch die Naturlyriker der literarischen Gruppierung 'Kolonne' aus der Weimarer Republik wie Elisabeth Langgässer oder Wilhelm Lehmann (1882 – 1968) haben während des 'Dritten Reiches' ihre Gedichte vorgelegt. Schließlich war auch insbesondere die moderne amerikanische und englische Literatur im 'Dritten Reich' in deutscher Übersetzung leicht zugänglich.

Ein wirklich radikaler Neuansatz findet sich kaum einmal. Eine der wenigen Ausnahmen stellt Arno (Otto) Schmidt (1914 – 1979) dar, der auf eigene und verquere Weise den Anschluß an die Literatur der Moderne, insbesondere des Expressionismus, sucht. Mit seiner Erzählung *Leviathan oder Die Beste der Welten* (entst. 1946, Dr. 1949) gehört er tatsächlich zu den ersten Autoren neben Kolbenhoff und Heinrich Böll, die in der westdeutschen Literatur den Krieg thematisieren. Stofflich wie stilistisch geht er ungewohnte Wege, die vom deutschen

Publikum bis in die siebziger Jahre hinein nicht gewürdigt werden. Dominierend ist schon in den drei Erzählungen des *Leviathan*-Bandes – neben der Titelerzählung die Antike-Erzählungen *Gadir oder Erkenne dich selbst* und *Enthymesis oder W.I.E.H.* – ein pessimistisches Welt- und Geschichtsbild, das dann sich ausdrücklich auf Arthur Schopenhauer (1788 – 1860) beruft. Die folgenden Romane setzen das Konzept fort: *Brand's Haide* von 1951 schildert den Alltag der ersten Nachkriegsjahre; *Schwarze Spiegel* (1951) ist die Vision einer untergegangenen Welt nach dem Atomkrieg, und *Aus dem Leben eines Fauns* (1953) schließlich beschreibt den Alltag im 'Dritten Reich'. Allem Realismus und Pessimismus zum Trotz finden sich aber auch bei Schmidt die Eskapismus-Tendenzen als Fluchtphantasien wieder. Die Literaturgeschichte bleibt ein stets verfügbares Refugium für die jeweiligen Erzähler; in der menschenleeren Welt der *Schwarzen Spiegel* kann er sich ebenso heimisch einrichten wie in der Waldhütte des *Fauns*.

Außeneinflüsse: Amerikanische Literaturpolitik

Die Literaturentwicklung der Nachkriegszeit war in allen vier Besatzungszonen von direkten politischen Einflußnahmen bestimmt. Die Alliierten – noch ohne Frankreich – hatten bereits im 'Potsdamer Abkommen' vom Sommer 1945 die Leitlinien der Besatzungspolitik festgelegt: „Demilitarisierung, Denazifizierung, Demontage, Demokratisierung" [vgl. 7, *S. 40*]. Die Erziehungs- und Kulturpolitik spielte als *re-education*-Programm besonders in der amerikanischen Zone eine zentrale Rolle. Der literatur-, theater- und kulturpolitische Teil des *re-education* Programms wurde in der amerikanischen Zone von der 'Information Control Division' durchgeführt, die aus der 'Psychological Warfare Division' hervorgegangen war; ihr gehörten etliche deutsche Emigranten, wie der nachmalige DDR-Schriftsteller und Bundestagsabgeordnete des vereinten Deutschland Stephan Heym (eigtl. Helmut Flieg, geb.1913) oder Hans Habe (urspr. János Békessy, 1911 – 1977), an. Die Politik der ICD folgte einer klaren Linie im Sinne des Potsdamer Abkommens: Sie zielte auf die Verhinderung der Produktion und Verbreitung nationalsozialistischer, rassistischer und militaristischer und auf die Förderung demokratischer Literatur.

Die amerikanische Literatur- und Kulturpolitik bediente sich dezidiert der Techniken der administrativen Literaturlenkung. Der unmittelbaren Verbotspolitik, die gesteuert wurde durch Papierzuteilungen und Lizenzerteilungen, stand eine Politik der Förderung erwünschter Literatur gegenüber. Es wurde versucht, in den Westzonen das Ideal des *American way of life* zu propagieren; zu den ersten Texten, die in Deutschland wieder publiziert wurden, gehörten Benjamin Franklins (1706 – 1790) Autobiographie sowie Biographien über Thomas Jefferson (1743 – 1826). Daneben wurden literarische Werke und auch insbesondere Theaterstücke gefördert, die die amerikanische Lebenswirklichkeit in einer mehr oder weniger idealisierten Form darstellten wie etwa die Stücke Thornton Wilders (1897 – 1975). Sein Drama *The Skin of Our Teeth* von 1942, das in Deutschland unter dem programmatischen Titel *Wir sind noch einmal davongekommen* (UA 1944) seit 1946 gespielt wurde, war einer der größten Theatererfolge im Deutschland dieser Zeit – wahrscheinlich gerade deshalb, weil es eine fiktive Nullpunkt-Situation unter völlig apolitischen Vorzeichen beschreibt, indem es sie in allgemein menschheitsgeschichtliche Dimensionen entrückt und zudem noch einen guten Ausgang verspricht.

Das Jahr 1948 bedeutet für die Literatur- und Kulturentwicklung einen wichtigeren Einschnitt als die Gründung der beiden deutschen Staaten im Folgejahr. Die Währungsreform entzieht dem Literaturmarkt die finanzielle Grundlage, was besonders gravierende Auswirkungen auf das Theater und die Kulturzeitschriften hatte. 1948 bricht auch der Ost-West-Konflikt offen aus, der mit der Berlinblockade 1948/49 seinen ersten Höhepunkt erreicht; damit wird auch die Literatur in den Kalten Krieg hineingezogen. Zum Antifaschismus tritt der Antikommunismus als kulturpolitische Leitlinie in der amerikanischen Zone. George Orwells (eigtl. Eric Arthur Blair, 1903 – 1950) *Animal Farm* (1945, dt.: *Farm der Tiere*) wird Ende 1947 in diesem Kontext ebenso gefördert wie die antistalinistischen Abrechnungsschriften Arthur Koestlers (1905 – 1983).

Die amerikanische *re-education*-Politik hat in Deutschland kaum Akzeptanz gefunden. Ihren deutlichsten Ausdruck findet diese Tatsache in Ernst von Salomons (1902 – 1972) voluminösem autobiographischen Bericht *Der Fragebogen* (1951), der zu den erfolgreichsten Büchern der Bundesrepublik in dieser frühen Phase gehört. Der Titel bezieht sich auf jenen Fragebogen, mit dem in den Westzonen die Aufarbeitung des Nationalsozialismus durch 'Entnazifizierung' betrieben werden sollte. Mit ironischer Süffisanz mokiert sich Salomon über diese technokratische Variante von Politik, und ziemlich unverblümt bekennt er sich zu seiner eigenen Biographie, die ihre Wurzeln in den nationalrevolutionären Bestrebungen der Weimarer Republik hatte und die das 'Dritte Reich' zwar ablehnt, in ihm aber kaum mehr als einen harmlosen Unglücksfall der deutschen Geschichte sehen kann. Der große Erfolg von Salomons Roman zeigt, daß er damit das Bewußtsein der Zeitgenossen getroffen hat.

Die Literatur in der sowjetischen Besatzungszone

Der Neuanfang der Literatur in der sowjetischen Zone entfaltete sich unter anderen Prämissen, die doch so ganz anders nicht waren. Tatsächlich zeigen sich deutliche strukturelle Ähnlichkeiten mit der Literaturentwicklung in den Westzonen, inhaltlich ist die Literatur- und Kulturpolitik in der sowjetischen Zone jedoch von vornherein anders angelegt gewesen. Auffällig ist zunächst, daß es nicht, wie in Westdeutschland, eine Autorengruppe gegeben hat, die sich durch das Selbstverständnis definierte, eine 'junge Generation' zu repräsentieren. Stephan Hermlin (eigtl. Rudolf Leder, 1915 – 1997) hat sich 1947, nach der Rückkehr aus der Emigration und nach seiner Übersiedlung von Frankfurt am Main in den Ostteil Berlins, in der Zeitschrift *Der Aufbau* programmatisch unter dem Titel *Wo bleibt die junge Dichtung?* dazu geäußert. Der Unterschied dieser Ausführungen zu den Diskussionen im Westen ist symptomatisch. Hermlin teilt mit den westlichen Programmatikern von Hocke bis Böll die Abneigung gegen jede Form 'kalligraphischer' Dichtung, betont aber sehr viel stärker die politische Verpflichtung des Schriftstellers. Die Schriftsteller werden aufgefordert, für die Freiheit in einem konkreten sozialen und politischen Sinne zu kämpfen, nicht in einem abstrakten existentialistischen oder metaphysischen. Hermlins Forderung, einer jungen Generation in der deutschen Literatur den Weg zu bereiten, richtet sich deshalb weniger an die einzelnen Autoren als vielmehr an den Staat, der aufgefordert wird, institutionelle Voraussetzungen für eine neue Literatur zu schaffen.

Hermlin beschreibt damit die Situation, wie sie in diesen Jahren faktisch in der SBZ gegeben war. Auch die Literatur der Ostzone ist von Anfang an eine von der 'Sowjetischen Militäradministration Deutschlands' (SMAD) 'gelenkte Literatur'. Die programmatischen, institutionellen und personellen Grundlagen für diese Lenkung wurden bereits vor 1945 geschaffen. 1943 wurde in der Nähe Moskaus das 'Nationalkomitee Freies Deutschland' gegründet, dem mit Walter Ulbricht (1893 – 1973) und Wilhelm Pieck (1876 – 1960) führende spätere DDR-Politiker angehörten, in dem aber auch von Anfang an Schriftsteller wie Willi Bredel (1901 – 1964), Erich Weinert (1890 – 1953), Johannes R. Becher (1891 – 1958) und Kulturpolitiker wie Anton Ackermann (eigtl. Eugen Hanisch, 1905 – 1973) eine wesentliche Rolle spielten. Unter der faktischen und später auch der formellen Leitung von Johannes R. Becher wurde im Exil eine Literaturkonzeption begründet, die unmittelbar nach dem Krieg zügig und unter dem Schutz der SMAD realisiert wurde. Die programmatischen Diskussionen, die in diesem Umfeld geführt und schließlich auch institutionell umgesetzt wurden, unterscheiden sich deutlich von der Nullpunkt-Zentrierung der Literaturprogrammatik in den Westzonen. An die Stelle des Neuanfangs tritt die Berufung auf das 'Erbe' der klassischen Traditionen deutscher Kultur. Wilhelm Pieck hat das Konzept in seiner Rede *Um die Erneuerung der deutschen Kultur* auf der ersten zentralen Kulturtagung der KPD in Berlin im Februar 1946 formuliert. Er fordert die Kulturpolitiker auf, die Voraussetzungen dafür zu schaffen „daß nun wirklich einmal die erhabenen Ideen der Besten unseres Volkes" realisiert werden.

Dieses Programm folgt den Vorgaben der Volksfront-Konzeption, wie sie 1935 von der 'Komintern' zur Bekämpfung des Hitlerregimes offiziell proklamiert wurde. Der kleinste gemeinsame Nenner des Humanismus und Antifaschismus erlaubt ein sehr weites Literaturkonzept, das vielen Strömungen Platz bietet. Tatsächlich stellt sich die Literaturpolitik der ersten Jahre in der SBZ liberaler dar als die *re-education*-Politik in den Westzonen. Die recht generöse Durchsetzung der 'Erbe'-Konzeption mag auch darin ihren Grund gehabt haben, daß die sowjetischen Kulturoffiziere der SMAD über einen Bildungshorizont verfügten, der wesentlich von der deutschen Kulturtradition geprägt war.

Administrativ umgesetzt wird das Programm zunächst durch die Etablierung von kulturellen Institutionen unter deutscher Leitung; das ist ein signifikanter Unterschied zur westlichen Kulturpolitik. Im Juli 1947 wird „Der Kulturbund zur demokratischen Erneuerung Deutschlands" unter der Federführung Johannes R. Bechers gegründet. Im 1945 gegründeten Aufbau-Verlag und der gleichnamigen Zeitschrift konzentrieren sich die Bemühungen um die Pflege des kulturellen Erbes. Zu den ersten Büchern, die in der sowjetischen Zone verlegt wurden, gehörten die Werke Goethes, Schillers, Heines, Büchners und Fontanes; mit einer Aufführung von Lessings *Nathan* im September 1945 wird das 'Deutsche Theater' in Berlin wiedereröffnet.

Während die Kulturpolitik der ersten Jahre in der SBZ noch auf Integration angelegt war, zeigen sich beim berühmten Berliner Schriftstellerkongreß vom Oktober 1947 die ersten Anzeichen einer Separierung zwischen der östlichen und westlichen Literaturentwicklung. Elisabeth Langgässer und Johannes R. Becher stellen einander ausschließende Literaturkonzepte vor. Langgässer plädierte für die Autonomie der Dichtung und ihren Rückzug aus der Politik, Becher betont die gesellschaftliche Verpflichtung der Schriftsteller.

Die Rückkehr der Emigranten

Von großer Bedeutung für die Entwicklung der ostdeutschen Literatur ist neben den programmatischen Konzeptionen die Rückkehr der Emigranten. Tatsächlich ist unmittelbar nach dem Krieg nur ein einziger Schriftsteller von internationaler Reputation in eine der Westzonen zurückgekehrt: Alfred Döblin (1878 – 1957), der in Baden-Baden als *Chargé de mission à la Diréction de l'Education publique* im Dienste der französischen Militärregierung tätig war. Mit seiner Zeitschrift *Das Goldene Tor. Monatsschrift für Literatur und Kunst* (1, 1946 – 6, 1951) übte er auch indirekt großen Einfluß auf die literarische Entwicklung aus; dennoch kehrte er 1953 verbittert wieder in seinen Exilort Paris zurück.

Die Ostzone hingegen zeigte eine sehr viel größere Anziehungskraft auf die Remigranten. Zunächst waren es die marxistischen Autoren, die den stalinistischen Terror ihres Moskauer Exils überlebt haben: Johannes R. Becher, Willi Bredel, Erich Weinert, Alfred Kurella (1895 – 1975), Friedrich Wolf (1888 – 1953). Der stalinistischen Säuberungspolitik fielen hingegen neben anderen die Schriftsteller Ernst Ottwalt (eigtl. E. Gottwalt Nicolas, 1901 – 1943) und Herwarth Walden (eigtl. Georg Lewin, 1878 – 1941) sowie die Schauspielerin Carola Neher zum Opfer.

Zu den Remigranten aus anderen Exilländern gehören Stefan Heym, Bertolt Brecht (1898 – 1956) – der freilich seinen österreichischen Paß behielt – und vor allem Anna Seghers (1900 – 1983), die neben

Johannes R. Becher als Vizepräsidentin des 'Kulturbundes' und als Präsidentin des Schriftstellerverbandes der DDR von 1952 – 1978 eine wichtige Funktion in der DDR-Literaturpolitik wahrnehmen sollte. Neben dieser realen Remigration in die sowjetische Zone hat es auch eine Art fiktiver Remigration gegeben: Emigranten wie Lion Feuchtwanger (1884 – 1958), Heinrich Mann (1871 – 1950), Leonhard Frank (1882 – 1961) und Oskar Maria Graf (1894 – 1967) waren mit ihren Werken in der sowjetischen Zone durch Neuauflagen vertreten und genossen dort hohes Ansehen.

Einer der ersten und wichtigsten Texte der neu entstehenden Literatur in der sowjetischen Besatzungszone wurde von einem Moskauer Emigranten vorgelegt: Es handelt sich um Theodor Plieviers (1892 – 1955) *Stalingrad* von 1945. Plievier war bereits in der Weimarer Republik – unter dem Pseudonym Plivier – durch seinen kriegskritischen Roman *Des Kaisers Kulis. Roman der deutschen Kriegsflotte* (1929) hervorgetreten. Im Moskauer Exil erhielt er den Auftrag zur Niederschrift eines Kriegsromans und die Möglichkeit, Einsicht in entsprechende Materialien zu nehmen. Die erzählerische Integration von historischen Dokumenten in die intensive Schilderung von Einzelschicksalen und der Verzicht auf jedes heroisierende Pathos erlauben es Plievier, in diesem Roman und den Folgeromanen *Moskau* (1952) und *Berlin* (1954) eine literarische Aufarbeitung des Krieges zu geben, die ohne Beispiel in der deutschen Literatur der Nachkriegszeit bleiben wird; die späteren Kriegsromane der Bundesrepublik wie vor allem *Die sterbende Jagd* (1953, Teildr. 1945) des vormaligen NS-Autors Gerd Gaiser (1908 – 1976) wirken demgegenüber wie neuerliche heroisierende Einübungen in den Militarismus.

Auch Anna Seghers tritt nach dem Krieg mit einem großen Roman hervor, der seine Wurzeln in ihrem mexikanischen Exil hat. 1947 war sie in die sowjetische Zone zurückgekehrt und publiziert 1949 – im westdeutschen Suhrkamp Verlag – den Roman *Die Toten bleiben jung*. Es ist die Abrechnung mit der Epoche von 1918 bis 1945, die in einer Familiengeschichte vergegenwärtigt wird. In panoramatischer

Breite schildert sie die gewaltsame Unterdrückung kommunistischer Opposition von der Novemberrevolution bis zum Jahre 1945; der Darstellung liegt die 1935 formulierte offizielle Faschismus-Definition der 'Komintern' zugrunde. Die beiden Romane von Plievier und Seghers sind wichtige Marksteine in der deutschen Literaturentwicklung der Nachkriegszeit. Sie versuchen, was in diesen Jahren im Westen nicht unternommen wurde: die literarische Vergegenwärtigung und Aufarbeitung der katastrophalen jüngsten deutschen Vergangenheit.

Neben diesen beiden großen Werken finden sich in der Prosaliteratur dieser Zeit Versuche, unmittelbar an die proletarisch-revolutionäre Literatur der Weimarer Republik anzuknüpfen. Willi Bredel, der in den dreißiger Jahren bereits mit Arbeiterromanen hervorgetreten war, gibt wie Anna Seghers eine Epochendarstellung in Form einer Familienchronik. Seine Romantrilogie *Verwandte und Bekannte* beginnt mit dem 1943 in Moskau erschienenen Roman *Die Väter*, der zweite Band erschien 1945 unter dem Titel *Die Söhne*, und die Trilogie wurde 1953 mit *Die Enkel* geschlossen. Neben diesen klassenbewußten Arbeiterromanciers, zu denen auch Adam Scharrer (1889 – 1948) gehörte, wirkt ein populärer Autor in der SBZ-Literatur wie ein Außenseiter: Hans Fallada (eigtl. Rudolf Ditzen, 1893 – 1947), der sowohl in der Weimarer Republik wie auch im 'Dritten Reich' große Erfolge erzielen konnte, publiziert 1947 seinen Widerstandskämpfer-Roman *Jeder stirbt für sich allein*. Fallada bleibt ein Grenzfall; er gehört zu den ganz wenigen erfolgreichen Autoren, die auch während des 'Dritten Reichs' in Deutschland geblieben waren und nach dem Krieg in der SBZ publizieren konnten.

Neben der Prosaorientierung der SBZ-Literatur bleibt die Lyrik eine randständige Gattung. Der vormalige expressionistische und dann marxistische Lyriker Johannes R. Becher ist zunächst kulturpolitisch tätig, seine erste Gedichtsammlung nach dem Krieg erscheint unter dem Titel *Glück der Ferne, leuchtend nah* erst 1951. Das darin enthaltene Gedicht *Der Staat* läßt schon die Neuorientierung der DDR-

Literatur erkennen: „Ein Staat, der so geliebt wird und geehrt/Ist unser Staat, und dieser Staat sind Wir". Stephan Hermlin veröffentlicht 1947 seine preisgekrönten *Zweiundzwanzig Balladen,* in die Texte aus früheren Sammlungen eingehen. Thematisch meist um das Thema der 'Stadt' zentriert, beschreibt Hermlin die Zerstörungen des Krieges. 1951 erscheint mit der Datierung 'Sommer 1949' die Ballade *Die Asche von Birkenau* als einer der wenigen Versuche neben Paul Celans (eigtl. Antschel, rumän. Anczel, 1920 – 1970) *Todesfuge* (entst. 1945, Dr. zuerst u.d.T. Tango-ul mortii, 1947), die Schrecken der Konzentrationslager in eine lyrische Form zu fassen.

Auf dem Weg zum 'sozialistischen Realismus'

Parteilyrik im engeren Sinne publiziert unter dem Pseudonym 'Kuba' Kurt Barthel (1914 – 1967). Kuba vertritt das Konzept einer 'operativen Literatur', die in der Agitprop-Tradition steht. Sein *Gedicht vom Menschen* (1948) ist als Lehrgedicht konzipiert, das den Geschichtsverlauf aus marxistisch-optimistischer Perspektive beschreibt. Auch Bert Brecht schließlich versucht sich eine zeitlang in dieser Art von operativer Lyrik. 1947 publiziert er sein langes polemisches, noch im amerikanischen Exil entstandenes Gedicht *Der anachronistische Zug oder Freiheit und Democracy*, das sich als fundamentale, bis ins Groteske verzerrte Kritik am wiedererstehenden kapitalistischen System Westdeutschlands versteht. 1951 schreibt er, ebenfalls gegen den westdeutschen Staat gerichtet, seinen *Herrnburger Bericht*.

Die Entwicklung des Dramas schließlich ist in der SBZ durch zwei Autoren geprägt worden, die diametral entgegengesetzte Auffassungen vertraten: auf der einen Seite steht Bert Brecht, auf der anderen Friedrich Wolf; beides Autoren, die bereits in der Weimarer Republik ihre großen Erfolge gefeiert haben. Ihre konträren Positionen haben sie in direkten Kontroversen geklärt. Während Brecht einer offenen

Theaterkonzeption das Wort redet, die mit modernen dramaturgischen Techniken experimentieren soll, vertritt Wolf die traditionalistische Position eines 'aristotelischen' Theaters, das die Identifikation mit dem Helden erlaubt und klare Entscheidungen auf die Bühne bringt. In dieser Kontroverse deuten sich die späteren Auseinandersetzungen um die Entwicklung einer sozialistischen Literatur an. Politisch durchgesetzt hat sich schließlich die Konzeption von Wolf. Brecht war als Dramatiker in der DDR kaum produktiv und wurde mit seinem 'Berliner Ensemble' mehr gelitten als anerkannt; Wolf hingegen hat mit seinen Stücken *Wie Tiere des Waldes* (UA 1947) oder *Bürgermeister Anna* (UA 1950, Film 1949), in denen gegenwartsnahe Themen des Kriegsendes und des Neuaufbaus optimistisch behandelt werden, Erfolg oder findet doch zumindest offizielle Anerkennung.

In den unterschiedlichen Konzeptionen Brechts und Wolfs werden die alten Kontroversen aufgegriffen, die bereits im Moskauer Exil seit 1935 geführt wurden. 1951 ist der Streit endgültig entschieden: Die Konzeption eines sozialistischen Realismus setzt sich für die DDR offiziell durch. Zwar wird die 'Erbe'-Idee nach wie vor beibehalten, sie erweist sich aber gelegentlich als unvereinbar mit dem Realismus-Konzept. Erste Debatten darüber brechen im Zusammenhang mit Hanns Eislers (1898 – 1962) *Faust*-Projekt von 1953 auf, das sich dem 'Formalismus'-Verdacht ausgesetzt sah, und sie wirken nach bis zu Ulrich Plenzdorfs (geb.1934) *Werther*-Adaptation Anfang der siebziger Jahre (*Die neuen Leiden des jungen W.*, 1972).

Das Jahr 1949 bringt noch ein aufschlußreiches Satyrspiel. Es ist zunächst der 200. Geburtstag Goethes (1749 – 1832), der im Osten im Sinne der 'Erbe'-Konzeption euphorisch erinnert wird. Thomas Mann (1875 – 1955) hält in der Frankfurter Paulskirche und im Weimarer Nationaltheater in programmatischer Absicht den Festvortrag *Ansprache im Goethejahr* (1949); im Osten wird er dafür gefeiert, im Westen angefeindet. Neben Goethe steht jedoch Josef Stalin (1879 – 1953). Sein siebzigster Geburtstag im Dezember 1949 wird von einer 'Internationale der Gratulanten' nicht minder euphorisch begangen als der

Goethes; George Bernard Shaw (1856 – 1950) beteiligt sich ebenso daran wie Pablo Picasso (1881 – 1973), Pablo Neruda (1904 – 1973) und Heinrich Mann (1871 – 1950); in der gerade neu gegründeten DDR schreibt Stephan Hermlin eine große Stalin-Ode, und auch Kurt Barthel fehlt nicht.

Mit dem Beginn der fünfziger Jahre geht die 'Nachkriegsliteratur' endgültig zu Ende. Im Westen entwickelt sich unter dem maßgeblichen Einfluß der 'Gruppe 47' eine Literatur, die sich zusehends deutlicher entpolitisiert und experimentelle Züge zeigt; im Osten vollzieht sich eine gegenläufige Entwicklung unter dem fast zwanzig Jahre währenden Diktat des 'sozialistischen Realismus'.

Horst Albert Glaser

Eine oder mehrere deutsche Literaturen?

Solange man die Existenz zweier deutscher Staaten zu konstatieren hatte, wurde man auch mit der Behauptung 'zweier' deutscher Literaturen konfrontiert. Die reale Existenz der DDR sollte das Vorhandensein einer besonderen deutschen Literatur garantieren – im Unterschied zur Literatur der Bundesrepublik, Österreichs oder der Schweiz. Wenn freilich aus der DDR verlangt wurde, in der Bundesrepublik möge man die Existenz 'zweier' deutscher Literaturen anerkennen (analog zur Anerkennung 'zweier' deutscher Staaten), so wurde im Eifer staatlicher Selbstbehauptung übersehen, daß für die DDR allenfalls die Existenz einer vierten 'deutschen' Literatur verlangt werden konnte. Die Literatur der DDR wäre nämlich zur Literatur Österreichs, der Schweiz und der Bundesrepublik allenfalls gleichberechtigt hinzugetreten; nicht hätte sich die DDR mit der Bundesrepublik die deutsche Literatur – sozusagen im gesamtdeutschen Sinne – einverleiben können.

Zu den 'zwei' Literaturen der beiden deutschen Staaten ist in der DDR vieles behauptet worden – insbesondere von Literaturbeamten, Verbandsfunktionären und Behördenmenschen. Die These stand durchaus im Dienste staatlicher Abgrenzungspolitik gegenüber der BRD. Wie wurde aber die Einmaligkeit der sog. DDR-Literatur begründet? Inwiefern sollte sie sich von anderen Literaturen unterscheiden – und zwar tiefer, als alle diese anderen Literaturen voneinander differieren? Auf den ersten Blick nahm es Wunder, daß dem so sein sollte. Man konnte versucht sein zu sagen, daß die literarische Entwicklung Österreichs (als eine spezifisch katholische und habsburgische) sich bereits früher von der norddeutsch-protestantischen Entwicklung abgesetzt hat, als dies die literarische Entwicklung in Sachsen, Thüringen und

Mecklenburg getan hat, die ja zu einer Sonderentwicklung erst nach 1945 gezwungen wurde. Entschiedener trifft dies noch auf die Schweiz zu, die schon zu Beginn des 19. Jahrhunderts ein eigenständiger Staat wurde, sich aber lange vorher von den Entwicklungen im Norden und Osten abgesetzt hatte. Kulturgeschichtlich betrachtet, wäre ein Sonderstatus wenn schon nicht mit älterem, so doch mit gleichem Recht für die Literaturen dieser kleinen Länder zu fordern. Unerörtert soll hier bleiben, wohin die deutschsprachige Prager Literatur zu schieben wäre – gehören Kafka, Werfel, Rilke, Brod u.a. zur deutschen, österreichischen, zur tschechischen Literatur – oder gar zu einer besonderen unverwechselbaren Prager Literatur? Vieles spricht heute für die Existenz solcher „littératures mineures" (Deleuze/Guattari).

Beschlüsse, wie sie das Zentralkomitee der Sozialistischen Einheitspartei Deutschlands (SED) in Berlin (Ost) gefaßt hatte, ließen nicht im Unklaren, wo die Staatsraison die Trennungslinie gezogen sehen wollte zwischen der Literatur der DDR und der Bundesrepublik. Diese Trennungslinie sollte tiefer gehen und schärfer trennen, als dies die Linie tut, die österreichische und bundesdeutsche Literatur trennt. Letztere trennt nämlich nur in der Sphäre der Kultur, während die Literatur der DDR sich von allen anderen deutschsprachigen Literaturen absetzen sollte, da sie eine in einer sozialistischen Gesellschaft sei. Wie die sozialistische Gesellschaft (und sei es nur die des real existierenden Sozialismus) sich von der kapitalistischen Gesellschaft unterscheide, so sollte dies auch auf dem Felde der Literatur der Fall sein. Dem Überbau-Unterbau-Schema zufolge muß die Verstaatlichung der Produktionsmittel in einer neuen und anderen Kultur der sog. sozialistischen Staaten resultieren. Während in den kapitalistischen Staaten Entfremdung und Verdinglichung herrschten, die entfremdete und verdinglichte (eben: dekadente) Literatur produzierten, so eröffnete sich den sozialistischen Staaten, die Entfremdung und Verdinglichung aufgehoben haben, die Perspektive einer optimistischen und vorwärtsgewandten Literatur. Die Literatur des sozialistischen Deutschlands – so konnte man lesen – habe als einzige eine Zukunft, während die des kapitalistischen Deutschlands gerade eine heroische Vergangenheit habe. Selbst wenn dieses manichäische Bild von einem Licht- und einem Schattenreich stimmte, so bliebe zu fragen, warum der Geist des Fortschritts, der im Lichtreich wehen sollte, Zuflucht bei Methoden des ancien régime, wenn nicht schlimmeren Regimes jüngster Vergangenheit nahm. Die Existenz einer besonderen Literatur der DDR verdankte sich nämlich einer Käseglocke, die von den Behörden über sie gestülpt worden war. Und wenn ich von Käseglocke spreche, so meine ich die Zensur, von der die literarische Produktion gegängelt wurde und die zur Folge hatte, daß in der DDR bestimmte Texte erscheinen durften, andere aber nicht. Wie die Zensur sich auf die Autoren auswirkte, ja von ihnen verinnerlicht wurde, mögen die Worte Gottfried Meinholds (geb. 1936) illustrieren: „Der oberste Zensor war abstrakte Instanz, entpersonalisiert, enthumanisiert, dennoch verbale Fiktion der staatsideologischen (ideokratischen) Herrschaftspotenz. Der subversive Autor, mit dem Risiko der Straffälligkeit belastet, sich als potentieller Sträfling fühlend, der nur zufällig straffrei blieb und mit unentdeckten Vergehen (Verbrechen) lebt, existierte in der Furcht vor Entdeckung und wünschte doch nichts sehnlicher, als sich zu entdecken, erst recht, wenn er fundamentalistischer Kritiker war. Die Gegenwart des obersten Zensors als abstrakter Instanz mit besonderer Deutlichkeit und Nähe spürbar beim Briefeschreiben: die Selbstüberwachung – sich nicht verraten, wohl wissend, daß die Sicherheitsbehörde auch zwischen den Zeilen zu lesen verstand. Manches in den Briefformulierungen war insofern direkt für ihre Ohren oder Augen gedacht. Die unteren Zensoren, die die oberste Zensurinstanz perfekt interiorisiert hatte, also Verlagsleute, Lektoren, Journalisten, beriefen sich stets auf den oberen Zensor, indem sie vorgaben, seine Kriterien genau zu kennen und souverän zu interpretieren. Der oberste Zensor als abstrakte, kaum personalisierbare Instanz sprach das Urteil über Gedanken und Sätze, bei Nichtakzeptanz stand dahinter immer die Drohung, wenn nicht straffällig geworden zu sein, so doch wenigstens durch Weckung von Mißtrauen jegliches politische Wohlwollen verscherzt zu haben und dies bei allen möglichen Gelegenheiten zu spüren zu bekommen." – Mit anderen Worten: die literarische Szene war eine künstlich hergestellte. Es gab eine öffentlich zugelassene Literatur und eine andere, die nicht zugelassen war, aber dennoch gedruckt wurde – nämlich in der Bundesrepublik. Es war infolgedessen das Kuriosum zu konstatieren, daß wir es statt mit zweien eigentlich mit fünf 'deutschen' Literaturen zu tun hatten. 'Zwei' dieser Literaturen stammten von Autoren der DDR – solchen, die auf dem Territorium der DDR lebten, und solchen, die in die Bundesrepublik „übergesiedelt" waren. Wenn die Zensur 'zwei' deutsche Literaturen schon allein für die DDR zuwege brachte, dann läßt sich daraus schließen, daß die Verstaatlichung der Produktionsmittel wohl Entfremdung und Verdinglichung nicht haben aufheben können. Im Gegenteil: ist in der Bundesrepublik ein Schriftsteller dem anonymen Marktmechanismus unterworfen (allerdings erst nachdem er gedruckt worden ist), so war er es in der DDR einer anonymen Zensurgehörde (bevor er gedruckt werden konnte). Nimmt man hinzu, daß in der DDR nicht nur die Freiheit der Autoren sondern auch die der Leser beschnitten war, denn anderswo und früher gedruckte Literatur (ich meine die Fälle Kafka und Beckett) konnte erst nach behördlicher Selektion in die staatlichen Buchläden gelangen. Summa summarum: die offiziell zugelassene Literatur brauchte nicht nur nicht gegen die nicht-zugelassene Literatur zu konkurrieren, sie wurde auch von der Konkurrenz der Weltliteratur abgeschirmt. Ja, sie konnte noch nicht einmal gegen die westdeutsche Literatur konkurrieren, denn gerade diese wurde nur in gereinigter Auswahl dem heimischen Publikum zugänglich gemacht.

Fehl würde man gehen, wenn man aus der Fiktion einer besonderen, autochthonen Literatur der DDR, die aus der Verstaatlichung der Produktionsmittel resultierte, den Schluß zöge, daß sie ganz anders sei als jede andere und – insbesondere – als die früher in Deutschland entstandene Literatur. Denn dem Dogma zufolge hätte die Literatur der falschen, der kapitalistischen oder gar feudalen, Gesellschaft nicht

Vorbild für eine sozialistische Literatur sein dürfen. Man mag es verstehen oder nicht: es war gerade die sog. bürgerliche Literatur des 18. und des 19. Jahrhunderts, an die – nach dem Willen der offiziellen Literaturdoktrin – die Literatur des real existierenden Sozialismus sich anschließen sollte. Also: nichts da von einer neuen Literatur in einer neuen Gesellschaft. Vielmehr: epigonale Fortsetzung der alten Literatur als Programm. Keine Anknüpfung an den russischen Formalismus der Revolutionsjahre oder an die Proletkult-Literatur in der Weimarer Republik. Statt dessen wurden Goethes *Faust* und der *Wilhelm Meister* als Paradigma von den Literaturbeamten herumgereicht – von den besseren Autoren der DDR freilich in dieser Form nicht angenommen. Wie überhaupt die literarische Produktion von der offiziellen Literaturdoktrin zu unterscheiden ist. Die Produktion verlief weithin in anderer Richtung als es die offizielle Ideologie wahrhaben wollte. Christa Wolf (geb. 1929) und Irmtraud Morgner (1933 – 1990), die in der DDR lebten, ließen sich eher auf James Joyce (1882 – 1941) und den 'Nouveau Roman' beziehen als auf die Weimarer Klassik.

Es ist oft gefragt worden, weshalb die Literaturpolitik in der DDR, nach deren Direktiven die Zensur gehandhabt wurde, unbedingt an abgestorbene Traditionen, an die Weimarer Klassik oder an den realistischen Roman des 19. Jahrhunderts, hat anknüpfen wollen. Statt eine Entwicklungslinie zu kanonisieren, die vom klassischen Johann Wolfgang Goethe (1749 – 1832) über Leo Tolstoj (1828 – 1910) zu Erwin Strittmatter (1912 – 1994) führen soll, wäre es für einen Materialisten sinnvoller gewesen, an die sozialkritischen Dramen des Sturm und Drang anzuknüpfen und deren Themen und Formexperimente über Büchner weiterzuverfolgen bis zu Frank Wedekind (1864 – 1918) und den Expressionisten. Doch Johannes R. Becher (1891 – 1958), der selbst als schwärmerischer Expressionist begonnen hatte, setzte sich mit Georg Lukács (1885 – 1971) gegen Ernst Bloch (1885 – 1977) und Bertolt Brecht (1898 – 1956) durch. Bloch wäre es gemäß gewesen, am eschatologischen Expressionismus anzuknüpfen, Brecht hingegen forderte (vergebens) einen schöpferischen und modernen Umgang mit den Klassikern und spottete über die Figur des großen realistischen Romanautors, der als Vorbild aufgestellt wurde. In dessen Vollbart und einmeterfünfzig Brustumfang wollte sich Brecht nicht wiederfinden.

In gewisser Hinsicht mutet die Literatur, die von Autoren in der DDR produziert wurde, traditioneller an als die in der Bundesrepublik entstandene, obwohl – der marxistischen Doktrin zufolge – die Bundesrepublik der abgelebte und überholte Staat war. Möglicherweise hatten wir wirklich zwei Literaturen auf deutschem Boden: eine nach überkommenen Mustern verfahrende in der DDR und eine avantgardistische in der Bundesrepublik. Denn was von Literaturkritik und Literaturtheorie über die Literatur der DDR behauptet wurde, waren ex cathedra-Verkündigungen, der die literarische Produktion kaum oder nur unbeholfen nachfolgte. Anders als in der Bundesrepublik, wo es schwer vorstellbar ist, daß die Literaturwissenschaft Texte nach Maßgabe von Beschlüssen der jeweiligen Regierungspartei beurteilt und aburteilt, wurde im Nachbarstaat umgekehrt verfahren. Gemäß der Devise, daß man im Dogma des Marxismus den Stein der Weisen besitze, interpretierte die offizielle Germanistik der DDR weniger, als daß sie dirigierte und zensurierte. Denn die höhere Einsicht war allemal ihr und nicht den Autoren vorbehalten.

Läßt man aber einmal beiseite, was Germanistikprofessoren, Funktionäre des Schriftstellerverbandes und Beauftragte des ZK der SED zur angeblichen Literatur in der DDR verlautbarten und sieht man hin auf das, was wirklich geschrieben und publiziert (oder nicht publiziert) wurde, so verändert sich das Bild. Es gab zwar eine Literatur im Sinne des parteioffiziellen Optimismus, in der die Perspektive einer befreiten Gesellschaft sich eröffnete, in der die Menschen sich solidarisch verhalten, doch standen auf den Titelseiten dieser Bücher so gut wie niemals die großen Namen der DDR-Literatur – in der Regel waren es die minderen der sog. Parteidichter. Die großen Namen, die der DDR-Literatur entstanden sind, favorisierten – nicht anders als bundesdeutsche Autoren – die melancholischen Themen von Untergang, Entfremdung und Aussichtslosigkeit. Vom staatlicherseits erwünschten Optimismus, der aus der widrigen Gegenwart des real existierenden Sozialismus in die harmonische Welt des vollendeten Kommunismus wies, war weit und breit keine Spur zu erblicken. Zwei der letzten Bücher von Christa Wolf (*Kein Ort. Nirgends* (1979) und *Kassandra* (1983)) sind einerseits Heinrich von Kleist (1777 – 1811) und der Günderrode (1780 – 1806) als den bekanntesten Selbstmördern der deutschen Literatur gewidmet, während andererseits *Kassandra* eben den Einzug der trojanischen Untergangsprophetin nach Mykene beschreibt, wo sie selbst, nachdem sie die Tötung des Agamemnon geweissagt hat, dem gleichen Schicksal (im Sinne des antiken Fatums) verfällt.

Man weiß, daß die Stimme der Wolf, die unsagbare Trauer und Verzweiflung ausdrückt, dem behördlich angeordneten Optimismus in der DDR widersprach. Seit 1968 der Roman *Nachdenken über Christa T.* erschien, hatte sie Schwierigkeiten mit der Zensur, die ihr dekadentes Denken vorwarf. Aber etwas schien diesem Denken in der DDR zu entsprechen. Denn die teils melancholische, teils aggressive Stimmung, die die Texte der Wolf auszeichnet, findet sich in den Texten vieler anderer Autoren. Und wenn dem so ist, dann wären diese Texte nicht als schriftlich fixierte Wahnwelten abzutun gewesen, die ein Paranoikerkollektiv verfaßt hat und denen nichts in der Wirklichkeit entsprach, sondern dann hätte gerade der Materialist einräumen müssen, daß etwas faul im Staate Dänemark war und nicht bloß Hamlet verrückt. Gewiß waren die Verhältnisse in der DDR andere als in der Bundesrepublik, doch daß sie bessere gewesen sein sollen, hiergegen sprach ein großer Teil der literarischen Produktion – einer Produktion, der gerade wegen ihrer Gleichförmigkeit nicht leicht abgestritten werden konnte, daß sie als Seismograph unterirdisch verlaufende Bewegungen und Verwerfungen anzeige.

Überspitzt aber nicht falsch hat Rolf Schneider gesagt: „Es gibt nur eine deutsche Literatur: die westdeusche. Manche Autoren leben in der DDR." Und es gab bald nicht mehr viele große Namen, die von der DDR auf ihre Fahnen gestickt werden konnten. Die DDR verlassen haben nach 1977 u.a.: Reiner Kunze, Jurek Becker, Bernd Jentzsch, Sarah Kirsch, Günter Kunert, Klaus Poche, Joachim Seyppel, Klaus Schlesinger, Stefan Schütz, Kurt Bartsch, Erich Loest, Karl-Heinz Jakobs, Thomas Brasch, Hans-Joachim Schädlich, Jürgen Fuchs, Frank-Wolf Matthies und Dieter Eue. Dies war die letzte Welle der „Ausreisenden". In früheren Wellen „reisten aus": Gerhard Zwerenz, Martin Gregor-Dellin, Peter Jokostra, Heinar Kipphardt, Uwe Johnson, Ulf Miehe, Jochen Ziem und Helga M. Novak. Diese kamen zwischen 1956 und 1961 in die Bundesrepublik. Nach 1961 kamen: Christa Reinig, Hartmut Lange und Horst Bienek. Das sind nur die bekanntesten Namen. Viele dieser Autoren (wie etwa Uwe Johnson) hatten ihr literarisches Debüt in der Bundesrepublik. Uwe Johnsons (1934 – 1984) erstes Buch, die berühmten *Mutmaßungen über Jakob* (1959) durften in der DDR nicht gedruckt werden. Fünf Autoren, die dann noch in der DDR lebten, konnten nur in der Bundesrepublik publizieren: Wolfgang Hilbig, Gert Neumann, Monika Maron, Lutz Rathenow und Bettina Wegner. Man konnte diesen Exodus von Autoren wohl nicht anders als ein „Ausbluten" bezeichnen, was immer auch Klaus Höpcke, der stellvertretende Kulturminister der DDR, für eine Gegenrechnung aufmachte. Er stellte den ausgewanderten Autoren 96 andere entgegen, die noch in der DDR lebten und dort publizierten. „Gut dreißig davon könnte man als Schriftsteller bezeichnen, die auch in der Bundesrepublik verlegt werden oder zumindest bekannt sind, darunter die literarische Prominenz von Anna Seghers über Christa Wolf, Franz Fühmann, Ulrich Plenzdorf, Volker Braun, Karl Mickel, Günter de Bruyn, Helga Schütz bis Peter Hacks und Hermann Kant." H.J. Schmitt, einer der besten Kenner der Situation fährt fort: „Prominente Autoren werden auch in Zukunft, wenn auch unter Schwierigkeiten, in der DDR publizieren können, sie haben schließlich im Gegensatz zur noch jungen Schriftstellergeneration eine Geschichte vorzuweisen, die bestimmt war vom schwierigen Versuch, ein sozialistischer Schriftsteller zu werden. Die Stimme der Ungeduld heute ist dagegen chancenlos. Die junge Generation ist desillusioniert, und versucht ein junger Autor sich Gehör zu verschaffen, trifft er mit seinen Problemen – die ja nie seine allein sind – nur auf Unverständnis. Staat und Kulturbehörde finden keine Sprache, in der man mit den Autoren über ihre Belange reden könnte." [vgl. 111, *S. 40 f.*] So originell Schneiders These war, es gebe nur eine deutsche Literatur, so falsch war die andere, daß dies die westdeutsche gewesen sei. Die Literatur, wie sie in der DDR entstanden ist, ähnelte der westdeutschen, war aber nicht mit ihr identisch. Sie stand ihr so fern oder nah wie die österreichische oder die schweizerische Literatur.

Horst Albert Glaser

Der Streit um die deutsche Einheit

Die Frage, ob die Deutschen wieder eine Nation sein sollen, war das beherrschende Thema, als im Jahre 1990 die politische Entwicklung auf den Beitritt der DDR zulief. Es standen allerlei Warner auf, die zwar nicht die alte DDR, aber doch – in Gestalt einer neuen DDR – den Sozialismus retten wollten. Der Fata morgana eines 'dritten Wegs' – zwischen der Bankendiktatur der BRD und der Einparteiendiktatur der DDR – strebten insbesondere Günter Grass (geb. 1927) und Heiner Müller (1929– 1995) nach. Ihr lautstarkes Pathos bezogen sie aus dem Elend, in das die DDR von der BRD gestürzt worden sei. Keine Rede davon, daß erstere vor dem Staatsbankrott sich in die Arme des kapitalkräftigen Bruders flüchtete und mithilfe eines Nettotransfers von ca. 160 Milliarden Mark jährlich alimentiert werden muß. Für Grass stellt sich die Angelegenheit umgekehrt dar:

„Selbst den notorisch Gutwilligen und allzeit Treugläubigen wird nicht verborgen bleiben, daß Kohl und sein Finanzminister sechzehn Millionen Deutsche sozial deklassiert haben. Wie hätte auch die zwischen Elbe und Oder ohnehin marode Wirtschaft dem plötzlichen Konkurrenzdruck westlicher Warenangebote standhalten können? Der Zusammenbruch der Landwirtschaft, die sprunghaft steigende Arbeitslosigkeit, der neue Zentralismus der Treuhandgesellschaft, die leeren Kassen der Kommunen, das Stasi-Syndrom allerorts, die so oft versprochenen und dennoch hartnäckig ausbleibenden Investitionen, der Unfälle steigernde Gebrauchtwagenhandel, die erneute Abwanderung von Facharbeitern gen Westen, das Stimmungstief – nach so viel Hoffnungsmache – und das vorausgesagte wirtschaftliche und soziale Chaos sind offensichtlich: Des Roßtäuschers Pferde lahmen"[vgl. 17].

Das Elendsgemälde, das Grass von der DDR kurz vor ihrem Untergang entwirft, täuscht. Es war zwar eine Katastrophe zu besichtigen, doch war sie eine hausgemachte der DDR. Und kommt man heute – sieben Jahre nach Grassens Prophezeiung – in die neuen Bundesländer, so ist weit und breit nichts von dem „vorausgesagten wirtschaftlichen und sozialen Chaos" zu erblicken – im Gegenteil: die angeblich „ausbleibenden Investitionen" werden getätigt, und die Produktivität der neuen Länder ist deutlich höher als die der alten. Was soll also *Ein Schnäppchen namens DDR* heißen? Polen und Ungarn wären vielleicht gern ein solches „Schnäppchen" der reichen BRD geworden. Doch sie müssen sich mit eigenen Kräften aus dem Schlamassel von vierzig Jahren Staatssozialismus emporarbeiten, und es hilft ihnen da (fast) keiner. Sie können nicht darauf verweisen, daß sie mit der Bundesrepublik eine Nation sind – wie die Leipziger Montagsdemonstranten, als sie skandierten: „Wir sind *ein* Volk!" – Der Satz wurde in der Bundesrepublik verstanden und man half – auch wenn dort das Bewußtsein, daß man *ein* Volk sei, in den letzten zwanzig Jahren ziemlich eingeschlafen war.

Doch schlimmer noch als die Kolonialmacht, die sich das „verprügelte Cousinchen aus dem Armenhaus" einverleibt hat [vgl. 4], erscheint Grass die alt-neue Nation der Deutschen, die da heraufdämmern will. Denn das war ihm und den andren Schriftstellern schon klar, die den Zwei-plus-Vier-Verhandlungen folgten: Das vereinigte Deutschland würde nicht länger unter der – wie auch immer bescheidenen – Vormundschaft der alten Besatzungsmächte stehen, sondern volle Souveränität besitzen. In den Teilstaaten der DDR und der BRD stand ja das Thema der 'Nation' nicht auf der Tagesordnung, denn von einer 'Nation' konnte weder hier noch dort ernstlich gesprochen werden – und ein vereinigtes Deutschland schien Ende der achtziger Jahre außerhalb aller politischen Möglichkeiten zu liegen. Daß es nun aber wieder einen Nationalstaat geben sollte – diese Vorstellung mußte Autoren schockieren, die sich mit der Teilung abgefunden und sich in der Bundesrepublik – trotz aller Kritik – kommod eingerichtet hatten. Vergessen wurde im Schreck, daß der neue Nationalstaat wesentlich kleiner sein würde als der letzte. Zu ihm gehören weder Österreich noch die Gebiete jenseits von Oder und Neiße. Es ist also weniger als ein 'Kleindeutschland', das wir gegenwärtig haben und in Zukunft haben werden, so daß die Ängste vor einem hegemonialen 'Großdeutschland' relativ unbegründet sind. Doch in einer Art von psychischem Automatismus assoziiert Grass beim Stichwort 'Nation' das Stichwort 'Nationalismus' und bei diesem wieder das des 'Nationalsozialismus'. Mit anderen Worten: Wer den deutschen Einheitsstaat will, hat die Katastrophe von Auschwitz vergessen und wird Schuld daran tragen, wenn sich Ähnliches am Ende wieder ereignet.

> „Er [d.i. der Einheitsstaat] war die früh geschaffene Voraussetzung für Auschwitz. Er wurde latentem, auch anderswo üblichem Antisemitismus zur Machtbasis. Der deutsche Einheitsstaat verhalf der nationalsozialistischen Rassenideologie zu einer entsetzlich tauglichen Grundlage. An dieser Erkenntnis führt nichts vorbei. Wer gegenwärtig über Deutschland nachdenkt und Antworten auf die Deutsche Frage sucht, muß Auschwitz mitdenken. Der Ort des Schreckens, als Beispiel genannt für das bleibende Trauma, schließt einen zukünftigen deutschen Einheitsstaat aus. Sollte er, was zu befürchten bleibt, dennoch ertrotzt werden, wird ihm das Scheitern vorgeschrieben sein" [vgl. 18].

Die bizarre These, daß den Deutschen der Einheitsstaat versagt werden müsse, weil sie das Vernichtungslager Auschwitz zugelassen haben, hat viel Kritik von andren Autoren erfahren. Als einer der ersten meldete sich Günter de Bruyn (geb. 1926) aus Ost-Berlin:

> „Daß Gegner der Einheit jeden nationalen Gedanken gleich nationalistisch oder gar chauvinistisch nennen und jede Einheitsbestrebung mit einer großdeutschen gleichsetzen, halte ich nicht nur für fahrlässig (weil man damit den Spielraum der wahren Nationalisten vergrößert), sondern auch für ein Zeichen historischer Unbildung: denn der Begriff eines Großdeutschland war schon ein halbes Jahrhundert vor Hitler besetzt" [vgl. 9].

Schärfer noch äußerte sich Martin Walser (geb. 1927):

> „Es gab eine deutsche Tradition des Obrigkeitsstaats, es gab die schwierige Situation nach Versailles, es gab die weltrevolutionären Bestrebungen in der Sowjetunion – das alles und mehr ist zusammengekommen, hat den Faschismus produziert. Nichts davon ist heute vorhanden. Wer uns den Faschismus weiterhin so als Hauskrankheit zuspricht, der müßte dann schon behaupten, daß die Deutschen sozusagen biologisch dazu tendieren – ein rassistisches Argument. Natürlich gibt es Vorfälle, bei uns wie überall in der Welt, die mich wie viele andere empören. Aber man darf sie nicht gleich mit Faschismusverdacht belegen. Ich wüßte nicht, welche Gesellschaft nicht einige Prozent Vorgestrige hätte" [vgl. 25].

Die Schelte seiner Kollegen beeindruckte Grass nicht. 1992 malte er in der *Rede vom Verlust* erneut das Menetekel eines faschistischen deutschen Einheitsstaats an die Wand – eine Rede, in der von Auschwitz eine direkte Linie zu den Pogromen in Rostock und Mölln gezogen wird. Tenor: Da habt ihr den Beweis! Doch was in Auschwitz staatlich verordneter Massenmord war, in Rostock und Mölln handelte es sich um Ausbrüche des 'lunatic fringe', den die amerikanische Gesellschaft so gut wie die europäische besitzt. Diese Ausbrüche sind von der staatlichen Gewalt unterdrückt worden, und wir wollen hoffen, daß sie es auch bleiben. Das faschistische Potential der Ausbrüche werde nicht bestritten, doch entscheidend ist der Umstand, daß der Faschismus eben nicht den Inhalt deutscher Politik ausmacht und nicht die Mentalität der Bevölkerung charakterisiert. Logik ist wohl des Dichters Sache nicht. Wenn die Analogie im Reich der Phantasie gilt, in der Welt der Wirklichkeit fällt auf die Nase, wer aus Analogien Identitäten ableitet.

Heiner Müller, dem wohl bedeutendsten Dramatiker der DDR, blieb es freilich vorbehalten, den Einheitsstaat als Drama der Apokalypse darzustellen. Die Nation werde an der DDR zugrundegehen, wie die Schlange, die einen Igel verschluckt hat. Dieser Igel habe die Bundesrepublik bislang vor dem Ansturm der Dritten Welt geschützt. Deren fanatisierte Arme würden jetzt über uns herfallen wie der Irak über

Kuweit. Mit anderen Worten: Weil die BRD die DDR annektiert hat, wird der islamische Fundamentalismus Europa erobern und werden die Deutschen alle Araber werden. Man sieht leicht, daß Müller der Politik allein Material für surrealistische Dramen entnimmt. *Ubu Roi* von Alfred Jarry läßt grüßen. Eine Kostprobe:

„Die deutsche Wirtschaft hatte 1990 ihre ehemaligen Kriegsziele erreicht. Osteuropa lag auf den Knien. [...] Man mußte ja Polen nicht mehr erobern, man konnte es kaufen. [...] Die Ost-Öffnung brachte zugleich auch eine – von rechts gesehen – Überfremdung Deutschlands durch Arbeitsemigranten aus dem Osten mit sich. [...] Mit dem Ergebnis, daß kein einheitliches Volk entstand, sondern ein Konglomerat aus Volksstämmen, Volksteilen und Minderheiten. Die deutsche Vereinigung war schon 1990 ein Anachronismus inmitten der allgemeinen Regionalisierung Europas. [...] Osteuropäer, Afrikaner und Asiaten haben mittlerweile die Metropolen besetzt, und ein ungeheures Völkergemisch ist entstanden. [...] Die ehemaligen Kolonien rächten sich an den Metropolen, indem sie sie zu zersetzen begannen. Es entstanden Collagen mit Konflikten zwischen den einzelnen Teilen. Es wird künftig vielleicht ein arabisches Europa werden. [...] Das hätte den Vorteil, daß nicht mehr alle in diesen blöden Anzügen und mit Krawatte herumlaufen, sondern im nordafrikanischen Burnus – das ist viel bequemer. Jeder darf zehn Frauen haben oder zwanzig, so er sich's leisten kann. Dann könnte man sagen: Das Ergebnis der deutschen Einheit war der Harem" [vgl. 32]

Wenn der Dramatiker die Fähigkeit besitzen muß, die entlegensten Gegenstände miteinander zu verbinden – hier gerät das Verfahren zum Aberwitz. Doch ernst meint Müller seine Kopplungen wohl nicht durchwegs. Es ist, als ob man ein Lachen des Autors höre, während man seine Sätze liest. Der Satz über den Harem als Ergebnis der deutschen Einheit könnte Müllers grotesken Humor illustrieren, wie er viele seiner Stücke auszeichnet. Dort würde der Satz stimmen, da er als Metapher möglicherweise an seinem richtigen Orte steht. In einem Zeitungsartikel über die deutsche Vereinigung, wie sie 1990 anstand, wird aber Blödsinn daraus. Müller gesteht dies einem der vielen Interviewer zu. In seinen Stücken „stimme" jeder Satz, doch: „Ansonsten"

– fügt er hinzu – „rede ich den größten Blödsinn" [vgl. 32a, *S. 159*].
Wir wollen ihm nicht widersprechen und uns ernsthafteren Überlegungen zuwenden.

Zu denen, die nostalgisch auf die untergegangene DDR fixiert sind,
gehört auch der Liedermacher Wolf Biermann (geb. 1936). Wie bei
Heiner Müller zehrte seine Produktion von der DDR-Realität – so gif-
tig auch die Lieder waren, die er auf ihre Machthaber, die „verdorbe-
nen Greise", sang. Noch in der Feindschaft waren beide auf den ungeliebten Staat fixiert, denn was sie an ihm tadelten, war, daß er die sozialistische Utopie nicht eingelöst hatte, die er gleichwohl versprach.
Wenn aber die DDR als mißglückte Utopie das zentrale Thema der
literarischen Produktion darstellt, schwebt diese im Leeren, kommt
plötzlich das Thema abhanden. Insofern läßt sich ein Kampf um den
Erhalt einer – irgendwie erneuerten – DDR auch verstehen als ein
Kampf, den die Autoren um ihr Thema führen. Denn was ist ein Autor
ohne sein Thema, schon gar eines, von dessen Bewirtschaftung er
zwanzig Jahre lang gelebt hat. Was Biermann jedoch vor Müller
auszeichnet, ist sein größerer Sinn für Realitäten. Er trauert über den
Verlust einer Utopie, freut sich aber zugleich über das Faktum, daß
das „Volk" die Stalinisten der alten DDR verjagt habe:

> „Sozialismus ist kein Ziel mehr. Die Leute wollen auch nichts mehr hö-
> ren von einem Sozialismus mit menschlichem Antlitz. Mit dieser Tauto-
> logie hatte Dubcek unsere Gemüter 1968 entflammt. Das ist nun auch
> passé. Das großangelegte Tierexperiment an lebendigen Menschen ist
> beendet. Ja, schade, aber auch ein Glück. Sogar der ordinärste Anschluß
> an die Bundesrepublik ist immer noch besser als alles, was vorher war.
> Ich hatte freilich andres im Sinn. Aber es ist ja auch nicht die Aufgabe
> der Weltgeschichte, den kleinen Biermann zu beglücken"[vgl. 4].

Auf Stephan Hermlin (eigtl. Rudolf Leder, 1915 – 1997), Heiner Müller
und Christa Wolf (geb. 1929) zielt wohl der Satz, daß man mit den
Bürgern der DDR weiters keine „Tierexperimente" veranstalten möge.
Die Renommierten hatten ja auf dem Berliner Alexanderplatz noch für
einen Sozialismus mit „menschlichem Antlitz" demonstriert. Was die-

se Demonstration – kurz vor der Öffnung der Mauer – zu einer gespenstischen machte, war die Anwesenheit von Markus Wolf (geb. 1923). Ein Stasi-General als Demonstrant der 'Wende' – das war dem 1976 ausgebürgerten Sänger zuviel. Die sonderbare Koalition vom Alexanderplatz löst Biermann vollends die Zunge, und er sagt, was er bislang von den Schriftsteller- Kollegen nur gedacht haben mag – jenen, die in der DDR blieben, nicht flohen und nicht ausgebürgert wurden:

> „Einige von diesen selbstlosen Kostgängern des Stalinismus kenne ich: halbherzige Aufrührer, die nun von Existenzängsten geschüttelt sind. Alles Luxusleiden. Parteipoeten, die gelähmt feststellen, daß ihre Villa ein Westgrundstück ist. Staatskünstler, die mitansehn müssen, wie ihr Staat untergeht. Wahrheitsfanatiker mit all ihren gehäkelten Lebenslügen. Wider-den-Stachel-Löcker mit storniertem Pensionsanspruch. Gleichheitsprediger mit bedrohten Privilegien. Untergrundkämpfer ohne lukrative Staatsaufträge. Freigeister, mühselig beladen mit Nationalpreisen" [vgl. 5]

Doch geht Biermann nicht nur mit seinen Kollegen ins Gericht; den Landsleuten, die sich mit dem Regime arrangiert hatten, sagt er auch ein paar peinliche Dinge:

> „Wer vierzig Jahre lang alles schluckte, spuckt jetzt endlich mal große Töne. [...] Die gestern noch nach der Partei-Pfeife tanzten, pfeifen jeden nieder, der in Leipzig auf dem Platz gegen die gesamtdeutsche Fallsucht auch nur Bedenken anmeldet. [...] Nach Rache schrein die, die sich nie wehrten. Wer nie das Maul aufmachte, redet jetzt mit Schaum vor dem Mund" [vgl. 4].

Hinter diesen Worten kann man die Enttäuschung eines Autors erkennen, der seinen Landsleuten mehr Oppositionsgeist gewünscht hätte, als sie wohl besaßen. Man hätte ja nur über die Grenze nach Polen zu sehen brauchen, um von den Intellektuellen der 'Solidarnosc' zu lernen, was man sich alles *nicht* gefallen lassen muß. Und so bedauert wohl auch Heiner Müller, daß der passive Widerstand, unter dem das Regime letztlich kollabierte, nicht in eine gewalttätige Revolution umschlug. Nicht tropfende Kerzen, sondern rotes Blut wollte der Autor brutaler Stücke stehen. Wäre nämlich im Jahre 1989 Blut geflossen, hätten wir heute weniger Probleme mit Stasi-Agenten und Pensionen für verdiente Generäle der Volksarmee.

> „Maschke sagte mir, aus der DDR-Revolution kann nichts werden, weil keine Leichen die Elbe hinabgeschwommen sind, von Dresden nach Hamburg. [...] Auch die Gewaltfreiheit der DDR-'Revolution' 1989, gesteuert und gebremst von (protestantischer) Kirche und Staatssicherheit, war ein deutsches Verhängnis. Jetzt steht der Sumpf: die Unsäglichkeit der Stasidebatten, Versuch, die Kolonisierten durch die Suggestion einer Kollektivschuld niederzuhalten. Der versäumte Angriff auf die Intershops mündet in den Kotau vor der Ware. Von der Heldenstadt Leipzig zum Terror von Rostock. Die Narben schrein nach Wunden: das unterdrückte Gewaltpotential, keine Revolution/Emanzipation ohne Gewalt gegen die Unterdrücker, bricht sich Bahn im Angriff auf die Schwächeren: Asylanten und (arme) Ausländer, der Armen gegen die Ärmsten, keinem Immobilienhai, gleich welcher Nation, wird ein Haar gekrümmt"
> [vgl. 31, S. *169f.*]

Ob die Attentate auf Türken, Asylanten und Behinderte sich aus dem Umstand erklären lassen können, daß 1989 keine Revolution, sondern nur eine Demonstration stattgefunden habe, erscheint fraglich. Ein Teil der Attentate ereignete sich immerhin im alten Teil der Bundesrepublik, wo es keine Demonstrationen gab, auf denen die deutsche Einheit gefordert worden wäre. Dennoch fällt es schwer, Müllers Behauptung gänzlich zu bestreiten. Der Sozialpsychologie ist die energetische Konversion latenter Gewaltpotentiale vertraut: Brechen sie nicht im Wahlkampf aus, so können sie's in Asylantenheimen tun. Anders als Müller hört Martin Walser genauer hin und erkennt, daß in den Deutschland-Rufen der Skinheads sich ein Manko des Landes offenbare. Und das Manko sei die unterdrückte Nation, deren Begriff nachgerade mythisch aufgeladen werde – als ob die Heilrufenden vom Aufruf dieses Wortes erwarteten, daß all ihr individuelles Elend nunmehr enden werde.

„Wenn sie sich den Satz 'Ich bin stolz, ein Deutscher zu sein' an den Arm kleben, dann sollten die, die das zum Erbrechen finden, zuerst einmal überlegen, wie es zu diesem Satz kommt. Vererbt wird dergleichen nicht. [...] Wenn einer nichts anderes hat, worauf er stolz sein kann als auf seine Nationalität, ist er als Deutscher doch wirklich arm dran. [...] Ich glaube ihn [den Satz] nicht. Nation – das ist keinem die Hauptsache. Längst nicht mehr. [...] Der Satz ist eine Demonstration, eine Imponiergebärde. Wer diesen Satz hißt, weiß, daß er uns trifft, daß er uns wehtut. Und das will er vor allem. [...] Solche Sätze und die dazugehörenden Taten vollbringen Kinder, die in einer Gesellschaft aufwuchsen, in der alles Nationale ausgeklammert oder rückhaltlos kritisch behandelt wurde. [...] Schon das Wort Nation war nur noch möglich in der schimpflichsten Verbindung: Nationalsozialismus" [vgl. 37].

Freilich ist es nicht die Suche nach der Nation, die Skinheads Türken jagen läßt. Es kommen mehrere Ingredienzen zusammen, die einen Hexenkessel voll Gewalt produzieren. Die tabuisierte Nation werde angerufen, da der Totalbankrott des Staatssozialismus in eine Krise geführt habe, „die die 15- bis 25jährigen härter trifft als alle anderen" [vgl. 37]. Dieser Totalbankrott sei die Produzentin der Krise und „nicht die deutsche Einigung". Asylanten, Arbeitslosigkeit und Wohnungsmangel erzeugen an bestimmten Orten und zu bestimmten Zeiten ein „Klima, in dem Gewalt als Ausweg erscheint" [vgl. 37].

„[...] in Not geraten, von Aussichtslosigkeit bedroht, [...] tobt er [der Deutsche]. Jetzt bleibt nichts mehr übrig, als ihn einzusperren, ihn zum Nazi zu machen? Der Nazi ist der einzige, der sich um ihn gekümmert hat. Ihm müssen wir ihn streitig machen, den Deutschen. Von allen Deutschen hat der Nazi am wenigsten Recht, den Deutschen zu vertreten, da er ja der ist, der der Nation am schrecklichsten geschadet hat. Und ihm sollen wir diese versprengten 15- bis 25jährigen überlassen? Grotesk" [vgl. 37].

Ich zitiere Walsers Argumentation so ausführlich, da er fertigbringt, was Grass, Müller und (letztlich auch) Biermann nicht gelingen will: zwischen Nation, Nationalismus und Nationalsozialismus zu differenzieren. Als im Jahre 1989 die Aufgeregten der deutschen Literatur sich die Finger wund schrieben, um vor dem deutschen Nationalstaat zu warnen, da waren Differenzierungen nicht gefragt, ja es war manchmal nützlich, Differenzen zu verwischen. Das Pathos liebt keine Differenzierungen. Sie sind Verrichtungen des kühl sondierenden Verstandes, der allemal den Kürzeren zieht, wenn die heißen Wogen der Emotion anrollen. Walser geriet noch aus einem andren Grund nicht in Panik, als 1989 die Frage der Nation auf die politische Agenda gesetzt wurde. Schon lange vorher hatte er bestritten, daß es zwei deutsche Kulturen oder gar zwei deutsche Nationen, die der DDR und die der BRD gebe. Leipzig war – wie er einmal schrieb – immer „sein", auch wenn es zeitweise nicht „unser Leipzig" war.

Die gemeinsame Kultur der Deutschen ist es denn auch, was den unaufgeregten Günter de Bruyn sagen läßt, daß die Frage der Staatsgrenzen nicht das Wichtigste aller Dinge sei. Im 18. Jahrhundert – dem Zeitalter der 36 deutschen Territorialstaaten – war Deutschland weniger zerklüftet als zwischen 1949 und 1989. Die Grenzen lagen an der Oberfläche, darunter aber ruhte die 'Kulturnation', die sich nicht drum scherte. Der Staat

> „kann die Kultur (die vor ihm da war und ohne ihn da wäre) zwar schützen, hegen und pflegen oder auch unterdrücken, sie aber nicht machen; er ist für sie da, sie aber nicht für ihn. Der angemaßten Omnipotenz des Staates wegen ist der Begriff Kulturnation in den letzten zwei Jahrzehnten für mich wichtig geworden [...] Wer von Kulturnation redet, braucht sich vom ersten deutschen Nationalstat, dem Bismarck-Reich, das allen Einheitsgegnern der letzten Zeit als abschreckendes Beispiel diente, nicht schrecken zu lassen; denn das Reich, das er meint, reichte viel weiter, vielleicht bis zu Luther, ganz deutlich aber in die Zeiten der Aufklärung zurück. Als Gottsched in Leipzig seine 'Deutsche Gesellschaft' gründete, Lessing sich in Hamburg um ein Theater bemühte, das der ganzen Nation gehören sollte, Justus Möser aus Osnabrück in seinen 'Patriotischen Phantasien' die regionale Mannigfaltigkeit der Deutschen nicht als störend, sondern befruchtend empfand und Herder erkannte, daß die Kulturen im weitesten Sinne (also Sprachen, Lieder, Dichtungen,

Gebräuche) es sind, die die Nationen bilden – war es schon da, dieses doch langlebige Band, das in klassischer Zeit, die eine Zeit politischer Zerrissenheit war, ein nationales Zusammengehörigkeitsgefühl schuf" [vgl. 9].

Aus dem Begriff der Kulturnation folgerte de Bruyn 1989, daß die gemeinsame Kultur eigentlich nicht des „einheitlichen Nationalstaats" bedürfe. Die „Souveränität" der Kulturnation sei höher zu veranschlagen als diejenige der Staaten, so daß letztere organisiert sein könnten, wie sie wollten, wenn sie nur das Wirken der Kulturnation nicht störten. Wie jedoch zwei deutsche Staaten mit unterschiedlichen Gesellschaftssystemen, aber mit offenen Grenzen nebeneinander bestehen können, diese Frage stellte sich de Bruyn nicht. Ist der eine Staat zudem ökonomisch potenter als der andere – ja muß diesen sogar alimentieren, damit die Bevölkerung nicht wegläuft – ist und war abzusehen, daß der kleine Staat gegenüber dem großen nicht bestehen konnte. Und so ist denn 1990 geschehen, was Kurt Schumacher (1895 – 1952) schon 1947 prophezeite:

> „Die Prosperität der Westzonen [...] kann den Westen zum ökonomischen Magneten machen. Es ist realpolitisch [...] kein anderer Weg zur Erringung der deutschen Einheit möglich, als diese ökonomische Magnetisierung des Westens, die ihre Anziehungskraft auf den Osten so stark ausüben muß, daß auf die Dauer die bloße Innehabung des Machtapparates dagegen kein sicheres Mittel ist" [vgl. 2].

Bislang war nicht von Hans Magnus Enzensberger (geb. 1929) die Rede, dem Equilibristen unter Deutschlands Schriftstellern. Er hat sich – soweit ich sehe – nur ein einziges Mal zu Wort gemeldet, als die Debatte um den deutschen Nationalstaat aufwogte. Das mag diejenigen überraschen, die ihn als einen Autor kennen, der in der vergangenen Bundesrepublik keine Gelegenheit auslieẞ, um politische Reden zu halten – sei es zum Krieg in Vietnam, zur Revolution auf Kuba oder zum Sekuritate-Putsch in Rumänien. Doch es gehört nicht zu den geringsten Talenten dieses literarischen Tausendsassas, daß er jeder

Diskussion jenen Dreh zu geben vermag, der seinen Argumenten schlagartig die avancierteste Position sichert. Und so geschah es auch wieder beim Thema der deutschen Einheit. Während Grass, Müller, Walser und de Bruyn noch darum stritten, ob der deutsche National-staat wünschbar sei oder nicht, wies Enzensberger darauf hin, daß ihn die Bürger bereits praktizierten – und zwar ohne sich viel um die 'Nation' zu scheren. Denn was taten die „Massen", als sie „in ihrer unerschütterlichen Skepsis die Parolen der Wortführer einfach igno-rierten"? Sie seien unverzüglich an die notwendigen „Aufräumungs-arbeiten" gegangen. Sie nahmen ihre Sache selbst in die Hand, ohne auf die „hilflosen Staatsapparate hüben und drüben" zu warten:

> „der Dorfbürgermeister, der auf eigene Faust die verödete Straße, die eingebrochene Brücke reparieren ließ; der Schreiner, der die kaputte Kreissäge jenseits der Grenze wieder in Gang setzte. [...] Und was den aufrechten Gang betrifft, so haben ihn, taumelnd unter der Last ihrer Plastiktaschen, am ehesten jene vorgeführt, die sich, Staatsgewalt hin oder her, vor dem 9. November 1989 auf den Weg über die Grenzen gemacht und die Verhältnisse in Deutschland zum Tanzen gebracht ha-ben. Mit der Gangart dieser Überläufer ist nicht das Millenium, sondern nur ein Alltag angebrochen, der ohne Propheten auskommt" [vgl. 14].

Der Vorgang, den Enzensberger beschreibt, mag die Propheten der Nation oder der sozialistischen Internationale beruhigen oder auch nicht: Am Ende des 20. Jahrhunderts spielt für die Deutschen die Na-tion als Begriff weiterhin keine Rolle mehr. Noch nicht einmal der karge 'Verfassungspatriotismus', den Jürgen Habermas (geb. 1929) gesichtet haben will, scheint jemanden zu bewegen. Es geht um Ar-beit, Wohnung und Rente – um nicht viel mehr und nicht viel weni-ger. Und ansonsten wartet man auf Europa.

Sigrid Schmid-Bortenschlager

Neuanfang oder Wiederbeginn in Österreich

Die Frage nach dem Neuanfang in Österreich 1945 stellt sich auf drei verschiedenen Ebenen: der politischen, der kulturpolitischen und der der literarischen Produktion.

Auf der ersten Ebene haben es die österreichischen Politiker verstanden, internationale Anerkennung für die These von „Österreich als erstem Opfer Hitler-Deutschlands" zu gewinnen – mit allen daraus resultierenden völkerrechtlichen und mentalitätspolitischen Konsequenzen, die politisch zu einer überaus verspäteten Anerkennung der Mitschuld an den NS-Verbrechen geführt hat. Andererseits hat nicht zuletzt aufgrund dieser Situation ein Teil der Literatur die Aufgabe der Aufarbeitung übernommen.

Die Fragen einer österreichischen Identitätsbildung waren nach 1945 ein wichtiges Thema der Kulturpolitik – es sei nur an die in der ersten Parlamentssitzung beschlossenen großen kulturellen Wiederaufbauprojekte Wiener Stephansdom, Burgtheater und Staatsoper erinnert, an das Salzburger Festspiel-Gesetz aus dem Jahr 1945. Mit diesen für die damalige Zeit medienpolitisch überaus klug popularisierten Repräsentativprojekten deklarierte sich die Kulturpolitik als „Anschluß" an die katholisch-barocke Musik- und Spieltradition, an den habsburgischen Staat und sein Selbstverständnis und nur bedingt an die demokratischen Traditionen der Ersten Republik, deren Verfassung übernommen wurde.

Dieser Rückgriff auf den 'habsburgischen Mythos' war (neben der bereits erwähnten Leugnung bzw. Verdrängung der Involvierung in den Nationalsozialismus) das Resultat der Verdrängung des Bürgerkriegs von 1934 und des Austrofaschismus bis 1938, die für die 1945 gebotene Zusammenarbeit aller Parteien (Sozialisten, Kommunisten und neugegründete Österreichische Volkspartei) zur Wiedererrichtung Österreichs notwendig war.

Dieser Konsens resultierte – wohl nicht ganz im Sinne aller Beteiligten – allerdings darin, daß relativ bald Personen, die die austrofaschistische Kulturpolitik getragen hatten, diese auch in der Zweiten Republik bestimmten; nach einer kurzen Phase der Entnazifizierung führte dies auch zur Rehabilitation von NS-belasteten Künstlern. Diese Kreise prägen in den fünfziger Jahren die offizielle und offiziöse österreichische literarische Öffentlichkeit (Staatspreisträger, Staatstheater, geförderte Verlage, Schulunterricht; exemplarisch seien genannt: Rudolf Henz (1897 – 1987); Karl Heinrich Waggerl (1897 – 1973), Max Mell (1882 – 1971), Richard Billinger (1890 – 1965), Paula Grogger (1892 – 1984)).

Die jüngere Generation

Ganz anders stellt sich die Situation dar, wendet man seine Aufmerksamkeit der in diesen Jahren durch die jüngere Generation produzierten Literatur zu.

Diese jungen Autoren und Autorinnen sammelten sich um einige Persönlichkeiten bzw. Publikationsorgane, und zwar um Otto Basil (1901 – 1983) und die Zeitschrift *Plan*, die wohl bedeutendste Gruppierung, um Hermann Hakel (1911 – 1987) und die von ihm geleitete Nachwuchsförderungsaktion des Österreichischen PEN (und seine Zeitschrift *Lynkeus*), um die Zeitschrift *Neue Wege*, um Hans Weigel (1908 – 1991) und seine Anthologien *Stimmen der Gegenwart* (1952), sowie um Ernst Fischer (1899 – 1972) und Viktor Matejka und die kulturpolitische Zeitschrift *Tagebuch*. Daneben erlangten noch Rudolf Felmayrs Lyrik-Anthologien *Tür an Tür*, sowie die in Salzburg erscheinende Zeitschrift *Das Silberboot* von Ernst Schönwiese (1905 –

1991) (primär der Exil-Literatur verpflichtet) und die Wiener Zeitschrift *Turm* (katholisch-traditionalistisch, aber kulturpolitisch sehr offen) eine gewisse Bedeutung.

All den hier genannten „Mentoren" der jungen, d.h. unter dem Nationalsozialismus groß gewordenen Generation ist gemeinsam, daß sie selber in den zwanziger oder dreißiger Jahren bereits literarisch tätig waren und publiziert hatten, daß alle (außer Basil) im Exil gewesen sind und daß sie zu den österreichbewußten Rückkehrern der ersten Stunde gehörten. Alle kannten und schätzten – in unterschiedlichem Ausmaß – den Expressionismus und die internationale Moderne, und alle sahen ihre Aufgabe nicht zuletzt darin, die durch den Nationalsozialismus von diesen internationalen Entwicklungen abgeschnittenen potentiellen Künstlerinnen und Künstler im neuen Österreich mit diesen Entwicklungen und mit den eigenen 'entarteten' Traditionen vertraut zu machen. In diesem Punkt trafen sie sich mit der Kulturpolitik der vier Besatzungsmächte, von denen sie auch unterstützt wurden.

Im Gegensatz zu Deutschland, wo rund um Hans-Werner Richter (1908 – 1993) und seinen *Ruf* der Neuanfang, der Nullpunkt proklamiert wurde, die junge Generation die Literatur quasi neu erfand, stand in Österreich das Lesen, das Erarbeiten der Tradition der Moderne mindestens gleichwertig neben der eigenen Produktion. Die These vom friedlichen Nebeneinander der Generationen in Österreich gilt für die oben genannten Persönlichkeiten (und andere, meist jüdische Heimkehrer wie Hilde Spiel (1911 – 1990)), keineswegs jedoch für die konservativen Autoren, die von den jüngeren entweder heftig angegriffen (bittere Glossen gegen die Renazifizierung im *Plan* und im *Tagebuch*) oder aber ignoriert, nicht ernst genommen wurden.

Vom Arbeitskreis der Zeitschrift *Neue Wege* spaltete sich 1951 eine Gruppe radikaler Avantgardisten ab, dem Surrealismus und dem Experiment verpflichtet, die im wörtlichen und übertragenen Sinn «in den Untergrund» gingen, in den „Strohkoffer", den Keller unter der

Loos-Bar in Wien, Treffpunkt des Kreises bildender Künstler rund um den Maler und Schriftsteller Albert Paris von Gütersloh (eigtl. A. Conrad Kiehtreiber, 1887 – 1973) ('Phantastische Realisten'). Ihre Zeitschriften waren einfache maschingeschriebene hektographierte Blätter; aus diesem losen Freundschaftskreis entwickelte sich die bekannte 'Wiener Gruppe', in den fünfziger Jahren eine literarische Opposition zweiten Grades, der auch die „modernen" jungen Schriftsteller noch weitaus zu konservativ waren.

Die Jahre bis zur Währungsreform 1947 und den einsetzenden 'Kalten Krieg' waren, trotz der üblichen Eifersüchteleien und Feindschaften, in allen Gruppierungen durch große Offenheit und gemeinsame Diskussionen gekennzeichnet. Den besten Eindruck von der Situation liefert sicherlich die Zeitschrift *Plan*, die im Reprint vorliegt, und die als Dokument frei ist von den subjektiven Einschätzungen der vielfachen Rückblicke auf die Zeit.

Der *Plan. Literatur, Kunst, Kultur* (1, 1945/46 – 2, 1947/48) informiert durch Übersetzungen und Artikel über ausländische Literatur der Gegenwart und der klassischen Moderne [dominant die Franzosen, von Paul Valéry und Charles Baudelaire bis zu Jean-Paul Sartre und Jean Tardieu, aber auch Engländer (T.S. Eliot), Amerikaner (Walt Whitman) und Russen (Wladimir Majakowski, Boris Pasternak)], über bildende Kunst (Pablo Picasso gibt Anlaß zu Kontroversen), Musik und Film, läßt unterschiedliche Standpunkte zu Wort kommen (z.B. über die Zwölfton-Musik), stellt vergessene, vertriebene und ermordete Autoren aus dem eigenen Land vor (Franz Kafka, Albert Ehrenstein, Alma Johann Koenig ...) und reagiert auf die zeitgenössische Kulturszene, wobei der *Plan* am heftigsten und konsequentesten gegen die 'Rehabilitierung' von NS-Autoren – leider ergebnislos – polemisiert. Mit der ersten Nummer des Jahres 1948 fällt diese Zeitschrift, die auch heute noch beeindruckt, der Währungsform und dem geänderten politischen Klima zum Opfer. Vieles, was in der österreichischen und in der deutschsprachigen Literatur an Bedeutung gewinnen sollte, ist hier vorgestellt worden: Ilse Aichinger (geb. 1921), Christine Busta (eigtl. Dimt, 1915 – 1987), Paul Celan (eigtl. Antschel, 1920 – 1970), Friederike Mayröcker (geb. 1924), Heimito von Doderer (1896 – 1966), Erich Fried (1921 – 1988), Fritz Hochwälder (1911 – 1986), Hans Lebert (1919 – 1993).

Die *Neuen Wege. Kulturzeitschrift junger Menschen* (1, 1945 –), deren Existenz gesicherter ist, da es sich um die vom Bundesministerium für Unterricht herausgegebene Zeitschrift für das *Theater der Jugend* handelt, übernehmen weitgehend die Funktion als Publikationsforum der „Jungen". Das Publikum waren Schüler und Lehrer, dennoch spielen sich gerade hier – im redaktionellen Arbeitskreis und in den Publikumsreaktionen – die heftigsten Auseinandersetzungen um Surrealismus und avantgardistisches Experiment ab, was allerdings zur schon erwähnten Abspaltung der 'Experimentellen' führt, da diese Richtung den offiziellen Geldgebern doch zu weit geht.

Hermann Hakel wirkte einerseits als Organisator der Nachwuchsaktion des österreichischen PEN, und entdeckte in dieser Funktion u.a. Ingeborg Bachmann (1926 – 1973), später beeinflußte er als Leiter einer Schreibwerkstatt in der Volkshochschule (1953 – 1964) viele Autoren; die Gruppe um den stramm antikommunistischen Hans Weigel mit seinen guten Verbindungen zu Rundfunk und Zeitungen traf sich traditionellerweise im Café Raimund und fand in den fünf Bänden der Anthologie *Stimmen der Gegenwart* ihr Publikationsforum.

Das *Tagebuch* (*Österreichisches Tagebuch. Wochenschrift für Kultur, Politik, Wirtschaft*, 1, 1946 – 11, 1956, *Tagebuch*, 12, 1957 – 1969, *Wiener Tagebuch*, 1970 – 1989), in der russischen Besatzungszone beheimatet, ist primär eine kulturpolitische Zeitschrift, in der Ernst Fischer (bis 1947 Unterrichtsminister und bis 1959 Nationalrat) und Viktor Matejka (bis 1948 Wiener Kulturstadtrat und als solcher für die Einführung der ersten Literaturpreise verantwortlich) pertinente Kritik am zunehmend konservativen Klima üben. Doch ähnlich wie das wichtige Theater *Scala* (1948 – 1956) verliert das *Tagebuch* in der österreichischen Szene an Einfluß, obwohl es in Österreich nicht zu einer Teilung nach Besatzungszonen kommt und obwohl mit dem Globus-Verlag eine österreichische Publikationsmöglichkeit besteht. Die hier situierten Autoren werden in den Kanon nicht aufgenommen, können bestenfalls in den siebziger Jahren über den Umweg DDR zu einiger Bekanntheit gelangen (Maxie Wander (1933 – 1977), Jura Soyfer (1912 – 1939)).

Denn die österreichische Situation, die in den Jahren 1945 bis 1948 so vielversprechend ausgesehen hat – es gab sogar Pläne, Wien anstelle des weitgehend zerstörten Leipzig zu einem Zentrum der deutschsprachigen Verlage auszubauen – versank mit der Währungsreform zunehmend im Konsumdenken; in der Kulturpolitik machte sich die Kontinuitätsthese Habsburger Monarchie – (Austrofaschismus) – Zweite Republik fatal bemerkbar; der 'Kalte Krieg' führte zur Ausschaltung von so wichtigen Figuren wie Fischer, Matejka, Hakel – alles, was sich nicht dem jahrtausendealten „österreichischen kulturellen Besitzstand" einordnen ließ [vgl. 108], wurde in die Isolation, ins Verstummen (Kräftner, Buchebner, Laaber, Bayer), in den Untergrund oder in die Emigration getrieben. Die Fünfziger Jahre standen im Zeichen des Kampfes gegen Schmutz und Schund, wo unter dem Vorwand des Schutzes der Jugend ausländische Einflüsse und formale Neuerungen bekämpft wurden.

In Österreich gab es keine Verlage, die die Währungsreform überstanden haben und bereit und fähig waren, sich der neuen Literatur zu widmen.

Es gab in Österreich nach 1950 keine Zeitschriften- und Zeitungsszene, die sich der jungen Literatur widmete, die Honorare beim Rundfunk waren im Vergleich zur Bundesrepublik lächerlich; es gab und gibt kein breites literarisch interessiertes Publikum und keine Literaturpublizistik; es gibt keinen Vertrieb, der die Bundesrepublik erreicht. Literarischer Erfolg war (und ist noch immer) nur über die

Bundesrepublik Deutschland zu erreichen – Resultat der symbolischen Macht im Sinne von Bourdieu.

Dennoch haben diese ersten Nachkriegsjahre in Österreich (oder präziser in Wien) und die in ihnen wirksamen Mentoren wichtigen Autoren und Autorinnen in ihrer Anfangsphase Produktionsmöglichkeiten geboten.

Paul Celan publizierte seine ersten Gedichte 1948 im *Plan*, wo seine Texte als „das einzige lyrische Pendant des Kafkaschen Werkes" bezeichnet werden, die *Todesfuge* (entst. 1945, Dr. zuerst u.d.T. *Tangoul mortii*, 1947) und andere Gedichte erschienen in Weigels *Stimmen der Gegenwart*, und wenn auch der Gedichtband im Sexl Verlag 1948 wegen der sinnstörenden Druckfehler eingestampft werden mußte, so kennzeichnet Wien doch den Beginn seiner Publikationsmöglichkeiten, die Aufnahme in einen Kreis literarisch Interessierter (Edgar Jené, Bachmann). Daß er schon bald nach Frankreich emigrierte, markiert die negative Entwicklung der Wiener Situation.

Ilse Aichinger publizierte bereits 1946 im *Plan*, 1952 in den *Stimmen der Gegenwart* und veröffentlichte im Dezember 1947 (mit Erscheinungsjahr 1948) den Roman *Die größere Hoffnung* im Bermann Fischer Verlag. Das brachte ihr zwar zum Zeitpunkt des Erscheinens keineswegs den erhofften Erfolg, dieser stellte sich erst mit der Lesung bei der 'Gruppe 47' und ihrem Preis 1952 ein, doch hat sich dieser Roman in der Zwischenzeit als eine immer wieder neu aufgelegte gültige Auseinandersetzung mit dem Nationalsozialismus und der Judenverfolgung erwiesen.

Um den Roman in der Literaturlandschaft seines Publikationszeitpunktes zu situieren, ist es notwendig, sich die bundesdeutschen Romane eines Alfred Andersch, Heinrich Böll, Wolfgang Koeppen als Folie in Erinnerung zu rufen. Geht es in letzteren um realistische Schilderung der Kriegs- und Nachkriegszeit, so vermeidet Aichingers kunstvoll in mehreren Kreisen gebauter Roman konsequent die Nennung von Zeit und Ort, kommen konkrete Bezeichnungen wie Nazi, NS etc. nicht vor. Auf der Fabel-Ebene versucht das Mädchen Ellen mit der 'falschen' Großmutter zwar, ein Visum zu erhalten, doch sie akzeptiert die kryptische Aussage des Konsuls, daß sie es sich selber geben müsse. Ihr weiteres Schicksal (Solidarisierung mit den jüdischen Kindern, die schließlich deportiert werden, Selbstmord der Großmutter, Verschüttung durch Bomben, verwirrende Kontakte mit der Polizei, Begegnung mit dem fremden Soldaten Jan, und schließlich triumphaler Tod durch eine Granate auf der Brücke) werden mit konkreten zeitgeschichtlichen Details angereichert, (die Nürnberger Rassegesetze mit ihren Verboten: Juden dürfen nicht auf Parkbänken sitzen, keine öffentliche Verkehrsmittel benutzen, nur in bestimmten Geschäften einkaufen, keine Haustiere halten...; Bomben und Kämpfe) doch all diese „Realien" sind eingebettet in einen kindlich-märchenhaften und in einen biblischen Diskurs, der die Schilderung der Verfolgung und Vernichtung in eine Erzählung von Prüfung und (Hoffnung auf) Rettung und Erlösung umdeutet. So wird auch der Judenstern vom Zeichen der Brandmarkung als Außenseiter, freigegeben zur Verfolgung und Vernichtung, zum Zeichen der persönlichen tragischen Erwähltheit, zum befreienden Morgenstern, in dessen Zeichen die Heldin bei der Befreiung (Wiens) einen triumphalen Tod findet.

Auch der 1953 erschienene Roman von Herbert Zand (1923 – 1970) *Letzte Ausfahrt. Roman der Eingekesselten* bringt in der Erzählweise, nicht im Erzählgegenstand, völlig ungewohnte Töne in die Nachkriegsliteratur. Expressionistische Metaphorik und mitreißende Rhythmik kennzeichnen die Sprache dieses Romans, der die Sinnlosigkeit und gleichzeitig die Ausweglosigkeit des Krieges am Beispiel einer Kesselschlacht demonstriert. Obwohl allen die Aussichtslosigkeit des Kampfes und das bevorstehende Ende des Krieges klar ist, wird die Verweigerung des Kampfes nach wie vor mit dem Tod bestraft, sodaß Freund und Feind ununterscheidbar werden, im unmittelbaren Kampfgeschehen genauso wie in der eingekesselten Stadt mit ihrer Kommandozentrale. Der Kampf wird zum unausweichlichen tödlichen Naturereignis, bei dem der Sumpf genauso bewußtlos versinken wie die Kälte erfrieren läßt. Die eher kolportagehafte Liebeshandlung lebt vom Rausch(gift) und geht schließlich in der – durchaus realen – Explosion des Verrats auf.

Anders als Aichingers Roman ist der von Zand in einem österreichischen Verlag erschienen, Zand selber, schwer kriegsverletzt, hat den Sprung nach Deutschland, und damit die mögliche Bekanntheit, nicht geschafft. Die 1992 erfolgte Neuauflage hat an seiner Außenseiterrolle im Literaturbetrieb nichts ändern können.

Ingeborg Bachmann hingegen, die ihre Karriere ebenfalls in Wien begann, fand wie Aichinger ihren Erfolg als Lyrikerin und später als Hörspielautorin über die 'Gruppe 47' und die BRD.

Ende des Neuanfangs

Daß Bekanntheit und damit Erfolg für österreichische Schriftsteller/innen mit der Bekanntheit im BRD-Bereich zwangsweise einhergeht, und daß es dabei um symbolische Macht und nicht um das Paradigma Progressivität vs. Traditionalität geht, zeigt deutlich Heimito von Doderer. Seine Athener Rede *Der Anschluß ist vollzogen* von 1954 bringt den erfolgreichen Abschluß der anfangs skizzierten offiziellen und offiziösen österreichischen Kulturpolitik nach 1945 auf den Punkt: bewußt skandalisierend wird der politische Terminus 'Anschluß' (von 1919 und von 1938) für den kulturellen Anschluß an die Habsburgermonarchie eingesetzt. Doderers Romane, in den 50er Jahren repräsentativ für Möglichkeiten des epischen Erzählens empfunden (Spiegel-Cover-Story 5.6.1957), spannen historisch gesehen den Bogen von der Doppelmonarchie bis zum Brand des Justizpalastes 1927 und versuchen in ihrer der Aquinschen analogia entis verpflichteten Mimesis-Theorie die 'Totalität' einer Gesellschaft abzubilden.

Doch mit Doderer sind wir bereits mitten in den fünfziger Jahren, die die Auswirkungen der Kulturpolitik auf das Kulturschaffen zeigen. Die Offenheit der vierziger Jahre ist verschwunden, die linken Gruppen sind – trotz erfolgreicher Staatsvertragsverhandlungen mit allen vier Besatzungsmächten – im Zeichen des 'Kalten Krieges' ins gesellschafts- und kulturpolitische Out gedrängt; der Vorwurf, Kommunist zu sein, wird zunehmend zur Waffe in persönlichen Machtkämpfen (vgl. die Vorwürfe von Hans Weigel und Friedrich Torberg gegen den PEN-Club sowie den Brecht-Boykott). Aichinger, Bachmann sind in der BRD, in Italien, Celan in Frankreich. In Wien selber herrscht in Film und Buch eine Operetten-Monarchie; die gegenüber 1949 mehr als halbierte Buchproduktion sammelt als subventionierte kulturelle Großtaten das „geistige Besitztum der Nation" in Reihen (Stiasny, Bergland), während die Mitglieder der später so bezeichneten „Wiener Gruppe" quasi unter Ausschluß der Öffentlichkeit ihre Texte produzieren, die allerdings gerade über ihre Wittgenstein-Rezeption die österreichische literarische Szene der späten sechziger Jahre (Zeitschrift *manuskripte*, Forum Stadtpark in Graz: Peter Handke (geb. 1942), Gerhard Roth (geb. 1942), Wolfgang Bauer (geb. 1941), Gert Jonke (geb. 1946), Elfriede Jelinek (geb. 1946), Helmut Eisendle (geb. 1939), Barbara Frischmuth (geb. 1941)) bestimmen werden und so deutlich zeigen, daß die Aneignung der Ausdrucksmöglichkeiten der Moderne in der österreichischen Literatur – trotz mancher Unterbrechungen – prägend bleibt.

In Österreich ist also in mehrfacher Hinsicht – in positiver sowohl wie in negativer – 1945 kein Nullpunkt, kein Kahlschlag.

Für die jüngeren Autoren engagieren sich eine Reihe von zurückgekehrten Emigranten, die sie mit den Traditionen der Moderne bekannt machen. Ihre Produktion beeinflußt – insbesondere nach dem Auftreten von Aichinger, Bachmann und Celan bei der Gruppe 47 im Jahr 1952 – die literarische Szene der BRD nachhaltig und wird auch in der österreichischen Literatur immer wieder produktiv. Neben der formalen Innovation ist auffällig, wie früh in Österreich die Judenvernichtung literarisch thematisiert worden ist.

Während diese Emigranten, unterstützt durch die 're-orientation' (nicht 're-education') Politik der Besatzungsmächte, weitgehend als freie Kulturschaffende tätig sind, werden die Positionen des Kulturbetriebs schon bald mit Protagonisten aus der Zeit des Austrofaschismus (und des Nationalsozialismus: vgl. die Nadler- und Kindermann-Debatten im PEN-Club) besetzt. Dies hängt zweifellos mit der Übernahme des Unterrichtsministeriums durch die ÖVP 1947 (nach dem Kommunisten Ernst Fischer) zusammen, die einen Anschluß an andere Traditionen und Autoren pflegte.

Der extreme Konservativismus der fünfziger Jahre, als unter dem Vorwand des Schutzes der Jugend („Schmutz und Schund"-Gesetz) sich neuerlich Tendenzen zur Zensur von Kunst entwickelten, führte allerdings auch zur Radikalisierung der Opposition in der Wiener Gruppe und den Aktionisten – vorläufig unter Ausschluß der Öffentlichkeit, aber mit weitreichenden Auswirkungen.

Michael Kämper-van den Boogaart

Literarische Öffentlichkeit in der BRD

Bereits am 12. Mai 1945 stoppte ein Verbot der Alliierten Herstellung und Vertrieb sämtlicher Druckerzeugnisse, um das Verlagswesen im Sinne der *Reeducation*-Politik restrukturieren zu können. Die wesentlichen Werkzeuge dieser Politik bestanden in Lizenzierungen und Papierzuteilungen. In der Umsetzung der Maßnahmen unterschieden sich die Zonen zwar, doch wurden die Gestaltungswerkzeuge überall dazu genutzt, jeweils einen Verlag besonders zu fördern. Da die Möglichkeit, die Rechte an neuen, vor allem fremdsprachigen Werken oder im Ausland publizierten Titeln der Exilliteratur zu erwerben, durch den *Trading with the Enemy Act* des Kontrollrats und durch die Devisenbewirtschaftung nahezu ausgeschlossen blieb, bestand die praktische Folge der alliierten Buchpolitik in einer faktischen Privilegierung jener Altverleger, die noch über attraktive Titelrechte aus der Zeit vor 1945 verfügten.

Die ambivalenten Wirkungen der alliierten Buchpolitik zeigten sich etwa im Fall des von den Amerikanern geförderten Verlegers Kurt Desch, der bis 1945 an verantwortlicher Stelle im arisierten Zinnen-Verlag tätig war. Desch, der mit Hans Hellmut Kirsts (1914 – 1989) 08/15-Romanen in den fünfziger Jahren große Auflagen machte, bevor er in den siebziger Jahren aufgrund von 'Unregelmäßigkeiten' im Zahlungsverkehr mit den Autoren in Bedrängnis geriet, publizierte nach 1945 zum einen antifaschistische Literatur, zum anderen bediente er sich verschiedener durch Arisierung 'erworbener' Altrechte.

In Berlin förderten die Briten Peter Suhrkamp (eigtl. Johann Heinrich S., 1891 – 1959), dessen Verlag die Lizenz in Nachfolge des renommierten Hauses S.Fischer erhielt. Den in Deutschland verbliebenen

S.Fischer-Verlag hatte der Angestellte Suhrkamp 1936 einvernehmlich mit der emigrierten Familie Fischer übernommen und unter politischen Schwierigkeiten bis 1944 (ab 1942 unter eigenem Namen) geführt. Illustre Stammautoren wie Hermann Hesse (1877 – 1962), Bertolt Brecht (1898 – 1956) und Thomas Mann (1875 – 1955) konnten in die Neugründung eingebracht werden und sorgten für einen erstklassigen Ruf. 1950 mußte Suhrkamp allerdings einen Vergleich mit Bermann-Fischer schließen, der einige Autoren, darunter Thomas Mann, in den wiedergebildeten S.Fischer-Verlag herüberzog. Hesse, Brecht und andere verblieben aber bei Suhrkamp. Mit Hesses Durchbruch in den USA und Brechts spätem Publikumserfolg in der Bundesrepublik flossen in der Folge kräftige Einnahmen in den Suhrkamp-Verlag, der sich frühzeitig jener jüngeren Autorinnen und Autoren annahm, die, im Programm umgeben von den Ikonen James Augustine Aloysius Joyce (1882 – 1941), Samuel Barclay Beckett (1906 – 1989), Marcel Proust (1871 – 1922) und Thomas Stearns Eliot (1888 – 1965), bald zu den großen Namen einer ästhetisch avancierten Nachkriegsliteratur zählen und zu Klassikern moderner Schullektüre aufsteigen sollten: Ingeborg Bachmann (1926 – 1973), Thomas Bernhard (1931 – 1989), Günter Eich (1907 – 1972), Hans Magnus Enzensberger (geb. 1929), Max Frisch (1911 – 1991), Peter Handke (geb. 1942), Wolfgang Hildesheimer (1916 – 1991), Uwe Johnson (1934 – 1984), Wolfgang Koeppen (1906 – 1996), Martin Walser (geb. 1927), Peter Weiss (1916 – 1982) und andere mehr. So nimmt es nicht wunder, daß für die Feuilletons Suhrkamp früh zur ersten Adresse geriet, wenn nach Besprechenswertem Ausschau gehalten wurde. Daß das nach Suhrkamps Tod von Siegfried Unseld (geb. 1924) geführte Unternehmen in den neunziger Jahren zu den umsatzstärksten der 'schöngeistigen Verlage' mit einem geschätzten Jahresumsatz von 70 Millionen zählt, geht, wie noch zu sehen sein wird, allerdings auch auf eine geschickte Editionspolitik zurück.

Die erste Lizenz in allen Zonen erhielt Heinrich-Maria Ledig-Rowohlt (1908 – 1992), Sohn eines ebenfalls renommierten Altverlegers. Im

Umgang mit Papierknappheit sowie fehlenden Druck- und Bindeka-
pazitäten profiliert sich Rowohlt als findiges Unternehmen, das vor allem im Taschenbuchsektor eine Vorreiterrolle spielte. Bereits legendär
sind die 1946 unter dem Kürzel *RO-RO-RO* entwickelten Romane im
Zeitungsformat. In Auflagen von mindestens 100.000 Exemplaren erscheinen, im Rotationsverfahren gedruckt und unter Ausnutzung alter
Rechte verlegt, Romane Ernest Miller Hemingways (1899 – 1961),
Ignazio Silones (eigtl. Secondo Tranquilli, 1900 – 1978), André Gides
(1869 – 1951), aber auch Kurt Tucholskys (1890 – 1935) und Theodor Plieviers (Ps. Plivier, 1892 – 1955). Frühzeitig sichert sich Rowohlt zudem die Übersetzungsrechte an den Texten Jean-Paul Sartres
(1905 – 1980), Simone de Beauvoirs (1908 – 1986) und Albert
Camus' (1913 – 1960), der dann auch mit *La Peste* (1947, dt. *Die
Pest*) zu den ersten Autoren zählt, die nach Wegfall der Zeitungsfor-
matromane 1950 in der einschlagenden Taschenbuchreihe *rororo* erscheinen.

Die für 1,50 DM in einer Startauflage von 50.000 Exemplaren ver-
kauften Taschenbücher stehen in der Tradition wohlfeiler Editionen,
folgen aber auch dem Pocket-Konzept der *Penguin Books* von 1935.
Kennzeichnend ist für ihren Typus neben dem Format, der Bindung,
der Seriennummer und dem günstigen Preis die hohe Auflage sowie
die Funktionen für die *Backlist* (s.u.) und für die Verwertung bereits
genutzter Verlagsrechte.

Rowohlts Pionierprojekt basierte auf einer knappen Kalkulation: Den
vergleichsweise schmalen Verkaufserlös ergänzte der Verlag durch
Werbeeinkünfte aus eingebundener Reklame für Zigaretten, Benzin
u.a.. Als ersten Band der Reihe brachte Rowohlt, ein Copyright von
1932 verwertend, Hans Falladas (eigtl. Rudolf Ditzen, 1893 – 1947)
Kleiner Mann – was nun? (1932, Fsp. 1967); auf Erstpublikationen
deutscher Autoren mußte hingegen trotz des innovativen Anspruchs
noch länger gewartet werden. Der in diesem Kontext oft angeführte
Borchert-Band *Draußen vor der Tür* erschien als *rororo*-Band 170
erst 1956, also acht Jahre nach dem Tod des Autors. Rowohlts Erfolg,

in zwei Jahren ein Taschenbuchprogramm mit 50 Titeln und einer Gesamtauflage von 30 Millionen zu etablieren, führte indes dazu, daß 1952 die *Fischer-Bücherei* als ebenfalls bunt gemischte Taschenbuchreihe auf den Markt kam. Im selben Jahr erschienen die *List-Bücher*, die nach einigen Jahren auch Nachkriegsautoren wie Alfred Andersch (1914 – 1980), Heinrich Böll (1917 – 1985), Hans Henny Jahnn (1894 – 1959), Walter Kolbenhoff (eigtl. W. Hoffmann, 1908 – 1993), Hans-Werner Richter (1908–1993), Wolfgang Weyrauch (1904 – 1980) und Gerhard Zwerenz (geb. 1925) (zum Teil als Originalausgaben) in ihr Taschenbuchprogramm aufnahmen. Abgesehen von der zwischen 1951 und 1956 herausgegebenen *Non-Stop-Reihe*, die die Edition von Koeppen-Romanen wagte, blieben die *List-Bücher* mit dem Projekt, neuere Tendenzen deutscher Literatur im Taschenbuch aufzugreifen, zunächst singulär.

Dies änderte sich, als 1961 eine Gruppe von Verlagen auf den zunehmenden Einfluß der Zweitverwertung von Buchtiteln durch Taschenbuchverlage reagierte. Unter dem Slogan *Das Taschenbuch für Anspruchsvolle* bildete sich der *dtv* als ein Gemeinschaftsunternehmen, dessen Mitglieder sich dazu verpflichteten, auf eigene Taschenbucheditionen zu verzichten. Nach intensiver Beratung mit den zum Teil skeptischen Hausautoren trat 1963 auch Suhrkamp durch das Programm der als *entdeckerisch* angekündigten *editon suhrkamp* in den genuinen Taschenbuchmarkt ein. Diese durch Willi Fleckhaus´ Regenbogengestaltung als Reihe hervortretende Edition brachte es Mitte der sechziger Jahre auf 80 Prozent deutsche *Erst*ausgaben. Die größten Verkaufserfolge lieferten indes *Longseller,* vor allem Brecht-Titel. In dem hohen Anteil an Erstveröffentlichungen schlug sich zudem die Entscheidung nieder, die Taschenbuchreihe auch zu einem Forum aktueller Theoriediskurse auszugestalten. Jene Verbindung aus kritischer Gesellschaftstheorie und moderner Literatur trug der Reihe ein Image ein, das namentlich das junge akademische Milieu im Vorfeld der Studentenbewegung zur Identifikation einlud – ein Effekt, der auch für die *Reihe Hanser* zutraf. Terminologischen Niederschlag fand dieser Zusammenhang in dem 1973 von George Steiner geprägten Wort *Suhrkamp-Kultur*. Der Ausdruck spiegelt nicht zuletzt wider, wie es Suhrkamp über eine Editionspolitik, die auf Werkausgaben und Materialienbänden setzte, gelang, Hausautoren zu tradierungswürdigen Klassikern zu nobilitieren: „Während deutsche Literatur andernorts nur noch vegetierte oder zerfiel, hier wurde sie systematisch als das schönste Gewächs verklärt und verkaufbar gemacht." [vgl. 80, *S. 39*]. Daß die kritischen Gehalte der publizierten Texte in Konflikt mit einer privatwirtschaflichen Verlagsführung treten können, zeigte sich 1968 und 1969, als mehrere Lektoren Suhrkamp im Streit verließen und einen (Theater-)*Verlag der Autoren* gründeten. Erschüttert hat dieser Vorfall den *Mythos Suhrkamp* nicht, abzuwarten bleibt jedoch, ob unter den veränderten Bedingungen einer *Erlebnisgesellschaft* seine ästhetisch-politische Ligatur Bestand haben oder von parasitärer Auszehrung betroffen sein wird.

Neben den exemplarisch erwähnten Taschenbuchreihen, die innerhalb der Verlage entwickelt wurden, dokumentieren Aufkäufe die Bedeutung, die diesem neuen Segment der Buchproduktion zukommt. So übernahm bereits 1955 der Ullstein-Verlag die ersten *KiWi-Taschenbücher* von Kiepenheuer. Spektakulärer gestaltete sich 1977 der Aufkauf der zunächst auf Krimis und Klassikerausgaben setzenden *Goldmann Taschenbücher* durch den Bertelsmann Verlag. (Bertelsmann gelang es in der Folgezeit, die aufgekaufte Reihe zum zweitgrößten Taschenbuchverlag zu machen.)

Fraglos hat – neben der Ausweitung des Sachbuchmarkts – der Erfolg der Taschenbücher dem Literatursystem einschneidende Veränderungen zugefügt: Vor allem begünstigte er die Entwicklung zu Großverlagen, als Gegentendenz aber auch die Entstehung *alternativer Kleinverlage*. Des weiteren kommt dem Taschenbuch in seiner Rolle für die *Backlist* eine Selektionsfunktion zu: Längerfristig auf dem Belletristik-Markt gehalten werden vorrangig solche Titel, denen in der Kalkulation der Sprung in die Auflagenhöhe des Taschenbuchs zugetraut wird. Dies bevorteilt systematisch bereits bewährte Titel, Autoren,

Stoffe und Poetiken und beeinträchtigt die Innovationskraft des Systems. Die von 50.000 Exemplaren auf durchschnittlich unter 12.000 Exemplare gesunkenen Auflagen haben andererseits zu einer forcierten Titelproduktion geführt, die nicht nur Enzensbergers bereits 1958 geäußerter Skepsis, Taschenbuchreihen böten ein Bild der peotologischen Beliebigkeit, zuspielt, sondern auch auf die *Backlist* zurückwirkt: Taschenbücher werden frühzeitiger als sonst aus dem aufgeblähten Programm genommen. Auf der Handlungsebene der Rezipienten entspricht dieser Trend einer Haltung extensiven Lesens, die die Lektüre eines literarischen Buches dem Konsum von Verbrauchsperiodika annähert.

Konzentrationsbewegung: Buchgesellschaften und Barsortimente

Eine zweite einschneidende Tendenz läßt sich als Bildung selektiver Buchmärkte mit verplanter Kaufkraft kennzeichnen. Mit offensiven, zum Teil aggressiven Werbemethoden wurden zu Beginn der fünfziger Jahre *Buchgemeinschaften* zu Großunternehmen ausgebaut. Diese auf der Mitgliederpflicht zur vierteljährlichen Buchabnahme basierende Organisationsform hat den buchhändlerischen Vorteil, daß auch eine limitierte Titelauswahl mit vorgegebenen Mindestnachfragen rechnen kann. Jene Nachfrage wird zudem über hauseigene, von der Literaturkritik ignorierte 'Zeitschriftenkataloge' und durch den Hauptvorschlagsband gesteuert, der besonders in den fünfziger Jahren riesige Verkaufsauflagen bescherte. Welche Auflagenvorteile die Buchgemeinschaft auch der ambitionierten Literatur bietet, zeigt beispielhaft die Vermarktung des Böll-Romans *Die verlorene Ehre der Katharina Blum oder: Wie Gewalt entstehen und wohin sie führen kann* (1974, Film 1975), der im Sortimentsbuchhandel 172.000 mal und in der anschließenden Buchclubauswertung zusätzlich 377.000 mal verkauft wurde. Der Erfolg der Buchgemeinschaften (1989 ca. 6,7 Millionen

Mitglieder) blieb nicht ohne Auswirkungen auf die anderen Strukturen des Buchhandels. Obgleich weniger als fünf Prozent aller Buchhandelsumsätze über den Vertriebsweg der Buchgemeinschaften gefahren werden, liegt in der Buchclubverwertung die Chance zu anderswo kaum erreichbar hohen Hardcover-Auflagen. Da bei den marktdominanten Belletristik-Verlagen der durch Lizenz- und Nebenrechteverkauf erzielte Umsatz rund ein Drittel des Gesamtumsatzes ausmacht, muß davon ausgegangen werden, daß das Kriterium einer späteren Buchgesellschaftsauswertung bereits die Gestaltung des literarischen Programms beeinflußt. Noch dichter gestaltet sich der Zusammenhang, wenn Buchclub-Konzerne daran gehen, sich durch Übernahme der lizenzgebenden Verlage von Kosten zu befreien. Der auch in diesem Sektor marktbeherrschende Konzern, die Verlagsgruppe Bertelsmann, erwarb über den eigenen Verlag hinaus unter anderem Goldmann, Knaus und Mosaik. Die Holtzbrinck-Gruppe, bis 1989 Besitzer der zweitgrößten Buchgemeinschaft, sicherte sich Droemer-Knaur, S.Fischer, Krüger, Kindler, Rowohlt.

Einfluß auf den Zugang zum literarischen Angebot nehmen auch die ebenfalls auf wenige Betreiber konzentrierten *Barsortimente* wie die Firma Libri, die den einzelnen Buchhandlungen das Risiko großer Lagerkapazitäten abnehmen. Aus ihren knapp über ein Viertel aller lieferbaren Bücher umfassenden *Hintergrundlagern* beliefern sie mit Hilfe moderner Kommunikationstechniken Einzelsortimente in Tagesfrist. Dieser über Funktionsrabatte faktisch durch die Verlage finanzierte Service effektiviert zwar die Distributionswege erheblich, kann aber auch dazu führen, daß Buchhändler riskante und kostspieligere Titel weniger als zuvor in ihren Ladengeschäften präsentieren. Benachteiligt sind auch Kleinverlage, deren Titel seltener in Barsortimenten geführt und von den Buchhändlern nicht immer beschafft werden. Im April 1995 meldete das *Börsenblatt* mit dem Hinweis auf stärkere Nutzung der Barsortimente: „So beabsichtigen 71 Prozent aller Buchhändler, ihre Lagerbestände abzubauen, 61 Prozent wollen im ersten Halbjahr 1995 ihr Einkaufsvolumen reduzieren und dies künftig auf eine kleinere Anzahl von Verlagen verteilen" [vgl. 66, *S. 30*].

Literatur und Staat

Gesellschaften, in denen Literatur als autonomes Sozialsystem bezeichnet werden kann, setzen einen Staat voraus, der sich dem Schutz literarischer Handlungsräume verschreibt, sich gegenüber literarischen Programmen aber intelligibler Selbstbeschränkung unterwirft. In die Konzeption des Grundgesetzes ist diese Vorstellung insofern eingegangen, indem nicht nur Art. 5 Abs. 1 ein Grundrecht auf Medien- und Informationsfreiheit konstatiert, sondern darüber hinaus Absatz 3 desselben Artikels die Freiheit von Kunst und Wissenschaft garantiert. Mit diesen Festschreibungen sind zwei grundsätzlich zu unterscheidende, sich gleichwohl oft überschneidende systematische Schwierigkeiten verbunden. Die erste Schwierigkeit besteht in der seit 1949 nicht selten aufgetretenen Frage, was zu tun ist, wenn literarische Produktionen andere Grundrechte zu verletzen scheinen. Die zweite Schwierigkeit betrifft die Frage, ob und wie sich der Staat zu engagieren hat, um Kunstliteratur als schützenswertes Gut zu fördern. Die erste Problemlage betrifft vor allem Fälle, in denen Literatur vorgeworfen wird, dem Gebot des Jugendschutzes zuwiderzulaufen, ferner Texte, denen Pornographie, Blasphemie, die Verletzung von Urheber- oder Persönlichkeitsrechten vorgehalten wird. Explizit politische Fälle treten hinzu, wenn Literatur Gewaltverherrlichung, Volksverhetzung, Rassismus oder die Verunglimpfung des Staates und seiner Symbole zugeschrieben wird. Quantitativ betrachtet, spielen sich die entscheidenden Kollisionen des Literatursystems mit anderen Sektoren auf dem Feld des Jugendschutzes ab. Dieser nämlich wird (wie die *persönliche Ehre*) durch Artikel 5 Abs. 2 GG im Konfliktfall ausdrücklich über die Medien- und Meinungsfreiheit gestellt – aber nicht über die Kunstfreiheit, wie sie Art. 5 Abs. 3 garantiert.. Praktische Ausgestaltung erfuhr der Jugendmedienschutz ab 1953 vor allem dadurch, daß eine Bundesprüfstelle (BPS) in die Autonomie des Buchmarktes eingreifen kann, indem sie zwar keine Vorzensur vornimmt, aber doch in Form der *Indizierung* die freie Verbreitung inkriminierter Titel untersagen darf. Die nach verbandspolitischen Kriterien umstritten zusammengesetzte Behörde hat seit ihrer Konstituierung 1954 neben einer Vielzahl von Indizierungen zumindest für drei grundsätzliche Probleme gesorgt. Erstens erwiesen sich ihre prinzipiellen Kriterien als unscharf und illegitim pädagogisierend, wenn zum Beispiel von „sozialethisch desorientierenden Medien" [vgl. 50, *S. 9*] gesprochen wird. Zweitens zeigt sich der jeweils in Anschlag gebrachte Textbegriff unter rezeptionspsychologischen Aspekten defizient, insofern Stimulationen oder Manipulationen eindimensional auf vermeintliche Manifestationen der Textbasis zurückgeführt wurden. Das dritte Problem in der Arbeit der Prüfstelle stellt sich nicht zuletzt unter systemtheoretischem Blickwinkel als weit gravierender dar; in seiner Grundsatzdimension tangiert es nämlich das Verhältnis von liberalem Staat und autonomer Literatur insgesamt. Die Indizierungsaktivität der Prüfstelle soll sich nämlich originär nur auf solche Publikation erstrecken, für die ein Kunstcharakter nicht unterstellt werden kann. Auch wenn sich hier in einzelnen Verwaltungsgerichtsentscheidungen Modifikationen ergeben haben, bleibt doch das prinzipielle Dilemma eklatant, daß Prüfstelle wie Gerichte nicht nur über die Jugendgefährdung und andere Rechtsverletzungen zu befinden haben, sondern auch entscheiden müssen, ob es sich bei dem zur Debatte stehenden Text um Kunst handelt. Diese Situation sorgte zum einem für eine Reihe possenhafter Gutachterdebatten wie im Fall der zahlreichen Mutzenbacher-Indizierungen zwischen 1968 und 1986, zeitigte aber auch prekäre Risiken für Autoren, die vor allem *im deutschen Herbst* 1977 unter Terrorismusverdacht gerieten – in den Worten des späteren Staatssekretärs Spranger „geistige[n] Helfershelfer[n] der Anarchisten, jene[n] Wohlstandsintellektuelle[n], wie Heinrich Böll, Erich Fried, Martin Walser, Ingeborg Drewitz und andere[n], deren Sympathien die Anarchisten unterstützen, entschuldigen und rechtfertigen" [vgl. 70, *S. 280*].

Dem systemtheoretisch orientierten Beobachter offenbart sich hinter der strittigen Frage nach dem Kunstcharakter derart skandalisierter

Texte ein grundsätzliches Dilemma: Der Freiheit der Kunst, der Autonomie des Literatursystems willen muß sich der Staat selbst jeglicher
normativen Definition enthalten, wird aber seitens des Systems auch
kaum mehr mit konsensuellen Definitionen beliefert. [Höchstrichterli-
che Klärungsversuche tendierten bislang dazu, empirische Aussagen
über das in einer pluralen Gesellschaft für künstlerisch Erachtete mit
dem je eigenen Kunstempfinden kurzzuschließen oder zu wenig ope-
rationalen Formeln wie jener, derzufolge künstlerisches Schaffen primär nicht Mitteilung, sondern Ausdruck sei, zu greifen.] In seiner positiven Entscheidung über die Verfassungsbeschwerde des Rowohlt-
Verlags gegen die Mutzenbacher-Indizierung der Bundesprüfstelle
wandte sich das Bundesverfassungsgericht 1990 allerdings gegen das
Literaturverständnis der Prüfstelle, indem es auf die Möglichkeit verwies, daß auch pornographischen Romanen ein Kunstcharakter nach
Art. 5 Abs. 3 Satz 1 GG zukommen könne. Gleichsam wurde klargestellt, daß Jugendschutz nicht, wie zuvor von den Verwaltungsgerich-
ten geltend gemacht wurde, vor der Garantie der Kunstfreiheit rangie-
re. Die paradoxe Lage, das Privileg autonomer Literatur durch distink-
tive Definitionen des Künstlerischen sichern zu müssen und sich damit von außen an der schützenswerten Autonomie selbst zu vergrei-
fen, betrifft nicht nur die restriktiven Maßnahmen des Staates, sondern
auch die aktiven Förderungsmaßnahmen: Die Gefahr eines staatlichen
Kunstengagements beruht auf dem Umstand, daß sich jede staatliche
Kunstförderung, gerade weil andere Kriterien (wie etwa das Gewinn-
motiv) fehlen, für die Inhalte interessieren *muß* [vgl. 166, *S. 264*]. Solche an Inhalten ausgerichtete Förderungen zeigen sich allerdings nicht
bei den vielfältigen Maßnahmen, die das *Buch als Medium* rechtlich-
fiskalisch privilegieren: so die seit den Jahren 1973/74 auch gesetzlich
geregelte Zurückstellung kartellrechtlicher Bedenken in der Frage der
vertikalen Preisbindung, der ermäßigte Umsatzsteuersatz im Buchhandel sowie die ermäßigten Beförderungstarife für Büchersendungen der
Post. Zu denken ist aber an die Rolle, die der Beschäftigung mit Kunstliteratur im Bildungs- und Bibliothekswesen zukommt (Richtlinien;

Zugangsberechtigungen). Andere staatliche Maßnahmen zur Literaturförderung fallen hingegen eher sparsam aus – vergleicht man sie mit der finanziellen Förderung anderer Künste und dem Sektor der staatlichen Bühnen. Hieran ändern auch öffentliche Preisvergaben, Stipendien und kommunale Literaturhäuser nichts. Von übergreifender, soziale Literarizitätskonventionen berührender Bedeutung dürfte allerdings eine weitere gesetzgeberische Regelung sein: das Urheberrecht. Hier setzte sich im bundesrepublikanischen Recht ein kontinentaleuropäisches Prinzip durch, das der Idee eines originären Schöpfers relativen Vorrang vor dem Verwerter einräumt und sich insofern von dem stärker produktbezogenen *Copyright* der angloamerikanischen Tradition unterscheidet. Diese literargeschichtlich imprägnierte Rechtsauffassung festigte sich 1965 weiter, als der Gesetzgeber den sogenannten Bestsellerparagraphen in das Urheberschutzgesetz einführte, der den Autoren unter bestimmten Bedingungen die Möglichkeit in die Hand gibt, über das vertraglich vereinbarte Maß hinaus an Verwertungserfolgen ihrer Titel zu partizipieren. Modifikationen in dieser personenorientierten Schutzregelung deuten sich aber angesichts der Reaktionen auf die vieldiskutierte Fotokopier-Frage an. Indem analog zu anderen Abgaben eine *Verwertungsgesellschaft Wort* quasi fiskalische Abgaben verwaltet und unter die publizierenden Autoren ausstreut, ohne die je individuelle Kopierfrequenz berücksichtigen zu können, erodieren die personenorientierten Grundideen des Urheberrechts tendenziell.

Strategien der Literaturkritik

Kennzeichnend für die erste Phase der bundesrepublikanischen Literaturkritik ist ein Feuilleton, das auf die Niederlage des Faschismus mit bewußter Deideologisierung und Depolitisierung reagiert. Als Protagonisten dieser Reaktion gelten vor allem Friedrich Sieburg (1893 – 1964) und Günter Blöcker (geb.1913), aber auch Hans Egon Holthusen (1913 – 1997) und Albrecht Fabri (geb.1911). An ihren von Ernst Robert Curtius (1886 – 1956) und Max Ryncher (1897 – 1965) beeinflußten Arbeiten läßt sich ein Rollenkonzept erkennen, das die Tätigkeit des Kritikers ästhetisiert und seine Wertungen von der Bürde theoriegeleiteter Stringenz entlastet. Das Konzept stellt gleichsam die soziologische Frage des Adressatenbezugs hintan, indem sich der Kritiker als solitäre Stimme stilisiert, die scheinbar nur an das Einverständnis jener wenigen appelliert, die (noch) nicht vom Zeitgeist infiziert sind. Dieser Nachdruck auf einen minoritären Status, der sich ähnlich in Emil Staigers (1908 – 1987) Einlassungen zur Gegenwartsliteratur offenbart, prägt auch die am Bild des Einzelgängers ausgerichtete Vorstellung legitimer literarischer Produktion. Daß das Credo, des politischen Kommentars entsagen zu müssen, in der Praxis nur schwach durchgehalten wurde, zeigen die Auslassungen des zum Leiter des *FAZ*-Literaturteils aufgestiegenen Friedrich Sieburg, der sich, obgleich durch sein Wirken im okkupierten Frankreich belastet, in seinen hämischen Urteilen zum politischen Engagement anderer keine Zurückhaltung auferlegte. Häme kennzeichnet auch das Verhältnis Sieburgs zur Gegenwartsliteratur namentlich der Gruppe 47, die er und Blöcker als prinzipienlose *Clique*, der es um die Kontrolle aller literarischen Pfründe gehe, attackierten. Mit dem polemischen Verweis auf die Manipulationen der anderen, gaben sie einer Kränkung Ausdruck, die auch von den Kämpfen um die Macht der legitimen Literaturverarbeitung zeugt. Ihre Angriffe auf die Konformität der Gegenwartsautoren hatten an jener konservativen Ideologie anteil, die die vermeintliche Macht der Intellektuellen zu beschwören sucht und die 1965 in der Rolf Hochhuth (geb. 1931) geltenden Injurie Ludwig Erhards über den Intellektuellen als kläffenden *Pinscher* prominenten Ausdruck fand. Darüber hinaus reagierten die Warnungen Sieburgs und Blöckers jedoch auch auf eine Situation der Konkurrenz, die ihnen durch das publizistische Engagement jener Autoren erwuchs, die wie Alfred Andersch, Peter Hamm (geb. 1937), Helmut Heißenbüttel (1921 – 1996) oder Dieter Wellershoff (geb. 1925) neben ihrer schriftstellerischen Arbeit auch als Rundfunkredakteure oder Verlagsmitarbeiter wirkten. Neben dieser berufsständischen Rivalität entfaltete sich im Umfeld der Gruppe 47 auch ein konkurrierendes Verständnis der systemischen Funktion von Literaturkritik. Alternativ zu einer allzuoft moralisierenden Wertungsästhetik – *Gesittung durch Literatur* [vgl. 116, *S. 92*] – bildete sich nämlich ein Rezensionsstil, dem kaum an Kulturkritik gelegen war, sondern dessen Vertreter vielmehr den Anspruch erhoben, als Makler zwischen Autoren und Lesern zu fungieren. Zu dieser in den fünfziger Jahren nachwachsenden, mit der Gegenwartsliteratur prinzipiell sympathisierenden und von Hans Mayer (geb.1907) unterstützten Kritikergeneration zählen unter anderem Joachim Kaiser (geb.1928), Walter Jens (geb.1923), Fritz Joachim Raddatz (geb.1931), und Marcel Reich-Ranicki (geb.1920) und – weitgehend außerhalb der Tageskritik – auch Heinz Ludwig Arnold (geb. 1940), der seit 1962 die renommierte Zeitschrift *text+kritik* herausgibt. Von den Genannten ist es zweifellos Marcel Reich-Ranicki, der das publikumswirksame Bild des Kritikers über die Kontroversen der sechziger Jahre hinaus bis ins audiovisuelle Medium transportierte: Reich-Ranicki, 1938 aus Berlin nach Warschau deportierter Sohn deutsch-polnischer, in Treblinka ermordeter Juden, arbeitete nach einer 1950 endenden Tätigkeit im polnischen Nachrichtendienst als Lektor, freier Autor und Zensor in Warschau, wo er sich vornehmlich der deutschen Literaturen annahm. 1958 reiste er in die Bundesrepublik, knüpfte erste Feuilleton-Kontakte und ließ sich von Richter zur Gruppe 47 einladen. 1959 zog er nach Hamburg, wo er von 1960 bis 1973 als ständiger Literaturkritiker der *Zeit* tätig war und mehrere literaturkritische Bücher veröffentlichte, die auch in Taschenbucheditionen Erfolg hatten. 1973 wechselte er zum Feuilleton der *FAZ*, wo er, durch die ungünstige Position bei der *Zeit* sensibilisiert, sich als Leiter des umfangreichsten und renommiertesten Literaturteils gewichtige Kompetenzen garantieren ließ. In dieser Funktion koordinierte Reich-Ranicki über 1.000 Buchbesprechungen pro Jahr, die von ca. 100 Rezensenten bearbeitet wurden. Bereits Mitglied verschiedener Jurys und verschiedentlich der Patronage verdächtigt, übernahm er von 1977 bis 1986 die Sprecherfunktion der Jury zum Klagenfurter Ingeborg-Bachmann-Preis. 1988 wechselte er das Medium: nachdem er bereits von 1964 bis 1967 in Kooperation mit Hans Mayer „Das literarische Kaffeehaus" im Hörfunk moderiert hatte, formte er nun unter dem Dach des ZDF *Das literarische Quartett*. Sechs mal im Jahr präsidiert Reich-Ranicki dieser Runde, der als feste Mitglieder auch Hellmuth Karasek (geb. 1934) vom *Spiegel* und Sigrid Löffler, früher *Profil*, gegenwärtig *Die Zeit*, angehören. Die vor einem Studiopublikum zumeist kontrovers geführten Debatten über den Wert von jeweils fünf präsentierten Neuerscheinungen werden von 1,6 Millionen Zuschauern verfolgt, eine Zahl, die die der Feuilleton-Leser bei wietem übertrifft. Im Vergleich zu der geringen Wirkung, die die Feuilletonkritik gewöhnlich auf das Kaufverhalten des literarischen Publikums nimmt, läßt sich zwischen *Literarischem Quartett* und Buchabsatz ein deutlicher Zusammenhang ermitteln. Wie ist diese Wirkungsmacht zu erklären, wenn man nicht allein auf die zweifellos charismatische Erscheinung Reich-Ranickis rekurrieren will? Plausibel dürfte zumindest im Falle des *Literarischen Quartetts* der Befund Hilmar Hoffmanns sein, daß hier die „bürgerliche Diskussions- und Gesprächskultur" als „Kunst-, Kultur- und Unterhaltungsstück" vorgeführt werde [vgl. 60, *S. 61*]. Bestätigung fände so auch Habermas' bereits 1961 formulierte These über den Verfall der bürgerlichen Öffentlichkeit durch ihre konsumierfähige Simulation. Eine Affinität zu Unterhaltungsschemata ist dem Konzept Reich-Ranickis im übrigen auch über die TV-Präsenz hinaus nicht fremd, insofern sie seiner machtorientierten Bestimmung des Kritikers als Kommunikator zupaß kommt. Mit dem pragmatischen Anspruch, „Ich will Leute dazu bringen, daß sie das Buch lesen", formuliert Reich-Ranicki ein Verständnis, das gleichermaßen Distanz zur Sieburg-Generation wie zu den theoretisch inspirierten Gegnern einer aus dem Bauch ersonnenen Literaturkritik, so etwa Heinrich Vormweg (geb.1928), aufzieht. Diesem Verständnis nahe kommt auch der Literaturwissenschaftler und *FAZ*-Rezensent

Walter Hinck, wenn er die vornehmliche Aufgabe der Kritik darin sieht, für die Literatur *kommunikative Öffentlichkeit* herzustellen [vgl. 59, *S. 105*]. Die Öffentlichkeit, von der Hinck spricht, ist allerdings unter den Bedingungen einer massenmedialen Diskurspräsentation, für die die TV-Talkshow nur das Muster abgibt, einzig in inszenierter Form zu haben. Die der Kritik angesichts der Unübersichtlichkeit eines literarischen Angebots zugeschriebene Funktion, zu selegieren und über das Ausgewählte eine unterhaltsame Debatte zu entfachen, leistet Literaturkritik überwiegend dann, wenn es ihr gelingt, Selektion und Wertungsstreit jenseits theoretischer Reflexionen als *Human Interest Story* in Szene zu setzen. Während solches der Lapidarkritik der *Lifestyle*-Magazine, der Frauen- und Freizeitjournale über den Anschluß der Literatur an die Popularästhetik und den Glamour der Stars gelingt, reüssiert die Methode Reich-Ranicki über die Strategie des kalkulierbaren Skandalons und einer kontrolliert extrovertierten Subjektivität. Während der Rezensent Helbling glaubt, daß der Literaturkundige zur Kenntnis nehme, wer was wo und wie rezensiert habe, so daß ihm nicht entginge, „wenn ein Kritiker damals begeistert war und diesmal aufs schärfste tadelt" [vgl. 55, *S. 31*], weiß Reich-Ranicki, daß, will man sich nicht mit den professionellen *Happy Few* des Literaturbetriebs bescheiden, für die Publizität und Anschaulichkeit der Divergenzen gesorgt werden muß. Nicht der Rezipient entdeckt in gewissenhafter Lektüre subtile Abweichungen, sondern der Feuilletonbetrieb und neuerdings das Fernsehen haben dem Konsumenten den Streit als Kompaktveranstaltung ins Haus zu liefern, um Literatur ins Gespräch zu bringen. Solche Inszenierung des Streits besorgte Reich-Ranicki bereits in der *Zeit*, als er zum Beispiel eine von Blöcker eingeholte Tirade auf die Gruppe 47 mit einer scharfen Replik aus eigener Hand versah. Berühmt wurden im Anschluß seine auch in Buchform in mehreren Auflagen veröffentlichten *Verrisse*. Neben Gefechten, die ihm seine gern als Sorge um die deutsche Gegenwartsliteratur getönten Verrisse unter anderem mit Reinhart Baumgart (geb. 1929), Hermann Hans Kinder (geb. 1945), Helmut Heißenbüttel, Günter Grass (geb. 1927) oder auch Peter Handke (geb. 1942) eintrugen, exponierte vor allem die Auseinandersetzung mit Martin Walser die Methode Reich-Ranickis. Ausgangspunkt des *als Skandalon konzipierten* Vorfalls war ein 1976 erschienener Verriß Reich-Ranickis, der anläßlich Walsers Roman *Jenseits der Liebe* (1976) dem Autor ruinösen Umgang mit seinem Talent und Flucht auf die modische *Barrikade des Klassenkampfes* bescheinigte. Während Walser mit einem ins Grundsätzliche geratenen Angriff auf bürgerliche Kritikerpäpste konterte, sich *Spiegel, Süddeutsche Zeitung* und *konkret* des Vorfalls annahmen, kletterte der Roman auf den ersten Platz der SWF-Bestenliste und registrierte die Branchenzeitung *Buchmarkt* mit Verweis auf Erfolgsmeldungen der Suhrkamp-Verlagsleitung: *Martin Walser. Verriß verkauft.* Zwar riefen Peter Schneider und Erika Runge noch Ende 1976 zum *Boykott des Literatur-Zirkus Reich-Ranicki* auf, doch nahm die Affäre eine ganz andere Richtung, als im Januar 1978 die *FAZ* Walsers neuen Prosaband *Ein fliehendes Pferd* (1978), begleitet von einer hymnischen, über eigene Anteile am Erfolg spekulierenden Rezension Reich-Ranickis, vorabdruckte. Empfindliche Nähe zur Marketingstrategie zeigte ein baldig erfolgter Gemeinschaftsauftritt von Autor und Rezensenten, mit dem Suhrkamp die Lesereise Walsers auf den Weg brachte und vor allem die darbenden Literaturspalten der Regionalpresse proviantierte. Als im August 1978 Christian Schulz-Gerstein Reich-Ranicki im *Spiegel* attackierte und dabei vom Bonus seiner Ghettovergangenheit sprach, provozierte er damit nur noch einen seltenen Fall von Kritikersolidarität [vgl. 87, *S. 113*]. Weniger dramatisch geriet in den achtziger Jahren der Disput um Botho Strauß (geb. 1944), in dem zwar die *Neue Zürcher Zeitung* mehrere Kollegen gegen Reich-Ranicki auffuhr, dessen Verdikt aber lagerübergreifend Unterstützung erhielt. Größeres Aufsehen erregte hingegen im August 1995 Reich-Ranickis als „offener Brief" verpackter Verriß des Grass-Romans *Ein weites Feld* (1995), dem wenige Tage später eine in der Presse als „zweite Hinrichtung" titulierte *Quartett*-Sendung sekundierte. Weniger die negative Bewertung des Grass-Romans als ihr die

Person denunzierender Duktus stoßen dabei auf. Besonders gerät die Titelblatt-Ankündigung des *Spiegel* zum Skandalon: Eine Fotomontage zeigt Reich-Ranicki beim wütenden Zerfetzen des Romans.

Betrachtet man die Kritik-Inszenierungen Reich-Ranickis im Hinblick auf ihre Wirkungen für das Literatursystem, so wird man sich eher enttäuscht sehen, falls man – wie viele Kritiker der siebziger Jahre – der publizistischen Verarbeitung die Aufgabe zuschreibt, poetische Innovationen zu befördern oder poetologische Positionen fortzuschreiben. Die Leitdifferenzen, mit denen die stark auf den *Plot* eingehenden Rezensionen wertungsästhetisch operieren, lassen sich schwerlich auf eine elaborierte Theoriekonstruktion abbilden – auch nicht, wie Grass nahelegt, auf die des späten Georg Lukács (1885 – 1971). Der subjektive Duktus der Wertung, der der Selbsterfahrung interessierter Lektüre höchste Bedeutung zumißt, entspricht eher einer zeitgenössischen Ausrichtung auf innenorientierte Urteile. Insofern geltend gemacht wird, daß Texte *etwas* im Subjekt zum Klingen bringen müssen, wobei offen oder je subjektiv zu besetzen bleibt, was dieses Etwas ist, wird die Lektüre strukturell einer Erlebnissuche angeschlossen, die auch andere Freizeitbeschäftigungen (zum Beispiel TV-Konsum) motivieren könnte. Die in der publizierten Buchkritik idealisierte Lektürehaltung verliert damit ihre esoterischen Strukturmerkmale; exklusiv wirkt sie höchstens durch das sich habituell veräußernde Subjekt Reich-Ranicki. Indem sich aber das Subjekt *scheinbar* voraussetzungslos als Resonanzboden des poetischen Werts darbietet, wirbt es für ein Vertrauen in die je eigene Wahrnehmung des Rezipienten und trägt dazu bei, den kulturellen Autoritätsbonus des Autors abzubauen. Das Verfahren macht aber auch die Bildungsinvestitionen unkenntlich, die dem Subjekt das in der Kritik exponierte Lesevergnügen erst ermöglichen. Der Anschluß an konsumptive Gratifikationserwartungen impliziert im übrigen, daß Texte, die sich der alltagsweltlichen Aneignung versperren, leichthin als uninteressant kategorisiert werden.

In der am Exempel Reich-Ranicki skizzierten Verfassung konnte sich massenmedial verbreitete Literaturkritik bislang auch in der Medienkonkurrenz behaupten, ohne von ihren oftmals beklagten Restriktionen – Konzentration auf Hardcover-Rezensionen, Vernachlässigung der Unterhaltungsliteraturen – entscheidend abzuweichen. Ihre Funktion, Lektüre-Impulse zu geben, wird im Vergleich zu den Effekten, die etwa von Bestsellerlisten und Literaturverfilmungen für den Buchabsatz ausgehen, allerdings nur beschränkt erfüllt. Wenn in einer aktuellen Repräsentativbefragung nur acht Prozent als Grund für den Kauf eines Buches auf eine Rezension verweisen, muß allerdings – unabhängig von der grundsätzlichen Skepsis Drews' – bedacht werden, in welchem Maße auch die von 23 Prozent der Befragten als Kaufmotiv genannte Verlagswerbung mit Versatzstücken aus Rezensionen prominenter Kritiker operiert und Kunden wie Händler (ihr Einfluß wird von 42 Prozent betont) gleichermaßen stimuliert.

Unter funktionalen Aspekten ist überdies nicht zu unterschlagen, daß Rezensionen kopierfähige Erlebnismuster bieten, die das Verhalten der *privaten Kritiker* im Bekanntenkreis anzuleiten vermögen, wie Willi Winkler ironisch beklagt: „Wir haben uns ein einig Volk von Kritikern herangezogen" [vgl. 95, *S. 18*]. Insofern das Vorbild der inszenierten Buchkritik die Lektüre an den Erlebniswert der kritischen Konversation bindet, mag sie im übrigen einen nicht geringen Beitrag zur Leseförderung leisten. Schließlich leidet das ansonsten nicht allzu schlechte Image der Freizeittätigkeit Lesen unter dem Vorurteil, die Lektüre vermittle keine sozialen Erlebnisse.

Während sich literarische Hörfunkrezensionen zunehmend dem Trend zu einer vor allem (gesellschafts-)theoretisch indifferenten, am Vorbild Reich-Ranicki ausgerichteten Kritik anzuschließen scheinen, wie eine Längsschnittuntersuchung Viehoffs zum Wertewandel der Rundfunkkritiker dokumentiert [vgl. 195], verhärten sich abseits der Massenmedien Positionen, die Literaturkritik sinnvoll nur 'im kleinen Kreis der Kenner' [vgl. 67, *S. 42*] praktiziert sehen wollen. Daß im 'neudeutschen Literaturstreit' [vgl. 126] des Jahres 1990 auch in der

Zeit durch den ehemaligen Reich-Ranicki-Mitarbeiter Ulrich Greiner und in der *FAZ* durch den von Reich-Ranicki erkürten *Nachfolger* Frank Schirrmacher von Revisionen des der Kritik zugrundeliegenden Literaturbegriffs die Rede war, wies hingegen nur auf den ersten Blick auf veränderte Strategien hin. Zum einen spielt die bemühte ästhetizistische Kehre, mit der die Literatur aus dem Bannfluch des Subjektdenkens befreit und einer rein ästhetischen Sphäre übereignet werden soll, mit bewährten Ressentiments gegen die trügerischen Utopien der Intellektuellen; zum anderen wurde wiederum auf den publizistischen Effekt des Skandalons gesetzt, kaum aber die eigene Praxis in theoretischer Anstrengung reflektiert. Mithin liefert auch solche *Kritik der Kritik* den interessierten Milieus Thrill und Themen zu einem Unterhaltungsspiel, das seine Stätten nicht nur im häuslichen *Armchair*, sondern auch in Literaturhäusern, Programmcafés und in einem Buchhandel findet, der, zur kommunikativen Erlebniszone ausgebaut, *Freizeitwerte* widerspiegelt und am geselligen *Mentaljogging* und *brain gym* bastelt – so zumindest der (ironiefreie) Ratschlag des Freizeitsoziologen Opaschowski [vgl. 69, *S. 82 f.*]. Daß ein derart erlebnisorientierter und massenmedial stimulierter Umgang mit Literatur auch auf die Handlungsrolle der Autoren einwirkt, spricht eine Klage Bodo Kirchhoffs (geb. 1948) aus: „Ich fürchte, was meine Zeit betrifft, daß die Schriftsteller als glaubhafte Mahner ebenso ausgespielt haben wie die Schriftsteller als glaubhafte Gelehrte und Weltdeuter – beide Felder werden heute von Moderatoren besetzt, die wie Mahner und Weltdeuter aussehen; bliebe nur das Feld der Unterhaltung, und wie mir scheint, hinken wir auch da bereits hinterher; oder was ist denn schon, frage ich hier, ein Roman gegen eine Gesprächsrunde über Romane" [vgl. 63, *S. 54*]?

Wolfgang Emmerich

Literarische Öffentlichkeit und Zensur in der Deutschen Demokratischen Republik

Im Blick auf offene, liberale Gesellschaften westlichen Typs hat man zunächst Schwierigkeiten, das literarische Leben in vierzig Jahren DDR angemessen zu verstehen und zu benennen. Im Westen lebend, ist man tatsächlich an eine weitgehend uneingeschränkte 'literarische Öffentlichkeit' als eigengesetzliche gesellschaftliche Wertsphäre gewöhnt, so wie unsere moderne Gesellschaft im Sinne Max Webers (1864 – 1920) durchweg aus für sich autonomen Wertsphären des Staates, der Wirtschaft, des Rechts, der Verwaltung, der Religion, der Wissenschaft usw. besteht. Nicht so in der DDR. Gewiß hatte auch dieser Staat Grundzüge von Modernität – zumal in seiner industriegesellschaftlichen Ausrichtung – , aber es handelt sich alles in allem um eine 'blockierte', 'gebremste', 'partielle' oder 'halbierte' Modernisierung, wie die Soziologen sagen. Mit Kategorien der Systemtheorie kommt man zu einem ähnlichen Befund: Das System Literatur war in der DDR als Subsystem des gesellschaftlichen Ganzen nie so beschaffen, daß es sich autopoietisch-selbstreferentiell auszudifferenzieren und einen stabilen Eigenzustand herzustellen vermochte. Es blieb unter dem Primat des Politischen, es war in Permanenz *overmanaged* durch restriktive Vorgaben von Staat und Partei.

Die DDR war eine 'Erziehungsdiktatur' mit festen, auf den ersten Blick sympathischen Leitbildern: Sie wollte das Bildungsprivileg als soziales Privileg abbauen, d.h., die Bildungsgüter der Nation sollten den Angehörigen aller Volksschichten gleicherweise zugänglich werden – so also auch die Literatur. Nach einem Begriff des führenden Literaturpolitikers und ersten Kulturministers der DDR, Johannes R.

Becher (1891 – 1958), subsumierte man das literarische Leben unter dem Begriff der 'Literaturgesellschaft'. Die Formel zielte auf das ideale Leitbild einer umfassenden 'Demokratisierung' (natürlich unter sozialistisch-autoritärem Vorzeichen) und Vergesellschaftung der Literatur auf allen Ebenen – der Autorschaft, der materiellen Herstellung, der Distribution, der Aufnahme/des Lesens, konkret: auf eine größere Verbreitung und somit gesellschaftlich-politische Wirkung einer Literatur, die man sich automatisch 'demokratisch' und fortschrittlich vorstellte. Das Modell 'Literaturgesellschaft' wandte sich damit einmal gegen die nicht zu bestreitende Ghettoisierung der Hochliteratur in nicht-sozialistischen Gesellschaften, zum zweiten gegen die „Poesiefeindlichkeit des Kapitalismus" (Karl Marx), d.h. gegen die durchgängige Vermarktung der Literatur in den westlichen Ländern, die damalige Bundesrepublik inbegriffen. Schließlich waren diesem Erziehungskonzept mittels Literatur inhaltliche Werte und ästhetische Normen vorgegeben, die man aus der als 'fortschrittlich' deklarierten bürgerlichen Tradition – dem sog. 'Kulturerbe' von Lessing und Goethe bis zu Thomas und Heinrich Mann – sowie der jungen sozialistischen Literaturtradition von Gorki bis Becher bezog. Literatur (und so auch die neue, eigene der DDR) hatte Humanität zu bewahren und neue sozialistische Tugenden wie Arbeitsethos und kollektives Verhalten zu befördern, und dies in einem fixierten Kanon ästhetischer Normen, der durch moderne (man sagte: 'modernistische') Formexperimente nie verbessert, sondern nur zerstört werden konnte.

Indem der Literatur in der DDR eine dergestalt zentrale, begründende, normative Funktion beim Aufbau und bei der Ausgestaltung des 'realen Sozialismus' zugewiesen wurde, geriet sie in eine prekäre Lage. Ihr Stellenwert in der Gesellschaft war enorm (aus westlicher Sicht beneidenswert) wichtig – und zugleich war sie abhängig, fremdbestimmt wie zuletzt in der feudalabsolutistischen Gesellschaft 250 Jahre zuvor. Sie hatte beträchtliche Möglichkeiten, auf Menschen zu wirken – und gleichzeitig waren diese Möglichkeiten kanalisiert, beschränkt, beschnitten durch die Zensur und andere repressive Maßnahmen. Der marxistische Komponist und Autor Hanns Eisler (1898 – 1962), einer der kreativsten und kritischsten Köpfe im Lande, hat die so entstandene Lage schon 1962 präzise formuliert: „[...] die Säkularisierung, die Emanzipation der Kunst vom Religiösen, vom Mythos, ist ihre Verbürgerlichung oder ihre Modernisierung! – Das heißt, in dem Moment, wo die Kunst sich von ihrem praktischen Gebrauch abtrennt – der Ritus ist ja praktischer Gebrauch –, wird sie erst das, was wir modern als Kunst bezeichnen [...] Nun ging anscheinend ein Teil auch der Kunst der revolutionären Arbeiterklasse wieder auf die Urfunktion der Kunst zurück [...] So müssen wir sagen, daß wir doch in diesen Zeiten – auch der Bitterfelder Konferenz – zurückgehen, ich sage es ganz grausam, auf die Höhlenzeichnungen. – Wir brauchen Kartoffeln, also – eine Kartoffelkantate! – Wir brauchen bestimme Produktionssteigerungen, also – Komponisten und Dichter, schreibt Lieder, Gesänge und Kantaten, um unsere Produktion zu steigern! [...] – Aber ist es nicht philosophisch gesprochen – eine ungeheure Zurücknahme der Säkularisierung?"

Diese Dominanz des praktischen und rituellen Gebrauchs der Literatur, die Zurücknahme der Säkularisierung hat, so lautet das Fazit, fast alle Ansätze eines lebendigen, freien literarischen Lebens zerstört, indem sie allen am literarischen Stoffwechsel beteiligten Gruppen das Selbstbestimmungsrecht entzog. Den Autoren schrieb man vor, was sie zu schreiben hatten; den Verlegern und Lektoren, was sie zu veröffentlichen hatten; den Buchhändlern, was sie verkaufen sollten; und den Lesern schließlich , was sie lesen durften und was nicht. Die autoritäre Praxis von Lenkung und Zensur der Literatur führte die Parole der 'Demokratisierung' *ad absurdum* und machte die Idealkonstruktion 'Literaturgesellschaft' zur Farce.

Autor und Leser im autoritären Staat

Freilich trifft die Vorstellung, die Schriftsteller in der DDR hätten ihre sozialpädagogisch-erzieherische Mission nur unter dem Zwang des vormundschaftlichen Staates übernommen, nur die halbe Wahrheit. Immerhin waren viele von ihnen durch Kampfjahre der Weimarer Republik, Exil und Widerstand hindurchgegangene Parteikommunisten, die den sozialistischen Erziehungsauftrag bereits verinnerlicht hatten. Wladimir Iljitsch Lenins (1870 – 1924) Maxime von 1905, daß „die literarische Tätigkeit [...] zu einem Teil der allgemeinen proletarischen Sache, zu einem 'Rädchen und Schräubchen' des einheitlichen großen sozialdemokratischen Mechanismus werden" müsse, war ihnen längst vertraut, und auch Jossif Stalins (1879 – 1953) gleichfalls instrumentell-mechanistische Idee vom Schriftsteller als „Ingenieur der menschlichen Seele" befremdete die meisten von ihnen nicht. Frappanter ist schon, daß auch die Mehrzahl der jüngeren Autoren ohne kommunistische Vergangenheit „Dichter im Dienst" (Lothar Balluseck) sein wollten. Dies liegt in dem begründet, was man das 'antifaschistische Syndrom' genannt hat. Die gleichsam konstitutionelle Systemnähe der meisten DDR-Autoren, zumal in den späten 40er und 50er Jahren, erklärt sich aus den Schuldgefühlen derer, die das NS-Regime und den Krieg als junge Männer und Frauen, oft noch als Kinder, als Soldaten, SA-Leute, Hitlerjungen und BdM-Mädel erlebt hatten, in der Regel als naiv Begeisterte oder als Mitläufer. Jetzt, 1945, wurden sie bekehrt und ersetzten den *einen* Glauben, ein totalisierendes Weltbild durch *einen neuen* Glauben, ein neues geschlossenes Weltbild – eben das des vulgarisierten Marxismus. Die von der Partei, der SED, in Gnaden angenommenen 'Überläufer' wurden im Handstreich zu «Siegern der Geschichte» erklärt, eben weil sie jetzt ja auch (ein wenig verspätet) Antifaschisten geworden waren. Franz Fühmanns (1922 – 1984) viel zitiertes Wort „ich bin über Auschwitz in die andere Gesellschaftsordnung gekommen" gilt für fast alle Angehörigen dieser zweiten Generation (Christa Wolf (geb. 1929), Hermann Kant (geb. 1926), Erich

Loest (geb. 1926) usw.), und es erklärt auch die lange nicht irritierbare Bereitschaft dieser Autoren, 'Rädchen und Schräubchen' im großen realsozialistischen Mechanismus zu sein. Höhepunkt dieser freiwilligen Loyalität und Dienstbarkeit der DDR-Autoren war die Akzeptanz des sog. Bitterfelder Weges im Jahre 1959, durch den die Geistesarbeiter darauf verpflichtet wurden, in die Industriebetriebe zu gehen, Hand- und Kopfarbeit wieder zusammenzuführen und damit endlich unverfälscht mit 'Volkes Stimme' zu sprechen. Die zeitweise angestrebte Verwechselbarkeit von Hand- und Kopfarbeitern (erstere wurden mit der Parole „Greif' zur Feder, Kumpel!" zum Schreiben animiert) zeigt überdeutlich, daß das 'System Literatur' restlos integrierter Bestandteil eines Gesamtsystems DDR-Sozialismus sein sollte, und keine autonome Wertsphäre, geprägt von Autoren, deren individuelle Freiheit unantastbar war.

Das strikte gesellschaftliche und politische Eingebundensein des DDR-Autors ist vor allem auf der Ebene der Institutionen offenkundig. In der Regel Mitglied des monopolistischen Schriftstellerverbandes, war der Autor durch dessen Statut verpflichtet, mittels seiner „schöpferischen Arbeit aktive[r] Mitgestalter der entwickelten sozialistischen Gesellschaft" zu sein. Weiter heißt es in der Fassung des Statuts vom November 1973, das bis zur Auflösung des Verbandes galt: „Die Mitglieder des Schriftstellerverbandes der DDR anerkennen die führende Rolle der Arbeiterklasse und ihrer Partei in der Kulturpolitik. Sie bekennen sich zur Schaffensmethode des sozialistischen Realismus. Sie treten entschieden gegen alle Formen der ideologischen Koexistenz und das Eindringen reaktionärer und revisionistischer Auffassungen in die Bereiche der Literatur auf." Damit hatten alle im Schriftstellerverband organisierten Autoren einen gesellschaftlichen Auftrag: auf ihre Weise – als Künstler – den Aufbau des Sozialismus vorantreiben zu helfen. Für überzeugte Parteimitglieder lag darin kein Problem, alle anderen jedoch, die eigentlich nur Mitglieder eines Berufsverbandes sein wollten, wurden damit zur anhaltenden Heuchelei gezwungen. Viele der jungen Autoren aus der literarischen Subkultur der 80er Jahre vermieden schließlich dieses Dilemma, indem sie ihrerseits die Verbandsmitgliedschaft nicht mehr anstrebten. – Andere literarische Institutionen wie der PEN oder die Akademie der Künste, die ihre neuen Mitglieder selbst kooptierten, hatten vergleichsweise einen souveräneren, weniger parteinahen Status. Doch viele Konfliktfälle aus vierzig Jahren DDR und schließlich das Lavieren dieser Einrichtungen nach dem Ende des Staates zeigen, daß auch sie keine Versammlungsorte freier literarischer Öffentlichkeit nach westlichem Muster waren.

Der den Autoren zugemessene hohe Status des Volkserziehers war, Wohlverhalten vorausgesetzt, mit einer Fülle individueller Fördermaßnahmen und Privilegien verknüpft. Die den Schriftstellerstatus begründende und allein sichernde Mitgliedschaft im Verband vernetzte den Autor auf viele Arten und Weisen vorteilhaft mit der Gesellschaft. Vor allem bot sie ihm vielfältige Möglichkeiten der finanziellen Absicherung seiner Arbeitsvorhaben, so durch die Vermittlung von Stipendien oder zeitlich limitierten Tätigkeiten als Dramaturg, Verlagslektor oder wissenschaftlicher Mitarbeiter. Lyriker, die auch in der DDR zu den Schlechterverdienenden gehörten, wurden zudem aus den Kulturfonds der DDR gefördert; sie lebten von Übersetzungen (Nachdichtungen) von Lyrik aus fremden Sprachen, die sie nach von Fachübersetzern angefertigten Interlinearversionen herstellten. Renommierte Schriftsteller waren zudem dadurch abgesichert, daß sie als Mitglieder der Akademie der Künste ein Honorar erhielten. Erwähnenswert ist auch, daß die DDR-Verlage für belletristische Manuskripte Autorenhonorare in Höhe von 12-15% des Ladenpreises zahlten, somit also mehr, als der westdeutsche Autor in der Regel von seinem Verleger bezieht. Schließlich sorgte die DDR mit einem ausgedehnten System von Literaturpreisen für das finanzielle Auskommen der Autoren. Die begehrtesten der insgesamt 12 staatlichen und 38 nichtstaatlichen Preise (von Parteien, Massenorganisationen, Akademien, Städten usw. verliehen) waren der Nationalpreis, der Heinrich-Mann-Preis, der Heinrich-Heine-Preis und der Lessing-Preis. Auch die Berufsausbildung des Schriftstellers wurde nicht dem Zufall überlassen. Seit 1955 gab es in Leipzig das Institut für Literatur «Johannes R. Becher», das nach dem Vorbild des Gorki-Instituts in Moskau geplant und nacheinander von Alfred Kurella (1895 – 1975), Max Zimmering (1909 – 1973) und Max Walter Schulz (1921 – 1991) geleitet wurde. Dorthin konnte der Anfänger-Schriftsteller im Wege der 'künstlerischen Aspirantur' für ein zweijähriges Studium abgeordnet werden, um Literaturgeschichte und -theorie, Marxismus-Leninismus und nicht zuletzt: Schreiben zu lernen. Bis 1969 hatten bereits 113 angehende Schriftsteller das Institut absolviert und ein Diplom erworben, unter ihnen Ralph Giordano (geb. 1923), Erich Loest (geb. 1926), Adolf Endler (geb. 1930), Karl-Heinz Jakobs (geb. 1929), Kurt Bartsch (geb. 1937), Rainer Kirsch (geb. 1934) und Sarah Kirsch (geb. Bernstein, eigtl. Ingrid, geb. 1935). Seine Blüte unter kulturpolitischem Aspekt hatte das Institut um 1960, als es als Pflanzstätte eines neuen Typus von Arbeiterschriftstellern im Sinne des Bittefelder Weges fungierte. Aber auch noch in den 80er Jahren haben bemerkenswerte Autoren an dem Institut studiert, z.B. Kurt Drawert (geb. 1956), Barbara Köhler (geb. 1959) oder Angela Krauß (geb. 1950).

Wünschte die Partei sich die Autoren als sozialistische Erzieher und Lenker der DDR-Bevölkerung, so war das 'lesende' Volk damit korrespondierend als ein durchaus noch unmündiges, gleichsam dauerhaft minderjähriges konzipiert, das man auch beim Lesen nie sich selbst und seinen geheimen Bedürfnissen überlassen durfte. Der DDR-Leser als ein schwererziehbares Mündel war permanent von Gebots- und Verbotstafeln umstellt, die ihm sagten, was er zu lesen habe und was nicht. Das begann schon im Deutschunterricht, der in der schulischen Erziehung eine zentrale Rolle spielte und das Leseverhalten der künftigen Erwachsenen frühzeitig disponierte. Auf der Grundlage eines umfassenden Lehrplanwerks wurde dem literarischen Aspekt des Deutschunterrichts, der proportional umfangreicher war als hierzulande, eine doppelte Aufgabe zugewiesen: zum einen über die Auseinandersetzung mit sozialistischer bzw. humanistischer Lite-

ratur ein neues – sozialistisches – Menschenbild zu vermitteln und (in
der Regel im Wege der Identifikation mit den vorbildhaften literarischen Helden) ein parteiliches Denken, Fühlen und Handeln einzu-
üben; zum zweiten über die Aneignung von Sprachkunstwerken die
individuelle ästhetische Genußfähigkeit zu erweitern. Der dafür ausgewählte Lektürekanon hatte ein recht anderes Gesicht als der der
bundesdeutschen Lehrpläne. Er favorisierte einerseits die neuere sozialistische Literatur (Maksim Gorkij (1868 – 1936), Nicolaj Ostrowski (1904 – 1936), Anna Seghers (eigtl. Netty Radványi, geb. Reiling,
1900 – 1983), Willi Bredel (1901 – 1964), Hermann Kant usw.), zum
andern die bürgerlich-humanistische Literatur (Lessing, Goethe, Schiller, Heine, H. Mann usw.). Insgesamt mußte daraus für die Schüler
der Eindruck entstehen, als ob Literatur sich fast ausschließlich be-
jahend-optimistisch zur gegebenen Wirklichkeit verhalte. Einen Text
von Franz Kafka (1883 – 1924) mußte man z.B. im DDR-Deutsch-
unterricht vergeblich suchen. Generell war in der Praxis des Unter-
richts (vom starren Formaltraining des Sprachunterrichts einmal abgesehen) eine klischeehafte, Widersprüche zudeckende, nicht zum selb-
ständigen Denken anleitende Art der Interpretation zu Hause, die an
der Wirkabsicht vieler Texte vorbeiging. Immerhin erreichte es die
Kulturpolitik der DDR, daß in diesem Staat die Distanz zwischen
Publikum und Belletristik geringer war als in der alten Bundesrepublik, in der die Hochliteratur nach statistischen Angaben von 1961
nur mit einem Leseranteil von 1-2% der Gesamtbevölkerung rechnen
konnte. Zwar war die Arbeiterschaft – dem Parteianspruch nach die
herrschende Klasse – an Buchbesitz und Lektüre nicht ihrer wirklichen Zahl entsprechend beteiligt, doch immerhin besaßen mehr als
95% der Arbeiterhaushalte Bücher, und zwar zumeist zehn oder
bedeutend mehr. Titel wie Heinrich Heines (1797 – 1856) *Deutschland. Ein Wintermärchen* (1844) oder Anna Seghers' *Das siebte
Kreuz* (1942, Film 1944) erreichten Millionenauflagen.

Freilich sollte man solche Zahlen nicht überschätzen und von ihnen
her die DDR nostalgisch zur 'gebildeten Nation' verklären. Denn:

Auch in der DDR gab es zwischen 30 und 50% dauernde Nichtleser, wie Erhebungen zeigten. Auch in der DDR bevorzugten Arbeiter und Angestellte Reisebeschreibungen, Abenteuer- und Kriminalromane, historische Romane und Biographien – und erst an vierter Stelle, mit weitem Abstand, belletristische Werke im engeren Sinn, die eigene DDR-Literatur inbegriffen. Auch in der DDR behinderte die ungleiche Bildung und der nachfolgende ungleiche Standort im System der vertikalen und horizontalen Arbeitsteilung die kulturelle Chancengleichheit. Auch in der DDR wuchsen, wie in der alten Bundesrepublik, Generationen heran, denen die konzentrierte, von eigener Initiative und Reflexion geprägte Auseinandersetzung mit kulturellen Produkten (wie sie die Lektüre anspruchsvoller Literatur erfordert) immer schwieriger und fremder wurde, weil die gängigen Rezeptionsweisen des Fernsehens und Tonkonserven-Hörens sie nicht üben, sondern abgewöhnen. Dazu paßt, daß der Anteil massenhaft verbreiteter Unterhaltungsliteratur von trivialem Gehalt (Science Fiction, der 'sozialistische Krimi', anspruchslose Romane über Alltagsprobleme usw.) in der Gesamtproduktion von DDR-Literatur eine wachsende Rolle spielte. Zur 'Literaturgesellschaft' DDR gehörte auch der große Sektor der spannend-entspannenden Trivialliteratur. Der monotone Arbeitsalltag, frustrierende Mängel im Warenangebot, versagte Reisemöglichkeiten und politische Gängelung waren Schlüsselerfahrungen von DDR-Bürgern, die viele Leser in die schönen, heilen, aktionsgeladenen und vor allem: fernen Welten der Unterhaltungsliteratur flüchten ließen, wo sie ihre ewige Mündelrolle vergessen konnten. Seitdem speziell die kritische DDR-Belletristik in den Wendejahren 1989/90 ihre Ersatzfunktion für fehlende politische Öffentlichkeit verloren hat, ist der Mythos vom 'Leseland' endgültig ins Wanken geraten. Doch davon später.

Die Institutionen der 'Planungsliteratur'

Die Literatur der DDR war 'Planungsliteratur' (Robert Darnton) *par excellence*. D.h., daß ausnahmslos alle Etappen im Leben eines Literaturwerks gelenkt und kontrolliert wurden (oder doch werden sollten): Entstehung, Drucklegung und Veröffentlichung, Vertrieb, Literaturkritik, endlich Lektüre und also Wirkung. Für diesen Zweck wurde eine lückenlose Kette von Institutionen geschaffen, deren Kernstück zweifellos das sog. 'Druckgenehmigungsverfahren' war.

Natürlich gab es in der DDR auch Verlage mit je unterschiedlichem Profil – insgesamt 78 – , aber sie unterschieden sich von westlichen Verlagen schon allein dadurch, daß sie in ihrer Mehrzahl (zu 75%) 'volkseigen' (d.h. Staatsverlage) oder 'organisationseigen' (d.h. in Besitz von Parteien und Massenorganisationen) waren. Damit waren sie von vornherein dem Lenkungs- und Kontrollverlangen der SED ausgeliefert. So gehörte z.B. der Verlag Dietz der SED, der Union-Verlag der CDU, der Verlag der Nation der NDPD, der Buchverlag Der Morgen der LDPD, der Tribüne-Verlag dem FDGB, Neues Leben der FDJ, Volk und Welt der Gesellschaft für deutsch-sowjetische Freundschaft und der Aufbau-Verlag, der noch vor dem Hinstorff Verlag Rostock und dem Mitteldeutschen Verlag Halle/Saale wichtigste belletristische Verlag, dem Demokratischen Kulturbund. Früher waren all diese Verlage in einer «Vereinigung Volkseigener Betriebe» (VVB Verlage) zusammengeschlossen, später in die «Hauptverwaltung Verlage und Buchhandel» integriert. Die Buchproduktion gehorchte erklärtermaßen nicht dem Prinzip der 'freien Marktwirtschaft', in der privatwirtschaftlich organisierte, auf Gewinn angewiesene Verlage miteinander konkurrieren, sondern einer von vorgeordneten Lenkungsinstanzen vorgegebenen Programmatik sowie einer ebenfalls von oben vorgegebenen Einteilung dessen, was inhaltlich produziert werden sollte (jährlich sog. 'Themenschwerpunktpläne'). Die Verlage brachten in den letzten Jahren regelmäßig über 6000 Titel in einer Gesamtauflage von ca. 150 Millionen Büchern heraus. Auf das einzelne Buch entfiel also eine Durchschnittsauflage von beinah 25000 Exemplaren. Zwischen 1945 und 1990 hatte die DDR eine Gesamtproduktion von 215000 Titeln und 4 Milliarden Exemplaren – eine enorme Bilanz für ein Land von nur 16 bis 17 Millionen Einwohnern. Damit stand die DDR, was die Pro-Kopf-Produktion von Büchern angeht, neben der Sowjetunion und Japan an der Spitze in der ganzen Welt: Auf jeden DDR-Bürger kamen pro Jahr, statistisch gesehen, zwischen sechs und neun Bücher.

Derselben Struktur-sozialistische Eigentumsverhältnisse einerseits, hierarchische Lenkung und Kontrolle andererseits – gehorchte auch der Vertrieb. Ein zentrales Auslieferungslager in Leipzig, der traditionellen Buchstadt, belieferte das Einzelsortiment direkt; d.h., es waren keine freien Handelsvertreter wie in der Bundesrepublik dazwischengeschaltet, die das Buch als Ware unter Marktgesichtspunkten anbieten. Zwar gab es noch den privaten Buchhandel bzw. private Händler mit staatlicher Beteiligung. Aber der staatseigene Volksbuchhandel hatte eindeutig die führende Stellung inne. Er verkaufte in ca. 700 Buchhandlungen ca. 85% aller Bücher. Buchausstellungen, -basare, 'Wochen des Buches', Literaturfestivals und Kulturwettbewerbe von Produktionsbrigaden dienten der Werbung für das Buch und zielten auf eine vermehrte Lektüre in allen Bevölkerungsschichten. Aber natürlich wurden Bücher nicht nur verkauft, sondern auch verliehen. In der DDR gab es ca. 32000 staatliche und Gewerkschafts- bzw. Betriebsbibliotheken mit insgesamt ca. 110 Millionen Bänden, wobei die Bestände der wissenschaftlichen Bibliotheken mitgezählt sind. Ca. drei Viertel der lesefähigen Kinder liehen sich Bücher aus; von der erwachsenen Bevölkerung war ein Viertel Bibliotheksbenutzer.

Auf die Rolle des Erziehers und ideologischen Wächters über normierte Leseprozesse in der Bevölkerung war auch die Literaturkritik von vornherein festgelegt. Freilich standen in der DDR nur wenige Zeitschriften – *Neue Deutsche Literatur*, *Sinn und Form*, *Weimarer*

Beiträge – oder Wochen- und Tageszeitungen – *Sonntag*, *Neues Deutschland* – zur Verfügung, die regelmäßig Buchbesprechungen abdruckten. Und insgesamt war die Literaturkritik in der DDR nur selten eine kritische, produktive Lesehilfe und um so häufiger Erfüllungsgehilfe einer schwarzen Literaturpädagogik. Der individuelle Rezensent und sein politisches wie ästhetisches Urteilsvermögen verschwanden in der Regel in einem sich objektiv-dauerhaft gebenden ideologischen Kategorienapparat, der auf das je individuelle Kunstwerk angewandt wurde – und es schließlich in der gleichen Weise 'objektivierte' (sprich: nivellierte, uninteressant machte), wie sich vorher der Rezensent schon seiner subjektiven Interessantheit entledigt hatte. So wurde deklariert statt reflektiert, „auf bereitstehende Begriffe gebracht" (Kurt Batt) statt am individuellen Gegenstand analysiert. Wohlbemerkt: hier ist nicht von den eher seltenen Fällen die Rede, in denen vernichtende Verdikte ausgesprochen wurden, also die Kritik die schäbige Rolle der Nachzensur übernahm (wie z.B. bei Christa Wolfs *Nachdenken über Christa T.* oder Volker Brauns (geb. 1939) *Hinze-Kunze-Roman*). Gemeint ist das Gros der eher freundlichen, nichtssagenden 'Kritik', die weder Autor noch Leser hilft. „Aus dem gegenseitigen Hofieren endlich herauskommen, einander die Meinung sagen, auch öffentlich einander ernst nehmen", heißt es bei Franz Fühmann schon 1973, und in einem Fazit desselben Autors, noch nicht frei von Hoffnung: Die Kritik „könnte in der sozialistischen Gesellschaft wieder zu einer moralischen Institution werden, doch wir haben nicht einmal Ansätze zu beiden, zur Kritik nicht und nicht zur Öffentlichkeit". Einige wenige Kritiker wehrten sich gegen die ihnen zugemutete Rolle eines „Amtmanns für gesellschaftliche Literaturresonanz" (Bernd Leistner), aber es blieben allzu wenige – wie Leistner, Friedrich Dieckmann, Ursula Heukenkamp und Karin Hirdina.

Alle bisher genannten bemerkenswerten Zahlen dürfen nicht vergessen lassen, daß die dergestalt hochentwickelte 'Literaturgesellschaft DDR' von einem durch und durch autoritären, repressiven Kontrollapparat durchdrungen war. An seiner Spitze stand ein Amt mit dem ominösen, eher harmlos klingenden Namen «Hauptverwaltung Verlage und Buchhandel» (früher: «Amt für Literatur und Verlagswesen» 1951 – 1956 sowie «Staatliche Kommission für Kunstangelegenheiten» 1951 – 1954), das die erklärten Aufgaben hatte, „die Verlage zu lizensieren, die unterstellten Verlage anzuleiten und für eine zweckentsprechende Arbeitsteilung zwischen den Verlagen Sorge zu tragen; die thematische Jahres- und Perspektivplanung der Verlage anzuleiten, zu koordinieren und ihre Erfüllung zu kontrollieren; die Manuskripte der Buchverlage und die Erzeugnisse der nichtlizensierten Verlage zu begutachten und Druckgenehmigungen zu erteilen."

Von diesen Funktionen war die letztgenannte die mit Abstand wichtigste, denn 'Druckgenehmigungsverfahren' bedeutete auf gut deutsch nichts anderes als: *Zensur*. In der Verfassung der DDR von 1968/1974 kommt das Wort nicht vor (vgl. Artikel 27, Absatz 1, der das Recht auf freie und öffentliche Meinungsäußerung garantiert), und sowohl Walter Ulbricht (1893 – 1973) als auch später Erich Honecker (1912 – 1994) haben die Existenz von Zensur im Sinne der Überprüfung von Druckfahnen immer wieder bestritten („Bei uns gibt es sie [die Zensur, W.E.] nur kraft des Bewußtseins", ließ Honecker noch nach der Wende verlauten). Dennoch fand genau das statt: Jeglicher für den Druck vorgesehene literarische Text mußte der «Hauptverwaltung Verlage und Buchhandel» – seit 1973 geführt von 'Bücherminister' Klaus Höpcke – vorgelegt, also einer *Vorzensur* ausgeliefert werden. Dabei arbeitete dieses Amt in allen kritischen Fällen mit der Kulturabteilung beim Zentralkommitee der SED oder auch dem für Kultur zuständigen Politbüromitglied Kurt Hager zusammen. Kein Drucker durfte einen Auftrag annehmen, dem nicht eine Druckgenehmigung beigefügt war. Zwei Praktiker der Zensur aus besagtem Amt schätzten im Juni 1990 rückblickend, daß durchschnittlich „ein halbes Dutzend der 200-250 jährlich vorgelegten Manuskripte im Bereich der zeitgenössischen DDR-Literatur" eliminiert wurde. Nicht eben viel, könnte man meinen. Freilich ist zu berücksichtigen, daß die von den

Parteiinstanzen initiierten 'Literaturentwicklungsprozesse', wie man das euphemistisch nannte, auf Kooperation (nüchtern gesagt: Kollaboration) der Autoren abzielten und sie in vielen, ja: den meisten Fällen auch erreichten. „Die Zensur verlangte [...] die Zustimmung des Autors zu ihren Eingriffen, also zu den geforderten Auslassungen, Streichungen und Umformulierungen. Am Ende lief alles auf Selbstzensur hinaus, denn der Urheber des Textes mußte billigen oder billigend in Kauf nehmen, was ihm mit sanftem oder kräftigem Druck vorgeschlagen wurde." (Manfred Jäger) Wer das tatsächliche Ausmaß der verhinderten Literatur im Lande DDR wissen will, wird sich viel mehr um diesen Komplex der nie aktenkundig oder gar öffentlich gewordenen Unterdrückung und Selbstunterdrückung schöpferischer Produktion kümmern müssen und nicht nur um den relativ kleinen Bereich von Texten, die öffentliche Zensurfälle geworden sind (dazu später). Zwar wurde zuweilen behauptet, daß die Zensur kreativ gemacht und 'stilbildend' gewirkt habe, aber wichtiger ist doch die von ihr in Gang gesetzte Verstörung und Demütigung der Autoren. In den Worten von Christa Wolf (1984): „Immer, wenn mich ein besonders starker, besonders hartnäckiger und zugleich diffuser Widerstand daran hindert, zu einem bestimmten Thema 'etwas zu Papier zu bringen' – immer dann ist Angst am Werke, meist die Angst vor zu weitgehenden Einsichten oder/und die Angst vor der Verletzung von Tabus". In diesem Bekenntnis Wolfs schwingt noch ein wichtiges Moment mit, das die in der DDR vorwiegend praktizierte Form der Zensur als Selbstzensur oder stillschweigende Kollaboration begünstigte: die schwer irritierbare Treue zur 'Sache' des Sozialismus bei allen jenen, die in der Loyalitätsfalle des Antifaschismus gefangen waren.

Das bei der «Hauptverwaltung Verlage und Buchhandel» zentrierte Druckgenehmigungsverfahren wurde ergänzt durch folgenreiche Entscheidungen über die großzügige Zuteilung, Kontingentierung oder auch gänzliche Verweigerung von Papier- resp. Druckkapazitäten, die am Ende gleichfalls Zensurwirkung hatten. Doch damit nicht genug. Sollte ein Autor auf die Idee kommen, sein in der DDR nicht genehmes Buch in einem westlichen Land zum Druck zu befördern, dann mußte er sein Manuskript seit Einführung der Vorlagepflicht von 1965 dem «Büro für Urheberrechte» vorlegen, dem es oblag, die Vergabe von Urheberrechten durch Autoren bzw. Verlage der DDR ins Ausland zu prüfen und gegebenenfalls abzulehnen. Jedes Manuskript, das ein Autor im Ausland (also z.B. der Bundesrepublik Deutschland) veröffentlichen wollte, mußte zunächst einem DDR-Verlag angeboten und dessen Entscheidung dem Büro für Urheberrechte mitgeteilt werden. Diese umfassenden Zensurmaßnahmen wurden durch gesetzliche Sanktionsmöglichkeiten abgesichert, die in den letzten DDR-Jahren erheblich verschärft wurden. Ein Autor konnte seit 1973 mit einer Geldstrafe von bis zu 10000 MDN belegt werden (vorher waren es 300 MDN), wenn er von ausländischen Verlagen Honorare annahm, ohne sie über das Büro für Urheberrechte transferieren zu lassen – wozu er immer dann gezwungen war, wenn er vorher keine Druckgenehmigung erhielt. Hinzu kamen Neuregelungen des politischen Strafrechts im 3. Strafrechtsänderungsgesetz vom 1. August 1979, das es möglich machte, die freie Meinungsäußerung auch in dichterischer Form als 'staatsfeindliche Hetze', 'ungesetzliche Verbindungsaufnahme' oder 'öffentliche Herabwürdigung' mit hohen Gefängnisstrafen zu belegen, wobei sowohl das 'Herstellen' als auch das 'Übergeben' und 'Verbreiten' entsprechender Schriften als strafwürdig galt.

Dieses umfassende Instrumentarium der Einschüchterung und Repression von Schriftstellern konnte freilich nicht verhindern, daß sich die bessere, kritische DDR-Literatur zunehmend in den 70er und 80er Jahren auf zwei literarischen Märkten präsentierte: auf dem der DDR und dem der Bundesrepublik. Das hatte es bis Mitte der 60er Jahre noch kaum gegeben. Bis dahin galten DDR-Autoren als ästhetisch degoutant – einfach weil sie Kommunisten waren; ein Verdikt, das bekanntlich nicht einmal vor Bertolt Brecht oder Anna Seghers haltmachte. Mit Uwe Johnsons (1934 – 1984) *Mutmaßungen über Jakob* (1959), Christa Wolfs *Der geteilte Himmel* (1962), Fritz Rudolf Fries' (geb. 1935) *Der Weg noch Oobliadooh* (1966, DDR 1989) sowie mit

Lyrikbänden von Peter Huchel (1903 – 1981), Johannes Bobrowski (1917 – 1965), Günter Kunert (geb. 1929), Wolf Biermann (geb. 1936) und Volker Braun – um nur einige zu nennen – etablierten sich Autoren und Titel auf dem westdeutschen Markt, die es nun nicht mehr ohne weiteres möglich machten, DDR-Literatur als 'quantité negligeable' zu betrachten. Immer häufiger erschienen auch Bücher von DDR-Autoren in einem westlichen Verlag, zu denen es, aus Zensurgründen, kein Pendant in einem DDR-Verlag (wie sonst üblich) gab. Es entstand – so wohl zuerst bei Huchel und Biermann – die Paradoxie, daß immer mehr Autoren weiter resp. noch in der DDR lebten und schrieben, aber als Autoren nur in westlichen Ländern wirkten. Letzteres wurde übrigens dadurch begünstigt, daß westliche Leser die von Autoren wie Christa Wolf, Christoph Hein (geb. 1944) oder Irmtraud Morgner (1933 – 1990) dargestellte Welt als „zugängliche Fremde" (Heinrich Mohr) empfanden, stigmatisiert von vergleichbaren Zivilisationsschäden und Entfremdungserscheinungen in der selbsterfahrenen westlichen Welt. Freilich wurde auch manchem literarisch nicht unbedingt haltbaren Text aus der DDR – als dort verbotenem – ein Dissidenten-Bonus eingeräumt, der, zumal im Verlauf der achtziger Jahre, bisher gültige Bewertungsmaßstäbe erheblich verrückte. Doch wie auch immer, entscheidend ist der Befund, daß das System des 'realen Sozialismus' eine anwachsende Fülle systemkritischer, trotz mancher Zugeständnisse nicht mehr integrierbarer Literatur produzierte, die nur im Westen eine ungehinderte literarische Öffentlichkeit finden konnte. Schließlich folgten in den letzten ca. zwölf DDR-Jahren immer mehr Autoren ihren bereits ausgewanderten Werken nach und ließen sich, als Dissidenten abgestempelt, ausgebürgert oder hinausgeekelt, in der Bundesrepublik nieder.

Stationen und Beispiele von Repression und Zensur

Üblicherweise wird das Verhältnis von Staat und Partei zur Literatur in der DDR als ein Auf und Ab zwischen Repression und Liberalisierung beschrieben, und das ist auch gewiß richtig. Freilich sollte nicht vergessen werden, daß auch in sog. Liberalisierungsphasen wie (kurzzeitig) 1953 und 1956 oder 1971 ff. die Grenzen der Freiheit und Öffentlichkeit für die Literatur sehr rasch wieder enger gezogen oder ganz geschlossen wurden, wenn die SED ihre eigne Herrschaft, ihr autoritäres System in Gefahr wähnte. Nicht erst seit dem Untergang der DDR kann man wissen, daß eine DDR, die den Künsten und Künstlern uneingeschränkte Freiheiten eingeräumt hätte (worauf manche Illusionisten immer wieder hofften) eben nicht mehr 'die DDR' gewesen wäre.

Schon für die Jahre 1945 – 49, bis zur Staatsgründung, gilt, daß es in der Sowjetischen Besatzungszone keine souveräne, von Lenkung und Kontrolle freie literarische Öffentlichkeit gab. Vielmehr stand die Kulturpolitik einschließlich des Sektors Literatur unter der strengen Kontrolle der Sowjetischen Militäradministration in Deutschland (SMAD), d.h. speziell der Abteilung Informationsverwaltung (Chef Sergej Tulpanow) resp. deren Kulturabteilung (Leiter der Literaturwissenschaftler Alexander Dymschitz). Zwar waltete im Zeichen von Demokratisierung und Antifaschismus eine gewisse Großzügigkeit bezüglich dessen, was an Büchern gefördert oder wenigstens erlaubt (lizensiert) wurde. Aber spätestens „seit 1948 holte man in der SBZ [..] den Prozeß einer Vereinheitlichung und Dogmatisierung des literarischen Lebens nach, wie er in der UdSSR seit den dreißiger Jahren [...] zu beobachten war." Der 'soziale Auftrag' der Literatur in der Sowjetunion wurde seit 1948 auch den Autoren in der SBZ erteilt. Im Anschluß an die massiv popularisierte, als vorbildhaft deklarierte sowjetische Literatur über Revolution, Bürgerkrieg, Aktivistenbewegung und Kollektivierung der Landwirtschaft (Nicolaj Ostrowski,

Michail Scholochow (1905 –1984), Aleksandr Fadejew (1901 – 1956) u.a.) wurde nun auch die junge DDR-Literatur darauf verpflichtet, das Menschenbild des überzeugten Kommunisten und Arbeitsaktivisten zu vermitteln. Daß man der Literatur prinzipiell zutraute, operativ – verändernd und korrigierend – auf den Leser einzuwirken, war dem sowjetischen Einfluß zuzuschreiben. So entwickelte sich schon in der SBZ, stärker dann in den fünfziger Jahren der DDR eine im Vergleich zu Westdeutschland 'diskulturale' literarische Öffentlichkeit, die von der Literatur grundsätzlich anderes und mehr – eben erzieherisch Vorbildliches – erwartete als ihr westliches Pendant.

Der Durchsetzung einer dogmatischen Literatur des 'sozialistischen Realismus' nach sowjetischem Vorbild entsprach die Verketzerung alles dessen, was den Stempel 'Moderne/Modernismus' erhielt. Erster Höhepunkt von Zensur und Unterdrückung des ästhetischen Modernismus in der DDR war die sog. Formalismus-Kampagne im Jahre 1951. 'Formalismus' – andere diskriminierende Etiketten waren 'Dekadenz', 'Kosmopolitismus', 'Naturalismus', wie eben auch 'Modernismus' – wurde, in den Worten Stephan Hermlins (1915 – 1997), der doch selbst aus der Tradition der westeuropäischen Avantgarden kam, definiert als „der malerische, musikalische, literarische Ausdruck des imperialistischen Kannibalismus, er ist die ästhetische Begleitung der amerikanischen Götterdämmerung." Angegriffen wurden unter diesen Etiketten nicht nur bedeutende Autoren der modernen Weltliteratur (Kafka, Joyce, Proust u.a.), sondern auch künstlerische Tendenzen im eignen Land, deren Vertreter sich darum bemühten, daß der ästhetische Fortschritt nicht zur Nebensache degradiert wurde. Sogar eine Ausstellung mit Werken des Bildhauers Ernst Barlach (1870 – 1938) mußte 1952 in Dresden vorzeitig schließen, weil die SED dem „rückwärts gewandten Künstler" – der schon unter den Nazis Berufsverbot gehabt hatte! – vorwarf, seine Figuren hätten einen „düsteren, bedrückenden, pessimistischen Charakter" – und eben das galt als dekadent, formalistisch, antisozialistisch. Seit 1951 war eine ganze Kette

von Veröffentlichungsverboten zu registrieren. Bücher wurden eingestampft, Wandbilder übermalt, Theateraufführungen abgesetzt.

Eines der prominentesten Opfer war Hanns Eisler mit seinem Opernlibretto *Johann Faustus* von 1952. Er sah in Faust einen schwanken-
den Intellektuellen, der keineswegs von einem nimmermüden 'fausti-
schen Streben' geleitet war. Für Eisler war die deutsche Geschichte
eine Kette von gescheiterten Revolutionen und Niederlagen. Gerade
darin sah er die 'deutsche Misere'. Diese Auffassung stand zu den
sieghaft-optimistischen Vorstellungen der SED in deutlichem
Gegensatz. Also wurde Eislers Werk verboten.

Die Angst der SED-Funktionäre galt, so zeigt sich im Verlauf der
Formalismus-Kampagne immer wieder, einer Kunst und Literatur, die
frei, artistisch, konstruktiv und dekonstruktiv verfuhr. Diese Vorwürfe
trafen natürlich auch Bertolt Brechts Theatertheorie und -praxis. Hier
war die Zensur am deutlichsten bei der Oper *Das Verhör des Lukullus*
(1940/49). Brechts Antwort auf derlei Maßnahmen fiel so lakonisch
wie vernichtend aus: „Die Kunst ist nicht dazu befähigt, die
Kunstvorstellungen von Büros in Kunstwerke umzusetzen. Nur Stiefel
kann man nach Maß anfertigen." Ein Autor wie Brecht kooperierte auf
bekannt listenreiche Weise mit der Zensur, um die Wirkung seiner
Texte und Stücke zu sichern, so auch bei besagtem Stück, das er
später *Die Verurteilung des Lukullus* (UA 1951) nannte. Zum Druck
gab er nur die erste Fassung und machte damit deutlich, welche von
den beiden Fassungen er für die inhaltlich und ästhetisch richtige
hielt.

Andere sozialistische Autoren ließen sich mehr gefallen. So nahmen
Parteiautoren sie Ludwig Renn (eigtl. Arnold Vieth von Golßenau,
1889 – 1979), Willi Bredel, Bodo Uhse (1904 – 1963), Hans Marchwitza (1890 – 1965) und Franz Carl Weiskopf (1900 – 1955), ja selbst
Arnold Zweig (1887 – 1968) Eingriffe in ihren Prosatexten hin, die
politisch tabuierte Themen wie die Person Leo Trotzkijs (1879 –
1940), die Rolle der sowjetischen KP im Spanischen Bürgerkrieg, den

Hitler-Stalin-Pakt oder die Stalinschen 'Säuberungen' betrafen. Die Literatur hatte der DDR-Bevölkerung eine Lesart von Geschichte zu präsentieren, die sich in völliger Übereinstimmung mit den parteioffiziösen Darstellungen befand. Johannes R. Becher nannte das verharmlosend 'Korrektur-Ideologie'.

Die nach Stalins Tod am 5. März 1953 und dem Schock des Arbeiteraufstandes am 17. Juni des gleichen Jahres erhoffte Öffnung der Kulturpolitik trat nicht wirklich ein. Auf dem IV. Schriftstellerkongreß im Januar 1956 wurden immerhin relativ offene Debatten über 'Sterilität' und 'Schematismus' in der landeseigenen Literatur geführt. Die vom XX. Parteitag der KPdSU für die Sowjetunion ausgelöste 'Tauwetter'-Periode (Ilja Ehrenburg) kam in der DDR vor allem deshalb nicht zur Auswirkung, weil der nur mühsam niedergeschlagene ungarische Aufstand vom Oktober 1956 die Mächtigen in der DDR zittern und nun auch zu Gewaltmaßnahmen gegen Literaten greifen ließ. So wurden Ende 1956 u.a. der Philosoph Wolfgang Harich (1921 – 1995) und der Prosaautor Erich Loest, Anfang 1957 der Leiter des Aufbau-Verlags Walter Janka (1914 – 1994) – und dazu manche andere – langjährig inhaftiert. Daß 1952 der junge, u.a. von Brecht geförderte Horst Bienek (1930 – 1990) zu 25 Jahren Zwangsarbeit in einem sowjetischen Straflager verurteilt worden war – er wurde 1955 in die Bundesrepublik entlassen –, hatte noch kaum jemand zur Kenntnis genommen. Die DDR der fünfziger Jahre – das zeigen diese Beispiele – stand im Zeichen eines kaum gebremsten Stalinismus, zu dessen Instrumenten nicht nur die Zensur, sondern auch Freiheitsberaubung und Schlimmeres zählten.

Einer der wenigen zunächst geförderten, dann geduldeten Versammlungsorte interessanter Literatur war in der frühen DDR die Zeitschrift der Akademie der Künste *Sinn und Form*. Ihr Chefredakteur, der Lyriker Peter Huchel, war nie Kommunist gewesen, hatte aber nach Nationalsozialismus und Krieg seine Hoffnungen doch auf dieses 'andere' Deutschland namens DDR gesetzt. Entsprechend seinen strengen

Qualitätsmaßstäben druckte er in Westdeutschland lebende nonkon-
formistische Autoren wie Hans Henny Jahnn (1894 – 1959), Günter
Eich (1907 – 1972) oder Ilse Aichinger (geb. 1921); er brachte den
schwierigsten aller jungen Lyriker, Paul Celan (eigtl. Antschel, 1920 –
1970); er druckte die internationale moderne Literatur von Jean-Paul
Sartre (1905 – 1980) bis zu Nazim Hikmet (1902 – 1963), und vor
allem immer wieder: Bertolt Brecht. Schon bald beschwerten sich die
beschränkten SED-Funktionäre, daß Arbeiterschriftsteller und Partei-
soldaten wie Otto Gotsche (1904 – 1985) und Hans Marchwitza in
Sinn und Form nicht vorkamen. Bis ins Jahr 1962 hinein ertrug Peter
Huchel die Drohungen und Schikanen der Scharfmacher der Anti-
moderne, von Alexander Abusch (1902 – 1982) und Willi Bredel bis
zu Alfred Kurella und Bodo Uhse, dann gab er auf und bot seinen
Rücktritt an; die Funktionäre freilich bestanden auf seiner Entlassung.
Das letzte von Huchel redigierte Heft von *Sinn und Form* erschien
Ende 1962. Eingeleitet wurde es von dem Erstdruck eines Textes, den
Brecht im Exil verfaßt hatte: der *Rede über die Widerstandskraft der
Vernunft*. Wer wollte, konnte die Rede auch auf das vernunftwidrige
Leben im 'realen Sozialismus' beziehen.

Kein Ereignis aus vierzig Jahren DDR-Geschichte beleuchtet die ge-
spannte und widersprüchliche Situation der bedrängten Künste und
Künstler in einem unfreien politischen System anschaulicher als das
11. Plenum des Zentralkomitees de SED, das von 16. bis 18. Dezember 1965 in Ost-Berlin stattfand. Diese Versammlung von rund zweihundert Spitzenfunktionären war vielleicht die massivste und folgen-
reichste Strafaktion der SED gegen Künstler und Literaten. Das Plenum versammelte alle Merkmale der autoritären DDR-Kulturpolitik
wie in einem Brennspiegel und übertraf sogar die Kampagne gegen
den 'Formalismus' von 1951. Es wurde deshalb zu einem historischen
Lehrstück. Mitglieder des Politbüros, allen voran Walter Ulbricht und
Erich Honecker (damals Beauftragter für Sicherheitsfragen), brand-
markten neben Filmemachern und Musikern vor allem Autoren wie
Heiner Müller, Volker Braun, Günter Kunert, Werner Bräunig oder

Wolf Biermann (der damals absolutes Auftritts- und Druckverbot erhielt), weil sie die DDR als Land im Zustand der 'Entfremdung' darstellten und „unverrückbare Maßstäbe der Ethik und Moral, für Anstand und gute Sitte" gröblich verletzten. 'Entfremdung' war ein besonders verhaßter Begriff, sofern er auch auf ein sozialistisches Land wie die DDR und nicht nur auf den bösen Kapitalismus angewendet wurde. „Sind wir der Meinung", so fragte Ulbricht abschließend, „daß ein paar [...] Schriftsteller [...] schreiben können, was sie wollen, und die bestimmen die ganze Entwicklung der Gesellschaft?" Nein, antwortete der oberste SED-Funktionär, „Freiheit der freien Diskussion über alle anarchistischen, nihilistischen und skeptizistischen Filme und Literaturerzeugnisse kann auf keinen Fall zugelassen werden."

Christa Wolf, damals Kandidatin des ZK der SED, war die einzige, die auf dem Plenum der mächtigen Funktionärsversammlung widersprach und zumindest eine relative Freiheit für die Literatur einforderte. Noch band sie ihr Treuekomplex an die 'sozialistische Sache', noch glaubte sie, daß ihre Mitfunktionäre es 'gut meinten', und doch nabelte sie sich in den mittleren sechziger Jahren so weit ab von Ideologie und Herrschaftspraxis der SED, daß ihr nächstes Buch *Nachdenken über Christa T.* zu einem der härtesten Zensurfälle – zumindest gegenüber einem Parteimitglied – wurde. Er sei hier als bemerkenswerter Beispielfall skizziert.

Am 1.3.1967 hatte die Autorin ihren neuen Roman abgeschlossen – ahnend, daß er kaum publizierbar sein würde in der DDR. Im Juni des Jahres lagen dem Mitteldeutschen Verlag, Halle/S., zwei Gutachten vor, die für die Erteilung der Druckgenehmigung nötig waren. Eines, im ganzen wohlwollend, erkannte im Buch die „Gefahr ideologischer Desorientierung", das zweite warnte vor einer Veröffentlichung. Der Cheflektor des Verlages versuchte die Autorin daraufhin zu massiven Änderungen zu bewegen, was sie ablehnte. Allerdings fügte sie ein neues Kapitel (19) hinzu, das freilich den Tenor des Buches nicht änderte. Nach einem weiteren 'Außengutachten' wurde am 2. Mai 1968 trotz großer Bedenken die Druckgenehmigung erteilt und die Auslieferung des Buches zum 31.3.1969 mit einer Auflage von 15000 Exemplaren anvisiert. Im Dezember 1968 wurde die Herstellung des Buches unterbrochen, nachdem SED-Funktionäre, wohl verschreckt durch die Prager Spätsommerereignisse, heftig gegen seine Publikation polemisiert hatten. Trotzdem wurde im Frühjahr 1969 eine kleine Teilauflage des Buches ausgeliefert. Eine lobende Rezension Marcel Reich-Ranickis (geb. 1920) in der *Zeit* vom 23.5.1969 (*Nachdenken über Christa T.* war inzwischen bei Luchterhand, Darmstadt, veröffentlicht worden), die die Autorin als Fast-Dissidentin erscheinen ließ, führte zum Stop der weiteren Auslieferung des Buches in der DDR. Nur zwei systemkomforme, die Autorin maßregelnde Rezensionen durften in *Sinn und Form* und der *Neuen Deutschen Literatur* erscheinen – ansonsten wurde das immerhin existente Buch totgeschwiegen, bis man 1972 dann doch eine zweite Auflage (rückdatiert auf 1968) und hernach noch mehrere erscheinen ließ.

Der Umgang der Zensurstellen mit *Nachdenken über Christa T.* ist, wie gesagt, nur ein Fall unter vielen. Von Zensurierung resp. Verbot von Eislers *Faustus*, Brechts *Lukullus*, Biermanns Liedern und Fries' *Der Weg nach Oobliadooh* war schon die Rede. In die gleiche Reihe aus vierzig Jahren Zensurpraxis gehören u.a. Stefan Heyms (eigtl. Helmut Flieg, geb. 1913) 17. Juni-Roman *Fünf Tage im Juni* (1959 als *Tag X* fertiggestellt; 1974 in der Bundesrepublik erschienen), Uwe Johnsons Erstling *Ingrid Babendererde. Reifeprüfung 1953*, (vorgelegt und abgelehnt 1956; postum 1985 nur in der Bundesrepublik erschienen), Reiner Kunzes Lyrikband *Sensible Wege* (1969 nur in der Bundesrepublik) und die Prosaskizzen *Die wunderbaren Jahre* (1976 nur in der Bundesrepublik), mehrere Theaterstücke Heiner Müllers (von dem man 1965 – 73 in der DDR gar nichts spielte) und Volker Brauns (sein Stück *Lenins Tod*, entstanden 1970, uraufgeführt 1988 am Berliner Ensemble, hält möglicherweise den Schubladen-Rekord). Seit Mitte der siebziger Jahre häuften sich die Eingriffe und Verbote. Betroffen waren u.a. Jurek Becker (1937 – 1997), Thomas Brasch (geb. 1945), Hanns Cibulka (geb. 1920), Fritz Rudolf Fries, Werner Heiduczek (geb. 1926), Wolfgang Hilbig (geb. 1941), (der sich von der Zensur keinen Deut abhandeln ließ), Erich Loest (er hat seine Schurigelung durch Zensur und Staatssicherheitsdienst in *Der Zorn des Schafes. Aus meinem Tagewerk* (1990) anschaulich dokumentiert), Gert Neumann, Hans Joachim Schädlich (dessen Prosaerstling *Versuchte Nähe* 1977 schließlich nur in der Bundesrepublik erscheinen konnte, wohin der Verfasser im gleichen Jahr übersiedelte), Klaus Schlesinger, Erwin Strittmatter, und – zu wiederholten Malen – Volker Braun (*Unvollendete Geschichte*, 1975; *Hinze-Kunze-Roman*), Günter de Bruyn (sein Roman *Neue Herrlichkeit* wurde 1983 zunächst genehmigt, die Genehmigung ein Jahr später, nach der Publikation und brisanten Kritiken in der Bundesrepublik, widerrufen, an die 20000 ausgedruckte Bücher makuliert – und 1984 doch noch genehmigt und veröffentlicht), Christoph Hein (*Horns Ende*, 1985; *Der Tangospieler*, 1989), Heiner Müller (u.a. *Hamletmaschine*, UA 1979) und Christa Wolf (u.a. *Kassandra*). Am härtesten traf die Zensur wohl jene jüngeren Autoren, die nicht einmal ihr erstes Buch zum Druck befördern, also gar nicht zu öffentlichen Autoren werden konnten. Das gilt z.B. für Monika Maron (geb. 1941) (mit *Flugasche*, 1981), Wolfgang Hegewald (geb. 1952) oder Katja Lange-Müller (geb. 1951), die alle drei – ihren Büchern folgend – in die Bundesrepublik übersiedelten.

Doch die Erziehungsdiktatur der DDR gegenüber ihren Literaten beschränkte sich auch in den siebziger und achtziger Jahren nicht auf Zensur, sie ließ die Autoren selber nicht ungeschoren. Nachdem der Machtwechsel von Ulbricht zu Honecker und der nachfolgende VIII. Parteitag der SED im Juni 1971 hatten hoffen lassen, daß nun wirklich die Literatur „ohne Tabus" (so Honecker) aufblühen dürfe, brach das mühsam austarierte Gleichgewicht zwischen Tabulockerung und Aufrechterhaltung der staatlichen Ordnung auf literarischem Gebiet in sich zusammen wie ein Kartenhaus. Die DDR bürgerte Wolf Biermann aus und setzt damit eine Kette von Reaktionen der ungeliebten

Literaten und staatlichen Sanktionen gegen sie in Gang, die am Ende wohl auch zum Untergang der DDR beigetragen hat.

Biermann, dem schon 1974 eine Auswanderung aus der DDR nahegelegt worden war, hatte im November 1976 die Genehmigung zu einer Reise in die Bundesrepublik bekommen, um dort auf Einladung der IG Metall einige Konzerte zu geben. Nachdem sein Kölner Konzert vom bundesdeutschen Fernsehen übernommen und ausgestrahlt wurde (was ja auch auf fast allen DDR-Mattscheiben zu sehen war), vollzog das Politbüro der SED prompt eine Maßnahme, die es gewiß schon vorher beschlossen hatte: Am 17. November 1976 wurde Biermann die Staasbürgerschaft der DDR entzogen. Die Tage nach der Biermann-Ausbürgerung zeigten – nicht überraschend, aber doch in diesem Umfang unerwartet –, wieviel Künstler der DDR über Zivilcourage und Kollegensolidarität verfügten. Noch am 17.11. verfaßten zwölf renommierte DDR-Autoren (S. Kirsch, C. und G. Wolf, F. Fühmann, S. Hermlin, S. Heym, G. Kunert, H. Müller, E. Arendt, J. Becker, V. Braun, R. Schneider) eine Petition, die die SED zur Rücknahme dieser Entscheidung aufforderte. Ihnen schlossen sich im Laufe weniger Tage über 70 weitere Kulturschaffende an. Andere, wie Reiner Kunze oder der gerade in der Schweiz befindliche Bernd Jentzsch (geb. 1940), protestierten mit eigenen Verlautbarungen.

Die Biermann-Ausbürgerung war eine einschneidende Maßnahme und hat sich bereits wenige Jahre später als historische Zäsur in der kulturpolitischen Entwicklung erwiesen. Doch gravierender war, was auf sie folgte. Jetzt wendeten die zuständigen Parteigremien und Staatsorgane ein gestaffeltes, genau kalkuliertes Instrumentarium von Sanktionen an, das von Verhaftung und Hausarrest über Organisationsausschluß, Parteistrafen und Publikationsverbot bis zur bemerkenswert raschen Bewilligung von Ausreiseanträgen reichte. Dieser forcierte Exodus der Schriftsteller führte zu einem nicht wiedergutzumachenden Substanzverlust. Am Ende fehlten der DDR nicht nur wichtige ältere Autoren wie Becker, Biermann, S. Kirsch, Kunert, Kunze, Loest,

Schädlich oder Schlesinger, sondern auch jüngere wie Brasch, Hilbig, Kolbe, Lange-Müller oder Maron.

Mittel der Einschüchterung und Sanktionierung von Schriftstellern, die damals nach Belieben eingesetzt oder auch – als wirksame Drohung – zurückgehalten werden konnten, waren die neuen bzw. verschärften Strafgesetze. Seit 1979 wurde in einzelnen Fällen vom Gesetz gegen Devisenvergehen auch bei Schriftstellern Gebrauch gemacht, und zwar dann, wenn sie Werke in einem westlichen Verlag erscheinen ließen, ohne daß ihnen das Büro für Urheberrechte dazu die Erlaubnis gegeben hatte. Die ersten von diesem Devisengesetz Betroffenen waren Robert Havemann und Stefan Heym (wegen seines *Collin*-Romans, 1979). Als acht Schriftsteller – unter ihnen Stefan Heym selbst, Klaus Schlesinger (geb. 1937) und Rolf Schneider (geb. 1932) – einen Protestbrief an Honecker schrieben, wurden sie im Juni 1979 von den eigenen Kollegen aus dem Berufsverband ausgeschlossen. Wieder hatte die Partei mit wichtigen Autoren gebrochen. Insgesamt verlor der Schriftstellerverband zwischen 1976 und 1989 über 30 Autoren durch Ausschluß oder Austritt.

Das 'neue Denken' in der Sowjetunion – Gorbatschows 'Glasnost' und 'Perestroika' – führte dazu, daß sich auch in der DDR Mitte der achtziger Jahre die Konflikte neuerlich zuspitzten. Auf dem X. Schriftstellerkongreß des Jahres 1987 geschah dann etwas Unerhörtes: Zwei renommierte Autoren, Günter de Bruyn und Christoph Hein, griffen das 'Druckgenehmigungsverfahren' frontal an und benannten es als das, was es war: als Zensur. Damit war der jahrzehntelangen stillschweigenden Duldung einer 'Zusammenarbeit' von Zensoren und Schriftstellern ein programmatisches und öffentliches Ende gesetzt. Heins Rede schloß mit den Sätzen: „Die Zensur ist volksfeindlich. Sie ist ein Vergehen an der so oft genannten und gerühmten Weisheit des Volkes. Die Leser unserer Bücher sind souverän genug, selbst urteilen zu können. Die Vorstellung, ein Beamter könne darüber entscheiden, was einem Volk zumutbar und was ihm unbekömmlich sei, verrät nur die Anmaßung, den Übermut der Ämter. Die Zensur ist ungesetzlich, denn sie ist verfassungswidrig. Sie ist mit der gültigen Verfassung der DDR nicht vereinbar, steht im Gegensatz zu mehreren ihrer Artikel. Und die Zensur ist strafbar, denn sie schädigt im hohen Grad das Ansehen der DDR und kommt einer 'öffentlichen Herabwürdigung' gleich. Das Genehmigungsverfahren, die Zensur muß schnellstens und ersatzlos verschwinden, um weiteren Schaden von unserer Kultur abzuwenden, um nicht unsere Öffentlichkeit und unsere Würde, unsere Gesellschaft und unseren Staat weiter zu schädigen." Zwar annullierte die DDR das offizielle Druckgenehmigungsverfahren tatsächlich noch kurz vor der Wende, aber die 'Literaturgesellschaft' DDR war damit nicht mehr zu retten. Die Utopie einer idealen Literatenrepublik als pädagogischer Provinz hatte sich als untauglich erwiesen, weil sie von Beginn an eine sträfliche Liaison mit der Unterdrückung elementarer Menschen- und Bürgerrechte eingegangen war. Die Erfahrungen der Wendejahre 1989 ff. haben den Mythos vom 'Leseland DDR' vollends zerstört. Was man vorher schon vermuten konnte, hat sich nun deutlich gezeigt. Vor allem die eigene DDR-Literatur, im weiteren Sinne die 'schöne Literatur' überhaupt, hatte kompensatorische Funktionen der Lebenshilfe übernommen, die der Literatur in modernen, liberalen Gesellschaften nur im Ausnahmefall aufgebürdet werden. Die aktuelle DDR-Literatur der kritischen Autoren mußte zum einen eine politische und Medienöffentlichkeit ersetzen, die der autoritäre Staat seinen Bürgern vorenthielt. Und sie machte zum andern (utopische) Sinnangebote, die das unübersehbare Wert- und Sinndefizit des 'realen Sozialismus' ausgleichen halfen. Beide Ersatzfunktionen der DDR-Literatur haben nun ausgedient – entsprechend leer sind die Buchhandlungen der neuen Bundesländer, deren Besucher Reiseliteratur, Ratgeber, Sachbücher und bislang verbotene Actionromane à la Heinz-Günther Konsalik (geb. 1921) bevorzugen. Am schwersten trifft die neue Lage eine reformsozialistisch orientierte Autorenschaft, deren Botschaften nur noch wenige hören wollen. Sie hat es schwer, sich aus dem wenig produktiven 'Status melancholicus' zu befreien, in den sie das Ende der DDR versetzt hat.

Horst Albert Glaser

Ein Zensurfall

Im restriktiven, weitgehend ideologisierten Milieu der DDR literarisch Neues und Gewichtiges gegen Widerstände durchzusetzen, zumal als Debütant, bedurfte der Hilfe vieler und dazu glücklicher Umstände. Dies war selbst im Bereich von Utopie oder Science Fiction der Fall, die – anders als die sog. DDR-Gegenwartsliteratur – weniger aufmerksam kontrolliert wurde und bisweilen ein Tummelplatz verwegener Ideen war. Doch sobald utopische Parabeln als Weltentwürfe den Anspruch erhoben, Aussagen über mögliche Weltkonstrukte und ambivalente gesellschaftliche Strukturen offerieren zu wollen, war mit Großzügigkeit nicht mehr zu rechnen.

Das Erscheinen des vielleicht wichtigsten utopischen Romanes der DDR-Literatur, *Weltbesteigung – Eine Fünftagefahrt* (1984) von Gottfried Meinhold (geb. 1936) zeigt exemplarisch die Methodik von Literaturverhinderung und Zensur. Unbeirrbarkeit und Zähigkeit, auch politische und literarische List und Unerschrockenheit des Autors vereinten sich mit der Hartnäckigkeit des mitverschworenen Lektors, der nach jedem Mißerfolg die Taktik eines nächsten Versuches entwickelte, um über Jahre hinweg Abwehr und Ermüdungsstrategien von Verlagen zu unterwandern, zumal sie ja mit sozialistischen Kulturpolitikern besetzt waren, die vielfach auch als inoffizielle Mitarbeiter der Staatssicherheit agierten.

Nach der Niederschrift des ersten Entwurfes 1970/71 wurde 1977 ein Kontakt mit dem Hinstorff-Verlag in Rostock hergestellt, der 1978 versprach, sich für das Manuskript zu engagieren, jedoch unverbindlich, d. h. ohne Vertragsabschluß. Die Erarbeitung einer Endfassung

wurde bis zum Juni 1978 zum größten Teil abgeschlossen und dem
Lektor übergeben, jedoch kam es bereits im Juli zur Einstellung der
Arbeit am Manuskript. In einem Brief des Cheflektors Horst Simon an
den Autor wurde der wesentliche inhaltliche, nämlich ideologische
Grund benannt: Wenn „eine nach gesellschaftswissenschaftlichen Er-
kenntnissen umgebildete Welt den Ausgangspunkt für alles Geschehen" darstelle, könne „aus ihr eine so menschenfeindliche oder doch
machtgesteuerte andere Welt" nicht hervorgehen. (Brief von H. Simon
an G. Meinhold vom 28.06.78)

Noch 1978 wurde Verbindung mit dem stellvertretenden Cheflektor
des Mitteldeutschen Verlages, Harald Korall, aufgenommen, der sich
etwas vorsichtiger ausdrückte, doch ebenfalls mit konsequenter Ablehnung reagierte. Die Argumente betrafen vorwiegend inhaltliche
Fragen, hinter denen freilich der nicht deutlich ausgesprochene politische Vorbehalt zu spüren war. (Soziale Beziehungen seien ausgeklammert, die hermetische Abgeschlossenheit der beschriebenen Welt
werde nicht in Frage gestellt, dazu gäbe es einen weitgehenden Verzicht auf Handlung.)

Ein Freund des Autors hatte dann 1978 den Weg zum Verlag 'Das
Neue Berlin' geebnet. Dessen Lektor Olaf R. Spittel war von dem Manuskript fasziniert, obwohl er befürchtete, es könne Schwierigkeiten
wegen der ideologischen Brisanz geben, weil Fortschrittsideale einer
technokratischen Perfektion und das Ideal des kommunistischen Überflusses in Frage gestellt würden. Wissenschaftlich-technisches Wunsch-
denken kommunistischer Provenienz wurde immerhin nachdrücklich
konterkariert. Auch war ihm die verkappte Kritik an der aktuellen politischen Situation der DDR, die hier in einer Art Orwellscher Inver-
sion erschien – bis zur allgegenwärtigen Stasi-Überwachung – nicht
entgangen. Im Sommer 1980 wurde das Manuskript als druckfertig im
Verlag eingereicht und in einem alsbald anberaumten Gespräch zwischen Lektor, leitendem Lektor und Autor zurückgewiesen, mit dem
Hinweis auf eine völlige Umarbeitung, der jedoch keine politisch-

inhaltliche Begründung enthielt. Diese im Gespräch ausgeklammerten Argumente zu liefern, bestellte der Verlag einen Außengutachter, nämlich den Leiter des Lehrstuhls für Gesellschaftsprognose des Institutes für Gesellschaftswissenschaften des ZK der SED, den Professor Bernd Bittighöfer, der sich seit Ende der sechziger Jahre mit der marxistisch-leninistischen Fundierung der Gesellschaftsprognose der DDR beschäftigte und hierzu Thesen in der *Deutschen Zeitschrift für Philosophie* (1970) veröffentlicht hatte.

Im Januar 1981 wurde dem Autor sein Manuskript zusammen mit dem Gutachten Bittighöfers ohne weiteres Begleitschreiben zugestellt. Der Gutachter hatte ein ideologisches und literarisches Vernichtungsurteil gefällt und auf 11 Seiten dem Autor gravierende Vorwürfe gemacht: Er zeichne ein pessimistisches Bild von der sozialistischen Weltentwicklung, deren weitgehende Durchsetzung nach der zeitlichen Einordnung des Stoffes ja inzwischen längst erfolgt sein müsse. Auch bei den Exkursanten der Fünftagefahrt unterstellte er, sie erwiesen sich – als mutmaßliche sozialistische Persönlichkeiten – in dieser Welt eines geistig, sozial und moralisch degenerierten Sozialismus als völlig hilflos. Er habe den Verdacht, man sehe sich hier mit einer raffiniert kaschierten kapitalistischen Restwelt konfrontiert, total manipuliert, wie sie erscheine, könne sie nicht kommunistisch sein. Wie es denn in einer insgesamt sozialistisch organisierten Welt – die er wiederum unterstellte – eine solche Verwässerung des marxistisch-leninistischen Denkens geben könne, in dem sich „vereinfachte Thesen der marxistisch-leninistischen Philosophie" mit „vormarxschem Materialismus" und „Idealismen verschiedenster Provenienz" vermischt hätten.

Das Verdikt dieses Gutachtens bedeutete das Ende der offiziellen Zusammenarbeit mit dem 'Neuen Berlin', jedoch nicht der Verbindung zwischen Autor und Lektor. Es war aber nun deutlich, daß eine Publikation dieses Manuskriptes energisch verhindert werden sollte. Ein erneuter Versuch des Autors, für dieses und weitere Manuskripte den Aufbau Verlag zu gewinnen, scheiterte gleichermaßen: Die stellvertretende Cheflektorin, Dr. Töpelmann, holte, verunsichert, sogleich Außengutachten ein, die alle Manuskripte in Bausch und Bogen politisch verurteilten: die jeweiligen gesellschaftlichen und Machtverhältnisse würden sozialgeschichtlich nicht eingeordnet, dies mache die Texte politisch angreifbar, bei der *Weltbesteigung* sei „die Idee von der totalen Ausgeliefertheit an totale Willkür sublimiert in der Form freiwilliger Unterwerfung unter ein von einem Gremium herrschender Wissenschaftler ausgeklügelten System, das alle Lebensregungen reglementiert". Dies erscheine als eine „Konstellation, die der Autor offenbar für unabwendbar hält". Der Autor sei „in die einseitige Verfolgung seiner Idee von der total gleichgeschalteten Menschheit verbohrt". Im Telefongespräch kurz vor der Rücksendung der Manuskripte äußerte Frau Dr. Töpelmann nur lakonisch: „Auch uns sind gewisse Grenzen gesetzt."

Dem unermüdlichen Lektor Spittel gelang es schließlich, 1983, drei Jahre nach der Ablehnung durch die Verlagsleitung des 'Neuen Berlin' ein zustimmendes Gutachten der einflußreichen Professorin Anneliese Löffler einzuholen. Letztere war bis 1980 an der Ostberliner Humboldt-Universität tätig und besaß offenkundig genügend politische Autorität, um die Wirkung des Gutachtens von Bittighöfer zu entkräften, wenngleich sie vorsichtige Einschränkungen in bezug auf die Schilderung des Überwachungsdienstes äußerte. Daß sich ausgerechnet Frau Löffler für dieses Manuskript engagierte, ist deshalb verwunderlich, weil sie sich in den siebziger Jahren bei einer größeren Zahl von Autoren der DDR-Gegenwartsliteratur ausgesprochen restriktiv verhalten hatte. In der Zwischenzeit hatte der Autor im Manuskript höchstens noch am Detail gearbeitet, politisch-ideologische Waghalsigkeiten – z. B. die Präsenz der Sicherheitsbehörde mit ihrer ausgedehnten ehrenamtlichen Mitarbeiterschaft – eher noch schärfer pointiert.

Trotz des Gutachtens von Löffler bedurfte es noch weiteren Drucks und energischer Aktionen seitens des Autors und des Lektors, um schließlich zu einem Vertragsabschluß zu kommen, der zur Publikation führte. Die letzte Hürde, die Druckgenehmigung durch die Hauptabteilung Verlage des stellvertretenden Kulturministers Klaus Höpcke, wurde genommen, indem ein mit dem Lektor bekannter Mitarbeiter dieser Abteilung die abschließende Kontrollektüre übernahm.

Klaus Zeyringer

Literarische Öffentlichkeit in Österreich

In der österreichischen Öffentlichkeit wurde mit dem Kriegsende ein bewußtseinsgeschichtlicher Bruch erzwungen und von der „großen Koalition" des konservativen christlichsozialen und des sozialdemokratischen Lagers, ÖVP und SPÖ, umgeleitet. Nunmehr galt es, die Auseinandersetzungen der 1. Republik und das Deutschtum zu vergessen, um möglichst schnell einen demokratischen Staat aufzubauen und die Bevölkerung an dieses Österreich zu binden. So wurden bald nach 1945 jene Strukturen der 2. Republik geschaffen, die lange Zeit für eine innere Stabilität sorgen sollten. Mit dem Staatsvertrag und dem Neutralitätsgesetz war 1955 diese Phase der Restauration abgeschlossen. Die Gesellschaft war auf der Basis von Sozialpartnerschaft, Proporz und Parteibuch organisiert; die Österreich-Ideologie bewirkte ein starkes Nationalbewußtsein. Diese eher konfliktlose Lage erfuhr in den sechziger Jahren im Mythos von der „Insel der Seligen" eine offizielle Würdigung, wurde aber vor allem in der „Republik der Skandale" ab Ende der siebziger Jahre von kritischen Stimmen, auch von vielen Autoren, als falsche Fassade, als „Windstille" (Anton Pelinka) eines von politischen Eliten beherrschten sozialkonservativen Grundkonsenses bezeichnet.

Die kulturpolitischen Prämissen der Regierenden können in Österreich seit 1945 direkt auf den Kulturbetrieb einwirken: Rundfunk und (seit 1955) Fernsehen sind ein Staatsmonopol; die großen Bühnen gehören Bund, Ländern und/oder Städten; die größeren Verlage sind zu einem guten Teil in der Hand des Staates, öffentlicher Körperschaften oder der katholischen Kirche; bis Mitte der fünfziger Jahre beherrschte die Parteipresse eindeutig den Zeitungsmarkt; die „Hochkultur" wird durch Subventionen und Preise gefördert, damit aber auch in Abhängigkeit gehalten, so daß gelegentlich eine „Verbeamtung des ganzen Kulturbetriebes" (Heinz R. Unger), ein „anarchistisches Staatsstipendiatentum" (Franz Schuh) konstatiert wurde.

Restauration im Literaturbetrieb (1945 – 1965/1970)

Die in der 1. Republik und im Nationalsozialismus deutliche Verquikkung von Literatur und Politik wäre in den Nachkriegsjahren von vielen, besonders den Förderern einer politischen und literarischen Restauration im neuen Österreich, gern aufgehoben worden. Ihnen wäre es recht gewesen, daß Literatur auf „ewige Werke" abhebt. Gerade mit dieser Haltung aber wurde Literatur neuerlich an Politik, jene der Restauration, geknüpft. War in der Zwischenkriegszeit eine Verschiebung von der schriftstellerischen Einsamkeitsromantik zur Anerkennung der Literatur als gesellschaftlichem Faktum erfolgt, so galt es, daß man sich in der 2. Republik politisch neu(erdings) deklarierte, um dann in eine Gruppe aufgenommen zu werden, die im neuen Staat literarisch Staat machte. Viele Funktionäre des austrofaschistischen Ständestaates (1934 – 1938) konnten erneut Schlüsselpositionen im Kulturbetrieb einnehmen und verwiesen denn auch gleich auf ihre Wurzeln, aus denen sie eine Österreich-Tradition wachsen sehen wollten. Diese Haltung, die im Blick zurück die österreichische Variante des Faschismus und die Jahre des Nationalsozialismus einfach übersah, fand ihren bekannten Ausdruck in dem Grund-Satz von Alexander Lernet-Holenia (1897 – 1976), der im November 1945 an die Zeitschrift *Der Turm* schrieb: „In der Tat brauchen wir nur dort fortzusetzen, wo uns die Träume eines Irren unterbrochen haben". Fortgesetzt wurde in fast wörtlichen Wiederholungen bei und mit der Österreich-Ideologie. Der ehemalige Minister Hans Pernter, der bei der Gründung der ÖVP 1945 eine wesentliche Rolle spielte, formulierte in den

Österreichischen Monatsheften 1945/46 wie in seinen alten Ständestaat-Reden, daß es „für uns im neuen Österreich nur um die österreichische Idee gehen kann", also darum „die schöpferische Kraft unseres Volkes auf allen Gebieten des kulturellen Lebens im Dienste dieser Idee zur Auswirkung zu bringen". Kulturpolitik wurde somit – wie schon zur Zeit des Austrofaschismus – in einer „Stabilisierung nach rückwärts" als Teil einer Politik gesehen, die die europäische Sendung österreichischer Kultur bekräftigen und den Ausbau des Nationalgefühls ermöglichen sollte; das Bild der Kultur-Nation hatte zudem die „Opfer-Theorie" (Österreich sei das erste Opfer Nazi-Deutschlands gewesen) zu stützen und den wirtschaftlich unabdingbaren Fremdenverkehr ankurbeln zu helfen.

Die literarische Öffentlichkeit stand seit Beginn der 2. Republik unter der Oberhoheit der kulturpolitischen Vorstellungen der „großen Koalition", zunächst vor allem der konservativen ÖVP, der von den ersten Wahlen bis 1970 das Unterrichtsministerium und damit das Ressort unterstellt war, in das die staatliche Pflege des Österreich-Bildes und die der Literatur gehörten. Heinrich Drimmel, der langjährige ÖVP-Unterrichtsminister, charakterisierte 1962 die Kultur der Repräsentanz: „Das materielle Leben des Staates verlangt den repräsentativen Kulturalismus. Das Gepräge der Festwochen, die Marmorfassade der Kulturpaläste wirken in der politischen Willensbildung der Massendemokratie überzeugender als das drängende Verlangen [...] nach Beseitigung [...] des Notstandes der wissenschaftlichen Forschung und der künstlerischen Betätigung" [vgl. 13, *S. 349*]. Der Rückgriff auf die Tradition, vor allem – wie im Ständestaat – auf Barock und Katholizismus, verlangte ein positives Welt- und Staatsverständnis; eine derart rückwärtsgewandte Austriazität konnte freilich experimentelle Literatur nicht (ge)brauchen und vernachlässigte demzufolge kreative moderne Kunst. Es galt vielmehr österreichische Literatur als Baustein des Österreich-Bewußtseins, das „österreichische Wort" sollte den „österreichischen Menschen" an „das große Erbe" erinnern – 1962 erschien als 100. Band der Reihe „Das österreichische Wort" die

Essaysammlung *Das große Erbe. Festschrift.* „Österreich ist als zweite Republik auferstanden", schrieb Hans Weigel (1908 – 1991) 1962/63 in *Sprache im technischen Zeitalter,* „in Wahrheit aber recht eigentlich erstanden, ist gesichert, geborgen, aufbewahrt, ermöglicht im Wort seiner Autoren von heute". Viele aber waren (auch) die Autoren von gestern.

Signalfunktion kam den Literaturpreisen zu. Ministerialrat Thomasberger, für die Richtlinien der Verleihung der Staatspreise im Austrofaschismus mitverantwortlich, war 1948 für die Neueinrichtung des Preises zuständig, „in Anlehnung", wie er schrieb, „an die Grundsätze, nach denen vor 1938 die Preisstiftung erfolgte". Entsprechend fiel die Kontinuität bei den Preisträgern aus: 1951 erhielt den neuen Staatspreis der ehemalige Juror im Ständestaat, Felix Braun (1885 – 1973); 1953 mit Rudolf Henz (Ps. R. Miles, 1897 – 1987) einer der führenden Männer im Kulturbetrieb des Austrofaschismus, der an seine Karriere der Vorkriegszeit angeknüpft hatte und u.a. 1945 bis 1957 Leiter des Österreichischen Rundfunks war; 1957 der frühere Juror und austrofaschistische Staatsrat Franz Karl Ginzkey (Ps. Daniel Allerheim, Heinrich Hege, 1871 – 1963). Ein ähnliches Bild bieten die Preise, die in den Bundesländern vergeben und als wichtiges Mittel angesehen wurden, nationale und regionale Identität zu fördern. Der Rosegger-Preis des Landes Steiermark z.B. ging in den fünfziger Jahren meist an alte Völkische. Skandal erregte aber nicht die Preisvergabe an den früheren Landesleiter der Reichsschrifttumskammer (1955) und an den ehemaligen Gaukulturhauptstellenleiter (1963), sondern 1970 jene – ein Signal für einen Wandel im Kulturbetrieb – an den Avantgarde-Autor Wolfgang Bauer (geb. 1941).

Eine Allianz von ehemaligen Nazis, Austrofaschisten und Emigranten beherrschte als österreichischer PEN-Club das literarische Leben im Lande: „Im Raster ihres Denkens traten zwei Komponenten überdeutlich zutage: Abkehr vom Bereich des Öffentlich-Politischen bei gleichzeitigem militanten Antikommunismus" [vgl. 104, *S. 66*]. Im Verein mit einer konservativen Universitätsgermanistik, die sich als Hüter der

„abendländischen Ewigkeitswerte" verstand, die im Deutschunterricht den Schülern vermittelt werden sollten, wurde so die Rezeption der Avantgarde in Österreich bis Anfang der siebziger Jahre behindert. Die Wiener Gruppe, die ab Mitte der fünfziger Jahre regelmäßig an die Öffentlichkeit trat, wurde von den einflußreichen Männern des Literaturbetriebes (Friedrich Torberg (eigtl. Kantor-Berg, 1908 – 1979), Alexander Lernet-Holenia, Herbert Eisenreich (1925 – 1986)...) und den geschmackbildenden Medien, z.B. der Zeitschrift *Forum. Österreichische Monatsblätter für die kulturelle Freiheit* (1, 1954 – 12, 1965), selbstgefällig übersehen und somit von einem breiteren Publikum nicht wahrgenommen. Die Publikation experimenteller Gedichte von Ernst Jandl (geb. 1925), Gerhard Rühm (geb. 1930) und Ernst Kein (1928 – 1985) in der Zeitschrift *Neue Wege. Kulturzeitschrift junger Menschen* (1, 1945 – 44, 1988) löste einen Skandal aus. Die Texte wurden u.a. als „Schmutz und Schund" diffamiert. Hier – wie in anderen öffentlichen Debatten, in denen progressive Kunst als „entartet" abgelehnt wurde – trifft die Bemerkung Theodor W. Adornos (1903 – 1969) zu, daß die Ideologie des Faschismus seine politische Niederlage in der formalen Konzeption überlebt habe. Ein Höhepunkt der antikommunistischen Ausgrenzung war der von Friedrich Torberg, dem *Forum*-Herausgeber, und Hans Weigel betriebene Brecht-Boykott: Zwischen Februar 1952 und Februar 1963 spielte kein einziges etabliertes Theater in Wien Brecht – während just in jener Zeit der ehemalige Nazi Friedrich Schreyvogl (1899 – 1976), „der bei der nationalsozialistischen Unterwanderung der österreichischen Literatur eine der verhängnisvollsten Rollen gespielt hatte" [vgl. 96, *S. 119*], Vizedirektor des Burgtheaters war.

Ilse Aichingers (geb. 1921) *Aufruf zum Mißtrauen* wurde kaum gehört – und die kritische Zeitschrift *Plan. Literatur, Kunst, Kultur* (1, 1945/46 – 2, 1947/48), in der er 1946 erschienen war, mußte dann bereits 1948 eingestellt werden. Längerfristig unterstützte das Unterrichtsministerium Zeitschriften und Reihen, die von gewichtigen Betreibern des Literaturbetriebes herausgegeben wurden, etwa die Monatsschrift

Wort in der Zeit. Österreichische Literaturzeitschrift (1,1955 – 12,1966) von Rudolf Henz. Als in der Nummer 2/1964 vom Redakteur Gerhard Fritsch (1924 – 1969) Texte von Gerhard Rühm, Konrad Bayer (1932 – 1964) und Michael Scharang (geb. 1941) publiziert wurden, reagierte die konservative Seite mit dem entsprechenden Argumentationsmuster: es würden Steuergelder «verschleudert». Darauf wiederum protestierten in der Nummer 11/1964 Schriftsteller der jüngeren Generation „gegen das Bestreben einiger Konservativer, die einzige offizielle Literaturzeitschrift Österreichs unter Druck zu setzen und unter dem nicht stichhältigen Vorwand, einer Stildiktatur des Modernismus zu begegnen, eine Stildiktatur des Konservatismus aufzurichten". Diese Auseinandersetzung verweist auf einen Wandel, der sich ab Mitte der sechziger Jahre abzuzeichnen begann. Zwar hütete die 1961 gegründete „Österreichische Gesellschaft für Literatur" (ÖGL) zunächst noch den alten Kanon, aber 1966 wurde immerhin Friederike Mayröcker (geb. 1924) eingeladen, 1968 las Gerhard Rühm zum ersten Mal – da war allerdings Rudolf Henz schon zweimal aufgetreten.

Diese Ereignisse und Strukturen verdeutlichen, daß ein (kultur)politischer Einfluß bis in den ästhetischen Bereich hineinspielte. In seinem Vorwort des Jubiläumsbandes der Zeitschrift *manuskripte (1960 – 1980)* erläutert Alfred Kolleritsch (geb. 1931), daß die Wiener Gruppe zum ersten Mal nach dem Krieg in Österreich die formalen und inhaltlichen Probleme der Literatur internationalisiert und damit die vertrauten Vorstellungen, was Kunst zu leisten hätte, gesprengt habe; seither klaffe „der Riß zwischen der 'Moderne' und der Öffentlichkeit so sehr, daß dieser Riß bis heute politische Dimensionen hat".

Politik der Umarmung, Zeit der Auseinandersetzungen (1970 – 1981 – 1995)

Die ÖGL ist eine jener Strukturen, die zur zweiten Phase in der Entwicklung der literarischen Öffentlichkeit überleiteten: 1958/59 wurde in Graz das „Forum Stadtpark" gegründet, 1964 wurde eine eigene Gewerkschaft „kunst medien freie berufe" geschaffen, ab 1967 konzentrierte der Salzburger Residenz-Verlag sein Programm auf österreichische Gegenwartsliteratur, 1970 wurden erstmals Staatsstipendien für Literatur vergeben, Mitte der siebziger Jahre kamen die Werke jüngerer österreichischer Dramatiker auch auf den Spielplan der größeren Häuser, begann sich die Universitätsgermanistik für Gegenwartsliteratur zu interessieren, die nun auch in die Schulbücher Eingang fand.

Die ÖVP-Alleinregierung (1966 – 1970) hatte 1968 noch den „Schutz der Kulturwerte des Volkes gegen Zerstörung von außen und Zersetzung von innen" zur Aufgabe des „Kulturstaates" erklärt. Eine einschneidende Änderung brachte nicht etwa die Bewegung von 1968, die in Österreich kaum auffiel, sondern ein „Aufruf von oben", nämlich jener der SPÖ-Alleinregierung (1970 – 1983) unter Bruno Kreisky (1911 – 1990). Die Regierungserklärung von 1970 versprach in ihrem ersten Teil eine neue Kulturpolitik und richtete sich an die Intellektuellen und an die „Jugend, die sich mit ganzer Respektlosigkeit gegen das Bestehende, gegen das Etablierte wendet" [vgl. 46, *S. 292*]. In einer Zeit, in der der Aufbau der restaurativen Phase erfolgreich abgeschlossen schien – Hochkonjunktur, florierender Fremdenverkehr, positives Image Österreichs im In- und Ausland, starkes Nationalbewußtsein (1956 war die Hälfte der Bevölkerung der Meinung, daß Österreich keine Nation sei, 1970 waren es nur mehr 8 %) –, konnte das organisierte Auftreten der jüngeren Generation konservativ-restaurative Positionen aufbrechen. Aber größere strukturelle Veränderungen wurden nicht bewirkt. Die literarische Öffentlichkeit blieb in erster Linie vom Staat und seinem Kulturbeamtentum abhängig; die

Relationen in der Subventionierung der Repräsentanz-Kultur änderten sich nicht – von 1976 bis 1981 lag der Anteil der Literaturförderung durchwegs unter der Einprozentgrenze der Kulturausgaben, die etwa 10 *Promille* des Bundesbudgets ausmachten und zu fast 75% für Darstellende Kunst, Oper und Konzertmusik vorgesehen waren, wovon wiederum 80% die Bundestheater und die anderen etablierten Häuser erhielten. Mit anderen Worten: der literarische Markt blieb eng.

Noch beim 1. österreichischen Schriftstellerkongreß traten 1981 SPÖ-Politiker als Umarmer auf: „An sich sind wir Verbündete", begann die Rede von Unterrichtsminister Fred Sinowatz, und Bundeskanzler Bruno Kreisky rief den Tagenden zu: „Organisieren Sie sich!" [vgl. 81, *S. 29 ff.*]. Die meisten Forderungen aber wurden zurückgewiesen, viele Zeitungen warfen den Schriftstellern „ständige Larmoyanz" vor. Ab Mitte der achtziger Jahre standen dann vehementere Konfrontationen auf der Tagesordnung. Die meisten bekannten österreichischen Autoren äußerten sich in ihren Texten und bei öffentlichen Auftritten zu den zahlreichen Skandalen und Affären. Diese großangelegte kritische Besichtigung des Vater-Landes brachte ihnen das Image der „Spezialisten für Österreichbeschimpfungen" ein, und zwar besonders in der westdeutschen Presse, wo auch die Texte, die am meisten Aufsehen erregten (es war ja eine „Familienstreitigkeit" an die ausländische Öffentlichkeit getragen worden), erschienen. Es waren solche von Elfriede Jelinek (geb. 1946), Gerhard Roth (geb. 1942), Peter Turrini (geb. 1944). Die österreichischen Medien mit den größten Reichweiten bezeichneten die Schriftsteller als „Nestbeschmutzer" und warfen ihnen „Schädigung des österreichischen Ansehens" vor. Gleichzeitig und besonders im Umfeld der „Jetzt-erst-recht"-Stimmung im Wahlkampf 1986 und nach der Wahl Kurt Waldheims (geb. 1918) zum Bundespräsidenten, gegen den z.B. in dem Band *Die Leiche im Keller. Dokumente des Widerstandes gegen Dr. Kurt Waldheim* (1988) über 50 Künstler und Wissenschaftler verschiedener Couleur protestierten, wurden bei kulturellen Veranstaltungen im Ausland erneut und verstärkt „repräsentative Kunstströmungen" präsentiert. Kulturfunktionäre operierten immer öfter mit dem Konzept der „Partnerschaft zwischen Kunst, Staat und Wirtschaft", bezeichneten Kultur als Wirtschaftsfaktor und „Zukunftsindustrie". In Zeiten zunehmender gesellschaftlicher Verunsicherung wurde wieder auf die Österreich-Ideologie zurückgegriffen. Eine prachtvolle Repräsentanz-Kunst sollte durch „die Kraft ihrer Form" am Österreich-Bild arbeiten und der „Legitimation nach innen und außen" dienen [vgl. 46, *S. 294*]. Österreichische Schriftsteller aber sehen ihre Position und die ihrer Literatur eher im Widerstand, in der „Realisierung von Freiheit" (Ernst Jandl). Dies jedoch kann bei den herrschenden Verhältnissen im Verhältnis zu den Herrschenden nicht so einfach realisiert werden – es sei, so Robert Menasse, heute in Österreich der Künstler fast nur noch in Personalunion als „Staatsfeind und Staatskünstler" zu haben.

Literatur und Öffentlichkeit

Auf dem 1. österreichischen Schriftstellerkongreß erklärte Michael Scharang, daß der Literaturbetrieb in Österreich einen engen Rahmen habe: Es gebe keine literarische Öffentlichkeit, „mit einer Ausnahme keinen literarischen Verlag, alles in allem keine bedeutende Literaturkritik, keine Theorie der Literatur, keine Germanistik, die über die Hörsäle hinauswirkt, keine nennenswerte Berichterstattung über Literatur in den Zeitungen, keine wirkliche Präsenz der Literatur in Radio und Fernsehen." Dies seien „durchaus sinnvolle Zustände", da die zeitgenössische österreichische Literatur kaum ein Publikum habe [vgl. 81, *S. 59*].

Wenn er große Strukturen im Auge hat, behält Scharang bis heute recht. Eine Literaturkritik für eine breitere Öffentlichkeit etwa gibt es in Österreich nicht, und es bleibt der Blick in die – für den Markt ungleich gewichtigeren – bundesdeutschen Feuilletons. Diese Kanon-Instanz, die im Verein mit den großen westdeutschen Verlagen die Wahrnehmung österreichischer Literatur bis in jüngst erschienene Literaturgeschichten hinein bestimmt, konnte oftmals – und aus der Distanz – die Signale für politisch-gesellschaftliche Implikationen und Explikationen in literarischen Texten österreichischer Schriftsteller kaum deuten. Die Interdependenz der literarischen Öffentlichkeit in Österreich und Deutschland schafft wohl Gemeinsamkeiten, Einflüsse, aber auch Unterschiede und vor allem Machtpositionen, also Definitionsmacht der Größeren.

Österreichische Literatur steht seit geraumer Zeit in einem Wechselbad der Öffentlichkeit. Abgesehen von Ausnahmen sind die Verkaufszahlen niedrig, ist das Publikumsinteresse gering. 1971 hatten 43% der Bevölkerung kein einziges Buch gelesen; ein internationaler Vergleich ergab 1972, daß Österreich zu den Ländern mit der niedrigsten Buchlesefrequenz gehörte. Gegenwartsliteratur erreichte von Umfrage zu Umfrage immer geringere Sympathiewerte: 1985 nur knapp 10% – der reale Wert liegt sicher deutlich darunter. In der Medienkonkurrenz bleibt für Gegenwartsliteratur eine Nische: Während an einem Tag mindestens 70% der Bevölkerung mit dem Fernsehen in Berührung kommen, sind es bei Büchern zwischen 0,05 und 0,4%. Die Texte der Gegenwartsliteratur interessieren kaum, viel mehr hingegen die Konflikte und Skandale, die von der Tagespresse aufgegriffen werden, viel mehr auch die öffentlichen Auftritte, die Reden und Polemiken. In Österreichs Tageszeitungen gibt es wenig Platz für Literatur, in der *Kronenzeitung*, die mit einer Reichweite von 42,2% über 2,7 Millionen Leser erreicht, gibt es keine Buchbesprechungen. Wenn es allerdings gegen „Literaten" als „Nestbeschmutzer" vorzugehen gilt, dann ist auch und vor allem die umfassende Öffentlichkeit der Boulevardpresse gesichert. Das deutlichste Beispiel der letzten Jahre sind die Vorgänge um die Uraufführung von Thomas Bernhards (1931 – 1989) Stück *Heldenplatz* im Burgtheater (UA 1988), mit dem es Bernhard gelang, ganz Österreich auf die Bühne der Widerlichkeiten zu bringen. Das Interesse wurde völlig vom Text abgezogen; und in der heftigen, von Politikern und Journalisten, die das Stück gar nicht gelesen hatten, geführten Diskussion, meinte Bundespräsident Waldheim, es sei das von Bernhards Stück hervorgerufene schlechte Österreich-Image im Ausland zu verbessern.

In den Medien mit den größten Reichweiten ist seit den siebziger Jahren ein ständiger Rückgang der Vermittlungsmöglichkeiten für Literatur festzustellen. 1974 definierte zwar das Rundfunkgesetz einen „kulturellen Auftrag" des ORF, der aber selbst seinen Auftrag in Einschaltquoten mißt: 1991 wurde der Kultur 4,4% der Sendezeit eingeräumt. Einzig im Radio gibt es noch wöchentliche Literatursendungen (2,8 bis 3,5% der Sendezeit), für die sich von den über 6 Millionen Hörern in Österreich nur 5,6% interessieren. Im Fernsehen wird allerdings einmal im Jahr literarische Öffentlichkeit vorgespielt. Bei dem seit 1977 stattfindenden Bachmann-Wettbewerb in Klagenfurt urteilt die Jury vor laufender Kamera. Marcel Reich-Ranicki (geb. 1920) erklärte das Wettlesen als Möglichkeit, der Literatur eine Öffentlichkeit zu verschaffen; dem hielt Franz Schuh (geb. 1947) entgegen, daß eine als Sensation verpackte Literatur nicht den Sinn für Literatur, sondern bloß für Sensation verstärke. Klagenfurt bietet die medienwirksamste, weil im Massenmedium selbst stattfindende Veranstaltung des Literaturbetriebes in Österreich, ist ein Beispiel für die „Öffnung zur Literatur außerhalb Österreichs" [vgl. 82], die seit Ende der sechziger Jahre vollzogen wurde, etwa auch mit dem „steirischen herbst" und den in dem Alpendorf Rauris seit 1971 abgehaltenen Literaturtagen. Rauris steht exemplarisch für den Versuch, die literarische Öffentlichkeit auf eine breitere Basis zu stellen, Literatur in Regionen und soziale Schichten zu bringen, die traditionell eher vom literarischen Leben ausgeschlossen sind – wobei allerdings auch der Hintergedanke der Fremdenverkehrswerbung nicht zu übersehen ist.

In den letzten Jahren hat sich ein Teil der Literaturvermittlung in kleinere, meist gut eingerichtete Infrastrukturen verlagert, die kaum je eine breitere Öffentlichkeit erreichen, dafür aber die Interessierten besser betreuen können. Ein literarisches Programm bietet in Wien nicht mehr einzig die „Österreichische Gesellschaft für Literatur", sondern auch die „Alte Schmiede" (seit 1975) und das Literaturhaus (seit 1991). In mehreren Bundesländern wurden Literaturinstitute und Veranstaltungszentren geschaffen. Das Beispiel des Salzburger Literaturhauses, dessen Budget der ÖVP-Bürgermeister 1993 einschneidend kürzte, zeigt allerdings, daß einer Repräsentanz-Kultur, den Salzburger Festspielen, immer noch der Vorzug gegeben wird.

Buchmarkt und Verlage

Im Vergleich zum deutschen ist der von diesem weitgehend abhängige österreichische Buchmarkt sehr eng. Abgesehen von den Schulbüchern wird jedes zweite in Österreich abgesetzte gebundene Buch von der Buchgemeinschaft „Donauland", die dem deutschen Bertelsmann-Konzern gehört, verkauft. Der Erfolg von Buchgemeinschaften – bei „Donauland" war Mitte der achtziger Jahre jeder dritte österreichische Haushalt Mitglied – beruht vor allem darauf, daß nur 45% der Bevölkerung die Möglichkeit haben, an ihrem Wohnort ein Buch zu kaufen. Es kommt dazu, daß das Büchereinetz zwar recht dicht ist, die öffentlichen Ausgaben dafür aber vergleichsweise gering sind: Die BRD gab 1985 umgerechnet 87 Schilling pro Einwohner für Büchereien aus, Österreich 35 Schilling; in den BRD-Büchereien standen 1,5 Bücher pro Einwohner, in Österreich 0,97 Bücher.

1945 waren die deutschen Buch-Produktionsstätten großteils zerstört, die österreichischen hingegen fast alle intakt. Es bestand also nach Kriegsende die Hoffnung, aus Wien ein neues Zentrum des deutschsprachigen Buchhandels zu machen. Der Bedarf in den ersten Nachkriegsjahren war enorm, das Problem der Materialbeschaffung aber ebenso. Vor allem die Papierindustrie konnte den Anforderungen bei weitem nicht nachkommen; über die Verteilung bestimmte eine ministerielle Papierkommission. Erst gegen Mitte 1948 gab es wieder ausreichend Papier: Für die „Schöne Literatur" wurden 1946 232 publizierte Bücher verzeichnet, 1947 511 und 1948 eine über zwei Jahrzehnte nicht mehr erreichte Anzahl, nämlich 1108. Im März 1948 aber hatte schon eine Absatzkrise auf dem Buchmarkt begonnen, die u.a. wegen überhöhter Preise bis Sommer 1949 verstärkt anhielt. Spätestens als im Juli 1953 der Buch- und Zeitschriftenhandel zwischen Österreich und der BRD endgültig freigegeben wurde, machten sich die strukturell bedingten Produktionsschwierigkeiten in Österreich bemerkbar; bei höheren Herstellungskosten waren die Auflagen und die Autorenhonorare niedriger. Dies wirkte sich auf die Programme aus, denn die Verlage begannen, möglichst risikolos zu planen und einem Trend im Publikumsgeschmack zu folgen: von der Belletristik zum Sachbuch.

Im März 1950 beschloß der Nationalrat das sog. „Schmutz- und Schundgesetz", das ein Verbreitungsverbot für zahlreiche Schriften brachte und einige realistische Autoren sowie manches moderne Werk kriminalisierte, während das idyllisierende Jugendbuch und Reihen, die die österreichische Tradition dokumentieren sollten, gefördert wurden. Da die Schriftsteller, denen die österreichische Literatur ab den sechziger Jahren ihren internationalen Ruf verdankte, wegen der engstirnigen heimischen Kulturpolitik und der besseren Bedingungen in deutschen Verlagen publizierten (so erreichten sie auch eine breitere Öffentlichkeit), kam die Literatur der jüngeren Generation meist auf dem Umweg über Deutschland wieder ins Land, war Gegenwartsliteratur, zumal progressive, in österreichischen Verlagen kaum zu finden. Dieser verlegerische Exodus hält bis heute an. Erst als ab 1967 der Residenz-Verlag sein Literaturprogramm ausbaute, konnte zumindest ein österreichischer Verlag mit Gegenwartsliteratur auch im Ausland reüssieren: 1979 verkaufte Residenz 70% seiner Produktion in der Bundesrepublik, im selben Jahr setzte das *Börsenblatt für den deutschen Buchhandel* (19.3.1979) österreichische Gegenwartsliteratur mit Residenz-Literatur gleich. Österreichs nach wie vor größter Literaturverlag ist auf dem deutschen Markt klein; in den Ranglisten der deutschsprachigen Verlage ist der erste österreichische, der dem Staat gehörende Bundesverlag, zwischen der 60. und 65. Stelle zu finden. Bezeichnend für die österreichische Verlagslandschaft ist eine Konzentration des Besitzes in öffentlicher Hand: Viele der größeren Verlage gehören dem Staat (Residenz seit 1983) bzw. einer öffentlichen Institution. Ihre Situation erscheint insofern günstiger, als sie leichter Zugang zu Förderungen haben, Verluste besser abdecken können und oft einen Vertrieb durch eigene Buchhandlungen gewährleisten können.

Auf dem österreichischen Buchmarkt werden 3-4 Milliarden Schilling jährlich erwirtschaftet. Drei Viertel des Angebots stammen aus ausländischer Produktion, vor allem aus deutscher. Seit Mitte der achtziger Jahre ist der westdeutsche Einfluß auf dem Mediensektor noch größer geworden; die Auswirkungen der Verkäufe von Zsolnay und des Europa-Verlages, der dem Österreichischen Gewerkschaftsbund gehörte und gerade ein anspruchsvolles Literaturprogramm aufgebaut hatte, sind deutlich auszumachen: Es wird einzig nach ökonomischen Gesichtspunkten entschieden – und damit hat österreichische Gegenwartsliteratur kaum noch eine Chance.

Das österreichische Verlagswesen hat sich allerdings ab Mitte der siebziger Jahre strukturell verändert. Es entstanden und hielten sich immer mehr Klein- und Autorenverlage. 60 dieser Kleinunternehmen haben von 1976 bis 1988 etwa 1000 Titel publiziert; beim „Kongreß der Bücher" stellten 1987 in Wien 75 kleinere Verlage und 150 Literaturzeitschriften aus; 1994 verzeichnete der von der IG Autoren herausgegebene Neuerscheinungskatalog 1360 Titel von 146 größeren und kleineren Verlagen, wobei neben Residenz auch andere gelegentlich auf dem großen deutschen Buchmarkt wahrgenommen werden: Alekto (Klagenfurt), Bibliothek der Provinz (Weitra), Deuticke (Wien), Droschl (Graz), Haymon (Innsbruck), Otto Müller (Salzburg), Styria (Graz), Wieser (Klagenfurt). Auch die Kleinverlage, die sich meist der Vertriebswege außerhalb des traditionellen Buchhandels bedienen, sind in ihrer Bedeutung für die Entwicklung der österreichischen Gegenwartsliteratur nicht zu unterschätzen: Wichtige Texte der Avantgarde sind bei Droschl, aber auch bei Werner Herbst (Wien) und in der Linzer edition neue texte – hier ein Hauptwerk der konkreten Poesie, Heimrad Bäckers (geb. 1925) *nachschrift* (1986) – erschienen.

Gesine von Prittwitz

Das MfS und die Schriftsteller der DDR

Die Geschichte der Überwachung der DDR-Literatur durch das Ministerium für Staatssicherheit (MfS) lief in drei Phasen ab. In der Frühphase – von der Gründung der Staatssicherheit im Februar 1950 bis nach dem Mauerbau – war die literarische Szene kein „ausgewiesenes Objekt" der Kontrolle. Das änderte sich in der mittleren Phase, in der sich die Staatssicherheit Ende 1969 mit der Hauptabteilung XX/7 auch einen eigenen Apparat schuf, der ausschließlich den Kulturbetrieb der DDR „sicherte" bzw. „bearbeitete". Die Hochphase der Überwachung der DDR-Literatur durch das MfS setzte 1975/76 mit den Auswirkungen des Entspannungsprozesses ein. Sie kulminierte nach der Biermann-Ausbürgerung, in deren Folge bei der Hauptabteilung XX/7 ein Referat eingerichtet wurde, das bis 1982 ausschließlich das Verlagswesen der DDR (einschließlich der Hauptverwaltung Verlage und Buchhandel beim Ministerium für Kultur) und den Zentralen Schriftstellerverband in Berlin kontrollierte. Mit dem Kampf der Staatssicherheit gegen oppositionelle Bürgerbewegungen ließ die dezidierte Überwachung der Literatur durch das MfS in der Spätphase der DDR wieder etwas nach.

1950 bis 1963

In den ersten Jahren der DDR sah sich das Ministerium für Staatssicherheit als „Schild und Schwert der Partei" nicht aufgefordert, das kulturelle Leben zu überwachen. Das änderte sich mit den personellen und organisatorischen Umstrukturierungen infolge der Arbeiteraufstände im Juni 1953, die ein Versagen der Staatssicherheit evident machten. 1954 wurde die Hauptabteilung V (HA V) eingerichtet, die für die 'Sicherheit' in der DDR verantwortlich war und damit die nach innen gerichtete Überwachung zu organisieren hatte. Ihre Abteilung 1 (HA V/1) war für den Staatsapparat, Verwaltungen und Ministerien zuständig; außerdem sollten deren Referate II und IV einige ausgewählte Einrichtungen des kulturellen Lebens „sichern". Künstler oder Schriftsteller waren damals kaum direkt von Überwachungen betroffen, da die Staatssicherheit anfangs auf „Objektsicherungen" orientiert war, womit sie beanspruchte, in wichtigen Einrichtungen der Kultur für „Sicherheit, Schutz und Ordnung" zu sorgen. Auf der sogenannten „Linie Kultur" bearbeitete sie in der Hauptsache wichtige Einrichtungen der Presse, des Films und des Rundfunks, denen die Partei ob ihrer breitenwirksamen, bewußtseinsbildenden Funktion Bedeutung zumaß. Für die Kultur im engeren Sinn interessierte sich die Staatssicherheit anfangs nicht, auch kaum für die anleitenden, kulturpolitischen Organisationen (Ministerium für Kultur und nachgeordnete Einrichtungen), zu denen später enge offizielle Kontakte bestanden.

Zu einer Neuausrichtung der Staatssicherheit, die allmählich zur Bearbeitung der sogenannten „Linie Schriftsteller" führte, kam es durch die Reformbewegungen in Ungarn und Polen wie auch 1956/57 durch Ereignisse in der DDR, bei denen anders als 1953 Intellektuelle involviert waren. Ereignisse wie die Auseinandersetzungen im Aufbau-Verlag im Umkreis von Wolfgang Harich (1921 – 1995), Walter Janka (1914 – 1994) und Gustav Just (geb. 1921), die Kritik von Ernst Bloch (1885 – 1977) und Hans Mayer (geb. 1907) oder die Flucht von Alfred Kantorowicz (1899 – 1979) im August 1957 aus der DDR machten die Partei und ihren Überwachungsapparat auf Vorgänge unter Intellektuellen aufmerksam. Nicht zuletzt trug der Machtwechsel im MfS von Ernst Wollweber (1898 – 1967) zu Erich Mielke (geb. 1907) im Oktober 1957 zur einsetzenden Überwachung des kulturellen Lebens in der DDR bei. Erst unter dem Minister für Staatssicherheit Erich Mielke beschäftigte sich die Staatssicherheit eingehender mit Entwicklungen innerhalb der „wissenschaftlichen und künstlerischen Intelligenz".

Die anfangs gleichgültige Haltung der Staatssicherheit gegenüber belletristischen DDR-Verlagen änderte sich mit der „Bearbeitung" der sogenannten „Harich-Gruppe" aus dem Aufbau-Verlag. Das MfS weitete die Überwachung auf ausgewählte Verlage aus, betrieb sie aber weiterhin nicht kontinuierlich. Die Hinwendung auf das Verlagswesen als Objekt ihrer Kontrolle wirkte sich langfristig für die Überwachung der DDR-Literatur einschneidend aus. Die Arbeit im Verlagswesen organisierte das Referat IV der HA V/1. Zeitgleich nahm die Staatssicherheit allmählich ihre Tätigkeit im Schriftstellerverband und in dessen Organisationen in den Bezirken auf. Auch hier ging es anfangs um die „Sicherheit" im Objekt, und nicht um literaturpolitische Fragen oder etwa um Einfluß auf die Entwicklung der DDR-Literatur. Referat IV bei der HA V/1 legte im Mai 1957 einen „Objektvorgang" zum Schriftstellerverband an, in dem erste Erkenntnisse über den Verband und dessen Funktionäre gesammelt wurden. An der Wende zu den sechziger Jahren begann das MfS dann auch, sich für Angelegenheiten zu interessieren, die das Literaturinstitut Johannes R(obert) Becher in Leipzig und den aufbegehrenden Nachwuchs dort betrafen. Die Erfahrungen gaben einen ersten Anstoß, daß die Staatssicherheit künftig den literarischen Nachwuchs besonders im Auge behielt.

Trotz struktureller Konsolidierung des zuständigen Apparates (Referat IV bei der HA V/1) betrieb das MfS seine Arbeit auf der „Linie Schriftsteller" in der ersten Phase nicht kontinuierlich. Dem nur punktuellen Interesse entsprach zwangsläufig, daß wichtige literarische und literaturpolitische Institutionen damals nicht mit Inoffiziellen Mitarbeitern und Mitarbeiterinnen (der „Hauptwaffe im Kampf gegen den Feind") durchsetzt waren wie später in den achtziger Jahren.

1963 bis 1975

Stärker kontrolliert wurden der literarische und der kulturelle Betrieb nach dem Mauerbau, der die nach innen gerichtete Tätigkeit des MfS generell forcierte. Die Staatssicherheit nahm nun die „Bearbeitung der politisch-ideologischen Diversion unter Schriftstellern" wichtig. Der Charakter der operativen Arbeit auf der „Linie Kultur" veränderte sich. Er verlagerte sich von reinen Sicherungsaspekten in wichtigen kulturellen Objekten auf die personen- bzw. vorgangsbezogene Arbeit gegen sogenannte „feindlich-negative" Kräfte im Kulturbetrieb. Die Zahlen der in Operativen Personenkontrollen (OPK) und Operativen Vorgängen (OV) überwachten Künstler und Intellektuellen stiegen.

Die Hauptabteilung V wurde durch Befehl 211/64 vom 9. März 1964 in Hauptabteilung XX (HA XX) umbenannt. Die HA XX, das „Kernstück des nach innen gerichteten Repressionsapparates" (Clemens Vollnhals), sorgte bis 1989 für die 'Sicherheit' im Inneren der DDR. Die Diensteinheit zählte zu den kleineren Hauptabteilungen des MfS, zuletzt umfaßte sie 10 Abteilungen. Sie gehörte zum Arbeitsbereich Rudi Mittigs, dem für die „Linie XX" zuständigen Stellvertreters Erich Mielkes. Die HA XX wurde bis 1989 von Paul Kienberg (geb. 1926, Deckname: „Rose") geleitet. Die Diensteinheit führte zuletzt etwa 1.300 Inoffizielle Mitarbeiter und Mitarbeiterinnen.

Die Überwachung und Kontrolle des Kulturbetriebes fiel zwischen 1964 und 1969 in den Verantwortungsbereich der Abteilung 1 der HA XX (HA XX/1). Den kulturellen Sicherungsbereich nannte die Staatssicherheit nun „Kultur und Massenkommunikationsmittel". Den Terminus behielt sie bis zu ihrer Auflösung 1989 bei. Der HA XX/1 stand erst Rudolf Stange, ab Januar 1965 Benno Paroch vor. Paroch (Deckname: „Wegner", „Benno Wegner") hatte sich schon als Leiter von Referat IV bei der HA V/1 an der Wende zu den sechziger Jahren dafür stark gemacht, daß die „Linie Schriftsteller" bei der operativen Arbeit wichtiger genommen wurde. Auch in späteren Jahren setzte er sich bisweilen mit Problemen auseinander, die sich aus der Arbeit auf dieser „Linie" ergaben.

Für den Sicherungsbereich „Kultur/Massenkommunikationsmittel" sorgten bei der HA XX/ 1 wiederum zwei operative Referate. Die Verteilung der kulturellen Aufgabengebiete an die beiden Referate erfolgte im Prinzip nun danach, ob sie eher den Massenmedien, oder eher der „Kultur" zugehörten. Die popularen, breitenwirksamen Massenmedien (Rundfunk, Fernsehen, Presse) ordnete die Staatssicherheit dem Sicherungsbereich „Massenkommunikationsmittel" zu. Unter dem Sicherungsbereich „Kultur" subsumierte sie im wesentlichen anleitende (kulturpolitische) Institutionen der Bereiche Kultur, Literatur, Film und Musik und die betreffenden Künstlerverbände. Die Staatssicherheit gebrauchte den Begriff „Kultur" als organisatorischen Terminus, mit dem nicht etwa die Kultur im engen Sinn bezeichnet war. Die sogenannten Bereiche der „Kultur", nämlich das Verlagswesen, die „Linie Schriftsteller", die Abteilungen der DEFA (DEFA-Wochenschau und Dokumentarfilm, DEFA-Außenhandel, DEFA-Progreß Filmvertrieb, Zentrales Kopierwerk u.a.), die Künstlerverbände, einschließlich des Zentralen Schriftstellerverbands in Berlin, und anleitende kulturelle Institutionen mit dem Ministerium für Kultur und seinen nachgeordneten Einrichtungen (z.B. Hauptverwaltung Verlage und Buchhandel, Büro für Urheberrechte) „sicherte" bis Herbst 1969 Referat II. Das Referat leitete Karl Brosche (Deckname: „Bormann", „Waldow").

Auch in der zweiten Phase der Überwachung konzentrierte sich die Staatssicherheit vornehmlich auf die breitenwirksamen Sektoren der Kultur und Kunst. Die Printmedien und ihre Organisationen (u.a. Allgemeiner Deutscher Nachrichtendienst, Verband Deutscher Journalisten), der Rundfunk und das Fernsehen (z.B. Deutscher Fernsehfunk Berlin, Staatliches Rundfunkkomitee Berlin mit den Sendern Radio DDR, Berliner Welle, Deutschlandsender, DT 64, Studiotechnik Rundfunk und Fernsehen) standen im Mittelpunkt ihrer Tätigkeit. Für die „Massenkommunikationsmittel" war bei der HA XX/1 das Referat III unter Wolfgang Reuter (Deckname: „Richter") verantwortlich.

Die Erfahrungen in Ungarn, Polen, schließlich die Ereignisse in der CSSR ließen die SED und ihren Überwachungsapparat schlußfolgern, daß der Klassenfeind „bei der Organisierung der Konterrevolution und der Formierung seiner Kräfte immer von dem scheinbar unpolitischen Bereich der Kunst ausgeht", wie Benno Paroch auf einer Sitzung der SED-Kreisleitung im Dezember 1968 ausführte. Neben den Kampf gegen die „Zersetzung" („politisch-ideologische Diversion", PiD) traten auf der „Linie Kultur" mit der neuen Ostpolitik des Westens („Wandel durch Annäherung") zunehmend „Aufgaben zur Abwehr der gegnerischen Kontaktpolitik/Kontakttätigkeit". Erich Mielke erließ am 18. Juni 1969 den Befehl 20/69, mit dem er die Hauptabteilung XX/7 (HA XX/7) für die Sicherung der Bereiche „Kultur" und „Massenkommunikationsmittel" einrichtete. Mit Etablierung dieser Diensteinheit im September 1969 schuf sich das MfS einen eigenen Apparat mit den entsprechenden nachgeordneten Dienststellen in den Bezirken, den Referaten 7 „Kultur und Massenkommunikationsmittel" bei den jeweiligen Abteilungen XX der Bezirksverwaltungen des MfS. Vornehmliche Aufgabe der „Linie XX/7" war es, das kulturelle Leben der DDR mit allen seinen Einrichtungen zu kontrollieren und für die reibungslose Durchsetzung der Kulturpolitik der SED zu sorgen.

Festlegungen erfolgten mit Mielkes Dienstanweisung 3/69 vom 18. Juni 1969 „zur Organisierung der politisch-operativen Arbeit in den Bereichen der Kultur und Massenkommunikationsmittel". Demnach sollte die Hauptabteilung XX/7 ihr Augenmerk in erster Linie auf die öffentlichkeitswirksamen Bereiche (Fernsehen, Rundfunk, Allgemeiner Deutscher Nachrichtendienst und Printmedien) und auf alle kulturellen Institutionen vom Ministerium für Kultur mit seinen nachgeordneten Einrichtungen bis hin zum Theater in der Provinz richten.

Schwerpunktbereiche sollten dabei sein: Funk und Fernsehen (Sende-
säle, Studios, Produktions- und Schalträume, die Technik); das Pres-
sewesen mit den ausländischen Vertretungen und Nachrichtenagentu-
ren, deren Ausbildungsstätten; die Schriftsteller mit ihrem Verband,
das Verlagswesen, Druckereien und der Buchhandel; alle kulturellen
Einrichtungen der bildenden, darstellenden und unterhaltenden Kunst
sowie die der sogenannten kulturellen Massenarbeit. Desweiteren sollten die künstlerischen Hoch- und Fachschulen, die Theater und Orche-
ster, die Konzert- und Gastspieldirektionen, die Kultur- und Klubhäu-
ser in den Gemeinden und Betrieben und die Bereiche der Unterhal-
tungskunst kontrolliert werden. Die Dienstanweisung enthielt auch
genaue Vorgaben für die politisch-operative Arbeit. So nannte sie Kategorien für Neuwerbungen von IM, erläuterte das Wesen der Zusammenarbeit mit den Inoffiziellen Mitarbeitern und Mitarbeiterinnen im
Kulturbetrieb und behandelte die operative Aufklärung, Bearbeitung
und Kontrolle „negativer" und „feindlicher" Personenkreise näher. Die
Vorgaben der Dienstanweisung 3/69 blieben bis zur Auflösung des
MfS gültig. Sie wurden jeweils durch spezielle Konzeptionen für besondere operative Fragestellungen und Schwerpunktbereiche ergänzt.

An die Spitze der HA XX/ 7 wurde im September 1969 Heinz Müller
gestellt, als sein Stellvertreter amtierte der einschlägig bewährte Karl
Brosche. Er stieg 1976 zum Abteilungsleiter auf, ab Dezember 1987
leitete Joachim Tischendorf (Deckname: „Achim", „Lindorf") die HA
XX/7. Die Abteilung erhielt eine Arbeitsgruppe Auswertung, ein Se-
kretariat und vier operative Referate. Dafür wies die Dienstanweisung
27 Planstellen aus. Wieder erfolgte eine Einteilung in die Bereiche der
„Massenkommunikationsmittel" einerseits, und die Zuordung der
Künstlerverbände und anleitenden, kulturpolitischen Organe zur „Kultur" andererseits. Referat III organisierte die Kontrolle des Pressewe-
sens, Referat I die Überwachung des Fernsehens, des Rundfunks und
des Films. Die „Linie Schriftsteller", das Verlagswesen und die Sicherung der Künstlerverbände, eingeschlossen den Zentralen Schriftstellerverband der DDR, sowie anleitende kulturelle Institutionen mit

167

dem Ministerium für Kultur und seinen nachgeordneten Einrichtungen übernahm Referat II. Es leitete Peter Reinhardt. Der entscheidende und folgenschwere Unterschied zur organisatorischen Situation für den Sicherungsbereich „Kultur/Massenkommunikationsmittel" bis September 1969 war der, daß bei der HA XX/7 mit dem Referat IV erstmals in der Überwachung der Kultur durch die Staatssicherheit eine Arbeitsgruppe existierte, die sich ausschließlich mit der „Vorgangsarbeit" gegen Personen aus dem Kulturbetrieb der DDR beschäftigte. Das Referat IV, das Günter Lohr leitete, führte etwa die beiden bedeutenden Operativen Vorgänge aus dem Literaturbetrieb gegen Wolf Biermann (geb. 1936) (ZOV „Lyriker") und Stefan Heym (eigtl. Helmut Flieg, geb. 1913) (OV „Diversant"); es übernahm aber bald weitere sogenannte „Schwerpunktvorgänge der Linie XX".

Mit Etablierung der HA XX/7 waren Ende 1969 letztendlich die Weichen gestellt, um Kunst und Kultur in der DDR durch die Staatssicherheit umfassend und zielgerichtet zu überwachen. Für die „Linie Schriftsteller" markierte die Einrichtung der Abteilung in struktureller Hinsicht zunächst keine spezifische Zäsur. Andererseits wirkte sich der seit den fünfziger Jahren andauernde, kontinuierliche Zugriff der Staatssicherheit auf alle wichtigen Instanzen und Einrichtungen des Kultur- und Literaturbetriebes einschneidend aus. Die „Linie Schriftsteller" blieb weiterhin bei dem Referat angebunden, das für die 'Sicherheit' in kulturpolitisch bedeutenden Einrichtungen der Kultur verantwortlich zeichnete. Die literaturspezifischen Sicherungsbereiche, die dieses Referat „bearbeitete", waren jedoch seit den fünfziger Jahren erheblich angewachsen. Referat II der HA XX/7 oblag die „Sicherheit" in den beiden wichtigsten literaturpolitischen Kontrollinstanzen der DDR, nämlich in der Hauptverwaltung Verlage und Buchhandel und im Büro für Urheberrechte. Beide waren dem Ministerium für Kultur unterstellt. Außerdem organisierte das Referat die Überwachung des Zentralen Schriftstellerverbandes in Berlin. Dafür sorgte bis zur Auflösung der Staatssicherheit Rolf Pönig (Deckname:

„Rolf", „König"), der vielfältige inoffizielle Kontakte zu Autoren und offizielle Verbindungen zu Mitarbeitern und Funktionären im Verband der DDR-Schriftsteller hielt. Peter Gütling (Deckname: „Peter") war bis 1989 für die „Sicherheit" im Verlagswesen der DDR verantwortlich; zur Hauptverwaltung Verlage und Buchhandel, dem Büro für Urheberrechte und zu renommierten DDR-Verlagen wie etwa dem Aufbau-Verlag unterhielt er beste Kontakte. Belletristische Verlage, die die Staatssicherheit früher nur bei besonderen Vorkommnissen sporadisch „bearbeitete", wurden nun kontinuierlich überwacht. Gerade ihnen maß das MfS bei seinen restriktiven, manipulativen und präventiven Maßnahmen im Literaturbetrieb eine zentrale Rolle zu, weshalb dann die Verlage mit vielen Inoffiziellen Mitarbeitern und Mitarbeiterinnen besetzt waren. Ebenso „sicherte" die Staatssicherheit nun Redaktionen von bedeutenden Literaturzeitschriften (*Neue Deutsche Literatur. Monatsschrift für schöne Literatur. 1. 1953 – 33, 1985. Sinn und Form. Beiträge zur Literatur. 1, 1949 –, Weimarer Beiträge. Zeitschrift für Literaturwissenschaft, Ästhetik und Kulturwissenschaften. 1, 1955 –, Sonntag. Eine Wochenzeitung für Kulturpolitik, Kunst und Wissenschaft. 1, 1946 – 45, 1990*, über die das MfS ebenfalls Einfluß auf Veröffentlichungen von DDR-Literatur nahm.

1976 bis 1989

Mitte der siebziger Jahre wurden nicht nur die Folgen des europäischen und deutsch-deutschen Entspannungsprozesses im Kulturbetrieb der DDR deutlich spürbar. Auch die Künstler und Schriftsteller der DDR begehrten im Zusammenhang mit einer sich liberaler gebenden Kulturpolitik auf, die sich mit Erich Honeckers (1912 – 1994) Machtantritt und dem VIII. Parteitag 1971 andeutete. Die Hoffnungen auf eine Abkehr von Tabus, für kreative und kritische Freiräume und eine Öffnung für den Westen waren jedoch trügerisch. Ab 1975 bauten Partei- und Staatsführung den Apparat zur Überwachung des Kul-

turbetriebes weiter aus. Das MfS sorgte mit dafür, die innenpoliti-
schen Auswirkungen des „Tauwetters" nach dem VIII. Parteitag unter
Künstlern und die Folgen des außenpolitisch vereinbarten Informa-
tions- und Kulturaustausches zu kanalisieren.

Nach Ratifizierung der Schlußakte im August 1975 in Helsinki ver-
stärkte Erich Mielke die nach innen gerichtete Tätigkeit seines Mini-
steriums. Davon betroffen waren auch die Schriftsteller und Schriftstellerinnen, die in den Augen der Staatssicherheit jetzt zu einem
„Hauptangriffsbereich" des Klassengegners geworden waren. Mit den
Folgen des Kultur- und Informationsaustausches („Korb 3" der Hel-
sinki-Schlußakte) weitete die Staatssicherheit ihre Arbeit auf der „Linie
Schriftsteller" aus. Endgültig zum Durchbruch kam die neue Tendenz
im Umgang der Staatssicherheit mit der „Linie Schriftsteller" nach der
Protestnote gegen Wolf Biermanns Ausbürgerung im November 1976.
Die HA XX/7 und die Referate 7 bei den Abteilungen XX der 15 Bezirksverwaltungen des MfS sahen sich mit dem Ereignis, das erhebliches internationales Aufsehen erregte, erstmals vor die Aufgabe gestellt, eine personell breite Bewegung von Künstlern und Schriftstellern wieder in Griff zu bekommen. Die Zahlen der in Operativen Vorgängen überwachten Autoren und Autorinnen stiegen zwischen 1974
und 1977 um 288% von 8 OV im Jahr 1974 auf 31 im Jahr 1977. Der
Biermann-Eklat konsolidierte die Überwachung der DDR-Literatur
durch die Staatssicherheit vollends, die mit der neuen Ostpolitik
eingeleitet war. Er führte dazu, daß das MfS seine operative Tätigkeit
auf der „Linie Schriftsteller" zu einem „Schwerpunktbereich" machte;
die Hochphase der Überwachung der DDR-Literatur setzte ein. Zeitgleich richtete sie die Arbeit auf der „Linie" vom Kampf gegen die
„Zersetzung" („politisch-ideoogische Diversion") und gegen die Auswirkungen der „gegnerischen Kontaktpolitik/Kontakttätigkeit" allmählich auf das Ziel aus, gegen eine vermutete „politische Untergrundtätigkeit" (PUT) im Literaturbetrieb vorzugehen.

Der gewachsene Widerstand im Kultur- und Literaturbetrieb der DDR wirkte sich auch in struktureller Hinsicht bei der zuständigen HA XX/7 aus. Die Diensteinheit wurde zwischen 1976 und 1978 personell und strukturell mehrfach umorganisiert. Erstmals seit ihrer Einrichtung kam es zu bedeutenden und für die „Linie Schriftsteller" folgenschweren Sachgebiets- und Zuständigkeitsverlagerungen. Am Anfang des strukturellen Konsolidierungsprozesses stand die Ausgliederung von Referat IV, das die „Schwerpunktvorgänge der Hauptabteilung XX" bearbeitete. Daraus entstand im Januar 1976 eine Operativ-Gruppe, die den Status einer eigenständigen Diensteinheit hatte. Sie führte die von Referat IV bearbeiteten Operativen Vorgänge, etwa die gegen Wolf Biermann und Stefan Heym, weiter. Mit der Umbildung von Referat IV in die Operativ-Gruppe der Hauptabteilung XX (HA XX/OG) reagierte die Staatssicherheit unmittelbar auf die Folgen des Entspannungsprozesses. In ihrer Anfangszeit „bearbeitete" die Operativ-Guppe ausschließlich Personen, die Verbindungen zum Westen hielten und in der Bundesrepublik Deutschland Öffentlichkeit und Resonanz fanden. Die Staatssicherheit hielt sie deshalb für „feindliche Stützpunkte", die der Ausbreitung der „politisch-ideologischen Diversion" (PiD) und vor allem der „politischen Untergrundtätigkeit" (PUT) in der DDR dienten. Mit ihrer Einrichtung bekam die Überwachung und Verfolgung von Intellektuellen, Künstlern und Schriftstellern eine andere Tendenz und neue Qualität. Sie waren bisher hauptsächlich der Observation ausgesetzt, weil das MfS sie für Einfallstore und Multiplikatoren der „politisch-ideologischen Diversion" hielt, für die der Klassengegner verantwortlich gemacht wurde. Diejenigen, die die Operativ-Gruppe bearbeitete, wurden dagegen verdächtigt, der „politischen Untergrundtätigkeit" zuzuarbeiten. Damit ordnete sie die Staatssicherheit der „organisierten antisozialistischen Opposition" (Rudi Mittig) in der DDR zu, die politische Machtverhältnisse destabilisierte.

Zwischen 1976 und 1978 verfügte die HA XX/7 nur über drei operative Referate. Am Ende des zweijährigen strukturellen Konsolidierungsprozesses im Sicherungsbereich „Kultur/Massenkommunikationsmittel" stand 1978 die Wiedereinrichtung von Referat IV bei der Abteilung. Die Einrichtung galt der „Linie Schriftsteller". Denn das Referat war bis 1982 nur für die beiden „Schwerpunktbereiche" Verlagswesen und Zentraler Schriftstellerverband der DDR zuständig. Die Leiter von Referat IV wechselten zwischen 1978 und 1989 insgesamt vier mal: Joachim Tischendorf (1978 – 1982), Harald Gampig (1982 – 1986), Andreas Scheunemann (1986 – Januar 1989) und Hans Schmidt (Januar 1989 bis zur Auflösung der Staatssicherheit). Im Verlauf der achtziger Jahre verlagerte Referat IV seine Aktivitäten von den beiden „Schwerpunktbereichen" Verlagswesen und Schriftstellerverband auf die personenbezogene Arbeit in den allgemeineren Bereichen von Kunst und Kultur. Vor allem Referatsleiter Harald Gampig sorgte ab 1982 dafür, daß sein Kollektiv die „Bekämpfung von Erscheinungsformen der politischen Opposition und politischen Untergrundtätigkeit unter künstlerisch und schriftstellerisch tätigen Personen" als zentrale Aufgaben wahrnahm. Spätestens 1985 standen beim Referat IV nicht mehr kontrollierende und sichernde Aspekte im Zentralen Schriftstellerverband und beim Verlagswesen im Vordergrund. Die operative Tätigkeit auf der «Linie Schriftsteller» wurde zwar bis Ende 1989 weiterhin von hier aus organisiert, seine Kräfte konzentrierte das Referatskollektiv jedoch auf die vorgangsbezogene Arbeit gegen „feindlich-negative" Personen aus dem allgemeineren Kulturbetrieb.

Die Veränderungen im Aufgabenprofil von Referat IV bei der HA XX/7 entsprachen der besonderen Entwicklung in der DDR im letzten Jahrzehnt. Mit dem wachsenden Widerstandspotential unter der Bevölkerung, der sich etablierenden Friedens-, Frauen- und Umweltbewegung in der DDR, mußten spezifische Sicherungsaufgaben auf der „Linie Schriftsteller" der Staatssicherheit eher zweitrangig werden. Die dezidierte Überwachung der DDR-Literatur durch das MfS flaute (nach der Hochphase ab 1976) im Verlauf der achtziger Jahre wieder ab. Die Staatssicherheit nahm oppositionelle Gruppierungen, bei denen auch zahlreiche Künstler und Autoren mittaten, wichtiger. Als weitere Diensteinheit nahm neben der HA XX/7 in den späteren achtziger Jahren die HA XX/9 Kontrollen im Kultur- und Literaturbetrieb der DDR wahr. Sie „bearbeitete" die Alternativkultur, die sich im letzten Jahrzehnt der DDR erstmals unter jungen und nonkonformistischen Künstlern breitmachte.

Michael Kämper-van den Boogaart

Theorien – Ideologien – Programme: BRD

Zu den Eigenarten des Literatursystems zählt es, daß seine poetischen
Produkte in der Verarbeitung durch Kritiker, Autoren und Wissenschaftler in den Rahmen literarhistorisch ausweisbarer Positionen gerückt werden. Hierbei vollzieht sich ein Transfer von der im engen
Sinne je einmaligen Fiktion in die gegliederte Rede eines theoretischen Diskurses: Texte werden ein- und zugeordnet. Über den Verweis auf Theorien und Programme werden nicht allein Verständi-
gungsprozesse der im System handelnden Produzenten und Verarbei-
ter abgewickelt, sondern auch Kämpfe um legitime Bedeutungen und
kanonisierfähiges Wissen ausgetragen. Von einzelnen Autoren nicht
selten beklagt, konstituiert sich die öffentlich zugesprochene Relevanz
eines Textes über die von der Kritik genutzte Möglichkeit, seinen
Beitrag an einen Diskurs anzuschließen, der mit den großen kulturellen Diskursen der Gesellschaft Kontakt hält. Eine Voraussetzung für
die Stabilität solcher Zuschreibungen liegt in dem Wechselspiel zwischen Kontinuität und Innovation, zwischen Orthodoxie und Hetero-
doxie. Im folgenden kann unmöglich die gesamte Theorieproduktion
in ihren jeweils aktuellen Leitbegriffen skizziert, geschweige denn im
Hinblick auf die konstitutiven Interessenlagen der im System Handelnden reflektiert werden. Beobachtet werden kann jedoch, wie vermeintlich harte Brüche oder Paradigmenwechsel – vom Phänomen
Benn über Adorno, Heidegger und 1968 bis zur verwirrenden deutschen Diskussion postmoderner Schreibweisen – die Kontinuität eines
ausgeprägten literarischen Habitus nicht gefährdet haben.

Gottfried Benn

Eine großangelegte Studie zur modernen Literatur hat Gottfried Benn (1886 – 1956) weder vor noch nach 1945 geliefert. Daß dem Arzt und Lyriker ab den frühen fünfziger Jahren dennoch eine gewichtige Rolle in den metaliterarischen Diskursen zufiel, dürfte damit zusammenhängen, daß Benn, wie kaum ein anderer, die nachkriegshistorisch gesättigte Hoffnung bestückte, durch Lyrik mißlungene Geschichte transzendieren zu können. Gleichsam lieferte er die Möglichkeit, rasche Anschlüsse an eine (klassische) Moderne zu finden, die dem westlichen Denken politisch vorteilhaft nahe war.

Daß Benn als Person – und als *Phänotyp* (1944) mit *Doppelleben* (1949) – auch stets einen Streitfall darstellte, kann im Hinblick auf die Diskussion seiner Beiträge nicht vernachlässigt werden. So tritt der Autor der furchtbaren *Antwort an die literarischen Emigranten* (1933) und der fatalen Rede über den *Neuen Staat und die Intellektuellen* (1933), der Dichter, der sich auch Beiträgen zur Rassen-*Züchtung* nicht enthalten hatte (1933), erst 1948 mit dem im Schweizer Arche-Verlag veröffentlichten Lyrikband *Statische Gedichte* wieder in Erscheinung. Das 1938 erlassene Publikationsverbot wird von den Besatzungsmächten zunächst verlängert. Privat zeigt sich Benn deswegen überrascht („da ich ja doch nie PG war u. seit 1934 jede Beziehung zur Literatur abgebrochen hatte" – Brief an Pamela Regnier-Wedekind, 7.3.1946). Öffentlich gelingt ihm aber eine folgenreiche Ästhetisierung dieser Situation. In einem 1949 in der Zeitschrift *Merkur* veröffentlichten Brief stilisiert er sich als ein von allen ideologischen Parteien diskriminierter Mann, der „nicht so scharf darauf ist, wieder in diese Öffentlichkeit einzudringen", zumal er sich „dieser Öffentlichkeit innerlich nicht verbunden fühlt". Dieser heroische Kultus unbestechlich leidender Einsamkeit korrespondiert jener Version des *Lyrischen Ichs*, das Gottfried Benn in der Folgezeit im Selbstzitat früherer Schriften als Habitus des modernen Dichters konzipiert und höchst wirkungsvoll verbreitet. Gleichzeitig entzieht er der Diskussion

über die Innere Emigration die prekären Fragen nach Schuld und Verstrickung, indem er hart zwischen den *Kultur- und den Kunstträgern*
differenziert. Der Kulturträger, so doziert Benn 1955, bringe den
„Glauben an die Geschichte" auf, der Kunstträger hingegen sei „statistisch asozial", eingebunden in oft zynische „Kälte", er lebe nur in
seinem „inneren Material" und wolle nirgendwo mitreden. Mithin erscheint in Benns Kunstkonstruktion *Innere Emigration* als grundsätzlich angemessene Haltung des poetisch-skeptischen Ichs. Daß
zwischen dem Begehren nach Entlastung und dem poetologischen
Programm eine ausbaufähige Beziehung besteht, die Benn die Rolle
eines „Entlastungszeugen" eintrug [vgl. 193, *S. 248*], unterstreicht
auch die Tatsache, daß es der als Kollaborateur kritisierte Kritiker
Friedrich Sieburg (1893 – 1964) ist, der Benns *Statische Gedichte*
1948 als „letzten Rückzug des Menschen auf sich selbst" feiert und
dem Umstand ihrer „völligen Losgelöstheit" größte Bedeutung zumißt.

Gleichwohl wäre es fahrlässig, Benns poetologisches Programm auf
die Entlastungsfunktion nach 1945 zu reduzieren. Die wahrscheinlich
breitenwirksamste Ausarbeitung dieses Programms lieferte der vom
Rundfunk ausgestrahlte Vortrag Benns über *Probleme der Lyrik* aus
dem Jahre 1951, den Hugo Friedrich (1904 – 1978) in seinem enorm
wirkungsmächtigen Band *Die Struktur der modernen Lyrik* 1956 als
„ars poetica der heutigen Generation" bezeichnen sollte. Benn entfaltet hier seine Theorie des lyrischen Ichs, indem er sich um eine
Genealogie moderner Lyrik bemüht, die sehr akzentuiert den maßgeblichen Einfluß französischer Autoren von Stéphane Mallarmé bis
Louis Aragon herausstreicht. Dabei ist ihm an einem Begriff von
„Artistik" gelegen, der die Konnotation des Oberflächlichen abstreift
und den mit Friedrich Nietzsche betrachteten Versuch der Kunst bezeichnet, „innerhalb des allgemeinen Verfalls der Inhalte sich selbst
als Inhalt zu erleben" und mit der „schöpferischen Lust" durch die
Kunst eine letzte Transzendenz zu setzen. Die so zur Stiftung von
Transzendenz aufgerufene Dichtung verläßt die Funktionen der

Mimesis als Nachahmung von Natur oder Welt, indem sich in ihr Welt in ein sprachliches Ereignis, in „Form" verwandelt. Inhalte – Empfindungen oder Erfahrungen – seien, so Benns Argument, etwas, über das noch ein jeder verfüge. Erst indem sich ein Inhalt in Form verwandele, sei etwas geschaffen, was dem profanen Leben enthoben und derart von Bestand sei. Im Zentrum dieser Umverwandlung von Welt in Form steht bei Benn das Wort, das er emphathisch als „Phallus des Geistes" von der Natur abhebt. In den Worten, namentlich den Substantiven, jener Wortart, die Benns eigene Lyrik nachhaltig prägt, liege ein „letztes Mysterium", ihrem Flug noch entfielen die vor Jahrtausenden verlorenen Welten. Die Worte sind mithin Elemente einer Ausdruckswelt, die dem analytischen, zersetzenden modernen Denken als allerdings melancholische Vorstellungen, als Impulse für Trance und Rausch widerstehen. Die Widerständigkeit von Form und Wort gegen die Geschichte setzt in Benns Poetologie ein schöpferisches Subjekt voraus, das nur auf eigene Rechnung und in unlösbarer Einsamkeit an seinen Dingen operiert. Obgleich Benn dem lyrischen Ich nicht Ignoranz, sondern die intellektuelle Arbeit am Wissen von der Welt anempfiehlt, postuliert er eine Lyrik, die sich als monologische Kunst von der kommunikativen Verwendung der Wörter abwendet. Den naheliegenden Vorwurf, eine Ästhetik der Leere zu predigen, kehrt er um, indem er gerade für das diskursive systematische Denken eine Endzeit ausmacht und die ontologische Leere in der geschäftigen Sprache vermeintlicher Verständigung sieht. Trotz solcher Zeitdiagnosen meiden Benns Betrachtungen aber jeden Appell an eine neoromantische oder kulturkritische Abkehr von der technischen Welt: eher läßt sich eine Faszination erkennen, die der Vorstellung gilt, die Automatisierung der Produktion führe zu gesteigerter, der Technik und Gesellschaftsgeschichte ihren Lauf lassender Emanzipation des Geistes. Daß Benns Ausführungen, aber auch seine lyrische Produktion, welche mythologische mit profanen, archaische mit technischen Worten in einer Kitsch und Kulturindustrie nicht meidenden „La Paloma der intellektuellen Demimonde" zusammenschließt, Motive

einer postmodernen Programmatik enthalten, konnte für die zeitgenössische Rezeption schwerlich zu ahnen sein. 1968 ist es Rolf Dieter
Brinkmann, der mit Blick auf William Seward Burroughs (geb. 1914)
auf die vor krankhafter Lyrik-Bewunderung unterschätzte Aktualität
der Prosa Benns aufmerksam macht [vgl. 167, *S. 75*]. Wirkungsvoller
zeigen sich Benns Verweise aufs Absolute durch die Form, das der
Lyrik, wie aber auch der Prosa im Idealfall zukomme. Dabei stößt
nicht die prekäre Kontinuität zur martialischen Formgebung des Monumentalen durch die Nazis auf, wiederkehrend melden sich bereits in
den frühen Kritiken bewundernde Gesinnungsurteile. Von einer groß-
artigen Resignation, von einem „männlichen" Klang, einer Freiheit
von dem „Zwang der Geschichte" oder von „rigoroser Selbstzucht,
Disziplin und Tapferkeit" ist affirmativ die Rede.

Theodor W. Adorno

1956, im Todesjahr Benns, erschien ein Essay Alfred Anderschs
(1914 – 1980) mit dem Titel *Die Blindheit des Kunstwerks*. Andersch
widerspricht hier, mit Verweis auf die Arbeiten der „jüngeren Dichter", der Bennschen Programmatik in einem entscheidenden Punkt.
Gegen Benns Bekenntnis zur Überwindung der Welt durch Form und
gegen Albrecht Fabri (geb. 1911) wendet Andersch ein, daß Werke,
die sich auf ein Arrangement formaler Qualitäten reduzierten, nichts
anderes als „Konfigurationen eines göttlichen Kunstgewerbes" darstellten. Auch Benns eigene Gedichte aber seien lebendig, insofern
ihre „formulierte Schönheit" immer auch „ein Stück erkannter Wirklichkeit" sei. Selbst die moderne Abstraktion der Form vom Inhalt,
gibt Andersch zu bedenken, gehe als ästhetische Entscheidung noch
auf eine Erkenntnis zurück, die nicht ohne die Orientierung auf Wahrheit auskommen könne. Hierbei beruft sich Andersch auf einen Theoretiker, der vor allem in den sechziger und siebziger Jahren die literaturtheoretischen Diskurse der Bundesrepublik inspirieren soll: Theo-

dor Wiesengrund Adorno (1903 – 1969), 1953 aus den USA zurückgekehrter Philosoph und neben Max Horkheimer (1895 – 1973) Gal-
lionsfigur der „Frankfurter Schule".

Obgleich sich die intellektuellen und politischen Charaktere Adornos
und Benns in fast allen Belangen – Adorno selbst spricht von Gemeinsamkeiten „in einem höheren politischen Sinn" – kraß unterschieden,
kann doch unterstellt werden, daß die kunstphilosophischen Beiträge
des kritischen Theoretikers nicht wenigen Akteuren im Literatursystem die Möglichkeit lieferten, unter gewendeten ethischen Vorzeichen an ästhetischen Präferenzen festzuhalten, die sie in der Benn-
Emphase ausgebildet hatten.

Auch Adorno nämlich offeriert in seinen Rundfunkbeiträgen und
Essays, zusammengefaßt in den zwischen 1958 und 1963 erschienenen drei Folgen der *Noten zur Literatur*, Gedanken, die einer letztlich
ästhetizistischen Programmatik moderner Literatur zuspielen. Ebenso
finden sich hier eine Vielzahl eindrucksvoller Formulierungen, deren
sich ein intellektueller, zuweilen antipolitischer Habitus bedienen
konnte und die den von der Benn-Gemeinde angelegten Weg poe-
tisch-melancholischer Weltabwendung zu asphaltieren vermochten.
Mit Adorno modifiziert sich allerdings der über die Konstellation
Nietzsche-Benn gelieferte zynische Weltbezug zu einer gesellschafts-
kritisch formulierten und theologisch aufgeladenen Perspektive, in der
mit den Motiven des Leidens und der Utopie gänzlich unsoldatische
Traditionen Geltung erlangen.

Die Grundmotive für den – 1969 in der Fragment gebliebenen *Ästhetischen Theorie* ausgeführten – Kunstdiskurs Adornos sind von unterschiedlicher Genese, überlagern sich jedoch schon früh zu einem bis
in die späten Publikationen durchgehaltenen Komplex. Zunächst kann
schwerlich übersehen werden, daß Adornos Kunstdiskurs von einer an
Alban Berg (1885 – 1935) und Arnold Schönberg (1874 – 1951)
ausgebildeten Musiktheorie her ansetzt und einen Begriff des
künstlerischen Materials einbringt, der dem Moment des Technischen
und seiner immanenten Logizität der Entwicklung hohe Bedeutung

zumißt. Mit dem Begriff des Materials und dem zumeist am Exempel der Kompositionsgeschichte gewonnenen Hinweis auf die Logik seiner Entwicklung kann Adorno eine Dimension künstlerischen Fortschritts skizzieren, der weit weniger subjektivistisch erscheint als etwa Benns „Ausdruckswelt". Statt dessen öffnet sich für Termini wie künstlerische Technik oder ästhetische Rationalität ein eigener, also nicht metaphorischer Raum, der erst über die Anstrengung eines gewitzt geschichtsphilosophischen Kommentars in seiner sozialen Prägung erkannt werden kann. Perspektivisch deutet sich in dieser Verankerung des Kunstbegriffs die später von Kunsttheoretikern genutzte Möglichkeit an, Motive Adornos in systemtheoretischen Modellen oder in Visionen einer intertextuellen Literatur aufgehen zu lassen. Gleichsam zeigt sich ein gravierendes Problem, vor das Adorno seine Rezipienten stellt: Inwieweit nämlich ist das Material der Musik kommensurabel mit jenem der Literatur, das allein schon durch seine sprachliche Struktur mit den sozialen Kommunikationsprozessen und Diskursen Nähe zur Gesellschaft und Lebenswelt unterhält?

Mindestens ebenso prägend wie die musikalischen Erfahrungen sind Adornos geschichtsphilosophische Positionen, die für manche Kritiker die Kunstdiskurse zu einem Appendix einer sich selbst nicht mehr genügenden, aber an der Präskriptionsrolle festhaltenden Philosophie werden lassen. Nahezu sämtliche Grundmotive dieser Geschichtsphilosophie finden sich bereits in den berühmten Fragmenten der *Dialektik der Aufklärung*, die Adorno in Kooperation mit Max Horkheimer 1944 in den USA fertigstellte und 1947 veröffentlichte. Wesentlicher Gegenstand dieser und weiterer Arbeiten ist die These von einer Aufklärung, die nicht die Befreiung des Menschen aus seiner Unmündigkeit bewirke, sondern sich als zerstörerischer blinder Fortschritt zum Mythos entwickelt habe. Von besonderer Bedeutung bei der Entfaltung dieser These ist die Kritik an einer instrumentellen Vernunft und einem identifizierenden Denken: „Der Mythos geht in die Aufklärung über und die Natur in bloße Objektivität. Die Menschen bezahlen die Vermehrung ihrer Macht mit der Entfremdung von dem, worüber sie die Macht ausüben. Die Aufklärung verhält sich zu den Dingen wie der Diktator zu den Menschen. Er kennt sie, insofern er sie manipulieren kann. [...] Dadurch wird ihr An sich Für ihn. In der Verwandlung enthüllt sich das Wesen der Dinge immer als je dasselbe, als Substrat von Herrschaft." Dieser destruktiven Verwandlung falle auch das menschliche Subjekt anheim. Indem der Mensch die Herrschaft über sich erlange, um sein Selbst zu begründen, unterdrücke er gerade jene Substanz des Lebendigen, in deren Namen er den Prozeß seiner Selbsterhaltung organisiere. Indem Adorno Herrschaft und identifizierendes Denken zusammenschließt, bürdet er seiner gesamten philosophischen Produktion eine Problematik auf, die die Kritische Theorie bis heute bekümmert und die Verbindungen zur poststrukturalistischen Philosophie Michel Foucaults (1926 – 1984) und anderer stiftet: Wie kann Aufklärung sich selbst aufklären, wenn Denken stets Identifizieren und Identifizieren stets auch das unwahre Aufgehen des Begriffenen im Begriff heißt? Selbst der Rede vom „Nichtidentischen", das zum Schlüsselbegriff in Adornos utopischer Fürsorge gerät, haftet, wie Adorno dialektisch konstatiert, immer noch der Aspekt der Identität an. In seiner 1966 erschienenen *Negativen Dialektik* fällt die Bemerkung: „Was ist, ist mehr als es ist. Das Mehr wird ihm nicht oktroyiert, sondern bleibt, als das aus ihm Verdrängte, ihm immanent. Insofern wäre das Nichtidentische die eigene Identität der Sache gegen ihre Identifikationen." Folglich erschließt sich das Nichtidentische dem Subjekt nie in dessen Begriffen; Erfahrungen des Nichtidentischen lassen sich vielmehr nur in Situationen machen, in denen das Objekt das Subjekt so erfaßt, daß jenem die Sicherheit der begrifflichen Kontrolle entzogen scheint. Diese – im einzelnen weit verwikkelteren – Überlegungen bilden den Hintergrund für die wegen ihrer scheinbaren Paradoxie oder Absurdität berühmt gewordenen Aphorismen in Adornos *Minima Moralia* (entst. 1944 – 47, Dr. 1951) „Es gibt kein richtiges Leben im falschen"; „Das Ganze ist das Unwahre" und vor allem: „Wahr sind nur die Gedanken, die sich selber nicht verstehen."

182

Auf die Kunsttheorie Adornos nehmen diese Visionen verkehrter Aufklärung mannigfaltigen Einfluß, wie auch in umgekehrter Richtung ästhetische Erfahrungen Adornos Philosophie motivieren. Zu nennen ist nicht nur die entschiedene Verteidigung einer kontemplativen Rezeption, die den Vorrang des Objekts anerkenne und „ Widerstand gegen das Mitspielen" sei. Prägnant fällt auch die Einstellung aus, wonach am Anspruch auf ästhetische Wahrheit gerade durch die Negation von Praxis festzuhalten ist: „Indem Kunstwerke da sind, postulieren sie das Dasein eines nicht Daseienden und geraten dadurch in Konflikt mit dessen realem Nichtvorhandensein [...] Denn wahr ist nur, was nicht in diese Welt paßt". Ferner zählt zu diesem Motivkreis ein Verständnis des Naturschönen „als Spur des Nichtidentischen", vor dessen Erfahrung die Sprache traurig versagt und in einen notwendig hermetischen Charakter der Kunst übergeht. Und selbstverständlich kann auch der beständige Hinweis auf den „Bannkreis der Immanenz", der auch die sich absolut gebenden Kunstwerke ideologisch umfaßt, auf Adornos tiefschwarze Vision der Aufklärung zurückgeführt werden. Angesichts solcher Verweise zeigt sich bei Adorno eine dem „heldischen Pessimismus" verwandte Skepsis, die der Benn-Gemeinde habituell entgegenkommt: Anders als die verworfenen Produkte der Kulturindustrie hat bei Adorno Kunst gegen die Verdinglichung anzulaufen, um ihr dann doch, der Wahrheit abwesender Versöhnung willen, zu erliegen.

Die Forderungen nach Hermetik, nach Distanz zur Kulturindustrie und nach kontemplativer Rezeption können über das geschichtsphilosophische Panorama hinaus auf drei für Adorno wesentliche Negationen zeitgenössischer Diskurse zurückgeführt werden: auf die schroffe Ablehnung der Widerspiegelungstheorie Georg Lukács' (1885 – 1971), auf die Absage an die von Bertolt Brecht (1898 – 1956) und Walter Benjamin (1892 – 1940) in den zwanziger Jahren vertretene Hoffnung auf die Potentiale einer massenmedialen Kunst und auf die Abneigung gegenüber einer linksdemokratischen Kunstethik, die den intellektuellen Künstler in die Pflicht des politischen Engagements nehmen will.

Lukács' *Theorie des Romans*, als Buch 1920 erschienen und mit einer Sicht auf den Roman „als Epopöe eines Zeitalters" aufwartend, „für das die extensive Totalität nicht sehr sinnfällig gegeben ist [...] und das dennoch die Gesinnung zur Totalität hat" [vgl. 185, *S. 53*] gehörte durchaus zu den Schriften, die den jungen Adorno beeindruckten und sein Denken bis zum Schluß prägten. Doch bereits mit der Rezeption des 1923 publizierten kommunistischen Wendebuchs *Geschichte und Klassenbewußtsein* wird aus Adornos Faszination nachhaltige und gelegentlich eines Aufeinandertreffens 1925 auch ausgesprochene Enttäuschung. Lukács' reglementierende Auftritte in der Expressionismusdebatte verstärkten diese Ablehnung noch. Und in der 1954 von Lukács an die Literatur erhobenen Forderung nach „Darbietung eines Lebens, das zugleich reicher und stärker gegliedert ist, als es die Lebenserfahrungen des Menschen im allgemeinen sind" [vgl. 187, *S. 621*], kann Adorno nur noch Spießbürgerlichkeit und in seinem mit Lukács abrechnenden Essay *Erpreßte Versöhnung* gar die „spürbare Rückbildung eines Bewußtseins, das einmal zu den fortgeschrittensten rechnete", erkennen.

Dissens in einem entscheidenden Punkt besteht auch zu Benjamin, der ansonsten eine inspirierende Wirkung auf Adorno ausübte. Benjamin nämlich sah – wie 1971 zeitweilig auch Hans Magnus Enzensberger (geb. 1929) in seinem *Baukasten zur Theorie der Medien* – die Chance, daß mit den neuen technischen Medien wie dem Film die Trennung zwischen Autor und Publikum demokratisch zu überwinden wäre. Und er setzte seine Hoffnung auf eine neue politische Ästhetik, die den Künstler in der vom Dichternimbus entzauberten sozialen Rolle eines Produzenten sieht. Adorno hingegen zieht gegen alle Optionen auf eine exoterische Kunst Distanz auf. Bereits 1938 schlägt er mit einem Essay über Jazz- und Schlagermusik polemische Töne an. In einer typischen Adorno-Pointe heißt es hier über den Jazz-Kenner: „Er gibt sich als der Unabhängige, der auf die Welt pfeift. Aber was er pfeift, ist ihre Melodie". In der *Dialektik der Aufklärung* und im *Résumé über Kulturindustrie* von 1963 verallgemeinert sich diese

Kritik in Richtung auf eine allerdings empirisch schwach unterfütterte Manipulationstheorie. Von dieser Theorie werden nicht allein die soziologischen Einschätzungen Adornos infiziert. Auch seine Erwartungen an zeitgemäße Kunst zeigen Reaktionen, insofern er ihren Werken verschärften Asketismus und Abstraktion gegen die farbige Anschauung der Kulturindustrie verordnet.

Daß Adorno sich gegen eine kommunikative Verpflichtung von Literatur auf ein politisches oder moralisches Engagement aussprechen muß, wird nicht nur in der besonderen Wendung gegen Lukács deutlich. Indem er Literatur als Kunst möglichst gegenüber jeder Praxis abdichten will, um ihre gebrochene Affinität zum Nichtidentischen, zum *Ganz Anderen* zu sichern, ist es für ihn nur konsequent, jedem Versuch zu einer Instrumentalisierung von Literatur für praktische Ziele mit vehementem Einspruch zu begegnen. In wiederum charakteristischer Weise heißt es bei ihm gegen Jean-Paul Sartre und Bertolt Brecht: „Kunst heißt nicht: Alternativen pointieren, sondern, durch nichts anderes als ihre Gestalt, dem Weltlauf widerstehen, der den Menschen immerzu die Pistole auf die Brust setzt.". Zu erahnen ist wiederum, daß eine Formulierung, die das Widerstehen als ein Sichheraushalten positiv auslegt, dem intellektuellen Habitus der Zeit trotz aller Radikalität der Begründung entgegenkommt. Auch fällt auf, daß Adorno den Autoren untersagt, was er selbst als Analytiker betreibt, wenn er noch in den subtilsten technischen Fragen der Werke ihre gesellschaftliche Kommentarfunktion herauskehrt. Während der Autor hinter der Logizität des ästhetischen Materials – „Unterwerfung unter die Sache" – zu verschwinden hat, ist es der Interpret mit seinem „Wissen wie vom Inneren der Kunstwerke so auch von der Gesellschaft draußen", der im intellektuellen Feld die soziale Wahrheit der Werke dekuvriert.

Welche weitergehenden Konsequenzen hat Adorno für den literarischen Diskurs gehabt?

An erster Stelle zu nennen ist der Einfluß, den seine Schriften und Vorträge auf die Literaturvermittlung genommen haben. Bis in die neunziger Jahre bleibt Adornos Jargon in den Feuilletons gegenwärtig, als diskursive Leitfigur bringt Adorno unterschiedliche Fraktionen des kulturellen Establishments zusammen, und nicht selten dürfte es das Schillernde seiner Rhetorik gewesen sein, das den Zusammenhang über alle Differenzen hinweg bewahrte. Dies zeigt sich auch in der Literaturdidaktik namentlich der siebziger Jahre, die mit Adorno einen hochkulturellen Kanon fortschreiben und gleichzeitig mit Emanzipation oder Mündigkeit neue Leitbegriffe installieren konnte.

Mit der Funktion vermittelt ist die soziologische Leistung, Literatur, dauerhafter als in der angelsächsischen Öffentlichkeit, unter einen rigiden Kunstanspruch zu stellen und trotz einer sozialen Erosion bildungsbürgerlicher Schichten die Dichotomie zwischen künstlerischer und trivialer Produktion und Rezeption zu erhalten. In diesen Kontext gehört es, daß Leslie Aaron Fiedlers (geb. 1917) Appell zum Zusammenspiel zwischen Kunst- und Populärästhetik *„Close the Gap"* in der Bundesrepublik erst seine postmoderne Wirkung zeigte, als die französischen Philosophen hier interessierte Aufnahme fanden (s.u.).

Für die Produktionsprogrammatik der Autoren sind die Einflüsse hingegen eher gering zu veranschlagen. Kennzeichnend ist, daß Adornos *Noten zur Literatur* ihre Zeugen für ästhetische Modernität ausschließlich in Autoren finden, die wie Kafka, Baudelaire und selbst Beckett als moderne schon klassisch geraten waren. In der Lyrik immerhin lassen sich Interdependenzen zwischen Adornos Forderung nach Hermetik und der Poetik vor allem Paul Celans (eigtl. Antschel, 1920 – 1970) erkennen. Eine von Adorno geplante eigenständige Arbeit zu Celan kam allerdings nicht mehr zustande. Programmatisch von Adorno beeinflußt zeigt sich zudem Enzensberger in seinem 1964 publizierten Essay über *Bewußtseinsindustrie, Poesie und Politik*, wenn er herausstellt, daß es die Sprache sei, die „den gesellschaftlichen Charakter der Poesie ausmacht, nicht ihre Verstrickung in den politischen Kampf" [vgl. 172, *S. 133*].

Mit Blick auf die westdeutsche Erzählliteratur der Zeit bilanziert Bruno Hillebrand, daß nach dem ästhetischen Stand der Erkenntnis

Adornos eigentlich alles nicht mehr mit Erfolg hätte in Erscheinung treten dürfen, was sich von Doderer bis Böll, Walser und Grass in den 50er und 60er Jahren im Roman „noch einmal" durchsetzte [vgl. 129, *S. 400*]. Diesem Hinweis auf die Kontinuität konventionellen Erzählens widersprechen andere Einschätzungen. So sieht zum Beispiel der Autor, Kritiker und „Adornit" Reinhard Baumgart (geb. 1929) bei Grass, Johnson, Kluge und Hildesheimer Beispiele für Adornos „Realismus aus Realitätsverlust" [vgl. 168, *S. 881*]. Derartige Einschätzungen spiegeln in letzter Instanz auch die Auslegungen, die Adornos Verdikte zum realistischen Erzählen durch andere erfahren. Festzustellen ist immerhin, daß die sich ausbildende These, auktoriale Erzählweisen seien antiquiert und das Verhältnis von Fiktion, Sprache und Wirklichkeit neu zu justieren, in Adorno eine Berufungsinstanz finden konnte. Ironischerweise wird diese Debatte aber in einem Moment besonders akut, in dem es bereits darum geht, Adorno und seine kontemplativen Kunststudien zu „überwinden". Wirkungsgeschichtlich erfaßt sind dabei vor allem die jüngeren unter den Autoren, die Schüler Adornos. Sie werden sich auch mit der Forderung nach Liquidierung dessen auseinandersetzen, woran der Meisterdenker unbedingt festhalten wollte – dem trotz aller Abstraktion, allen Fragmentarismus und Defiktionalisierung behaupteten Kunstcharakter der Werke.

Heidegger und Sartre

Parallel zu den Impulsen, die von Adorno auf die poetologischen Debatten des westdeutschen Literatursystems ausgehen, entfaltet sich die ästhetische Rezeption Martin Heideggers (1889 – 1976).

Heidegger zählte zu den großen Meinungsmachern jener deutschen Mandarine der zwanziger Jahre, die sich zumindest in den ersten Jahren nach 1933 für Hitlers Staat stark machten. Die vielschichtige Nachkriegswirkung des Existentialontologen Heidegger liegt auf ästhetischem Gebiet in einer Nobilitierung dichterischer, sich als „Ereignis" – bzw. „eignendes Eräugnis" – vollziehender Sprache, die er gegenüber dem „Gefasel" der Gemeinsprache, aber ebenso gegenüber den Medien wissenschaftlicher Analyse deutlich privilegiert. Die bis heute diskutierte Affinität zwischen dem Denken Heideggers und Adornos rührt aus einer gemeinsamen Skepsis gegenüber der Vernunftgeschichte der Moderne. Sie führt zu gewissen Ähnlichkeiten der Denkmotive, so in der Vorstellung des nicht zu vergegenständlichenden, sondern zu schonenden „Dings", besitzt aber auch deutliche Grenzen dort, wo Heidegger auf den „Sprung" zur Ursprünglichkeit aus ist. Heideggers vor allem an Johann Christian Friedrich Hölderlin (1770 – 1843) geübter Kontakt mit der Literatur ist dann auch keiner, der auf Erfahrungen der Negativität zielt. Wie Terry Eagleton anmerkt, universalisiert Heidegger das Ästhetische vielmehr in einer „reaktionären Parodie der avantgarde" [vgl. 169, *S. 324 f.*] in Richtung einer privilegierten Erkenntnisweise, die das Sein der Dinge zum Vorschein bringt. Obgleich sich diese Vision schroff von Adornos negativer Dialektik unterscheidet, zeigt sich doch eine Parallele darin, daß Heidegger und Adorno der Hegelschen Linie folgen, nicht Schönheit, sondern Wahrheit ins Zentrum der Legitimation von Kunst zu rücken. Über das Verhältnis von Schönheit und Wahrheit in Heideggers Ästhetik informiert der folgende Jargon-Satz, der sich in den 1950 veröffentlichten Vorträgen der *Holzwege* findet: „Schönheit ist eine Weise, wie Wahrheit als Unverborgenheit west." [vgl. 177, *S. 55*]. Die Privilegierung von Sprache „als Haus des Menschen" spielt postmodernen Theorien über das Primat der Signifikanten zu, hat aber wenig mit dem gemein, was Benn – ebenfalls im Anschluß an Nietzsche – poetologisch der Sprache vorbehält. Dennoch ergibt sich eine gemeinsame, dem poetologischen Zeitgeist entsprechende Präferenz für lyrische gegenüber prosaischen Formen: „Weil nun aber die Sprache jenes Geschehnis ist, indem für den Menschen jeweils erst Seiendes als Seiendes sich erschließt, deshalb ist die Poesie, die Dichtung im engeren Sinne, die ursprünglichste Dichtung im wesentlichen Sinne." [vgl. 177, *S. 76*]

Während Adorno und auch Benn die entzaubernde Wirkung der Technik letztlich positiv besetzen oder als auch poetisch unhintergehbar akzeptieren, wendet sich Heidegger in seinem ganzen Habitus immer entschiedener gegen eine Technik, die er bereits in den fünfziger Jahren unter den Vorzeichen eines Raubbaus an natürlichen und humanen Ressourcen reflektiert (1962: *Die Technik und die Kehre*). Mit der Entgegensetzung einer letztlich auch den Menschen veräußernden bzw. „bestellend entbergenden" Technik-Welt und jenem Menschen, der „dichterisch die Erde bewohnt" (Hölderlin) und seinen Haushalt mit besonnenem Nachdenken besorgt, bringt Heidegger in radikalisierter Form frühromantische Motive gegen die Modernisierungstendenzen der Gesellschaft des Wirtschaftswunders in Anschlag. Daß Heidegger auch in linken Theorien aufgehoben bleibt, hängt allerdings weniger mit derlei ökoromantischen Themen zusammen als mit der Rezeption durch die französischen Intellektuellen. Hier ist es zunächst vor allem Jean-Paul Sartre (1905 – 1980), dessen philosophische (v.a. *Das Sein und das Nichts,* 1943) und poetische Schriften die Lektüre von Heideggers *Sein und Zeit* auf der Folie der Kriegserfahrung bearbeiten, was zu einer pointierten Moralisierung der Themen Existenz, Seinskonstruktion und Gesellschaft führt.

Zentral gerät dabei der an das Postulat der „Wahl" gebundene und existentialistisch ausgelegte Begriff der „Freiheit", den Arthur C. Danto prägnant auf die Formel bringt: „Wir selbst entscheiden, was wir sind, aber wir können das, was wir wählen, nicht *sein*, wir *sind* nur der Akt der Wahl" [vgl. 139, *S. 35*]. Über das damit berührte Authentizitäts- oder *Selbstverwirklichungs*thema und seine Antwort auf die zeitgenössischen Kontingenzerfahrungen hinaus weist die sozialethische Einsicht, daß die in beständiger Wahl erfolgte Konstruktion eines *Für-Sich* (pour-soi) in Gesellschaft auf andere *Für-sich* stößt, die durch ihre Wahrnehmung das je andere Individuum auf jene Anteile festlegt oder *versteinert*, die, wie der Körper, jenseits der Wahl

bleiben. Aus der Einsicht in einen – aus Freiheit resultierenden –
Antagonismus der Individuen entwickelt Sartre das Engagement für
Verhältnisse und Haltungen, die – des prinzipiellen Konflikts einge-
denk – gewissermaßen ein Arrangement wechselseitiger Freiheiten ermöglichen. Daß die Literatur in diesem Engagement eine zentrale Rolle spielt, macht Sartres 1950 auf Deutsch erschienener Essay *Was ist
Literatur* (*Qu'est-ce que la littérature*, 1948) deutlich. Besonders im
Hinblick auf die mythische Rolle, die dem Schriftsteller als universellen oder totalen Intellektuellen zuwächst, ist die Bedeutung dieser
Schrift schwerlich zu überschätzen. Während Heidegger die Literatur
und speziell die Lyrik sprachontologisch mit Erkenntnisprivilegien
ausstattet, hebt Sartre zwar hervor, daß das Medium der Sprache die
Literatur und namentlich die Prosa auf kommunikative Funktionen
festlege. Entscheidender jedoch fällt seine Bestimmung der Literatur
für die Freiheitsproblematik aus. Hier erkennt er mit einem rezeptions-
theoretischen Argument einen Pakt zwischen den menschlichen Freiheiten: Einerseits erkenne die Lektüre im Sicheinlassen auf die Fiktion
die Freiheit des Schriftstellers an, und andererseits appelliere auch die
Produktion an die Lust eines Lesers, die nur in der Form von Freiheit
vorgestellt werden könne. Dieser Konnex imprägniere die Literatur
auf Dauer gegenüber allen repressiven Versuchungen. Wie keine andere Profession sei die des Schriftstellers auf Freiheit – und auf die
Bereitschaft zur Empathie – angewiesen. Diese quasi ontologische
(und keineswegs stichhaltige) Festlegung auf das *Sujet* der Freiheit
finde empirisch allerdings ihre Grenze in der „Situierung" der Schriftsteller, die durch den Erwartungshorizont des Publikums geprägt sei.
In der aktuellen Situation des Jahres 1947 stelle sich für Sartres Generation die allgemeine Aufgabe, das Menschsein in seiner Totalität von
innen zu umfassen, indem auf jene Erfahrungen der Folter und Angst
zu rekurrieren sei, in denen „unser Menschsein bis zu den Extremen,
bis zum Absurden" zu sehen war. Wird der vor allem auch Albert
Camus (1913 – 1960) geltende Hinweis auf eine Literatur extremer
Situationen (z.B. *La Peste*, 1947) in der deutschen Literatur etwa bei

Andersch, aber auch später bei Dieter Wellershoff (geb. 1925) oder Gert Hofmann (1932 – 1993) aufgegriffen, so kommt Sartre und dem 'Pariser Existentialismus' insgesamt eine Idolfunktion für das intellektuelle Feld zu, was sich bis in die milieuspezifischen Moden der Alltagskultur niederschlägt und dem Schriftsteller ein intellektuelles Bohème-Image einträgt, das sich deutlich von dem bildungsbürgerlich-konservativen Habitus eines Thomas Mann (1875 – 1955) abhebt. Daß Sartres Konzept dazu tendiert, die Position des Schriftstellers als intellektuelle Figur in den Vordergrund zu schieben, ist seinem Kritiker Adorno übrigens nicht entgangen, wenn dieser vorhält, daß „fürs Geschriebene [...] die Motivationen des Autors irrelevant" seien. Das Aufsehen, das Michel Foucaults (1926 – 1984) und Roland Barthes' (1915 – 1980) Verdikte zum 'Tod des Autors' zu Beginn der siebziger Jahre erregen, geht, so gesehen, vielleicht nicht zuletzt auf die Wirkung Sartres zurück. In den Zusammenhang postmoderner Theoriebildung zählt auch die erneute Rezeption Heideggers: In den sechziger Jahren ist es besonders Jacques Derrida (geb. 1930), der das 'Provokationsvermögen' Heideggers zu einer resoluteren Metaphysik-Kritik ausnutzt.

Sucht man auf westdeutscher Seite ein Äquivalent zur öffentlichen Präsenz Sartres, mag man an Heinrich Böll (1917 – 1985) denken, der zumindest seit Mitte der fünfziger Jahre sein Renommee als Schriftsteller zu politischen Interventionen und kalkulierten Regelverletzungen einsetzte, insofern also die Funktion des universell engagierten Intellektuellen vertrat. Doch abgesehen von den gewaltigen Differenzen der politischen Charaktere sicherte Böll seinen Status eher durch einen Pragmatismus als durch eine philosophisch durchgearbeitete Theorie. In den ausführlichsten Darlegungen seiner poetologischen Position, den *Frankfurter Vorlesungen*, stößt man zwar auch auf Bemerkungen, die von Gefühlen ontologischer Leere handeln und in der Heidegger-Spur Sprache und Wohnen zusammenrücken, doch bleibt sein Plädoyer für eine Ästhetik des Humanen letztlich darauf beschränkt, die Forderung nach einer Kongruenz von Literatur und –

allerdings antibürgerlicher – Moral zu variieren. Auch wenn man sich nicht zu der Einseitigkeit Linders versteigt, Böll sei nur sekundär ein engagierter, primär aber ein autobiographischer Schriftsteller, wird man doch festhalten können, daß Böll von der Öffentlichkeit auf eine Rolle festgelegt wurde, die Sartre weit mehr zupaß kam.

Tod der Literatur

Als im November des Revoltejahres 1968 das *Kursbuch 15* erschien, stieß der Leser unter anderem auf die Erstübersetzung eines Beckett-Textes, auf Lyrik von Ingeborg Bachmann (1926 – 1973) und – übersetzt von H.M. Enzensberger – Nicanor Parra (geb. 1914). Nicht diese Publikationen begründeten den legendären Ruf der Kursbuchnummer, sondern zwei Essays und ein beigelegtes Flugblatt, die als Ensemble wahrgenommen und als politische Todeserklärung an die Literatur heftig diskutiert wurden. Mit *Gemeinplätze, die Neueste Literatur betreffend* (1968) liefert Enzensberger zwar keinen Nekrolog, doch nimmt er Abschied von jenen Formulierungen, die seinen sechs Jahre zuvor veröffentlichten Essay zu *Bewußtseinsindustrie, Poesie und Politik* bestimmten. Scharf hebt er jetzt die kompensatorische Rolle hervor, die gerade auch die ästhetisch avancierte Literatur für die politische Misere Deutschlands spielte. Mit adornoschen Argumenten wendet er sich nun gegen eine Adorno-Ästhetik, die formal-ästhetische in Parallele zu sozialen Innovationen sieht. Die spätkapitalistische Bewußtseinsindustrie habe diesem Traum ein Ende gemacht, selbst die sperrigsten und radikalsten Avantgarde-Stile fänden mittlerweile über Werbung, Design und Styling Eingang in die Konsumsphäre. Mit diesem Verdikt diagnostiziert Enzensberger letztlich den Verlust jener Autor-Macht, die der Autonomieästhetik als gesichert galt. Wer mit Literatur zudem auf soziale Veränderung ziele, habe vollkommen aufs falsche Pferd gesetzt: „Es kommt nicht auf uns an./ Dafür werden wir doch bezahlt." Daß eine solche Bilanz von vielen

Diskutanten als Aufruf, das Schreiben einzustellen, begriffen wurde, verweist darauf, daß man sich, ob Realist oder Sprachartist, 1968 Literatur nicht anders denn als politisch funktional und dem sozialen Fortschritt dienend vorstellen mochte. Diesem Selbstverständnis kündigt Enzensbergers Analyse in der Tat das Vertrauen: „Wer Literatur als Kunst macht, ist damit nicht widerlegt, er kann aber auch nicht mehr gerechtfertigt werden." Zu politischen Zwecken empfiehlt er eine operative und dokumentarische Literatur bzw. eine subversive Indienstnahme der Medien. Gleichsam rät er den Autoren, Kooperationsformen zu finden, die den Nimbus der Dichterpersönlichkeit unterlaufen und der prekären Vereinzelung auf dem Markt begegnen. Auch der zweite Kursbuch-Essay, Karl Markus Michels *Kranz für die Literatur* (1968), konstatiert die gesellschaftliche Irrelevanz der Literatur und schließt sich einer Argumentation an, die Herbert Marcuses (1898 – 1979) Aufsatz *Über den affirmativen Charakter der Kultur* bereits 1937 entwickelte. Lapidar notiert Michel: „Der Dichter steht hoch im Kurs, aber er hat nichts zu melden." Im weiteren vergleicht er die Radikalität der sprachdestruktiven Avantgarde, für die Helmut Heißenbüttel (1921 – 1996) als Autor und Vormweg als Kritiker stehen, mit der Radikalität des studentischen Protests. Konzediert wird, daß es der avancierten Literatur an Radikalität nicht mangele. Doch führe diese Radikalität sie ins kommunikative Abseits asketischer Selbstgenügsamkeit. Auch Michels Plädoyer bedient sich bei Adorno, um bei ihm und Samuel Beckett (1906 – 1989) eine Praxis zu lernen, der Adorno selbst kontemplativ widerstand: „Hier konnte kein tröstliches Bescheidwissen entstehen, man konnte diese Stimme nur fliehen oder ertragen. Die dritte Möglichkeit [...] – diesen Weg erproben die Studenten von Paris" [vgl. 181, *S. 185*]. In einem ursprünglich auch für das *Kursbuch 15* vorgesehenen Beitrag Peter Schneiders (geb. 1940) wird mit freudomarxistischer Argumentation die Praxisfrage noch einmal bewegungspolitisch akzentuiert. In militanter Rhetorik fallen hier Sätze wie: „Holen wir die geschriebenen Träume von den brechenden Bücherborden der Bibliotheken herunter und drücken wir ihnen einen Stein in die Hand. An ihrer Fähigkeit, sich zu wehren, wird sich zeigen, welche von ihnen in der neuen Gesellschaft zu brauchen sind, und welche verstauben müssen" [vgl. 181, *S. 185*]. Indem Schneider die Sublimationsfunktion fiktionaler Literatur als Beitrag zu sozialer Repression attackiert, geht er deutlicher als seine Vorgänger über eine Kritik am Selbstverständnis linker Autoren hinaus. Damit eröffnet er aber auch Chancen zum produktiven Einspruch. Bereits 1968 vertritt vor allem Dieter Wellershoff (geb.1925; s.u.) die entscheidende Gegenthese, indem er festhält, daß einzig über die Fiktion „von Raum und Zeit unabhängige Vorstellungswelten" erschaffen werden könnten, die die Funktion erfüllten, der Praxis Vorschläge zu machen und den Spielraum möglicher Veränderung offen zu halten. 1970 sekundiert der Autor Hans Christoph Buch (geb.1944) diesem Argument, indem er Schneider vorhält: „Wer die Befriedigung ästhetischer Bedürfnisse, wie sie bei der Rezeption von Kunstwerken erfolgt, lediglich als Ersatzfunktion abtut und die Realisierung aller Libidoansprüche auf den Tag nach der Revolution verschiebt, leistet einer Entwicklung Vorschub, die mehr als einmal verheerende Folgen gehabt hat: die verdrängten Bedürfnisse schlagen massiv zurück [...]"[vgl. 183, *S. 50*]. Daß Peter Schneider, der 1973 mit seiner Erzählung *Lenz* als „Subjektivist" reüssiert, 1977 das Erkenntnisinteresse seines alten Aufsatzes als versteckt privates denunziert, liegt Ende der siebziger Jahre bereits im Trend – Wellershoff folgt diesem Eingeständnis seinerseits übrigens 1985 [vgl. 197, *S. 247*]. Gleichwohl hat die Diskussion um den 'Tod der Literatur' verschiedene Folgen für Schreibstrategien und Rezeptionserwartungen gehabt. Durchgesetzt hat sich vor allem Adornos schwarze Perspektive auf die Kulturindustrie, die von den Autoren vorrangig als übermächtige Medienkonkurrenz (TV-Fiktionen) wahrgenommen wurde. So greift der *Akzente*-Herausgeber Walter Höllerer (geb.1922) 1967 das kritische Wort von der „Bewußtseinsindustrie" auf und setzt wie auch der Autor Ror Wolf (geb.1932) auf den Gegensatz zwischen dem schreibenden Individuum und dem übermächtigen Apparat. Bei Wolf heißt es 1968: „Bücher [...] Treibstoff für einen Kulturapparat, der unablässig schlucken muß, um etwas ausscheiden zu können.". Selbst Peter Otto Chotjewitz (geb. 1934), der sich in der Todesdebatte als sozialistischer Hardliner in ML-Tradition präsentiert, führt, Adorno zitierend, tröstend aus, daß es letztlich doch auf das Individuum ankomme. Und kurioserweise liegt hier tatsächlich eine Pointe der zunächst so objektivistisch anmutenden Diskussion. Indem sich der emanzipatorische Politikbegriff auf das Private – den *subjektiven Faktor* des Bewußtseins – erweitert (*The Personal is the Political*), kehrt das Interesse trotz aller kollektiven Ambitionen schließlich auf die Erfahrungen subjektiver Wahrnehmungen und Ausdrucksweisen zurück. Dabei konveniert Adornos Vision eines umfassenden industriellen Verblendungszusammenhangs mit der Vorstellung, daß dessen repressive Gewalt nur im verletzten Zustand des Subjekts und seiner schmerzverzerrten Wahrnehmung aufzuspüren sei. Diese Prämisse verbindet die Anhänger einer operativen *Dokumentarliteratur* mit der Diskussion um einen neuen politischen *Realismus*, die 1974 noch einmal entflammt und sogar Georg Lukács' Konzept gegen Stalins Politik des Sozialistischen Realismus ins Spiel bringt. Ebenso fundiert sie die Schreibbewegungen der 'Betroffenheitsliteratur' und den 'Neuen Subjektivismus'. Eine Zeitlang wird über die Zweifel an der Macht des schreibenden Ichs noch einmal Adornos Skepsis über die Legitimität fiktionalen Schreibens wachgerufen, so durch Wolfgang Hildesheimers (1916 – 1991) 1975 in seinem in Irland gehaltenen Vortrag *The End of Fiction*. Im selben Jahr erscheint der erste Band aus Peter Weiss' (1916 – 1982) Trilogie *Die Ästhetik des Widerstands* (1975 – 1981), deren auf Brecht zurückgreifendes Verfahren in Kombination mit den zeitgleich zur Publikation des dritten Bandes 1981 erschienenen *Notizbüchern* ebenfalls als Beitrag zu einer Fiktionsdebatte betrachtet werden kann.

In ihrer Wirkung auf den 'Mainstream' der Literaturproduktion bleiben diese Diskursereignisse wie wohl auch die Unternehmungen Heißenbüttels weitgehend folgenlos. Der Großteil der Diskutanten von 1968 greift wie Martin Walser (geb. 1927), der 1968 Erika Runges (geb. 1939) Tonbandprotokolle als Alternative zur 'bürgerlichen Literatur' feierte, ohne davon viel Aufhebens zu machen, auf konventionelle Konzepte und Schreibweisen zurück. Lediglich für die Jahre zwischen 1967 und 1970 bleibt eine nachlassende Produktion von *Romanen* zu verzeichnen.

Für die raren Versuche, realistisches Schreiben in avancierter Theorie zu rehabilitieren, steht vor allem der bereits erwähnte Autor Dieter Wellershoff (geb. 1925), der als Kiepenheuer&Witsch-Lektor 1965 einen 'Neuen Realismus' postulierte, welcher, in Anlehnung an den Nouveau Roman und in Erprobung neuer Techniken, ein Überschreiten routinierter Wahrnehmungsmöglichkeiten ermöglichen sollte. Auch in der Folgezeit gehört Wellershoff zu den wenigen Autoren, die neben ihrer literarischen Produktion theoretische Reflexionen publizieren. In diesen ebenso literarhistorisch wie psychoanalytisch und systemtheoretisch beeinflußten Arbeiten [vgl. 198; 199] kristallisiert sich bei Wellershoff vor allem ein Interesse an den Erfahrungs- und Erprobungsmöglichkeiten heraus, die die Fiktion dem sich auf die Simulation einlassenden Leser gewährt. Die hartnäckige Konstanz der Überlegungen Wellershoffs, ihr stark rezeptionsorientierter Unterbau sorgen dafür, daß sich seine Theorie schwerlich in Beziehung zu den feuilletonistischen Moden ihrer Zeit setzen läßt. Dies trägt, so Lothar Baier, zu dem Skandal der kollektiven Mißachtung einer Essayistik bei, die nicht auf die Nobilitierung ihres literarischen Autors erpicht ist [vgl. 135].

Postmoderne Konzepte

Im Abstand von fast zwanzig Jahren antwortet Hermann Hans Kinder (geb. 1945) den eine Abkehr von der Fiktion postulierenden Thesen Hildesheimers [vgl. 178]. Kinders Essay ist insofern interessant, als sich in seiner Argumentation deutlich die Konsequenzen aus der spät in die Bundesrepublik einkehrenden Postmoderne-Diskussion erkennen lassen. Anders als in den siebziger Jahren wird nunmehr der normative Maßstab, über den Hildesheimer die aktuelle Unmöglichkeit fiktionalen Erzählens ausmacht, für obsolet erklärt. Nicht die Fiktion, sondern eine Kunstreligion sei zu begraben, notiert Kinder und meint damit ein Mimesis-Modell, das den Wert der Fiktionen pathetisch am Hervorbringen von „Wahrheit" über Geschichte und Existenz bemißt. Solche Hegel-Tradition erscheint in der Tat einer postmodernen Diskurslage suspekt, die mit Michel Foucault die Idee des die Welt erkennenden Subjekts destruiert und mit Jean-François Lyotard (geb. 1924) das Ende der großen Erzählungen bzw. Ideologien als Befreiung wahrnimmt. An die Stelle einer normativen Ästhetik bzw. eines Ringens um poetologischen Konsens rückt auch bei Kinder die Festlegung auf eine Pluralität legitimer Schreibweisen. Als der amerikanische Literaturwissenschaftler Leslie A. Fiedler, den Begriff der Post-Moderne einführend, 1968 in Freiburg forderte, die von der literarischen Moderne errichteten Gräben zwischen ernster und unterhaltender, fiktionaler und surfiktionaler, realistischer und phantastischer Literatur zu schließen, stieß er bei der Mehrheit der deutschen Autoren noch auf Ablehnung [vgl. 132]. Obgleich ab den siebziger Jahren der Begriff der Postmoderne in die poetologischen Debatten vor allem Frankreichs und Italiens Einzug hielt und dort neben der von Fiedler postulierten neuen Leichtigkeit den Akzent auf intertextuelle, spielerische Verfahren legte, blieb der Terminus in der deutschen Diskussion eher negativ besetzt. Anteil daran hat nicht zuletzt der Einfluß Jürgen Habermas' (geb. 1929), dessen 1981 vorgelegte zweibändige *Theorie des kommunikativen Handelns* den Versuch unternahm, Adornos Kritik der Verdinglichung in eine Gesellschaftstheorie aufgehen zu lassen, die auf der Prämisse einer Entbindung kommunikativer Rationalität basiert und die Entwicklungsmöglichkeiten einer nachmetaphysischen Moderne positiv akzentuiert. Positionen postmoderner Philosophen tauchen in Habermas' wirkungsmächtigen Bänden kaum auf oder werden in den Kontext eines Neokonservatismus gerückt. Noch 1988 spricht Habermas im Hinblick auf das postmoderne „Lob der

Differenz" und auf einen „radikalen Kontextualismus" davon, daß
hier dialektische Zusammenhänge verdunkelt würden [vgl. 175, *S.
180*]. Auch in der an Adorno anknüpfenden Literaturtheorie stehen
mit der bereits 1974 veröffentlichten und vieldiskutierten Arbeit des
Bremer Literaturwissenschaftlers Peter Bürger (geb.1936) über die
Theorie der Avantgarde Positionen im Raum, die, auf die These einer
im Kapitalismus irreversiblen Kunst-Institutionalisierung zielend, jeden postavantgardistischen Angriff auf die autonomieästhetische Dichotomie von abgehobener und operativ wirksamer Literatur als illusionär
erscheinen lassen. Solange für die an Adorno und später dann an Jürgen
Habermas orientierte intellektuelle Linke Postmoderne als Erscheinung eines neokonservativen Kulturalismus oder eines Remakes
vernunftkritischer Positionen der im Faschismus belasteten Achse
Nietzsche-Heidegger gilt, nimmt es nicht wunder, daß Literaturproduzenten sich scheuen, ihre Schreibweisen als postmodern auszuweisen.
Auch die Theoriezeitschrift *alternative*, die sich zuvor der Rezeption
französischer Theoretiker engagiert annahm und unter anderem den
Genetischen Strukturalismus Lucien Goldmanns (1913 – 1970) sowie
den subjektkritischen Marxismus Louis Althussers (1918 – 1990)
vorstellte und auch Foucault publizierte, verhielt sich gegenüber den
postmarxistischen Tönen aus Paris reserviert. Zunächst und vornehmlich fällt der Vorwurf eines Neokonservatismus, wenn es den Herausgebern darum geht, Glucksmann und andere zu präsentieren. Vergleichbare Skepis zeigte bereits 1972 die *alternative*-Redakteurin Helga
Gallas (geb. 1940) in den einleitenden Worten zu einem Reader, der
wichtige Texte strukturalistischer Interpretationsschulen versammelte:
Die überwiegend französischen Ansätze seien wertvoll nur insofern,
als sie die marxistische Debatte nicht transzendierten [vgl. 174].

Tatsächlich bringt erst der Publikumserfolg von Umberto Ecos (geb.
1932) *Der Name der Rose* (*Il nome della rosa,* 1980, dt. 1982) und
Milan Kunderas (geb. 1929) *Die unerträgliche Leichtigkeit des Seins*
(*Nesnesiteltuá Lehkost Bytí,* zuerst 1984 in frz. Übs. u.d.T. *L´insou-
tenable légèreté de l´être,* tch. 1985, dt. 1984) Bewegung in die De-

batte. Der sensationelle Erfolg Patrick Süskinds (geb.1949) mit *Das Parfum* liefert dann auch 1985 auf deutscher Seite ein postmodernes Pendant. Auf philosophischer Seite verzeichnet Peter Sloterdijks (geb.1947) essayistische *Kritik der zynischen Vernunft* 1983 ebenfalls einen erstaunlichen Publikumserfolg. Zu verzeichnen ist hier nicht eine Rezeption postmoderner Theorien, wohl aber eine Ablösung sozialwissenschaftler zugunsten ästhetischer Erklärungen von Geschichte. Sloterdijk fordert dann auch 1987, die Schranke zwischen dem Logischen und dem Ästhetischen zu senken. Mitte der achtziger Jahren erscheinen bereits die ersten Anthologien postmoderner Schlüsseltexte auf dem deutschen Buchmarkt. Besonders beachtet wird die Sammlung des Philosophen Wolfgang Welsch (geb.1946) [vgl. 196], der sich bemüht, die Fixierung auf die Heidegger-Tradition zu lockern und einen Anschluß an Adornos Ästhetik herzustellen. Einen wesentlichen Ansatzpunkt für diese traditionssichernde Verbindung liefert die Vorstellung einer *Ästhetik des Erhabenen* bei Adorno und Jean-François Lyotard. Adornos Interesse am Heterogenen, der Protest gegen die Gewalt identifizierenden Denkens wird von Welsch nun als Vorspiel zur postmodernen Verpflichtung auf antizentrische Pluralität ausgelegt [vgl. 200].

Auf literarischem Gebiet, beim Publikum weniger erfolgreich und einer am Plot orientierten Lektüre verschlossen, führt Botho Strauß' (geb.1944) Roman *Der junge Mann* (1984) dazu, die feuilletonistische Diskussion um Postmoderne und ihre Tendenzen zu Eklektizismus und mythologisierender Überanstrengung anzuheizen.

Während sich die Fronten zwischen den Anhängern Kritischer Vernunft und den postmodernen Vernunftkritikern lockern, bleibt auf poetologischem Gebiet unsicher, welche Schreibweisen sinnvoll als postmoderne gelten können. Grundsätzlich ist zu unterscheiden zwischen einem deskriptiven und einem programmatischen Begriff der Postmoderne. Die deskriptive Variante legt vorrangig Zeittendenzen wie die Zunahme simulierter Wirklichkeiten, den Verfall normativer Zentralperspektiven, den Anstieg von Kontigenzerfahrungen sowie eine Ästhetisierung des Alltagslebens im Sinne einer veränderten Moderne aus. Der programmatische Begriff der Postmoderne umfaßt auf literarischem Gebiet zum einen Forderungen wie die Fiedlers nach Abkehr vom Akademismus, von Doktrinen der Stilreinheit und Autonomie, nach Rücknahme von Ausdifferenzierungen zwischen Fiktion und Essay, zwischen Mythos, Phantastik und Realistik sowie zwischen Trivial- und Hochkulturschemata. Diesem sich mitunter popularistisch gebenden Ansinnen steht eine stärker durch den französischen Strukturalismus geprägte Forderung nach Spielen der Intertextualität gegenüber, die eher die Gratifikationserwartungen eines literarisch gebildeten Publikums bedienen. Zum Paradigma beider Vorstellungen wurde Ecos Rosenroman, hinter dessen erster Genreschicht *Kriminalroman* weitere, für den erfahrenen Leser über *dejà-lu*-Erlebnisse identifizierbare Schichten lauern.

Die paradigmatischen Annäherungen an einen Begriff postmoderner Schreibweise führten dazu, nun nicht allein neue, sich explizit als postmodern beeinflußt ausweisende Texte in den Blick zu nehmen, sondern auch zunächst unverdächtige Autoren als Postmodernisten zu identifizieren. Hanns-Josef Ortheil (geb. 1951) etwa legt aus dem Blickwinkel von 1990 unter anderem Rolf Dieter Brinkmann (1940 – 1975), den frühen Peter Handke (geb. 1942), Hubert Fichte (1935 – 1986) und auch Gert Hofmann (1932 – 1993) in dieser Schublade ab. Unter solchen Vorzeichen erscheint es kaum mehr abwegig, auch Günter Grass' (geb. 1927) Erzählverfahren auf postmoderne Strategien hin abzusuchen. Und selbstverständlich können auch Michael Andreas Helmuth Endes (1929 – 1995) *Unendliche Geschichte* (1979) bzw. *Momo* (1973) in den Kontext vergleichbarer Grenzüberschreitungen gerückt werden.

Horst Domdey

Theorien – Ideologien – Programme: Deutsche Demokratische Republik

Während im Moskauer Hotel Lux deutsche Exilschriftsteller in den Morgenstunden horchen, wer als nächster verhaftet wird und sich fragen, zu welchen Denunziationen sie gezwungen sein werden, führen sie in ihrer Zeitschrift *Das Wort. Literarische Monatsschrift* (1, 1936 – 4, 1939) die große Debatte über den Realismus. Sie debattieren über die wichtigste ästhetische Kategorie des Marxismus-Leninismus. Doch die gesellschaftliche Realität, die in Literatur gespiegelt sein soll, kommt in sozialistisch – realistischen Texten nicht vor, nur ein sorgfältig aufbereitetes Konstrukt.

Und selbstverständlich hat die Realität auch keinen Platz in der Theorie. Sozialistischer Terror bleibt im sozialistischen Realismus ausgespart. Der Aufbau einer Lagerwelt, die zwischen 1928 und 1953 vielleicht zwanzig Millionen Opfer forderte (so von Roy Medwedjew geschätzt – ähnlich viele Tote, wie die Sowjetunion in Zweiten Weltkrieg verlor), wird ebensowenig erörtert wie die Atmosphäre von Unterwerfung und Angst. Die gesellschaftlichen Bedingungen der Theoriebildung bleiben unreflektiert: eine Voraussetzung kommunistischer Theorie, die bis zum Ende der DDR gilt. Man darf nicht vergessen, daß es sich um offizielle Theoriebildung in einer Diktatur handelt.

Zwanzig Jahre später, nach seinem politischen Sturz, nach der Niederschlagung der ungarischen Reformbewegung 1956, an der er sich führend beteiligt hatte, lobt Georg (György) Lukács (1885 – 1971) Aleksandr Issajewitsch Solschenizyns (geb. 1918) Roman *Ein Tag im Leben des Iwan Denissowitsch* (*Odin den' Ivana Denisovica*, 1962) als ein bedeutendes Werk des sozialistischen Realismus. Der Roman erzählt den Tagesablauf in einem Arbeitslager. (Nikita Sergejewitsch Chruschtschow (1894 – 1971) hatte die Publikation für die Sowjetunion freigegeben. Die deutsche Übersetzung erschien allerdings nur in der Bundesrepublik, nicht in der DDR. Auch Lukács' *Kritische Aufarbeitung der Stalinschen Ära* konnte nur im Westen erscheinen.)

Sozialistischer Realismus als Doktrin

Zur entscheidenden literaturtheoretischen Doktrin erhoben – und maßgebend dann für Jahrzehnte – wird der 'sozialistische Realismus' auf dem 1. Allunionskongreß der Sowjetschriftsteller (1934). Von der Versammlung einstimmig beschlossen, wird 'sozialistischer Realismus' zur „Hauptmethode der sowjetischen schönen Literatur" [vgl. 194, *S. 390*] erklärt. Die Methode fordert vom Künstler „wahrheitstreue, historisch konkrete Darstellung der Wirklichkeit in ihrer revolutionären Entwicklung". Die Wendung „in ihrer revolutionären Entwicklung" ist die entscheidende Maßgabe. Sie setzt den Vorbehalt, daß der Schriftsteller, der wirklich „historisch konkret" bleibt, keine politisch falschen Fakten erzählt. Die Partei sichert sich hier das Deutungsmonopol für Geschichte.

Vor allem aber die Auflage, „wahrheitstreue und historische Konkretheit" müsse mit den „Aufgaben der ideologischen Umgestaltung und Erziehung der Werktätigen verbunden werden", garantiert die Anbindung an die Vorgaben der Partei. Der Zusatz „im Geiste des Sozialismus" schließt die Definition 'sozialistischer Realismus' tautologisch ab.

Aus solchem Geflecht von Auflagen gab es kaum ein Entrinnen. Der Kulturpolitik bot sich stets eine Handhabe, unerwünschte literarische Deutungen von Realität zu ahnden. Andrej Alexandrowitsch Schdanow (1896 – 1948), Sekretär des Zentralkomitees der KPdSU und Leiter der Bildungsreform, setzte mit der Realismusdefinition die Instrumentalisierung der Kunst durch. Gegen Tendenzen operativer Literatur (wie Brechts Lehrstück zum Beispiel oder Tretjakows Reportageroman) wird die Abbildfunktion gefördert. Kunst soll die ideologische Einheit illustrativ durchsetzen und absichern.

Georg Lukács' Kunsttheorie der dreißiger Jahre entspricht diesem Konzept, das den Leser ideologisch 'umgestaltet und erzieht'. Denn in den Mittelpunkt seiner Kunsttheorie stellt Lukács die Frage nach dem Ideengehalt eines Werks: Literatur soll einen Beitrag zur Erkenntnis der Epoche leisten. Wesen und Erscheinung der historischen Entwicklung müßten im Kunstwerk ins rechte Verhältnis gesetzt, 'Vergangenheit, Gegenwart und Zukunft' unter dem Aspekt der 'Perspektive' gestaltet sein. Doch nur, wenn eine gesellschaftliche Realität in ihrer 'Totalität' erfaßt sei, könne einem Werk Repräsentativität zugesprochen werden im Blick auf den Kampf von Fortschritt und Reaktion. Realistisch sei nicht dieses oder jenes Konkrete, sondern das für den historischen Fortschritt 'Typische'.

Theoretische Grundlage der Auffassung, Literatur sei Erkenntnis, ist die Vorstellung, daß jede Auffassung der Außenwelt nichts anderes sei „als eine Widerspiegelung der unabhängig vom Bewußtsein existierenden Welt durch das menschliche Bewußtsein". Die allgemeine Theorie der Widerspiegelung sei auch die Grundlage jeder künstlerischen Widerspiegelung [vgl. 186, *S. 607*]. Fixiert auf den Literaturauftrag, das Typische zu liefern, rückt die Literaturkritik, die sich verantwortlich fühlt gegenüber Sozialismus und Partei, die Frage ins Zentrum, ob denn auch richtig widergespiegelt ist. Denn Literatur soll ja nicht irgendetwas erkennen, sondern 'Gesetzmäßigkeiten der Wirklichkeit'. Also das Wichtigste überhaupt: die entscheidende Voraussetzung, um Geschichte machen zu können. Der wachsame Kritiker ist sich der Risiken des Erziehungsauftrags bewußt, wenn Schriftsteller einfach das, was sie so unter Gesetzmäßigkeit verstehen, ihren Lesern vermitteln. So wurde der Widerspiegelungsbegriff zum Instrument der Kontrolle und für Schriftsteller zum Horror.

Anders als Bert[olt] Brecht (eigtl. Eugen Berthold Friedrich Brecht, 1898 – 1956) und Ernst Bloch (1885 – 1977) stand Lukács der ästhetischen Moderne skeptisch gegenüber. Kunstrichtungen der Avantgarde wie Expressionismus oder Surrealismus lehnt er als spätbürgerliche Verfallsformen, als Verzeichnung des humanen Menschenbilds ab und empfiehlt als literarische Orientierung die großen Romane des 19. Jahrhundert, als Autoren Honoré de Balzac (1799 – 1850), Aleksej Nikolajewitsch Graf Tolstoi (1883 – 1945) oder Thomas Mann (1875 – 1955). Die Art und Weise, wie sie literarisch gestalten, sei Maßstab und Modell für sozialistische Literatur.

Formalismus, Kosmopolitismus, Dekadenz

Bis 1956 bleibt Lukács der große Stichwortgeber marxistischer Ästhetik. Auf seine Grundpositonen kann sich noch die Formalismuskampagne stützen, die Anfang der fünfziger Jahre im Namen von Humanismus und Sozialismus die ästhetische Moderne abwehrt. Gegen ästhetische Experimente wurde der Vorwurf des sogenannten Formalismus erhoben. Ursprünglich meinte der Formalismusvorwurf die Verselbständigung der Form gegenüber dem Ideengehalt. Der Begriff wird aber rasch ausgeweitet auf eine Vielfalt von Formen ästhetischer und ideologischer 'Abweichungen' (auf Gemälde zum Beispiel, die sich abstrakter Malerei nähern). Als ein prominentes Beispiel fällt dem Formalismusverdikt Hanns Eislers (1898 – 1962) Opernlibretto *Johann Faustus* (1952) zum Opfer. Die Faustfigur sei falsch konzipiert. Eisler hatte seinen Faust zum Verräter an der Sache der Bauern gemacht und somit Johann Wolfgang Goethes (1749 – 1832) *Faust* (1. Teil 1808, UA 1819/29; 2. Teil 1832, UA 1854) und das klassische Erbe gekränkt, auf das sich die DDR berief.

Der andere Kampfbegriff heißt 'Kosmopolitismus'. Er denunziert den Anspruch der Menschenrechte auf Weltgeltung. Gegen eine westlich geprägte Aufklärungstradition, die sozialistischer Diktatur Totalitarismus vorwirft, wird das Deutungsmonopol einer sozialistisch interpretierten Humanismustradition behauptet. Von einer politisch-ökonomischen Faschismusdefinition ausgehend, die die NS-Diktatur als Reaktion auf die Krise des Kapitalismus Ende der zwanziger Jahre versteht, erscheint der Sozialismus als die eigentlich demokratische Antwort auf den Nationalsozialismus. Nur der antifaschistische Sozialismus sei dem Humanismus wahrhaft verpflichtet. Kosmopolitismus dagegen sei die Verklärung imperialistischer Weltmachtpolitik.

Dekadenz, die dritte Negativbestimmung, die im Zuge der Formalismuskampagne mißliebiger Literatur vorgehalten wird, signalisiert den Kernbereich der kulturpolitischen Offensive: das Interesse der Parteiführung an der Machtsicherung. Die Phase der politischen Koexistenz dürfe nicht zur ideologischen Koexistenz führen, lautet die Mahnung an Kunst und Literatur. Ein Vorwurf, der zehn Jahre lang gegen die Zeitschrift *Sinn und Form. Beiträge zur Literatur* (1. 1949 –) erhoben wurde, bis es im Zusammenhang mit dem Mauerbau gelingt, deren Chefredakteur, Peter Huchel (1903 – 1981), kaltzustellen (1962).

Aus Furcht vor 'innerer Zersetzung' greift die SED zu dem lebensphilosophischen Begriff der 'Dekadenz'; er offenbart die Sorge um den Bestand an ideologischer Kraft, die nicht allein auf dem Bündnis von Einheit und Parteilichkeit beruht, sondern sich vor allem auch einem stabilen Feindbild verdankt, das die „sozialistische" gegen die „amerikanische Lebensweise" setzt. Formalismus dagegen sei „westliche Dekadenz und Morbidität" [vgl. 12, *S. 154 f.*]. Die kommunistische Doktrin stellt sich hier in die Tradition einer deutschen Zivilisationskritik, die gegen die westliche Zivilisation einen national orientierten Gemeinschafts- und Kulturbegriff ausspielt – ein deutsches, antiwestliches Feindbild, das sehr viel älter ist als der Sozialismus selbst.

Bitterfelder Weg

Der sogenannte 'Bitterfelder Weg', der Versuch der Partei Ende der fünfziger Jahre (drei Jahre nach dem Aufstand in Ungarn), Schriftsteller in die Betriebe zu schicken und ihren Blick für die Probleme der

Produktion zu schärfen, möglicherweise durch den Kontakt mit der Arbeiterklasse auch die Parteilichkeit zu stabilisieren, wurde von den Beteiligten bald aufgegeben. Der intensiven Begegnung mit der Arbeitswelt verdankt die DDR-Literatur zwar einige interessante Texte, Erzählungen wie *Beschreibung eines Sommers* (1962 von Karl-Heinz Jakobs, geb. 1929), *Der geteilte Himmel* (1962/63 von Christa Wolf, geb. 1929) oder Franz Fühmanns (1922 – 1984) Reportage *Kabelkran und Blauer Peter* (1961). Doch in seinem Offenen Brief an den damaligen Kulturminister deillusioniert Fühmann den Gedanken, die Kluft zwischen Arbeiterklasse und Schriftsteller sei überwindbar. Der Autor komme 'von außen'. Er könne die Wirkung der Lage des Arbeiters auf dessen Individualität nicht nachvollziehen: „Was zum Beispiel empfindet ein Mensch, der weiß, daß er sein Leben lang so ziemlich dieselbe Arbeit für so ziemlich dasselbe Geld verrichten wird, als beglückend und was als bedrückend an eben dieser Arbeit" [vgl. 49, *S. 9*].

Fühmanns öffentliches Eingeständnis des literarischen Scheiterns angesichts der Aufgabe, Arbeitswelt in ihrer Gefühlsdimension zu erschließen, hat die Debatte endgültig abgeschlossen. Der 'Bitterfelder Weg' war der letzte Versuch der Parteiführung, Schriftstellern Wege zu weisen. In der Folge begnügte sich die Kulturpolitik durch ein immer komplexer ausgebautes System kontrollierender Institutionen, ihr gefährlich erscheinende Abweichungen zu unterbinden.

Kaum zehn Jahre später, Anfang der siebziger Jahre, gibt auch die Literaturtheorie die Führung auf und öffnet sich westlichen Standards.

Literatur contra Dogma

In den sechziger Jahren jedoch tobt noch der Kampf ums Dogma, um die theoretische Geschlossenheit. Allerdings wird es jetzt für die Dogmatiker immer schwieriger. Autoren wie Erich Arendt (1903 – 1984), Heiner Müller (1929 – 1995) oder Christa Wolf zum Beispiel treiben die Rezeption der ästhetischen Moderne voran, trotz harter Sanktionen

wie auf dem 11. Plenum des Zentralkomitees 1965. Die alten Parteikader mißtrauen der ästhetischen Moderne zutiefst (ein Erbe der Bil-
dungstradition der deutschen Arbeiterbewegung). Ihre Kritik richtet
sich auf den Autonomieanspruch, den sie in der Kunst wittern; er ge-
fährde die Parteilichkeit. Im Grunde, so ihr Verdacht, sei der Mo-
derneanspruch nur vorgeschoben, um die gesellschaftliche Bindung
an das Ganze zu unterlaufen. „In der Lyrik ist die Tendenz stark",
warnt Hans Koch, Chefideologe auf dem Gebiet der Literaturtheorie,
„eine Grenze zwischen dem autonomen Gebiet des ganz eigenen Ich
und dem Territorium der Gesellschaft zu ziehen". Für Sozialisten
jedoch gründe sich die Freiheit des Individuums auf keine „wie immer
geartete Entgegensetzung zur Gesellschaft, nicht auf 'Nonkonformi-
tät'". Der Emanzipationsprozeß des Subjekts, die *Rehabilitierung des
Ich*, wie ein 1965 publiziertes Gedicht von Konrad Wünsche (geb.
1928) lautet, wird richtig erkannt und mit Entsetzen wahrgenommen.
Dazu kommt, daß sich die Schriftsteller den Bütteldienst, den eifrige
Literaturwissenschaftler dem Dogma leisten, nicht mehr gefallen lassen. Adolf Endler (geb. 1930) nimmt eine Aufsatzsammlung des
Jenenser Germanisten Hans Werner Richter (1908 – 1993) zum Anlaß
für eine Generalabrechnung mit der Germanistik [vgl. 23, *S. 151*]. Als
'Leitungswissenschaft' habe sie die ideologische Aufpasserfunktion
übernommen. Endler tadelt den Provinzialismus der DDR-Germanis-
tik, die nicht imstande sei, die Lyrik des eigenen Landes im weltlite-
rarischen Kontext zu betrachten: „Die Ignoranz durch die Germanistik, die immer noch als eine dürre Gouvernante einen blühenden
Garten beschimpft, macht den vollkommenen Abbruch der Beziehung
zwischen Germanisten und Poeten verständlich, der inzwischen perfekt geworden ist" [vgl. 102].

Der kommunikativ-funktionale Ansatz

Endler Kritik trifft den Nerv, und die Wissenschaft reagiert. Mit Beginn der siebziger Jahre, nach dem VIII. Parteitag der SED (1971), der auch kulturell einen neuen Aufbruch versprach, verweigert eine größere Gruppe von Literaturwissenschaftlern dem Dogma den üblichen Tribut. Theoretische Hilfestellung leisten sie jetzt der Literatur, den Schriftstellern. In den fünfziger Jahren waren es nur einzelne Wissenschaftler wie Hans Mayer (geb. 1907), Ernst Bloch (1885 – 1977) oder Alfred Kantorowicz (1899 – 1979), die für mehr Kunstfreiheit kämpften (und in den Westen getrieben wurden). Doch inzwischen hatte die Parteiführung dazugelernt und einer Forschergruppe des Instituts für Literaturgeschichte an der Akademie der Wissenschaften erlaubt, für innovative DDR-Literatur eine Lanze zu brechen. Eine Generation von Literaturwissenschaftlern war herangewachsen, die nicht nur Gefühlssozialisten, nicht nur loyal gegenüber der DDR waren, sondern wirkliche Genossen, so daß die Partei Vertrauen faßte zu einem Schritt vorwärts. Der literaturtheoretische Aufbruch war nicht nur irgendein Zugeständnis im Zusammenhang mit Fragen der Widerspiegelung, er war neu im Ansatz. Mit Recht charakterisierte Robert Weimann ihn als einen Durchbruch, als „kopernikanische Wendung in der Realismustheorie" [vgl. 191, *S. 118*]. Gemeint war das Buch *Gesellschaft Literatur Lesen*, herausgegeben von Manfred Naumann (1973) [vgl. 51].

Georg Lukács hatte Mitte der dreißiger Jahre den 'soziologischen' Ansatz überwunden; die Auffassung, marxistische Literaturtheorie müsse das literarische Werk erklären im Blick auf Klasse und Klassenstandpunkt seines Autors. In der Nachfolge Wladimir Iljitsch Lenins (eigtl. W. I. Uljanow, 1870 – 1924) setzte Lukács die sogenannte 'gnoseologische' Literaturtheorie durch. Sie geht von der Annahme aus, bedeutende Literatur würde – oft unabhängig vom Klassenstandpunkt des Verfassers – Wirklichkeit wahrhaft widerspiegeln.

Der neue Ansatz der siebziger Jahre dagegen – das Institut für Literaturgeschichte nennt ihn 'kommunikativ funktional' – fragt nach der Funktion der Literatur, nach ihrem Wirkungszusammenhang. Primär sei nicht die Frage, ob die Literatur die Wirklichkeit deutlich genug erfaßt, sondern wie Literatur in der Gesellschaft wirkt. Der Leser wird entdeckt. Aber nicht mehr als das Objekt der Erziehung, sondern als der an der 'Produktion' des Werks aktiv Beteiligte; beteiligt durch den unabdingbaren Prozeß des Lesens, in dem sich das Werk überhaupt erst darstelle und vollende. Der Titel der Publikation *Gesellschaft Literatur Lesen* war Programm.

In souveräner Anwendung der Erbetheorie – selbstverständlich könne man von bürgerlicher Wissenschaft lernen, wie Marx schon gewußt habe – wird hier die Wirkungs- und Rezeptionsästhetik des Westens beerbt, Hans Robert Jauß (geb. 1921) und die Konstanzer Schule.

Mit diesem Paradigmenwechsel ist Lukács literaturtheoretisch entthront und der Weg literarischer Experimente und Vielfalt, den die DDR-Literatur längst eingeschlagen hatte, literaturtheoretisch legitimiert. In dem repräsentativen *Wörterbuch der Literaturwissenschaft* (1986) des Bibliographischen Instituts Leipzig wird die konzeptionelle Wende der siebziger Jahre als der große Fortschritt verbucht. Die Arbeit des Schriftstellers finde inzwischen unter „entwickelten sozialistischen Literaturverhältnissen und im Umgang mit einer gesellschaftlich gereiften Leserschaft" statt. Solcher Situation entsprechend habe die Literaturtheorie einen „funktional-kommunikativen Realismusbegriff" entwickelt. Literatur, so wird Dieter Schlenstedt zitiert, Promoter der neuen Richtung, befinde sich nicht „in der Rolle des Lehrers, auch nicht des Agitators", sie sei vielmehr in der Rolle des „Vermittlers von Erfahrungen, des Partners in einer größeren Diskussion". Brechts Konzept eines offenen Realismusbegriffs aus den dreißiger Jahren habe sich bestätigt und könne „in Hinsicht auf die Funktionsvielfalt der sozialistischen Literatur nur bekräftigend wirken". Es handle sich beim sozialistischen Realismus keineswegs um „eine Art Regelkatalog", wie in Abgrenzung zum *Kulturpolitischen Wörterbuch* [vgl. 24] der DDR betont wird, das in seiner Auflage von 1978 noch einmal die Charakteristika eines dogmatisch geprägten Realismus auflistet: revolutionäre Wirklichkeitsauffassung, sozialistisches Menschenbild, Parteilichkeit, Volksverbundenheit, die marxistisch-leninistischen Prinzipien befolgend und die Divergenz der Lebensweisen in beiden gesellschaftlichen Systemen betonend. Lediglich der Begriff Widerspiegelung wird vermieden; er galt jetzt selbst bei den Traditionalisten des *Kulturpolitischen Wörterbuchs* als erledigt.

Einen Regelkatalog, „der, von außerhalb der Literatur stehenden Kreisen ausgearbeitet, willkürlich eingeführt oder auch abgeschafft werden könne" [vgl. 201, *S. 482f.*], hält das Leipziger *Wörterbuch der Literaturwissenschaft* (1986) dagegen schlicht für literaturfremd.

Die ideologische Einheit zerbricht

Doch dieser literaturtheoretische Relativismus, in dem die Parteiführung und die offizielle Kulturpolitik nur noch als „außerhalb der Literatur stehende Kreise" bezeichnet erscheinen, bleibt nicht unangefochten. Erschrocken vom eigenen Erfolg, daß es selbst das *Kulturpolitische Wörterbuch* nicht mehr wagt, von Widerspiegelung zu reden, zieht das Institut für Literaturgeschichte der Akademie der Wissenschaften, das die Entwicklung 1973 selber in Gang gesetzt hatte, ein Jahrzehnt später die Notbremse. Unter der Federführung Dieter Schlenstedts publiziert das Institut 1981 den Theorieband *Literarische Widerspiegelung* [vgl. 191].

In seinem Widerspiegelungswerk versuchte Schlendstedt, Grundlagen der marxistischen Kunsttheorie zurückzugewinnen; die ästhetische Theorie erneut anzubinden an den Marxismus-Leninismus; gegen die Brüche und Entloyalisierungen noch einmal die theoretische Einheit des Ganzen zu behaupten. Schlenstedt greift zu diesem Zweck auf Lenins Rezeption der Hegelschen Logik von 1914/15 zurück. Es ist der letzte Versuch, den literarischen Befreiungsanspruch mit einem (abstrakt geläuterten) Marxismus-Leninismus zu vermitteln.

Aber die Entwicklung der sechziger und siebziger Jahre läßt sich nicht ungeschehen machen. Die Dimension der Kulturkrise wird zu Recht als alarmierend empfunden. Doch auch in der moderaten Form ließ sich das Dogma nicht wiederherstellen. Die ideologische Einheit zerbricht.

Der von den Schriftstellern praktizierte Pluralismus ist durch den Versuch einer theoretischen Rückbindung an Lenin und die Widerspiegelungstheorie nicht revidierbar. Eine ausgewogene Disziplinierung, die Dogma und Liberalisierung vermittelt, mißlingt. Die Befreiung von den Auflagen des Dogmas läßt sich nicht mehr dosieren. Die Krise von 1976 in der Folge der Biermann-Ausbürgerung und der Ausschluß wichtiger Autoren aus dem Schriftstellerverband in der Folge des Prozesses (1979) gegen Stefan Heym (eigtl. Helmut Flieg, geb. 1913) führen zu einem Exodus von Schriftstellern in den Westen. Autoren kündigen jetzt in großer Zahl die Haltung kritischer Loyalität auf, nehmen die Situation verschärfter Polarisierung in Kauf und bewegen sich in Richtung Dissidenz. Die Überzeugungskraft marxistischer Theorie schwindet.

In den avanciertesten Theorien Mitte und Ende der achtziger Jahre wird dann immer stärker die Ungleichzeitigkeit von Theorie und Kunst konstatiert. Ästhetische Kategorien seien keine „Dingeigenschaften ästhetischer Objekte" (also etwa 'reaktionäre' oder 'fortschrittliche' Traditionen, humanistische Ideen und Wertvorstellungen). Jeder Ansatz einer „systematisch-ontologischen Ästhetik" gehe fehl. Die ästhetischen Grundbestimmungen seien vielmehr Resultate „reflektierender Urteilsbildung", könnten nur in den kommunikativen Prozessen selbst aufgesucht werden [vgl. 164]. Nicht mehr die Klassenauseinandersetzungen, auch nicht der Wettstreit der Systeme oder der Widerspruch von Produktivkräften und Produktionsverhältnissen werden als Movens von Umbrüchen im Kunstbereich angeführt, sondern die Auswirkungen einer globalen, immer schneller voranschreitenden wissenschaftlich-technischen Revolutionierung, wie in dem Bereich der elektronischen Medien zum Beispiel.

Dogma und Reform

Darstellungen der DDR-Literatur akzentuieren den Konflikt von Literatur und Dogma. Auch die vorliegende Darstellung folgt diesem Modell. In der Konfrontation von Kunst und Dogma entfaltet sich gleichsam eine natürliche Gegnerschaft.

Doch es gibt noch eine andere Ebene des Konflikts. Denn der Widerspruch zum Dogma lebt nicht nur aus der generellen Spannung Künstler/Politiker, er lebt auch aus dem spezifischen Reformanspruch der Schriftsteller, die sich als Sozialisten sehen. Dieser Aspekt wird leicht unterschätzt. Denn ob Schriftsteller, Literaturwissenschaftler oder führender Parteifunktionär, sie alle verstehen sich als Sozialisten. Natürlich reagiert jeder Künstler allergisch auf Vorgaben. Aber beim Sozialismus geht es um das Heil der Menschheit, der Gattung. Diesem Großprojekt entsprechend nehmen Künstler politische Vorgaben ernst, sie erscheinen prinzipiell als legitim. Doch als Reformer stellen sie ihre künstlerische Arbeit in den Dienst von Veränderungen; sie möchten den realen Sozialismus, den status quo in Richtung auf die Utopie hin überwinden. Sie treten in Konkurrenz zu Dogma und Parteiführung in der Bestimmung des 'sozialistischen Wegs'.

Insofern reagieren Schriftsteller sensibel, wenn sie mit Machtsicherungsmaßnahmen konfrontiert sind, die von der Parteiführung angeordnet werden, um den Zusammenbruch des Sozialismus zu verbindern – wie zum Beispiel in Ungarn '56 oder in Prag '68. Erbittert reagieren sie, wenn ihnen im Konfliktfall nicht einmal die Position der Kritik zugestanden wird, sie vielmehr dem Verdacht des Skeptizismus ausgesetzt werden. In den Augen der Reform ist der Gegensatz zum Dogma die Kritik, nicht die Skepsis. Reformer wollen verbessern, konstruktiv mitarbeiten; die Borniertheit des Dogmas freilegen, zeigen, warum es schadet. Sie ziehen aber nicht, wie der Dissident, das Sozialismusprojekt in Zweifel. Deshalb halten sie auch den Dekadenzvorwurf für falsch. In der Reform sehen sie vielmehr die Chance einer Erneuerung des Sozialismus, gerade nicht dessen Gefährdung.

Die Parteiführung dagegen, die vor allem die Sicherung der Macht im Auge hat, neigt dazu, in den Reformansprüchen eher das Risiko für den Bestand des Ganzen zu sehen. Und sie reagiert dann leicht mit dem Skeptizismus – oder gar mit dem Nihilismusvorwurf – wie zum Beispiel auf dem 11. Plenum 1965 gegen Wolf Biermann (geb. 1936) und gegen die ganze Richtung, in die sich die Kulturproduktion damals entwickelt hatte.

Im Dekadenzvorwurf der fünfziger und sechziger Jahre schwang auch immer die Geringschätzung mit, die kritische Warnung, von den Künstlern würde nicht mehr Lenins revolutionäres Ethos, die Kraft zum Terror aufgebracht. (Natürlich stand ursprünglich die Todesdrohung hinter dem Dogma und stabilisierte dessen Autorität.)

Ihre Warnung vor ideologischer Zersetzung, die die Partei ständig erhob, war nicht aus der Luft gegriffen, sondern durch das politische Kräfteverhältnis bedingt. Die ideologische Einbruchstelle war die Forderung nach Demokratisierung, waren die vielen Varianten eines Dritten Wegs (Einfallstore für den 'Sozialdemokratismus'). Die Rebellion in Ungarn 1956 zum Beispiel gefährdete durchaus den Bestand des Ostblocks: die Reformregierung unter Imre Nagy (1896 – 1958) kündigte den Austritt aus dem Warschauer Pakt an. Es waren aber Schriftsteller und Publizisten wie Georg Lukács, Julius (Gyula) Hay (1900 – 1975) und Tibor Déry (1894 – 1977), die im März 1956 den Petöfi-Klub gegründet und im Zuge der Entstalinisierung nach dem XX. Parteitag die Reform intellektuell und politisch vorangetrieben hatten. Sie konnten die Reform dann aber nicht mehr steuern. Die Reform wurde – aus der Sicht der KPdSU – zur Konterrevolution (wie die Reform in der CSSR, die 1963 mit der Kafkakonferenz begann und '68 mit der 'Konterrevolution' endete.)

In ihrem Reformbestreben schwächen die Schriftsteller die Position der Macht, indem sie die Ordnung delegitimieren. Partei und Militär müssen danach gewaltsam die Ordnung wiederherstellen, um den Bestand des Sozialismus aufrechtzuerhalten, noch vor jeder Frage nach Reformen. Tito, Nagy und Alexander Dubczek (1921 – 1992) wollten den Sozialismus immer nur reformieren, haben ihn aber in die Krise geführt (Michail Gorbatschow (geb. 1931) dann endgültig). Der Realismus stand in der Regel auf Seiten des Dogmas.

Angesichts solcher historischer Erfahrung lernten Reformsozialisten revolutionäre Geduld. Sie lernten, daß man Reformansprüche dosieren muß. Vor diesem Hintergrund wird verständlich, warum sozialistische Schriftsteller, die sich ständig mit Zensur, Kontrolle und der Einschränkung ihrer künstlerischen Freiheit herumschlagen, die Schreibbedingungen einer Diktatur überhaupt aushalten. Die Diktatur wird auch von ihnen gebraucht, weil auf die Mehrheit der Bevölkerung kein Verlaß ist (die am liebsten Willy Brandt (eigtl. Herbert Ernst Karl Frahm, 1913 – 1992) oder Helmut Kohl (geb. 1930) wählen würde). Das Dogma, die ideologische Stütze der Diktatur, dient der Aufrechterhaltung des Sozialismus als Option.

Der Zusammenbruch der DDR irritiert zunächst. Doch das historisch fundierte Feindbild, die zivilisationskritische Verachtung des Westens, bleibt stabil („Auschwitz ist der Altar des Kapitalismus [...] und Auschwitz kommt aus dem Westen"). Es wird rasch die Bildwelt gefunden, um dem 'neuen Rom' den Untergang zu prophezeien. Der Sieg einer Kolonialmacht deute deren Untergang voraus.

Günther Rüther

Vom Stalinismus zum 'Bitterfelder Weg'

Die fünfziger Jahre wurden in der DDR von zwei unterschiedlichen kulturpolitischen Konzeptionen bestimmt: dem sozialistischen Realismus in seiner stalinistischen Variante und dem Bitterfelder Weg. Während der sozialistische Realismus und die ihn flankierende Formalismuskampagne von der sowjetischen Besatzungsmacht oktroyiert wurden, unternahm die SED-Führung am Ende des Jahrezehnts den Versuch, ein eigenständiges DDR-spezifisches kulturpolitisches Konzept, den Bitterfelder Weg, durchzusetzen. Dazu kam es, weil die SED–Führung u.a. nach dem Arbeiteraufstand am 17. Juni 1953, dem IV. Schriftstellerkongreß im Januar und dem XX. Parteitag der KPdSU im Februar 1956 mit seinen weitreichenden Folgen in der intellektuellen Debatte die kulturpolitische Offensive verloren hatte. Unter Berufung auf den sozialistischen Realismus versuchte sie mit einem neuen Konzept den Schulterschluß zwischen Geist und Macht, an dem ihr seit Gründung der DDR so viel gelegen war, wieder herzustellen.

Stalins Kurswechsel

Die Literatur in der DDR ist in den fünfziger Jahren durch den sozialistischen Realismus maßgeblich geprägt worden. Die Kulturpolitiker der SED, die Spitzen des Staates und auch der mächtigste Mann der Republik, Walter Ulbricht (1893 – 1973), erklärten ihn zur offiziellen künstlerischen Methode, die wie keine andere den sozialistischen Klassencharakter der Literatur und Kunst zum Ausdruck zu bringen vermöchte. Noch im Programm der SED vom Mai 1976 hieß es dazu:

„Durch seine künstlerische Kraft, seine Parteilichkeit und Volksverbundenheit, durch seine Weite und Vielfalt vermag das sozialistisch-
realistische Kunstschaffen einprägsam auf das Leben des Volkes zu
wirken, sozialistische Überzeugungen, Lebenseinstellungen und -be-
ziehungen, den Sinn für Schönheit und die Ideale der Arbeiterklasse
zu formen".

Mit der Gründung der DDR wurde der sozialistische Realismus zur
offiziellen Literatur- und Kunstdoktrin. Die SED distanzierte sich damit von der bis dahin offeneren Kulturpolitik der ersten Nachkriegsjahre, in der auch literarische Arbeiten ihren Platz fanden, die sich
nicht zum Sozialismus bekannten. Ausschlaggebend dafür war, daß
Jossif Wissarionowitsch Stalin (eigtl. J. W. Dschugaschwili, 1879 –
1953) nach dem Scheitern der Berliner Blockade 1948 und der damit
einhergehenden weiteren Verschärfung des Kalten Krieges seine
Deutschlandpolitik änderte. Er forderte, die DDR nach sowjetischem
Vorbild umzugestalten, und revidierte die bis dahin propagierte Sicht,
daß es unterschiedliche Wege zum Sozialismus gäbe. Die Sowjetunion galt von nun an als das große, alleinige Vorbild für die Gestaltung der Politik. In der Kulturpolitik hatte dies einen radikalen Kurswechsel zur Folge. Die Sowjetische Militäradministration (SMAD) löste die Formalismuskampagne aus und verlangte, in der Literatur die
Prinzipien des sozialistischen Realismus umzusetzen. Dies führte zu
einer Instrumentalisierung der Kultur durch die Politik, wie niemals
zuvor in der deutschen Geistesgeschichte.

Die Formalismuskampagne

Die SED folgte den kulturpolitischen Vorgaben aus Moskau bedingungslos. Ohne eine Mehrheit in der Bevölkerung stützte sie sich allein auf die militärische Macht der Roten Armee. Deren Kulturfunktionäre bestimmten den Kurs auch noch, als sich die DDR am 7. Oktober 1949 als zweiter deutscher Staat gegründet hatte. Während sich

die SED einerseits zur Einheit der Nation bekannte, diese auch als Verfassungsziel in Artikel 1 festschrieb, betrieb sie andererseits über die Kulturpolitik eine schroffe Abgrenzung gegenüber Westdeutschland und der westlichen Welt.

Aleksándr L. Dymšic (Dymschitz), Chef der Kulturabteilung der SMAD, eröffnete die Formalismuskampagne mit einem umfangreichen Beitrag in der „Täglichen Rundschau" vom 24. November 1948 [vgl. 12]. Er stellte ihn unter das Thema: „Über die formalistische Richtung in der deutschen Malerei", setzte sich darin aber auch kritisch mit der modernen westlichen Literatur auseinander. Als formalistisch geißelte er den Subjektivismus und Individualismus, in denen er typische Züge des bürgerlich-dekadenten Bewußtseins sah. Er kritisierte die pessimistische Weltsicht, die nach seiner Meinung aus vielen Werken herausscheine. Unter Berufung auf den stalinistischen Kunsttheoretiker Andrej Aleksandrowitsch Schdanow (Zdanov) (1896 – 1948), bezichtigte er das künstlerische Schaffen der Maler Pablo Picasso (eigtl. Pablo Ruiz y Picasso, 1881 – 1973), Salvador Dalí (1904 – 1989) ebenso wie die Schriftsteller André Malraux (eigtl. André Berger, 1901 – 1976), Thomas Stearns Eliot (1888 – 1965) und Jean-Paul Sartre (1905 – 1980) u.a. als entartet. „Die formalistische Richtung in der Kunst ist ein typischer Ausdruck der bürgerlichen Dekadenz, die das künstlerische Schaffen entarten zu lassen droht" [vgl. 12, *S. 98*]. Unter den deutschen Künstlern griff er Karl Schmidt-Rottluff (eigtl. Karl Schmidt, 1884 – 1976) und Karl Hofer (1878 – 1955) scharf an, während er die Arbeiten von Otto Nagel (1894 – 1967) und Horst Strempel billigte. Insgesamt kam er jedoch zu dem Ergebnis, daß in der tonangebenden deutschen Malerei die abzulehnende formalistische Richtung vorherrsche.

Aleksándr L. Dymšic leitete damit den ersten Kulturkampf nach der nationalsozialistischen Diktatur ein. Er ging diesmal von den Kommunisten aus – noch bevor sich die DDR als erster sozialistischer deutscher Staat gegründet hatte. Theodor Plieviers (1892 – 1955) Begründung, warum er die SBZ verließ und im Oktober 1947 nach München übersiedelte, sollte in den nachfolgenden Jahren eine schreckliche Bestätigung erfahren. Die weitere Entwicklung nach dem I. Schriftstellerkongreß, der vom 4. bis 8. Oktober des gleichen Jahres in Berlin stattfand, vorausahnend, schrieb er: „In einem Land, in dem Denken nur auf Schienen gestattet und möglich ist, in dem alles vorgedacht ist und in vorgedachten Linien zu schreiben ist, da ist eben schlecht zu schreiben" [vgl. 119, *S. 99*].

Widerspruchslos folgten die Kulturfunktionäre der SED den Weisungen der SMAD. Fritz Erpenbeck, Stephan Heymann, Alexander Abusch, Helmut Holtzhauer, Kurt Margritz, Wilhelm Girnus u.a.m. erhoben gegen Literatur und Kunst den Formalismusvorwurf und warfen der literarischen und künstlerischen Moderne vor, verantwortungslos gegenüber der Gesellschaft zu handeln. Die Kritik richtete sich vor allem gegen die sogenannte Avantgarde in Literatur, Kunst und Musik, die Vertreter des Expressionismus, Dadaismus, Futurismus, Kubismus, Konstruktivismus, gegen die abstrakte Kunst ganz allgemein, den Bauhaus-Stil und die Zwölf-Ton-Musik. Sie stand in ihrer Radikalität und Rigorosität der Kritik der Nationalsozialisten an der sogenannten entarteten Kunst in nichts nach. Zum großen Teil traf sie Arbeiten, die auch von den Nationalsozialisten geächtet worden waren. Der politische Standpunkt des Schriftstellers oder Künstlers spielte dabei keine nennenswerte Rolle.

Die SED unternahm den gezielten Versuch, Literatur und Kunst in den Dienst der Partei zu stellen und im Sinne *stalinistischer* Machtpolitik zu instrumentalisieren. Zwar garantierte Artikel 34 der DDR-Verfassung die Freiheit der Kunst und Literatur, aber was bedeutete dies schon in einer Diktatur, in der eine totalitäre Partei das Leben bis in den Alltag der Menschen hinein prägte? Nachdem der geistige Boden für die kulturpolitische Kehrtwende durch den II. Schriftstellerkongreß im Juli 1950 und den Kongreß junger Künstler im April 1951, sowie durch vernichtende Leitartikel über Theaterinszenierungen,

Ausstellungen, Opern, neue Stücke, Bücher und diverse Festveranstaltungen – wie zum Beispiel über die zum 200. Todestag von Johann Sebastian Bach (1685 – 1750) am 28. Juli 1950 in Eisenach – vorbereitet war, kam es mit der Entschließung des Zentralkomitees vom 15. bis 17. März 1951 zum Höhepunkt der Stalinisierung der Kulturpolitik in der DDR. Die SED bekannte sich mit dem Argument der demokratischen Erneuerung Deutschlands öffentlich zum Primat der Politik in der Kunst. Sie verfolgte damit vier Ziele; sie wollte:

- den Kalten Krieg in die innerdeutsche, geistig-kulturelle Auseinandersetzung hineintragen,
- einen radikalen ideologischen Umschwung auf allen Gebieten des kulturellen Lebens einleiten,
- Literaten und Künstler zur Anpassung zwingen oder mundtotmachen und
- einer „neuen" Literatur und Kunst nach dem Vorbild des sozialistischen Realismus den Weg ebnen, wie er in der Sowjetunion in den dreißiger Jahren entstanden war.

Die Formalismuskampagne zeichnete eine antiwestliche, prosowjetische Grundhaltung aus. Sie war in hohem Maße illiberal, literatur- und kunstfeindlich, ja reaktionär, indem sie die Moderne radikal ablehnte. Sie war totalitär, weil sie Literatur und Kunst in den Dienst einer Staatspartei stellte, die umfassend darüber entschied, was als Literatur und Kunst Anerkennung verdiene und was nicht. Ein zukünftiges kulturpolitisches Konzept zur Entwicklung der angekündigten „neuen" Literatur und Kunst ließ sich jedoch aus der Formalismuskampagne nicht ableiten. Vielmehr diente sie nur der Begründung für die Ablehnung bestimmter literarischer und künstlerischer Epochen und Strömungen. Demgegenüber fiel dem sozialistischen Realismus die Aufgabe zu, aufzuzeigen, wie Kunst und Literatur im Sozialismus zu gestalten seien.

Der sozialistische Realismus

Während die Formalismuskampagne mit ihrer Kritik auf bereits vorhandene Werke zielte, sollte der sozialistische Realismus als künstlerische Methode die zukünftige Gestaltung der Literatur und Kunst bestimmen. Als maßgebliche kulturpolitische Zielvorgabe wirkte er sich folgenschwer für die literarische Entwicklung aus. Der sozialistische Realismus wurde zum ideologischen Dogma der frühen DDR.

Kann eine Doktrin die Literatur verändern? Auf den ersten Blick erscheint das Streben nach künstlerischer Freiheit und Autonomie mit einer politischen Inpflichtnahme unvereinbar. Dies gilt jedoch nur dann, wenn Autoren ihre Werke nicht als Vehikel zur Propagierung einer politische Idee benutzen, der sie sich verschrieben haben. Da viele Schriftsteller bewußt ihre Heimat im sozialistischen Teil Deutschlands suchten und ihre Aufgabe darin sahen, an der Erziehung dieser Gesellschaft engagiert mitzuarbeiten, taten sich die meisten schwer, den sozialistischen Realismus als künstlerische Methode abzulehnen, obwohl sie mit Autonomie und Subjektivität nur schwer vereinbar war. Darüber hinaus verfügte die SED über die notwendigen Instrumentarien der Macht, um die Autoren zu fördern, welche die aufgestellten Lehrsätze beachteten und diejenigen zu unterdrücken, die sich dazu nicht bereit fanden. So vermochte der sozialistische Realismus das literarische Leben nachhaltig zu prägen.

Der Begriff sozialistischer Realismus tauchte erstmals 1932 auf. Der Leiter des Organisationskomitees zur Gründung des Schriftstellerverbandes in der Sowjetunion, Ivan Gronskij, brachte ihn in die öffentliche Diskussion ein. Zwei Jahre später fand er auf dem I. Sowjetischen Schriftstellerkongreß Eingang in das Statut des sowjetischen Schriftstellerverbandes. Diese Kodifizierung bedeutete, daß von nun an auch in der Kulturpolitik alle Schriftsteller und Künstler die führende Rolle der Partei anzuerkennen hatten. Zu Lebzeiten Stalins fanden die Prinzipien des sozialistischen Realismus in der kommunistischen Staatenwelt bis auf die Kriegsjahre strikte Anwendung. Sie wirkten noch über seinen Tod 1953 hinaus.

In der DDR dekretierte das *Neue Deutschland* (*Neues Deutschland. Zentralorgan der Sozialistischen Einheitspartei Deutschlands.* 1, 1946 –) etwa ein halbes Jahr nach der Entscheidung des Zentralkomitees der SED zum Formalismus, wie die Literatur zukünftig zu gestalten sei. Sie sollte im Sinne Lenins (Wladimir Iljitsch Lenin, eigtl. W. I. Uljanow, 1870 – 1924) parteilich sein, auf der Erkenntnis Stalins aufbauen, daß der nationale Charakter der Literatur und Kunst nur auf der Grundlage der Tradition zur Blüte fände und die historisch-konkrete Darstellung der Wirklichkeit allein vor dem Hintergrund ihrer revolutionären Entwicklung gelingen könne. Darüber hinaus müsse die erzieherische Funktion Beachtung finden, und im Mittelpunkt der schriftstellerischen Arbeit habe der Held der Arbeit, der Baumeister der neuen Zeit, zu stehen.

Drei Grundprinzipien des sozialistischen Realismus sollten die Einvernahme des Geistes durch die Macht sichern:

- die wahrheitsgetreue Darstellung der Realität
- das Postulat nach sozialistischer Parteilichkeit
- die Forderung nach Volksverbundenheit und Volkstümlichkeit.

In der literarischen und künstlerischen Praxis bedeutete dies, daß die Kulturfunktionäre der SED darüber entschieden, ob in den jeweiligen Werken diese Grundprinzipien Beachtung fanden oder nicht. Mit dem Amt für Literatur und Verlagswesen und der Staatlichen Kommission für Kunstangelegenheiten schuf sich die Staatspartei 1951 die Institutionen, um „auf allen Gebieten des gesellschaftlichen Lebens" eine gezielte, „planmäßige und systematische Lenkung und Förderung der Buch- und Zeitschriftenproduktion sowie -verteilung" [vgl. 12, *S. 203*], aber auch die Aufsicht über sämtliche Theater, Opernhäuser, Museen etc. sicherzustellen.

In der Literatur kam es in allen Sparten zu einer Fülle von Arbeiten, die den Vorgaben des sozialistischen Realismus Folge zu leisten versuchten. So entstanden zahlreiche literarische Reportagen, die sich bemühten, die neue Wirklichkeit in ihrer revolutionären Entwicklung zu gestalten, wie zum Beispiel Willi Bredels (1901 – 1964) *Fünfzig Tage* (1950) oder Anna Seghers (eigtl. Netty Radványi, geb. Reiling, 1900 – 1983) *Friedensgeschichten* (1950). Hervorzuheben sind ferner die kaum zu übersehenden Industrie-, Aufbau- und Landwirtschaftsromane. Eduard Claudius (eigtl. Eduard Schmidt, Ps. Edy Brendt, 1911 – 1976) erhielt für *Menschen an unserer Seite* (1952) ebenso wie Maria Langner (1901 – 1967) für *Die aus dem Schatten treten* den Nationalpreis. In der Dramatik hob sich Heinar Kipphardts (1922 – 1982) Komödie *Shakespeare dringend gesucht* (Urauff. 1953) von den holzschnittartigen Stücken dieser Zeit ab. Bei den meisten anderen Autoren ging künstlerischer Dilettantismus mit ideologischer Angepaßtheit eine enge Symbiose ein, so bei Gustav von Wangenheim (Ps. Hans Huß, 1895 – 1975), Karl Grünberg (1891 – 1972), Hermann Werner Kubsch (1911 – 1983), Friedrich Wolf (Ps. Christian Baetz, Hans Rüedi, Dr. Isegrimm, 1888 – 1953), Hedda Zinner (Ps. Elisabeth Frank, Hannchen Lobesam, 1907 – 1994), Alfred Kantorowicz (1899 – 1979) u.a.m. In der Lyrik überbot Stephan Hermlin (eigtl. Rudolf Leder, 1915 – 1997) mit dem Chorwerk *Mansfelder Oratorium* (Urauff. 1950, ersch. 1953), für das er 1950 mit dem Nationalpreis ausgezeichnet wurde, selbst für die damalige Zeit das Maß ideologischer Pflichterfüllung, indem er einen Lobpreis Stalins schrieb. Im Sog des Kalten Krieges verstieg sich auch Bertolt Brecht (eigtl. Eugen Berthold Friedrich Brecht, 1898 – 1956) mit dem Gedicht *Der anachronistische Zug oder Freiheit und Democracy* (1947) in der Anthologie *Hundert Gedichte*, die 1951 erschien, zu Versen im Stil der SED-Propaganda. Aber auch den jungen Talenten – wie Günter Kunert (geb. 1929), Franz Fühmann (1922 – 1984), Hanns Cibulka (geb. 1920), Horst Bienek (1930 – 1990), Armin Müller (geb. 1928) – fiel es nicht leicht, sich der Doktrin zu entziehen. Wo sollten sie anknüpfen, wenn selbst die bekannten Autoren mit schlechtem Beispiel vorangingen und den kulturpolitischen Vorgaben folgten?

Der sozialistische Realismus ließ Literatur nach der Gebrauchsanweisung eines Modellbaukastens entstehen. Seine häufig wiederkehrenden Elemente waren:

- die optimistische politische Perspektive und ungebrochene Tatkraft, die schwierigste Situationen zu meistern half;
- der agitatorische Gehalt, welcher es dem Leser schnell ermöglichte, Gut und Böse zu unterscheiden;
- die Verbeugung vor den stets aus edlen Motiven handelnden Parteiführern, die sich letztendlich auch durchsetzten;
- die statischen Konflikte zwischen Menschen, die die Fülle des Lebens vermissen ließen und keine Entwicklung kannten;
- die Beschreibung von gesellschaftlichen Prozessen und Handlungen im Betrieb, auf einer Baustelle, auf einer Werft, in der Landwirtschaft usw., welche die Realität in einen schönen Schein hüllten und eine verheißungsvolle Zukunft ankündigten;
- die im Mittelpunkt stehenden, strahlenden, positiven Helden. Sie überwinden mit Hilfe der Partei die Reaktionäre und Feinde des Sozialismus, nämlich: Saboteure, Faulenzer, alte Nazis oder Verräter, die eigentlich ihre Heimat im Westen Deutschlands suchen.

Der Leser fand sich in dieser Literatur rasch zurecht. Ihr innerer Aufbau und ihre Gesetzmäßigkeit, nach der die zentralen Figuren handelten, waren leicht zu durchschauen. Sie ließen für Überraschungen und Spannung keinen Raum. Die erzieherische Absicht kam im Stile von Parteidirektiven daher. Mit dem sozialistischen Realismus verkümmerte die Literatur zu einer Auftragsliteratur der Staatspartei. Eine sozialistische Nationalliteratur, wie sie Johannes R. Becher (eigtl. Johannes Robert Becher, 1891 – 1958) auf dem IV. Schriftstellerkongreß 1956 mit vehementen Worten ankündigte, ließ sich darauf nicht aufbauen.

Widerspruch oder Anpassung

Der Widerspruch der Schriftsteller gegen den Formalismusvorwurf und den sozialistischen Realismus fiel zaghaft aus. Am vehementesten äußerte sich noch Bertolt Brecht, dessen Stücke ebenfalls zensiert und vom Spielplan abgesetzt wurden. In einem offenen Brief an die deutschen Schriftsteller und Künstler forderte er im September 1951 die völlige Freiheit des Buches, des Theaters, der bildenden Kunst, der Musik und des Films mit der Einschränkung für solche Schriften und Kunstwerke, welche „den Krieg verherrlichen oder als unvermeidbar hinstellen, und für solche, welche den Völkerhaß fördern". Die SED ließ sich jedoch durch diese Worte ihres berühmtesten Dichters nicht von dem eingeschlagenen Weg abbringen. Schließlich hatte Brecht ja auch darauf verzichtet, die Unterdrückung und Zensur der Literatur und Künste in der DDR unmittelbar beim Namen zu nennen. So kam es nur wenige Tage später zur Gründung der Staatlichen Kunstkommission, die auch das Berliner Ensemble zu überwachen hatte. Bei seiner Gründungsansprache bestätigte Ministerpräsident Otto Grotewohl (1894 – 1964) einmal mehr, daß Literatur und Künste der Politik untergeordnet seien. Dabei blieb es auch nach dem Arbeiteraufstand am 17. Juni 1953. Er eröffnete den Literaten zwar gewisse Freiräume, weil sie ihre Sympathie für die Regierung gegen die Aufständischen zum Ausdruck brachten oder in beredtes Schweigen verfielen. Die Regierung sagte den Schriftstellern zu, die kleinliche Bevormundung und Gängelung von Literatur und Künsten einzustellen. Sichtbarer Ausdruck dieses „Kurswechsels" sollte das neugegründete Kulturministerium sein, das unter Bechers Leitung stärker als es bisher das Amt für Literatur und die Staatliche Kunstkommission taten, den Interessen der Schriftsteller und Künstler Rechnung tragen sollte. Mit Alexander Abusch (1902 – 1982) wurde Becher jedoch als Stellvertreter ein Mann zur Seite gestellt, der bis dahin als Hardliner den Kurs der Partei öffentlich vertreten hatte.

Eine spürbare Änderung in der Kulturpolitik blieb aus. Deshalb vertagte die SED mehrfach die längst überfällige Einberufung des IV. Schriftstellerkongresses, der schließlich fast vier Jahre nach dem III. im Januar 1956 zusammentrat. Diese Verzögerung konnte jedoch nicht verhindern, daß einige namhafte Autoren heftige Kritik übten. Anna Seghers, die Präsidentin des Schriftstellerverbandes, nannte die neue Gegenwartsliteratur der DDR dürftig, kleinbürgerlich und wirkungslos. Sie machte dafür die scholastische Schreibart, so marxistisch sie sich auch gebärde, verantwortlich. Sie sei Gift für die Literatur [vgl. 12, *S. 412 f.*]. Ermutigt durch die Ereignisse des XX. Parteitages der KPdSU gingen junge Künstler im Juni des gleiches Jahres noch einen Schritt weiter. Sie warfen der SED vor, die Schriftsteller zu Kündern von Parteidirektiven gemacht zu haben. Auch dieser massive Widerspruch gegen den Formalismusvorwurf und den sozialistischen Realismus verhallte schnell. Namhafte Schriftsteller hatten widersprochen, lenkten aber schließlich doch ein. Immerhin erfuhr die Parteiführung, daß der vielbeschworene Zusammenhalt von Geist und Macht bedenkliche Risse aufwies. Die SED nutzte das Scheitern der ungarischen Revolution noch im gleichen Jahr u.a. mit den Schauprozessen gegen den Leiter des Aufbauverlages, Walter Janka (1914 – 1994), den Philosophen Wolfgang Harich (1921 – 1995) und wenig später gegen den Schriftsteller Erich Loest (Ps. Hans Walldorf, Waldemar Nass, geb. 1926) zu einer Einschüchterung und Abrechnung mit den Intellektuellen. Diese kündigten in ihrer überwiegenden Mehrheit auch nicht der Partei die Gefolgschaft, als namhafte Repräsentanten aus ihren eigenen Reihen ins Gefängnis geworfen wurden. Literarisch versuchten sie jedoch stärker als in den vorangegangenen Jahren eigenständige Wege zu gehen.

Die neue Offensive der SED

Nach der stalinistischen Phase in der ersten Hälfte der fünfziger Jahre bereitete die SED mit dem sogenannten Bitterfelder Weg die zweite sozialistische Kulturrevolution in der DDR vor. Sie folgte dabei nicht Vorgaben oder Anweisungen aus Moskau. Auf der Grundlage des sozialistischen Realismus versuchte die SED vielmehr, eine eigenständige kulturpolitische Konzeption zu entwickeln, um die ideologische Offensive zurückzugewinnen. Allerdings griff sie mit der Brigadebewegung und der Verbindung von Ökonomie und Kultur auf sozialistische Traditionen zurück, die auch in der Sowjetunion Bedeutung erlangten. Eine zentrale Rolle bei der Vorbereitung und Umsetzung dieses neuen kulturpolitischen Programms fiel Alfred Kurella (Ps. B. Ziegler, Viktor Rörig, A. Bernard, 1895 – 1975) zu, der, obwohl er erst 1955 aus der Sowjetunion zurückkehrte, schon bald zum Leiter der Kommission für Fragen der Kultur beim Politbüro des ZK aufrückte.

Während die SED auf der 3. Parteikonferenz im März 1956 noch lobende Worte für die Schriftsteller fand und den vorangegangenen Schriftstellerkongreß würdigte, leitete sie am Ende des Jahres mit der Vorbereitung der Schauprozesse eine neue ideologische Offensive ein. Rund zwölf Monate nach dem aufsehenerregenden Parteitag der KPdSU, auf dem Nikita Sergejewitsch Chruschtschow (1894 – 1971) Stalin vom Sockel stieß und die Phase der Entstalinisierung im Hegemonialbereich der Sowjetunion ermöglichte, endete die ideologische Öffnung bereits wieder. Die SED faßte innenpolitisch erneut Tritt. Ulbricht festigte seine Position. Begünstigt wurde dies durch das Scheitern der Reformbestrebungen in Ungarn und Polen. Ulbricht nutzte die Härte, mit der Moskau gegen die Reformer in diesen Ländern vorgegangen war, für eine innenpolitische Kurskorrektur. Er ließ die Eigenständigen und Nichtangepaßten unter den Schriftstellern und Intellektuellen erneut maßregeln. Im Zentralkomitee gewann er wieder an Boden gegenüber seinen Widersachern Ernst Wollweber (1898 –

1967) und Karl Schirdewan (geb. 1907), die auf der 35. ZK-Sitzung im Februar 1958 ihre Ämter verloren.

Die Verbesserung des allgemeinen Lebensstandards, die Abschaffung der letzten Lebensmittelkarten, die Reduzierung der Wochenarbeitszeit auf 45 Stunden, die Steigerung der Industrie- und Konsumgüterproduktion erleichterten es der SED darüber hinaus, die politische Lage zu konsolidieren.

Die ideologische Offensive wurde mit diversen Kulturkonferenzen zwischen 1957 und 1959 abgestützt; diese hatten das Ziel, die Schriftsteller wieder stärker auf die Parteilinie zu verpflichten. Alexander Abusch, der nach dem Tode von Johannes R. Becher (1958) diesem im Amt des Kulturministers nachfolgen sollte, warf den Schriftstellern auf der Kulturkonferenz der SED im Oktober 1957 vor, in ideologischen Fragen wankelmütig zu sein und der Illusion eines „Dritten Weges" nachzutrauern, der in Ungarn in einer „blutigen Tragödie" endete [vgl. 12, *S. 490*]. Persönlich griff er die Leipziger Professoren Hans Mayer (geb. 1907) und Ernst Bloch (1885 – 1977) scharf an und tadelte indirekt sogar den anwesenden Kulturminister Becher, indem er seinem Haus vorwarf, mit den falschen Leuten zusammengearbeitet zu haben. Damit meinte er vor allem Georg Lukács (1885 – 1971) und Alfred Kantorowicz, der seiner Verhaftung durch Flucht in den Westen nur knapp entgehen konnte. Zukünftig werde, kündigte er mit offensichtlicher Rückendeckung des Zentralkomitees an, alles „ausgemerzt", was unserem kulturellen Leben und der sozialistischen Sache schade [vgl. 12, *S. 493*].

Damit waren die Weichen für den V. Parteitag der SED, der im Juli 1958 stattfand, gestellt. Hier steckten Walter Ulbricht und Alfred Kurella die Ziele der zweiten Kulturrevolution ab. Sie forderten die Arbeiter auf, die „Höhen der Kultur" zu erstürmen, verlangten von den Schriftstellern, die Trennung von „Kunst und Leben" zu überwinden und dort hinzugehen, wo das Leben seine härteste aber wahrhaftigste

Seite zeige, auf die Bauplätze der Republik. Damit waren die kultur-politischen Leitgedanken zur Bitterfelder Konferenz vorformuliert.

Die Bitterfelder Konferenz

Mit der Losung „Greif zur Feder, Kumpel, die sozialistische deutsche Nationalliteratur braucht Dich!" lud der Mitteldeutsche Verlag Schriftsteller, Künstler, Arbeiter, Kulturfunktionäre sowie Repräsen-tanten aus Partei und Staat zu einer Konferenz in den Kulturpalast des elektrochemischen Kombinats nach Bitterfeld ein. Dies geschah zum 24. April 1959. Von diesem Tag erhoffte sich die DDR-Führung einen Wendepunkt in der Kulturpolitik. Bitterfeld sollte zu einem zweiten Weimar werden, Literatur und Kunst zu einer neuen Blüte führen. Der Ort des Geschehens wurde mit Bedacht gewählt. Bitterfeld zählte da-mals zu den größten Bauplätzen im sozialistischen Teil Deutschlands. Der Wahl der Stadt kam programmatische Bedeutung zu. Walter Ulbricht hob dies in seiner einführenden Rede hervor. Er machte deut-lich, welche herausragende Bedeutung die SED dieser Konferenz für die Ausgestaltung des zukünftigen kulturellen Weges beimaß. Endlich sah sich die SED ihren lange verfolgten Zielen einen Schritt näher kommen: eine Literatur zu schaffen, die Gegenwartsthemen mit der gebotenen ideologischen Klarheit behandelt, und Literaten zu gewin-nen, die dies nicht länger als ein Hindernis für ihr künstlerisches Schaffen ansehen [vgl. 12, *S. 557*]. Sie wollte es dabei nicht länger mit Appellen bewenden lassen, sondern durch ganz konkrete Maß-nahmen die kulturelle Arbeit mit der ideologisch-politischen verknüp-fen. Dazu zählten im einzelnen:

- die ideologische Arbeit im Schriftstellerverband zu intensivieren;
- die Förderpolitik umzugestalten und zu erweitern;
- die Schriftsteller auf die Bauplätze der Republik zu schicken, damit sie die sozialistische Umgestaltung der Gegenwart vor Ort erfahren;

- die Arbeiter zu Schriftstellern auszubilden, damit jene diesen zeigen, wie die ideologische Umgestaltung literarisch gestaltet werden kann;
- die Trennung von Kunst und Leben zu überwinden, um das kulturelle Niveau anzuheben und die sozialistische Lebensweise zu fördern.

Bitterfeld sollte zum Motor der sozialistischen Entwicklung werden, die Symbiose von Politik und Kultur, Intellektuellen und Arbeitern, Ökonomie und Kunst herbeiführen. Die Spitzen der Partei glaubten offensichtlich ebenso wie viele der ihnen verpflichteten Schriftsteller und Künstler, daß Kunst und Literatur die politische, ökonomische und soziale Entwicklung maßgeblich beeinflussen könnten. Wörtlich sagte Ulbricht: „Ich möchte also unterstreichen, daß wir die Aufgaben der Schriftsteller in den Rahmen der sozialistischen Umwälzung, in den Rahmen der Lösung der ökonomischen Hauptaufgabe stellen, die das Ziel hat, das Übergewicht gegenüber Westdeutschland in bezug auf den Pro-Kopf-Verbrauch der Bevölkerung und im Kampf um das wissenschaftlich-technische Weltniveau zu erreichen" [vgl. 12, *S. 555*]. Vor diesem Hintergrund kam es wenige Monate später zu einer unmittelbaren Verknüpfung zwischen dem „Siebenjahrplan zur Entwicklung der Volkswirtschaft der Deutschen Demokratischen Republik" und dem „Siebenjahrplan des Friedens, des Wohlstands und des Glücks des Volkes", dem Programm der kulturellen Erneuerung. Wie die Erfüllung des Volkswirtschaftsplans allen Bereichen der Kultur zugute käme, so sollte umgekehrt, das kulturelle Leben befruchtend und belebend auf die produktive Tätigkeit der Werktätigen wirken.

Die Schriftsteller und Künstler wandten sich nicht, wie vielleicht zu erwarten gewesen wäre, schroff von dieser der Produktivitätssteigerung dienenden Instrumentalisierung der Literatur und Kunst ab; viele strömten statt dessen in die Betriebe und auf die Baustellen der Republik. Als Vorbild galt die Schriftstellerin Regina Margarete Hastedt (geb. 1921); sie berichtete in Bitterfeld über ihre Erlebnisse, Eindrükke und Gespräche mit den Bergleuten des Oelsnitzer Karl-Liebknecht-

Schachtes, insbesondere mit dem mehrfachen Aktivisten Sepp Zach. Das Ergebnis dieser Begegnung faßte sie in der Reportage *Die Tage mit Sepp Zach* zusammen, die 1959 erschien. Erwin Strittmatter (1912 – 1994), damals als frisch berufener Sekretär des Schriftstellerverbandes ganz auf Parteilinie, warb unter seinen Kollegen engagiert dafür, sich endlich den Gegenwartsthemen zu stellen und wie gewünscht, auf die Bauplätze der Republik zu gehen. Er versäumte es nicht, diejenigen beim Namen zu nennen, die dazu bereits ihre Bereitschaft erklärt hatten. Schließlich folgten viele dem Ruf der Partei; unter ihnen waren Christa Wolf (geb. 1929), Franz Fühmann, Karl-Heinz Jakobs (geb. 1929), Armin Müller, Regina Hastedt, Willi Bredel, Brigitte Reimann (1933 – 1973) und natürlich Erwin Strittmatter selbst.

Bemerkenswert erscheint, daß die Bitterfelder Konferenz – wenn auch nur kurz – eine kulturpolitische und literarisch-kulturelle Aufbruchstimmung auszulösen vermochte. Eine differenzierte Auseinandersetzung mit den neuen Zielvorgaben der Partei unterblieb. Sie war nicht gewünscht, und wäre auch nicht gebilligt worden. Unabhängig davon zeigten sich die Schriftsteller zu einem großen Teil bereit, ihre künstlerische Arbeit mit den ökonomischen Zielvorgaben in Einklang zu bringen. Zu öffentlichem Widerspruch, sich ein weiteres Mal in den Dienst eines sozialistischen Plans zur Erziehung des Menschen und zur Umgestaltung von Gesellschaft und Wirtschaft zu stellen, kam es zunächst nicht. Dies änderte sich jedoch bald.

Euphorie und Ernüchterung

Die Bitterfelder Konferenz fand in der von der SED gelenkten Presse eine breite Berichterstattung. Die neuen kulturpolitischen Ziele dürften in der Bevölkerung keine Ängste ausgelöst haben. Wer konnte schon etwas dagegen haben, die Ökonomie leistungsfähiger zu machen und das kulturelle Angebot bis hin zu den Bibliotheken und Büchereien vor Ort zu erweitern? Zudem schmeichelte es dem „einfachen Mann", daß man ihm zutraute, die „Höhen der Kultur" zu erstürmen. Die breit angelegte ideologische Offensive, die sich hinter diesem Konzept verbarg, wurde nur von wenigen durchschaut. So fanden sich in den Betrieben und Landwirtschaftlichen Produktionsgenossenschaften (LPG) über die Parteikader hinaus Tausende literarisch Interessierte in Brigaden zusammen, um zu malen, zu musizieren und vor allem um zu dichten und zu schreiben. Sie meldeten sich frei nach dem Motto: „Hier sind wir, sagt was wir schreiben sollen, wir sind bereit!" Die SED hatte nicht zuletzt auf diesen Effekt gesetzt und sich von einer Massenbewegung schreibender Arbeiter eine identitätsstiftende Wirkung erhofft, von der sie glaubte, profitieren zu können.

Mit der Bitterfelder Konferenz knüpfte sie an die Arbeiter-Korrespondenten-Bewegung der Weimarer Republik an. Willi Bredel, Hans Marchwitza (1890 – 1965), Eduard Claudius, Otto Gotsche (1904 – 1985) u.a., die als Schriftsteller daraus hervorgegangen waren, unterstützten die neue Initiative lebhaft. Sie blieb jedoch zunächst eine Kopfgeburt der SED-Funktionäre, auch wenn sie sich als Massenbewegung präsentierte. Deshalb kam es bei der Umsetzung in die Praxis darauf an, die sich spontan bildenden Zirkel in den kulturpolitischen Lenkungs- und Herrschaftsapparat der Staatspartei einzubinden. Schriftsteller, Lektoren, Kulturwissenschaftler und vor allem die Parteifunktionäre betreuten sie. Unter den Institutionen taten sich dabei vor allem der Mitteldeutsche Verlag, der Gewerkschafts-Verlag *Tribüne* sowie der Freie Deutsche Gewerkschaftsbund fördernd hervor. Die Presse, von den Kreiszeitungen bis zum „Neuen Deutschland", eröffnete den schreibenden Arbeitern ein „literarisches Forum". Um ihre handwerklichen Fähigkeiten zu verbessern, wurde für sie eigens ein Handbuch zur Anleitung zusammengestellt. Das *Neue Deutschland* prophezeite seinen Lesern am 27. Februar 1960 euphorisch, daß binnen kurzem mehr als hunderttausend Menschen literarisch tätig würden, „die sich in Wand- und Betriebszeitungen, in den Kreisseiten unserer Presse, in AgitpropSzenen und Laienspielen mit den Problemen ihres Betriebes mit ihrer LPG auseinandersetzen werden". Tatsächlich entstanden zahlreiche Anthologien wie die *Deubner Blätter, Arbeitsmaterialien des Zirkels schreibender Arbeiter, BKW Erich Weinert* (1961), *Ich schreibe. Anthologie schreibender Arbeiter I – V* (1960 – 1964), *Schreibende Arbeiter aus dem Bezirk Potsdam greifen zur Feder* (1961). Darin fanden die Leser zum größten Teil Reportagen, Brigade-Tagebücher und Gedichte, in denen das Alltagsleben im Betrieb oder bis ins Detail gehend die eigene Tätigkeit an der Werkbank, im Labor oder in der Molkerei geschildert wurde. Brigitte Reimann beklagte zu Recht, daß in den Zirkeln nur über die Zweckmäßigkeit und Nützlichkeit der Literatur, nicht aber über Stil und Form diskutiert würde.

Die erste Euphorie der Bitterfelder Bewegung wich schnell der Ernüchterung. Bitterfeld führte die Literatur nicht zu einer neuen Blüte, sondern eröffnete dem Dilettantismus Tür und Tor. Es wurde so getan, als seien schreibende Arbeiter schon fertige Schriftsteller. Die schöpferische Phantasie wich dürren Handlungsbeschreibungen. Der Lebenskreis der Darstellungen reichte häufig nur wenige Meter über den unmittelbaren täglichen Arbeitsbereich des Autors im Betrieb hinaus. Selbst Erwin Strittmatter kam alsbald nicht umhin, feststellen zu müssen, daß die „neue Bitterfelder Literatur" der schreibenden Arbeiter lediglich als literarischer Rohstoff für eine professionelle Bearbeitung geeignet sei.

Nicht nur die schreibenden Arbeiter taten sich schwer, die hochgesteckten Erwartungen zu erfüllen. Den Schriftstellern erging es ähnlich. Sie stellten fest, daß es ihnen fast unmöglich sei, sich in die Lebenswelt eines Arbeiters oder Bauern einzufühlen. „Was zum Beispiel empfindet ein Mensch", schrieb Franz Fühmann, „der weiß, daß er sein Leben lang so ziemlich dieselbe Arbeit für so ziemlich dasselbe Geld verrichten wird, als beglückend und was als bedrückend an eben dieser Arbeit; wo bringt sie ihm Reize, wo Freude, wo Leid, in welchen Bildern, auf welche Weise erscheint sie in seinem Denken und Füh-

len, usw. usw., ich weiß es nicht und kann es nicht nachempfinden"
[vgl. 105, *S. 11*].

Nicht zuletzt aus diesem Grund kam es nur zu wenigen geglückten
Erzählungen und Romanen, die mit dem Bitterfelder Weg in Zusam-
menhang gebracht werden können. Dazu zählen Karl-Heinz Jakobs
Beschreibung eines Sommers (1961), Brigitte Reimanns *Ankunft im
Alltag* (1961), Franz Fühmanns *Kabelkran und Blauer Peter* (1961),
Christa Wolfs *Der geteilte Himmel* (1962 in der Zs. *Forum*, 1963),
Erwin Strittmatters *Ole Bienkopp* (1963) sowie Erik Neutschs (geb.
1931) *Spur der Steine* (1964), der dafür mit dem Nationalpreis ausgezeichnet wurde. Die SED tat sich aber auch mit diesen Werken
schwer, weil die Gestaltung der Konflikte und zentralen Figuren nicht
immer die erwünschte ideologische Klarheit aufwiesen.

Doch schon bevor diese Bücher, die zum Teil in den darauffolgenden
Jahren verfilmt wurden, erschienen waren, sah sich die Staatspartei zu
einer Kehrtwendung ihrer Kulturpolitik veranlaßt. Die hehren Ziele,
die sie mit dem Bitterfelder Weg verband, konnten allesamt nicht eingelöst werden. Die Literatur vermochte nicht die Produktion zu steigern; die schreibenden Arbeiter bereicherten nicht die sozialistische
Nationalliteratur; die Schriftsteller schrieben nicht die großen Romane
über die Bauplätze der Republik. Allerdings lösten ihre Gespräche
und Einblicke einen nachhaltigen Praxisschock aus. Sie erfuhren, daß
die Utopie des Sozialismus im krassen Widerspruch zu den nackten
Tatsachen stand, die der Alltag schrieb.

Der anspruchsvollste und weitreichendste Versuch der SED, das kulturelle Leben zu instrumentalisieren und in den Dienst der Ideologie
und Ökonomie zu stellen, schlug nicht nur fehl, sondern führte darüber hinaus zur „Ankunft im Alltag". Er förderte in den sechziger Jahren in Teilen der DDR–Literatur einen Perspektivwechsel vom Wir
zum Ich, von der großen revolutionären Verheißungsperspektive zur
kleineren Alltagsperspektive mit ihren tausend Schwierigkeiten im
real existierenden Sozialismus.

Axel Schalk

Die Bundesrepublik im Roman nach 1945

So problematisch angesichts der Vielfalt des schwer systematisierbaren Gegenstands eine generelle These sein mag: Der politische Roman in der Folge Heinrich Manns (1871 – 1950), der ein gesellschaftskritisches Totalbild seiner Epoche und der in ihr agierenden Sozialcharaktere aus den politischen Mechanismen entwickelte, wurde in der Bundesrepublik nicht geschrieben. Die immer wieder auffällige Titelmetaphorik der Autoren verweist auf das generelle Problem: *Das Treibhaus* (1953) von Wolfgang Koeppen (1906 – 1996), *örtlich betäubt* (1969, u. d. T. *Davor* 1969 als dramatisierte Fassung uraufgeführt) von Günter Grass (geb. 1927); *Keiner weiß mehr* (1968) von Rolf Dieter Brinkmann (1940 – 1975); *Der Sturz* (1973, Film 1978) von Martin Walser (geb. 1927); *Fürsorgliche Belagerung* (1979) von Heinrich Böll (1917 – 1985); *Der Schleiftrog. Ein Bildungsroman* (1977) von Hermann Hans Kinder (geb. 1945); *Noface – Nimm was du brauchst* (1973) von Walter Erich Richartz (eigtl. W. E. Freiherr Karg von Bebenburg (seit 1942), 1927 – 1980); *Bereitschaftsdienst. Bericht über eine Epidemie* (1973) von Hans Erich Nossack (1901 – 1977); *Lefeu oder Der Abbruch* (1974) von Jean Améry (eigtl. Hanns Meyer, 1912 – 1978).

Günter Grass' resignative Formulierungen in *Kopfgeburten oder Die Deutschen sterben aus* (1980) von „Butter- und Schweinefleischbergen" und „Wärmedämmung", dem „Salto der Sinnlosigkeit", der Gesellschaft, die „Tabletten gegen Tablettenschäden" schluckt, charakterisiert diese Epik des gesellschaftlich erfahrenen Defizits, der Kapitulation bei der Zustandsbeschreibung. „Im Bauen suchen sie Vergessen, das ist wie Opium", heißt es bei Böll; „Die schmuddelige Wirklichkeit, die Langeweile", formuliert Ingeborg Drewitz (1923 – 1986). Grass' Aussichten im Werk für die bundesrepublikanischen – dank Konrad Adenauer (1876 – 1967), Willy Brandt (eigtl. Herbert Ernst Karl Frahm, 1913 – 1992) und Helmut Kohl (geb. 1930) – „Streichelkinder" auf das beginnende Jahrzehnt bleiben skeptisch. Wenn der Autor auf zwei Handlungsebenen die Brokdorf-BRD – also die ökologische Frage – und den möglichen Kanzlerkandidaten Franz Josef Strauß (1915 – 1988) thematisiert, entwickelt er ein episches Modell von Zeitgenossenschaft, das mit dem erfundenen Studienratsehepaar, die Parteimitglieder – er in der SPD und sie in der FDP – sind, wie schon in *örtlich betäubt* (1969), authentische Typisierungen vornimmt, aber nicht auf Grundsätzliches zielt, ein Charakteristikum des Romans der Bundesrepublik.

Durchweg lassen sich in den Romanen, die exemplarisch für andere stehen, Bilder des Stillstands, der „Lähmung", eine leitmotivisch auftauchende Stimmung eines politischen Gemeinwesens, das BRD hieß, verifizieren. Offenbar handelt der politisch – gesellschaftskritische Roman der Bundesrepublik vom Scheitern, Utopieverlust, der Frustration seiner Chronisten, und ist hierin offensichtlich von der Geschichtslosigkeit der Konsumgesellschaft, die sich spätestens in den sechziger Jahren herausgebildet hat, bestimmt. „Wahnsinnige, erzwungene Normalität; [...] es geht immer besser, immer immer besser." ist bei Karin Struck (geb. 1947) zu lesen.

Modellhaft verkürzt lassen sich im bundesdeutschen Roman zwei Linien aufzeigen, wenn Gesellschaft noch beschrieben wird. Sie kann also gestalteter Erzählgegenstand sein oder nur Folie, Sekundärphänomen für Romane, die insofern Politik behandeln, als sie sich von der Schilderung gesellschaftlicher Oberflächenphänomene verabschieden. Hier ist Privates politisch zu lesen als andere Form einer zuweilen oberflächlichen Öffentlichkeit, was impliziert, daß der politische Roman nach 1945 keineswegs eindimensional – begrifflich definierbar ist. Man mag fragen, inwieweit sich in einer Struktur der gebrochenen Prosageschichte das Politische im nur vordergründig Privaten verbirgt oder inwieweit das vordergründig-politische Kolorit, etwa bei Grass, im Deklarativen, Reflektierten und Beschreibenden stecken-bleibt. In Ror Wolfs (geb. 1932) Romandebut *Fortsetzung des Berichts* (1964) liegt die Reaktion auf die erstarrten Verhältnisse im kompliziert verstörenden Schreibakt. Der herrschende Konsum schluckt die Imagination, das mimetische Nachahmen der Gesten in der kleinbürgerlichen Enge steht für anderes.

Nach einer Phase der moralisch-emotionalen Aufarbeitung des zwei-ten Weltkriegs, dieser bleibt thematisch im Roman virulent, wird das Jahr 1953 zum Schlüsseldatum für die literarische Rezeption der ent-standenen Bundesrepublik. Wolfgang Koeppens *Treibhaus*, der zweite Teil seiner Trilogie, mag als das Skandalon, das er war, als einzig gül-tiger poltischer Roman der Bundesrepublik betrachtet werden. „Wirk-lich, die Gründerjahre waren wiedergekehrt, ihr Geschmack, ihre Komplexe, ihre Tabus." Das Bonn der Wiederaufrüstung, der begin-nenden Korruption, läßt den pazifistischen Abgeordneten Ketenheuve „gänzlich unnütz" von der Rheinbrücke in den Tod springen. Ist doch im Werk die „poetische Wahrheit" der 'Restauration' kongruent mit der politischen Thematik, dem nachwievor aktuellen Totalbild der Bundeshauptstadt, stellt sich die Unmöglichkeit kritischer-politischer Existenz im neuen Staat grundsätzlich in der Allegorie des Sterbens dar. In gebotener Deutlichkeit formuliert der Autor sein politisches Credo in der Büchner-Preis-Rede 1962, wenn er vor „dem neuen her-aufziehenden Analphabetentum von Bildzeitung, [...] Fernsehen" warnt, „die uns manipulieren, automatisieren [...] werden". *Der Tod in Rom* (1954) erweitert Koeppens radikalen Blick auf die gesellschaft-liche 'Verdrängung' der „Zeit des Gehängtwerdens", des Faschismus, wenn sich in einer Familiengeschichte die wieder etablierten Täter von früher in der ewigen Stadt treffen. Der untergetauchte, wahn-sinnige Nazi-General Judejahn, der in Waffengeschäften für den Orient unterwegs ist, tötet eine Jüdin, und der Autor zieht das resigna-tive Fazit, daß jetzt bereits die Zeit für ein anderes Deutschland endgültig vorbei sei. Für Koeppen geht die verlorene Schlacht, der Zweite Weltkrieg, bruchlos mental weiter. „In Berlin war eine Schlacht geschlagen, die nie geendet hatte, die immer weiterging, die im Geist weiter geschlagen wurde." Diese paradigmatische Verklammerung von Faschismus und seiner Verdrängung in der BRD der 50er Jahre ist in Martin Walsers Erstlingsroman *Ehen in Phillipsburg* (1957) bereits abgeschwächt, der nur ein gültiges Werk dessen, was ideologisch 'Wirtschaftswunder' hieß, satirisch entwickelt.

Das Romanjahr 1959 mit Heinrich Bölls *Billard um halbzehn*, Uwe Johnsons (1934 – 1984) in der DDR geschriebenen *Mutmaßungen über Jakob* (1959) sowie der Grasschen *Blechtrommel* (1959, Film 1979) bildet in doppelter Weise ein Schlüsseldatum. Spätestens jetzt, von der rühmlichen Ausnahme Koeppen abgesehen, wird die bundesrepublikanische Gegenwart schon rein quantitativ zum zentralen Thema. Der international anerkannte ästhetische Sprung ist mit diesen, die Prosalandschaft prägenden Autoren erreicht, eine neue Generation von Erzählern hat sich etabliert. Böll, *der* politische Autor der Bundesrepublik, der sich wie Grass publizistisch oder im Wahlkampf für die SPD immer wieder einmischte, formuliert eine Poetik des Humanen, indem er in *Billard* mit der Rückblendentechnik eine moralisch-mitfühlende Symbolik vom Sakrament der Lämmer und der Büffel setzt, der Leidenden und der Täter.

Bölls *Ansichten eines Clowns* (1963, als Schauspiel u.d.T. *Der Clown von A. Radok* uraufgeführt 1970) setzt mit der traditionellen Titelfigur Hans Schnier, den schon von der Romantik her bekannten Außenseiter, ins Zentrum. Er wird im antiklerikalen, gesellschaftskritischen Roman ins Außenseiterdasein gedrängt und strandet schließlich heruntergekommen auf den Stufen des Kölner Bahnhofs. Asozialität als antigesellschaftliche Kategorie gegen die Mimikry der Reichen verbunden mit zunehmendem Antiklerikalismus, könnte hier als das zentrale Element Böllscher Gesellschaftskritik der Rheinprovinz betrachtet werden. *Ende einer Dienstfahrt* (1966, als Fernsehspiel 1971) zeichnet satirisch eine Gerichtsverhandlung über die Zerstörung eines Bundeswehrjeeps nach und dokumentiert eindringlich Bölls pazifistisches Postulat.

„Gebrauchte Utopien sind zu haben. Neue gibt es nicht mehr. [...] Wir sind die größten bisherigen." Ironisch, zuweilen distanziert thematisiert Martin Walsers Anselm-Kristlein-Trilogie den 'Stillstand' der sechziger Jahre, „die Bewegung auf der Stelle". Mit *Halbzeit* (1960), *Das Einhorn* (1966), *Der Sturz* (1973) erlebt die „Bundzreplik", wie sie polemisch heißt, ihre literarisch breit gefächerte Erörterung aus der Perspektive einer Modellfigur. „Ich liege. Ja ich liege. [...] Aber es fehlt mir offenbar die Macht über mich selbst." Aus dem betäubenden Schlaf erwachend tritt der Held zu Beginn der Romane ins Geschehen. Kristlein, Vertreter, Angestellter, Public-Relation-Mann – er wird Schriftsteller, Heimleiter, schließlich finanziell und seelisch Ruinierter im Zustand der völligen Ichdissoziation des Geldverdienenmüssens. Walser zerschlägt mit seinem Modell einer unaufhaltsamen „Abwärtsbewegung" die Ideologie der entwickelten Individualität und Intellektualität, wobei auch erotische Privatheit im *Einhorn* persifliert wird. „Das Tempo nahm [...] zu. Jetzt ist nicht mehr daran zu zweifeln, daß es ein Sturz ist." Trotzdem beschreibt Walser Individualität in seinem gesellschaftlichen Protokoll von der herrschenden 'Normalität'. Gesellschaft und das in verschiedenen Rollen variierte Ich bleiben die Themen des epischen Außenblicks auf den Makrokosmos der vielgestalteten Sozietät.

Auch Studienrat Helmut Halm hat in Walsers *Brandung* (1985) mit dem Aufwachen in den Ferien Probleme, und er bricht bei seinem Heine-Vortrag an einer kalifornischen Universität zusammen. Er ist auf seinem Ausflug in seinen Selbstbefragungen so lächerlich-ernsthaft wie Anselm. Ist Walser mit seinen gedankenschweren Figuren an deren Ambivalenz gescheitert, weil er mit dem Ich-Erzähler in der Kristlein-Trilogie Individualität gleichzeitig beschwört und negiert, eine Gesellschaft reflektiert, die im Stillstand stecken bleibt? Das mit Sprachartistik geschilderte „Kristlein-Syndrom" beschreibt an Hand der Figur, der endlosen Episoden und wiederholten Biographien, die sie durchlebt, das „Höllenhafte unserer Existenz", das, „wenn man es genau aufschreibe, das pure Feuilleton ergebe." Die Selbstmorde und Todesfälle wollen im *Sturz* nicht abreißen.

Hoffnungsloser und radikaler argumentiert Rolf Dieter Brinkmann in seinem Beziehungsroman *Keiner weiß mehr* aus dem politischen Schlüsseljahr 1968. Allerdings herrscht hier rigide sprachliche Hermetik vor, wogegen Walser im ironisch-sprachgläubigen und sprachmächtigen Muster operiert und schließlich Schriftstellerexistenz als Rettung, Schreiben als nur noch behauptete Utopie setzt. Und es könnte eine wohl nicht zu erörternde Frage sein, ob Brinkmann nicht schärfer, weil verzweifelter, die Widersprüche in der Enge einer Beziehung artikuliert, deren Protagonisten nie die Chance der gesellschaftlichen Integration haben. Beim jüngeren Brinkmann erscheint Öffentlichkeit als mikrokosmisches Innenbild. Es artikuliert sich die Stimme einer nicht etablierten Generation des Beat, die mit enervierender Selbstquälerei gesellschaftliche und private Erfahrungen grundsätzlich als „Mißverständnis" denunziert. Nur vordergründig ist das Werk als eine Beziehungsgeschichte zu verstehen; das sinnlos in sich kreisende Grübeln des personalen Ers kann als gesellschaftliche Zustandsbeschreibung gelesen werden, die dann diese Generation in der Apo politisch explodieren ließ. „Eine Geschichte aus Resten", die nur von Beziehungslosigkeit handelt, wird gerade noch erzählt. Grass' *örtlich betäubt*, wieder ein metaphorischer Titel der gesellschaftlichen Zustandsbeschreibung, gehört zweifellos in den Kontext der Reflexion der Lage 1968. Grass setzt mit diesem Roman entschieden bei der Untersuchung eines harten Gegenwartsproblems an, am Beispiel des stagnierenden Schüler- und Studentenprotestes in Westberlin.

Bölls *Gruppenbild mit Dame* (1971) entwirft vor dem Hintergrund des Endes der Adenauer-Ära eine Frauenbiographie, die als multiperspektivischer Querschnitt der deutschen Gesellschaft von 1922 – 1970 gelesen werden kann. Leni, die renitente Hauptfigur – keine idealisierte Heldin, vielmehr verrätselt und aus unterschiedlichen Blickrichtungen entwickelt – bleibt sich als nichtangepaßte Frau treu. Mit ihrer Biographie berichtet der ironisch neutrale Verfasser von den virulenten gesellschaftlichen Verdrängungen, die allerdings eine deutlich historische Perspektive haben. Die unpolitische Frau funktioniert als Katalysator; an ihr vollziehen sich die Prozesse.

Das Dichtdran des Zeitromanmodells bleibt literarisch problematisch, wenn die politische Aktualität, auch die kopfgeburtlerisch fiktive, den Vorrang bekommt, was formale Defizite der Zustandsschilderung zwingend nach sich zieht. Dies gilt in besonderem Maße für Günter Grass' Protokoll seiner Wahlkampfreisen für die „EsPeDe" im Jahre 1969, *Aus dem Tagebuch einer Schnecke* (1972). Reflexion des Zeitgeschehens, verbunden mit dem Bekenntnis zur 'Schneckenhaftigkeit' der Reformpolitik und des politisch-historischen Prozesses überhaupt, steht anstelle der literarischen Gestaltung. Dagegen bemüht Grass in dem multiperspektivisch angelegten universalistischen Großroman *Der Butt* (1977) das Märchenmodell als sich selbst reflektierendes Antisystem gegen das im bundesrepublikanischen Roman nach wie vor virulente Muster der Psychologisierung. Die schneckenhafte Utopie des politischen Fortschritts bleibt in der historischen „Totale" [vgl. 16, *S.* 30] gebrochen, wobei die Gleichzeitigkeit des Geschichtsfreskos die Zeitkategorie des Romans aufhebt. Dies ist für den Autor, der sich auf mythisches Terrain begibt, durchaus Realismus, meint er doch in der Döblin-Nachfolge, daß in dieser Form Realtitätswahrnehmung gleichsam mit kollektivistischem, überhistorischem Blick erfolgt. Realitätseinschübe wie die Frauenbewegung, die die siebziger Jahre schildern, verweisen auch auf das Fernsehen als Realitätssurrogat.

Sowohl bei Hermann Kinder in *Der Schleiftrog*, einer Metapher, die wie *Das Treibhaus* Gesellschaft meint, als auch bei Bernward Vesper (1938 – 1971), dem Sohn des Nazi-Dichters Will Vesper (1882 – 1962), in *Die Reise. Romanessay* (postum 1977, Film 1986) – nach seinem Freitod publiziert – formuliert eine jüngere Generation die Absage an die Gesellschaft, speziell an die der Väter, die sie zu sozialisieren trachteten. Wenn Grass zumindest noch an 'schneckenhafte' Veränderung glaubt, oder Böll seiner Prosa Humanismus unterlegt, persifliert Kinder den Bildungsroman und beschreibt im ersten Kapitel den unwiederbringlichen Bruch mit der Vergangenheitsbewältigungsprosa: Eine neue Generation hat ihre eigenen, skeptischen Geschichten und gleichermaßen steht die 'Studentenbewegung', die Außerparlamentarische Opposition ironisch zur Debatte:" [...] Woodstock mit voller Pulle [...]". Anders als in Uwe Hans Heinz Timms (geb. 1940) holzschnittartigem, klischeehaftem *Heißer Sommer* (1974), der in platter Abbildung an den Apo-Ereignissen klebt, verabschiedet sich Kinder in seiner Bruchstück-Ästhetik von der Politik. Sarkastisch-resignativ ist vom wir „werden es besser machen" in „einer großen Konfession" die Rede, die das Scheitern der Apo in der prospektiven Verbürgerlichung harsch benennt. Es sind autobiographische Schilderungen, die jenseits der Innerlichkeit die Gesellschaft am Subjekt spiegeln. Nicolas Borns (1937 – 1979) *Die erdabgewandte Seite der Geschichte* (1976) zerstört Linearität, wenn er wie Brinkmann die Ohnmacht und Auswegslosigkeit des Subjekts bei der Ich-Suche der 68er-Generation thematisiert. Er, selbst aktiv in der Apo, hat das exemplarische Buch seiner Generation geschrieben, in dem es nur ein exakt verifizierbares Datum gibt: den 2. Juni 1967, Tag der gewalttätigen Berliner Demonstration gegen den Schah und des Todes des Studenten Benno Ohnesorg. Die literarischen Ordnungsmuster werden gesprengt, das epische Kontinuum beseitigt, weil das retrospektive Schreiben erst 'hinter den Wörtern' beginnt.

Walter E. Richartz' *Büroroman* (1976) beschreibt die Welt der Angestellten einer Frankfurter Fabrik, die von Anonymität und absurder Funktionalität gekennzeichnet ist; hier läßt sich, ohne daß Milieu wie bei Böll beschrieben wird, die poesielose lapidare Prosa des „Aber nein. Nichts ändert sich" – Stillstands beobachten. Im nüchternen Duktus des Geschäftsberichts, in dem Arbeitszeit im Büro ein ausgefülltes Vakuum ist, herrscht Verdinglichung, wobei die Frage nach dem Subjekt sich auf die nach seinem „Gesamt-Sitzgewicht" reduziert. Am Ende herrschen die „Büro-Automaten", die älteren Belegschaftsmitglieder sind tot, mithin prognostiziert der Autor weitsichtig das Ende der soziologisch beschriebenen Berufsgruppe im Sieg der Maschinen, im Textverarbeitungssystem, in der maschinellen Ersetzbarkeit des einzelnen.

Auch wenn in Rolf Hochhuths (geb. 1931) Roman *Eine Liebe in Deutschland* (1978, Film 1983) das Schicksal eines von den Nazis wegen Geschlechtsverkehr mit einer Deutschen gehenkten Polen dokumentarisch nacherzählt wird, hatte kein Roman nach 1945 eine stärkere direkte politische Wirkung in der BRD. Bestätigt sich hier Hochhuths unbestreitbar im Zeitkontext der Moderne altmodisches aber wirksames Bekenntnis zur Aufklärungsfunktion der Literatur. Hans Karl Filbinger (geb. 1913), der Baden – Württembergische Ministerpräsident klagte gegen den Autor, nachdem das sechste Kapitel als Vorabdruck in der *Zeit* erschienen war, in dem er als „furchtbarer Jurist" bezeichnet wurde, der noch nach der Kapitulation deutsche Soldaten mit Nazigesetzen verfolgt hatte. Er mußte nach verlorenem Prozeß, der die literarische Meinungsfreiheit bestätigte, zurücktreten. Hochhuths Beitrag zur politischen Romanlandschaft dekuvrierte denn auch, wie die öffentlichen Reaktionen zeigten, die weitaus schärfer gefaßt waren als die Dikta gegen Böll, die objektive Lage politischer Intellektueller in der Bundesrepublik. F. J. Strauß sagte im Juli 1978: „Man führt gegen Ratten und Schmeißfliegen keine Prozesse."

Der 'Terrorismus' der Baader-Meinhoff-Gruppe, jene verzweifelte, politisch irrationale Nichtigkeit, erschütterte die Bundesrepublik und ihre politische Klasse in den siebziger Jahren. Heinrich Böll, der mit seinem im *Spiegel* 1972 veröffentlichtem Text *Will Ulrike Meinhof Gnade oder freies Geleit* eine öffentliche Debatte hervorrief, traf mit seiner Erzählung *Die verlorene Ehre der Katharina Blum oder: Wie Gewalt entstehen und wohin sie führen kann* (1974, Film 1975) auf dem Höhepunkt der Terrorismushysterie den Nerv der aufgewühlten Zeitgenossen. Marcel Reich – Ranicki (geb. 1920) benannte zutreffend das von Böll behandelte Problem, das indirekt die Mechanismen der *Bild*-Zeitung brandmarkte: Das „Individuum als Opfer der Massenmedien". In *Fürsorgliche Belagerung* schildert Böll mit dem für ihn typischen Familienromanmodell die Absurdität der Überwachung aus Gründen der inneren Sicherheit. Privates Leben wird fortschreitend unmöglich. Bölls impliziter Humanismus läßt sogar die Überwachungsbeamten der Verlegerfamilie Tolm als menschlich und harmoniebedürftig erscheinen. Doch wieder ist es ein Realitätsausschnitt, der als Gesamtlage behauptet wird, die Perspektive erscheint episch-privat verengt, der Duktus trotz der anonym gezeichneten Gefahr moralisch. Das politische Oberflächenphänomen wird beschrieben, nicht reflektiert. Rainald Goetz' (geb. 1954) sprachlich monströs überbordende Geschichte *Kontrolliert* (1988) formuliert dagegen die Ichbehauptung bis zur Besessenheit, wenn Gesellschaft als illiberales Zwangssystem in ihrer Logik den Terror erzeugt. Goetz versetzt sich in „Raspe", ein Ich sitzt in der Wohnungszelle und thematisiert in seinem Kopf den unbedigten Zwang zur Rebellion, wie deren Irrsinn. Die so erlittenen gesellschaftlichen Strukturen, die Goetz vor die Alternative stellen, entweder Schreiben oder Terrorist, fließen in die komplexe parataktische Sprache ein, die den emotionalen Ekel vor der Gesellschaft formuliert. Ein weiterer Chronist des Herbsts 1977, Friedrich Christian Delius (geb. 1943) erzählt mit *Mogadischu Fensterplatz* (1987) die Geschichte der Entführung der Lufthansamaschine Landshut, mit der der harte Kern der Baader-Meinhoff-Gruppe freigepreßt werden sollte. *Ein Held der inneren Sicherheit* (1981), sein Romanerstling, thematisiert nüchtern, ohne in Betroffenheitsprosa abzugleiten, die Entführung des Präsidenten des „Verbands der Menschenführer". Der historische Hintergrund der Entführung und Ermordung des Arbeitgeberpräsidenten Hanns-Martin Schleyer (1915 – 1977) im Jahr 1977 ist zwar nicht dokumentarisch dargestellt, doch in Delius' Modell unschwer zu erkennen. Der Terrorismus ist hier kluger literarischer Anlaß, die Statik eines Betriebs, in dem das Opfer austauschbar ist, zu schildern. Ohne Feindbilder zu bemühen, zeigt der Autor sprachlich verhalten den kalten Mechanismus der Loyalität, in dem der Held Diehl aufsteigt.

Thematisch behandeln die erwähnten Werke die Restauration, die Verdrängung, das Wirtschaftswunder, den Stillstand der sechziger Jahre, die Apo und schließlich die Ausweglosigkeit des Terrorismus. Daß Wolfgang Koeppen, der nach seiner Trilogie literarisch schwieg, das jahrzehntelang angekündigte Werk über die Bundesrepublik nicht geschrieben hat, mag an der Befindlichkeit des Landes liegen. Auch Hanns-Josef Ortheils (geb. 1951) Großroman *Schwerenöter* (1987), ein Versuch, die Gesamtgeschichte der BRD episch breit zu fassen, bleibt bestenfalls epigonal. Goetz' 1983 vorgelegter Erstling *Irre* beschreibt denn auch auf literarisch hohem Niveau eine wahnbesetzte Realität aus der Perspektive des Psychiaters Raspe, in der Authentizität und Sinnhaftigkeit in Wirklichkeitsfetzen destruiert wird. Der Goetz-spezifische Haß fordert aggressiv zum „Kampf" auf gegen „die vielen netten Dummheiten" des „DifferenzierungsUndToleranzStuß". Wohl wäre angesichts der weiteren literarischen Entwicklung des Rainald Goetz zu fragen, ob nicht im extremen Gesellschaftsekel auch eine literaturnegierende Alles–oder–Nichts–Haltung der Sackgasse liegt. Goetz folgt der Position der Totalverweigerung jeglicher Sozialisation, „daß ich logischerweise nicht dazugehören kann."

Eine thematische oder zeitliche Stringenz läßt sich in der Prosa, die von der Paralysierung einer Gesellschaft handelt, nicht belegen; die Themen überschneiden, wiederholen sich. In diesem Zusammenhang ergibt sich ein Blick auf Romanautorinnen, wobei drei bekenntnisartige Werke zeigen, daß sich in einer stagnierenden Gesellschaft die Formen wiederholen: Elisabeth Plessens (eigtl. E. Charlotte Marguerite Augusta Gräfin von Plessen, geb. 1944) *Mitteilung an den Adel* (1976) läßt sich als Selbstverständigungsbuch mit Karin Strucks *Klassenliebe* (1972), jenen Aufzeichnungen aus der Apozeit, die ein Kultbuch der Frauenbewegung wurden, formal vergleichen. Auch Ingeborg Drewitz thematisiert in *Eis auf der Elbe. Tagebuchroman* (1982) realistisch-nüchtern das Berlin der Hausbesetzer. Die Tristesse der Nachkriegsgeneration – eine Rechtsanwältin zeichnet in Tagebuchsequenzen Ereignisse auf, an denen auch eine ihrer Töchter beteiligt ist

– spiegelt in diesem Roman um den Generationskonflikt die Perspektivlosigkeit der politisierten Jüngeren wider. Wenn Struck die zuwielen dogmatisch-harte Apo-Atmosphäre strukturell implantiert oder Plessen von der ideologischen Borniertheit der Vätergeneration in ihrer Montage- und Filmschnitttechnik berichtet, so dürften doch beide Versuche einen deutlichen autobiographischen Charakter haben.

Bedeutende literarische Außenseiter, wie der erst in den siebziger Jahren vom Kulturbetrieb entdeckte Romancier Hermann Lenz (geb. 1913) (*Verlassene Zimmer* (1966); *Andere Tage* (1968); *Neue Zeit* (1975); *Tagebuch vom Überleben und Leben* (1978); *Ein Fremdling* (1983)), Ernst Augustin (geb. 1927), dessen Roman *Der Kopf* (1962) ein mythisch-surreales Endzeitszenario vorlegt (*Mamma* (1970); *Der amerikanische Traum* (1989)) oder Dieter Kühn (geb. 1935), der historische Bilder bemüht (*Stanislaw der Schweiger* (1975); *Beethoven und der schwarze Geiger* (1990)) zeigen einmal mehr, daß eine historisch-systematische Klassifizierung der Romanliteratur problematisch bleibt. Allerdings muß darauf hingewiesen werden, daß mit neuen Generationen jeweils neue Schreibhaltungen und Sprachstrategien bei der Realitätsaneignung manifest werden: Brinkmann/Born versus Walser in der Stillstandsprosa oder Goetz versus Böll beim Terrorszenario.

Mit dem historischen Einschnitt der deutschen Wiedervereinigung am 03. 10. 1990 hört aus sozialhistorischer Sichtweise die Literatur der BRD auf. Ein neuer Staat ist entstanden, der zur Zeit von einer sozialen Krise gekennzeichnet ist, und dessen literarische Artikulation erst einer Generation möglich sein wird, die in ihm aufgewachsen ist und ihn als Erfahrungswirklichkeit besitzt. Walsers *Die Verteidigung der Kindheit* (1991) könnte als erster Wiedervereinigungsroman aus bundesdeutscher Sicht gelesen werden, allerdings nicht als der politische Roman der deutschen Einheit. Dieser wurde bis dato nicht geschrieben.

Ist die deutsche Vereinigung ein historischer Bruch, der für die Literatur Folgen hat? Die Prosa kann erst aus einer distanzierten, historischen Perspektive, jenseits des aktuellen 'zu dicht dran' die literarische Antwort geben. Wolfgang Hilbigs (geb. 1941) *Ich* (1993), ein deutlich in der Kafkatradition stehender ostdeutscher Stasiroman, postuliert das Ich nur noch als Behauptung im totalen Selbstverlust. Im Absurdismus eines Überwachungsstaates weiß es nicht mehr, wer es ist als „Schatten der Ich-Figur". Zumindest impliziert der historische Bruch, wenn er denn einer war, keinen Kontinuitätsbruch bei der literarischen Spurensuche der Realitäten. Frank Werners (geb. 1944) *Haus mit Gästen* (1992), aus ostdeutscher Perspektive die untergegangene DDR umkreisend, stellt analog zu Nicolas Born fest: „Alle Zeit, ob Vergangenheit oder Zukunft, ob in der Wirklichkeit oder in der Phantasie ist reine Gegenwart." Zumindest ist bei Werner das politisch-historische Referat der DDR-Geschichte – bis hin zur Erstürmung der Stasi-Zentrale in Ostberlin am 15. Januar 1990 – in magischem Realismus gebrochen. Was literarisch authentisch bleiben wird, kann im Augenblick der zeitgenössischen Reflexion nicht gesehen werden; das mögen die Nachgeborenen aus der Distanz greifen. Abschließend sei eine Frage erlaubt: Hat die Bundesrepublik und ihre Romanliteratur Epoche gemacht, wenn so wesentliche Autoren wie Arno (Otto) Schmidt (1914 – 1979) oder Hans Henny Jahnn (1894 – 1959) außen vor im Kulturbetrieb standen? Die Bundesrepublik war kein bewegender Abschnitt der Geschichte und analog wäre ihre Romankunst, die diesem Sachverhalt ihren Tribut zollte, auch im Kontext der spätestens seit den sechziger Jahren in der gesamten westlichen Welt öffentlich herrschenden Ideologie des Konsumismus zu lesen: „Das Geld machte alles leiser.".

Detlev Schöttker

Zeitschriften in der Bundesrepublik

Als der Vorstand des Deutschen Literaturfonds 1988 in Darmstadt die Absicht bekundete, aus überschüssigen Geldern eine neue Literaturzeitschrift zu finanzieren, protestierten mehrere Verleger und Herausgeber bekannter Literatur- und Kulturzeitschriften in einer konzertierten Aktion gegen die geplante Neugründung. Unter der Überschrift *Staatskunst* hat die *Zeit* die Statements im Dezember 1988 veröffentlicht. Formuliert wurden sie von Michael Krüger (geb. 1943) als Herausgeber der *Akzente. Zeitschrift für Dichtung* (1, 1954 –) bei Hanser, Michael Klett als Verlagsleiter von Klett-Cotta mit dem *Merkur. Zeitschrift für europäisches Denken* (1, 1947/48 –), Michael Naumann (geb. 1941) als Leiter des Rowohlt Verlags mit dem *Literaturmagazin* (1, 1973 – 14, 1981;15, 1985 –), Klaus Wagenbach (geb. 1930) als Herausgeber des *Freibeuter. Vierteljahreszeitschrift für Kultur und Politik* (1, 1979 –), Ernst Reinhard Piper als Verleger von *Litfass. Berliner Zeitschrift für Literatur* (1, 1976 –) sowie Norbert Wehr als Herausgeber des *Schreibheft. Zeitschrift für Literatur* (1, 1977 –).

So repräsentativ diese Zeitschriften für die Bundesrepublik sind, so identisch waren auch die Argumente, die die Herausgeber und Verleger für die Ablehnung der Neugründung vorgebracht haben. Danach sind alle Literatur- und Kulturzeitschriften finanziell unattraktiv, reine Zuschußunternehmen, arbeits- und kostenaufwendig und ohne Resonanz beim Publikum, so daß eine weitere und staatlich geförderte Zeitschrift die Existenz der anderen gefährden würde. „Keine Zeitschrift", so Michael Klett, „die nicht subventionsbedürftig wäre und die nicht von allen Beteiligten gestützt wird. Von den Verlegern durch akzeptierte Verluste, von gelegentlichen Spendern und von Herausgebern und Autoren, die für ihre Arbeit äußerst bescheidene Honorare erhalten".

Publizistik und Literaturgeschichtsschreibung haben die Auffassungen der Verleger und Herausgeber zumeist übernommen, ohne danach zu fragen, warum sie auf ihre Zeitschriften nicht verzichten wollen, warum sich Menschen immer wieder dazu entschließen, Herausgeber von Zeitschriften zu werden und warum Autoren ihre Texte gegen geringe Honorare in Zeitschriften publizieren. Da der ökonomische Anreiz fehlt, müssen je nach Trägergruppe andere Motive eine Rolle spielen. Den Verlegern geben Zeitschriften die Möglichkeit, das Ansehen ihres Unternehmens zu stärken, durch essayistische Beiträge die Bedeutung der eigenen Autoren zu unterstreichen und auf freien Seiten zum Selbstkostenpreis für eigene Verlagsprodukte zu werben. Für die Herausgeber dürfte der Wunsch im Vordergrund stehen, eigene Vorstellungen im Literatur- und Kulturbetrieb durchzusetzen oder gar Einfluß auf den Gang der Literaturgeschichte zu nehmen. Und die Autoren schließlich können in Zeitschriften Texte veröffentlichen, die keinen Buchumfang haben oder wegen ihrer Eigenheiten zunächst keinen Verleger finden. Der finanzielle Verlust wird damit bei allen Gruppen im Idealfall durch Ansehen, Einfluß und Stärkung der eigenen Produktion aufgewogen.

Für die intellektuelle Kultur sind Literatur- und Kulturzeitschriften dagegen unersetzlich. Denn anders als der Buchmarkt können sie auf aktuelle Vorgänge in relativ kurzer Zeit mit Beiträgen reagieren, können literarisch, theoretisch und politisch unkonventionelle Texte veröffentlichen und können durch Rede und Gegenrede Debatten provozieren. Wie kein anderes Medium leisten Zeitschriften deshalb einen wichtigen Beitrag zur Erneuerung der Literatur- und Geistesgeschichte. Doch ist diese Funktion und das längerfristige Überleben einer Zeitschrift an bestimmte Voraussetzung gebunden. Dazu gehören die Orientierung an der Gegenwart, innovatives Engagement, Themenvielfalt mit einem Schwerpunkt auf essayistischen und referierenden

Darstellungsformen, weitgehende ökonomische Absicherung durch Verlage oder Stiftungen sowie redaktionelle Unabhängigkeit.

Dennoch steht die innovative Funktion literarisch-kultureller Zeitschriften in einem auffälligen Gegensatz zu der geringen Beachtung, die sie in der Öffentlichkeit finden. Während die Zeitschriften-Revuen, die in den großen Tages- und Wochenzeitungen meist ein- bis zweimal im Monat erscheinen, über die Nennung von Autoren und Titeln nur selten hinausgelangen, fehlt es in der Publizistik- und Literaturwissenschaft vor allem für die Zeit nach 1945 an historischen Darstellungen und Spezialuntersuchungen. Die Masse und Heterogenität des Textmaterials zwingt deshalb zu stark verkürzten Urteilen über publizistische Strukturen und Rezeptionsformen der Literatur- und Kulturzeitschriften, will man nicht bei der Aufzählung von Titeln, Erscheinungsjahren, Herausgebernamen und Mitarbeiterlisten stehen bleiben.

Von den Hunderten oder Tausenden von Zeitschriften, die nach dem Zweiten Weltkrieg mit literarisch-kulturpolitischer Ausrichtung gegründet wurden, können hier nur etwa dreißig erwähnt und kommentiert werden.

Gründungen der Nachkriegszeit

Daß der Bekanntheitsgrad der Herausgeber und die Publikationsdauer einer Zeitschrift keineswegs allein über deren Wirksamkeit entscheiden, zeigt unter anderem die heutige Einschätzung des *Ruf. Unabhängige Blätter der jungen Generation* (1, 1946/47 – 4, 1949) als wichtigstes Organ der unmittelbaren Nachkriegszeit. Die Zeitschrift erschien neben vielen, heute meist vergessenen Neugründungen von April 1946 bis April 1947 in sechzehn schmalen Heften mit der hohen Auflage von etwa 50.000 bis 100.000 Exemplaren. Sie wurde von Alfred Andersch (1914 – 1980) und Hans-Werner Richter (1908 – 1993) herausgegeben, die bereits 1945 in der amerikanischen Kriegsgefangenschaft für eine Lager-Zeitschrift mit demselben Titel gearbeitet hatten.

Der *Ruf* hatte keine ausgesprochen literarischen Ansprüche, sondern wollte zur geistigen Erneuerung Deutschlands beitragen, wie das Geleitwort zum ersten Heft im August 1946 zeigt. „In dem zerstörten Ameisenberg Europa, mitten im ziellosen Gewimmel der Millionen", so schreibt Andersch hier unter anderem, „sammeln sich bereits kleine menschliche Gemeinschaften zu neuer Arbeit. Allen pessimistischen Voraussagen zum Trotz bilden sich neue Kräfte- und Willenszentren. Neue Gedanken breiten sich über Europa aus. Der auf die äußerste Spitze getriebenen Vernichtung entsprang, wie einst dem Haupt des Jupiter die Athene, ein neuer jugendfrischer, jungfräulich-athenischer Geist. [...] Die Träger dieses europäischen Wiedererwachens sind zumeist junge, unbekannte Menschen" [vgl. 20, *S. 21*].

1947 wurden Andersch und Richter auf Drängen der amerikanischen Militärregierung (als dem Lizenzgeber) vom Verlag entlassen, weil sie die Auffassung von der Kollektivschuld der Deutschen in Frage gestellt und deren aktuelles Leiden zum Thema gemacht hatten. An ihre Stelle trat bis zur Einstellung der Zeitschrift im Jahr 1949 Erich Kuby (geb. 1910). Doch war nur die Entlassung der ersten Herausgeber für den späteren Ruhm der Zeitschrift maßgebend. Denn diese war der Anlaß, daß sich Andersch und Richter im Herbst 1947 mit fünfzehn ehemaligen *Ruf*-Mitarbeitern trafen, um über die Gründung einer Literaturzeitschrift zu beraten, die von Richter unter dem Titel *Der Skorpion* (1, 1948) herausgegeben werden sollte. Obwohl die Zeitschrift über eine Nullnummer nicht hinausgelangt ist, da ihr die amerikanischen Besatzungbehörden die Lizenz verweigerten, wurde die redaktionelle Zusammenkunft im Herbst 1947 zur ersten Tagung der Gruppe 47, die seither durch ihre jährlichen Treffen bis zur Auflösung im Jahr 1967 die Literaturentwicklung der Bundesrepublik geprägt hat. Zwar blieb die Gruppe bis Mitte der fünfziger Jahre ohne publizistisches Forum, doch übernahmen die Treffen durch ihre Wirkung auf Zeitungen, Verlage und den Buchmarkt bald die „Funktion einer literarischen Zeitschrift", wie Heinz Ludwig Arnold (geb. 1940) treffend bemerkt hat [vgl. 41, *S. 499*].

Allerdings waren die Mitarbeiter der Zeitschrift keineswegs so „jung" und „unabhängig", wie Programm und Untertitel des *Ruf* (*Unabhängige Blätter der jungen Generation*) versprachen und die Herausgeber, die Anfang der sechziger Jahren auch die ersten Historiker ihrer Zeitschrift wurden, lange Zeit glauben machen konnten. Denn als die Literaturwissenschaft Mitte der siebziger Jahre die Auffassung vom literarischen Neuanfang im Jahr 1945 in Frage zu stellen begann, wurden die Kontinuitäten zwischen der Literatur im Nationalsozialismus und der Nachkriegszeit auch in bezug auf den *Ruf* zunehmend offenkundig. So sind z.B. von Günter Eich (1907 – 1972), der im *Ruf* mit *Gedichten aus dem Lager* vertreten war und 1950 erster Preisträger der Gruppe 47 wurde, zwischen 1933 und 1940 zahlreiche Hörspiele und Sendungen im nationalsozialistischen Rundfunk gesendet worden. Und Gustav René Hocke (1908 – 1985), der im *Ruf* den programmatischen, auf die Erneuerung der Literatur zielenden Beitrag *Deutsche Kalligraphie oder: Glanz und Elend der modernen Literatur* (1946) publiziert hatte, war zwischen 1934 und 1940 leitender Kulturredakteur der *Kölnischen Zeitung* (1803/05 – 31. Jan 1945) und bis 1942 als deren Italienkorrespondent tätig.

Die personelle Verbindung zwischen der Presse und dem Rundfunk im Nationalsozialismus und den seit 1945 neu gegründeten Zeitschriften beschränkt sich nicht auf den *Ruf*. Man kann hier als weiteres Beispiel Dolf Sternberger (1907 – 1989) nennen, der von 1934 bis zum Verbot der *Frankfurter Zeitung und Handelsblatt* (11, 1866 – 81, 1936; 82, 1938 – 88, 1943) im Jahr 1943 das dortige Ressort „Bildung und Wissenschaft" betreut hatte und 1945 neben Karl Jaspers (1883 – 1969), Werner Krauss (1900 – 1976) und Alfred Weber (1868 – 1958) leitender Herausgeber der Zeitschrift *Die Wandlung. Eine Monatsschrift* (1, 1945/46 – 4,1949) wurde. Während der Fall Eich noch Anfang der neunziger Jahre für Schlagzeilen und Verlagsstreitigkeiten sorgte, sind die publizistischen Lebensläufe von Hocke, Sternberger und anderen bisher nicht zum Gegenstand von Untersuchungen gemacht worden, so daß über die Kontinuität zwischen dem westdeutschen Zeitschriftenwesen und der Publizistik im Nationalsozialismus kaum etwas bekannt ist.

Gegenüber dem Mythos des *Ruf* als Ursprung der westdeutschen Literatur nach 1945 verblassen alle Neugründungen literarischer und kulturpolitischer Zeitschriften in der Nachkriegszeit, obwohl einige von renommierten Herausgebern und bekannten Mitarbeitern getragen wurden. Als Beispiel ist hier neben der erwähnten *Wandlung* vor allem *Das Goldene Tor. Monatsschrift für Literatur und Kunst* zu nennen, das Alfred Döblin (1878 – 1957) in namentlicher Anlehnung an die Golden Gate Bridge von 1946 bis 1951 mit Hilfe der französischen Besatzungsbehörden in Baden-Baden herausgab. Daß beide Zeitschriften nicht annähernd jene Wirkung entfalten konnten wie der *Ruf* (so daß sie bis heute nicht in Nachdrucken oder Auswahlbänden vorliegen), hängt mit der Distanz zusammen, die die Herausgeber zur Gegenwart in Deutschland hielten, wie die Programme bestätigen [vgl. 76]. Auch die Autoren, zu denen Vertreter der liberalen akademischen und der linken literarischen Emigration sowie der europäischen Moderne gehörten, haben sich aufgrund ihres Alters, ihrer Verwurzelung in den Exilländern oder ihres Status als Ausländer kaum auf die aktuelle Lage im westlichen Deutschland bezogen oder sich dem Kulturbetrieb der DDR zugewandt.

Neben vielen kurzlebigen Zeitschriften, die meist durch die Folgen der Währungsreform von 1948 zugrundegingen, sind in den ersten Jahren nach dem Krieg auch eine Reihe von Zeitschriften gegründet worden, die weiterhin erscheinen, da sie die zum Überleben notwendige Verbindung von ökonomischer Absicherung, redaktioneller Unabhängigkeit und kritischer Aktualität geschafft haben. Dazu gehören die seit 1890 erscheinende und 1945 wiederbelebte *Neue Rundschau* (15, 1904 – 55, 1944; 56/57, 1945, Okt. –), die akademisch orientierte *Universitas. Zeitschrift für interdisziplinäre Wissenschaft* (1, 1946 –; Zusatz bis 1989: *Zeitschrift für Wissenschaft, Kunst und Literatur*)

und die *Frankfurter Hefte. Zeitschrift für Kultur und Politik* (1, 1946 –
19, 1984), bei denen vor allem der Herausgeber Eugen Kogon (1903 –
1987) zum Ruhm der Zeitschrift beigetragen hat, da sein bereits 1946
veröffentlichtes und seither immer wieder aufgelegtes Buch über den
SS-Staat. Das System der deutschen Konzentrationslager die erste
grundlegende Darstellung der nationalsozialistischen Verbrechen war.
Doch lieferte die linkskatholisch-sozialethische Ausrichtung der
Zeitschrift in den achtziger Jahren offenbar keine Basis mehr für eine
Fortführung, so daß die *Frankfurter Hefte* sich 1984 mit dem ebenfalls gefährdeten sozialdemokratischen Theorie-Organ *Die Neue Gesellschaft* (32, 1985 –) unter einem Doppeltitel zusammenschlossen.

Die einflußreichste, dauerhafteste und mit mehr als 1000 Seiten pro
Jahr auch umfangreichste Zeitschrift aber ist zweifellos der *Merkur*,
den Hans Paeschke (1911 – 1991) 1947 gegründet und bis 1978 Monat für Monat herausgegeben hat. Fortgeführt wurde er anschließend
für einige Jahre zunächst von Hans Schwab-Felisch, der bereits am
Ruf mitgearbeitet hatte, dann seit 1984 von Karl Heinz Bohrer und
Kurt Scheel. Als „Polarisierung" und „Gegenwirkung" hat Paeschke
die leitenden Prinzipien der reaktionellen Arbeit im *Merkur* in einem
Abschieds-Essay von 1978 bezeichnet (Nr. 367), worauf sich auch die
späteren Herausgeber festgelegt haben, ohne freilich „das moralisch-
pädagogische und auch geschichtsphilosophische Pathos" der frühen
Merkur-Konzeption fortsetzen zu wollen (Nr. 510/11).

Gründungen der fünfziger Jahre

Seit Mitte der fünfziger Jahren wurden eine Reihe von Zeitschriften
gegründet, die zum Teil bis heute erscheinen. Sie sind stärker literarisch orientiert als die kulturpolitisch ausgerichteten Neugründungen
der unmittelbaren Nachkriegszeit, hatten weniger Einfluß auf die
intellektuellen Auseinandersetzungen, konnten sich aber einen Platz
an der Peripherie der Zeitschriften-Landschaft sichern. Dazu gehören

die *Neuen Deutschen Hefte. Beiträge zur europäischen Gegenwart*, die Joachim Günther von 1954 bis 1990, seinem Todesjahr, allein herausgegeben und zu größeren Teilen auch selbst geschrieben hat, die dem Kulturbetrieb der Provinz verbundene Zeitschrift *Die Horen. Zeitschrift für Literatur, Kunst und Kritik* (1, 1955/56 –) und die von Walter Höllerer (geb. 1922) herausgegebene Zeitschrift *Sprache im technischen Zeitalter* (1, 1961/62 –), die zwischen Literatur und Literaturwissenschaft vermittelt. Ihr folgten mehrere Neugründungen der sechziger Jahre, die durch ihre Präsenz im Buch- und Zeitschriftenmarkt die Grenzen der Fachzeitschrift überschreiten wie *Theater heute. Die deutsche Theaterzeitschrift* (1, 1960 –), *Text + Kritik. Zeitschrift für Literatur* (1, 1963 –) und *Literaturmagazin* (1, 1973 – 14, 1981; 15, 1985 –).

Zu den Neugründungen der fünfziger Jahre gehören auch zwei Organe, die die Literatur der Bundesrepublik und die Aneignung fremdsprachiger Literaturen in Deutschland nachhaltig geprägt haben, nämlich *Akzente* und *Texte und Zeichen. Eine literarische Zeitschrift.* Während die Hefte von *Texte und Zeichen*, die Alfred Andersch zwischen 1955 und 1957 bei Luchterhand herausgegeben hat, bei Erscheinen kaum beachtet wurden, zeigte sich die herausragende Bedeutung der Zeitschrift spätestens 1980, als bei *Zweitausendeins* ein Nachdruck veröffentlicht wurde. Denn Andersch hat nicht nur Texte der wichtigsten deutschsprachigen Autoren der Nachkriegszeit erstmals veröffentlicht (wie Böll, Frisch, Grass, Enzensberger, Heißenbüttel, Krolow, Koeppen, Arno Schmidt, Walser und andere). Er hat auch – und zwar vor Enzensbergers *Museum der modernen Poesie* von 1960 – die Literatur der europäischen und amerikanischen Moderne zum ersten Mal in Deutschland bekannt gemacht (mit Texten von Adamov, Beckett, Celan, Borges, Kafka, Neruda, Pavese, Valéry und anderen) und damit die Überwindung der am bürgerlichern Realismus orientierten Literaturauffassung der Gruppe 47 durch die Publikation experimenteller Textformen vorbereitet.

Was Andersch in den sechzehn Heften von *Texte und Zeichen* durch die Unterstützung des Verlegers drei Jahre lang machen konnte, hat sich in den *Akzenten*, die 1954 von Walter Höllerer und Hans Bender (geb. 1919) gegründet wurden und nach verschiedenen Übergangsphasen seit Anfang der achtziger Jahre von Michael Krüger herausgegeben werden, in einem längeren Prozeß vollzogen. Während die Zeitschrift zunächst die Autoren der Gruppe 47 und die von den Nazis verbotenen Autoren veröffentlichte, öffnete sie sich seit Ende der fünfziger Jahre zunehmend der Weltliteratur, der sie sich – nach einer Phase vorsichtiger Politisierung in den sechziger Jahren – seit Anfang der achtziger Jahre mit Schwerpunkt-Heften zu einzelnen Autoren inzwischen fast ausschließlich widmet. Der ebenfalls bei *Zweitausendeins* erschienene Nachdruck früher Jahrgänge der *Akzente* zeigt, daß die Zeitschrift inzwischen historisch geworden ist, ohne den Anspruch auf Aktualität aufzugeben.

Gründungen der späten fünfziger und sechziger Jahre

Während die kulturpolitischen Zeitschriften zur intellektuellen Erneuerung und die literarischen Zeitschriften zur Herausbildung einer modernen deutschen Literatur beigetragen haben, ist von einigen Zeitschriften, die zwischen 1958 und 1965 gegründet wurden, die Politisierung der Literatur und Kultur ausgegangen. Dazu gehören die Zeitschriften *Alternative. Zeitschrift für Literatur und Diskussion* (1,1958 – 25,1982), *Das Argument* (1,1959 –; Untertitel seit 1970: *Zeitschrift für Philosophie und Sozialwissenschaften*), das über die Neue Linke bereits hinausweisende *Kursbuch* (1,1965 –), der in den siebziger Jahren immer dürftiger werdende *Kürbiskern* (1,1965 – 1987) und als Nachzügler *Ästhetik & Kommunikation* (1,1970 –).

Die *Alternative* begann 1958 als Zeitschrift für Gegenwartslyrik, rezipierte ab Mitte der sechziger Jahre mit der Übernahme der Redaktion durch Hildegard Brenner die moderne politische Literatur und spezialisierte sich ab Ende der sechziger Jahre auf die Konstituierung und Vermittlung einer materialistischen Literatur- und Kulturtheorie. Hinzu kam die Aneignung des russischen Formalismus, des Prager Strukturalismus und des französischen Strukturalismus. Obwohl die Redaktion 1982 mit dem Heft 145/46 die Einstellung der Zeitschrift verkündet und mit dem Argument ihres politischen „Funktionsverlustes" innerhalb der linken Bewegung begründet hat, ist sie neben frühen Jahrgängen des *Kursbuch* und einigen Jahrgängen des *Argument* eine der linksorientierten Zeitschriften geworden, die weit über die linke Bewegung hinaus zur Erneuerung der Geistes- und Sozialwissenschaften beigetragen haben.

Das 1959 gegründete und von Wolfgang Fritz Haug (geb. 1936), später zusammen mit Frigga Haug herausgegebene *Argument* ist dagegen nicht aus der Literatur oder der Theorie, sondern der ersten politischen Protestbewegung in der Bundesrepublik, nämlich den Demonstrationen gegen den Beschluß zur atomaren Bewaffnung der Bundeswehr hervorgegangen. Anfang der sechziger Jahre wandte sich die Zeitschrift gesellschaftspolitischen Themen zu wie „Emanzipation der Frau", „Sexualität und Herrschaft" sowie „Massenmedien und Manipulation" und entwickelte sich seit Mitte der sechziger Jahre über die wegweisenden Hefte zur „Faschismus-Theorie" immer stärker zu einer *Zeitschrift für Philosophie und Sozialwissenschaften*, wie der Untertitel seit 1970 lautet. Dennoch konnte *Das Argument* seinen Ursprung aus der politischen Aktion nie ganz hinter sich lassen, bis er sich als Ideologie verselbständigte und mit der wissenschaftlichen Orientierung kaum noch zu vermitteln war. Konzeptionell lehnt sich das *Argument* bis in die Gestaltung des umfangreichen Rezensionsteils an die von Max Horkheimer (1895 – 1973) herausgegebenen *Zeitschrift für Sozialforschung* (1,1932 – 9, 1941) an, löste sich aber schon Anfang der siebziger Jahre von der sozialphilosophischen Tradition der *Kritischen Theorie* und blieb lange Zeit einem traditionellen Marxismus verhaftet, der die Zeitschrift in den achtziger Jahren in eine – durch die feministische Ausrichtung nur notdürftig verdeckte – Orientierungskrise führte.

Gründungen seit den siebziger Jahren

Die spektakulärste Neugründung der Neuen Linken war zweifellos das *Kursbuch*. Es wurde seit 1965 im Suhrkamp Verlag von Hans Magnus Enzensberger (geb. 1929) herausgegeben, der zur Zeit von *Texte und Zeichen* Assistent von Andersch in der Redaktion „Radio-Essay" beim Süddeutschen Rundfunk in Stuttgart war, und ist bis heute mit Enzensbergers Namen verbunden, obwohl es seit 1975 in wechselnden Verlagen von Karl Markus Michel (geb. 1929) zusammen mit Harald Wieser und Tilmann Spengler (geb. 1947) herausgebenen wird. Während viele Aufsätze des *Kursbuch* in den sechziger und beginnenden siebziger Jahren die Diskussion in den Geistes- und Sozialwissenschaften geprägt haben, fast alle Hefte in der Presse rezensiert wurden und einzelne Hefte (u.a. zur Pädagogik, zur Psychiatrie und zur Sozialismus-Diskussion) Anfang der siebziger Jahre Auflagen zwischen 50.000 und 100.000 Exemplaren erzielten, wurde die von Enzensberger immer wieder betonte Folgenlosigkeit von Theorien Mitte der siebziger Jahre zum konzeptionellen Fundament der Zeitschrift. Seither haben die Themen und Beiträge der Hefte eine Tendenz zum Ephemeren und Unverbindlichen, womit das *Kursbuch* die Idee der Postmoderne in Deutschland vorweggenommen hat. Erkennbar wird sie erstmals in Enzensbergers Beitrag *Gemeinplätze, die Neueste Literatur betreffend*, der 1968 im *Kursbuch 15* veröffentlicht wurde und das Heft berühmt gemacht hat, weil hier angeblich der „Tod der Literatur" verkündet wurde, während Enzensberger selbst nur die These diskutierte, ohne sich jemals darauf festzulegen.

Die im *Kursbuch* früh erkennbare Tendenz, die kritische Analyse durch die Thematisierung von Alltagsfragen zu ersetzen und die gesellschaftliche Realität mit ironischer Distanz zu behandeln, setzte sich in den Zeitschriften der späten siebziger Jahre fort, wenn man vom literarisch orientierten *Schreibheft. Zeitschrift für Literatur* (1,1977 –) absieht, das jedoch ohne Einfluß blieb. So dominieren in dem von Klaus Wagenbach herausgegebenen *Freibeuter* (1,1979 –), der die wichtigste der jüngsten Neugründungen darstellt, ästhetische und historische Überlegungen mit einer ausgeprägten Vorliebe für die italienische Kultur, während im *Konkursbuch. Zeitschrift für Vernunftkritik* (1,1978 –) philosophische Spekulationen vorherrschen und in *Transatlantik* (1980 – 1991), an dessen Gründung auch Enzensberger beteiligt war, eine dokumentarisch-satirische Behandlung alltäglicher Erfahrungen im Vordergrund steht. Ob sich diese und andere Neugründungen der siebziger und achtziger Jahre neben den langlebigen Zeitschriften der vierziger, fünfziger und sechziger Jahre behaupten können, bleibt abzuwarten.

Sigurd Paul Scheichl

Zeitschriften in Österreich

„Eine Geschichte der österreichischen Literatur nach 1945 ist nur zu schreiben, wenn man von den Zeitschriften ausgeht." [vgl. 119a, *S. 117*] Tatsächlich spiegelt die Abfolge der Zeitschriften recht genau die Abfolge der Paradigmen in der in Österreich entstandenen Literatur von 1945 bis 1995.

In einer ersten, bis zur – die Einstellung von Zeitschriften und das Ende vieler Verlage mit sich bringenden – Währungsreform (1947) reichenden Epoche kann man von einer „Zeit eines großen Beginns mit geradezu unösterreichischen Hoffnungen und Erwartungen" sprechen, des „Schwungs" einer „austriakischen Renaissance" [vgl. 15, *S.* 7], der sowohl im entschieden der Avantgarde zugewandten *Plan. Literatur, Kunst, Kultur* (1, 1945/46 – 2, 1947/48) zu spüren ist als auch, anders, in Zeitschriften, die den Zusammenhang mit der österreichischen Tradition stärker betonen (*Der Brenner. Halbmonatsschrift für Kunst und Kultur,* 1,1910/11 – 18, 1954; *Der Turm. Österreichische Monatsschrift für Kultur,* 1, 1945/46 – 3, 1948). Der für die ersten Nachkriegsjahrzehnte so wichtige erneuerungswillige Katholizismus spricht aus dem *Brenner* wie aus *Wort und Wahrheit. Zeitschrift für Religion und Kultur* (1, 1946 – 28, 1973).

Für die von einem konservativen kulturellen Paradigma beherrschten langweiligen und „langen Fünfziger Jahre" [vgl. 21, *S. 426*], in denen die Impulse der ersten Nachkriegszeit im Zeichen des Kalten Krieges und der Rehabilitation der Nationalsozialisten verwelkt sind, ist *Wort in der Zeit. Österreichische Literaturzeitschrift* (1, 1955 – 11, 1965) repräsentativ. Das *Forum. Österreichische Monatsblätter für kulturelle Freiheit* (1, 1954 – 12, 1965), eine allgemeine Kulturzeitschrift, mit seiner nostalgischen Entdeckung Fritz von Herzmanovsky-Orlandos (1877 – 1954) und mit seinem pointierten, in der Forderung nach einem Boykott Brechts durch die österreichischen Theater gipfelnden Antikommunismus, ist ein anderes Leitfossil dieser Epoche.

Das Jahr 1966 ist mit dem Ende von *Wort in der Zeit* und der Umwandlung des *Forum* in das dem Dialog mit der Linken gewidmete *Neue Forum. Internationale Zeitschrift für den Dialog* (14, 1967 – 26, 1979) ein an der Zeitschriftengeschichte abzulesendes Schlüsseldatum für den Durchbruch von Innovation und Vielfalt in der österreichischen Literaturszene. Im gleichen Jahr, das auch politisch (vorläufiges Ende der Großen Koalition) eine Zäsur bedeutet, werden die *Protokolle. Wiener Jahresschrift für Literatur, bildende Kunst und Musik* und *Literatur und Kritik. Österreichische Monatsschrift* gegründet. Mitte der sechziger Jahre setzen sich auch die *manuskripte. Zeitschrift für Literatur, Kunst, Kritik* (1, 1960 –) über Graz hinaus durch.

Die Bereitschaft zu literarischer Innovation dauert, ohne Rückgriff auf den Aufbruch der ersten Nachkriegszeit, seither an. Seit Ende der sechziger, Anfang der siebziger Jahre – begünstigt durch die liberale Kunstförderung der sozialdemokratischen Regierung, die auch die Arbeit vieler Kleinverlage ermöglicht – erscheinen in Österreich zahlreiche, auch regionale Literaturzeitschriften, in denen moderne Literaturkonzepte überwiegen. Die für das literarische Leben wichtige Subventionspolitik des Bundes und der Länder – heute weitgehend ohne Einflußnahme auf den Inhalt – gestattet in Österreich relativ mehr Literaturzeitschriften das Überleben als anderswo im deutschen Sprachraum, freilich solchen von unterschiedlicher Qualität und zum Teil mit nur regionaler Bedeutung. Die Zeitschriften haben in Österreich zum Teil die Funktion des hier wenig entwickelten Feuilletons der großen Zeitungen.

Viele Zeitschriften sind sehr kurzlebig gewesen; die meisten davon werden im folgenden nicht erwähnt [vgl. 48a]. Ebensowenig kann ich auf Jahrbücher, Almanache und die Rezensionsorgane eingehen, die besonders in den ersten Jahren nach 1945 zur literarischen Information einiges beigetragen haben und von denen einige bis heute erscheinen, weniger für ein literarisch interessiertes Publikum als für Büchereien.

Nach 1945, nach der Periode der Absonderung von der internationalen Literaturentwicklung und in einer Phase der Abtrennung Österreichs auch vom deutschen Buchmarkt, waren Zeitschriften mehr als sonst das wichtigste Medium der Information über neue Literatur – wobei hier von den für die weitere literarische Entwicklung nicht unwichtigen Publikationen und Bibliotheken der Besatzungsmächte, die über deren Literatur informieren sollten, nicht weiter die Rede sein kann. Am erfolgreichsten waren die Kulturpolitik der U.S.A. und Frankreichs.

Nach den nationalsozialistischen Jahren, in denen ihr Erscheinen unmöglich war, kamen drei wichtige Literaturzeitschriften 1945 wieder heraus.

Die drei Jahresbände des schon 1910 von Ludwig von Ficker (1880 – 1967) begründeten *Brenner* (1946, 1948, 1954) waren allerdings kaum noch der aktuellen Literatur zugewandt, sondern eher einer katholischen „Bestimmung des Dichters" (so der Titel eines 1946 erschienenen programmatischen Aufsatzes von Ignaz Zangerle, 1905 – 1987).

Das Silberboot, eine reine Literaturzeitschrift, 1935/36 von dem Lyriker Ernst Schönwiese (1905 – 1991) begründet, aber nach einem Jahrgang eingestellt, erschien, bewußt an seine Vorkriegslinie anknüpfend, wieder von 1946 bis 1952. Schon in seiner ersten programmatischen Äußerung [vgl. 93, *S. 235*] unterstreicht der Herausgeber den „rein literarisch-künstlerischen Charakter" seiner Zeitschrift. Dieser Haltung entspricht weitgehend das Fehlen literarischer Polemiken.

Das Silberboot ruft nachdrücklich die österreichische Moderne der zwanziger und dreißiger Jahre in Erinnerung, also Robert Musil (1880 – 1942), Hermann Broch (1886 – 1951) und Franz Kafka (1883 – 1924), die Schönwiese schon im 1. Jahrgang veröffentlicht hatte. Diese Autoren wieder zugänglich gemacht zu haben – ihre Bücher gab es ja nicht mehr und (mindestens in Österreich) noch nicht wieder – ist vielleicht Schönwieses größtes Verdienst. Denn sonst hatte die Zweite Republik eine fatale Tendenz, sich nicht auf diese urbane Literatur der Ersten zu besinnen, sondern auf die 'bodenständige'. Schwerer getan hat Schönwiese sich offenbar mit späteren Neuansätzen; Celans Gedichte etwa hat er an Otto Basil (1901 – 1983) und den *Plan* weitergeleitet. Eine gezielte Förderung junger österreichischer Autoren scheint er nicht beabsichtigt zu haben. Schönwiese verstand die Funktion seiner Zeitschrift vor allem als Brückenschlag in die Vorkriegszeit bzw. zur internationalen Literatur, wiederum besonders zur Moderne der Zwischenkriegszeit: James Joyce (1882 – 1941), William Faulkner (1897 – 1962), Louis Aragon (1897 – 1982), Thomas Stearns Eliot (1888 – 1965), André Gide (1869 – 1951), Paul Valéry (1871 – 1945) und Thornton Wilder (1897 – 1975). Dazu kam das Engagement für Autoren, die im Exil waren: von Elias Canetti (1905 – 1994) ist im *Silberboot* überhaupt die einzige Publikation in Österreich bis in die sechziger Jahre erschienen.

Die für die jüngere Generation wichtigste Zeitschrift der Nachkriegszeit – mehr als Bildungs- und Informationsquelle denn als Ort eigener Publikationen – war zweifellos der von Otto Basil herausgegebene *Plan*, wie *Das Silberboot* im Ständestaat (Ende 1937/Anfang 1938) gegründet. Anders als Schönwiese dokumentierte Basil den Neuanfang dadurch, daß er 1945 wieder mit dem 1. Jahrgang zu zählen begann. Das ist als Zeichen für einen Aufbruch zu lesen, wie er in Deutschland ein bißchen später sich mit dem *Ruf*, mit Wolfgang Borchert (1921 – 1947), Heinrich Böll (1917 – 1985), Wolfdietrich Schnurre (1920 – 1989) usw. ereignete. Der Aufbruch ist allerdings bald in einen Abbruch, in Restauration umgeschlagen. Der Titel eines Appells von Ilse Aichinger (geb. 1921), *Aufruf zum Mißtrauen* (1946), ist repräsentativ für diese Parallele. Von den offiziösen österreichischen Autoren der Nachkriegsära, von den 'Staatsdichtern', hat bezeichnenderweise nur einer im *Plan* veröffentlicht: Heimito von Doderer (1896 – 1966).

Basils Motiv für die Wiederbelebung des *Plan* war die Absicht zu zeigen: „daß es aus war mit der Diktatur" [vgl. 53, *S. 38*], also ein politisches Engagement gegen den Faschismus, das sich auch in heftigen Polemiken gegen die Parteigänger des überwundenen Regimes niederschlug – eine Textsorte, die in den anderen, mehr an der Kontinuität interessierten Zeitschriften weitgehend fehlt. Auch zur österreichischen literarischen Tradition – etwa zu Hofmannsthal (1874 – 1929) – hat Basils Zeitschrift ein eher distanziertes Verhältnis.

Ihr Charakteristikum ist eine Neigung zur Avantgarde, sowohl im Politischen als auch im Ästhetischen. Das bedeutete auch Offenheit für Autoren, die der Kommunistischen Partei nahestanden. Auch wenn im Zweifelsfall Basil sich immer für die ästhetische Avantgarde und nicht für Parteipositionen entschieden hat, hat diese Ausrichtung wohl zum Ende der Zeitschrift in der Ära des Kalten Kriegs beigetragen. Ihr antifaschistisches Engagement war nach 1948 weniger gefragt …

Einem erneuerungswilligen Katholizismus – wie der *Brenner* – war *Wort und Wahrheit. Monatsschrift für Religion und Kultur* verpflichtet, 1946 von den Priestern Otto Mauer (1907 – 1973) und Karl Strobl (1908 – 1984) gegründet, 1973 eingestellt. Die im Verlag Herder (Wien) erscheinende Zeitschrift setzte vor allem in ihren ersten Jahren einen deutlichen Akzent auf die Literatur, und daß das erste Heft mit einem Trakl-Gedicht beginnt, ist wohl ein Zeichen für ein Anknüpfen an den *Brenner*. Neben Autorinnen und Autoren aus dem internationalen renouveau catholique – auch deutschen wie Werner Bergengruen (1892 – 1964) und Gertrud von Le Fort (1876 – 1971) – stehen eher der Tradition verbundene österreichische Schriftstellerinnen und Schriftsteller (Felix Braun, 1885 – 1973; Paula von Preradovic, 1887 – 1951; Paula Grogger, 1892 – 1983; Rudolf Henz, 1897 – 1987). Die vielen essayistischen Beiträge zur Literatur, aber auch die zahlreichen Rezensionen sind zumeist demselben Umfeld zuzuordnen. Die erst spät überwundenen, für Österreich typischen Beschränkungen der Zeitschrift zeigt eine von Otto Mauer stammende Rezension des *Guten Menschen von Sezuan* im ersten Heft (1946) mit der rhetorischen Frage: „[...] – wer nimmt sich das Menschenrecht, im bourgeoisen Theaterzauber des Menschen letzten metaphysischen Halt zu untergraben?"

In den fünfziger Jahren veröffentlicht die – zunehmend an moderner Bildender Kunst interessierte – Zeitschrift dann Arbeiten jüngerer (auch in den Rezensionen berücksichtigter) Autorinnen und Autoren, vorwiegend aus Österreich: Paul Celan (eigtl. Antschel, rumän. Anczel, 1920 – 1970); Christine Lavant (eigtl. Habernig, geb. Thonhauser, 1915 – 1973); Ingeborg Bachmann (1926 – 1973) u. a. m., aber auch solche von Günter Eich (1907 – 1972), daneben nach wie vor zahlreiche Übersetzungen, vor allem von Lyrik. In den sechziger Jahren enthält *Wort und Wahrheit* zunächst kaum noch literarische Texte, dann aber, seit 1968, parallel zum Durchbruch der innovativen Literatur in Österreich, plötzlich zahlreiche Arbeiten von Ernst Jandl (geb. 1925), Friederike Mayröcker (geb. 1924), Heidi Pataki (geb. 1940), Jutta (nach 1989: Julian) Schutting (geb. 1937), usw.

Der Turm (1945 – 1948), eine ausgesprochen konservative Kulturzeitschrift, stand der ÖVP nahe und hat somit eine gewissermaßen offiziöse Position in der österreichischen Kulturpolitik; zum Ständestaat gibt es durch Personen eine verhältnismäßig direkte Kontinuität. In Besprechungen findet sich ein Bekenntnis zu eben jenen literarischen Wertvorstellungen, gegen die zur gleichen Zeit in der Bundesrepublik so heftig angeschrieben wurde, etwa vom jungen Böll, von Borchert usw.

Die Auseinandersetzung mit der nationalsozialistischen Ideologie und Herrschaftspraxis ist sehr zurückhaltend; umso mehr ist von der „geistigen Wiedergeburt des Österreichertums" die Rede (*Der Turm*, 1. 1945/46). Hier stehen in diesem Sinn die bekannten Sätze von Alexander Lernet-Holenia (1897 – 1976): „In der Tat brauchen wir nur dort fortzusetzen, wo uns die Träume eines Irren unterbrochen haben, in der Tat brauchen wir nicht voraus-, sondern nur zurückzublicken. [...]. Auch das Ausland wird kein eigentlich neues, es wird, im

Grunde, das alte Österreich von uns erwarten, [...]" (*Der Turm,* 1. 1945/46).

Auch *Der Turm* hat seine Verdienste um das Wiederbekanntmachen der österreichischen Moderne der ersten Jahrhunderthälfte und um die Öffnung zur internationalen Literaturszene, vor allem zur katholischen – zu Claudel, nicht zu Sartre. Auch Exilautoren kommen vereinzelt zu Wort. Die einzige wichtige Autorin der österreichischen Nachkriegszeit, die im *Turm* gedruckt wird, ist Ilse Aichinger.

Daß es nach der Überwindung des Nationalsozialismus im österreichischen Kulturleben auch dezidiert linke Optionen gegeben hat, was oft verdrängt wird, beweist neben dem *Plan* auch das *Österreichische Tagebuch. Wochenschrift für Kultur, Politik, Wirtschaft,* 1946 – 1956, ab 1957 unter dem Titel *Tagebuch* weitergeführt, nach 1969 unter dem Titel *Wiener Tagebuch,* erst 1989 ganz eingestellt. Es war eine kulturpolitische Zeitschrift, enthält aber auch literarische Beiträge (unter anderem von Gerhard Fritsch, 1924 – 1969, Hermann Hakel, 1911 – 1987 und Andreas Okopenko, geb. 1930). Zwar keine Parteizeitschrift, stand es doch der Kommunistischen Partei Österreichs nahe und wurde deshalb seit den fünfziger Jahren nur noch wenig rezipiert.

Alle genannten Zeitschriften betonen die Besonderheit des Österreichischen; typisch ist der Abdruck der Vorrede Adalbert Stifters (1805 – 1868) zu seinen *Bunten Steinen* in Heft 1 von *Wort und Wahrheit* und von Hugo von Hofmannsthals Schema *Der Preuße und der Österreicher* (1917) im *Turm.* Man kann in manchen Beiträgen durchaus von einer nationalistischen österreichischen Überheblichkeit gegenüber Deutschland sprechen.

Dem entspricht trotz vereinzelter Publikationen von Autoren aus Deutschland (z. B. Brechts) das fehlende Interesse an neuer Literatur im Nachbarland. Im *Silberboot* steht etwa eine dezidierte Abwertung Borcherts, und Hans Weigels (1908 – 1991) Plaidoyer für eine Wiederherstellung literarischer Kontakte zu Deutschland (*Das verhängte Fenster*) im *Plan* stieß sofort auf heftigen Widerspruch.

Durch die Verbindung mit dem katholischen Herder-Verlag in Freiburg war *Wort und Wahrheit* Deutschland gegenüber etwas aufgeschlossener.

Die Unterschiede zwischen den Zeitschriften sind nicht durchwegs so klar, wie ich sie hier vereinfachend zeichne. Im *Plan* veröffentlicht nicht nur die junge Friederike Mayröcker, sondern es schreiben auch Herbert Eisenreich (1925 – 1986) und Christine Busta (eigtl. Chr. Dimt, 1915 – 1987), die später dem eher konventionellen Paradigma der Literatur in Österreich zuzuordnen sein werden. Umgekehrt findet sich im *Turm* (2. 1946/48) großes Lob für den ersten Gedichtband von Erich Fried (1921 – 1988).

Schriftsteller fast aller Richtungen publizierten in den schwer einzuordnenden *Neuen Wegen. Kulturzeitschrift junger Menschen*, die 1945 mit dem Titel *Theater der Jugend* als Mitteilungsblatt der gleichnamigen Theaterorganisation für Wiener Schüler gegründet wurden, aber seit 1947/48 mit neuem Titel erschienen. Sie brachten etwa seit der Umbenennung Beiträge von fast allen, die jung waren, unabhängig von den gewählten Verfahrensweisen. Auch wenn sie in ihr nicht dominierten, kam es doch im Umfeld dieser Zeitschrift zur ersten Gruppenbildung der 'Experimentellen' in Österreich, die obendrein durch den besonderen Verbreitungsweg dieses Blattes ein relativ großes Publikum von Wiener Gymnasiasten erreichten. (Gerade diese Distribution behinderte andererseits eine größere Breitenwirkung der Zeitschrift.)

In den frühen fünfziger Jahren kam es allerdings zu Eingriffen des subventionierenden Unterrichtsministeriums, dem manche Texte – schon wegen der nicht schulkonformen Interpunktion – zu modern waren. Einige Mitarbeiter schieden daraufhin aus, doch waren avantgardistische Texte nie ganz aus der Zeitschrift verbannt, und seit dem Eintritt Gerald Bisingers (geb. 1936) als Redakteur (1962 – 1970) waren die *Neuen Wege* dann mindestens im Bereich der Lyrik für Autorinnen und Autoren innovativer Paradigmen wieder ein wichtiger Publikationsort. Die Zeitschrift wurde 1988 eingestellt.

Obwohl es selbstverständlich ist, fällt bei Durchsicht dieser frühen Zeitschriften der Zweiten Republik doch auf, wie viele Autoren irgendwann einmal in einer Zeitschrift debütiert haben und es dann beim Debüt sein Bewenden haben lassen, keine Autoren geworden, sondern aus dem literarischen Leben verschwunden sind.

Die repräsentative (und fast einzige öffentlich präsente) Literaturzeitschrift Österreichs nach den Jahren des Aufbruchs war *Wort in der Zeit*. Sie wurde 1955 als sozusagen offiziöses Organ unter maßgebender Einflußnahme des Unterrichtsministeriums gegründet, um Literatur aus Österreich international bekannt zu machen, 1965 aufgrund einer ministeriellen Korruptionsaffäre eingestellt. Herausgeber war während des gesamten Zeitraums Rudolf Henz, katholischer kulturpolitischer Multifunktionär seit der Ära Dollfuß-Schuschnigg. Als Redakteur stand ihm ab 1959 bzw. 1962 der modernen Tendenzen aufgeschlossenere und für die Jugend offenere Gerhard Fritsch zur Seite, selbst ein wichtiger Autor der Epoche.

Das entscheidende Redaktionsprinzip der Zeitschrift war 'Österreich', wobei ein konservatives Österreich-Bild dominiert. Die Autoren des konventionellen Paradigmas erscheinen als die wahren österreichischen Dichter; Bescheidenheit, Antiintellektualismus, Abstraktionsfeindlichkeit werden als Wesenseigenschaften des Österreichers betont, und hiermit ist auch die von *Wort in der Zeit* bevorzugte Literatur bestimmt. Nach Henz sollte die Zeitschrift „kein Bollwerk der alten Garde – keine Experimentierbude" sein; aber Ort des Experiments war sie weniger gern als Bollwerk der Tradition. Insbesondere die innovativen Autoren und Autorinnen, die nach Deutschland abwanderten oder schon abgewandert waren (Aichinger, Bachmann, Franz Tumler, geb. 1912), hatten nur selten Gelegenheit, in dieser Zeitschrift zu erscheinen. Die „Abgrenzungspolitik" gegenüber Deutschland blieb aufrechterhalten, wobei auch Ablehnung der literarischen Modernisierung im Nachbarland nachweisbar ist. Experimentelle österreichische Literatur wurde nur einmal (1965) in größerem Ausmaß gebracht, was sofort zu einem Eklat geführt hat; allerdings erschienen Einzelbeiträge von H. C. Artmann (geb. 1921) und Gerhard Rühm (geb. 1930) schon recht früh.

Wort in der Zeit ist der deutlichste Beleg für die Wichtigkeit der Kulturpolitik in Österreich; Behörden haben lange über Erscheinen oder Nicht-Erscheinen entschieden, gewiß auch aufgrund von Interventionen jener Autoren, die sich benachteiligt fühlten. Als Dokumentation der Literatur in Österreich hat die Zeitschrift große Verdienste.

Erste Avantgardezeitschriften erschienen, zumeist nur mit wenigen Heften, in den fünfziger und sechziger Jahren nahezu im Untergrund, jedenfalls weitgehend unter Ausschluß der Öffentlichkeit. Als Beispiel genannt seien die nicht gedruckten, sondern vervielfältigten *publikationen einer wiener gruppe junger autoren*, von denen 1951 bis 1953 acht Hefte erschienen sind, herausgegeben von H. C. Artmann und Andreas Okopenko. In einer 1957 erschienenen Nachfolge-Nummer stehen auch Texte von Ernst Jandl und Konrad Bayer (1932 – 1964); die Berührungspunkte zur Wiener Gruppe sind evident.

Ähnlich bescheiden und durch die Publikation in der 'Provinz' noch stärker marginal erschienen 1960 in Graz die ersten Hefte der *manuskripte*, begründet von Alfred Kolleritsch (geb. 1931) als Mitteilungsblatt einer Gruppe innovativer Autoren in Graz und bis heute von ihm herausgegeben. Die informelle und heterogene 'Grazer Gruppe' von Autoren läßt sich durch den Zusammenhang mit der Zeitschrift geradezu definieren.

Die Verbindung zur Avantgarde in Wien war eng; so erschienen schon in Heft 2 Texte von Konrad Bayer, Gerhard Rühm, Friedrich Achleitner (geb. 1930) und H. C. Artmann, und 1965-69 enthielten die *manuskripte* Oswald Wieners (geb. 1935) Roman *die verbesserung von mitteleuropa*. Den Schwerpunkt der Zeitschrift bildeten schon bald Texte, in deren Mittelpunkt die Sprachreflexion steht. Die Grazer Zeitschrift brachte schon früh einzelne Beiträge aus dem gesamten deutschen Sprachraum und öffnete sich – bei *Wort in der Zeit* ebenso wie bei *Literatur und Kritik* undenkbar – in den späten sechziger Jahren auch literarischen Debatten, die in der Bundesrepublik geführt worden sind, freilich ohne die dort dominierenden Standpunkte zu übernehmen.

Spätestens seit den siebziger Jahren sind die *manuskripte* „repräsentativ für österreichische Gegenwartsliteratur" [vgl. 94, *S. 56.*] geworden, nicht zuletzt auch durch den Erfolg von Autoren wie Peter Handke (geb. 1942), die zuerst in dieser Zeitschrift veröffentlicht hatten. Sie hat heute, seit langem auch typographisch aufwendig gestaltet, Mitarbeiter und Leser im gesamten deutschen Sprachgebiet – obwohl auch sie wie alle österreichischen Zeitschriften, hinsichtlich der Herkunft der Beiträger, österreichlastig ist, aber doch etwas weniger.

Die österreichische Zeitschriftensituation ist seit den frühen siebziger Jahren recht unübersichtlich geworden; nach einer Angabe von 1993 [vgl. 64, *S. 95 f.*] erscheinen derzeit in Österreich und Südtirol 102 „Literatur- und Kulturzeitschriften" sowie einschlägige Jahrbücher, davon zwei in slowenischer Sprache. Manche davon haben bloß regionale Bedeutung, andere erscheinen mehr oder minder unter Ausschluß der Öffentlichkeit.

Als repräsentative Literaturzeitschrift in der Nachfolge von *Wort in der Zeit* ist 1966 *Literatur und Kritik* begründet worden; die Kontinuität ist auch durch die ersten Herausgeber gegeben (Rudolf Henz; Gerhard Fritsch; Paul Kruntorad, geb. 1935). Die neue, wesentlich besser redigierte Zeitschrift hatte es freilich leichter als *Wort in der Zeit*, weil eine völlig verknöcherte ältere Generation von Autoren, die dort auf angemessene Vertretung gedrängt hatte, allmählich abtrat, während sich jüngere, modernere Autoren – Thomas Bernhard (1931 – 1989), Handke u.a.– anderswo so weit durchgesetzt hatten, daß sie selbst repräsentativ geworden waren. Diese Generation hatte sich 1973 in der nicht mit der 'Grazer Gruppe' zu verwechselnden Grazer Autorenversammlung eine durchschlagskräftige Organisation als Gegengewicht zum österreichischen P. E. N.-Klub geschaffen. *Literatur und Kritik* war seit jeher trotz einer leichten Traditionslastigkeit im positiven Sinn repräsentativer und weniger 'offiziös' als die Vorgängerzeitschrift; auch das Redaktionsprinzip 'Österreich' nahm an Bedeutung ab. Seit 1990 geben Karl-Markus Gauß (geb. 1954) und der Verleger Arno Kleibel, die eher einen kulturpolitischen Schwerpunkt setzen, die Zeitschrift heraus.

Auch einige Bundesländer haben Zeitschriften als Veröffentlichungsorgane für ihre Autorinnen und Autoren (aber oft nicht nur für diese) ins Leben gerufen, z. B. Oberösterreich 1975 *Die Rampe. Hefte für Literatur*. Für den offiziösen Charakter solcher Gründungen ist es nicht untypisch, daß *Die Rampe* anfänglich einträchtig von dem konsequenten Sprachexperimentator Heimrad Bäcker (geb. 1925), der traditionsbewußten Erzählerin Gertrud Fussenegger (geb. 1912) und dem Wiener Publizisten Wolfgang Kraus (geb. 1924) herausgegeben worden ist.

Für die wichtigeren Zeitschriften ist das Bild der konkurrierenden Paradigmen von „Sprachartisten" und „Weltverbesserern" [vgl. 115] recht brauchbar. So hatte Kolleritsch 1964 einen „Realismus, der eine so naiv wie möglich gefaßte Realität so naiv wie möglich zur Sprache bringt" [vgl. 94, *S. 34*], programmatisch aus den *manuskripten* ausgeklammert. Diese Distanz zur 'weltverbessernden' realistischen und die Zuwendung zur sprachreflektierenden, 'experimentellen' Literatur ist nicht nur für die Grazer Zeitschrift kennzeichnend, sondern auch für eine ganze Reihe anderer österreichischer Literaturzeitschriften der Gegenwart, so die von Otto Breicha (geb. 1932) und Gerhard Fritsch 1966 gegründete und heute von Breicha herausgegebene Wiener Jahres-, später Halbjahresschrift *Protokolle* (die aber auch Hans Lebert, 1919 – 1993, und Herbert Eisenreich veröffentlicht hat).

Neben den *manuskripten* ist das von Gerhard Jaschke (geb. 1949) in Verbindung mit Hermann Schürrer (1928 – 1986) gegründete und redigierte, seit 1976 erscheinende *Freibord. Kulturpolitische Gazette* (Wien) vielleicht die originellste Zeitschrift dieses Teil-Paradigmas der Gegenwartsliteratur in Österreich. Sowohl in der Auswahl der Texte als auch in der graphischen Gestaltung zeigt sie Züge eines Untergrundblattes mit anarchistischen Elementen. In den letzten Jahren gilt das besondere Interesse des Herausgebers dem Anagramm und anderen artifiziellen Formen. Sprachreflektierende Texte werden zwar mit Vorliebe, aber doch nicht exklusiv gedruckt. Die Verbindung zur Wiener Gruppe und zu den Autoren und Autorinnen des oppositionellen Wiener underground der fünfziger Jahre ist eng; auch der Wiener Aktionismus wird in dieser Zeitschrift immer wieder gewürdigt.

Hingegen ist *Wespennest. Zeitschrift für brauchbare Texte* – 1969 in Wien von Peter Henisch (geb. 1943) und Helmut Zenker (geb. 1949) gegründet – die wichtigste und expliziteste Vertreterin der anderen, der 'realistischen', auf den Marxismus zurückführbaren Position. Diese Zeitschrift, inzwischen kaum weniger etabliert als die *manuskripte*, ist aus dem Bedürfnis nach der „Publikation engagierter politischer Dichtung" [vgl. 115, *S. 199*] entstanden, in polemischer Abgrenzung gegen die konkrete Poesie. Mitarbeiter der im Lauf der Jahre u. a. von Gustav Ernst (geb. 1944), Josef Haslinger (geb. 1955) und Franz Schuh (geb. 1947) redigierten Zeitschrift ist in den frühen Jahren Michael Scharang (geb. 1941).

Ohne daß das 'realistische' Programm ganz aufgegeben worden wäre, sind die Grenzen gegenüber der sprachreflektierenden Literatur heute verwischt, und im *Wespennest* finden sich viele Namen, die auch unter Beiträgen in den *manuskripten* und in *Freibord* stehen. Vielleicht ist die Bereitschaft zu engagierter Satire und Polemik im *Wespennest* größer als in *manuskripten* und *Freibord*. Seit einigen Jahren veröffentlicht *Wespennest* regelmäßig Schwerpunkthefte zur Literatur in anderen Ländern, die in österreichischen Zeitschriften oft zu kurz kommt.

Diese Weltoffenheit, die Betonung der Essayistik und die Neigung zur Satire ist auch der *Gegenwart* eigen, seit 1989 in Innsbruck von Walter Klier (geb. 1954) und Stefanie Holzer (geb. 1961) herausgegeben. Sie zeichnet sich dadurch aus, daß sie wohl als einzige östereichische Literaturzeitschrift programmatisch keine Lyrik veröffentlicht.

In Zusammenhang mit den regionalen Zeitschriften ist auch kurz auf Südtirol einzugehen, wo sich ein innovatives Paradigma und junge Autoren um 1970 gegen eine verknöcherte ältere Generation durchgesetzt haben. Die Veränderungen führten in den siebziger und achtziger Jahren zu mehreren Zeitschriftengründungen, von denen die Bozner *Sturzflüge. Eine Kulturzeitschrift* (1982 –) am gewichtigsten sind. Als Organ des Südtiroler Autorenverbands lassen sie fast alle jüngeren Autorinnen und Autoren (denen freilich auch die österreichischen Zeitschriften offen stehen) zu Wort kommen; darüberhinaus enthalten sie Beiträge in italienischer Sprache.

Klaus Zeyringer

Schriftstellergruppierungen in Österreich

Die Geschichte des Wiener PEN-Club hat das politische Selbstverständnis der meisten österreichischen Schriftsteller in einem entscheidenden Jahr, nämlich 1933, festgehalten. Das österreichische Zentrum
war 1923, zwei Jahre nach der Gründung des Internationalen PEN
(1921 in London), errichtet worden, Arthur Schnitzler (1862 – 1931)
war der erste Präsident.

Der XI. Kongreß des Internationalen PEN vom 25. bis 28. Mai 1933
in Ragusa (Dubrovnik) diskutierte über die nationalsozialistische Verfolgung oppositioneller Autoren und die Bücherverbrennung vom 10.
Mai. Die deutsche Delegation verließ unter Protest den Saal und berief
sich auf die Grundregel des PEN, sich von Politik fernzuhalten. Die
schließlich verabschiedete Resolution bedeutete den „wahrscheinlich
ersten Protest eines internationalen Gremiums gegen Praktiken des
Nationalsozialismus" [vgl. 96, *S. 28*]. Einige Mitglieder der österreichischen Delegation hatten sich den Deutschen angeschlossen, andere
waren für die Resolution eingetreten. Darauf gab es ein heftiges Nach-
spiel in Wien, das zu einem öffentlichen Bruch zwischen den liberalen
und den völkisch gesinnten Schriftstellern führte. Während die einen
Resolutionen gegen die Unterdrückung in Nazi-Deutschland unter-
schrieben, traten die anderen Ende Juni / Anfang Juli 1933 demonstra-
tiv aus dem PEN-Club aus – und bezeugten damit öffentlich ihre politische Einstellung: fast alle diese Autoren und Autorinnen schrieben
denn auch im *Bekenntnisbuch österreichischer Dichter* (1938) zum
„Anschluß" hymnische Huldigungen an Adolf Hitler (1889 – 1945).
Die Parteinahme war schon 1933 ganz klar geworden: In der *Wiener*

Allgemeinen Zeitung hatte am 29. Juni 1933 Ludwig Ullmann als „Positivum" festgehalten, „daß im Wiener Penklub sich keine Nationalsozialisten mehr befinden". Auch die Nazis in Deutschland hatten genau registriert, wer im PEN verblieben war, und die Austritte – zu recht – als völkische Bekenntnisse gewertet. Nach 1945 freilich suchten diejenigen, die sich zuvor als Nazi deklariert hatten, nun wieder *im* PEN-Club ihr neues Heil und neue alte Positionen.

Hier tritt ein Merkmal der literarischen Öffentlichkeit in Österreich deutlich vor Augen: Im österreichischen PEN-Club – und entsprechend bei anderen Schriftstellergruppierungen – ging es von Anfang an um Machtpositionen. Das literarische Leben in der 2. Republik Österreich ist wesentlich mit dem Staat verknüpft; Autorenorganisationen stehen und agieren zunächst in einem kultur- und gesellschaftspolitischen Kontext – und dieser ist es in erster Linie, der gruppenbildend wirkt, freilich auch im Zusammenhang mit ästhetischen Vorzeichen und literarischen Programmen. Entsprechend erscheint die Geschichte der Schriftstellerverbände in Österreich seit 1945 eher kulturpolitisch und weniger ästhetisch dominiert.

Restauration

Im Literaturbetrieb zeitigte die „Zäsur" 1945 für die gerade noch völkisch deklarierten Schriftsteller kaum längerfristige Folgen. Das Wiener PEN-Zentrum war in London als österreichischer Exil-PEN weitergeführt worden, unter seiner Ägide und besonders unter jener seines Präsidenten Robert Neumann (1897 – 1975) wurde die Wiedererrichtung in Österreich ab Anfang 1946 betrieben. Ein ehemals austrofaschistischer Kulturfunktionär wie Rudolf Henz (1897 – 1987), der im Zeichen der „Kontinuität" noch in den letzten Kriegstagen seine neue Karriere einfädeln konnte, sah in der Londoner „Patronanz" jedoch vor allem eine linke Gefahr, die er – wie viele im Klima eines verbreiteten Antikommunismus – in jedem Blick zurück vermutete:

Hinter der Parole „Niemals vergessen" stehe bereits die Aufforderung „Hinein in die Volksdemokratie!" [vgl. 96, *S. 77f.*]. Zwischen diesen Polen, der antifaschistischen Einstellung und der im Zeichen des Kalten Krieges zunehmenden Kommunismus-Phobie, steht in der Nachkriegszeit die Entwicklung des PEN, der bis Anfang der siebziger Jahre konkurrenzlos das literarische Leben beherrschenden Schriftstellerorganisation in Österreich.

Bei der Wiedererrichtung verlangte Robert Neumann, daß eine „einwandfrei anti-faschistische Gesinnung von einem [...] Aufnahmekomitee untersucht und verbürgt" werden müsse [vgl. 96, *S. 78*], und auch auf der entscheidenden Sitzung am 5. Juni 1947 in Zürich wurde die gleiche Forderung gestellt. Auf dieser Basis stimmte der Internationale PEN dem Antrag zu – genehmigte also die österreichische Neugründung ein Jahr vor jener des deutschen PEN – und verfügte: „Die seinerzeit aus dem österreichischen P.E.N. aus politischen oder opportunistischen Gründen Ausgetretenen werden in den neuen österreichischen P.E.N. nicht wieder aufgenommen" [vgl. 96, *S. 92*]. In Wien wurde die Entscheidung als erster außenpolitischer Erfolg seit Kriegsende gefeiert. Sodann ging man daran, einander die politische Unbedenklichkeit zu bestätigen.

Im Wiener Rathaus wurde – auf Initiative des PEN-Präsidenten Franz Theodor Csokor (1885 – 1969) und des Generalsekretärs Alexander Sacher-Masoch (1901 – 1972) – am 1. November 1947 ein „Abend der Opfer" veranstaltet; die Mitläufer der Täter aber fanden bald wieder Aufnahme in den PEN: Franz Nabl (1863 – 1974) noch 1948 (1949 wurde er in den Vorstand gewählt), Max Mell (1882 – 1971) 1949, Friedrich Schreyvogl (1899 – 1976) 1952: Alle drei waren als völkische Autoren 1933 aus dem PEN ausgetreten. Und so scheinen im Mitgliederverzeichnis 1955 – im Jahr des Staatsvertrages – schon wieder die Namen von zehn Beiträgern zum *Bekenntnisbuch* 1938 auf. Antifaschistisch legitimiert blieb der PEN freilich durch seine Mitglieder, die im Exil gewesen waren.

Der politische Argwohn richtete sich während des Kalten Krieges nunmehr gegen eine vermeintliche kommunistische „Unterwanderung" des Kulturbetriebes, u.a. via PEN. Csokor wurde z.B. von Friedrich Torberg (eigtl. Kantor-Berg, 1908 – 1979), dem über lange Jahre einflußreichsten Antikommunisten angefeindet, weil er für die Friedensbewegung eintrat, die als „kommunistisch unterwandert" diffamiert wurde; Hans Weigel (1908 – 1991) sprach von „Kulturtarnung" und bezeichnete den PEN als „kommunistischen Brückenkopf und Trojanisches Pferd". Immer wieder ertönte zwischen Ende der vierziger und Mitte der fünfziger Jahre der Ruf nach politischer „Säuberung" oder zumindest nach parteipolitischer „Ausgewogenheit". So empfahl der Internationale PEN 1949/50, den Vorstand des österreichischen Zentrums nach den politischen Verhältnissen im Land zusammenzusetzen; so forderte ein Abgeordneter der ÖVP, ein ehemals austrofaschistischer Politiker, 1950 im Nationalrat eine „Säuberung von kommunistischen Elementen" an der Spitze des PEN. Ernst Fischer (1899 – 1972), der einzige Kommunist im Vorstand, antwortete: „Der Proporz ist aus der Politik auch in die Kultur eingebrochen. Jede freie Meinung gilt hier als verdächtig" (Protokolle des Österreichischen Nationalrates, 8.12.1950, S. 1510). Erneut und heftig diskutiert wurde die Frage im Rahmen der Vorbereitungen zum Internationalen PEN-Kongreß, der vom 13. bis 18. Juni 1955 in Wien abgehalten wurde.

Diese Tagung, die auf österreichischer Seite einzig den Etablierten ein Forum war, zeigte auch deutlich, daß der PEN die entscheidenden Machtpositionen im literarischen Leben in Österreich innehatte. Es wurde im PEN zwar „mit bemerkenswertem Engagement individuelle, standespolitische und humanitäre Unterstützung geleistet" [vgl. 96, *S. 131*], es taten sich auch einige einflußreiche Autoren, besonders Hans Weigel, als Nachwuchs-Förderer hervor – aber insgesamt äußerte sich kulturpolitische Macht als ästhetische Autorität: das Vorbild waren klassisch-realistische Traditionen, die auch leichter für staatliche Repräsentation brauchbar schienen. Progressive, experimentelle Literatur der Avantgarde wurde großteils ausgegrenzt: Hans Weigel verwies 1952 im Sammelband *Stimmen der Gegenwart* auf die „Isoliertheit der von der lebendigen Wirkung in der Öffentlichkeit durch Presse, Bühne, Verlage, Redaktionen und Sender fast völlig Ausgeschlossenen" [vgl. 121, *S. 67*]. Dies führte dazu, daß die jüngere Generation der Ilse Aichinger (geb. 1921), Ingeborg Bachmann (1926 – 1973) verstärkt Erfolg in Westdeutschland, bei der Gruppe 47, suchte und fand. Tendenzen moderner Dichtung wurden in Österreich von den meisten einflußreichen „Herrschaften" und in der Öffentlichkeit weitgehend abgelehnt: als Schock, Provokation, jugendlicher Pessimismus. Staatliche Unterstützung, Literaturpreise und Subventionen kamen fast ausschließlich PEN-Mitgliedern zu, die ja auch vom zuständigen Ministerium als einzige Ansprechpartner und Vertreter österreichischer Literatur (somit als Jury-Mitglieder, Gutachter etc.) gesehen wurden.

Auseinandersetzung

Wegen der verkrusteten Strukturen, der Herrschaft einer Gruppe von politisch und ästhetisch Konservativen, verließen in den sechziger Jahren nicht wenige Autoren der jüngeren Generation das Land, z.B. die Mitglieder der Wiener Gruppe, die wohl von Heimito von Doderer (1896 – 1966) unterstützt wurden, aber vor allem auf Ablehnung stießen. In seinem Band, der *die wiener gruppe* (1967) einer breiteren literarischen Öffentlichkeit bekanntmachte, erklärt Gerhard Rühm (geb. 1930) den Exodus: „meine frage, ob wir österreich den rücken kehren müssten, um mit einigen erfolgschancen weiterarbeiten zu können, wurde offensichtlich 'positiv' beantwortet. [...] wir fühlten uns hier abgeschnitten, auf verlorenem posten [...]. 'avantgardisten' sind von vornherein suspekt, die sollen doch gleich ins ausland gehen" [vgl. 118, *S. 33*].

In Österreich selbst organisierte sich in den sechziger Jahren der Widerstand gegen die etablierten Konservativen, wurde 1959/60 mit der

Gründung des „Forum Stadtpark" in Graz ein Zentrum für eine Avantgarde-Kultur geschaffen. Hier sammelten sich die progressiven Schriftsteller, proklamierten sie eine weitgehende Offenheit für alle Richtungen (was die „Grazer" etwa von der Gruppe 47 unterscheidet). Das „Forum Stadtpark" und seine von Alfred Kolleritsch (geb. 1931) herausgegebene Zeitschrift *manuskripte. Zeitschrift für Literatur, Kunst, Kritik* (1, 1960 –) mußten sich von Anfang an gegen Angriffe der Konservativen wehren, die die „Hochkultur" für sich gepachtet zu haben glaubten und „sauber" halten wollten. Die Auseinandersetzungen – in deren Verlauf nach dem bekannten Denunziationsmuster von den alten Völkischen und neuen Österreich-Ideologen der Vorwurf der „entarteten Kunst", des „Schmutz und Schund" erhoben wurde – waren ein Antrieb für das „Forum Stadtpark", der gemeinsam mit zunehmender internationaler Anerkennung den Zusammenhalt ermöglichte. Daß die Grazer keine homogene Gruppe mit deckungsgleichen ästhetischen Vorstellungen waren, kann exemplarisch anhand einer Kontroverse von 1969 belegt werden: In der Nummer 26 der *manuskripte* kritisierte Michael Scharang (geb. 1941), daß in einer Verabsolutierung der Sprachthematik eine Revolution immer nur im Rahmen der Kunst bleiben würde; Peter Handke (geb. 1942) und Alfred Kolleritsch verwiesen in ihren Antworten darauf, daß die Kunst die Funktion habe, das Bewußtsein zu verändern, und daß die Sprache primär zu setzen sei, weil sie über die Wirklichkeitserfahrung vorentscheide. Elfriede Jelinek (geb. 1946) ergriff darauf Partei für Scharang, Klaus Hoffer (geb. 1942) gegen ihn. Scharang trat für den direkten politischen Kampf ein, dessen ästhetische Konsequenz ein engagiert-funktionaler Realismus sei, und war 1971 an der Gründung des „Arbeitskreises für Literaturproduzenten" beteiligt – verblieb freilich auch in der Grazer Gruppe, in der weitgehend die von Handke und Kolleritsch geäußerten Vorstellungen dominierten.

Obwohl gegen Ende der sechziger Jahre auch in Österreich den im Ausland erfolgreichen Autoren der jüngeren Generation mehr Aufmerksamkeit zuteil wurde – 1968 erhielt z.B. Ingeborg Bachmann den

Österreichischen Staatspreis -, und obwohl in fast allen Teilen des Landes immer mehr Autorengruppierungen hervortraten, blieben die Schlüsselpositionen des Literaturbetriebes doch in der Hand der PEN-Mitglieder der älteren Generation. Darauf verwies Ernst Jandl (geb. 1925) im Oktober 1972 im „Forum Stadtpark". Den spektakulären Rücktritt von Alexander Lernet-Holenia (1897 – 1976), der nach Csokor 1969 Präsident des österreichischen PEN geworden war und hiermit gegen die Nobelpreisverleihung an (den „linken") Heinrich Böll (1917 – 1985) protestieren wollte, nahm Jandl zum Anlaß, um die „Cliquenwirtschaft", das „Getümmel von bestenfalls Regionalgrößen" zu verurteilen. In einer von mehreren Autoren unterschriebenen Erklärung bezeichnete Ernst Jandl (geb. 1925) den „sogenannten österreichischen P.E.N. Club" als eine „Schande für den Internationalen P.E.N. Club und als eine Schande für Österreich" [vgl. 96, *S. 138*]. Dagegen strebte Jandl eine eigene Organisationsform an, u.a. auch um eine Aufspaltung der progressiven Schriftsteller zu verhindern. Im März 1973 wurde die „Grazer Autorenversammlung" (GAV) ins Leben gerufen, zu deren Präsident H[ans] C[arl] Artmann (geb. 1921) gewählt wurde (Gründungsmitglieder waren u.a. Friedrich Achleitner (geb. 1930), Wolfgang Bauer (geb. 1941), Peter Handke, Ernst Jandl, Alfred Kolleritsch, Friederike Mayröcker (geb. 1924), Peter Rosei (geb. 1946), Gerhard Roth (geb. 1942), Gerhard Rühm, Michael Scharang, Oswald Wiener (geb. 1935)). Im Konflikt ergriffen die Medien vor allem Partei für den PEN, waren sie doch selbst Partei: Der neue PEN-Präsident und vier weitere Mitglieder des PEN kamen aus dem ORF, als Kulturredakteure der *Arbeiterzeitung* und der *Kronenzeitung* sowie als Auslandskorrespondenten für westdeutsche Zeitungen wirkten PEN-Mitglieder.

Die GAV richtete 1974 an den Internationalen PEN den Antrag, als zweites österreichisches Zentrum anerkannt zu werden. Die dafür angeführten Gründe bringen eine literarische Entwicklung und eine Situation im Literaturbetrieb auf den Punkt. Ausgegangen wird von der Feststellung, „daß seit nahezu 20 Jahren in der österreichischen

Literatur zwei deutlich voneinander abgegrenzte Traditionen wirksam sind, zwischen denen so gut wie keine Brücke besteht." Es handle sich nicht um zwei literarische Schulen, sondern jeweils um „eine pluralistische Gruppierung, die jedoch von der anderen durch prinzipielle Unterschiede in der persönlichen Haltung, der Staats- und Weltauffassung und in der künstlerischen Überzeugung getrennt ist". Das ästhetische Argument wird erst an dritter Stelle genannt; die Wurzeln werden eindeutig im Kontext ausgemacht, in dem interessanterweise die Jahre 1938 – 1945 ausgeblendet bleiben. „Auch der flüchtige Kenner Österreichs wird die Wurzeln und Art dieser Unterschiede begreifen, wenn er bedenkt, daß auf unserer Seite nur jene Generationen zu finden sind, deren geistige Haltung durch die Zeit seit 1945 bestimmt ist, daß bei uns weder die für Österreich katastrophale Zeit zwischen 1918 und 1938, noch die fast schon legendäre Zeit vor dem Ersten Weltkrieg wirksam sind, während im österreichischen PEN-Club gerade diese beiden Epochen, vor allem die Zwischenkriegszeit, noch immer einen bestimmenden Einfluß ausüben" [vgl. 121, *S. 120*]. Dem Grazer Antrag wurde nicht stattgegeben – vor allem weil der etablierte österreichische PEN heftig opponiert hatte. In Österreich kam hingegen der GAV die neue politische Konstellation mit der SPÖ-Alleinregierung unter Bruno Kreisky (seit 1970) zugute, die eine Veränderung der staatlichen Kulturpolitik in Aussicht stellte. Im zuständigen Ministerium begegnete der Alleinvertretungsanspruch des PEN immer größerer Skepsis. Dies führte u.a. dazu, daß die GAV bereits ab dem Gründungsjahr fast ebenso hoch subventioniert wurde wie der PEN, der 1974 etwa 250 Mitglieder zählte, während es in der GAV 68 waren. Dies bedeutete die offizielle Anerkennung der GAV als repräsentative Schriftstellervereinigung.

Gemeinsam war den GAV-Mitgliedern die Anti-PEN-Haltung. Von einem genauen kulturpolitischen oder gar ästhetischen Programm konnte keine Rede sein. Es handelte sich um ein Bündnis zwischen ästhetischer Avantgarde (mit einer auch politisch eher progressiven Einstellung) und radikalem politischen Engagement, das besonders von den Mitgliedern des „Arbeitskreises der Literaturproduzenten" eingebracht wurde – was die GAV für ihre Gegner zu einem „Instrument der neuen Linken" stempelte [vgl. 62, *S. 86*].

Soziale Partnerschaft

Ernst Jandl habe jene Rolle übernehmen können, so Franz Schuh (geb. 1947), die in den siebziger Jahren in der Kulturpolitik gefragt gewesen sei: „die Rolle des Sozialpartners, der im künstlerischen Bereich legitimiert genug war, sodaß seine Bereitschaft, ein Stück Weges gemeinsam mit dem Staat zu gehen, der staatlichen Kulturpolitik auch etwas von der Aura eines künstlerischen Ansehens zukommen ließ" [vgl. 83, *S. 29*]. Dieser Satz kann insgesamt für die „Grazer Autorenversammlung" gelten, die Schuh – vier Jahre lang Generalsekretär der GAV – als „Selbstetablierungsverein österreichischer Schriftsteller" [vgl. 83, *S. 34*] bezeichnet.

Ab Mitte der siebziger Jahre wurden die öffentlich ausgetragenen Konflikte zwischen PEN und GAV immer seltener. Die GAV war schnell zu einem Massenverein geworden (1975: 120 Mitglieder, 1979: 188, 1981: 341) – das Fehlen strenger ästhetischer Aufnahmekriterien war eine oftmals geäußerte Kritik, die auch zu einigen Austritten führte, z.B. 1978 von H. C. Artmann, dessen Nachfolger als Präsident Gerhard Rühm wurde. Je größer die Vereinigung wurde, desto deutlicher verlagerten sich die Aktivitäten von Graz nach Wien, bald auch Vereinssitz der GAV.

Als Organisation der meisten im Ausland anerkannten Schriftsteller konnte die GAV sich relativ schnell in Österreich einen Anteil an Machtpositionen im Literaturbetrieb sichern. Sie wurde z.B. bei der Beschickung von Jurys berücksichtigt, was dadurch zu Buche schlug, daß nunmehr auch die vormals ausgegrenzten Autoren und Autorinnen preiswürdig und damit öffentlich anerkannt wurden: Den Großen Österreichischen Staatspreis erhielt 1974 H. C. Artmann, 1982 Friederike Mayröcker und 1984 Ernst Jandl; den Österreichischen Würdigungspreis für Literatur 1973 Friederike Mayröcker, 1976 Gerhard Rühm, 1978 Ernst Jandl, 1979 Wolfgang Bauer. Damit erhielten auch die öffentlichen Auftritte und Stellungnahmen der GAV, ihr Eintreten gegen Diffamierung und Behinderung durch konservative Kreise mehr Gewicht: z.B. die Verteidigung des Avantgarde-Festivals *steirischer herbst* (1975), der Appell für die Erhaltung des Wiener Kulturzentrums *Arena* (1976). Bis etwa Mitte der siebziger Jahre agierte die GAV „aktionistisch, in der Fortführung des Lebens aus informellen Strukturen heraus" [vgl. 85, *S. 36*], in der Folge festigten sich Verbandsstrukturen.

Anfang der achtziger Jahre war die GAV zur mitgliederstärksten Autorenvereinigung Österreichs geworden – und wurde zunehmend kritisiert, vor allem wegen „Inhaltslosigkeit" und zu großer Kompromißbereitschaft. Für Franz Schuh ist die GAV „eine Enttäuschung", sie werde von „trägem Konsens" und sich daraus ergebenden Scheingefechten getragen [vgl. 83, *S. 21*]. Einer breiten Öffentlichkeit bekannt wurden Unstimmigkeiten, als die GAV in einer außerordentlichen Vorstandssitzung 1989 beschloß, ihre Beteiligung an einer geplanten Solidaritätsveranstaltung für Salman Rushdie (geb. 1947) abzusagen, worauf einige Mitglieder austraten. In seinem Buch *Die sozialpartnerschaftliche Ästhetik* sieht Robert Menasse (geb. 1954) in PEN und GAV eine zum Verein gewordene Sozialpartnerschaft im Literaturbetrieb und bezeichnet die Opposition der GAV als Anti-PEN als „scheinhaft". Beide seien gleich hoch subventioniert und paritätisch in Jurys vertreten, seien zu Vereinshülsen geworden [vgl. 114, *S. 66*].

Berufspolitische Interessenvertretung

Auf die prekäre soziale und ökonomische Situation österreichischer Schriftsteller wurde Anfang der siebziger Jahre verstärkt hingewiesen, aber weder PEN noch GAV verstanden sich als berufspolitische Interessenvertretung, der es auch um eine materielle Besserstellung ginge. Als Dachverband österreichischer Autorenvereinigungen wurde dann 1971 vor allem auf Initiative der PEN-Mitglieder Hilde Spiel (1911 – 1990) und Milo Dor (eigtl. Milutin Doroslovac, geb. 1923) die Interessengemeinschaft österreichischer Autoren gegründet. Zu einer funktionierenden Vertretung mit gewerkschaftlichem Charakter, die als über den Parteien stehendes Sprachrohr gelten konnte, wurde die „IG Autoren" dann allerdings erst knapp zehn Jahre später.

Im November 1979 wurde in Mürzzuschlag eine Tagung über „Die Lage der Schriftsteller in Österreich" abgehalten, bei der ein Forderungskatalog erstellt, ein Komitee zur Organisation eines Schriftstellerkongresses gewählt wurde, in dem PEN, GAV, Journalistengewerkschaft und andere Organisationen zusammenarbeiteten. Gerhard Ruiss und Johannes A. Vyoral, die 1978 in einer „Dokumentation zur Situation junger österreichischer Autoren" nachgewiesen hatten, daß die Hälfte der 100 befragten hauptberuflichen Schriftsteller unter dem Existenzminimum lebte, publizierten im Jänner 1981 einen „Problemkatalog", der die Basis für die Diskussionen bildete. Der 1. österreichische Schriftstellerkongreß fand vom 6. bis 8. März 1981 im Wiener Rathaus statt; die 800 Teilnehmer schufen zum ersten Mal eine gemeinsame Plattform für eine berufspolitische Interessenvertretung, die die Schriftsteller als soziale Gruppe sichtbar machte. Hier war eine Solidarität möglich, weil die ästhetische Dimension ausgeschlossen, somit jeglicher Unterschied im Literarischen ausgeblendet blieb. Als Motto des Kongresses galt Robert Musils (1880 – 1942) Satz von 1923: „Ich wünsche jedem schlechten Schriftsteller die Pest an den Hals, aber ich muß sorgfältig sein Leben schützen, weil ich wirtschaftlich sein siamesischer Zwilling bin" [vgl. 81, *S. 8*]. In einer Hauptresolution wurden u.a. gefordert: Steuergerechtigkeit, eine Sozialversicherung für Schriftsteller, Einrichtung eines Sozialfonds, Schaffung eines Autorenrates im ORF, gesetzliche Verankerung einer Bibliothekstantieme, Abschaffung der freien Werknutzung in Schulbüchern.

Eine neue Interessenvertretung sollte als autonome, überparteiliche Organisation eine wirksame Vertretung gegenüber der Öffentlichkeit, den politischen und ökonomischen Entscheidungsträgern gewährleisten.

Diesen Anforderungen ist die IG Autoren seither größtenteils nachgekommen. 1983 wurde mit der Aufstockung des Sozialfonds von knapp 4 auf 16 Millionen Schilling ein erster Erfolg erzielt. Mit Enqueten begannen ab 1984 kultur- und medienpolitische Auseinandersetzungen um Rundfunk, Theater, Verlage, die in der Zeitschrift *Autorensolidarität* (1, 1980 –) zusammengefaßt wurden. Im Februar 1987 wurde in Wien ein „Kongreß der Bücher" veranstaltet, um auf die Publikationen der Klein- und Autorenverlage hinzuweisen; im von der IG Autoren jährlich herausgegebenen Gemeinschaftskatalog sind 1993 2433 lieferbare Titel von 106 Verlagen verzeichnet. Die Bemühungen um eine Bibliothekantieme, die es in der BRD seit 1973 gibt, und um eine Schulbuchabgeltung (in der BRD seit 1972) zogen sich über zwei Jahrzehnte hin. Schon 1975 hatte ein Minister eine entsprechende Regelung zugesichert; erst ein 1992 begonnener Ablieferungsstreik – von 150 Verlagen wurden die Pflichtexemplare (rund 2600) nicht den öffentlichen Bibliotheken, sondern der IG Autoren übermittelt – brachte 1994 einen Erfolg. Das Gewicht der Interessenvertretung, der nunmehr etwa 1700 Autoren und rund 45 Schriftstellerorganisationen angehören, kam kürzlich deutlich zum Ausdruck: Anfang 1995 hat die IG Autoren recht schnell erreicht, daß die nach dem EU-Beitritt Österreichs mit 20% festgesetzte Mehrwertsteuer für schriftstellerische Leistungen auf 10% reduziert wurde. Unumstritten freilich sind die IG Autoren und ihre Vertreter nicht – gelegentlich wird der (altbekannte) Vorwurf erhoben, sie sei ein „linker Brückenkopf", wird der Ruf nach einem „guten österreichischen" Proporz laut.

Karl-Heinz Hartmann

Romane und Erzählungen der fünfziger und sechziger Jahre (BRD)

Die „Elite", schrieb Walter Dirks 1950 in den *Frankfurter Heften,* denke und empfinde „allerorten antirestaurativ", nur „in den Institutionen spielt sich, teils unterirdisch, teils sichtbar, ein Kampf zwischen den Restauratoren und den Erneuerern ab, in der Wirtschaft und im Alltag überwiegt die restaurative Wirklichkeit". Was nun zu geschehen habe, sei „Arbeit am Bewußtsein der Zeit, Arbeit am öffentlichen Gewissen, an der öffentlichen Meinung. Sagen, was ist". Daß die Schriftsteller dieser Aufforderung zur realistischen Bestandsaufnahme erfolgreich nachgekommen seien, glaubte Alfred Andersch (1914 – 1980) in einem mit Hans Magnus Enzensberger (geb. 1929) geführten Gespräch rückblickend bestätigen zu können. Entschieden widersprach er den im berühmten *Kursbuch 15* (1968) vorgetragenen Ansichten, die bundesrepublikanische Literatur habe, „je weniger an reale gesellschaftliche Veränderung, an die Umwälzung von Macht- und Besitzverhältnissen zu denken war", desto mehr „Entlastungs- und Ersatzfunktionen" übernommen und „die politische Regression kaschieren" helfen [vgl. 103, *S. 189 f.*]. Im Gegenteil hätten die Autoren – so Andersch – nachhaltig „das juste milieu der deutschen Restauration gestört", und von daher sei ihnen „eine erhebliche kritische Bedeutung" zugekommen [vgl. 97, *S. 88*]. Bei diesem Urteil gilt es allerdings zu berücksichtigen, daß die 'literarische Opposition' ihr Selbstverständnis als „Gewissen der Gesellschaft, der Nation" (Karl Markus Michel) von Anfang an mit einer „Ideologie der Ideologiefeindlichkeit" (Hans Mayer) verknüpft hatte. Mit diesem konsequenten Nonkonformismus manövrierte sie sich in eine Position der „Bindungslosigkeit – von keiner Klasse beauftragt, von keinem Vaterland beschützt, mit keiner Macht im Bund" [vgl. 110, *S. 15*] –, die ihrer öffentlichen Wirksamkeit und politischen Einflußnahme spürbar Schranken setzte.

Wie eng überdies der Spielraum dafür geworden war, die gesellschaftlichen Verhältnisse mit herkömmlichen Mitteln erzählerisch zu bewältigen, zeigte die in den frühen 50er Jahren wiederbelebte Debatte über die Krise des Romans. In der Diagnose ihrer Symptome waren sich die Wortführer dieser Diskussion – Erich Kahler, Theodor W. Adorno und Erich Franzen – im großen und ganzen einig: Komplexität und Undurchschaubarkeit der Wirklichkeit, Kollektivierungstendenzen als Folgeerscheinung von Industrialisierung und Technisierung, eine damit verbundene Auflösung der Person, Standardisierung und Gleichlauf in der verwalteten Welt, Verdinglichung der menschlichen Beziehungen, universale Entfremdung und Selbstentfremdung, Verlust konsensfähiger Wertsysteme. Als Kronzeugen der daraus resultierenden Konsequenzen für die Entwicklung des Romans wurden Marcel Proust (1871 – 1922), James Augustine Aloysius Joyce (1882 – 1941), John Roderigo Dos Passos (1896 – 1970), Rainer Maria Rilke (1875 – 1926, eigtl. René Maria Rilke), Franz Kafka (1883 – 1924), Robert Musil (1880 – 1942), Hermann Broch (1886 – 1951), Alfred Döblin (1878 – 1957), Albert Camus (1913 – 1960), Jean-Paul Sartre (1905 – 1980) aufgeboten und an ihren Werken die Formveränderungen der Gattung erörtert. Der omnipotente Erzähler habe abgedankt; der fiktiven individuellen Geschichte, die mit dem Zerfall der Persönlichkeit auch ihre Repräsentanzfunktion eingebüßt habe, komme keine Bedeutung mehr zu; es erfolge ein Vorstoß in Bereiche des Unbewußten, den ein Wuchern der inneren subjektiven Zeit begleite; als Reaktion auf die Übermacht des Wirklichen lasse sich ein Zuwachs an 'unmittelbarer' Realität wie bei der Montage oder bei der direkten Einbeziehung technischer, wissenschaftlicher und sozialer Fakten in den Roman beobachten; die Schwierigkeiten des Erzählens seien durch kritische Reflexion auf die Bedingungen seiner Möglichkeit den

Texten selbst schon eingeschrieben und gingen mit einer Rebellion gegen die Diskursivität der Sprache einher.

Böll und andere

Mit dieser Zustandsbeschreibung des modernen europäischen und amerikanischen Romans hat Heinrich Bölls (1917 – 1985) „humaner Realismus" (*Frankfurter Vorlesungen*, 1964) kaum etwas gemein. In seinem ungebrochenen Vertrauen zu der Fähigkeit des Schriftstellers, „die Dinge durchsichtig" zu machen und sie „zu durchschauen, in sie hineinzusehen" (*Bekenntnis zur Trümmerliteratur*, 1952), hält er an der Vorstellung einer immer noch möglichen realistischen Vergegenwärtigung der Wirklichkeit fest. Diese Zuversicht teilt Böll mit anderen Autoren der 50er Jahre. Siegfried Lenz (geb. 1926) mit seiner Berufung auf die realistische Erzähltradition des 19. und 20. Jahrhunderts und – für seine Anfänge – auf Ernest Miller Hemingway (1899 – 1961) als sein literarisches Vorbild schlägt in die gleiche Kerbe; ebenso Alfred Andersch (1914 – 1980), der sich weigert, „den klassischen Erzähler abdanken zu lassen", und darauf besteht, „Ereignisse und Zustände als sinnliche Gegenstände wahrzunehmen und diese Gegenstände ohne alle symbolische, parabolische oder allegorische Absichten zu zeigen, als das *real thing*, das sie sind" [vgl. 137, *S. 142 ff.*]. Der Gebrauch avancierterer Erzählweisen bei diesen Autoren, mit dem der Anschluß an die Moderne suggeriert wird, zeugt nicht unbedingt von einer Reaktion auf das Problematischwerden der Gattung Roman. Eher umgekehrt werden die neuen Schreibtechniken für die Schilderung von Personen und Begebenheiten nur insoweit funktionalisiert, als sie noch zum Nachweis der Verfügungsmacht des Erzählers über seinen Stoff taugen. Wolfgang Koeppen (1906 – 1996) und Arno Schmidt (1914 – 1979), die wegen ihres radikalen Bruchs mit den klassischen Erzählkonventionen als singuläre Erscheinungen in der Prosaliteratur der 50er Jahre gehandelt werden, bestätigen im Grunde diesen Befund.

Wie kein anderer Autor ist Heinrich Böll über Jahrzehnte in Romanen und Erzählungen ein Begleiter der deutschen Nachkriegsentwicklung gewesen. Diese Gebundenheit „an Zeit und Zeitgenossenschaft, an das von einer Generation Erlebte, Erfahrene, Gesehene und Gehörte" (*Frankfurter Vorlesungen*) hat nicht nur seine Themenwahl beeinflußt, sondern damit stellte sich auch die Frage, wie tradierte narrative Praktiken an die veränderten Gegenstände angepaßt werden konnten. Von Bölls in den 50er Jahren publizierten Romanen steht *Wo warst du, Adam?* (1951) noch ganz im Bann der Fronterlebnisse. Inhaltlich greift er Motive der frühen Erzählungen auf und bedient sich der dort erprobten Schreibweisen. Erst mit *Und sagte kein einziges Wort* (1953) erfolgt der Übergang zu Stoffen aus der aktuellen Gegenwart, in denen gleichwohl Nationalsozialismus und Krieg mehr oder weniger präsent bleiben. Böll schildert in seinem Roman aus der Sicht eines Mannes und einer Frau die Geschichte eines Ehepaares, das sich wegen der Armseligkeit seiner Lebensumstände für einige Zeit getrennt hat. Durch den ständigen Perspektivenwechsel wird diese Trennung auch formal verankert. Böll benutzt ihn aber nicht, um auf diesem Weg unterschiedliche Ansichten als nicht mehr kompatibel und daher als Symptome einer Entfremdung darzustellen, sondern um über alle Barrieren hinweg die tiefe Verbundenheit der Gatten zu veranschaulichen. Ebenfalls arbeiten die durch die Aufteilung der Geschichte auf die beiden Erzählinstanzen entstandenen Textsequenzen nicht gegeneinander; sie ergänzen sich vielmehr, so daß die Kontinuität des Handlungsablaufs an keiner Stelle durch irritierende Sprünge gestört wird. Hinzu kommt die Begrenzung der erzählten Zeit auf wenig mehr als 48 Stunden, der beschränkte Aktionsradius der Figuren – Wohnung, Kneipe, Hotel, ein paar Straßen – und ein ihrer Misere geschuldetes ausschließliches Interesse für Vorgänge der nächsten Umgebung. Die Effizienz herkömmlicher Erzählmethoden gerät auf diese Weise nicht auf den Prüfstand; eher schon geschieht dies durch die Expansion der Zeit in *Billard um halb zehn* (1959, Film 1964).

Die Gegenwartshandlung in diesem Epochenroman konzentriert Böll auf den 6. September 1958. Es ist der Tag, an dem der Geheimrat Heinrich Fähmel, der Erbauer der Abtei Sankt Anton, 80 Jahre alt wird; am selben Tag entdeckt sein Enkel Joseph, der an der Rekonstruktion des kurz vor Kriegsende gesprengten Komplexes beteiligt ist, daß sein Vater Robert für die Zerstörung die Verantwortung trägt. In Erzählungen und Erinnerungen der in die Ereignisse verwickelten Figuren wird die Vorgeschichte des 6. September vom Kaiserreich bis in die Adenauer-Zeit aufgerollt. Dadurch, daß Böll ein halbes Jahrhundert deutscher Geschichte mit der Familienchronik der Fähmels verknüpft und die Abtei zum Fluchtpunkt macht, auf den alle Begebenheiten zulaufen, bleibt der Kreis der im Roman agierenden Personen überschaubar und relativ homogen. Beruf und liebgewordene Gewohnheiten tun ein übriges, die Zahl der Schauplätze – hauptsächlich Wohnung und Atelier in der Modestgasse, das Café Korner und das Hotel Prinz Heinrich – klein zu halten. Die historischen Ereignisse und politischen Umbrüche läßt Böll nur so weit ins Blickfeld des Erzählers geraten, wie sie Angelegenheiten der Familie berühren: etwa den mutigen Ausspruch der Frau Heinrich Fähmels zu Beginn des 1. Weltkriegs: „der kaiserliche Narr", die Entzweiung der Familie, als Otto sich nach 1933 zum militanten Faschisten entwickelt; Roberts Einsatz für Schrella; den Tod Ediths während eines Bombenangriffs; den Anschlag der Großmutter auf einen Politiker aus Protest gegen die nach 1945 wiedererwachende Reaktion und den Opportunismus von Parteien und Organisationen. Handelt es sich dabei im einzelnen um Widerstand und Demonstration eines Nichteinverständnisses, zeigt sich daran aber auch, daß die Fähmels nicht *politisch*, sondern *moralisch* reagieren. Geschichte reduziert sich für sie auf einen dauernden Kampf zwischen mächtigen Unterdrückern und ihren Opfern, für den Böll die Symbole von *Büffel* und *Lamm* in seinen Roman eingeführt hat. Auch die Motive Roberts für die Sprengung der Abtei erklären sich aus diesem Kontext. Sie ist Ausdruck seiner Unversöhnlichkeit gegenüber denjenigen, die in den Jahren des Faschismus in der Wahrnehmung ihres *Hirten*-Amtes versagt, den Leidenden und Geschundenen nicht beigestanden haben – wie die Mönche der Abtei, die „damals zur Sonnenwendfeier den Kosakenhügel hinaufgezogen waren und oben, als das Feuer aufloderte: *Es zittern die morschen Knochen* angestimmt hatten". Trotz einer unbestritten komplizierteren Erzählstruktur, eines freieren Umgangs mit der Chronologie der Ereignisse und den Möglichkeiten polyperspektivischen Erzählens bestätigt die symbolische Ausdeutung komplexer historischer und politischer Vorgänge und ihre Bindung an die Geschichte einer Familie, daß sich die auf Übersicht, Ordnung und Urteilsfähigkeit basierenden Tugenden klassisch-realistischen Erzählens nur dort noch behaupten ließen, wo der Erzähler in Lebens- und Arbeitswelten auswich, die überschaubar geblieben und durch 'runde' Charaktere und ihre privaten Beziehungen darstellbar waren.

Diese Tendenz zur Beschränkung wird von einer anderen begleitet: der Tendenz zur abstrahierenden Verdichtung wie in Lenz' *Es waren Habichte in der Luft* (1951) oder in Anderschs *Sansibar oder der letzte Grund* (1957, Film 1961), mit der, soweit es auch hier um die Aufarbeitung der deutschen Vergangenheit ging, den Vorgängen nach 1933 so wenig wie bei Böll politisch-analytisch beizukommen war. Die Geschichte, die Lenz erzählt, trägt sich nach dem 1. Weltkrieg im finnisch-russischen Grenzgebiet zu. Sie handelt von der Flucht des Lehrers Stenka vor dem Zugriff eines totalitären – sozialistischen – Regimes, das sich daran macht, die Intelligenz des Landes zu verhaften und zu liquidieren. Die Klischeefigur des 'Theoretikers', der sich auf die Spur des Dissidenten gesetzt hat, repräsentiert mit ihrem kaltzynischen Rationalismus den allmächtigen Parteiapparat, der um sich ein Klima der Angst, des Terrors und des Verrats verbreitet. Ihr stehen Personen gegenüber, die durch ihre Begegnung mit dem Lehrer in Entscheidungssituationen gedrängt werden, in denen sie sich entweder menschlich bewähren oder jämmerlich versagen. Daß die zentrale

Idee des Romans in den Kontext seiner Entstehungszeit gehört, ist offensichtlich. Die Teilung Deutschlands, der Ost-West-Konflikt, der Wettstreit zwischen Demokratie und Sozialismus sind einige der Schlagwörter, die hier zu nennen wären. Für die Schilderung der Ereignisse zieht Lenz das ganze Register konventioneller Erzählmöglichkeiten. Die Fabel des Romans ist übersichtlich konzipiert; die Biographien einiger Figuren – Matowski, Manja, Petrucha – sind schicksalhaft miteinander verwoben; Stenka fungiert in manchen seiner Reflexionen unüberhörbar als das Sprachrohr seines Autors; das Geschehen spitzt sich im Verlauf des Romans dramatisch zu und kulminiert in einem Schluß, der Glück und Unglück mischt: Stenka wird von der Kugel eines Grenzsoldaten tödlich getroffen, während ein ehemaliger Schüler, der ihm beigestanden hat, ins Ausland entkommt. Symbole, Leitmotive, beziehungsreiche Anspielungen sorgen dafür, daß die vordergründige, realistisch erzählte Handlung auf eine bedeutungsträchtige Ebene gehoben wird, auf der es um Freiheit und Unfreiheit, Recht und Unrecht, Moral und Unmoral geht. Im Prinzip liefert damit schon dieser erste Roman das Modell für spätere Prosaarbeiten von Lenz wie *Duell mit dem Schatten* (1953) oder *Stadtgespräch* (1963), die durch komplexer gebaute Fabeln und einen differenzierteren Umgang mit den medialen Möglichkeiten des Erzählens zwar an epischer Mehrdimensionalität gewinnen, aber letzten Endes doch wieder um prinzipielle Probleme von Schuld und Verantwortung kreisen. Eine genaue Analyse der sozialen und politischen Lebensumstände seiner Figuren in *Es waren Habichte in der Luft* ist nicht Lenz' vordringlichstes Anliegen. Die Distanz, die er durch die räumliche und zeitliche Entfernung der Ereignisse zwischen seinem Roman und den Vorgängen im Dritten Reich schafft, ist eine der Vorkehrungen, die er trifft, um durch das äußere Geschehen zu elementaren Grundkonflikten vorzudringen, deren Übertragbarkeit nach ihrer Reinigung von den Schlacken historischer Fakten auf die Verhältnisse in Deutschland nach 1933 wohl insgeheim mitgedacht wird.

In der Wahl der erzählerischen Mittel wirkt Anderschs *Sansibar oder der letzte Grund* (1957) moderner als der Roman von Lenz. Das „Prinzip der simultanen Figurenführung" (Andersch) und der dadurch bedingte dauernde Perspektivenwechsel sind allerdings auch hier nicht als Signale der Verunsicherung des Erzählers angesichts der Komplexität seines Gegenstands zu verstehen. Der fast durchgängige Zuschnitt der einzelnen Kapitel auf das Wahrnehmungsfeld einer einzigen Person, die Dominanz von innerem Monolog und erlebter Rede bedeutet zwar einerseits, daß die Figuren relativ isoliert voneinander existieren und sich nur bedingt mitteilen, andererseits aber auch, daß sie, weil sie auf sich selbst zurückgeworfen sind, ihre Entscheidungen eigenverantwortlich und frei treffen müssen, ein Thema, das Andersch schon in seinem autobiographischen Text *Die Kirschen der Freiheit. Ein Bericht* (1952) angeschlagen hatte und später in *Die Rote* (1960, Film 1962) wieder aufgreift. Bei den im Roman erzählten Ereignissen handelt es sich um eine Widerstandsaktion, die 1937 an einem Oktobertag und in der darauffolgenden Nacht in Rerik, einem kleinen Ort an der Ostseeküste, organisiert wird. Es gelingt, eine junge Jüdin vor den faschistischen Häschern in Sicherheit zu bringen; gleichzeitig wird eine von der Konfiszierung durch die Behörden bedrohte Barlach-Skulptur – *Lesender Klosterschüler* – ins Ausland geschafft. Die Hauptbeteiligten sind zum Zeitpunkt der Unternehmung dabei, sich aus privaten oder politischen Bindungen zu lösen: der Fischer Knudsen, KPD-Mitglied, aber den Parteiaustritt erwägend, weil er mit Taktik und Strategie des antifaschistischen Kampfes nicht einverstanden ist; der Funktionär Gregor, der im Auftrag des ZK ins Dorf kommt und insgeheim ebenfalls schon den Bruch mit der Partei geplant hat; schließlich der Bootsjunge, für dessen Sehnsucht nach einem aufregenden und ungebundenen Leben die Insel Sansibar zum Ziel aller Träume wird. Von ihnen verlangt die Verfolgung des jüdischen Mädchens durch die „Anderen", die mit Gewalt, Unterdrückung und Rassismus identifiziert werden, darüber hinaus aber keine deutlichere politische Kontur gewinnen, einen raschen, ihren ursprüngli-

chen Interessen zuwiderlaufenden Entschluß. Sie treffen ihn selbstbe-
stimmt und als „Menschen", nicht im Auftrag, nur sich selbst zur Rechenschaft verpflichtet, wie es der *Klosterschüler* als kritisch prüfen-
der Leser der „heiligen Texte" symbolisiert. Mit ihm setzt Andersch
ein Zeichen für intellektuelle Unabhängigkeit, gegen Indoktrination
und Dogmatismus.

'Pandämonium' Bundesrepublik

Die symbolische Ausdeutung komplexer gesellschaftlicher und politischer Zusammenhänge wie in Bölls *Billard um halb zehn* oder ihre
Reduktion auf existentielle Befindlichkeiten wie bei Lenz und
Andersch waren offenkundige Anzeichen dafür, überkommene narrative Techniken nicht prinzipiell zur Disposition zu stellen. Demgegenüber hatten die Diskussionen über die Krise des Romans sowohl in
der Analyse der modernen Welt als auch der möglichen ästhetischen
Reaktionen darauf Standards gesetzt, die in der Bundesrepublik erst
mit dem Auftritt von Wolfgang Koeppen und Arno Schmidt erreicht
wurden. Koeppens Einstieg in die deutsche Nachkriegsliteratur begann mit seinem Roman *Tauben im Gras* (1951), in dem er scharf mit
dem Mißbrauch politischer Macht, gesellschaftlichen Vorurteilen, la-
tentem Rassismus und der ideologischen Restauration abrechnete. Es
folgten *Das Treibhaus* (1953) und *Der Tod in Rom* (1954), beide genauso unerbittlich im Urteil über Nationalismus, Remilitarisierung
und das Fortwirken reaktionärer und faschistoider Tendenzen, aber
durch Vereinfachung der Erzählperspektive (Keetenheuve als Fokus
in *Das Treibhaus*) und durch die Bündelung der Handlungsstränge in
den Familiengeschichten der Pfaffraths und Judejahns *(Der Tod in
Rom)* weniger kompromißlos in der Verwendung avantgardistischer
Erzählweisen. Koeppen selbst hat *Tauben im Gras*, geschrieben in einer Zeit der aufgehenden „Wirtschaftswundersonne" (Koeppen) und
der Furcht vor dem Ausbruch eines 3. Weltkriegs wegen der Span-

nungen in Persien und Korea, als ein „Pandämonium" bezeichnet. Der Schauplatz des Romans – München – wird topographisch und sozial durch die Schilderung der Begebenheiten eines einzigen Tages und durch die Menschen erschlossen, die hier leben und arbeiten, als Besatzungssoldaten stationiert sind oder sich als Besucher in der Stadt aufhalten. Sie stehen im Mittelpunkt von Ereignissen, die irgendwann anfangen und enden, unverbunden nebeneinander herlaufen, sich gelegentlich berühren oder für kurze Zeit vereinigen. Harte Schnitte, durch Anschlußwörter weicher gestaltete Übergänge, abrupte Unterbrechungen mitten im Satz, an den später wieder angeknüpft wird, besorgen den Wechsel von einer Erzählebene zur anderen. Die Vielsträngigkeit der Handlung macht eine stimmige Fabel unmöglich; die Einzelereignisse werden nicht mehr kontinuierlich entwickelt, sondern zerfallen in Episoden ohne festen Bezugspunkt. Insofern spiegelt die Form des Romans die Desintegration der meisten seiner Protagonisten. Sie alle sind auf irgendeine Weise Beschädigte, Verirrte, Scheiternde und Gescheiterte. Sie führen „ein schlechtes Leben" in einer „verfluchte[n] Welt". Es gibt unter diesen vielen einige 'tragende' Figuren im Roman: Philipp, den erfolglosen Schriftsteller, und seine dem Alkohol verfallene Frau; den alternden Schauspieler Alexander und sein „lustwütiges Weib" Messalina; den Psychiater Dr. Behude; die farbigen G.I.'s Odysseus Cotton und Washington Price mit seiner deutschen Freundin Carla; die Jungen Heinz und Ezra. Sie sind verstrickt in Lebenszusammenhänge, die sie kaum noch überschauen und beeinflussen können, und bewegen sich in einer Welt, in der Borniertheit und Illusionen den Umgang miteinander erschweren, Normen und Werte ihre Verbindlichkeit verloren haben, Kommunikation nicht mehr funktioniert: „'Alles zerbricht', dachte Philipp, 'wir können uns nicht mehr verständigen.'" Die Lichtblicke in diesem Roman sind rar. Die Geschichte von Washington Price gehört dazu, der Carla von seiner Liebe überzeugen und sie von der Abtreibung ihres gemeinsamen Kindes abhalten kann. Meistens bleiben Koeppens Figuren mit sich, ihren Gedanken und Empfindungen allein; in den Assoziationsfluten, die sie überschwemmen und kaum noch zu kontrollieren imstande sind, lösen sie sich als identifizierbare Individuen auf. Gleichzeitig öffnen diese Bewußtseinsströme Raum und Zeit des Romans, füllen ihn mit philosophischen, mythologischen, politischen Reflexionen und wissenschaftlichen Spekulationen, mit Erinnerungen an Faschismus, Krieg, Emigration, Sieg, Niederlage und Wiederaufbau.

In Koeppens Roman sind der Ort der Geschehnisse und deren Dauer willkürlich gesetzte Markierungen, die einen Bereich der Wirklichkeit separieren, um ihn dann durch die Einführung 'repräsentativer' medialer Instanzen in seiner Totalität auszubreiten. Dieser Dezentralisierung steht bei Schmidt die konsequente Ausrichtung des Erzählten auf eine einzige Ich-Figur gegenüber – Walter Eggers in *Das steinerne Herz. Historischer Roman aus dem Jahre 1954* (1956) oder Karl Richter in *Kaff auch Mare Crisium* (1960) –, deren Individualität sich im Schnittpunkt von Außen- und Innenwelt konstituiert. Beide Romane beziehen sich auf die Situation im Nachkriegsdeutschland und realisieren unterschiedliche Darstellungsmethoden Schmidts. In dem 'historischen' Roman *Das steinerne Herz* wird von der erfolgreichen Jagd nach der Hinterlassenschaft des im 19. Jahrhundert tätig gewesenen Statistikers Jansen erzählt, die Eggers auch nach Ost-Berlin verschlägt und die Folgen der deutschen Teilung erfahren läßt. Diese Vorgänge werden in impressionistischer Manier als in sich abgeschlossene Miniszenen dargeboten – als „Perlenkette kleiner Erlebniseinheiten" (Schmidt) –, die allmählich zu größeren Geschehenskomplexen zusammenwachsen. Dagegen verfügt *Kaff auch Mare Crisium* über eine exponierte Gegenwartshandlung – den Besuch Karl Richters und seiner Freundin bei der Tante Heete in dem Heideflecken Giffendorf –, in die abschnittsweise zur besseren „Durchleuchtung" des Erzählermediums Karl dessen aus 'Langeweile' erfundene Geschichte vom Leben auf dem Mond als „längeres Gedankenspiel" (Schmidt) eingelagert ist. In welchem Umfang und mit welchem Gewicht Wirklichkeit aktualisiert wird, hängt von der Wahrnehmungssensibilität der figuralen Ichs, ihrem Tatsachensinn, ihrer Intellektualität, ihrer politischen, historischen, wissenschaftlichen und kulturellen Interessiertheit ab. Authentizität verbürgt ihre absolute Präsenz, die das Ergebnis einer vollständigen Einziehung der Distanz zwischen Erleben und Erzählen ist und die Gedanken- und Gefühlsinhalte scheinbar unvermittelt und unselektiert zur Verfügung stellt. Durch die verschiedenartigen Aktivitäten dieser Erzählerrollen – Bericht, Räsonnement, Assoziation, affektives Reagieren, Digression, Wertung – zerfällt das Geschehen in disparate Einzelelemente, deren strukturelle Einheit die narrative Kompetenz der Ich-Figuren und die auf der Realebene situierten Handlungen und Begebenheiten gewährleisten. Als zentrales Thema verbindet *Das steinerne Herz* und *Kaff auch Mare Crisium* die Konfrontation und Verflechtung von 'große' Geschichte – „sie ist nichts; kalt, unpersönlich, unüberzeugend, übersichten (falsch dazu)" (*Aus dem Leben eines Fauns*, 1953) – und Alltagsgeschichte. Der skeptische Blick auf die gesamtdeutsche und welthistorische Entwicklung macht Schmidts Protagonisten nicht wie die Figuren von Koeppen orientierungs- und wurzellos. Sie sind „dagegen" – gegen Wiederaufrüstung, Atomversuche, Kalten Krieg, Parteienwirtschaft, Industrie und Kapital, Kirche und Christentum, die Restauration in der Bundesrepublik, aber auch gegen den Kulturdogmatismus und demokratischen Zentralismus in der DDR. Die phantastische Fiktion Karl Richters ist schwarze Utopie, ironisch und satirisch gebrochene Spiegelung der desaströsen Zustände auf der Erde und Ahnung einer globalen Katastrophe. Schmidts Figuren halten sich an die Glücksmomente des einfachen Lebens, die alltäglichen Verrichtungen, die monomanisch gepflegten Neigungen für das historisch Entlegene – „[...] ich will nur die 'Privataltertümer'; da ist Leben und Geheimnis" (*Aus dem Leben eines Fauns*). Dahinter verschanzen sie sich gegen die Zumutungen der Mächtigen im Lande.

Wohlstandsgesellschaft und 'junger' deutscher Roman

Versteinerungen – diesen Titel gab Paul Schallück (1922 – 1976) seinem Beitrag zu dem von Martin Walser (geb. 1927) 1961 herausgegebenen Sammelband *Die Alternative oder Brauchen wir eine neue Regierung?* und traf damit ziemlich genau die Stimmung der kritischen Intelligenz um die Wende der 50er und 60er Jahre. Schallück hatte 1951 mit einem Roman über die desillusionierte Nachkriegsjugend *Wenn man aufhören könnte zu lügen* debütiert, dann in *Engelbert Reineke*, 1959 erschienen, am Fall der ungesühnt gebliebenen Ermordung von Engelberts Vater, der nach einer Denunziation ins KZ gekommen war, auf unterbliebene Abrechnungen und die fatale Kontinuität nazistischer Einstellungen aufmerksam gemacht. Diese unbewältigte Vergangenheit, zwölf Jahre Adenauer-Kanzlerschaft, ein als formal empfundenes Demokratieverständnis und die Verteidigung des politischen und ökonomischen Status quo verbreiteten ein Gefühl von Verkrustung und Unbeweglichkeit. Zugleich hatte sich die Bundesrepublik zu einer modernen Industrie- und Konsumgesellschaft entwickelt mit Folgeerscheinungen – Undurchschaubarkeit, Machtkonzentration, Bürokratisierung, Anonymität –, die auch in den aktuellen romantheoretischen Diskussionen als Krisenfaktoren wieder eine Rolle spielten. Andere Aspekte kamen hinzu: die Einsicht in die relative Wirkungslosigkeit oppositioneller Literatur, eine neue Sensibilität für die geheimen ideologischen und politischen Implikationen der Sprache, die es nötig machten, den „Akt der Wahrheitsfindung" (Johnson) explizit ins erzählerische Kalkül mit einzubeziehen. Gleichwohl bescherten die Jahre 1959/60 der Geschichte des Romans im Nachkriegsdeutschland einen fulminanten Umbruch. Mit Günter Grass (geb. 1927), Uwe Johnson (1934 – 1984) und Martin Walser (geb. 1927) meldete sich eine junge Generation von Autoren zu Wort, die nicht nur mit ihren Sujets den Entwicklungen in der Bundesrepublik und in der DDR Rechnung trugen, sondern darauf auch mit konzeptionellen Neuerungen und innovativen Erzählmethoden reagierten. Ihnen war es zu verdanken, daß der Anschluß an die internationale literarische Szene gelang.

Grass' Roman *Die Blechtrommel* (1959), der zusammen mit *Katz und Maus* (1961) und *Hundejahre* (1963) die sogenannte *Danziger Trilogie* bildet, scheint allen Überlegungen zur Krise des Romans Hohn zu sprechen. In den gleich eingangs angestellten Reflexionen werden Einwände gegen die Möglichkeit des Erzählens, die Erfindung individueller Romanhelden und die strukturelle Funktion von Raum- und Zeit-Koordinaten mit leichter Hand beseite geschoben. Tatsächlich aber beruhen die erzählerische Kraft und der Einfallsreichtum des Romans auf einem raffinierten Spiel mit den Argumenten, durch die der Zweifel an den Überlebenschancen der Gattung geschürt wird. Bewußt bezieht sich Grass – in ironischer Verfremdung und parodistischer Absicht – auf die Tradition des pikarischen und des Bildungsromans und wählt mit der Ich-Erzählung eine Form, die es ihm ermöglicht, durch die Distanz zwischen erlebendem und erzählendem Ich, die nicht wie bei Arno Schmidt kassiert wird, zwei miteinander korrespondierende Zeitebenen zu etablieren. Die eine reicht von der Schwängerung der Großmutter Anna Bronski an einem Oktobertag des Jahres 1899 bis zur 1952 erfolgten Einlieferung Oskar Matzeraths in eine Heil- und Pflegeanstalt, die andere umfaßt die Vorgänge während seines zweijährigen Aufenthalts dort. Als Lebensbericht bedient die *Blechtrommel* bestimmte Konventionen, die sich an diese Art autobiographischen Schreibens knüpfen, unterwandert sie aber gleichzeitig durch die monströse Figur des sprachgewaltigen, ausschweifenden, blasphemischen, libertinen Ich-Erzählers Oskar Matzerath. Mehr als fünf Jahrzehnte deutscher Geschichte werden von ihm, der sich selbst „zu den hellhörigen Säuglingen" rechnet, „deren geistige Entwicklung schon bei der Geburt abgeschlossen ist und sich fortan nur noch bestätigen muß", in den Blick genommen. Nach Vollendung seines dritten Lebensjahres beschließt Oskar, nicht mehr zu wachsen. Zum Geburtstag bekommt er die erste seiner Kindertrommeln geschenkt, die ihn von nun an begleiten und ihm zusammen mit seiner „glaszersingenden" Stimme mancherlei gute Dienste leisten werden. Seine Bildung verdankt er der Lektüre von Rasputin, „dem Düsteren", und Goethe, „dem lichten Dichterfürsten", er erkennt, daß auf dieser Erde dem Triebhaften, Obsessiven, Orgiastischen immer das Vernünftige, Weltkluge, Aufgeklärte gegenübersteht. Das läßt ihn teilhaben, aber auch einsichtsvoll Abstand halten. Es befähigt ihn, der die Anpassung an die Normen und Konventionen seiner kleinbürgerlichen Umgebung verweigert, sie hellsichtig zu durchschauen in ihren Schwächen, Abhängigkeiten, Verrenkungen, ihrer miefigen Spießigkeit, nach 1933 auch in ihrer Faschismusanfälligkeit und nach Kriegsende in ihrer Verstocktheit, sich der eigenen Vergangenheit zu stellen. Oskar Matzerath ist beides: närrisch und gescheit; seine Außenseiterposition verschafft ihm die Unabhängigkeit und Freiheit, die Erwachsenenwelt trommelnd zu attackieren, zu verstören und lustvoll ihre Tabus zu verletzen. Die subversiven Rhythmen seines Instruments sind zweimal besonders wirkungsmächtig. In der „Zeit der Fackelzüge und Aufmärsche" sprengt er damit Kundgebungen der Nazis, bringt Redner zum Stottern und biegt Märsche in Walzer um. Später – nach seiner Flucht aus Danzig in die Westzonen – macht Oskar aus einer besonderen Eigenschaft seiner Trommelei, nämlich ihrem Vermögen, den „Gedächtnisschwund" zu beseitigen, ein profitables Geschäft. Oskars Auftritte werden von seinem gerührten Publikum wie die „eines Zauberers, Gesundbeters, eines Messias" gefeiert und sind die wohl schärfste Satire darauf, daß in der bundesrepublikanischen Gesellschaft – „unser Biedermeier" (Grass) – nach 1945 Trauerarbeit nicht geleistet worden war.

Kristlein, Hauptfigur in Martin Walsers Roman *Halbzeit* (1960), dem 1966 mit *Das Einhorn* und 1973 mit *Der Sturz* der zweite und dritte Teil der *Anselm-Kristlein-Trilogie* folgten, ist wie Matzerath ein vorgeschobener Ich-Erzähler, dem sein Erfinder alle Kompetenzen überträgt. Aber diese Entscheidung hat nichts mit Grass' souveräner Zurückweisung der These zu tun, es lasse sich nicht mehr erzählen, sondern ist bei Walser Ausdruck seiner Verwunderung „über die Sicherheit, mit der manche Autoren über die Welt verfügen". Denn die Wirklichkeit und die Menschen seien „doch viel unerkennbarer und unbegreiflicher", und dies müsse „in die Thematik der Romane" einbezogen werden (*Leseerfahrungen mit Marcel Proust*). Eine weitere Konsequenz, die sich für Walser aus dem Faktum der Unüberschaubarkeit ergibt, ist die aus seiner Proust-Lektüre abgeleitete Forderung nach „Genauigkeit", mit der er den Anspruch des Erzählers bestreitet, zwischen Wichtigem und Unwichtigem noch differenzieren zu können. Anselm Kristlein, 38 Jahre alt, abgebrochenes Studium, gerade von einer Magenoperation genesen und wieder einmal seines Jobs verlustig gegangen, mit der Tochter eines Jura-Professors verheiratet, Vater von drei Kindern, verflossener und noch Geliebter etlicher Frauen, ist das ideale Medium. Die von Walser angemahnte Selbstbescheidung des Erzählers wird durch die Personalperspektive berücksichtigt: Erfahrungen, Erlebnisse, Beobachtungen, Reflexionen Kristleins bilden den Stoff des Romans. Gleichzeitig ermöglichen es Walser die besonderen 'Qualitäten' seines Ich-Erzählers, die westdeutsche Konsumgesellschaft, ihre Spielregeln, skrupellosen Geschäftsmethoden und ihren Leerlauf zur Anschauung zu bringen. Kristlein macht 'Karriere', vom mittelmäßigen Handelsreisenden über den Werbetexter bis zum Fachmann für künstlich herbeigeführten Produktverschleiß. Neben seinem manischen Hang, sich sprachlich alles und jedes einzuverleiben, verfügt er über einen detailfixierten 'genauen' Blick und ein beachtliches Sensorium für Entfremdungsphänomene, Ersatzhandlungen und festgefahrene Verhaltensweisen. Durch die Benennungs- und Zergliederungssucht seines Helden gewährt Walser entlarvende Einsichten in den kapitalistischen Verwertungs- und Entwertungsprozeß. Andererseits erweist sich der nie versiegende Strom der Rede auch als gewaltige Anstrengung Kristleins, sich einer Identität noch da zu versichern, wo sie durch ökonomische Anpassungsnotwendigkeiten – „Mimikry" als die zweite Haut – und internalisiertes Rollenverhalten abhanden zu kommen droht: „Gut, ich war Konsument, und sonst?" Anselm Kristlein hat nicht wie Oskar Matzerath eine Außenseiterposition, von der aus er seiner Umwelt kritisch den Spiegel vorhalten könnte, er ist ihr Produkt wie schon die Protagonisten in Walsers Romandebüt *Ehen in Philippsburg* (1957). Ein Entrinnen gibt es hier nicht mehr: „Wir sind an diese Identität gekettet wie an nichts sonst. Angesichts der Fadenscheinigkeit unserer Person und der Welt ist das allerdings eine höchst notwendige Kette [...]". Walser konstatiert, was und wie es ist, und in seiner Selbstverpflichtung zu einem Realismus des *ideologischen Minimums* ohne explizit formulierte politische oder gesellschaftliche Alternative. Von ihr handelt Uwe Johnsons Roman *Mutmaßungen über Jakob* (1959).

Zu seinem Erfolg hat die politische Brisanz des Stoffs ebenso beigetragen wie die ungewöhnliche Schreibweise. Es gibt einen Erzähler, der in der 3. Person spricht; Dialoge mit namenlosen Gesprächspartnern und kursiv gesetzte innere Monologe. Aus unterschiedlichen Blickwinkeln werden Vermutungen über den mysteriösen Tod von Jakob Abs, Dispatcher bei der Deutschen Reichsbahn, angestellt, den an einem trüben Novembermorgen eine Lokomotive überfahren hat. Ungeklärt ist zu Beginn des Romans, ob es sich dabei um einen Unfall oder Selbstmord handelt, eine Frage, die auch am Ende nicht eindeutig beantwortet wird, weil es darauf nur bedingt ankommt. Auf Jakob haben die „Grossen des Landes" ein Auge geworfen. Seine Jugendfreundin Gesine Cresspahl hat sich in den Westen abgesetzt und arbeitet als Dolmetscherin in einem Hauptquartier der amerikanischen Armee. Später verläßt auch Jakobs Mutter die DDR. Ein Hauptmann der Staatssicherheit beginnt ihn zu beschatten. Gesines riskanter Besuch bei ihrem Vater verkompliziert die Situation. Nach ihrer Rückkehr in den Westen besucht Jakob sie für kurze Zeit: „[...] bleiben wollte er von Anfang an nicht und nein." Doch diese Ereignisse vor dem Hintergrund der 1956 ausbrechenden Aufstände in Polen und Ungarn sind nur die äußere Klammer für einen umfänglichen Diskurs, der aus vielen miteinander konkurrierenden Stimmen montiert ist. Der Versuch, die Motive für Jakobs Tod herauszufinden, weitet sich aus zu einem grundsätzlichen Disput über die Aufbauprobleme der frühen DDR, die Widersprüche zwischen Ideologie und Wirklichkeit, Kapitalismus und Sozialismus, die Spaltung Deutschlands, Republikflucht, das Mißtrauen des Staats gegenüber seinen Bürgern, den lebensentfremdeten Politjargon, die ständige physische und psychische Überforderung von Menschen, die ihr „Bestes" zu geben bereit sind. Der Roman beschreibt, wie diese Schwierigkeiten und Konflikte eine Atmosphäre der Einschüchterung, allgegenwärtigen Bespitzelung und Denunziation heraufbeschwören. Er führt Figuren wie Jakob vor, der „für seine Person [...] sich eingelassen [hatte] nach dem Krieg mit dem, was wir also nennen wollen Hoffnung des Neuanfangs", und die nun zwischen ihrer Leidensbereitschaft und der Last permanenter Verdächtigungen zerrieben werden. Für 'positive' Helden ihres Schlages war in der Literatur der DDR die Zeit noch nicht reif. Im Jahr des Erscheinens von *Mutmaßungen über Jakob* übersiedelte Uwe Johnson nach West-Berlin.

Ein 'neuer' Realismus

Als Gründungsmanifest einer literarischen Gruppe waren Dieter Wellershoffs (geb. 1925) Vorstellungen von einer „modernen realistischen Literatur", die er 1965 in *Die Kiepe*, der Hauszeitschrift des Verlags Kiepenheuer & Witsch, veröffentlichte, nicht gedacht; eher als Arbeitshypothese für ihn selbst und einige dem Unternehmen verbundene Autoren wie Rolf Dieter Brinkmann (1940 – 1975), Nicolas Born (1937 – 1979), Günter Seuren (geb. 1932), Günter Steffens, Günter Herburger (geb. 1932) und Paul Pörtner (1925 – 1984). Seine Forderung nach möglichster Wirklichkeitsnähe, Beschränkung auf einen sinnlich konkreten Erfahrungsausschnitt und Darstellung eines eng begrenzten Bereichs des gegenwärtigen alltäglichen Lebens war kein Plädoyer für eine dokumentarische Literatur, wie Baumgart sie als eine mögliche Perspektive des Erzählens vorschlug, nachdem der moderne Roman mit Beckett an eine nicht mehr überschreitbare Grenze für den Aussagewert imaginärer Geschichten gestoßen sei [vgl. 165a]. Wellershoffs Konzept einer exakten Beschreibung von Dingen, inneren Vorgängen und marginalen äußeren Ereignissen, für das er sich auf den französischen *nouveau roman* – Michel Butor (geb. 1926), Alain Robbe-Grillet (geb. 1922), Nathalie Sarraute (geb. 1900) – berufen konnte, ging darauf aus, eingeschliffene und vorgeprägte Perzeptionsweisen aufzubrechen und dadurch jenen Grad von Befremdung herzustellen, der den Blick für die alltäglichen Deformationen, Anpassungszwänge, Kommunikationsverluste und zwischenmenschlichen Verhärtungen freigab.

Wellershoffs erster Roman *Ein schöner Tag* erschien 1966. Über die äußere Handlung ist nicht viel zu sagen. In den Alltag der Protagonisten des Romans – des alten Lorenz und seiner Kinder Clara und Günther – bringt die vage Hoffnung, für ein bei der Flucht vor den Russen preisgegebenes Haus entschädigt zu werden, etwas Bewegung. Günther wird zur Befragung eines Zeugen nach Schleswig-Holstein geschickt, fährt statt dessen in einen Kurort und bringt das Reisegeld durch. Seine Schwester macht ihn dort ausfindig und bewegt ihn zur Rückkehr. Der Roman endet, wie er beginnt: „[...] sie stellen ein lebendiges Bild [...], nun schon jahrelang, das sich selbständig gemacht hat, es ist ein Muster, nach dem sie sich richten." Sein Schwergewicht hat der Roman denn auch nicht in der Schilderung dieser Ereignisse, sondern in den durch die strikte Subjektivierung der Erzählperspektive entfalteten Innenansichten. Von Kapitel zu Kapitel dominiert jeweils eine der drei Figuren als Medium des Erzählers. Durch diese auch in der Form sich niederschlagende Isolation wird offenbar, was sie voreinander verbergen: ihre Gereiztheit, ihre Enttäuschungen, das Mißtrauen, die Schwächen, ihren Überdruß und ihre Unzufriedenheit. Eingesperrt in ihre Körper, mit sich selbst beschäftigt, in ihrer Ich-Bezogenheit der Welt entfremdet, unfähig zum Dialog, kaschieren sie das Scheitern ihrer Ausbruchsversuche durch Sprachlosigkeit, „ein wortloses Weitermachen". Wie eng der 'neue' Blick auf die Wirklichkeit bei Wellershoff mit den Identitätskrisen seiner Protagonisten verknüpft ist, zeigt auch sein zweiter Roman *Die Schattengrenze* (1969). Die Multiperspektivität des Erzählens in *Ein schöner Tag* ist hier auf die Sichtweise einer einzigen Figur verengt, die in einer materiellen Notlage und unter dem Druck von Versagensängsten Unterschlagungen begeht, in Autoschiebereien verwickelt wird und sich schließlich ins Ausland absetzt. Radikaler noch als im ersten Roman findet der Persönlichkeitsverfall in der Erzählweise seinen Widerhall. Alles gerät ins Fließen; die Konturen von Vergangenheit und Gegenwart verwischen sich; Erinnerungen, Tagträume, Gewaltphantasien, Reflexionen greifen unterschiedslos ineinander als unverkennbare Anzeichen eines fortschreitenden Regressionsprozesses, der am Ende in einen Zustand der Erstarrung und Orientierungslosigkeit mündet. In beiden Romanen dringt von den möglicherweise tieferliegenden Ursachen der pathologischen Reaktionen – den gesellschaftlichen und politischen Zuständen – fast nichts in den eingeschränkten Wahrnehmungsbereich der Protagonisten. Registriert wird nur, was sie unmittelbar betrifft. Aus den gewohnten Bahnen geworfen, absorbiert von den eigenen Ängsten und Verstörungen, reicht ihre Kraft nicht mehr aus, in ihrer Alltagswelt etwas entscheidend zu verändern.

Sogar dort, wo eine 'junge' Generation – wie in Günter Seurens Roman *Das Gatter* (1964) – als Opfer einer von den Älteren erfolgreich beendeten Restauration vorgeführt wird, haften die Ahnungen von alternativen Lebensmöglichkeiten nur noch an vagen Erinnerungen an eine Zeit der „Anarchie", als „die Amis und Tommis mit ihren Jeeps" Löcher in das Gatter fuhren und die Väter noch nicht wieder alles „unter Kontrolle" hatten. Für den Erzähler, einen 28jährigen Journalisten und Gelegenheitsschriftsteller, wird der zweiwöchige Genesungsurlaub seiner Geliebten Clara zum Anstoß für einen Rückblick, in dem er vor sich selbst Rechenschaft über seine Wünsche, Pläne und Ausstiegsträume abzulegen versucht, die er mit der Flucht aus dem „Kaff" verbunden hat. Seurens Protagonist bedient sich nicht der Sprache des Zorns und der Rebellion; es gibt kein Aufbegehren, nicht einmal Resignation über versäumte Gelegenheiten und verpaßte

Chancen. Dem Helden gerät die Bilanz seines bisherigen Lebens zu einem letzten Gefecht, „bevor die Kapitulation unterzeichnet wird" (Seuren). Die Rückkehr in das „Kaff" zur Teilnahme an einer alljährlich veranstalteten Treibjagd, deren sublime Brutalität ein Symbol für das Abtöten alles Natürlichen und Lebendigen ist, besiegelt die endgültige Niederlage. Der Ausbruch mißlingt hier ebenso wie später der Versuch des Protagonisten in Seurens Roman *Das Kannibalenfest* (1968), in einem Fischerdorf in der Normandie ein ungebundenes und freizügiges Leben zu führen.

Ausweglosigkeit und Scheitern hat kaum einer der 'neuen' Realisten mit ähnlich schonungsloser Offenheit wie Rolf Dieter Brinkmann (1940 – 1975) in seinem Roman *Keiner weiß mehr* (1968) beschrieben. Bis zur totalen Selbstentblößung der Hauptfigur, eines Pädagogikstudenten, der mit Frau, Kind und einigen Freunden in Köln lebt, werden die Beschädigungen aufgezeichnet, die ihm das Gefühl zufügt, von sinnlosem „Gerede", den Banalitäten des Ehealltags und den angehäuften, den Atem raubenden Dingen zugeschüttet zu werden. Die Umkehrung dieser lähmenden Ausgeliefertheit ist sein obsessives Verlangen nach Nacktheit und sexuellen Kontakten, eine verzweifelte Anstrengung, mit den Kleidern die innere Leere und Verlassenheit abzustreifen. Auch diese Versuche münden in eine frustrierende Erfahrung von Annäherung und Abstoßung. Ihre zwanghafte Wiederholung unterstreicht die Vergeblichkeit, der eigenen Haut zu entkommen. In Brinkmanns Roman dominieren die Naheinstellungen auf intime Körperteile und ihre Funktionen; die Welt wird weitgehend als Sinnlichkeit stimulierendes Reizchaos wahrgenommen. Dieser Auflösung der Wirklichkeit in diffuse Außeneindrücke entspricht die Dissoziation des Ich. Seine Individualitätsreste werden von denen, die sich ihrer Lage nicht bewußt sind, nach stillschweigender „Übereinkunft" noch „für ein einziges Großes, Ganzes gehalten". Weggehen, fortfahren, irgendwo anders sein – wie bei Wellershoff und Seuren enden die kleinen Fluchten von Brinkmanns Protagonisten, sein Besuch in London bei einem Freund und die Reise nach Hannover, mit der enttäuschenden Erkenntnis, daß sie von nichts befreien und nichts sich ändert.

Unter dem Eindruck des im *Kursbuch 15* angezettelten öffentlichen Streits über der Rolle des Schriftstellers hat Wellershoff seine Thesen präzisiert und vorgeschlagen, Literatur als eine Art „Simulationstechnik" zu begreifen, als ein „Probehandeln", bei dem „vollkommen neuartige Situationen" in „von der unmittelbaren Lebenspraxis abgeschirmten Kunsträumen" (*Fiktion und Praxis*) durchgespielt werden könnten, um ihre möglichen Risiken abzuschätzen. Ende der 60er Jahre standen die Zeichen für diesen Rettungsversuch des 'poetischen Mehrwerts' genauso ungünstig wie für die kompromißlosen Selbsterkundungen, die Brinkmann in seinem Roman betrieb. Erika Runges *Bottroper Protokolle* (1968), Hans Günter Wallraffs (geb. 1942) Reportagen aus der Arbeitswelt und Enzensbergers dokumentarischer Roman *Der kurze Sommer der Anarchie. Buenaventura Durrutis Leben und Tod* (1972) hatten für den Augenblick bessere Chancen, vor den Forderungen nach politischer Alphabetisierung der bundesdeutschen Gesellschaft und authentischer Wiedergabe der Realität zu bestehen. Erst die in den frühen 70er Jahren sich vollziehende Abkehr von einem operativen Literaturverständnis und eine neuerliche stärkere Hinwendung zur Darstellung subjektiver Befindlichkeiten bewirkten in diesem Punkt einen gewissen Wandel. So konnte Brinkmann zu einem der wichtigsten Anreger für eine Richtung werden, die als *Neue Innerlichkeit* oder *Neue Subjektivität* in die Literaturgeschichte eingegangen ist.

Wolfgang Rath

Romane und Erzählungen der siebziger bis neunziger Jahre (BRD)

Auf die Politisierung der Literatur in den sechziger Jahren folgt am Endes des Jahrzehnts in Lyrik und vor allem Prosa eine Tendenzwende hin zum Alltäglichen, Selbererlebten und Intimen. Autobiographisch und tagebuchartig werden innere Tabuzonen öffentlich gemacht. Bezeichnend ist die Entstehung einer Gattung von „Verständigungstexten", in denen emanzipative Erfahrungen intim beschrieben und dem Leser zur Wiedererkennung und Selbstdiagnose bereitgestellt werden. Das Private wird politisiert, das Persönliche bewußtseinskritisch reflektiert. Es entsteht die 'Neue Subjektivität' und 'Neue Innerlichkeit'. Ihre soziokulturelle Bedingung ist die Auflösung der 68er-Bewegung.

In der Erzählprosa werden authentische Erfahrungsberichte bestimmend. Autobiographisches Material wird für eine Typologie des Gesellschaftlichen ausgewertet. Die Erzählweise dieser Texte ist cineastisch geprägt und dokumentiert den entscheidenden Einfluß, unter dem die neuen Erzähler der Siebziger Jahre debütieren. Um 1940 geboren, gehören sie der Nachkriegsgeneration an, die als erste Generation unter dem Einfluß einer entwickelten 'Bewußtseinsindustrie' aufgewachsen ist. Eine reproduzierte Wirklichkeit bestimmt ihre Erfahrung und prägt ihr Selbstverständnis. Als 'die Kinder von Marx und Coca Cola' rebellieren sie gegen 'Konsumterror' und mediale 'Manipulation'. Angeregt von der Gesellschaftsanalyse der *Kritischen Theorie* zielt ihre politische Revolte gegen die Herstellung des sog. „eindimensionalen Menschen" (Marcuse) durch repressive Sozialisation, Rollenzwang und technologische Rationalität. Das Bewußtsein, gesellschaftlich 'hergestellt' zu sein, zieht die Frage von Authentizität nach sich. Sie wird durch das politische Scheitern der 68er-Revolte brisant und avanciert zur Erzählprosa der siebziger Jahre. War das ästhetische Potential der Bewegung zunächst im Aktionismus gebunden, so wird es durch die Desillusionierung dort freigesetzt, wo die Kommunarden den 'Marsch durch die Institutionen', in die Kaderparteien, Stadtguerilla, ins Drogenexperiment u. ä. ablehnen. Die Dissoziation der antiautoritären Bewegung führt zu einer Alternativkultur, die wider die sog. 'bürgerliche Kultur' den öffentlichen Diskurs des Privaten setzt. Die aufbrechenden literarischen Introspektionen werden als 'gesellschaftsrelevant' betrachtet. Zwar hat die 68er-Bewegung den „Tod der Literatur" (*Kursbuch* 15 vom November 1968) proklamiert, aber sie hat auch eine alternative Aktionsästhetik in lustvoller Agitationssprache, Happenings und karnevalistischer Provokation begründet. Auf die politische Desillusionierung folgt eine Aktualisierung des Ästhetischen, die wider den 'affirmativen Charakter der Kultur' und das 'falsche Bewußtsein' gerichtet ist und innerliche Inventur und Korrektur zum dringlichen Bedürfnis macht.

Frühestes Dokument authentischen Schreibens ist der fragmentarische Romanessay *Die Reise* (1977) von Bernward Vesper (1938 – 1971); entstanden in den Jahren 1969 bis zu seinem Selbstmord in der psychiatrischen Klinik am 15.5.1971. Im Prisma der Geschichte eines 24-stündigen LSD-Trips reflektiert das autobiographische Ich seine Lebensgeschichte und versucht – gebrochen durch Dokumentationsmaterial, ästhetische Exkurse, politisches Bekenntnis oder psychodelische Visionen – das Palimpsest seines „manipulierten Bewußtseins" aufzuzeichnen. Vergangenheit und Gegenwärtigkeit vergleichzeitigen sich zum rekonstruierten Eindruck, „daß das ganze Leben an einen Punkt gelangt ist, wo das Ich eine andre Qualität erhält", die als „unio mystica" bezeichnet wird. Diese epiphanische Kompositionsanlage verzerrt sich in der Ausführung durch ein Übermaß von Rückerinnerungen an Kindheit, Elternhaus und Erziehungspraktiken. Die Form des Romanfragments ist doppelt verwahrlost, einmal orientiert an der Literatur der 'Lost Generation' und der 'Pop Art', zum andern geprägt vom eigenen, abgründigen Widerwillen gegen formale Zwänge und Reglementierung. In dieser Destruktion des schon Destruierten, im ignoranten Umgang selbst mit modernen Formen und Formwiderständen, liegt die Eigenheit der ästhetischen Position, die das authentische Schreiben kennzeichnet. Programm ist der Schreibprozeß, ist das Bedürfnis, sich selber schreibend zu erfahren um eines vermeintlich sog. 'neuen unbekannten Lebens' willen, zu dem die bewußtseinsverändernde Wirkung des Schreibens (bei Vesper gesteigert durch die Droge) hinführen soll. Wenn Vespers ersehnte Gegenwärtigkeit sich im Albdruck des faschistoiden Dressurakts einer Erziehung in der Nachkriegszeit verliert, dann verwirklicht sich darin seine Alltagserfahrung als Schreibender: das Ich im Jetzt, das als ausgelöscht erfahren und im Schreibakt wiedergefunden wird. Imaginäres Reflexionszentrum des Romanessays ist der Vater in einem realistischen Portrait des NS-Lyrikers Will Vesper. Durchschaubar als bloß „formale Existenz", macht ihn der schreibende Sohn verantwortlich für die fehlende Identität, die ihm seine Jugendfreundin Gudrun Ensslin (1940 – 1977) ersetzen soll. Zum Zeitpunkt ihrer Trennung entstehen die Aufzeichnungen und führen in den Mittelpunkt der 'Bewegung'. Vor dem szenischen Hintergrund der 'Kommune 1' beginnt für Ensslin mit ihrem neuen Gefährten Andreas Baader (1943 – 1977) der bewaffnete Stadtkampf der 'Roten Armee Fraktion', während Vesper mit Sohn Felix die Flucht ergreift und in die Drogenszene gelangt.

Die mehrdeutig zu verstehende *Reise* dokumentiert einschlägig die Auflösung der 'antiautoritären Bewegung' in Erinnerungen an die herrenreiterische Autorität aus preußisch-deutscher Geschichte. Dieser Kausalzusammenhang erklärt die soziokulturelle Bedingtheit des authentischen Schreibens in den siebziger Jahren: Vesper wird in einer autoritären Erziehung von einer unglaubwürdigen Väter-Generation 'der Willen gebrochen', so daß er sich in „projektionen" verstrickt erkennen muß und von einem „langen Marsch durch die Illusionen" spricht mit dem Wunsch, seiner Geschichte zu entkommen und 'Ich' sagen zu können.

Der Haß der 68er auf die Väter führt zu einer Vaterliteratur in den siebziger Jahren, die die Reihe der Vaterbilder von Franz Kafka (1883 – 1924, *Brief an den Vater*, entst. 1919, Dr. 1952) bis Peter Weiss (1916 – 1982, *Abschied von den Eltern*, entst. 1959, Dr. 1961) und Günther Anders (eigtl. G. Stern, 1902 – 1992, *Wir Eichmannssöhne*, 1964) fortführt: Peter Henisch (geb. 1943, *Die kleine Figur meines Vaters*, 1975); Elisabeth Plessen (geb. 1944, *Mitteilung an den Adel*, 1976); Paul Kerstens (geb. 1943, *Der alltägliche Tod meines Vaters*, 1978), Ernst-Alexander Rauter (geb. 1929; *Brief an meine Erzieher*, 1980), Hermann Peter Piwitt (geb. 1935; *Die Gärten im März*, 1979). Es folgen Peter Härtling (geb. 1933; *Nachgetragene Liebe*, 1980), der schon 1968 *Die Väter. Erzählungen und Geschichten* herausgegeben hat, Christoph Meckel (geb. 1935; *Suchbild. Über meinen Vater*, 1980), postrealistisch Günter Seuren (geb.1932; *Abschied von einem Mörder*, 1980) oder postexperimentell Klaus Hoffer (geb. 1942; *Der große Potlatsch*, 1983). Gegenüber Vaterbüchern der Kriegsgeneration wie von Walter Kempowski (geb. 1929; *Tadellöser & Wolff*, 1971, Fsp. 1975) oder Siegfried Lenz (geb. 1926; *Deutschstunde*, 1968, Fsp. 1970) dokumentiert sich bei der neuen Generation der gesteigerte Verlust von Autorität in der „vaterlosen Gesellschaft" (Mitscherlich) der Nachkriegsära. Der Verfall des kollektiven Ich-Ideals Adolf Hitler (1889 – 1945) läßt die geschlagenen Soldaten in ihren Familien eine Ersatz-Identität suchen. In ihrer manischer Überaktivität und Schuldverleugnung mißbrauchen 'affektgesperrte' und 'charaktergepanzerte' Kriegsväter ihre Kinder als „Stabilisatoren ihres zerbrochenen Selbstwertgefühls" [vgl. 192].

Die Kleinfamilie der Nachkriegszeit, 'Schule der Nation' und Gehorsamkeits-Anstalt autoritären Drills, sichert eine Identifikation mit unglaubwürdigen Autoritäten, die in den autobiographischen Aufzeichnungen den kennzeichnenden 'Ichverlust' verantwortet. Sein entscheidendes Merkmal ist, daß primäre Erfahrungen verhindert werden. Von daher wird soziopsychologisch der „Erfahrungshunger" (Rutschky) der siebziger Jahre verständlich. In Abwendung von fremdbestimm-

tem Bewußtsein werden Erlebnisformen bedeutsam, die 'nicht kopf-
lastig', sondern körper- und 'praxisorientiert' sind. Verbunden mit
kollektiven Lebensformen und experimenteller Erfahrungspraxis aktualisieren sich Reportagen 'aufrichtiger' Lebenspraxis, die literarische
Möglichkeiten vermessen und Grenzüberschreitungen gesellschaftlicher Tabuzonen erkunden: realpolitisch orientiert bei Karin Struck
(geb. 1947; *Klassenliebe*, 1972); die außerparlamentarische Opposition betreffend bei Peter Schneider (geb. 1940; *Lenz*, 1973); in der
Entdeckung des weiblichen Körpers Verena Stefan (geb. 1947;
*Häutungen. Autobiographische Aufzeichnungen Gedichte Träume
Analysen*, 1975); oder bei Uwe Timm (geb. 1940; *Heißer Sommer*,
1974); Hermann Kinder (geb. 1945; *Der Schleiftrog. Ein Bildungsroman*, 1977); oder Maria Erlenberger (Ps., eigtl. Name nicht bekannt;
Der Hunger nach Wahnsinn. Ein Bericht, 1977).

Das authentische Schreiben verblaßt am Ende des Jahrzehnts weitgehend in der larmoyanten Selbstschau oder im anekdotisch erzählenden
Ich. Diese Gefahr auf der Ichsuche ist schon von Nicolas Born (1937 –
1979) in seinem Roman *Die erdabgewandte Seite der Geschichte*
(1976) aufgegriffen worden. Born beschreibt den vergeblichen Versuch einer Identitätsfindung, der auf der Rückseite einer ich-verspie-
gelten Erfahrungswelt das Grauen einer Leere thematisiert – die Leere
eben der erdabgewandten Seite nach dem Pink-Floyd-Song *The Dark
Side of the Moon* (1973). Der 'objektive Faktor Subjektivität' ist für
Born also die dem Ich abgewandte Seite einer unbekannten Dunkel-
zone. In der Inventur des 68er-Denkens, die sein Liebesroman leisten
will, setzt Born die andere Seite der Neuen Subjektivität plastisch ins
Bild. Dem Bedürfnis, durch authentisches Schreiben „das Ich zu entwickeln" (Vesper), steht ein subjektives Schreiben gegenüber, das
sich vom Ich befreien will und wider ein in sich verspiegeltes Bewußtsein auf die Dunkelstellen von Erfahrung abzielt; auf Leere,
Grauzonen und klaffende Abgründe in einer vom Sprachdenken zu-
rechtgelegten Wirklichkeit. Wichtig wird eine im Ichmuster verborgene Realitätsperspektivik.

Die kriminologischen Erzählkompositionen, die von österreichischen Autoren in den siebziger Jahre häufig kolportiert werden, heben programmatisch auf die Dunkelseite des Ich ab wie bei Peter Rosei (geb. 1946). Der Zustand der Suche, des Geheimnisses und der Leere erhält hier erzählerisch Gestalt in einer bewußtseinsverstellten Alltäglichkeit, die durch die technologische Entwicklung signifikant wird. Die sich entwickelnde sog. „elektrische Technik" forciert die „Triebkraft des gesellschaftlichen Wandels", „verändert *alles*" [vgl. 189] und macht historisch Verfestigtes zum Widerstand, der reizt. In flexibel gewordener Umwelt aktualisiert sich die Gegenwärtigkeit eines 'zementierten Bewußtseins'. Sie führt vor allem im Umfeld der postexperimentellen Literatur Österreichs zu sprachkritischen Vivisektionen eines aufsplitternden Ichbewußtseins, zu den Schizophreniestudien von Gerhard Roth (geb. 1942) und Gert Jonke (bis 1977 G[ert] F[riedrich] J., geb. 1946), zur verspielten Rationalitäts- und Wissenschaftskritik von Helmut Eisendle (geb. 1939), zu Versuchen einer Wiederversöhnung von experimenteller und konventioneller Schreibweise bei Barbara Frischmuth (geb. 1941), zum chaotisch aufgesprengten Erzählen von Elfriede Jelinek (geb. 1946) oder zur erzählerischen Neuorientierung bei Peter Handke (geb. 1942).

Durch seine Selbstinszenierung auf der Tagung der Gruppe 47 in Princeton bekannt geworden, ist Handke zum Inbegriff der Neuen Subjektivität avanciert. Seine schmalen Prosabände haben erstaunliche Auflagenhöhen erreicht und die Kritik, die affektgeladen wider die Privatheit oder gar Egomanie der Alltagsgeschichten zu Feld gezogen ist, Lügen gestraft. Wie kein anderer Erzähler hat Handke in den siebziger Jahren seismographisch den Zeitnerv aufgezeichnet, ohne sich in den eigenen Wiederholungszwängen (und ihrer Reflexion wie bei Thomas Bernhard) zu erschöpfen. Von der Wiener Gruppe und vom Nouveau Roman ausgehend, erzählt Handke Geschichten vom nichtig Alltäglichen in äußerster Reduktion von Handlung. In der Empörung über die 'Vereisung' des Einzelnen durch sprachlogische Zwänge inszeniert er in traditioneller Komposition (seit dem experimentellen Text *Die Hornissen*, 1966) den Augenblick vor seiner Vergewaltigung durch Sinn und Sprachdenken. Wahrnehmung und Reflexion werden in ihren 'falschen Bewegungen' genau protokolliert und eine Anamnese des funktionierenden, seiner Lebendigkeit beraubten Zeitgenossen erstellt. *Die Angst des Tormanns beim Elfmeter* (1970, Film v. Wim Wenders 1972) verbildlicht im Titel das Entscheidende: die Anstrengung, im Möglichen einer „Jetztzeit" (Benjamin) je nach Perspektive von Tormann oder Schütze das von Handke beschworene Glück zu haben, nämlich Bei-den-Dingen zu sein, unbeirrt von Gedankenlast. Inszenieren Handkes frühe 'Wahrnehmungsbücher' noch negativ diesen Moment potentieller Einheit von Subjekt und Objekt im vorbewußten Zustand, so führt seine Schreibbewegung in den siebziger Jahren konsequent auf eine positive, doch immer sprachkritisch ironisierte *Stunde der wahren Empfindung* (1975) hin. Gemeint ist damit das Epiphanieerlebnis, so daß Handkes Aufbruch aus ideologischen Vermittlungen zugleich der Weg zurück in die beginnende Moderne ist, zunächst bis zur Blickschule Cezannes in *Die Lehre der Sainte-Victoire (*1980).

Das autobiographische Schreiben der neuen Autoren (authentisch, objektivierend oder fiktiv ausgeprägt) fällt in eine Autobiographienwelle, die schon seit Ende der sechziger kommerziell forciert wird (die Memoiren von Hildegard Knef (geb. 1925), Lilli Palmer (1914 – 1986), Peter Bamm (1897 – 1975), Curd Jürgens (1915 – 1982)). 1972 erscheinen das *Tagebuch 1966 – 1971* von Max Frisch (1911 – 1991) und *Aus dem Tagebuch einer Schnecke* von Günter Grass, gefolgt von ihren autobiographischen Büchern *Montauk* (1975) und *Der Butt* (1977). Seit Mitte des Jahrzehnt erscheinen die Lebengeschichten von Thomas Bernhard (1931 – 1989) und Elias Canetti (1905 – 1994). Handke entdeckt die Selbererlebensbeschreibungen von Hermann (Karl) Lenz (geb. 1913) und Gerhard Meier (geb. 1917). Vom dezentralisierten Feld ihres Ich berichten Ernst Augustin (geb. 1927) und Hubert Fichte (1935 – 1986), der nach dem Erfolg durch *Die Palette* (1968) seine Lokstedter Kindheit in den siebziger Jahren ethnographisch zu verzeichnen beginnt. Die anhaltende Politisierung der Literatur seit den sechziger Jahren macht autobiographische Berichte aus der Arbeitswelt aktuell. Im Umfeld des 'Kölner Realismus' entwickelt sich (in reflektierter Kritik an Neuer Subjektivität und postexperimentellen Schreibweisen) eine sozialkritische Ichperspektivik, die in persönlicher Lust am Geschichtenerzählen Zeitgeschichte erzählen will. Die Ambitionen reichen bis hin zur epischen Großform eines Universalromans mit der *Thuja*-Trilogie von Günter Herburger (geb. 1932; *Flug ins Herz*, 1977; *Die Augen der Kämpfer. Zweite Reise*, 1983; *Thuja*, 1991). Die Tradition des bürgerlichen Realismus aktualisieren der „neue" Martin Walser (geb. 1927), Peter Härtling (geb. 1933), Gabriele Wohmann (geb. 1932), Dieter Wellershoff (geb. 1925), Michael Scharang (geb. 1941), Klaus Stiller (geb. 1941), Hermann Peter Piwitt (geb. 1935), Uwe Timm, Margot Schroeder (geb. 1937), Hans Jürgen Fröhlich (geb. 1932), Günter Steffens oder Günter Seuren (geb. 1932). Ihre realistische Schreibweise orientiert sich weitgehend an der neuen Sehweise, die der Film mit unterschiedlichem Ansprüchen in Kino und Fernsehen setzt.

Die Manifestation totaler Manipulation und Bewußtseinsverwaltung macht das allgemeine Interesse am autobiographischen Schreiben verständlich. Die andere Seite fiktiver Informationswirklichkeit ist das Bedürfnis nach einem vermeintlich Originärem, das neben Tagebuch und Autobiographie sich im Boom neuer Heimatliteratur ausdrückt; abgelöst in den achtziger Jahren von einer Hochkonjunktur der Biographie.

Kommerzialisierung durch Mehrfachverwertung literarischer Erzeugnisse im Medienensemble, Perfektionierung des künstlerischen Stils zum Markenzeichen, die in den siebziger Jahren zunehmende Professionalisierung des objektiven Faktors Subjektivität, die diversen Formen belletristischer Zementierung und Betriebserblindungen – all das will die Selbstinszenierung von Herbert Achternbusch (geb. 1938) konterkarieren. Scheinbar Einzelgänger und Originalgenie, das gleichermaßen Bildungsgütern wie Introspektionen spottet, propagiert

Achternbusch den anarchischen Weg im Erzählen von privater Geschichte. Achternbusch geht es weder um das Ich noch um die Dunkelseite des Ich noch um die Widerspiegelung des Ich in einer erneuerten Realismusdebatte. Ihn interessiert elementar der noch verbliebene „Selbstwert" in staatlich verordneter „Verblödung". Wider totale Reglementierung, Ordnung und Sicherheit im alltäglichen Denken und Fühlen erinnert er moderne Mythen in der Selbstkomik eines Ambacher, der um sein Bayern als „eisiges Grönland" weiß. In einem verwilderten Schreiben, das kritisch gegen sprachliche und gesellschaftlichen Zwänge gerichtet ist, entwirft Achternbusch ein autobiographisches Ich im Aufbruch des Schreibaktes. „Beim Schreiben werde ich", so lautet das Engagement im Selbstverständnis, anders und Mensch zu werden, richtig zu leben. Die Protokolle der Versuche in solcher Anstrengung ohne „Überlebenschance" bezeichnet Achternbusch apodiktisch als „Romane". Der 'Krise des Romans' setzt er seinen Autorenroman entgegen, der fortlaufend als 'work in progress' Dokument anhaltender Existenzkrise ist und sich in einer regen Publikation niederschlägt: *Hülle* (1969); *Das Kamel* (1970); *Die Macht des Löwengebrülls* (1970); *Die Alexanderschlacht* (1971); *L'Etat c'est moi* (1972). Seit dem Roman *Happy oder Der Tag wird kommen* (1975) entwickeln sich im Formgestrüpp seiner wuchernden und eruptiven Prosa (Film-) Essay und Drehbuch als Ausgangspunkt für seine Autorenfilme. Sie werden ihrerseits im Roman mit Szenenfotos wieder aufgegriffen. Buch und Film verschmelzen zu einem Gesamtkunstwerk und spinnen den modernen Mythos vom einzigen Lebensbuch fort.

Exemplarisch kommt bei Achternbusch Faszination und Einfluß des Kinos auf die Nachkriegsgeneration zum Ausdruck. Die cineastische Begeisterung vor dem Hintergrund von 'Existentialismus' und 'neuem deutschen Film' prägt sich bei Achternbusch aber anders als bei Alexander Kluge (geb. 1932) aus. Kluges Verbindung von Dokumentarischem und literarisch Fiktivem, seine Berichte aus der Vergangenheit, deutsche Geschichtsschreibung und deutsche Alltagsgeschichte

(*Schlachtbeschreibung* (1964, überarb. 1968, u.d.T. *Der Untergang der Sechsten Armee*, 1969, erw. u.d.T. *Schlachtbeschreibung. Der organisierte Aufbau eines Unglücks* 1978); *Die Macht der Gefühle*, 1983) verkehren sich in Achternbuschs Satiren zur privaten Geschichte des Autors im Gesellschaftspanoptikum. Sie handelt strikt vom Bewußtsein. In der wechselseitigen Beziehung von Buch und Film, Sprache und Bildsequenz, Linearität und Sprung, wird die Bewußtseinswirklichkeit in der Mediengesellschaft und ihr kritisches Potential ausgereizt: der subversive Moment zwischen (inszeniertem und vorprogrammiertem) Gedanken und (überraschender) Tat. Es ist der anarchische Augenblick von Freiheit im Erbe des Existenzialismus mit der eigenwilligen Ausprägung „Du hast keine Chance, aber nutze sie" (*Die Atlantikschwimmer*).

Die achtziger und neunziger Jahre

Die Position der literarischen Moderne, die Achternbusch originär verkörpert, gerät mit Beginn der achtziger Jahre in eine Krise, die Achternbusch literarisch seit 1984 verstummen und sich vor allem einer meditativen Malerei von Aquarellen auf Zeitungspapier zuwenden läßt. Solche Abwendung von der Sprache vertritt programmatisch in diesen Jahren Wolfgang Hildesheimer (1916 – 1991), der seit 1975 vom *End of Fiction* spricht und in der erfundenen Biographie *Marbot* (1981) an die Grenze möglichen Erzählens zu gehen vermeint, um sich vom Schreiben endgültig zu verabschieden. Hat Hildesheimer in seiner Biographie *Mozart* (1977) ein wirkliches Leben in der Fiktion wieder lebendig zu machen versucht, so entwirft er mit der Künstlergestalt Marbot ein imaginäres Leben, das die Realität des 18. Jahrhunderts dokumentiert. Die Wirklichkeit entfällt der Fiktionalität, sie ist scheinlebendiges Produkt des Denkens und dokumentiert für den Autor selbst eine schon eingetretene Unwirklichkeit von Endzeit. Die apokalyptischen Beschwörungen Hildesheimers pointieren eine Vorstellung, die Anfang der achtziger Jahre im Begriff vom 'Zeitgeist' von sich Reden macht: der mögliche Verlust einer Zukunft.

1980 organisiert sich die 'Bewegung' in der Partei der 'Grünen' neu, die ökologische Krise wird zum populären Thema. Endzeitstimmung herrscht. 1986 ist das Trauma von Vielen die Tagesschau-Meldung: Tschernobyl. Die Fakten haben die Fiktionen eingeholt und ihnen die Bilder abgezogen. „Der Autor stellt sich der Geschichte mit seiner Wortmacherei in den Weg und wird prompt überrollt", formuliert Günter Kunert (geb. 1929) in *Die letzten Indianer Europas. Kommentare zum Traum, der Leben heißt* (1991).

Wie das Denken von der Wirklichkeit überholt wird, macht die elektronische Revolution dieser Jahre im alltäglichen Umgang mit PC, Video, Verkabelung, neuer Bildauflösung und Echtzeit im Fernsehen sinnlich greifbar und begreifbar. Neue Wirklichkeiten entstehen. Sie sind „hyperreal und imaginär"; es „öffnet sich die Ära der Simulation durch Liquidierung aller Referentiale – schlimmer noch: durch deren künstliche Wiederauferstehung in verschiedenen Zeichensystemen, die ein viel geschmeidigeres Material abgeben als der Sinn"[vgl. 165, S. 9]. Eine Wirklichkeit zweiter Hand läßt das Fiktionale als Faktisches so erleben, wie es die Protagonisten von Bodo Morshäusers (geb. 1953) *Berliner Simulation* (1983) vorführen: sie spielen Szenen aus Christopher Isherwoods (eigtl. C. William Bradshaw-I., 1904 – 1986) Roman *Goodbye to Berlin* (1939, dt. *Leb' wohl, Berlin*) und seiner Verfilmung mit Liza Minnelli (geb. 1946) in *Cabaret* (1968) als ihre Realität nach. Filmgestik bestimmt das persönliche Verhalten, die Zitation das Schreiben der neuen Autoren.

Anfang der achtziger Jahre findet die Verabschiedung der 68er-Werte statt. Konsumverzicht, Improvisation, Trödelkultur und Wiederverwertung weichen einer Neuen Ästhetik. Die Nachkriegsgeneration ist etabliert und stimmt in den Repräsentationskult der Reagan- und Kohl-Ära ein. Das Wochenmagazin *Der Spiegel* konstatiert das „Jahrzehnt der Hochkonjunktur auf Pump". Es herrscht eine Neue Beliebigkeit nach dem Wahlspruch 'Anything goes'. Eine neue Jugendrevolte mit Hausbesetzungen verlandet theorie- und sprachfeindlich in der „Agonie des Realen". Die Schlagworte zur Neuorientierung heißen 'Posthistoire' und 'Postmoderne'. Sie werden im Verlauf der Diskussion so eng an die Moderne angeknüpft, daß sie als einige ihrer Traditionsstränge erkennbar werden. Wie sich Robert Musil (1880 – 1942) vom historischen Denken und Historizismus lakonisch abgewandt und einen Roman aus Zitaten vorgestellt und angefangen hat, so hat sich in der Tradition des experimentellen Schreibens, der konkreten und postexperimentellen Literatur der siebziger Jahre die zitative und verspielte Schreibweise der neuen Autoren der achtziger Jahre entwickelt. Verständlich wird darüber die Nähe eines etablierten Schriftstellers wie Martin Walser zu den neuen Erzählern der achtziger Jahre. Seine sprachkritische, verwilderte Schreibweise mündet Ende der siebziger Jahre in die konventionelle Form der Novelle *Ein fliehendes Pferd* (1978). Sie ist Auftakt einer „Wiederkehr des Erzählers" [vgl. 128], die zunächst in der Adaption traditioneller Gattungsmuster deutlich wird. Ausgewiesen als Novellen erscheinen von Bodo Kirchhoff (geb. 1948) *Ohne Eifer, ohne Zorn* (1979), von Michael Schneider (geb. 1943) *Das Spiegelkabinett* (1980), von Jochen Beyse (geb. 1949) *Der Ozeanriese* (1981), von Gert Hofmann (geb. 1932) der Novellenband *Gespräche über Balzacs Pferd* (1981); apodiktisch als „Roman" klassifiziert *Die Hochzeit von Port-au-Prince* (1984) von Hans Christoph Buch (geb. 1944) oder *Ein Held der inneren Sicherheit* (1981) von Friedrich Christian Delius (geb. 1943). Zugleich beginnt eine Welle kulturgeschichtlicher Romane mit der Romanbiographie von Dieter Kühn (geb. 1935) *Ich Wolkenstein. Eine Biographie* (1977), mit Alois Brandstetters (geb. 1938) *Die Abtei* (1977) oder Elisabeth Plessens *Kohlhaas* (1979) oder Karin Reschkes (geb. 1940) „Findebuch der Henriette Vogel" *Verfolgte des Glücks* (1982). Geschichte und Gegenwärtigkeit verschmelzen hier im Akt des Verstehenwollens eines Fremden, das zur Selbsterkenntnis anregt. In der Begegnung mit Texten von Katherine Mansfield (1888 – 1923) werden von Erwin Enzinger (geb.1955; *Kopfschmuck für Mansfield,*

1985) „eigene Erinnerungen und Erfahrungen schreibend mitverarbeitet". Die Konsequenz im Erzählen zieht daraus Christoph Ransmayr (geb. 1954) in seinem Ovidbuch *Die letzte Welt* (1988) als Prototyp eines neuen Erzählers. In der Simultaneität von vergangenen und gegenwärtigen Verhältnissen, in einem römischen Zeitalter mit stinkenden Autos und Flugzeuglärm, entwirft er nach-der-Geschichte die buntscheckige Welt heutiger Medienerfahrung im Stile Herbert Marshall McLuhans (1911 – 1980). Neben der Rezeption österreichischer Geschichte inszeniert Ransmayr die alles in eins setzende, polyphone Monomanie der Medien, die die Welt in ein ebenso vielfältiges wie beliebiges Dorf verwandelt.

Stilvielfalt in handwerklicher Akkuratesse kennzeichnet das neue Erzählen der achtziger Jahre, wenn nicht gar brillantes Patchwork wie der Erfolgsroman des Jahrzehnts von Patrick Süskind (geb. 1949) *Das Parfüm. Die Geschichte eines Mörders* (1985), die Geschichte des Mörders Jean-Baptiste Grenouille aus dem 18.Jahrundert. Sten Nadolny (geb. 1942) entwickelt in seinem historischen Roman *Die Entdeckung der Langsamkeit* (1983) die Lebensgeschichte des Polarforschers Franklin zwar sukzessiv und eingängig anhand eines auktorialen Erzählers, Franklins Bildungsgeschichte aber, auf die es dem Erzähler ankommt, wird dem Leser im Formenrepertoire der Moderne mit innerem Monolog, Sprachspiel, Essayismus oder Cut-up-Technik vermittelt. Die Formakrobatik der Moderne wirkt konfektioniert, die Pointe moderner Ästhetik als (aristotelische) Bildungsbotschaft angeboten: die entscheidende Rolle des Fehlerhaften im Spielsystem. Franklin entdeckt und akzeptiert seinen persönlichen Fehler, er realisiert seine Langsamkeit in brisanten Situationen als Schnelligkeit und anerkennt sein ihm eigenes Zeitmaß, so daß er sich fast in vermeintlicher Originalität vollendet trotz einer sich mehr und mehr verzeitlichenden, das Subjekt sich selber fremd machenden Welt. Die experimentell entstandenen Schreibweisen der literarischen Moderne sind zum Erzählen von Geschichten tauglich geworden, die in einer neuartigen Spielfreude Standpunkte der Moderne konsumierbar machen.

Die Beziehung von Moderne und Postmoderne in Deutschland wird bei Ingomar von Kieseritzky (geb. 1944) deutlich, dessen Erzählungen in den achtziger Jahren zu Kultbüchern avancieren und als Muster postmoderner Literatur gelten. Die 'Coolness' der achtziger Jahre im Zitat, publiziert er unter dem Etikett Kieseritzky und veranschlagt mit dem fallengelassenen Vornamen ein verabschiedetes Ich. Leere Subjektivität, bei markanten Außenseitern aufgeführt, rotiert in seinen Büchern nach Verhaltensschemata, die Lebenssysteme ins Absurde überdrehen. Menschen in Hamsterrädern werden inszeniert, in ihren alltäglichen Spielplätzen als Funktionssystemen sprachlogischer Desaster. Der Kollaps sinnerfüllter Lebensentwürfe, von Wertigkeit überhaupt, gilt. Kieseritzky spekuliert in totaler Zitation und Stiladaption, die von Logik und Wissenschaftsdiskurs bis zur populären Lebenshilfe und zum Comic streap reichen, auf kuriose Einfälle und systemlogische Implosionen. Slapstickartig aufgebaute Sinnkonstruktionen brechen in überraschenden Pointen ein. Sie verraten im 'postmodernen' Arrangement die Tradition der Moderne, die hier wach gehalten wird: die Intention, statt in Sinnkonstrukten der Welt habhaft zu werden, sie in der Komik, immer wieder anders und aktuell, einleuchten zu lassen. Bei Kieseritzky ist die Komik, die in den achtziger Jahren wieder entdeckt wird, destruktiv ausgerichtet. Bei den „Leistungskomikern" (Gernhardt) der „Neuen Frankfurter Schule" (F. W. Bernstein (eigtl. Fritz Weigle, geb. 1939), Bernd Eilert, Robert Gernhardt (geb. 1937), Eckhard Henscheid (geb. 1941), Peter Knorr, Chlodwig Poth, Hans Traxler (geb. 1929), Friedrich Karl Waechter (geb. 1937)) zielt sie auf eine konstruktive, politisch bestimmte Bewußtseinserweiterung. In der 'permanenten' Selbstreflexion der 68er-Kultur, die diese Gruppe von Autoren und Zeichnern als Mitarbeiter der Satirezeitschrift *Pardon* (1962 – 1979) und ihrer Fortsetzung als *Titanic. Das endgültige Satire-Magazin* (1979 –) mitgeprägt haben, entwickeln vor allem Eckhard Henscheid und Robert Gernhardt früh postmoderne Schreibweisen. Henscheids bekannte Siebzigerjahrprosa *Trilogie des laufenden Schwachsinns* (*Die Vollidioten*, 1973; *Geht in*

Ordnung – sowieso – genau –, 1977; *Die Mätresse des Bischofs*, 1978) geht in Stilvielfalt auf, Gernhardts frühe Prosa parodiert literarische Vorlagen und bricht spielerisch ihre Sinnregeln auf. Henscheid, Gernhardt und Kieseritzky demonstrieren wie Ror Wolf (Ps. Raoul Tranchirer, geb. 1932) oder Ernst Augustin, die verspätet in den achtziger Jahren bekannt werden, eine Kontinuität von Moderne und Postmoderne in der Tradition der Non-sense-Literatur von Edward Lear (1812 – 1888) und Lewis Carroll (1832 – 1898) bis zu Dadaismus, Wiener Gruppe, Grazer Forum und ihrer Zeitschrift *manuskripte*. Eine im Mainstream der herrschenden Kritik übergangene Literatur wird mit den achtziger Jahren literaturöffentlich brisant, im Rahmen eines allen Marktwerten geöffneten Zeitgeistes.

Die Gefahr postmoderner Erzählspiele liegt in der Selbstbezüglichkeit dieser Texte, in ihrer Selbstreferentialität oder sog. Intertextualität, deren Variationsbreite die rhythmische Prosa von Werner Fritsch (geb. 1960), die Erinnerungsakrobatik von Herta Müller (geb. 1953), Peter Kurzeck (geb. 1943), Gerhard Köpf (geb.1948), Hanns-Josef Ortheil (geb.1951) oder Jan Koneffke (geb. 1960), die Reflexionsgeschichten im 68er-Denken von Libuše Moníková (geb. 1945) oder der Experimentalroman der achtziger Jahre von Paul Wühr (geb. 1927) oder Hartmut Geerken (geb. 1939) anzeigen. Die Sprachlogik, die der Autor mitreflektiert, verselbständigt sich zur perfektionierten Plastikliteratur in Bodo Kirchhoffs *Infanta* (1990) oder bei Thomas Hettche (geb. 1964) nach seinem Achtungserfolg *Ludwig muß sterben* (1989). Entschwunden ist der Blick auf die Dingwelt und ihren seelenverspiegelten Glanz, auf lebensweltliche Intensität. Diese Beziehung zu den Tiefenschichten von Erleben hat bisher dem Subjekt Orientierung gegeben und die Wertigkeiten erstellt. Ihr gesellschaftlich diagnostizierbarer Verlust, den Christian Meier „Paradigma-Erschöpfung" nennt [vgl. 28, *S. 819*], ist der Abschied von Figuren des Denkens, die eine Rückkoppelung an die Innenwelt garantieren. Sie haben einst verbrauchte Maßstäbe durch immer wieder neue, unerhörte, innovative und avantgardistische in der Bewegung der Moderne erneuert. Die

Suspension dieser kathartischen Umwälzung von Wertigkeit, die Akzeptierung eines Stillstands der Geschichte und eines Endes von Sinn – sie zementieren die Unterbrechungen im internen Diskurs des Subjekts. Das Ende von Sinn (als immer wieder neuer Sinnakt) ist Verflachung von Erlebnisintensität, Erstarrung in der Farce.

Diese Bedrohung hat in der „Re-Dekade" [vgl. 65, *S. 18*] eine Aktualisierung der Frühromantik und Romantik nach sich gezogen. Handke wendet sich ihr mit seiner 'Wende' in *Langsame Heimkehr* (1979) zu, Botho Strauß (geb. 1944) nachdrücklich seit *Der junge Mann* (1984), der als „RomantischerReflexionsRoman" von ihm bezeichnet wird, Friederike Mayröcker (geb. 1924) seit ihrem selbsterklärten Abschied vom experimentellen Schreiben und der Prosa *Die Abschiede* (1980). Neoromantik wird vor allem auch im Freundeskreis von Henscheid (*Maria Schnee. Eine Idylle*, 1988), Gernhardt (*Ich Ich Ich*, 1982), Waechter oder Ror Wolf mit seinen Collagen im Spiel unendlicher Reflexivität und Brigitte Kronauer (geb. 1940) gepflegt.

Verwandelt die Romantikrezeption Strauß in einen Dichterpriester, der vom Konservatismus vereinnahmt wird, läßt der romantische Zauber Handke zum gewitzt Wissenden und Offenbarungsvisionär werden, so inspiriert das frühromantische Denken Kronauer zur sachlichen Suche nach der problematisch gewordenen Subjektivität, wie sie damals aktuell war. Kronauers Kritik am Nouveau roman und seinem naturwissenschaftlich geprägten Ansatz verbindet sich mit der exakten Wahrnehmungsakrobatik eines Jean Paul (1763 – 1825) oder Ludwig Tieck (1773 – 1853), dessen bekannte Märchen sie an entscheidenden Stellen ihrer Romantrilogie programmatisch zitiert. *Rita Münster* (1983) erzählt mit Anspielung auf die Märchennovelle *Die Elfen* die „Geschichte einer religiös-spirituellen Wiedergeburt" [vgl. 65, *S. 18*]. *Berittener Bogenschütze* (1986) ist die Geschichte eines scheinlebendigen Gespensterspezialisten, der – verspiegelt mit dem Schauermärchen vom *Blonden Eckbert* (1797) – dem Problem schicksalhafter Selbstverfehlung und den Möglichkeiten einer Menschwerdung konfrontiert wird. Und *Die Frau in den Kissen* (1990) erlebt in romantischer Offenbarungsemphase eine Auferstehung.

Die Dumpfheit und automatisierte, von Denkmustern und Ablaufschemata „präparierte Wirklichkeit" [vgl. 138, *S. 4*] ist auch das Thema von Rainald Goetz (geb. 1954), der von der 'Popkultur' herkommt. Selbstkontrolliert und betriebskalkuliert schneidet er sich beim Klagenfurter Ingeborg-Bachmann-Wettbewerb 1983 die Stirn auf, um sich das „Hirn auslaufen" (Götz) zu lassen. Der Sprachstrom, der im Debutroman *Irre* (1983) folgt, bemächtigt sich des sog. 'revolutionären Potentials des Wahnsinns'. Im Thema Psychiatrie platzt die Totalität eines Bewußtseins auf, die ein mit Geschichte aufgeladenes Ich in seinen Täuschungsmanövern authentisch aufzeichnet. „Denken ist Krieg", ist die zum Scheitern verurteilte Herausforderung „für jedes Leben, das sich richtig leben will". Sinn ist eine das Subjekt überrollende Materialmasse, ist Müll von Kultur als Erfahrungsersatz und verweigertes Erleben, doch ohne die entscheidenden Frage aufheben zu können, die Dieter E. Zimmer als Rezensionstitel hervorgehoben hat: „Wie, bitte schön, geht das Leben?" Die implizite Antwort heißt in *Irre* „Punk", in *Kontrolliert* (1988) „Rote Armee Fraktion".

Götz und Kronauer verteidigen in konträren Positionen die Paradigma-Forderung der Moderne, Götz in globalen Haßtiraden wider jede Anpassung und Indoktrination von Zeitgeist, Kronauer in minuziösen Recherchen von Augenblickswahrnehmung mit phänomenologischer Akkuratesse. Gemeinsam ist ihnen die Anstrengung, die 'Mauer im Kopf' einzureißen. Das Symbol ist die Berliner Mauer und ihr konstruierter Fall im Pink-Floyd-sound. Die politische Insellage hat Westberlin zum Mythos alternativer Lebensformen und zu einem einzigartigen literarischen Sujet werden lassen, das prismatisch die Geschichte der 'Bewegung von '68' bis zum Mauerfall als beharrliche Anstrengung um persönliche Lebendigkeit dokumentiert: Siegfried Wollseiffen (geb. 1944, *Unpersönliche Abläufe*, 1976; *Angaben zur Person*, 1978), Raimund Petschner (geb. 1948)/Albertine M. (*The Silver-Tongued Devil*, 1978), Peter Paul Zahl (geb. 1944, *Die Glücklichen*, 1979), Jochen Schimmang (geb. 1948, *Der schöne Vogel Phönix. Erinnerungen eines Dreißigjährigen*, 1979), Henning Grunwald (geb. 1942, *Die Versager. Roman vom sanften Haß*; 1979), Michael Wildenhain (geb. 1958, *zum beispiel k.*, 1983; *Prinzenbad*, 1987; *Die kalte Haut der Stadt*, 1991), Thorsten Becker (geb. 1958, *Die Bürgschaft*, 1985), Ulrich Peltzer (geb. 1956, *Die Sünden der Faulheit*, 1987), Fritz Schmoll (geb. 1945, *Kiezkoller*, 1988), Friedrich Kröhnke (geb. 1956, *Grundeis – Ein Fall*, 1990; *P 14*, 1992), Emine Sevgi Özdamar (geb. 1946, *Mutterzunge*, 1990). Hinzu kommen die Berlin-Krimis von -ky (eigtl. Horst Bosetzky, geb. 1938), Yaak Karsunke (geb. 1934) und Pieke Biermann (geb. 1950).

Die Lebensexperimente in der Berlinliteratur zeigen die Illusion vom Ich auf; Abschied vom Ich, um in Sprache und Aktion ins Freie zu treten. Außer der Ichfolterkammer gibt es noch etwas, ein Anderes, Fremdes und Unbekanntes. Der Weg führt von der „Neuen Subjektivität der Siebziger Jahre zu einer Neuen Intersubjektivität" [vgl. 131, *S. 157*]. Programmatisch formuliert Robert Schindel: „Erkenne dich fremd" [vgl. 190, *S. 199*]. Die Perspektive gewinnt vor dem Hintergrund von Fremdenfeindlichkeit – von den Anschlägen auf Ausländer in Hoyerswerda, Rostock und Solingen – im wiedervereinigten Deutschland höchste Brisanz.

Der Berliner Lebenshunger in Kreuzberg und am Prenzlauer Berg, die Durchlässigkeit der Berliner Mauer in den achtziger Jahren, ihr Fall und das Ende des Ost-West-Konfliktes – sie machen die Grenzthematik zum entscheidenden Bezugspunkt der Erzählprosa. Innerdeutsche Grenze und Lebendigkeitsgrenze kommentieren sich in einer Verspiegelung, die Robert Menasse (geb.1954) als Österreicher dazu veranlaßt, den letzten Teil seiner Trilogie ersatzweise an der tschechisch-österreichischen Grenze zu situieren.

Menasses Trilogie *Sinnliche Gewißheit* (1988), *Selige Zeiten, brüchige Welt* (1991) und *Schubumkehr* (1995) rekognostiziert die Geschichte abendländischen Bewußtseins an der Grenze ihres vermeintlichen Kollapses. In einer Erzählbewegung, die mit einem zeitgenössischen Ich-Erzähler und seinem Bewußtseinsstrom beginnt, auf einen auktorialen Erzähler übergeht und in *Schubumkehr* den Erzähler im Text verschwinden läßt, wird ironisch ein Bewußtseinsfortschritt rekonstruiert, der seine im Erzählverlauf erschaffene Wirklichkeit als vierten Band der Trilogie entspringen läßt: eine *Phänomenologie der Entgeisterung. Geschichte des verschwindenden Wissens* (1995). Die „Schubumkehr" bei der Landung eines Flugzeugs heißt nach den vergeistigten Hegelschen Höhenflügen bei Menasse Heimkehr zur Mutter, meint Regression und Infantilisierung. Diagnostiziert wird in diesem Prozeß das postmoderne Bewußtsein. Die Durchnittsfigur eines kosmopolitischen Intellektuellen, Leo Singer mit Zügen von Georg Lukács (1885– 1971), illustriert die „Emphase von der Beliebigkeit der Beziehungen, die die Phänomene heute eingehen können" als „Klitterung von Versatzstücken aus der Geschichte" und „Farcen, die die Tragödie vergessen haben, die sie perpetuieren" [vgl. 30].

Menasses Hegelsatire begründet den heutigen „pathologischen Zustand des Subjekts" [vgl. 131, *S. 13*]. Er wird von Menasse mit Heimito von Doderer (1896 – 1966) als ein „undezidierter", beschrieben, der gesellschaftlich erwünscht und erfolgreich „wohl eine Chronik, aber keine Geschichte hat" – gemäß dem „ersten postmodernen Bundespräsidenten" Kurt Waldheim (geb. 1918) als Prototyp [vgl. 30]. Ins Schlaglicht rückt die 'multiple Persönlichkeit', die sich von ihren Emotionen trennen und neben sich treten, 'switschen' und in der Fähigkeit zum Dissoziieren jede Rolle und Persönlichkeit werden kann, weil sie niemand mehr ist.

Der Erzählschluß von *Schubumkehr* entläßt den Leser in die Ungewißheit, ob das in der Erzählchronik entschwundene Subjekt „gelöscht" oder „aufgewacht" ist. In der Tradition der Moderne ist dies die entscheidende Frage, wie sie seit den Entwürfen der Frühromantik gestellt wird. Sie wird in Handkes Schlüsselwerk *Mein Jahr in der Niemandsbucht. Ein Märchen aus den neuen Zeiten* (1995) exemplarisch gestellt.

Seit der Tetralogie *Langsame Heimkehr* (1. *Langsame Heimkehr,* 1979; *Die Lehre der Saint-Victoire,* 1980; *Kindergeschichte,* 1981; *Über die Dörfer*, 1981) hat Handke sein Interesse, die randständigen Dinge in ihrer 'Zeughaftigkeit' zu belauschen, verlagert auf das Bemühen, ihr Erzählen erzählbar zu machen. Diese Verschiebung vom Wahrnehmen auf das Ausdrücken, vom subjektiven Eindruck auf einen intersubjektiven Ausdruck und auf episches Erzählen, hat in einer Reihe von Studien zu Schwellenerkundungen geführt, die aufmerksam an der Lebendigkeitsgrenze laborieren. Sei es der „Schwellenkundler" Andreas Loser (*Der Chinese des Schmerzes*, 1983), die Vermessung des Gehalts von Dauer oder Wiederholung (*Gedicht an die Dauer*, 1986; *Die Wiederholung*, 1986), sei es die winzige *Lebensbewegung im Nachmittag eines Schriftstellers* (1987) oder seien es Handkes „Drei Versuche" (*Versuch über die Müdigkeit*, 1989; *Versuch über die Juke-Box*, 1990; *Versuch über den geglückten Tag. Ein Wintertagtraum,* 1991): erprobt werden unspektakuläre Grenzbegehungen, die die Zwischenräume mechanischer Abläufe im alltäglichen Denken und Verhalten aufgreifen und episch erzählen lassen. Im tausendseitigen Märchen aus den neuen Zeiten, so der Untertitel, *Mein Jahr in der Niemandsbucht* wird das ehrgeizige Ziel Handkes zur 'progressiven Universalpoesie' eines romanhaften Zukunftsentwurfs, der im Jahr 1997 spielt und dessen Subjekt immer wieder neu versucht, eine schon verwandelte Wirklichkeit mit dem Bewußtsein einzuholen und ein anderer zu werden. In ihrer Erneuerung durch fragmentarisches Erzählen mit Anspruch auf poetisch ganzheitliche Sinngebung wird die Alternative deutlich, die die Erzählprosa 1995 bestimmt. Die Kehrseite der heutigen Vielfalt, Buntheit, Pluralität und Spielkultur ist die Veräußerlichung eines Subjekts, das den inneren Dialog weitgehend eingestellt und sich in Selbstgewißheit bewußtseinsverhärtet hat. Literarisch aktualisiert das die Alternative von Erzähler oder Chronist. Einem postmodern spannendem, intellektuell anspruchsvollen, doch oberflächlichen Geschichtenschreiber steht ein Erzähler gegenüber, der in der „neuen Unübersichtlichkeit" (Habermas) einen beträchtlichen Mehraufwand an Reflexion und Beobachtungsschärfe braucht, um sich und seine Leser dorthin zu führen, wo „aus den neuen Zeiten" das Märchen raunt und verheißt: „Am tiefsten vorgedrungen in die Welt sein" (*Mein Jahr in der Niemandsbucht*).

Volker Neuhaus

Romane und Erzählungen der fünfziger und sechziger Jahre (DDR)

Der hier zu behandelnde Zeitraum, der in etwa mit der Ära Ulbricht zusammenfällt, kann als die eigentliche Hochphase einer eigenen DDR-Literatur bezeichnet werden. Die bereits in der Moskauer Exil-KPD vorbereitete Nachkriegspolitik, mit deren Verwirklichung noch vor der Kapitulation Deutschlands begonnen wurde, trug jetzt ihre Früchte. In der neuen sozialistischen Ordnung, die in der Sowjetischen Besatzungszone aufgebaut werden sollte, wurde der Literatur ein so hoher Stellenwert eingeräumt, daß sie zur Staats-, ja nachgerade zur Chefsache wurde.

Das hatte seine positiven wie negativen Seiten, und fairerweise sollte man mit den positiven Aspekten beginnen: Während das politische wie das literarische Westdeutschland die Exilierten weder physisch noch geistig heimholte und die westdeutsche Literatur eine 'Stunde Null' verzeichnete und als 'Gruppe 47' auf einem 'Kahlschlag' zaghaft neu zu pflanzen begann, setzten die sowjetischen Behörden und die 'Gruppe Ulbricht' auf Kontinuität. Schließlich lag das Ende der Weimarer Republik erst zwölf Jahre zurück, und die große Zahl der 1933 verbotenen und exilierten Schriftsteller lebte und publizierte noch. Sie aus dem Exil heimzuholen wurde zur erklärten Politik, und wenn nicht sie, dann wenigstens ihre Werke. Der bereits 1945 gegründete Aufbau-Verlag übernahm konsequent die Programme und Lizenzen wichtiger Exilverlage.

Die Folge dieses unmittelbaren Anknüpfens an Weimarer Republik und Exilliteratur, verbunden mit einer entsprechenden Personalpolitik, war ein gewaltiger 'brain drain' aus dem weltweiten Exil in die DDR: Neben den aus Moskau zurückgekehrten Willi Bredel (1901 – 1964) und Johannes Robert Becher (1891 – 1958), der diese Politik maßgeblich betrieb, kamen Erich Arendt (1903 – 1984), Bertolt Brecht (1898 – 1956), Ernst Bloch (1885 – 1977), Stephan Hermlin (1915 – 1997), Wieland Herzfelde (1896 – 1988), Stefan Heym (geb. 1913), Hans Marchwitza (1890 – 1965), Hans Mayer (geb. 1907), Ludwig Renn (eigtl. Arnold Vieth von Glossenau, 1889 – 1979), Anna Seghers (1900 – 1983), Friedrich Wolf (1888 – 1953), Arnold Zweig (1887 – 1968), um nur einige der bedeutendsten Namen zu nennen. In der Volksfront-Tradition war man zugleich offen für 'kritisch-realistische' und 'bürgerlich-humanistische' Schriftsteller, die persönlich wie literarisch keineswegs den Weg zum Marxismus gefunden hatten. Heinrich Mann (1871 – 1950) starb bekanntlich noch vor seiner Übersiedlung in die DDR, doch wurden wenigstens seine Werke heimgeholt, veröffentlicht und gepflegt, wie auch diejenigen Lion Feuchtwangers (1884 – 1958) und Leonhard Franks (1882 – 1961).

Diese frühe 'Abstimmung mit den Füßen', die entgegengesetzt zu der später so benannten verlief, bestimmte die DDR-Prosa bis tief in die sechziger Jahre hinein: Nahezu alle diese Autoren pflegten, soweit sie Epiker waren, die in den zwanziger Jahren populären Formen des realistischen Erzählens. Inhaltlich verband sie die mehr oder weniger theoretisch-marxistisch fundierte Überzeugung, sich für das bessere Deutschland, das der Zukunft, entschieden zu haben.

Kaum einer dieser Autoren hatte deshalb ernsthafte Schwierigkeiten mit den negativen Konsequenzen, die mit der ideologischen Hochschätzung der Literatur verbunden waren und die dazu führte, daß die konsequente Literaturpolitik sich bis in das Innerste der Werkgestaltung fortsetzte: Dem Anknüpfen an Weimarer Republik und Exil korrespondierte die verbindliche Festschreibung des 'Sozialistischen Realismus' in der starren Lukácsschen Prägung, die sich erst jenseits unseres Zeitraums in den siebziger Jahren 'dialektisch' zu lockern begann. Diese Doktrin hatte sich in den frühen dreißiger Jahren in der

Sowjetunion durchgesetzt, war aber auch schon beim BPRS (Bund Proletarisch-Revolutionärer Schriftsteller Deutschlands) herrschend gewesen: Die am Ende aller Klassenkämpfe zur Herrschaft gekommene Klasse der Werktätigen übernimmt – wie es hieß – als Erbe alle progressiven Tendenzen der bisherigen Menschheitsgeschichte. Die progressivsten Kunstformen aber hat die in der Herrschaft vorangegangene Klasse geschaffen, das Bürgertum. In seiner Aufstiegs- und Durchsetzungsphase entwickelte es die Literatur des deutschen Humanismus (die Klassik), in seiner Entartung zur Bourgeoisie setzte es den kritischen Realismus etwa bei Wilhelm Raabe (1831 – 1910), Gottfried Keller (1819 – 1890), Theodor Fontane (1819 – 1898) frei. Diese Formen nun sind im Sinne der Hegelschen Dialektik im Sozialismus 'aufgehoben' – bewahrt, aber zugleich auf eine höhere Stufe gehoben, nämlich die des Sozialismus.

Das macht den 'Sozialistischen Realismus' zur Addition aus Realismus und Sozialismus: Formal dem bürgerlichen Vorbild verpflichtet, wenn auch dem neuen Adressaten gemäß 'volksverbunden', ist die Perspektive sozialistisch, d.h. der Ansatz ist materialistisch, das Werk vertritt parteilich den Klassenstandpunkt des Proletariats, im Mittelpunkt steht ein positiver Held, Gegenstand ist die Wirklichkeit in ihrer revolutionären Perspektive gemäß der linkshegelianischen Reduktion Georg Wilhelm Friedrich Hegels (1770 – 1831), nach der nur 'das Vernünftige' – hier das Marxistisch-Leninistische – 'wirklich' ist. Der 'Kalte Krieg', der mit Beginn der hier zu behandelnden Epoche einsetzte, machte zugleich der Volksfront-Offenheit nach 1945 ein Ende. 1952 verkündete Walter Ulbricht (1893 – 1973): „Eine große deutsche Kunst wird entweder sozialistisch-realistisch sein, oder sie wird nicht sein", und gemäß dieser Direktive verpflichtete sich der Schriftstellerverband 1953 zur 'Ausmerzung' von Formalismus, Kosmopolitismus, bürgerlichem Liberalismus und Pazifismus.

Gerade in einer Zeit, als sich noch jeder der beiden deutschen Staaten mit dem andern unter seinen eigenen Bedingungen wiedervereinigen

331

wollte, wurde die Grenze zwischen den damals extrem heterogenen Literaturen nicht in erster Linie ideologisch gezogen, sondern verlief angeblich schlicht zwischen 'gut' und 'schlecht'. Volksverbundene Romane mit positiven Helden und glücklichem Ausgang sprachen allen westdeutschen Maßstäben Hohn, und was westdeutsche Kritiker in den Mittelpunkt rückten, formale, sprachliche, ästhetische Innovationen, galt in der DDR als dekadenter Formalismus.

Die heimgekehrten Emigranten dominieren die Epik der fünfziger und sechziger Jahre, und die in den sechziger Jahren mit dem Schreiben beginnenden jüngeren Autoren empfinden sich als ihre Schüler. In voller Übereinstimmung mit Wladimir Iljitsch Lenins (eigtl. W. I. Uljanow, 1870 – 1924) Auffassung vom Schriftsteller als dem „Ingenieur der Seele" wollen sie ihre Leser für den dialektischen Materialismus und seine Verwirklichung in der DDR gewinnen. Am ehrgeizigsten sind dabei die drei Großprojekte der ehemaligen BPRS-Autoren Hans Marchwitza, Willi Bredel und Anna Seghers. In ihren schon im Exil begonnenen und jetzt abgeschlossenen Trilogien lassen Marchwitza und Bredel jeweils am Beispiel einer Proletarierfamilie und ihres Umfelds die Leiden und Kämpfe der Arbeiterklasse im von den Sowjets befreiten Ostdeutschland zu ihrem marxistisch gesetzmäßigen Ende kommen. Marchwitzas Werk (*Die Kumiaks*, 1934, *Die Heimkehr der Kumiaks*, 1952, *Die Kumiaks und ihre Kinder*, 1959) schildert den Weg eines ehemaligen ostdeutschen Landarbeiters ins Ruhrgebiet und nach Holland und wieder ins Ruhrgebiet, sein Hineinwachsen in die Arbeiterbewegung, seinen mit KZ bestraften Widerstand im 'Dritten Reich', das Kriegsende, die Umwälzung der Verhältnisse in der SBZ und seine schließliche Rückkehr zur nunmehr befreiten Arbeit unter Tage, wenn er im Zwickauer Kohlerevier den Sozialismus aufbauen hilft.

Noch weiter spannt Willi Bredel in *Verwandte und Bekannte* (1. *Die Väter*, 1941; 2. *Die Söhne*, 1949; 3. *Die Enkel*, 1953) den zeitlichen Bogen, wenn er den Stammvater der weitverzweigten Hardekopf-

Sippe am 1. Januar des Revolutionsjahrs 1848 geboren werden läßt. Von der Pariser Kommune über Sozialistengesetz, Weltkrieg und Arbeiteraufstände bis zum Spanischen Bürgerkrieg schildert er Glanz und Elend der Arbeiterbewegung, wobei das Elend immer dem taktierenden 'Sozialdemokratismus' zu verdanken ist. Im Sieg der Sowjetunion über den faschistischen Imperialismus erst triumphiert endgültig die Arbeiterklasse; im mit Hilfe des sowjetischen Stadtkommandanten enttrümmerten Deutschen Theater wird am 9. September 1945 Gotthold Ephraim Lessings (1729 – 1781) *Nathan der Weise* (Dr. 1779, UA 1783) aufgeführt – die Arbeiter beerben und vollenden den bürgerlichen Humanismus, und die Gründung der SED überwindet die Spaltung der Arbeiterklasse, die an allem Elend schuld war.

Wo Marchwitza und Bredel enden, setzt Anna Seghers' Doppelwerk *Die Entscheidung* (1959) und *Das Vertrauen* (1968) ein. Drei ehemalige Spanienkämpfer, ein Parteifunktionär, ein Arbeiter und ein Schriftsteller, arbeiten auf ihre jeweils spezifische Weise 1947 bis 1951 am Wiederaufbau eines enteigneten Stahlwerks und an der „Entscheidung" ihrer Landsleute – und der von Seghers' Lesern – für den Sozialismus mit. Interkontinentalen Intrigen der früheren Eigentümer und der weltweit verschworenen Kapitalisten, von denen einige schon in *Die Toten bleiben jung* (1949, Film 1968) aufgetreten sind, kann durch internationale Klassensolidarität begegnet werden. Im Anschlußroman geht es darum, die „Entscheidung" für den neuen Staat in „Vertrauen" in ihn umzuwandeln – und das im Krisenjahr 1953, als westliche Provokateure gerade dieses Vertrauen gewaltsam untergraben wollen. Die allen diesen drei Großwerken gemeinsame Tendenz bringt Bruno Apitz (1900 – 1979) 1958 in *Nackt unter Wölfen*, auf den Punkt: Die DDR wurde geistig in den Lagern des Faschismus als Bündnis der humanistischen Kräfte unter fester Führung der Kommunisten, die sich ihrerseits am sowjetischen Vorbild orientieren, gegründet; sie verkörpert die besten Traditionen Deutschlands, während sich die faschistischen Henker in den nach wie vor imperialistischen Westen abgesetzt haben und dort ihr Unwesen weiter treiben. Das

Buch wurde als Gründungslegende der DDR Pflichtschullektüre und damit das erfolgreichste Werk der DDR-Literatur.

Mit ihrem Doppelroman, der als Groß- und Alterswerk ihr Schriftstellerleben krönen sollte, steht Anna Seghers nicht nur in der Tradition des Tolstoischen Zeitpanoramas, sondern zugleich auch in der des schon vom BPRS gepflegten Betriebsromans, dem in der DDR besondere Bedeutung zukommt: Wenn die entscheidende Grundlage der neuen Gesellschaft das veränderte Eigentum an den Produktionsmitteln ist, läßt sich gerade an der produzierenden Basis besonders gut der Aufbau des Neuen schildern. So kommt es, daß ganz wörtlich der 'Bauroman' zum bevorzugten Aufbauroman wird. Das beginnt mit Eduard Claudius' (eigt. E. Schmidt, 1911 – 1976) *Menschen an unserer Seite* (1951): Die Heldentat des historischen Aktivisten Hans Garbe – im Roman zu Hans Aehre mutiert -, den letzten noch funktionierenden Ringofen eines Großwerks ohne Abschaltung zu erneuern, wird „zum Katalysator, der Edles von Unedlem scheidet und Reaktionen auslöst, die die Menschen in Bewegung und Verschüttetes ans Tageslicht bringen" (E. Röhner). 1955 veröffentlichte Hans Marchwitza seinen Roman *Roheisen* (1955) über den Bau des Eisenhüttenwerkes Ost, in dem das Sein dermaßen das Bewußtsein der sozialistischen Aktivisten und ihrer finsteren Gegner prägt, daß sich schon die offizielle *Geschichte der deutschen Literatur von den Anfängen bis zur Gegenwart* in dem der DDR gewidmeten 11. Band von diesem einstigen 'Klassiker' distanzierte.

Um solche Schablonenmenschen mit Leben zu erfüllen, bedurfte es der Erweiterung der theoretischen Basis, die sich in den 60er Jahren gegen orthodoxe Widerstände vollzog. Private und betriebliche Konflikte werden im Kapitalismus und in der DDR nicht nur durch Agenten und Saboteure verursacht; es gibt auch hausgemachte. Freilich dürfen sie nicht antagonistischer Natur sein, sondern nichtantagonistischer; nur dann sind sie produktiv, und ihre Überwindung hebt den Sozialismus auf eine höhere Stufe. Das Musterstück hierfür wurde

Christa Wolfs (geb. 1929) *Der geteilte Himmel* (1962/63). Zum einen
setzt der Roman als spezifische Frucht des Bitterfelder Wegs die Tradition des Bau- und Betriebsromans fort: Der tägliche, immer wieder
von Rückschlägen und vom Scheitern bedrohte Kampf der Waggon-
bau-Brigade ist eine Etappe auf der himmelstürmenden Siegesstraße
des Sozialismus, wie die Montage der Bremserprobungsfahrt mit der
„Nachricht" vom ersten bemannten Weltraumflug des Russen Gagarin
deutlich macht. Die Brigade wird für die Heldin Rita Seidel zur Heimat, was das Haus ihrer bourgeoisen Schwiegereltern in spe nicht sein
kann; in ihr wächst sie zur Gefühlssozialistin heran; sie hilft ihr, die
aus ideologischen Gründen notwendige Trennung von dem Verlobten
Manfred zu bewältigen; ihretwegen kehrt sie wenige Tage vor dem
Mauerbau in die DDR zurück. Während Uwe Johnsons (1934 – 1984)
Jakob Abs unter fast identischen Umständen und in einem antagoni-
stischen Konflikt zu Tode kommt, bricht Rita nur zusammen und kann
im Genesungsprozeß ihren Konflikt produktiv aufarbeiten. Joachim
Streisand datiert in seiner *Kulturgeschichte der DDR* mit *Der geteilte
Himmel* gerade deshalb den Beginn einer „neuen Etappe der schönen
Literatur": „Rita wurde die erste große Gestalt unserer Erzählkunst,
die sich im Sozialismus einem ernsten Konflikt stellt und im Konflikt
entscheidet." Die Zulassung schwerer, aber eben nichtantagonistischer
Konflikte läßt Streisand in Erik Neutschs (geb. 1931) *Spur der Steine*
(1964) geradezu den „erste(n) und bisher einzige(n) große(n) Versuch
sehen", nach dem Vorbild des klassischen Gesellschaftsromans ein
Gesamtbild der gesellschaftlichen Wirklichkeit der DDR zu zeichnen.
Die *Spur der Steine* ist die Summe der Aufbauleistungen der DDR,
die Kette der Großbaustellen vom Rostocker Hafen bis zum Kraftwerk
Schkona, die sich in der Zukunft, die in der UdSSR schon verwirklicht ist, endlos verlängern wird und die den Arbeits- und Leistungs-
anarchisten Balla an diesen Staat fesselt und zum sozialistischen Mu-
sterarbeiter werden läßt. Der Liebes- und Ehekonflikt des gleichfalls
hervorragenden Ingenieurs Horrath läßt diesen jedoch menschlich und

beruflich scheitern; eine Lösung ist von der Entwicklung des mehr und mehr dynamisch begriffenen Sozialismus zu erwarten.

Selbst scheiternde Helden wie Erwin Strittmatters (1912 – 1994) zunächst umstrittener *Ole Bienkopp* (1963) beweisen noch im Tode, daß die Lösung unmittelbar im Horizont der Entwicklung liegt: Der Held wäre ohne sein anarchisches 'Selbsthelfertum' auf der einen und bei größerer Flexibilität des Kollektivs auf der anderen Seite am Leben geblieben; sein einzelgängerischer Tod erfolgt einen Tag, bevor der lang ersehnte Bagger eintrifft, der die Wiesen des Dorfes auf den für die Milchviehhaltung optimalen Stand bringen wird – eine Konstellation, die sich auf dieselbe Weise 1972 in Ulrich Plenzdorfs (geb. 1934) *Die neuen Leiden des jungen W.* wiederholen wird. Mit zwei Werken, die auf je eigene Weise zur Literatur der 70er Jahre überleiten, möchte ich diesen knappen Überblick, der sich notgedrungen auf einige herausragende Texte des 'main stream' der DDR-Literatur beschränken mußte, abschließen. Parallel zum letzten Großroman des Betonsozialismus-Realismus, Anna Seghers´ *Das Vertrauen*, erscheint 1968 Günter de Bruyns (geb. 1926) *Buridans Esel*. Wie kein anderer DDR-Roman zuvor spielt er in diesem Land, ohne von ihm zu handeln. Mit teilweise katastrophalen Wohnverhältnissen und einer verständnisvollen Parteileitung ist die DDR selbstverständlicher Hintergrund und Schauplatz einer uralten Geschichte – der eines arrivierten Mannes mit einer gewohnt gleichaltrigen Ehefrau und einer aufregend jungen Geliebten.

Das Erzählen, das sich in der modernisierten Manier des von de Bruyn sehr geliebten Jean Paul (eigtl. Johann Paul Friedrich Richter, 1763 – 1825) selbst reflektiert, macht kein Hehl daraus, daß diese Geschichte uralt ist, ja, sie ist längst Text geworden, und die beiden Liebenden aus dem Bibliothekarsmilieu können nicht umhin, wechselseitig Texte zu deklamieren, wenn sie sich ihre einmalige Liebe gestehen wollen.

Ein Jahr später erscheint nach langwierigen Auseinandersetzungen auf allen Ebenen des elaborierten DDR-Zensursystems in minimaler Auflage Christa Wolfs *Nachdenken über Christa T.* (1968). Die Titelheldin ist hier von Anfang an gescheitert, und eine Lösung ihres Konflikts mit der Gesellschaft liegt nicht wie bei Strittmatter und noch bei Plenzdorf im Horizont der Entwicklung. Das Buch selbst will vielmehr einen Horizont aufreißen, unter dem eines Tages auch ein sensibles und problematisches Individuum seinen Platz in der Gesellschaft finden kann. Christa T. stirbt, wie leitmotivisch betont wird, an einer Krankheit, „an der man bald nicht mehr stirbt" – den dafür erforderlichen gesellschaftlichen, nicht medizinischen Fortschritt will der Roman anstoßen.

Beide Romane waren die ersten DDR-Romane, die auch im Westen erfolgreich waren. Die Literaturbegriffe begannen sich zu wandeln; die DDR-Literatur wurde intimer und privater, die des Westens öffentlicher und operativer; die Literaturen, die sich 1950 so drastisch gespalten hatten, begannen zu konvergieren – aber das ist ein neues Kapitel.

Joachim-Rüdiger Groth

Romane und Erzählungen der siebziger bis neunziger Jahre (DDR)

Der zu Beginn der siebziger Jahre erkennbare Kurswechsel der Sowjetunion von der Konfrontations- zur Entspannungspolitik blieb auf die DDR nicht ohne Auswirkungen. Walter Ulbricht (1893 – 1973) mußte gehen (Mai 1971), Erich Honecker (1912 – 1994) kam. Auf dem VIII. Parteitag der SED (15. bis 19. Juni 1971) stellte Honecker neben der Verbesserung des Lebensstandards für die Kulturpolitik eine gewisse Lockerung in Aussicht, ohne jedoch den ideologischen Anspruch auf Durchsetzung des sozialistischen Realismus in der Literatur aufzugeben.

Dennoch wirkte der entspannungspolitische Ansatz in Verbindung mit der personellen Umbesetzung an der DDR-Spitze (auf dem Hintergrund der Ostverträge der Regierung Brandt) gerade auch für die Literaten förderlich; die Zensur wurde nun weniger engstirnig gehandhabt. So konnte Christa Wolfs (geb. 1929) Roman *Nachdenken über Christa T.* (1968) – der Konflikt eines um Selbstfindung ringenden Individuums mit der Anpassung und Normeinhaltung fordernden Gesellschaft – erst 1973 in nennenswerter Auflage erscheinen. Stefan Heyms (eigtl. Helmut Flieg, geb. 1913) Roman *Der König David Bericht* (1972 in der Bundesrepublik erschienen) passierte 1973 die DDR-Zensur. Selbst Hermann Kants (geb. 1926) Roman *Das Impressum* (1972, Teilabdr. 1969) war vorher in der Zensur steckengeblieben.

Besonders Ulrich Plenzdorfs (geb. 1934) *Die neuen Leiden des jungen W.* (1972) galten als Exempel für die kulturpolitische Konzessionsbereitschaft des SED-Politbüros. Im März 1972 druckte die Zeitschrift

Sinn und Form die Erzählung. Der als Filmdrehbuch jahrelang unterdrückte Stoff eroberte in der Folgezeit als dramatische Fassung die Bühnen diesseits und jenseits der innerdeutschen Grenze. Der Held Edgar Wibeau, 17 Jahre, Lehrling, verläßt seinen Ausbildungsplatz und bezieht eine verlassene Berliner Gartenlaube. Seinem Freund Willi schickt er Tonbänder nachdem Muster der Briefe Werthers (1774) (die er in einer Reclam-Ausgabe auf dem Grundstück gefunden hatte). Der junge Edgar Wibeau leidet an seiner Zeit wie der Werther des Sturm und Drang. Wibeaus Ablehnung der sozialistischen Gesellschaft und ihrer Zwänge entsprach nicht dem Klischee des positiven Helden, zumal Plenzdorf den verklärenden Schluß (Edgar wird postum ausgezeichnet) tilgte. Der Tod des Helden widersprach den Regeln der sozialistischen Kunsttheorie, weil hier das Scheitern eines lebensbejahenden Individuums in einer von rigiden Normen diktierten Gesellschaft gestaltet worden war.

Günter de Bruyns (geb. 1926) Roman *Preisverleihung* (1972) kann als literarischer Beitrag zur kulturpolitischen Situation dieser Zeit gelten. Die Romanhandlung ist eine Auseinandersetzung mit den Praktiken der Manipulation von Autor und Werk. Der Autor Schuster erhält den Preis für ein Opus, das er dank der 'helfenden Kritik' des Literaturwissenschaftlers Overbeck so lange umgeschrieben hatte, bis es – mit gefälligen Harmonien und nichtssagenden Worten gefüllt – glatt und richtig, langweilig und farblos jeder Individualität ermangelte. Das jetzt vorliegende Konstrukt paßt derPartei in die aktuelle ideologische Richtung und wird für preiswürdig erachtet. Die Laudatio muß der an der parteilichen Ausrichtung von Autor und Werk maßgeblich beteiligte Overbeck zu einem Zeitpunkt halten, als er inzwischen vom Kunstdogma der vergangenen Jahre abgerückt ist und das Buch schlecht findet. Gespalten durch öffentlichen Auftrag und innere Überzeugung, scheitert Overbeck an dieser Aufgabe. *Preisverleihung* wirft ein bezeichnendes Licht auf die Kulturpolitik der SED auch nach dem VIII. Parteitag (1971).

Eine ironisch-kritische Auseinandersetzung mit dem Literaturbetrieb in der DDR bietet Jurek Beckers (1937 – 1997) Roman *Irreführung der Behörden* (1973). Der ideologische Rahmen,wie Realismustheorie, politischer Utilitarismus im Interpretationsgeschäft, Opportunitätsverhalten und anderes, werden mit teilweise burlesker Offenheit vorgestellt.

In historischer Camouflage hatte Stefan Heym in der Erzählung *Die Schmähschrift oder Königin gegen Defoe* (1970) und im Roman *Der König David Bericht* (1972) das Verhältnis von Macht und Geist, ein existentielles Problem für die DDR-Schriftsteller, gestaltet. Daniel Defoe, dem Verfasser eines satirischen Pamphlets gegen die Regierung, wird der Prozeß gemacht. Seine Weigerung zu widerrufen, bringt ihn an den Pranger, wo ihn das Volk befreit. Der Dichter und Historiker Ethan am Hofe König Salomos soll die brutale Wahrheit über König David verschleiern: Wir erfinden eine neue, gesäuberte Fassung der Geschichte. Durch geschicktes Formulieren möchte Ethan der Wahrheit nicht gänzlich zuwiderhandeln. Doch er entgeht, wie Defoe, nicht der Strafe. Sie ist von Salomonischer Qualität: Er soll nicht getötet, sondern totgeschwiegen werden.

Heyms historische Parabeln über das Verhältnis von Wahrheit und Lüge, von literarischer Lauterkeit und politischer Pression wurden wenige Jahre später ernüchternde Realität:

1. Am 29. Oktober 1976 erfolgte der Ausschluß Reiner Kunzes (geb. 1933) aus dem Schriftstellerverband der DDR mit allen damit verbundenen Konsequenzen für den Autor und seine Familie wegen Veröffentlichung seines Kurzprosabandes *Die wunderbaren Jahre* (1976) in der Bundesrepublik. Das von der Stasi bestellte Fachgutachten stellt (durchaus zutreffend) u.a. fest: Die Zusammenstellung der Texte (...) suggeriert dem Leser die Unmenschlichkeit der gesellschaftlichen Ordnung in der DDR, die die jungen Menschen zur Unehrlichkeit, zur Heuchelei und zum Duckmäusertum erzieht, die keine selbständige Meinung duldet und die junge Menschen einem

geistigen und institutionellen Terror aussetzt, an dem sie mitunter zerbrechen (...) Ein ausgeklügeltes Überwachungssystem -von der Schule bis zum Privatleben des einzelnen – sorgt dafür ...

2. Wolf Biermann (geb. 1936) wurde am 16. November 1976 die Staatsbürgerschaft der DDR wegen feindseligen Auftretens gegenüber der Deutschen Demokratischen Republik aberkannt. Die Rückkehr von einer Gastspielreise aus der Bundesrepublik wurde ihm verwehrt. Mehr als 100 Künstler, vor allem Schriftsteller, protestierten durch Unterschrift zwischen dem 17. und 21. November 1976 gegen die Ausbürgerung. Die SED antwortete mit Verhaftungen, Einschüchterungen, Drohungen, Ausschlußverfahren, Hausarrest und Kündigungen. Neben anderen wurde Hans Joachim Schädlich (geb. 1935) aus seinem Arbeitsverhältnis an der Akademie der Wissenschaften in Ostberlin entlassen. Jürgen Fuchs (geb. 1950) wurde verhaftet. In den *Vernehmungsprotokollen* (1978) hat Fuchs mit dem analytischen Verstand des Sozialpsychologen den Umgang der Stasi mit ihm beschrieben. Die präzisen Beobachtungen bestätigen die Authentizität der Darstellung. Der Text ist mehr als ein Dokument der Repression, er erfüllt literarische Ansprüche.

Als großes Ärgernis begriffen die Kulturfunktionäre Rolf Schneiders (geb. 1932) Roman *November* (1979), der die Ereignisse um die Ausbürgerung Biermanns literarisch gestaltete. Der stellvertretende Kulturminister Klaus Höpcke bestätigte in einem Interview im April 1978 nicht nur das Verbot des Romans in der DDR, sondern er erging sich in Drohungen gegenüber westdeutschen Verlagen, die bereit sein würden, *November* in ihr Programm aufzunehmen.

3. Was die Mächtigen um König Salomon in Heyms Roman *Der König David Bericht* nicht erreicht hatten, im Schriftsteller Ethan einen will fährigen Lakaien ihrer Interessen zufinden, gelang der Parteiführung mit Dieter Noll (geb. 1927). Er lieferte mit seinem Roman *Kippenberg* (1979) das positive literarische Vorzeigeprodukt. Höpcke selbst pries in *Sinn und Form*, Heft 1, 1979, den Romanhelden

als eine Gestalt, die zum Sozialismus reift, indem sie die zähen Fesseln kleinbürgerlicher Denk- und Verhaltensweise abstreift und in den Auseinandersetzungen unserer Zeit den politischen und weltanschaulichen Standpunkt der Arbeiterklasse beziehen lernt. In gleichem Tenor äußerte sich die Literaturkritik. Doch es ist die literarische Qualität von *Kippenberg* auf ein Minimum reduziert: Die Personen sind schematisch und klischeehaft gestaltet, die Handlung entpuppt sich als Praxisleitfaden zur Theorie des sozialistischen Realismus. Der Nationalpreis (II. Klasse) und der Kunstpreis des FDGB waren noch im Erscheinungsjahr (1979) des Autors Lohn. Der Fall Noll ist für die kulturpolitische Situation in der DDR kein Einzelfall. Immer schon- auf Schriftstellerkongressen etwa – ließen sich affirmativ-loyale Autoren als Büttel der Kulturbürokratie gegen ihre kritischen Kolleginnen und Kollegen instrumentalisieren.

4. Mitte Mai 1979 geschah etwas für die DDR Unerhörtes: Acht Schriftsteller kritisierten in einem Brief an Honecker die repressiven Zustände im Literaturbetrieb: Durch die Kopplung von Zensur und Strafgesetzen soll das Erscheinen kritischer Werke verhindert werden, (...) Probleme unserer Kulturpolitik sind mit Strafverfahren nicht zu lösen, stellten die Verfasser der Beschwerde unter anderem fest. Die acht Unterzeichner waren: Kurt Bartsch (geb. 1937), Jurek Becker (1937 – 1997), Adolf Endler (geb. 1930), Erich Loest (geb. 1926), Klaus Poche (geb. 1927), Klaus Schlesinger (geb. 1937), Dieter Schubert (geb. 1929), Martin Stade (geb. 1931).

Die SED reagierte mit einer Kampagne, die am 7. Juni zu öffentlichen Ausschlußverfahren aus dem Schriftstellerverband führte.

Es ist kein Zufall, wenn vorwiegend Prosaautoren Opfer dieser spektakulären Disziplinierungs- und Abschreckungsmaßnahmen wurden: Gerade die systemkritische Erzählliteratur hatte einen wesentlichen Anteil an der Herstellung einer Ersatzöffentlichkeit.

Konflikt zwischen Anpassung und Verweigerung

Der affirmativen Erzählliteratur der siebziger Jahre fehlte es an Helden, die als glaubwürdige Individuen die Anteilnahme des Lesers fanden. Das folgende Beispiel ist dafür repräsentativ. Der Bergarbeiter Eberhard Gatt in Erik Neutschs (geb. 1931) Roman *Auf der Suche nach Gatt* (1973) soll als Parteijournalist neue Aufgaben übernehmen. Doch den neuen Anforderungen ist Gatt nicht gewachsen. Er scheitert und geht in seinen alten Wirkungskreis nach Mansfeld zurück, wo er sich schließlich als Parteiaktivist bewährt. Neutsch gestaltet die vorhandenen Konflikte nicht vom Individuum aus, sondern führt Typen ein, die aktuelle Ideologismen illustrieren und gängigen Klischees entsprechen.

Die folgenden Beispiele zeigen, daß Unabhängigkeit von ideologischen Vorgaben positive Auswirkungen auf die Figurenkonstellation,die Konfliktgestaltung, den Wahrheitsgehalt der Handlung hat und auch die Leser erreichte.

Der Schriftsteller Jablonski in Werner Heiduczeks (geb. 1926) Roman *Tod am Meer* (1977) gelangt am Ende seines Lebens zu der Erkenntnis, daß er Schuld auf sich geladen hat,weil er als Parteimitglied und Schriftsteller nicht nur gegenüber Unrecht geschwiegen hat, sondern selbst an Ungerechtigkeiten beteiligt war. Er muß erkennen, daß er sich als willfähriges Werkzeug hat mißbrauchen lassen. Sein Rechenschaftsbericht, den er kurz vor seinem Tod am Schwarzen Meer verfaßt, geht über eine private Lebensbeichte hinaus: Aus subjektiver Sicht entsteht ein Geschichtsbild der DDR, das mit dem offiziellen kontrastiert. Der scheinbar permanente Zwang zur Anpassung, der der Karriere förderlich war, hat Jablonski am Ende seines Lebens in einen inneren Konflikt gebracht, dener nur durch Wahrhaftigkeit lösen kann.

Eine gewisse Schärfe der Kritik wird dem Text durch das Vorwort eines anonymen Herausgebers genommen, der mit seinen relativierenden Äußerungen die Veröffentlichung des Romans in der DDR zumindest erleichtert hat. (Allerdings unterband ein Protest der sowjetischen Botschaft nach der zweiten weitere Auflagen.) Der Roman fand in der DDR große Aufmerksamkeit; seitens der parteitreuen Literaturkritik wurde gegen ihn heftig polemisiert.

In Klaus Poches Roman *Atemnot* (1978) heißt es: Eure Helden, die ihr ausgrabt, lassen mich kalt, sie stöhnen nicht, sie schreien nicht, sie toben nicht, sie leben nicht, sie lächeln nur. Der autobiographisch gestaltete Roman thematisiert am Beispiel eines Schriftstellers die Vergeblichkeit, gleichermaßen personale Autonomie zu wahren und erfolgreich mit der Gesellschaft kommunizieren zu können. Der Held, ein Schriftsteller, wählt die Isolierung von seiner Umwelt, um der Einbindung in den sozialistischen Literaturbetrieb zu entgehen. Denn nur die Verweigerung bewahrt ihn davor, Literatur zu liefern, die die erfahrbare Welt schönlügt. Die existentielle Krise des Schriftstellers- formal in Tagebuchaufzeichnungen und distanzierten Erzählerbericht unterteilt – endet für den Helden in einer pessimistischen Einschätzung der Möglichkeiten einer ehrlichen Literatur. Es ist fast überflüssig, darauf hinzuweisen, daß Poches Roman in der DDR nicht erscheinen durfte.

Der Druck permanenter Anpassung bringt den leitenden Angestellten einer Waffenfabrik, Blach, in den psychischen und physischen Ruin. Karl-Heinz Jakobs (geb. 1929) hat in seinem Roman *Wilhelmsburg* (1979) diesen Prozeß dargestellt. Blach geht an einer Rolle zugrunde, die fehlendes Selbstbewußtsein durch Kompromißbereitschaft zu kompensieren sucht. Der inneren Zerrissenheit Blachs entspricht die äußere Form des Romans, der einzelne Handlungselemente aus Gegenwart und Vergangenheit assoziativ verknüpft. *Wilhelmsburg* ist eine konsequente Abrechnung des Autors mit dem Machtmißbrauch der Leitenden & Führenden in der DDR. Der Roman erschien nur im Westen. In seinen voraufgegangenen Romanen *Die Interviewer* (1973) und *Wüste kehr wieder* (1976) hatte Jakobs bereits gegen die Anmaßung der sogenannten Planer und Leiter polemisiert, jedoch bewegte sich seine Kritik noch im Toleranzrahmen der (gelockerten) Zensur nach dem VIII. Parteitag (1971) der SED.

Den 1972 veröffentlichten drei Berichten über *Das ungezwungene Leben Kasts* (1. *Der Schlamm*, 1959; 2. *Der Hörsaal*, 1964; 3. *Die Bühne*, 1968) fügte Volker Braun (geb. 1939) einen vierten Bericht an, *Die Tribüne*, 1974 verfaßt, der 1979 mit den drei anderen unter dem gleichen Titel als Buch erschien. Diese vier Teile spiegeln die Entwicklung des Autors und seine Sicht der Gesellschaft zwischen 1959 und 1974 wider. In der *Tribüne* ist der revolutionäre Anspruch der Partei einer Verkrustung und Dehumanisierung ihrer Strukturen gewichen. Übrig geblieben ist ein Opportunismus, der sich am Machterhalt orientiert. Kast, inzwischen Parteisekretär in einem Betrieb, erkennt die unauflösbaren Widersprüche des Systems. Kurz darauf verunglückt er mit dem Auto tödlich. Das Genick war gebrochen, das Gesicht unkenntlich. Ein fiktiver Herausgeber bringt (wie im *Werther*, 1774) den Bericht zum Abschluß. Geht Kast an seiner Gesellschaft zugrunde wie Werther an der seinen? Der Autor läßt diese Frage offen. Bedeutsam ist der Umstand, daß Volker Braun in seiner *Unvollendeten Geschichte* (1975), die zur gleichen Zeit entstand wie *Die Tribüne*, die Werther-Problematik diskutiert. Zentrale Stelle ist Kasts Bericht vom 7. Oktober, dem Gründungstag der DDR. Kast befindet sich als Funktionär an diesem Staatsfeiertag auf der Tribüne und nimmt dort mit den anderen Privilegierten den Vorbeimarsch der Massen ab. Das Oben und Unten, die Unterscheidung in Herrschende und Beherrschte, die Pervertierung der Demokratie-Idee, ist das zentrale Thema, das Braun zu DDR-Zeiten auch in vielen anderen Texten gestaltete.

Eine Sonderstellung nimmt Thomas Brasch (geb. 1945) ein, dessen Ablehnung politischer Normen zur Negation konventionalisierter Werte überhaupt führt. In *Kargo* (1977) mit dem bezeichnenden Untertitel *32. Versuch auf einem untergehenden Schiff aus der eigenen Haut zu kommen* geht es nicht um Konfliktlösung, sondern um uneingeschränkte Subjektivität. So ist Ideologie (...) Ersatz für die Wirbelsäule, und Kunst war nie ein Mittel, die Welt zu ändern, aber immer ein Versuch, sie zu überleben.

Daß formalisierte Sprache in knappester Ausformung und bei scheinbar völliger Zurücknahme des individuellen Erzählers schockierende Einblicke in eine desolate Wirklichkeit vermitteln kann, hat Hans Joachim Schädlich mit seinem Kurzprosaband *Versuchte Nähe* (1977) bewiesen. Vergangenheit und Gegenwart werden zu parabolischen Szenen verdichtet, deren Bezugspunkt die aktuelle DDR-Wirklichkeit ist. Mit Recht hat Schädlich für diesen Beitrag zur Gegenwartsliteratur (wie auch für spätere, den Roman *Tallhover* (1986) zum Beispiel) viel Anerkennung gefunden. Eigentlich überflüssig darauf hinzuweisen, daß derAutor von der DDR bis zu ihrem Ende boykottiert wurde.

Verweigerung war im Alltag der DDR nur selten mit einer spektakulären Attitüde verbunden. So ist es auch in Erich Loests Roman *Es geht seinen Gang oder Mühen in unserer Ebene* (1978). Der Held – besser: Antiheld – Wolfgang Wülff, 1949 in Leipzig geboren, will nur im Rahmen der bescheidenen Möglichkeiten, die ihm die DDR bietet, sein Leben führen – ohne ehrgeizige Absichten, aber mit einem Minimum an Freiraum. Doch die Konflikte bedrängen ihn immer dann, wenn er diesen Freiraum für sich reklamiert. Um eine zweite Auflage in der DDR hat Erich Loest hart kämpfen müssen. Doch auch diese (1979) konnte die vielen Leserwünsche nicht befriedigen. In der Dokumentation *Der vierte Zensor. Vom Entstehen und Sterben eines Romans in der DDR* (1984) hat Loest Kulturpolitik der DDR am konkreten Fall seines Romans dargestellt. *Der vierte Zensor* vermittelt mehr Einblicke in das kulturpolitische Bedingungsgeflecht der damaligen DDR, als es theoretische Abhandlungen vermöchten.

Erich Loest ist als Chronist des DDR-Alltags auch hervorgetreten durch seinen Erzählband *Pistole mit sechzehn* (1979), durch seine Romane *Völkerschlachtdenkmal* (1984) und *Zwiebelmuster* (1985). Seine Werke sind neben ihrem literarischen Rang ein unersetzliches

Informatorium über die DDR. Daß der Autor neben den üblichen Schikanen doppeltes Opfer des Politapparates war, einmal verurteilt zu sieben Jahren Zuchthaus wegen konterrevolutionärer Gruppenbildung, zum anderen als Ausspähobjekt der Stasi (*Die Stasi war mein Eckermann oder: Mein Leben mit der Wanze*, 1991), rundet das Bild eines kritischen DDR-Erzählers ab.

Literatur versus Geschichtslüge

Es steht außer Frage, daß die DDR-Erzählliteratur, soweit sie sich nicht in ideologische und machtpolitische Dienste stellen ließ, ein authentischer Zeuge ihrer Zeit ist und darüber hinaus ein wichtiger Mittler zwischen gestern und heute.

Stefan Heym hat in seinem Roman *Collin* (1979) neben der Gestaltung des Konflikts zwischen Politik und Kunst ein Gegenbild zur ideologisch bedingten Verfälschung der DDR-Geschichte geschaffen. Der historische Rahmen des Romans umfaßt den Stalinismus in der DDR mit seinen Säuberungen und Schauprozessen, die Zerschlagung oppositioneller Erscheinungen 1956/57 durch Ulbricht, die innenpolitische Situation nach dem Mauerbau sowie die Abwendung der Jungen von dem sozialistischen Praxismodell. Hauptpersonen in *Collin* sind der privilegierte Schriftsteller Collin und der führende Staatssicherheitsmann Urack, dem eine gewisse Ähnlichkeit mit Erich Mielke (geb. 1907) nicht abzusprechen ist. Collin hat jetzt, gegen Ende der siebziger Jahre, erkannt, daß die Wirklichkeit des real existierenden Sozialismus nicht der Idee entspricht, für die er und viele seiner Weggefährten Opfer gebracht haben. Deshalb will er Bilanz ziehen, seine Memoiren schreiben, die eine Abrechnung mit der Partei werden. Schonungslos will Collin Rankünen und Machtmißbrauch aufdecken. Während Urack versucht, sich des Manuskripts zu bemächtigen, um dadurch das Vorhaben zu unterbinden, stirbt Collin.

Wegen Verstoßes gegen das Devisengesetz wurde Heym bereits zwei Monate nach Erscheinen des *Collin* in der Bundesrepublik im Mai 1979 zu einer Geldstrafe von DM 9.000,-- (West) verurteilt. Auslösendes Moment für das Protestschreiben de racht Autoren an Honekker sowie das folgende Tribunal im Roten Rathaus von Ostberlin (siehe Kapitel 2) war die von der SED angezettelte Kampagne gegen den Roman *Collin*.

Mit dem Roman *Der Wundertäter, Dritter Band* (1980) setzte Erwin Strittmatter (1912 – 1994) – in formaler Hinsicht – die Tradition des deutschen Bildungsromans fort. Stanislaus Büdner, der Held, Redakteur, zur Bewährung in den Braunkohlebergbau abkommandiert, sieht die DDR-Wirklichkeit der letzten vierziger und ersten fünfziger Jahre aus der Perspektive des scheinbar naiven Außenseiters. Der dem Genre Bildungsroman eigene, ironisch-satirische Erzählstil kann nicht darüber hinwegtäuschen, daß bitterernste historische Fakten vermittelt werden: etwa die bodenlose Ignoranz und doktrinäre Subalternität der Parteifunktionäre, die Gängelung und Indoktrinierung der Presse, die Zensur in der Kulturpolitik, die grundlose Diffamierung eines alten Kommunisten, Exzesse russischer Soldaten, die Abrechnung mit dem Stalinkult und die verlogene Propaganda um die Aktivistenbewegung. *Der Wundertäter, Dritter Band* durfte erst nach Überwindung großer Schwierigkeiten in der DDR erscheinen.

„Du mußt dich erinnern." So lautet das Motto des Romans *Horns Ende* (1985) von Christoph Hein (geb. 1944). Es geht um das Erinnern an die fünfziger Jahre, vor allem an das Jahr 1957, die Zeit der Haupthandlung. Es ist das Jahr der großen Abrechnung Ulbrichts mit den oppositionellen Kräften in der DDR nach der Niederschlagung des Ungarn-Aufstandes (November 1956). Der Historiker Horn, vormals leitender Parteifunktionär in Leipzig, war 1953 (17. Juni) aus der Partei ausgeschlossen und in die Kleinstadt Guldenberg als Leiter des Heimatmuseums versetzt worden. Dort nun machen die Verdächtigung, mit dem Klassenfeind zu kollaborieren, und Stasi-Verhöre den integren Vierziger seelisch kaputt. Er erhängt sich. Die Partei sieht darinein Schuldbekenntnis.

Hein vermittelt ein Bild abgrundtiefen sozialistischen Spießertums, das von Willkürakten, grundlosen Verhaftungen, Intrigen und Fremdenfeindlichkeit geprägt ist. Ideologische Versatzstücke wirken als Schlagetotvokabeln der herrschenden Kaste. In der Polyperspektivität des Erzählens gibt es keine Schuld und keine Verantwortung mehr. Der Tod als Metapher der Ausweglosigkeit und fehlender Orientierung ist ein weiterer Indikator für die Sterilität der dargestellten gesellschaftlichen Strukturen.

Als Anfang 1989 Christoph Heins Erzählung *Der Tangospieler* auch in der DDR erschien, war das eine kleine Sensation. Denn Hein hatte als erster Autor das tabuisierte Thema des Prager Frühlings (1968) nicht nur ohne Rücksichtnahme auf politische Vorgaben gestaltet, sondern in sehr subtiler Weise die Paradoxie des militärischen Eingreifens der DDR bloßgestellt. Außerdem wurde am Beispiel der willkürlichen Verurteilung des Universitätsassistenten Dallow die DDR-Justiz als opportunistisches und gnadenloses Werkzeug der politischen Macht entlarvt. Die Handlung zeigt die Beliebigkeit des Umgangs mit dem Individuum. Der Mensch ist als Verfügungspotential dem System ausgeliefert. So läßt der staatliche Apparat Dallow innerhalb kurzer Zeit vom Assistenten zum Strafgefangenen, dann zum Kellner und anschließend zum Hochschullehrer mutieren. Denn die Individuen sind nach Beliebigkeit und Opportunität austauschbar

Auch Autobiographien können wichtige Aufschlüsse über historische Sachverhalte geben. Erich Loests Autobiographie *Durch die Erde ein Riß* (1981) ist ein Beweis für diese These. Im Zentrum des Werkes steht der scheinbar leidenschaftslose Bericht eines engagierten Sozialisten über neue Erfahrungen mit einem totalitären Parteiapparat. Der Lebenslauf endet mit der Entlassung aus siebenjähriger Stasihaft 1964. Der dokumentarische Stil und die bewußte Distanz des Berichtenden zum Erlebten sprechen das kritische Interesse des Lesers an.

Die beiden Sprachebenen – Autorsprache, Parteisprache – verdeutlichen die beiden Welten, die sich inkommensurabel gegenüberstehen. Denn personale Autonomie und kollektivistischer Anspruch schließen einanderaus.

Der Weg zum Ende

Seit Beginn der achtziger Jahre nahmen im politisch-ökonomischen Bereich der DDR die Auflösungserscheinungen immer bedrohlichere Ausmaße an.

Wer unter diesem Aspekt die herausragenden Texte der DDR-Erzählliteratur und anderer Gattungen der achtziger Jahre aufmerksam liest, muß feststellen, daß in der DDR-Literatur das kritische Potential wuchs, sowohl quantitativ wie auch qualitativ.

1982 veröffentlichte Christoph Hein in der DDR seine Novelle *Der fremde Freund*, die 1983 in der Bundesrepublik aus Gründen des Titelschutzes unter *Drachenblut* erschien. Diese Novelle verdeutlicht den weiten Weg, den die Literatur von der Brigadegeschichte der fünfziger und sechziger Jahre über *Nachdenken über Christa T.* bis hierher genommen hat. Es ist der Weg vom Status eines ideologiebefrachteten Erfüllungsgehilfen zur ästhetischen Emanzipation. Hierbei hat sich die Literatur zunehmend des Dogmas entledigt; sie schaut auf den Menschen, den einzelnen, und fragt, was aus ihm inzwischen geworden ist.

Christoph Hein formulierte sein Anliegen, diese Novelle betreffend, unter anderem so: Im Grunde handelt die ganze Novelle nur über das Leben einer Frau, die darüber erzählt, daß sie gern leben möchte. Das ist der Punkt, das habe ich von der ersten bis zur letzten Seite so durchgeführt, daß man genötigt ist, diese Mitteilung als ein unerhörtes Ereignis anzunehmen und nicht das äußere Ereignis: Einer wird erschlagen, einer stirbt. Auf diese Art zu leben ist viel schlimmer, als mit einem Tod aussteigen zu können. (...) Ich fand, das Leben dieser Ärztin ist schrecklicher als das, was Henry passiert und insofern meine ich, es kann kein unerhörteres Ereignis geben, als diese Mitteilung über ein Leben, das gar kein Leben mehr ist.

Günter de Bruyn hatte schon in den *Märkischen Forschungen. Erzählung für Freunde der Literaturgeschichte* (1979) die Welt der Mächtigen, von der das Volk ausgeschlossen ist, beschrieben. Das gleiche Thema, die soziale Unverträglichkeit von Oben und Unten, gestaltete de Bruyn auch in seinem Roman *Neue Herrlichkeit*, der 1984 in der Bundesrepublik, aber erst 1985 in der DDR erschien. Der neunundzwanzigjährige Viktor Kösling (Viktor heißt auch der Held in Jean Pauls Roman *Hesperus*), Sohn eines hohen Staatsfunktionärs, wird in ein abgeschiedenes Erholungsheim, einen 'Zauberberg' sozialistischer Prägung, geschickt, um sich auf den diplomatischen Dienst vorzubereiten. Dort lernt er das einfache Mädchen aus dem Volk kennen und lieben, läßt es aber schließlich sitzen. Das Motiv ist so originell nicht. Es erhält jedoch seine Brisanz durch die Einbindung in den gesellschaftlichen Kontext. Der Roman zeigt die Starrheit der sozialen Grenzen in der DDR. Anstelle von Entwicklung sind Sterilität, Beharrung und Opportunismus getreten. Die Vertreter der herrschenden Klasse orientieren sich an überholten Konventionen penetranter Kleinbürgerlichkeit. Ansprüche an individuelle Lebensgestaltung sind nur auf der untersten sozialen Stufenleiter zu realisieren, wie der Gärtner Eymann es demonstriert.

Günter de Bruyn bringt seine erzählerischen Mittel wirkungsvoll zur Geltung. Vor allem sind es die leise Ironie und die scheinbar große Erzähldistanz, die den Leser zum erkennenden Subjekt machen. Eine geistige Nähe zu Jean Pauls (eigtl. Johann Paul Friedrich Richter, 1763 – 1825) *Vorschule zur Ästhetik* (1804) ist unverkennbar. Schließlich hatte de Bruyn 1975 *Das Leben des Jean Paul Friedrich Richter* veröffentlicht.

Grotesk wirkt die Figur des Staatsfunktionärs Kunze in Volker Brauns *Hinze-Kunze-Roman* (1985), eine literarische Enttabuisierung der DDR-Führungsclique. Kunzes Chauffeur Hinze, dem Jacques bei Diderot nachempfunden, ist das listige Pendant zu seinem Herrn. Ihre Dienstreisen sind ein Spiel des Autors mit absurden Versatzstücken des Realsozialismus. Trotz des Anhangs in der DDR-Ausgabe, eine salvatorische Lektürehilfe zur Besänftigung der Zensur, wurde die ausgelieferte Auflage von 10.000 bei den Sortimentern zurückgeordert. Doch nur 450 Exemplare gingen zurück. Das Buch hatte seine kostenlose Werbung.

Wenn man sich die Stellung und Aura des Partei- bzw. Staatsfunktionärs in den Romanen der sechziger Jahre vergegenwärtigt, wird deutlich, wie weit sich literarische Texte der achtziger Jahre vom normativen Rahmen entfernt haben.

Gert Neumann (eigtl. Gert Härtl, geb. 1942) hat in seinem Erzählungsband *Die Schuld der Worte* (1979) mit den konventionalisierten Sprachmustern und -ritualen gebrochen. Neumanns Erfahrungen mit der Hohlheit und Aggressivität der öffentlichen Sprache veranlaßten ihn, der Macht der Worte die Schuld der Worte entgegenzustellen. So wurde Sprache ein Mittel der Résistance, eine Geheimsprache, die Sprache der Klandestinität, die sich der Sinnentleerung durch die Politik versagt. Neumann ist in seinen Romanen *Elf Uhr* (1981) und *Die Klandestinität der Kesselreiniger. Versuch des Sprechens* (1989) den Weg der Gegensprache konsequent weitergegangen.

Wolfgang Hilbigs (geb. 1941) Erzählungsband *Unterm Neumond* (1982) besticht durch Themen und Sprache gleichermaßen. Wie in seiner Lyrik werden Fragmente der Wirklichkeit dem orientierungslosen Bewußtsein anverwandelt. Angst, Fremdheit, Isolation, Ausgeliefertsein, Bedrohung drängen in Bilder und Syntax, so daß Vergleiche mit Franz Kafka (1883 – 1924) nicht konstruiert wirken. In der Erzählung Er gerät der Spaziergänger in eine feindliche Umwelt, in der selbst die Natur von Verfall gezeichnet ist. Das Subjekt wird zum

Spielball äußerer Willkür. Seine Ohnmacht ist bestimmendes Moment wie auch die Ungewißheit über sein Schicksal. Die Freiheitsberaubung wird widerstandslos hingenommen. Diese Erzählung kann als exemplarisches Modell für Hilbigs Prosaschaffen gelten. Außerdem sind zu nennen *Der Brief. Drei Erzählungen* (1985) sowie *Eine Übertragung* (1989).

Franz Fühmann (1922 – 1984) geht mit seinen Erzählungen in dem Band *Saiäns-Fiktschen* (1981) den Weg der literarischen Verfremdung. Dieses Mittel gab ihm Gelegenheit, auch andere Bedrängnisse und Nöte schreibend zu materialisieren, um ihnen besser begegnen zu können, Bedrängnisse und Nöte jener Art, die sich so schwer darstellen lassen, weil sie zwar der Realität entstammen, sie aber, die Realität, wohl maßlos überschreiten, wie der Autor im Vorwort anmerkte.

Sein ästhetisches Credo hat Franz Fühmann in dem Essay *Der Sturz des Engels. Erfahrungen mit Dichtung* (1982) niedergelegt. Darin beschreibt er die Befreiung von politischer und ideologischer Einengung im Interesse der Dichtung. Bei Georg Trakl (1887 – 1914) fand Franz Fühmann die Konstanten seines eigenen Schaffens bestätigt: die schonungslose Analyse der Schuld, das Wissen um die Unvermeidlichkeit des Scheiterns von Lebensillusionen, das Bewußtsein von den 'Nöten' des Einzelnen in einer 'bleiernen' Zeit. In der Rückschau stellt Fühmann fest, daß das zweidimensionale Denken in den Begriffen Schwarz und Weiß der Dichtung schweren Schaden zugefügt hat. Der Konflikt zwischen Dichtung und Doktrin war unvermeidlich. Dieses für den Autor und schließlich auch für den Leser existentielle Problem wurde im Trakl-Essay neu bestimmt, und zwar zugunsten der Dichtung und gegen das Dogma. Damit hatte sich Fühmann aus der geistigen Bindung an den Staat DDR gelöst.

In dem postum publizierten Text *Im Berg. Texte und Dokumente aus dem Nachlaß* (1991) findet sich der Satz: Ich habe grausame Schmerzen. Der bitterste ist der, gescheitert zu sein: In der Literatur und in der Hoffnung auf eine Gesellschaft, wie wir sie alle einmal erträumten. Testamentarisch verbat er sich die Teilnahme von Hermann Kant, Dieter Noll, Gerhard Henniger oder anderer Vertreter des Schriftstellerverbandes an seinem Begräbnis.

Blick zurück

Nach dem Fall der Mauer und der Wiedervereinigung sind die Karten für die Autoren neu gemischt. Artikel 5 des Grundgesetzes (Freiheit der Kunst) gilt für alle, für Opfer und Täter gleichermaßen.

Einer der ersten, die sich im Literaturbetrieb zurückmeldeten, war Hermann Kant (geb. 1926) mit seinen Memoiren *Abspann. Erinnerung an meine Gegenwart* (2. Aufl. 1991). Günter de Bruyn, von 1965 – 1978 im Vorstand des von Kant geleiteten Schriftstellerverbandes der DDR, urteilte in der *Zeit*, Nr. 39, 1991, unter anderem: Sein Hauptverdienstaber war es, will man ihm, was aber nicht zu empfehlen ist,glauben, den Schriftstellerverband zu einer demokratischen Insel im Meer der Kommandowirtschaft gemacht zu haben, zu einer unabhängigen Institution, die die führende Rolle der SED zwar noch anerkannte, aber in einem besonderen Sinne auslegte – den Kant leider nicht näher erklärt. Der Verband, den (von Kant, wie es scheint, unbemerkt) viele bedeutende Autoren flohen oder zumindest mieden, hatte sich also im Kantschen Verständnis zum Modell einer besseren DDR entwickelt, und er mußte gegen Störenfriede verteidigt werden, was 1979 zu dem Ausschlußverfahren führte, das im Interesse der guten Sache des Präsidenten erforderlich und auch rechtens war. (...) Tiefere Aufschlüsse über Staat und Partei, denen er nachtrauert, hat wohl niemand von Kant erwartet, wohl aber vielleicht welche über seine Person. Aber auch in dieser Hinsicht ist das redselige Buch enttäuschend. Es zeigt ihn so, wie man ihn immer schon kannte, als treuen Parteimann mit Ausdrucksreichtum, als geschickten und intelligenten Autor, über dessen Intelligenz aber die Geltungssucht immer siegt. Sie verhindert auch Selbsterkenntnis und verstellt ihm den Blick auf die von ihm Unterdrückten, so daß er die Rolle, die er gespielt hat, anscheinend wirklich nicht richtig begreift.

In seiner Erzählung *Alte Abdeckerei* (1991) führt Wolfgang Hilbig den Leser in einen Bereich des Grauens, dessen Zentrum, die Abdeckerei Germania II, eines Nachts in der durch den Bergbau unterminierten Erde versinkt. Es war, als ob sich die Erde selbst, in einem Aufbäumen, mit letztem verzweifelten Zugriff aus hündischer Langmut katapultiert hatte, und sie hatte das auf ihrer Haut glimmende Geschwür zerbissen und gefressen. Das zersetzte, zerfallene und marode Gebäude Germania II – ist es die DDR?

Die Verführbarkeit, die Anfälligkeit der Menschen gegenüber Avancen der Macht gestaltet Wolfgang Hilbigs Roman *Ich* (1993) am Beispiel des Verhältnisses von Autor(en) und Stasi. Der Ich-Erzähler charakterisiert den Überwachungsapparat als das Ende, das nicht fertig werden durfte. Hilbig hat in seiner Abrechnung mit der DDR erkannt, daß die Vergiftung und Zersetzung des menschlichen Bewußtseins von schwerwiegenderer und länger nachwirkender Bedeutung ist, als es die materiellen und strukturellen Schäden der Gesellschaft sein können.

Volker Braun hat sich in *Der Wendehals. Eine Unterhaltung* (1995) zur Lage in Deutschland nach der Wende geäußert, wie er sie sieht: mit viel Vorurteil und Unausgewogenheit. Der Leser gewinnt den Eindruck, daß hier ein Schriftsteller jetzt erst erkennt, was er an DDR verloren hat.

Mit seinen letzten Aufzeichnungen hat sich Erwin Strittmatter nach Abschluß der *Laden*-Trilogie (1983, 1987, 1992) noch einmal in Erinnerung gebracht: *Vor der Verwandlung. Aufzeichnungen* (1995). Es ist das Schlußwort eines engagierten und geachteten Schriftstellers, der ins Private zurückgefunden hat.

Michael G. Fritz (geb. 1953) unternimmt mit seinem Roman *Das Haus* (1993) den Versuch, in der Abfolge dreier Generationen dem

Haus der Familie Lenz am Rande Berlins eine symbolische Mitte zu geben, in der sich die politischen Zeitläufe widerspiegeln. Auf den als Erben einziehenden Anton und Ulla lastet die nicht aufkündbare Vergangenheit, während die bedrückende Gegenwart mit der Mauer und den Alltagsproblemen ihre Entsprechung in der Innenwelt der Personen findet.

Der DDR-Chronist Erich Loest erzählt in seinem Roman *Nikolaikirche* (1995) die letzten Jahre der DDR bis zur großen Montagsdemonstration am 9. Oktober 1989 in Leipzig. Es waren Zehntausende Bürger Leipzigs, die sich am Montagabend im Anschluß an das allwöchentlich in der Nikolaikirche stattfindende Friedensgebet in der Innenstadt zu einer nicht genehmigten Demonstration versammelten, meldete das Sächsische Tagesblatt am 11. Oktober 1989. Doch bis es dazu kam, war ein langer Weg zurückzulegen. Und den erzählt Erich Loest am Beispiel der Leipziger Familie Potter, der Eltern Astrid Potters, ihres Bruders und vieler anderer. Männer und Frauen aus Kirchengruppen, Stasileute, Geistliche und viele andere sind das Personal des Romans. Rückblenden auf historische und private Ereignisse verdichten die Romanhandlung zu einem historischen Panorama von großer Eindringlichkeit. In all dem spiegelt sich der innere Verfallsprozeß des Systems. Dieser wird an der wachsenden Instabilität konventionalisierter sozialer Beziehungen eindrucksvoll dargestellt. Ein Gespinst von Bespitzelungen, Intrigen, Mißtrauen, Verdächtigungen, Verzweiflung, Angst, Resignation und Opportunismus wirkt metastasengleich zersetzend und führt zur Hilflosigkeit des Machtapparates, während sich neue soziale Strukturen bilden, die dann schließlich am 9. Oktober in Leipzig die Wende zum Besseren herbeiführen. *Nikolaikirche* ist ein großer Gesellschaftsroman und ein zeitgenössisches Dokument.

Jürgen Egyptien

Romane und Erzählungen der Schweiz

Für die deutschsprachige Literatur in der Schweiz bezeichnet das Jahr 1945 keine Zäsur der politischen und kulturellen Rahmenbedingungen. Die Politik der „geistigen Landesverteidigung" setzte sich unter antikommunistischen Vorzeichen nahtlos fort und zementierte in der strikten Abschottung nach außen die Idee einer quasi binneneuropäischen „splendid isolation". Diese Belagerungsmentalität kennzeichnete Arnold Künzli rückblickend als *Die Neurose des Igels* (1964). Das national-kulturelle Bewußtsein ist denn auch bis in die späten fünfziger Jahre von der Empfindung einer ungebrochenen Kontinuität geprägt, welche etwa im literarischen Schaffen von Robert Faesi (1883 – 1972), Meinrad Inglin (1893 – 1971) oder Kurt Guggenheim (1896 – 1983) ihren Niederschlag fand. Die opera maxima der beiden letztgenannten Autoren, Inglins *Schweizerspiegel* (1938, Bearb. 1955) und Guggenheims Tetralogie *Alles in Allem* (1952 – 1955) stellen zwar beide das bürgerliche Milieu Zürichs ins Zentrum ihrer figurenreichen historischen Panoramen, jedoch beziehen sie ihre Wertorientierungen vornehmlich aus der bäuerlichen Tradition, aus einer naturbestimmten Daseinsform und einem antiurbanen Heimatbegriff. Für das erzählerische Verfahren hatte dies ein erhebliches Beharrungsvermögen des poetischen Realismus und insbesondere die anhaltende Vorbildlichkeit des epischen Dreigestirns Jeremias Gotthelf (1797 – 1854), Gottfried Keller (1819 – 1890) und Conrad Ferdinand Meyer (1825 – 1898) zur Folge. Nicht zuunrecht läßt Max Frisch (1911 – 1991) in seinem Roman *Stiller* (1954) den Protagonisten darüber klagen, daß „eine gewisse Wehmütigkeit, daß das neunzehnte Jahrhundert immer weiter zurückliegt, [...] die wesentliche Aussage" der schweizerischen Literatur sei.

Frisch und Dürrenmatt

Frischs *Stiller* ist in diesem literarischen Klima der gewichtigste Versuch, ästhetisch und thematisch neue Akzente zu setzen. Der erste Satz dieses Künstler- und Gesellschaftsromans – „Ich bin nicht Stiller!" – intoniert bereits die zentrale Problematik von Frischs gesamten erzählerischen Werk. Es geht um das Spannungsverhältnis zwischen Identitätssuche und Identitätsflucht, um die Abwehr der Fixierung auf ein präformiertes Rollenverhalten und die virtuelle Offenheit des individuellen Lebensentwurfs. Von symbolischer Bedeutung ist in diesem Zusammenhang die Szene, in der Stiller in dem Atelier des verschollenen Bildhauers, der er selbst einmal gewesen sein soll, wütend die Gipsfiguren zerschlägt, weil er in ihnen Manifestationen einer unverwandelbaren Vorstellung vom anderen erblickt. Für das Erzählen selbst wirkt sich dieser Ikonoklasmus in einer Sprachskepsis aus, für die die je individuelle Wirklichkeit tendenziell jenseits des Sagbaren liegt. In dem folgenden Roman *Homo faber* (1957) führt Frisch die Demontage eines von solchen Skrupeln völlig unangekränkelten Bewußtseins vor. Der Protagonist Walter Faber repräsentiert mit seinem selbstbewußten Bekenntnis: „Ich bin Techniker und gewohnt, die Dinge so zu sehen, wie sie sind", eine Haltung, die der Erzähler an der Konfrontation mit einer unberechenbaren Wirklichkeit zuschanden werden läßt. Die unwahrscheinliche Begebenheit, daß Faber gerade die unerkannte Tochter zur Geliebten macht und diese auf fast biblische Weise für den „Sündenfall" büßen muß, bedeutet den Einbruch der Kontingenz in sein rechenhaft-rationalistisches Weltbild. Dessen Depotenzierung trägt Frisch in seinem Roman *Mein Name sei Gantenbein* (1964) auch erzähltechnisch Rechnung. Der Text besteht aus einer Folge von Sequenzen, in denen der erzählerische Gestus des „Ich stelle mir vor:" immer wieder neue „Entwürfe zu einem Ich" hervorruft. Das perspektivische Zentrum bildet dabei das Bewußtsein von Gantenbein, der selbst die Rolle des Blinden erprobt. Es ist eine geniale erzählerische Idee von Frisch, durch Gantenbeins vorgetäuschte

Blindheit die mit ihm kommunizierenden Figuren vom Rollenzwang zu suspendieren und seiner Beobachtung zugänglich zu machen. Für den selbstreflexiven Charakter dieses Erzählens sei nur auf Gantenbeins Besuch einer Theaterprobe verwiesen, bei der er die Inszenierung einer Rolle kritisiert und in dieser Problematisierung sein eigenes Rollenverhalten hinterfragt. Zugleich steckt darin Metakritik des Dramatikers Frisch. Der zweite bedeutende Dramatiker neben Frisch, Friedrich Dürrenmatt (1921 – 1990), ist als Erzähler mit den Kriminalromanen *Der Richter und sein Henker* (1952, Hsp. 1957) und *Der Verdacht* (1953) hervorgetreten. Im literaturgeschichtlichen Zusammenhang der Schweiz hat er mit der psychologischen und zeitkritischen Vertiefung dieser Gattung sowie mit der Figur des Kommissärs Bärlach an die Kriminalromane von Friedrich Glauser (1896 – 1938) angeknüpft, der mit seinem *Wachtmeister Studer* (1936) diesen Typus geschaffen hatte. Seit Mitte der achtziger Jahre versucht Werner Schmidli (geb. 1939) diese Tradition mit seinen Kriminalromanen um den pensionierten Hobby-Detektiv Gunten *Der Mann am See* (1985), *Guntens stolzer Fall* (1989) und *Der Mann aus Amsterdam* (1993) fortzusetzen.

Einzug der Moderne

Ende der fünfziger und Anfang der sechziger Jahre treten eine Reihe neuer Erzähler hervor, deren Werke die literarische Landschaft vielfältiger und weiträumiger machen. Wäre bis dahin neben die Arbeiten von Frisch und Dürrenmatt höchstens noch der skurrile Solitär *Vineta* (1955) von Hans Albrecht Moser (1882 – 1978) zu stellen, der aus einer Jahrtausende fernen Zukunft einen quasi archäologischen Blick auf die Wirren und Katastrophen des 20. Jahrhunderts wirft, so erscheinen nun in dichter Folge die Prosadebüts von Otto Friedrich Walter (1928 – 1994) *Der Stumme* (1959), Kuno Raeber (1922 – 1992) *Die Lügner sind ehrlich* (1960), Jürg Federspiel (geb. 1931) *Orangen*

361

und Tode (1961), Walter Matthias Diggelmann (1927 – 1979) *Das Verhör des Harry Wind* (1962), Hugo Loetscher (geb. 1929) *Abwässer. Ein Gutachten* (1963), Peter Bichsel (geb. 1935) *Eigentlich möchte Frau Blum den Milchmann kennenlernen* (1964) und Adolf Muschg (geb. 1934) *Im Sommer des Hasen* (1965).

Das Spektrum der Themen und Schreibweisen erweitert sich unter äußerem Einfluß wie aufgrund interner Entwicklungen. Es läßt sich eine etwa Mitte der fünfziger Jahre einsetzende Rezeption der literarischen Moderne beobachten, die zum einen bei Autoren der älteren Generation wie Hans Rudolf Hilty (1925 – 1994) oder Erika Burkart (geb. 1922) eine erkennbare Zäsur ihres Schreibens markiert, zum anderen für die jüngeren zur literarischen Sozialisation gehört. Zu der besonderen Situation der Schweiz zählt in diesem Kontext natürlich, daß die französischsprachige Westschweiz die Aufnahme des aus Frankreich stammenden nouveau roman begünstigte. Periodika wie die seit 1941 von Arnold Kübler (1890 – 1983) herausgegebene Kulturzeitschrift *du* oder der von Hilty 1951 gegründete *hortulus* öffnen sich der modernen ausländischen Literatur und fungieren als Forum für einzelne schweizer Vertreter der Avantgarde. Die konkrete Poesie von Eugen Gomringer (geb. 1925) wie auch die konkrete Kunst Max Bills (1908 – 1994) sind in ihrer experimentellen Methodik nicht ohne Einfluß auf die Erzähltechnik von Bichsels früher Kurzprosa oder auf Peter Lehners (1922 – 1987) sogenannte „Zerzählungen" *Angenommen, um 0 Uhr 10* (1965) und *WAS ist DAS* (1972), in denen dem Leser diverse Varianten eines Geschehensablaufs angeboten werden, die er selbst produktiv ergänzen und kombinieren kann. Kennzeichnend für diese Dissoziation einer kausal verknüpfbaren und linear erzählbaren Wirklichkeit ist etwa, daß Kuno Raeber seinem Roman *Die Lügner sind ehrlich* programmatisch eines der einschlägigen sprachkritischen Zitate aus Hugo von Hofmannsthals (1874 – 1929) *Chandos-Brief* (1902) vorangestellt hat. Thematische Weiterungen erfuhr die deutschschweizerische Literatur durch polyglotte Autoren wie Jürg Federspiel, der seit *Orangen und Tode* gewissermaßen als ethnologischer Forschungsreisender die Erfahrungen mit fremden Kulturen importiert, durch Muschgs auf einer Japanreise basierenden *Im Sommer des Hasen* oder durch Raffael Ganz (geb. 1923), der in *Orangentraum* (1961) und *Schabir* (1966) insbesondere den Maghreb als Handlungsort wählte.

Zeitkritik und Dokumentarismus

Zunehmendes Gewicht erhielt nun die gesellschaftskritische Dimension des Schreibens. War sie auch seit Stillers Ausfällen gegen die geistige Provinzialität der Schweiz bei Frisch und in Dürrenmatts *Verdacht* durch die Entlarvung des im Dritten Reich als Lagerarzt tätigen Schweizers Dr. Emmenberger präsent gewesen, so rückte sie seit Mitte der sechziger Jahre ins Zentrum. Einen Markstein dieser literarischen Strömung bildete Diggelmanns zweiter Roman *Die Hinterlassenschaft* (1965), der heftige Kontroversen in der Öffentlichkeit auslöste. Hatte Diggelmann bereits in *Das Verhör des Harry Wind* die schweizer Armee attackiert, so unterzog er in diesem Roman die restriktive Flüchtlingspolitik der Jahre 1933 bis 1945 einer radikalen Kritik. Dem Nachlaß seines vermeintlichen Vaters entnimmt David Boller, daß er in Wirklichkeit David Fenigstein heißt und Jude ist und daß seine Eltern im Konzentrationslager umgekommen sind, weil die Schweiz ihnen die Einreise verweigerte. David gründet die Zeitschrift „Zukunft" und will den Journalisten und Politiker Frauenfelder zu Fall bringen, der für diese Abschottung publizistisch eingetreten war. Anders als in der Bibel unterliegt hier David und verliert sogar das Leben. Diggelmanns Kritik an der Schweiz gerät um so schärfer, als er Davids Recherchen ins Jahr 1956 verlegte und mit einer literarischen Darstellung des sogenannten Thalwiler Pogroms verband, d.h. den Angriffen ideologisch aufgehetzter Bevölkerungsteile auf den marxistischen Kunsthistoriker Konrad Farner, der Verständnis für die sowjetische Intervention in Ungarn geäußert hatte. *Die Hinterlassenschaft,* in der Diggelmann Zeitungsartikel und Verordnungen zitierte, kann mit ihrem Verfahren als Beispiel dokumentarischer Literatur angesehen werden, der Autor selbst nannte sie „halb Montage, halb literarische Reportage". Diggelmanns Roman kann in dieser Hinsicht als literarischer Vorklang der breitangelegten Dokumentation über die teilweise skandalöse Flüchtlingspolitik der Schweiz von 1933 bis 1945 gelten, die Alfred A. Häsler (geb. 1921) 1967 unter dem schlagkräftigen Titel *Das Boot ist voll* vorlegte und die schnell zum Standardwerk avancierte. Sie taucht etwa auch in den Quellenverzeichnissen von Otto Friedrich Walters Romanen *Die ersten Unruhen. Ein Konzept* (1972) und *Zeit des Fasans* (1988) auf, in denen erzähltechnisch ähnliche Wege beschritten werden. In Walters spätem opus magnum *Zeit des Fasans* nimmt der Ich-Erzähler die Wiederbegegnung mit dem elterlichen Haus zum Anlaß, ein historisches Panorama der dreißiger und vierziger Jahre in der Schweiz auszubreiten und mit der eigenen Familiengeschichte zu verknüpfen. In *Die ersten Unruhen* hatte Walter in die Schilderung des Wahlkampfes in der fiktiven schweizerischen Modellstadt Jammers vielfältige Materialien von der zeitgenössischen Hitparade bis zu volkswirtschaftlichen Statistiken montiert. Als Zitatenschatz wird häufig die Wahlgesetzgebung benutzt, womit der reine Verwaltungscharakter der schweizerischen Demokratie unterstrichen werden soll. Diese erzähltechnische Funktion wird durch die Widersprüchlichkeit deutlich, die sich zwischen ostentativen Demokratiebekundungen und dem vorurteilsbehafteten Denken und Handeln ergibt. Walter treibt dieses Spannungsverhältnis bis zum Ausbruch eines bürgerkriegsähnlichen Konfliktes zwischen gesinnungstüchtigen Deutschschweizern und der rätoromanischen Minderheit. Der Fremdenhaß fand sein gesellschaftliches Opfer alsbald in den italienischen Gastarbeitern, deren Zuzug seit Ende der fünfziger Jahre anwuchs. Dieses Thema, das bereits in *Die Hinterlassenschaft* kurz angeklungen war, wurde von Raffael Ganz in seiner großen Erzählung *Im Zementgarten* (1971) gestaltet. Ganz hat dabei das Schicksal seines Protagonisten Coniglio mit der gesellschaftlichen Randstellung der Kunst verknüpft. Die gesellschaftliche Benachteiligung der italienischen Zuwanderer hat der einer italienisch-schweizerischen Familie entstammende Dante Andrea Franzetti (geb. 1959) in seinem Roman *Cosimo und Hamlet* (1987) wieder aufgegriffen. Auch die schweizerische Umgangsweise mit den jüdischen Emigranten ist literarisch aktuell geblieben und bildet den historischen Fluchtpunkt in dem Roman *Sommerwende* (1989) von Urs Faes (geb. 1947), in dem der Erzähler am Sterbebett seiner Mutter den Entschluß zu einer Recherche nach ihrer verschwundenen Jugendliebe faßt.

Zürcher Literaturstreit

Die thematische und ästhetische Öffnung des literarischen Lebens in der Schweiz für die Moderne stieß nicht nur auf Zustimmung. Hatte Diggelmanns Roman eine politische Tabuverletzung dargestellt, die Widerstand hervorrief, so provozierte der Zürcher Germanist Emil Staiger (1908 – 1987) mit seiner Preisrede *Literatur und Öffentlichkeit* am 17.12.1966 eine heftige Kontroverse um die moralischen und ästhetischen Grenzen der Literatur. Staiger bezeichnete in dieser Rede die engagierte Literatur als eine „Entartung", die die Freiheit der Kunst Tagesinteressen opfere und warf der Moderne insgesamt vor, daß sie „mit dem Verbrecherischen, Gemeinen sympathisier[e]" und es in ihren Werken oft „von Psychopathen, von gemeingefährlichen Existenzen, von Scheußlichkeiten großen Stils und ausgeklügelten Perfidien" wimmele. Statt dessen verlangte Staiger vom Schriftsteller den Willen zu einer „auf Sittlichkeit gegründeten Menschengesellschaft", für deren Herbeiführung er sich um die „Heiterkeit des Schönen" und das „Erfinden vorbildlicher Gestalten" bemühen solle. Eine der ersten Repliken stammte von Staigers Freund Max Frisch, der ihm vorhielt, den Begriff der „Entarteten Literatur" wieder hoffähig zu machen und in einem völlig undifferenzierten „Standgericht" die Moderne pauschal zu verurteilen, wobei er Maßstäbe anlege, die aus der *Gartenlaube* stammen könnten. Der publizistische Streit ist Symptom

365

einer kulturellen Polarisierung, die Ende der sechziger Jahre im Zeichen der internationalen Studentenbewegung auch die Schweiz erreichte. In diesen Zusammenhang gehört auch der Austritt vornehmlich junger Autoren aus dem Schweizerischen Schriftsteller-Verband, da ihre Forderung nach dem Rücktritt des Präsidenten Maurice Zermatten (geb. 1910), der 1969 das antikommunistische und intellektuellenfeindliche *Zivilverteidigungsbuch* mitverfaßt hatte, nicht erfüllt worden war. Diese Autoren, zu denen auch Frisch, Dürrenmatt, Muschg, Walter und Bichsel zählten, konstituierten sich 1971 als „Gruppe Olten". In diese Zeit fällt auch die Gründung der heute wohl wichtigsten Literaturzeitschrift *drehpunkt*, die 1969 von Mitgliedern der Basler „Gruppe Totentanz" herausgegeben wurde. Sie diente als Forum einer neuen Autorengeneration, als Austragungsort prinzipieller Debatten, berichtete über Erfahrungen mit Werkstätten schreibender Arbeiter in der Schweiz, präsentierte regelmäßig ausländische Autoren, praktizierte marxistische Literaturkritik, ohne sich den Errungenschaften der Moderne zu verschließen und stiftete so eine Kommunikation zwischen Schriftstellern verschiedener Weltanschauung und Generationen. In ihr sind neben Muschg, Lehner und Walter Vogt (1927 – 1988), dem Verfasser von satirisch-gesellschaftskritischen Erzählungen und Romanen, in denen häufig wirklichkeitsfremde Fachsprachen karikiert werden, auch Autoren wie Guido Bachmann (geb. 1940) oder Gerold Späth (geb. 1939) anzutreffen, die in der zweiten Hälfte der 60er Jahre zu publizieren begannen.

Sexualität, Mythos, Phantasie

Dabei könnte Guido Bachmanns Debütroman *Gilgamesch* (1966) durchaus zu den Werken gezählt haben, an die Staiger bei seiner Tirade gegen die gescholtene „Kloaken"-Literatur dachte, denn hier stößt man auf die inkriminierte Welt der „Zuhälter, Dirnen und Säufer". Die eigentliche Provokation von *Gilgamesch* lag aber in der für schweize-

rische Literaturverhältnisse tabuverletzenden Darstellung von Homosexualität. Bachmann scheute sich nicht, hier gleichgeschlechtliche
Beziehungen zwischen Männern detailliert zu beschreiben, wie er es
ebensowenig scheute, in dem zweiten Roman seiner Trilogie *Zeit und
Ewigkeit* mit dem Titel *Die Parabel* (1978) koprophile Praktiken oder
im Schlußband *Echnaton* (1982) ausschweifende Orgien, in denen
homo- und heterosexuelle Akte ineinanderübergehen, zu schildern.
Bachmanns Stil verrät eine Wahlverwandtschaft mit Jean Genet (1910 –
1986) und – in der Vorliebe für lexikonartige Aufzählungen – mit
Hans Henny Jahnn (1894 – 1959). Mit Jahnn teilt Bachmann das Interesse, den sexuellen Beziehungen eine mythisch-kultische Dimension zu verleihen. Diese kultische Dimension gewinnt Bachmann aus
der Verknüpfung von Sexualität und Religion. Seine Trilogie, in der
Elemente der babylonischen, ägyptischen und christlichen Tradition
kombiniert sind, gehört zum blasphemisch-satanischen Diskurs der
Moderne. Auch Raebers Roman *Das Ei* (1981), der von dem Anschlag eines Geisteskranken auf die Pietà Michelangelos im Peters-
dom seinen Ausgang nimmt, entwickelt eine dichte Folge obsessiver
Phantasiebilder, die sich aus sexuellen und religiösen Zwangsvorstel-
lungen speisen. Raeber verknüpft diese Phantasmagorien mit der
Schilderung der römischen Unterwelt und gibt ihnen eine kunstvoll
verschachtelte historische Tiefendimension. Die Überblendung des
Bildarsenals aus Mythologie, Historie, Kunstgeschichte und individueller Phantasietätigkeit, die auf der Vorstellung einer Gleichzeitigkeit
und einer ständigen Osmose alles Geschehens und Lebens basiert, hat
Raeber in seinen beiden letzten Romanen *Sacco di Roma* (1989) und
dem posthumen *Bilder Bilder* (1994) konsequent fortgeführt. Es handelt sich um ein zentrifugales Schreiben, das in immer neuen Ansätzen ineinander verschachtelte Gedanken und Satzfügungen sukzessive
vorantreibt und durch parallellaufende Schreibspiralen Beziehungen
zwischen zeitlich und räumlich entfernt liegenden Vorgängen oder
Personen stiftet. Das in einem rasenden Strudel über einem Abfluß
kreisende Wasser als zentrales Motiv in *Sacco di Roma* ist wohl ein

für Raebers Schreiben signifikantes poetologisches Zeichen und verweist zugleich auf die latent mitschwingende apokalyptische Zeitdiagnose am Ende des Romans. Ausschweifende erzählerische Phantasie ist auch das Kennzeichen von Gerold Späths meist umfangreichen Romanen. Ähnlich wie Otto F. Walter seiner Heimatstadt Solothurn im Jammers seiner Romane ein literarisches Denkmal gesetzt hat, so bildet Späths Rapperswil die reale Vorlage für den mit den wenig schmeichelhaften Namen belegten fiktiven Schauplatz Molchgüllen, Spießbünzen oder Barbarswila. Von seinem ersten Roman *Unschlecht* (1970) bis zu *Stilles Gelände am See* (1991) hat Späth das kleinstädtische Milieu immer wieder unter dem Aspekt der Modellhaftigkeit seiner zwischenmenschlichen Verhaltensmuster und gesellschaftlichen Strukturen porträtiert. Die erzählerische Spannweite reicht dabei von dem in pikarischer Tradition stehenden *Balzapf oder Als ich auftauchte* (1977), wo der Blick des Außenseiters die Fassade der bürgerlichen Ehrenhaftigkeit durchdringt, bis zu der eher behäbigen und aus dem Geist milder Ironie gestalteten Schilderung *Barbarswila* (1988). Eine Sonderstellung in Späths Werk nimmt *Commedia* (1980) ein, insofern es kein durcherzählter Roman ist, sondern im ersten Teil über zweihundert fiktive Kurzbiographien aus allen sozialen Schichten und Altersgruppen – darunter auch von Ungeborenen und Toten – auflistet und in einem zweiten – „Das Museum" betitelten – Teil vor einer Besuchergruppe einen kultur- und kunstgeschichtlichen Kosmos ausbreitet. Diese weitausgreifende Perspektive hat Späth in *Sindbadland* (1984) gewissermaßen globalisiert, das aus zahlreichen kurzen Textsequenzen besteht, in denen biographische Episoden aus allen Erdgegenden unverbunden nebeneinanderstehen und doch ein Netz gemeinsamen Schicksals erkennen lassen. Im selben Jahr, in dem Späth mit *Sindbadland* auf die virtuelle Unendlichkeit eines phantasieerfüllten Erzählens in der Tradition von *Tausendundeinernacht* hinweist, erscheint auch Adolf Muschgs *Das Licht und der Schlüssel* (1984), dessen Ich-Erzähler nicht zufällig in einem Haus mit der Nummer 1001 wohnt. Mehr noch als in diesem „Erziehungsroman eines Vampirs" hat Muschg den universellen Anspruch welthaltigen Erzählens mit dem monumentalen Werk *Der Rote Ritter. Eine Geschichte von Parzivâl* (1993) einzulösen versucht. Der Roman ist im wesentlichen eine modernisierte Neufassung von Wolframs von Eschenbach *Parzivâl* (um 1200/1210), wobei den Figuren jedoch ein Denk- und Sprachspielraum gewährt wird, der auf der souveränen Verfügung über das bis in die Gegenwart reichende Wissen basiert. Der Erzähler dankt zugunsten der trinitarischen Allwissenheit dreier Eier ab, in deren 'eggheads' der Kosmos alles Möglichen literarische Gestalt annimmt. In diesem Gestus des 'potentialiter' schließt sich Muschg der Erzählhaltung von Frisch an. Wie im *Roten Ritter* das sprachliche Kunstwerk der Selbstreflexion heutigen Erzählens dient, so in *Das Licht und der Schlüssel* die Malerei. Dort hatte Muschg in den Briefen des blinden Kunstsammlers Mijnheer, aber auch im Kontext eines Vernissagebesuchs einen selbstreferentiellen kunsttheoretischen Diskurs geführt.

Poetologische Reflexionen im Medium der bildenden Kunst spielen auch in Christoph Geisers (geb. 1949) Roman *Das geheime Fieber* (1987) eine wichtige Rolle. Geiser hatte neben dem Lyriker Ueli Kaufmann (geb. 1948) und dem Romancier Werner Schmidli zu den Gründern der Zeitschrift *drehpunkt* gehört und war seit Ende der siebziger Jahre mit einer Romantrilogie hervorgetreten, in der er von *Grünsee* (1978) über *Brachland* (1980) bis zu *Wüstenfahrt* (1984) eine Diagnose der inneren Hohlheit und Brüchigkeit der saturierten bürgerlichen Gesellschaft in der Schweiz lieferte. Der letzte, weitgehend in Amerika spielende Roman bedeutete auch den bekenntnishaften Durchbruch des Erzählers zu seiner Homosexualität und die endgültige Emanzipation vom leiblichen Vater. In *Das geheime Fieber* dient die Begegnung des Ich-Erzählers mit dem Bild „Der siegreiche Amor" von Caravaggio (1571 – 1610) als Initial, sich mit der schillernden Gestalt dieses Malers und seinen in verführerisches Kunstlicht getauchten Knabenkörpern zu beschäftigen. Der Roman legt eine Ästhetik des „absoluten Sturzes" frei, die in den Moment blitzhafter „leuchtender" Erkenntnis die Erfahrung von Tod und Erlösung projiziert, eine Dynamisierung, die über die Grenzen der Profanität hinausführt. Stilistisch unternimmt Geiser den Versuch, die ästhetische Signatur des erlösenden Sturzes bei Caravaggio durch einen akzelerierenden Sprachrhythmus zu vergegenwärtigen. Die Bemühung um eine originäre Sprache setzt Geiser in dem folgenden Roman *Das Gefängnis der Wünsche* (1992) konsequent fort. Die Dynamisierung des Stils ist hier so weit forciert, daß man von einer Textejakulation in Permanenz zu sprechen geneigt ist. In der Konfrontation der weltanschaulichen und lebenspraktischen Positionen von Goethe und de Sade optiert Geiser für die Triebexplosion und gegen die Triebsublimation. Die teilweise obsessive Darstellung homosexueller Akte hat sich in Geisers jüngsten Erzählwerken *Wunschangst* (1993) und *Kahn, Knaben, schnelle Fahrt* (1995) von (kunst-)historischen Einkleidungen losgesagt und in eine rücksichtslose Existenzaussage gewandelt.

Zwischen Autobiographie und Postmoderne

Autobiographisches Material gehört auch bei zahlreichen anderen schweizer Gegenwartserzählern wie etwa Silvio Blatter (geb. 1946), Erica Pedretti (geb. 1930), Jürg Amann (geb. 1947), Markus Werner (geb. 1944) oder Martin R. Dean (geb. 1955) zu den Konstituenten des literarischen Werks. Diese Wendung zu einem authentischen Ich hat zweifelsohne Max Frischs Erzählung *Montauk* (1975) mitbewirkt. Die autobiographische Dimension des Schreibens hat der schweizer Prosa auch thematisch neue Bereiche erschlossen. So dokumentiert sich etwa in Erika Burkarts (geb. 1922) Roman *Der Weg zu den Schafen* (1979) ein geschärftes ökologisches Bewußtsein, das die Trockenlegung eines Moors und die damit verbundene Zerstörung ihrer Kindheitslandschaft als exemplarische Gewalttat gegen einen „mißbrauchten Stern" interpretiert. Erika Burkart kann auch als Vorläuferin einer dezidiert weiblichen Wahrnehmungsweise genannt werden, ohne daß ihr Schreiben explizit feministische Züge aufwiese. Auch diese

Strömung ist in der Schweiz nur in gemilderter Form präsent, und daß die Verfasserin des radikalfeministischen Kultbuchs *Häutungen. Autobiographische Aufzeichnungen Gedichte Träume Analysen* (1975) Verena Stefan (geb. 1947) aus der Schweiz stammt, dürfte selbst dort wenig bewußt sein. Von den speziell mit der Rolle der Frau befaßten Autorinnen wären am ehesten Hanna Margarete Muschg (Ps. Hanna Johansen, geb. 1939), Hedi Wyss (geb. 1949) oder Claudia Storz (geb. 1948) zu nennen, die mit ihrem Roman *Auf der Suche nach Lady Gregory* (1981) ein Modell weiblicher Identitätssuche geschaffen hat. Die Faszination und die Risiken der neuen Technologien hat der auch als Sachbuchautor hervorgetretene ehemalige Systemingenieur Emil Zopfi (geb. 1943) in die erzählende Literatur als Thema eingebracht. Während in seinem Debütroman *Jede Minute kostet 33 Franken* (1977) der Kollaps eines Computersystems zum Anlaß der skeptischen Hinterfragung des Vertrauens in die technische Lösbarkeit aller Gegenwartsprobleme wird, rückt Zopfi in *Computer für tausendundeine Nacht* (1980) die Gefahr der politischen Instrumentalisierbarkeit der modernen Technologie ins Zentrum. In seinem Roman *Die Fabrikglocke. Vom Aufstand der Glarner Stoffdrucker gegen die Zeit* (1991) hat Zopfi die Veränderung der Arbeitswelt durch neue Technologien am historischen Beispiel der mechanischen Zeitmessung rekonstruiert und die Unterwerfung des Lebensrhythmus unter ein abstraktes Reglement problematisiert. Den Einfluß des Computers aufs Schreiben, den Zopfi in einigen Aufsätzen diskutiert, hat Guido Bachmann in seinem Roman *Die Wirklichkeitsmaschine* (1994) literarisch gestaltet und das Verhältnis dichterischer Phantasie zu den virtuellen Welten reflektiert.

Den poetologischen Anschluß an die Computertechnologie suchen auch diejenigen Autoren, die man im Rahmen der schweizer Gegenwartsprosa als postmoderne Erzähler bezeichnen könnte. Zu ihnen wären etwa Felix Philipp Ingold (geb. 1942), Jürg Laederach (geb. 1945) oder Ilma Rakusa (geb. 1946) zu rechnen, die alle über ein ausgeprägtes theoretisches Interesse verfügen und die Bedingungen ihres Schreibens im Kontext der Moderne reflektieren. Bieten für Laederach die aleatorische Kompositionstechnik von John Cage (1912 – 1992) und der Improvisationsspielraum im Free Jazz, für Rakusa Darstellungsformen der avantgardistischen Performance oder für Ingold die ästhetischen Positionen des Prager Strukturalismus erzähltechnische Anregungen, so laufen ihre schriftstellerischen Arbeiten doch allesamt auf die Auslöschung einer sinnstiftenden und ordnenden Erzählinstanz hinaus. Ihnen gemeinsam ist die Überzeugung, daß der Autor eine bloße Funktion des Textes ist und – wie Ingold in seinem Essay *Autorschaft und Management. Eine poetologische Skizze* (1993) ausführt – „unter Verzicht auf individuelle Autorschaft die Autorität der Sprache wiederherzustellen" sei. Die erzählerischen Werke dieser Autoren bilden denn auch eigendynamische, autopoietische Systeme, deren Verlaufsstrukturen wie in Ingolds *Letzte Liebe* (1987) als labyrinthisch und rhizomartig oder wie in Laederachs *Flugelmeyers Wahn* (1986) und *Emanuel. Wörterbuch des hingerissenen Flaneurs* (1990) als collagehaft und „chaotisch" zu beschreiben wären.

Hermann Burger

Einen hohen Grad theoretischer Selbstreflexion weist auch das Werk Hermann Burgers (1942 – 1989) auf. In seinen Frankfurter Poetik-Vorlesungen *Die allmähliche Verfertigung der Idee beim Schreiben* (1986) hat er seine erzählerische Methode des Pararealismus entwikkelt, in dem sich Autobiographie, Sprachartistik und Symbolik synthetisieren. Als Antriebskräfte seines Schreibens nennt Brenner, das alter ego des Autors in seinem Roman *Brunsleben* (1989), rückblickend „das Cimiterische, das Cigarristische und das Circensische." Mit dem Cimiterischen ist die permanente Todesnähe von Burgers Werk gemeint, der er in seinem *Tractatus logico-suicidalis. Über die Selbsttötung* (1988) in über tausend sogenannten „Totologismen" Ausdruck verliehen hat. Das Cigarristische meint in der Bedeutung des „blauen Dunsts" die dichterische Phantasie und zum anderen – in dem auf Proust anspielenden „Madeleine-Effekt des Tabaks" – die Erinnerungsarbeit des Schreibens. Es indiziert die pararealistische Verschleifung der Grenze zwischen Wirklichkeit und Fiktion. Das Circensische schließlich zielt auf das schriftstellerische Selbstverständnis von Burger als Magier. In der großen Erzählung *Diabelli, Prestidigitateur* (1979) hat Burger ein Selbstporträt des Schriftstellers als Zauberer gezeichnet. In seinen Romanen agiert der Erzähler als Wortmagier, dessen sprachartistische Vorführungen zugleich einen Buchstabenpanzer um das hinter der Kunstfigur verborgene Ich bilden. In *Die künstliche Mutter* (1982) begibt sich der Protagonist in eine unterirdische Kuranstalt zur Heilung seiner „multiplen Matrose", d.h. den Folgeschäden fehlender Mutterliebe und strebt eine zweite quasi erdmütterliche Geburt an. Aber auch die Erzählung *Blankenburg* (1986), in der das scheintote Ich durch eine Erotisierung mittels des Grimmschen Wörterbuchs wiederbelebt wird, macht deutlich, daß sich hinter Burgers bis zur Manieriertheit getriebenem Stil ein in der Sprache geführter Überlebenskampf abspielt. Sein Freitod hat in der schweizerischen Gegenwartsliteratur eine Lücke hinterlassen.

Schweizer Nationalliteratur?

Fragt man auch mit Blick auf Burger, dessen Werke seit dem Erzählungenband *Diabelli* (1979) in einem westdeutschen Verlag erschienen sind – wie es ja auch bei Max Frisch, Adolf Muschg, Otto F. Walter, Peter Bichsel, Silvio Blatter, Gerold Späth, Urs Widmer (geb. 1938), Erica Pedretti, Martin R. Dean, Franz Böni (geb. 1952) oder Hansjörg Schertenleib (geb. 1957) der Fall war und ist –, nach dem spezifisch Schweizerischen seiner Bücher, so wird man wohl zunächst auf die regionale Färbung der Sprache hinweisen können. Nach der insgesamt etwas verzögerten Rezeption der literarischen Moderne und der in ihrem Gefolge sich entwickelnden Diversifizierung der

Schreibhaltungen besteht darüber hinaus heute kein grundsätzlicher Unterschied mehr zur deutschen Literatur. Allenfalls ließe sich als eine Besonderheit der schweizer Literatur die Häufigkeit des Themas „Flucht" anführen, das ebenfalls in dem sehr schweizerischen Motiv des Bergsteigens verborgen ist. In dieser Funktion taucht es bereits in der Erzählung *Bergfahrt* (1975) von Ludwig Hohl (1904 – 1980) und später etwa bei Zopfi oder Oscar Peer (geb. 1928) auf. Paul Nizon (geb. 1929) hat mit seinem *Diskurs in der Enge. Aufsätze zur Schweizer Kunst* (1970) das Stichwort für den Fluchtreflex gegeben. Die dezidiert schweizerische Orientierung manifestiert sich bei vielen Autoren weniger in ihrem literarischen Werk als in ihrem essayistischen. Anläßlich aktueller innenpolitischer Konflikte oder aus prinzipiellem gesellschaftlichen Engagement entstanden Reportagen, Pamphlete oder allgemeine Verlautbarungen zum Thema „Der Schriftsteller und die Gesellschaft", wobei besonders die schweizer Armee und die Jugendunruhen in Zürich zur Stellungnahme reizten. Zu nennen wären hier Frischs *Schweiz ohne Armee. Ein Palaver* (1989), Bichsels *Des Schweizers Schweiz* (1969, erw. 1984), Niklaus Meienbergs (1940 – 1993) *Reportagen aus der Schweiz* (1975) und *Vorspiegelung wahrer Tatsachen* (1983), Muschgs *Die Schweiz am Ende. Am Ende die Schweiz* (1990) oder Reto Hännys (geb. 1947) zorniger Bericht über die Zürcher Unruhen *Zürich, Anfang September* (1981).

Eberhard Mannack

Aufarbeitung des Faschismus

Poetische Texte, die sich mit dem Nationalsozialismus auseinandersetzen, fanden in der unmittelbaren Nachkriegszeit eine breitgestreute
Resonanz, versprach sich doch von ihnen ein zutiefst verunsichertes
und orientierungsloses Volk Aufklärung und oft auch existentiellen
Beistand. In der Folgezeit stießen eben diese Texte auf zunehmende
Kritik, vor allem dank einer intensiven Diskussion von Faschismus-
Theorien und der relativ spät einsetzenden Aufarbeitung durch Historiker. Ein wesentlicher Einwand richtete sich gegen die schon kurz
nach 1945 geforderte und praktizierte harte realistische Schreibweise,
die durchweg von Kriegsteilnehmern niederer Ränge bevorzugt wurde. Von dieser Perspektive aus gelangte man zur oft eindrucksvollen
Darstellung der Oberfläche, vernachlässigte man zugleich aber wesentliche Aspekte in bezug auf die Phänomene Faschismus und Krieg
als dessen notwendige Folge. Die Kritiker vermißten vor allem Erklärungsversuche oder Theorieansätze zur Entstehung des Faschismus
oder befürchteten sogar eine nostalgische Rezeption der auf Desillusionierung angelegten Texte. Letzteres galt gerade auch für Darstellungen, in denen im Anschluß an soziologische und/oder psychoanalytische Modelle das Kleinbürgertum bzw. der Mittelstand als exemplarisch für die Entstehung und besonders für die entschiedene
Förderung des Faschismus die Rolle des Protagonisten übernahm. Die
Skepsis bezog sich hier auf eine Personalisierung im Sinne einer individuellen moralischen Schuldzuweisung oder auf eine gewollte oder
ungewollte Kleinbürgersatire mit der Tendenz zum Absurden.

Der historische Kontext begünstigte den Verzicht auf Erklärungsversuche zugunsten einer von Absurdität und Dämonie umfassend ge-

prägten Weltdeutung mit der Verteufelung des einst vergötterten Führers. Damit konkurrierte die Wiederbelebung christlicher Verständnismodelle, die an die unmittelbar nach Kriegsende verkündete Kollektivschuld-Parole anknüpfen konnte und dem gerade auch politisch brisanten Nihilismus-Vorwurf entging. Daß die Schuldfrage allenthalben erörtert wurde und unterschiedliche Antworten fand, wird anhand ausgewählter Textbeispiele zu zeigen versucht.

Damit ist ein Dilemma angesprochen, das bis heute nicht überwunden wurde und durch die jüngsten Ereignisse sich womöglich verschärft. Trotz jahrzehntelanger Diskussionen und wissenschaftlich sorgfältiger Detailanalysen ist es nicht gelungen, eine konsensfähige Faschismus-Theorie zu erarbeiten. Dafür sind ideologische Konfrontationen des Kalten Krieges wesentlich verantwortlich, zumal marxistische Erklärungsversuche den bürgerlichen Kapitalismus als alleinige Ursache für die Entstehung des Faschismus dogmatisch unterstellten. Das geschah auch in Abwehr der Totalitarismus-Theorie, die faschistische Strukturen in Staaten unterschiedlicher Gesellschaftssysteme identifizierte und damit die Behauptung von der Immunität des Sozialismus in Zweifel zog. Nimmt man weitere Theorieansätze wie die vom Faschismus als Modernisierung sowie als Produkt des Führers oder nationaler Besonderheiten hinzu, werden Probleme sichtbar, die sich bei einer stofforientierten Beurteilung notwendig einstellen. Mit unreflektierten Vorannahmen arbeitende Literatur-Wissenschaftler und -kritiker haben des öfteren Einwände gegen viele Texte erhoben, die zumeist dogmatischer Fixierung entsprangen und differenzierten Strukturen nicht gerecht zu werden vermochten.

Marxistischer Dogmatismus

Die Komintern dekretierte die Agenten-Theorie, wonach das Großkapital sich Hitlers als eines Werkzeuges zur Unterdrückung und Ausschaltung des organisierten Proletariats bediente. Diese agitatorisch verwendete monokausale Herleitung wurde erst sehr spät von undogmatischen Marxisten korrigiert, die dem Nationalsozialismus eine Eigendynamik zuerkannten und diese in Form der Bündnis-Theorie berücksichtigten. Anna Seghers (eigtl. Netty Radványi, geb. Reiling, 1900 – 1983) reproduzierte die Agenten-Theorie, wie das umfangreiche Erzählwerk *Die Toten bleiben jung* (1949, Film 1968) demonstriert. Das gilt auch für ihren berühmten KZ-Roman *Das siebte Kreuz* (engl. 1942, dt. 1946, Film 1944), der vor allem den terroristischen Charakter der NS-Herrschaft dokumentiert. Die Emigrantin konnte auf Erlebnisberichte von Menschen, denen die Flucht aus Deutschland gelang, zurückgreifen. Ihre zweifellos differenzierende Darstellung selbst bei den KZ-Bewachern – nach der Rückkehr aus dem 1. Weltkrieg werden die verbitterten Kleinbürger von wirtschaftlichen Ängsten geplagt, die sie den Nationalsozialisten in die Arme treiben – erklärt sich aus dem Bedürfnis der Verzweifelten, Symptome für Alternativen zum erfolgreichen Führer zu entdecken. Dazu gehören die – wenn auch nicht durchweg funktionierende – Solidarität der sozialistischen Genossen und das humane Verhalten eines Hitlerjungen gegenüber dem geflohenen KZ-Insassen.

Dieser für den sozialistischen Realismus exemplarische Erzähltext erfuhr freilich eine umfassende Überformung, die ihm den Vorwurf der Irrationalität bzw. des mythischen Konstrukts eintrug. In der Tat ist das gesamte Werk mit Symbolik überfrachtet, die sich christlichem Erbe verdankt, das der Erhöhung marxistischer Ideale dienen soll. So wird der kommunistische Funktionär mit den Eigenschaften eines Märtyrers ausgestattet, bevor er den Tod am Kreuz stirbt. Die Siebenzahl bestimmt auch die Struktur des Gesamtromans und stilisiert die Flucht der Protagonisten zur Schöpfungsgeschichte um, während die Gegensatzpaare von oben und unten, hell und dunkel den christlichen Kontrast von Himmel und Hölle evozieren. Eine derart massive Poetisierung vermag Leser anzulocken, ist aber einer adäquaten Rezeption eher hinderlich.

Allegorisierende Texte

Eine im weiteren Sinne allegorisierende Tendenz weisen mehrere Texte aus der gleichen Zeit auf, die anderen ideologischen Positionen verpflichtet sind. Das gilt besonders für Hermann Kasacks (1896 – 1966) zwischen 1942 und 1946 verfaßten Roman *Die Stadt hinter dem Strom* (1947), der aus verschlüsselten Botschaften hervorging, die der Autor seinem inhaftierten Verleger zusandte. In enger Anlehnung an Franz Kafka (1883 – 1924) beschreibt er eine Stadt der Toten, ausgestattet mit sinnlosen Arbeitseinsätzen, Gefangenen-Versammlungen und aufgeblasenen schwarz-uniformierten Wächtern, die auf das von Bomben zerstörte und dem verschärften Terror der NS-Spätzeit ausgesetzte Deutschland verweist. Ein zyklisches Geschichtsverständnis, das unterschiedliche Elemente philosophisch-kulturkritischer Traditionen versammelt und mit der Verdächtigung der – von der Weltvernunft losgelösten Ratio – der Lebensphilosophie verpflichtet ist, ordnet den Faschismus in den Kreislauf von Tod und Wiedergeburt ein, ohne daß die daraus herleitbaren Konsequenzen hinreichend reflektiert werden. Die daran geknüpfte, von Morgenland-Schwärmerei beeinflußte Vorstellung von der Heimkehr des ratio-beherrschten Europa in ein eher meditatives Asien eröffnet eine Zukunftsperspektive, doch das Modell rechtfertigt zugleich weltumfassende Kriege und entzieht sich einer konkreten Herleitung des Faschismus durch die Annahme eines regelmäßig wiederkehrenden kulturellen Todes. Die Hoffnung auf Wiedergeburt war sicher Anlaß dafür, daß der eher assoziativ als argumentativ angelegte Text ein breites Publikum fand.

Die NS-Herrschaft und ihre Folgen bilden die zentrale Thematik in den Prosawerken der verfolgten und mit Schreibverbot belegten Schriftstellerin Elisabeth Langgässer (eigtl. E.L. Hoffmann, 1899 – 1950). Das gilt vor allem für die im Erzählband *Der Torso* (1947) versammelten Geschichten und den das Chaos der ersten Nachkriegsmonate gestaltenden Roman *Märkische Argonautenfahrt* (1950). Der schon in der NS-Zeit entstandene Roman *Das unauslöschliche Siegel* (1946) behandelt nur in einem nachgeschobenen Kapitel die Endphase der von Deutschen entfesselten und auf sie zurückfallenden Schrecken des Krieges, informiert aber durch Gespräche und eine Abhandlung über ein Geschichtsmodell, das christlichem Weltverständnis und biblischer Allegorese umfassend verpflichtet ist. Mit dem Sündenfall fiel die gesamte Weltgeschichte dem Bösen anheim, und deshalb wird sie von wiederkehrenden Katastrophen bis an ihr Ende dominiert. Dem ist eine typologische Interpretation von Geschichte angemessen, wie sie schon von der mittelalterlichen Bibelexegese entwickelt wurde. So erscheinen die NS-Ära als Verkörperung des neuen Babylons, Hitler als Inkarnation Nebukadnezars (605 – 562 v. Chr.) bzw. des Antichrist und die Opfer wie Märtyrer der frühen Christenheit. Mit dem vertrauten Topos von Tyrannei und Krieg als Strafgericht Gottes zum Zwecke der menschlichen Bewährung kann die Autorin selbst den Leiden der KZ-Insassen einen göttlichen Sinn verleihen, ohne deren Peiniger zu entlasten. Den Ursprung des unaufhörlichen Niederganges von Europa siedelt sie in der Reformation an; weitere Etappen bilden die Aufklärung und das Preußentum, in denen sich die Emanzipation des Verstandes im Sinne einer Abkehr von religiösen Bindungen, wie sie Martin Luther (1483 – 1546) einleitete, entschieden verstärkt.

Die bei der Langgässer freilich konfessionell eingefärbte christologische Deutung findet sich auch bei anderen Autoren, so in Ilse Aichingers (geb. 1921) *Die größere Hoffnung* (1948) mit einer Protagonistin, die das Martyrium der Juden in Deutschland freiwillig auf sich nimmt und damit eine Freiheit gewinnt, die selbst den verblendeten Verfolgern Angst bereitet. Dies gilt ebenso für die Jüdin Ilona in Heinrich Bölls (1917 – 1985) *Wo warst du, Adam?* (1951), die Züge eines Engels besitzt und deshalb den teuflischen KZ-Bewacher zum Mord veranlaßt. Das ist als simplifizierendes, auf einfache Oppositionen festgelegtes Geschichtsdenken kritisiert worden, zumal Böll davon selbst noch in seinem mit modernen Erzähltechniken operierenden Roman *Billard um halbzehn* (1959, Film 1964) ausgiebig Gebrauch macht.

379

Wie Böll verarbeitet auch Albrecht Goes (geb. 1908) leidvolle Kriegs-
erfahrungen, zumal er in der Funktion eines Feldgeistlichen mit verbrecherischen Handlungen direkt konfrontiert wurde. Die Geschichte
Unruhige Nacht (1950, Film 1968) handelt von Theologen, die ein Er-
schießungskommando befehligen müssen, und wird von einem Feldgeistlichen erzählt, der einem wegen Fahnenflucht zum Tode Verurteilten letzten Trost spenden soll. Das Selbstmitleid des Icherzählers
wird nur noch von dessen Großmut übertroffen, gestattet er doch dem
Todgeweihten eine letzte Liebesvereinigung in seinem Zimmer. Zu
diesem für einen moralisch gefestigten protestantischen Geistlichen
gewiß höchsten Akt der Selbstverleugnung findet er sich auch deshalb
bereit, weil es eine stille Gemeinde von Hitlergegnern gibt, die dank
ihrer ästhetischen Bildung sogleich erkannt werden können.

Mit mehr als 3000 Aufführungen im Jahre 1947 gehört Carl Zuckmayers (1896 – 1977) Drama *Des Teufels General* (entst. 1942, UA
1946, Film 1955) zu den erfolgreichsten Theaterstücken der Nachkriegszeit. Das Drama in drei Akten handelt vom Widerstand der
Wehrmacht während des Zweiten Weltkrieges und gestaltet mit dem
Protagonisten General Harras, der Udet weitgehend nachgebildet ist,
einen Helden von altem Schrot und Korn. Das betrifft seine Sinneslü-
ste ebenso wie seine bramarbasierenden Reden, in denen er seine Verachtung gegenüber den Nationalsozialisten oft unverblümt äußert.
Obschon er die Verstrickungen erkennt, in die gerade ein führender
Offizier gerät, wenn er sich in den Dienst eines verbrecherischen Regimes stellt, wählt er ganz im Sinne des autonomen moralischen Helden einen Tod, der als Selbstopferung und dazu noch als Gottesurteil
verstanden werden soll. Der traditionellen Dramenpoetik entspricht
ein naives Weltverständnis, nach dem Hitler und seine Helfershelfer
als Werkzeuge des Teufels fungieren, während seine Gegner einem
sittlichen Gebot folgen, das von Gott für alle Zeiten festgeschrieben
wurde. Darüber belehren z. T. recht ausführliche Dialoge, die den
Eindruck von Streitgesprächen erwecken sollen, obwohl die Kontra-
henten in Gesinnung und Zielvorstellung zumeist übereinstimmen.

Die Stelle des christlichen Gottes nimmt bei Arno (Otto) Schmidt (1914 – 1979) ein Dämon ein, der in Raum und Zeit existiert und besonders in den Nationalsozialisten wirksam wird. Daß dieser Dämon sich auch der christlichen Kirche und ihrer Pastoren bemächtigt, wird in *Leviathan oder Die Beste der Welten* (1949) mehrfach hervorgehoben. Neben Platon (427? – 347 v. Chr.) und Friedrich Wilhelm Nietzsche (1844 – 1900) zählt die Kirche zu den Wegbereitern des Faschismus, deren Machtapparaturen Schmidt die schärfste Form von Terror anlastet. Außerdem attackiert er die klischeehafte Vertröstung auf den lieben Gott als eine kritik- und gedankenlose Glaubenshaltung, die eine Leichtgläubigkeit gegenüber Ideologien überhaupt begünstigt. Dieses Stichwort weist auf Günter Grass (geb. 1927) *Die Blechtrommel* (1959) voraus, die den Erfolg der Nationalsozialisten in erheblichem Maße auf deren christliche Mimikry zurückführt.

Geistesgeschichtliche Deutungen

Geistes- bzw. mentalitätsgeschichtliche Interpretationen basieren auf Vorstellungen einer Kontinuität. Sie berücksichtigen den unleugbaren Tatbestand, daß Hitlers Machtergreifung keine Zäsur darstellt, sondern nur das Resultat einer längeren Entwicklung bildet. Besonders das Wilhelminische Reich erscheint dabei als günstiger Nährboden, auf dem der preußische Militarismus entschieden gedieh. In vielen Fällen griff man freilich weiter aus; durch das Stichwort Preußentum geriet auch Friedrich II. der Große, König von Peußen (1712 – 1786) in Verdacht, auf den sich Hitler selbst berufen hatte und den man zugleich für den in Schulen geforderten Kadavergehorsam verantwortlich machte. Auf der Suche nach der nationalen Besonderheit galt die konfessionelle Spaltung als signifikant, weil sie staatliche Strukturen für lange Zeit festschrieb und damit die Bildung eines Nationalstaates erheblich verzögerte. Dies hemmte auch die wirtschaftliche Entwicklung und nährte Minderwertigkeitsgefühle, die leicht in Aggressivität umschlagen konnten. Die Stichworte von der 'Teutschen Misere' oder der 'verspäteten Nation' umschreiben diese Phänomene und werden mit unterschiedlichen Erklärungen versehen. Dabei spielt Luther, den die NS ebenfalls als Ahnherrn vereinnahmten, eine wichtige Rolle. Auf ihn beziehen sich unterschiedliche Faschismus-Theorieansätze, vor allem der von Erich Fromm mit seinem Versuch, Erkenntnisse der materialistischen Philosophie durch die Einbeziehung sozialpsychologischer bzw. -analytischer Hypothesen zu vertiefen. In englischsprachigen Agitationsschriften des Zweiten Weltkrieges wurden diese Vorstellungen aufgegriffen. Auf Luther oder das Deutschluthertum rekurrierten ferner Helmuth Plessner, der Gedanken von Troeltsch verpflichtet ist, Karl Barth und viele Verfasser von Zeitschriftartikeln in der unmittelbaren Nachkriegszeit. Thomas Mann (1875 – 1955) kannte einen Großteil dieser Schriften und nutzte sie für seinen *Doktor Faustus. Das Leben des deutschen Tonsetzers Adrian Leverkühn, erzählt von einem Freunde* (entst. 1943 – 1947, ersch. 1947), der sogleich kontrovers diskutiert wurde und dem man noch 1976 bescheinigte, daß er eine Faschismus-Analyse liefere, „die im Hinblick auf die sozialwissenschaftliche und historische Faschismusdiskussion bis heute auf der Höhe der Zeit steht."

Bei der Deutung dieses vielschichtigen Epochen-Romans kommt Manns Rede *Deutschland und die Deutschen*, die im Mai 1945 und damit während der Arbeit am Faustus entstand, eine Schlüsselfunktion zu. Sie wendet sich gegen eine damals verbreitete Unterscheidung zwischen einem guten und bösen Deutschland und unterstellt stattdessen einen für die deutsche Seele konstitutiven Dualismus, der als Einheit von Faustischem und Teuflisch-Dämonischem, Weltbedürftigkeit und Weltscheu bzw. Provinzialismus umschrieben wird und das eigentliche Wesen der Musik ausmacht. Sie gilt als genuin deutsche, weil am wenigsten konkrete Kunst, in der seit der Romantik die Deutschen ihr Streben nach Höchstleistungen ausleben. Dem Dualismus ist es zuzuschreiben, daß Gutes zumeist in Böses umschlägt. Dies widerfährt geradezu exemplarisch dem Reformator Luther, wenn er im geistlichen Bereich demokratische Vorstellungen durchsetzt, in bezug auf den weltlich-gesellschaftlichen Bereich aber sich als konservativer Revolutionär verhält, indem u.a. sein Verständnis von Obrigkeit deutscher Untertanen-Gesinnung den Weg bereitet. Ihr entsprechen politische Abstinenz und eine Vorliebe für die sogenannte Innerlichkeit, die seit der Romantik an Dominanz gewinnt. Der deutsche Faschismus stellt so die Endphase einer Jahrhunderte dauernden Fehlentwicklung dar, der mit seinem hemmungslosen Macht- und Ausbeutungsstreben, besonders aber durch den Rassismus, zu kompensieren versucht, was der 'verspäteten Nation' entgangen zu sein schien.

In den *Doktor Faustus* fließen diese Überlegungen umfassend ein; sie werden direkt in Diskussionen und gegen Ende zunehmend auch vom Erzähler selbst ausgesprochen und strukturieren durch ein vielfältiges Verweisungsgeflecht den gesamten Romantext. Die dualistische Einheit verkörpern die zwei zentralen Figuren Leverkühn und Zeitblom, indem beide Eigenschaften von Nietzsche besitzen. Zahlreiche Zitate und Anspielungen sowie der Abriß deutscher Musikgeschichte machen deutlich, daß Mittelalter bzw. Reformation sowie die Romantik die Gegenwart der Zentralfiguren überformen, und demonstrieren damit die für die verspätete Nation konstitutive Ungleichzeitigkeit:

> „Die Identität des Ortes [Kaisersaschern], welcher derselbe ist wie vor dreihundert, vor neunhundert Jahren, behauptet sich gegen den Fluß der Zeit, der darüber hingeht und vieles fortwährend verändert, während anderes – und bildmäßig Entscheidendes – aus Pietät, das heißt aus frommem Trotz gegen die Zeit und aus Stolz auf sie, zur Erinnerung und der Würde wegen stehenbleibt.... Sonderbar zu sagen von einer verständig nüchternen, modernen Stadt (aber sie war nicht modern, sie war alt, und Alter ist Vergangenheit als Gegenwart...“

Die Musik, besonders die seit der Romantik, steht stellvertretend für die Krise bürgerlicher Kunst, der Leverkühn entgehen will, indem er parodistisch ihre Klischeehaftigkeit entlarvt und, in maßloser Hybris mit dem Teufel paktierend, zu schöpferischen Höchstleistungen zu gelangen sucht. Das sind Züge, die zu Konstanten im Gesamtwerk von

Th. Mann gehören und die barbarischen Konsequenzen eines Ästhetizismus vergegenwärtigen, dem der Autor selbst längere Zeit gehuldigt hatte. Insofern bedeutet der Faustus-Roman auch ein Bekenntnis zur Mitschuld.

Leverkühn wie Zeitblom sind kleinbürgerlicher Herkunft und damit geprägt von einer Schicht, die als Kleinbürgertum bzw. als Mittelstand bezeichnet wird. Sie trug erheblich zum Sieg der Nationalsozialisten bei, weil sie der modernen Industriegesellschaft hilflos gegenüberstand und der modernen Stadt das vormoderne Landleben vorzog. Solchen Eskapismus praktizieren auch die beiden Protagonisten; Leverkühn wählt einen Wohnsitz auf dem Lande, der überdies dem der Eltern stark ähnelt, und Zeitblom scheidet zwar im NS-Staat aus dem Dienste aus, schreibt aber im stillen Kämmerlein die Biographie eines Mannes nieder, den er uneingeschränkt bewundert. Er reagiert also auf die Barbarei eines Staates mit der inneren Emigration und kann sich dabei, wie der Wortschatz verrät, dem Ungeist nicht ganz entziehen. Das ist zugleich folgenreich für die Deutung des Romans, denn damit überträgt der Autor die geistesgeschichtliche Herleitung des Faschismus auf einen Erzähler, der als fragwürdig erscheint und erst zum Schluß selbst seine Befangenheit unter Hinweis auf andere Erklärungsmodelle eingesteht. Diese ironische Brechung und Distanzierung entlasten den Roman vom Vorwurf des „falschen Bewußtseins" und machen ihn zu einem Roman „über das falsche Bewußtsein".

Autobiographische bzw. apologetische Texte

Mit den Nationalsozialisten, die ihn zunächst als Gesinnungsgenossen ansahen, geriet Ernst Wiechert (1887 – 1950) erst von 1935 an in Konflikt, als er besonders gegen die Kulturpolitik aus humanistisch-moralischen Gründen opponierte und später gegen Niemöllers Inhaftierung protestierte. Dafür wurde er zwei Monate im KZ Buchenwald interniert; danach schrieb er den Bestseller *Das einfache Leben*

(1939), der typische Merkmale der „Inneren Emigrations"-Literatur besitzt. Mit dem *Totenwald* (entst. 1939, Dr. 1945) publizierte er einen der frühesten Berichte über die Schrecken der Konzentrationslager, der in den autobiographischen Partien und mit Hilfe von Sachinformationen und statistischen Materialien dokumentarischen Charakter beansprucht. Die Hauptfigur Johannes ist dabei zu einer Selbststilisierung geraten, deren Egozentrik sich mit dem vielfach geäußerten Bekenntnis zu christlichen Werten schwer vereinbaren läßt. Nicht sonderlich präzis ist zudem seine Deutung des Faschismus als Erscheinung eines Kulturzerfalles, der an Spengler u.a. erinnert, aber offensichtlich durch eine Auferstehung des Geistes, der Schönheit und der Liebe überwunden werden kann. Mit diesem Rekurs auf lebensphilosophische Wunschvorstellungen verbindet er die Annahme einer Teilung des deutschen Volkes in einander entgegengesetzte Welten, wobei das andere gute Deutschland in Goethes Humanität gipfelte. Von ihr erhofften sich damals zahlreiche Deutsche eine Entlastung, vor allem aber eine Überwindung des NS-Ungeistes.

Gottfried Benn (1886 – 1956) hatte durch anfängliche Versuche einer Anpassung an die neuen Machthaber zur Kritik Anlaß gegeben, die ihn um so mehr traf, als sie von Menschen geäußert wurde, deren Intelligenz und Integrität er respektierte. Schikanen der Nationalsozialisten, die ihn als dekadenten Dichter attackierten, entzog er sich durch den Eintritt in die Armee, die er als „aristokratische Form der Emigration" apostrophierte. Dem folgte nach Schreibverbot ein Rückzug aus der Kunst. Die Enttäuschung darüber, daß er nach 1945 erneut Repressionen ausgesetzt war, hat wesentlich zur Abfassung seiner apologetischen Schrift *Doppelleben. Zwei Selbstdarstellungen* (1950) beigetragen, in der er freilich fragwürdige Positionen wiederholt. Wenn er die „Bedeutung der geschichtlichen Welt" generell leugnet und allein dem Akt künstlerischen Schaffens Sinn zubilligt, dann bekennt er sich zu einer philosophischen Strömung, die den Faschismus beeinflußt hat. Die verbreitete Zivilisationskritik denunzierte den rationalen Diskurs als Ausdruck geistiger Leere, die nur durch radikale und d. h.

auch gewaltsame Erneuerung überwunden werden könne. Daraus erklären sich seine Verachtung für Parteiprogramme ebenso wie die Anfälligkeit für Rassenlehre und rüde Machtgier. In diesem Kontext überrascht die Frage, wie es möglich war, daß Deutschland „diesem halben Dutzend Krakeeler" unentwegt folgte; sie irritiert überdies dadurch, daß sie implizit die Führer-Theorie bestätigt und so einer differenzierten Analyse ausweicht. Ein Doppelleben, verstanden als Aufspaltung in eine wesentliche Künstler- und eine irrelevante Bürger-Existenz, das sich verantwortlicher Mitwirkung im Gemeinwesen entzieht, bleibt für Benn nach dieser oft peinlichen Rechtfertigung eine durch keine Skrupel eingeschränkte Maxime.

Faschismus und Krieg

Die zunächst von allen Siegermächten verkündete Kollektivschuld-These sorgte sogleich für erhebliche Unruhe. Während sie bei namhaften Vertretern des Exils weitgehend Zustimmung fand, stieß sie gerade bei Antifaschisten, die Deutschland nicht verlassen hatten, auf entschiedenen Widerstand. Das gilt vor allem für die Verantwortlichen der Zeitschrift *Der Ruf*, deren führende Mitbegründer Hans Werner Richter (1908 – 1993) und Alfred Andersch (1914 – 1980) sich durch Desertion der NS-Kriegsmaschinerie entzogen und in amerikanischer Kriegsgefangenschaft einem demokratischen Neuanfang vorgearbeitet hatten. Mit Walter Kolbenhoff (eigtl. W. Hoffmann, 1908 – 1993) u.a. machen sie auf den deutschen Widerstand aufmerksam, auch um den Gefahren einer Resignation und Lethargie bei der Masse der Deutschen zu begegnen.

Eine realistische, zumeist auf eigenen Erfahrungen beruhende Darstellung besonders der letzten Phasen des Krieges sollte in erster Linie der Idealisierung von Krieg und Heldentum, wie sie von den Nationalsozialisten bis zum bitteren Ende praktiziert wurde, durch Desillusionierung entgegenwirken. Diesem Ziel hatte schon Theodor Plievier

(Ps. Plivier, 1892 – 1955) im russischen Exil mit seinem Roman *Stalingrad* (1943/44) vorgearbeitet, der höchste Beachtung fand und in der Folgezeit nicht übertroffen worden ist. Plievier vermeidet eine beschränkte Perspektivik dadurch, daß er Erleben und Erleiden unterschiedlicher Kriegsteilnehmer schildert und nicht nur niedere Chargen als blinde Opfer, sondern auch hohe Offiziere als Vollstrecker absurder Befehle zu Wort kommen läßt. Sie verweisen – im Sinne der Marxisten – auf Militärs und Großindustrie als Wegbereiter der Faschisten und problematisieren in differenzierter Weise das Gehorsamkeitspostulat in der Absicht, Verständnishilfen den Menschen zu bieten, die die fraglose Befolgung von Befehlen bislang als höchste soldatische Tugend anzusehen gewohnt waren. Wenn der Autor zumeist die Dichotomie von verbrecherischer Führungsclique und verführten Massen hervorhebt, so suchte er gleichfalls eine Verzweiflung überwinden zu helfen, die positive Zukunftsperspektiven ausschloß.

Einen ähnlichen Appellcharakter haben Wolfgang Borcherts (1921 – 1947) Erzählsammlungen *Die Hundeblume* (1947) und *An diesem Dienstag* (1947), die ebenfalls den Rußland-Krieg thematisieren und durch persönliche Betroffenheit beeindrucken. Im Blick auf das kriegszerstörte Deutschland konterkariert er eine NS-Parole mit den Worten: „Denn wir lieben diese gigantische Wüste... und um Deutschland wollen wir nicht sterben. Um Deutschland wollen wir leben." Wenn kurz davor von Studienräten, die für den Krieg präparierten, und den Hindenburgporträts die Rede ist, so hebt er die Indoktrination und den Untertanen-Gehorsam hervor, die er in erster Linie der Schule anlastet. Diese Motive finden sich bei zahlreichen anderen Autoren des öfteren in Verbindung mit einer Funktionalisierung von Literatur der Goethezeit durch die Lehrenden. Mit seinem Stationen-Drama *Draußen vor der Tür* (1947) greift er der „Trümmer-Literatur" vor, wobei er in der Konfrontation von Opfer und Täter den skrupellosen Überlebenswillen von Verantwortlichen satirisch enthüllt. Borcherts stark rhetorischer Stil knüpfte an den Expressionismus an und nutzte auch dessen Allegorik, die auf umfassende Sinnstiftung verzichtete.

Autoren des Neuanfangs

Autoren bzw. Initiatoren des *Ruf* und der Gruppe 47, vor allem Hans Werner Richter, Alfred Andersch und Walter Kolbenhoff, begannen als engagierte Sozialisten, lehnten jedoch den zunehmenden Dogmatismus der KP ab und vertraten einen sozialistischen Humanismus, der auf Versöhnung der unterschiedlichen Gesellschaftssysteme zielte. Die Erfahrungen mit dem 'Dritten Reich' bestärkten sie in der Forderung nach Ideologie-Freiheit, die sie gerade auch als Bruch mit literarischen Traditionen verstanden. Wegen der 'Verhunzung' der deutschen Sprache durch die Nationalsozialisten polemisierten sie gegen alle 'Kalligraphie' und forderten sie eine harte realistische Schreibweise vor allem nach amerikanischen Vorbildern. Um freilich einer bloßen Oberflächen-Spiegelung zu entgehen, propagierten sie einen auf das Wesentliche sich richtenden 'magischen Realismus'.

Mit der Darstellung des immer aussichtsloser werdenden Krieges, den Richter in Italien erlebte und dem er sich durch Desertion schließlich entzog, schuf er in seinem Roman *Die Geschlagenen* (1949) einen Realismus, der konventionelle Bauformen wie beispielsweise vorwiegend szenische Darstellung aufgriff, doch auf ästhetische Mittel weitgehend verzichtete. Die Diskrepanz zwischen Heldenverehrung und Kameradschaft einerseits und der Sinnlosigkeit des Krieges und dem durch Ängste erzeugten allgemeinen Mißtrauen andererseits entlarvte die Ideologie des Regimes als Instrument einer terroristischen Machtausübung; in diesem Sinne verfuhren zahlreiche weitere Schriftsteller. Wenn Richter sodann ausführlich über die Zustände in amerikanischen Gefangenenlagern berichtet, in denen dank internationaler Konventionen fanatische Nazis weiterhin Terror ausüben können, so verweist er auf Gefahren einer Gesellschaft, die Toleranz als Duldung auch der Feinde der Demokratie mißversteht.

Sein zweiter Nachkriegsroman *Sie fielen aus Gottes Hand* (1951) beruht auf längeren Befragungen von im Lager Hersbruck festgehaltenen Flüchtlingen unterschiedlicher Provenienz und gehört daher zur

Spezies der Reportage-Literatur. Durch die in einer Art Mosaik-Technik vermittelten Erlebnisse von dreizehn Personen aus der Zeit zwischen 1939 und 1950 entwirft Richter ein Panorama des Zweiten Weltkrieges und seiner Folgen, wobei die Befragten unterschiedlichen Nationen angehören und in Überzeugung wie Handeln stark differieren. Daß auch in der Nachkriegszeit den Opfern keine wirkliche Gerechtigkeit widerfährt, ändert nichts an der Schuld der nationalsozialistischen Gewaltherrschaft, sondern verdeutlicht sie eben dadurch, daß selbst noch nach dem Kriege Menschen gezwungen sind, ihre Identität zu opfern und mit den Tätern um des Überlebens willen zu paktieren. Indem Richter authentische Aussagen reproduziert, entgeht er einer Schwarz-Weiß-Malerei, wie sie in der unmittelbaren Nachkriegsliteratur dominierte.

Bereits in seinem 1933 erschienenen Roman *Untermenschen* setzte Kolbenhoff zu einer psychologischen Erklärung des heraufziehenden Faschismus an, die er im zweiten Roman *Von unserm Fleisch und Blut* (1947) weiterführt. Sein 'Held' ist ein Siebzehnjähriger, der sich durch die Indoktrination des Regimes als Werwolf zum heldenhaften Widerstandskampf in einer zerstörten und schon von Amerikanern besetzten Stadt entschließt. Zur Erklärung dieser Verblendung griff der Autor vielfach auf Gedanken Wilhelm Reichs (1897 – 1957) zurück, die in einzelnen Faschismus-Analysen virulent wurden. So leitet er die Verführung des Protagonisten zu heldenhafter Pose und kaltblütigem Mord aus Frustrationen her, die Kindheits- und Jugenderlebnisse auslösten. Dazu gehören traditionelle Motive wie mütterlicher Liebesentzug, die Bevorzugung seines Bruders, Demütigungen durch Lehrer und Zurückweisung durch ein geliebtes Mädchen, an die er sich besonders erinnert, wenn er mit schußbereiter Pistole seinen heldischen Alleingang unternimmt. Die psychoanalytische Methode wird auch auf andere Figuren angewendet und erfährt dadurch eine Generalisierung; die von Kolbenhoff praktizierte realistische Schreibweise verhindert freilich eine auf ein Modell reduzierte Darstellung, wie sie schon damals des öfteren begegnet.

Das trifft wenigstens zum Teil auf Heinrich Bölls Erzähltexte zu, in denen er eigene Kriegs- und Nachkriegserfahrungen verarbeitete. Die Wurmperspektive des oft namenlosen, immer durchschnittlichen Soldaten ist Ausdruck einer Generation, die sich zutiefst betrogen fühlte, weil sie der Kriegsmaschinerie dienen mußte, und das Leben als sinnlos empfand. Besaß die Zeit des 'Endkampfes' durchweg absurde Züge, so erschienen auch die unmittelbaren Nachkriegsjahre mit dem Rückgriff auf alte Ordnungsvorstellungen als verfehlt, denen Böll eine an der Bergpredigt orientierte Brüderlichkeit entgegenstellte. Von diesem christlichen Verständnishorizont her suchte er auch die nationalsozialistische Barbarei zu erhellen, anfangs noch durch einfache Verweise – etwa auf das abgenommene, aber unauslöschbare Kreuz an der Wand -, später aber mit Hilfe einer christologischen Deutung, die mit Dichotomien von Gut und Böse, engelhaft und teuflisch operierte und ihm zunehmend Kritik eintrug. Neben der preußischen militärischen Tradition identifizierte er auch Pädagogen, die von Humanität sprachen, aber ihre Schüler für den heldenhaften Krieg präparierten, als Schuldige. Der Titel des Episoden-Romans *Wo warst du, Adam?* kündigt das christologische Verständnis an, das in der Konfrontation der engelreinen jüdischen Märtyrerin mit dem teuflischen KZ-Kommandanten gipfelt. Dessen Biographie, die der Himmlers ähnelt, nutzt der Autor sodann für eine Erhellung des Faschismus insofern, als er die skrupellose Aufsteigermentalität einem Kompensationsbedürfnis zuschreibt, das für Angehörige des Kleinbürgertums vielfach charakteristisch ist. Dieser Rekurs auf ein sozialpsychologisches Modell bleibt freilich marginal im Rahmen einer Strategie, die durch den Appell an Einsicht und Moral jedes einzelnen zu wirken beabsichtigt.

Dem sinnlosen Krieg in seiner Endphase hatte sich Andersch – wie Richter – durch Desertion entzogen und dann in amerikanischer Kriegsgefangenschaft für ein demokratisches Deutschland bei den Inhaftierten geworben. Da er – neben vielen anderen Literaten – von den Deutschen eine versöhnende Rolle in Europa erwartete, wurde er durch den Kalten Krieg und besonders die Wiederbewaffnung seines

Landes zutiefst enttäuscht. Der stark autobiographisch geprägte Bericht *Die Kirschen der Freiheit. Ein Bericht* (1952, 1. Fassg. u.d.T. *Flucht in Etrurien,* 1950) nimmt mit der Rechtfertigung seiner Desertion gerade auch Stellung zu der damals außerordentlich umstrittenen Entscheidung der Bundesrepublik für einen militärischen Beitrag. Anderschs Text hebt sich freilich durch seine kunstvolle Struktur wie seine philosophische Durchdringung von den realistisch nachzeichnenden Kriegsschilderungen anderer Betroffener ab. Der Begriff bzw. die Erfahrung von Freiheit bildet das Leitthema des Berichts, wobei der Autor vor allem dem Existentialismus von Sartre als Grundlage für den französischen Widerstand den Vorzug gab, ihn aber in wichtigen Aspekten uminterpretierte. Da er das Verhältnis von Freiheit und Bindung anhand der eigenen Vita erörtert, nehmen zeitgeschichtliche Erfahrungen einen breiten Raum ein. Durch sie vermittelt Andersch Erkenntnisse über Entstehung und konstitutive Elemente des Faschismus unter bewußtem Verzicht auf umfassende Erklärungsmodelle, die er eher spielerisch erwähnt, aber im Rahmen des Ideologie-Verdachts sogleich zurückweist.

Exemplarisch für die Attraktivität der NSDAP steht das Schicksal des Vaters, der als ungeschlagener Frontkämpfer bei der Heimkehr Demütigungen durch Revolutionäre erfährt und als Angehöriger des Mittelstandes Bedingungen vorfindet, die den Aufbau einer gesicherten Existenz verhindern. Er reagiert darauf mit Sympathie für nationalistisches Gedankengut, wie es obskure Schriften verbreiteten, und mit der Option für die NSDAP. Die Entstehungsgeschichte dieser Partei ist aufs engste mit Personen dieser Herkunft und entsprechender Mentalität verknüpft.

Der Sohn setzt sich mit einer Zuwendung zum Marxismus und dem Eintritt in den kommunistischen Jugendverband vom national-konservativen Elternhaus ab, wird aber von der Diskrepanz zwischen marxistischer Theorie und dogmatischer Praxis zutiefst enttäuscht, der er gerade auch das Versagen der KP in der Zeit der 'Machtergreifung' anlastet. Die für den Faschismus typischen Methoden der Massensuggestion und des Terrors gegen alle Andersdenkenden hat er unmittelbar erfahren. Als die Massen dem ihm verhaßten Führer zujubeln, erhebt auch er die Hand zum Gruß, und nach zwei Verhaftungen wählt er den Weg 'totaler Introversion' durch Verinnerlichung von Kunst. Damit distanziert er sich vom offenen Widerstandskampf, den er angesichts der Maschinerie des totalen Staates als anachronistisch bezeichnet.

Die Kirschen der Freiheit verweisen auf eine Zäsur in der literarischen Entwicklung insofern, als sie sich den Normen des absoluten Neubeginns bzw. des Kahlschlags entziehen und durch Verzicht auf universale Erklärungsmodelle die Freiheit des Lesers nicht affirmativ einschränken. In diesem Sinne verfährt später Günter Grass in seinem Roman *Die Blechtrommel*, die Aspekte von Andersch aufnimmt und vertieft. Sie demonstriert noch einmal die Schwierigkeiten bei der Auseinandersetzung mit dem Faschismus im Hinblick auf Defizite bei den Theorie- bzw. Erklärungsansätzen.

Sabine Wilke

Portrait Christa Wolfs

„Ich wünschte mir oft, die Literatur wäre etwas wie ein Zauberstab, ihn [den Menschen], sie alle [die Menschen] zu erlösen. Die toten Seelen zum Leben zu erwecken, ihnen Mut zu sich selbst zu machen, zu ihren oft unbewußten Träumen, Sehnsüchten, und Fähigkeiten"; so äußerte sich Christa Wolf (geb. 1929) Mitte der sechziger Jahre in einem Gespräch über Literatur. Dieser Wunsch nach einer Literatur, die Lebensansprüche mitausdrücken kann, begleitet die Arbeiten dieser Schriftstellerin, die mit dem idealistischen Entwurf einer sozialistischen deutschen Gesellschaft tief verbunden war. Die Bücher, Ansprachen und Geschichten Christa Wolfs wurden dennoch sowohl in der DDR wie auch in der Bundesrepublik gelesen, gehört, kontrovers diskutiert und gleichzeitig verschlungen. Daher soll Christa Wolf in diesem Portrait als Autorin von gesamtdeutscher wie von internationaler Bedeutung gezeichnet werden, deren Themen und literarische Verfahrensweisen sie zu einer herausragenden Erzählerin der Moderne machen. Anhand der Entwicklung dieser Schriftstellerin können wir eine wichtige Bewegung verfolgen von einer anfänglich noch recht starken Gebundenheit an das politische Umfeld, an das Leben in und Mitwirken an der DDR, hin zu einer eigenständigen Stimme, die ihre Themen gefunden hat und diese von Text zu Text neu und anders beleuchtet – zum Teil natürlich begünstigt durch eine wachsende Entfremdung von ihrem Staat.

In diesem Zusammenhang ist die Ausarbeitung einer eigenen moralischen Position, wie sie schon im obigen Zitat angeklungen ist, ganz zentral. Immer wieder kommt Wolf auf den Gedanken zurück, daß Literatur Sehnsüchte wachhalte und daß ihr daher eine utopische

Funktion zukomme. Literatur muß Kritik üben, sie muß aufs Ganze gehen und den blinden Fleck unserer Gesellschaft benennen. Wolf verankert diesen Anspruch im Begriff der subjektiven Authentizität, der während der Arbeit an ihrem ersten großen Erfolg, dem Roman *Nachdenken über Christa T.* (1968), konzipiert wurde. Zu diesem ersten Thema, der Frage, wie genau sich Subjektivität herstellt, kommt das Nachdenken über den Prozeß von Geschichte im Umfeld von *Kindheitsmuster* (1976) hinzu. Das Erforschen der Bedingungen von Subjektivität und Geschichte wird zunehmend ergänzt durch andere Themen wie etwa die Frage nach dem Wahrheitsgehalt von Mythologie oder den Lebensmodellen romantischer Freundschaften. Im Kern von Wolfs literarischen und essayistischen Produktion steht die Suche nach authentischer Wahrheit, nach besseren Lebensmodellen, die sich nicht auf Ausbeutung gründen. In der klassischen Mythologie, auf ihrer Reise nach Griechenland, bei ihren Sommeraufenthalten auf dem Land, in der Rekonstruktion romantischer Freundschaften sucht Wolf nach Ansätzen friedvollen Existierens in der Gruppe.

In den sechziger Jahren betreut Christa Wolf verschiedene Lektoratsaufträge, gibt Anthologien zeitgenössischer DDR-Literatur heraus und debütiert mit der *Moskauer Novelle* (1961), der Erzählung einer wiederaufglimmenden Liebe zwischen der Kinderärztin Vera und dem sowjetischen Dolmetscher Pawel – einschließlich der Schuldgefühle, die in einer solchen Konstellation mitschwingen. Aber was für unsere Charakterisierung von Wolfs Arbeiten interessant ist, ist die Sehstörung Pawels, die er als Besatzungssoldat durch schwere Löscharbeiten eines von einer Nazi-Bande in Brand gesteckten Magazins erlitten hat. Diese Sehstörung wird kompensiert durch einen besonders feinen Geruchs- und Tastsinn und eine besonders ausgeprägte Eindrucksfähigkeit. Hier haben wir in nuce den ersten Entwurf der sensiblen (Künstler)Persönlichkeit, wie wir sie später bei Kleist und Günderrode beispielsweise, aber auch bei Nelly und Christa T. wiederfinden. Diese Leitfiguren Wolfscher Prosa leiden an dem Zwang zur Effizienz in der modernen Industriegesellschaft (Ost wie West). Vera andererseits vertritt ein nicht weniger typisches Können, nämlich den Willen und die Fähigkeit zur Selbstkenntnis, obwohl sie in der Konzeption der *Moskauer Novelle* letztendlich doch ihre Liebe und damit ihren persönlichen Glücksanspruch den gesellschaftlichen Notwendigkeiten und der sozialistischen Moral opfern muß.

In dem darauf folgenden Roman, *Der geteilte Himmel* (1963), wird diese Fähigkeit der weiblichen Hauptfigur zur Selbstkenntnis und Selbstanalyse weiter ausgebaut und zum erstenmal ästhetisch umgesetzt als Psychologisierung der Dialektik von gesellschaftlicher Integration und subjektiver Authentizität. Diese Kernstruktur der Texte Christa Wolfs machen sie zu Paradebeispielen modernen Erzählens, in denen die politische und gesellschaftliche Qualität von Konflikten in Form von persönlichen Krisen verhandelt wird. Die Überwindung einer solchen Krise vollzieht sich hier im Erzählen selbst. Vom Krankenhausbett aus erzählt das Landmädchen Rita die Geschichte ihrer Beziehung zu dem aus bürgerlichen Verhältnissen stammenden Chemiker Manfred, dem Zyniker und Regimekritiker, der aufgrund einer beruflichen Gelegenheit in West-Berlin bleibt, dort von Rita besucht wird, und beide sich dann endgültig trennen. „Ritas Reifung, ihre Entwicklung zu mehr Selbstbewußtsein, ihre Aktivität im betrieblichen und gesellschaftlichen Bereich und die Ausprägung ihres sozialistischen Bewußtseins, ist mit einer Vereinseitigung ihrer Persönlichkeit erkauft." „Individueller Rückzug in ein privates, bürgerliches Lebensglück oder die bewußte von gesellschaftlicher Verantwortung, pessimistisch-zynisches Infragestellen der Möglichkeiten des modernen Lebens oder das tätige Aufgehen in einem sozialistischen Staat, dessen Mitglieder bereit sind, unter Opfern ihr Los zu verbessern: eben diese historische Alternative gibt, ohne daß sich irgendwo konkret die Möglichkeit auf eine in absehbarer Zeit realisierbare Versöhnung der Gegensätze abzeichnet, das im folgenden immer wieder variierte, modifizierte und verfeinerte Thema des Romans (wie auch den wichtigsten Streitpunkt der Literaturkritik) ab" [vgl. 158, *S. 39*]. Wenn ich diesen Punkt noch verschärfen darf, möchte ich behaupten, daß Wolfs Darstellung der Unlösbarkeit dieses Konflikts ihren Beitrag zur Kritik nicht nur der DDR-Gesellschaft, sondern der modernen Industriegesellschaft mit ihrem Hang zur Auslöschung individueller Glücksansprüche – durchaus im Sinne einer Kritik aus dem Geist der *Dialektik der Aufklärung* – darstellt. In der Darstellung der Notwendigkeit der Trennung von Rita und Manfred kommt die Unmenschlichkeit und Unlebbarkeit einer Gesellschaft zum Ausdruck, in der alle individuellen Sehnsüchte, Wünsche, Hoffnungen und Gefühle der gesellschaftlichen Notwendigkeit (d.h. ökonomischen Produktionszwängen) geopfert werden müssen. „Der Himmel teilt sich zuallererst", weiß Rita am Schluß selbst.

1968 schreibt Christa Wolf den zentralen Essay *Lesen und Schreiben*, der als Poetik nicht nur für das gleichzeitig erscheinende Buch, *Nachdenken über Christa T.* (1968), sondern auch für die späteren Arbeiten gelten kann. In konstellativer Technik stellt sie die Kernbegriffe ihrer „Poetik" vor: Schreiben sei das Beschreiben eines früheren Vorgangs, von Erinnerungen, um die Zukunft durchblicken zu lassen, eben erinnerte Zukunft. Dadurch werde die Phantasie angeregt als „das Spiel mit offenen Möglichkeiten". Durch eine solche Prosa, die Wolf eine epische nennt, werden seelische Kräfte freigesetzt, so daß sich Literatur und Wirklichkeit nicht mehr gegenüberstehen wie Spiegel und Gespiegeltes. „Sie sind ineinander verschmolzen im Bewußtsein des Autors. Der Autor nämlich ist ein wichtiger Mensch". Eine solche Prosa „schafft Menschen". Sie „kann die Grenzen unseres Wissens über uns selbst weiter hinausschieben. Sie hält die Erinnerung an eine Zukunft in uns wach, von der wir uns bei Strafe unseres Unterganges nicht lossagen dürfen. Sie unterstützt das Subjektwerden des Menschen. Sie ist revolutionär und realistisch. Sie verführt und ermutigt zum Unmöglichen" [vgl. 142, *S. 48*].

In *Nachdenken über Christa T.* sinnt die Erzählerin den Lebensstationen einer kürzlich an Leukämie früh verstorbenen Bekannten nach – gemäß dem von Johannes R. Becher (1891 – 1958) geborgten Mottos „Was ist das: Dieses Zu-sich-selber-Kommen des Menschen?"

[vgl. 150]. Sie rekonstruiert Christa T.s Biographie auf sorgsame und gleichzeitig originelle Weise auf der Basis von verschiedenen Quellen: Christa T.s Tagebüchern, hinterlassenen Manuskripten, Briefen und eigenen Erinnerungen. So ergibt sich als erster wichtiger Themenkomplex die Frage der Identität oder, neutraler ausgedrückt, des Verhältnisses zwischen Autorin, Erzählerin und Titelfigur. Dies ist nicht nur interessant aus Gründen literaturwissenschaftlicher Kleinlichkeit, sondern spricht das große Thema der Subjektkonstitution direkt an: nach welchen Modellen schaffen sich diese Menschen und wie stehen sie miteinander in Verbindung? Durch die „phantastische Genauigkeit" der hier erzählerisch und mit Mitteln der Fiktion rekonstruierten „erinnerten Zukunft" wird die Vision der Selbstverwirklichung eingeklagt, die im DDR-Alltag keinen Platz gefunden hatte. Christa T. besaß die Gabe, sich immer wieder neu zu schaffen, hatte eine aktive Vorstellungskraft, eine ausschweifende Phantasie, ja sogar Grauen vor dem Phantasielosen: „Hinter sich zu lassen, was man zu gut kennt, was keine Herausforderung mehr darstellt", das war ihr Lebensmotto. In verschiedenen Rollen probiert sie aus, wie sie mit ihrer Individualität, ihrem Können und ihren Neigungen zu einem nützlichen Mitglied der neuen Gesellschaft werden kann, scheitert aber jeweils an den überall bereits festgefahrenen bürokratischen Strukturen. Als Studentin der Germanistik in Leipzig absolviert sie brav die verordnete Pflichtlektüre, liest aber abends Dostojewski und arbeitet schließlich an einer Examensarbeit über den Erzähler Theodor Storm und der (unwissenschaftlichen und unzeitgemäßen) Frage, wie man sich im künstlerischen Prozeß selbst einbringen und verwirklichen kann. Als Lehrerin muß sie sich mit einer neuen Schülergeneration auseinandersetzen, die viel abgehärteter in ihren Gefühlen ist. Schließlich wird sie als neurotisch diagnostiziert wegen ihrer „mangelnde[n] Anpassungsfähigkeit an gegebene Umstände". Das Problem, dem sich Christa T. stellen muß, ist das Dilemma, daß sie am Aufbau der neuen Gesellschaft aktiv mitwirken möchte, aber nur schriftlich wirken kann und diese Art des Beitrags nicht anerkannt wird. Nur beim schriftlichen spielerischen Entwurf von Lebensstilen und Variationen – wie später dann auch beim Bau ihres Hauses – findet sie, vorübergehend zumindest, ein Instrument zum Leben.

Neben dieser stichwortartig entworfenen Studie von Subjektivitätsmodellen spielen noch andere Themenkreise eine zentrale Rolle in diesem Roman. Erwähnt wurden bereits die Problematisierung von Quellenrekonstruktion und die intertextuelle Anlage des Romans. Angeblich „gefundene" Dokumente stehen neben Erinnerungen oder auch frei erfundenen Dialogen, weil diese der „Wahrheit" (und das heißt wohl: einem besseren Verständnis der Hauptfigur) näher kommen. Hier spielt der Begriff der subjektiven Authentizität des Erzählten eine entscheidende Rolle: die Erzählerin verbürgt sozusagen die Wahrhaftigkeit des Erzählten und unterstreicht diese Funktion mit ihrer absoluten Offenheit dem Erzählprozeß gegenüber. Der extensive Gebrauch von intertextuellen Verweisen, Zitaten und Anspielungen, beispielsweise an *Die Geschichte des Fräuleins von Sternheim* und deren Untertitel: *Von einer Freundin derselben aus Original-Papieren und anderen zuverlässigen Quellen gezogen*, was ironisch an das Problem der Quellenrekonstruktion anknüpft, hat den Roman oft in die Nähe einer Postmoderne gerückt, die das spielerische Moment der Bedeutungskonstitution literarischer Texte betont.

1973 erwähnt Christa Wolf den Begriff der subjektiven Authentizität in einem Gespräch mit Hans Kaufmann, das als „Die Dimension des Autors" in der gleichnamigen Aufsatzsammlung nachzulesen ist. Dort formuliert sie: „Die Suche nach einer Methode, dieser Realität schreibend gerecht zu werden, möchte ich vorläufig 'subjektive' Authentizität nennen". Subjektive Authentizität ist von daher der Garant einer produktiven Auseinandersetzung mit der objektiven Realität. Zu einer konstruktiven Auseinandersetzung mit Vergangenheitsbeziehungen kommt es in den siebziger Jahren, als Christa Wolf an ihrem Roman *Kindheitsmuster* (1976) schreibt. Hier können auf ein so komplexes und vielschichtiges Werk natürlich nur einige Schlaglichter geworfen werden. Ich möchte meine Diskussion dieses Textes beschränken auf das Problem der Geschichtsschreibung, das bereits in *Nachdenken über Christa T.* zu einem erzählerischen und strukturellen Kernpunkt wurde. Auf die Frage, warum sie sich denn nicht mit der Gegenwart beschäftige, antwortet Wolf, daß man die Verhältnisse beschuldigen müsse, weil sie Verhaltensweisen hervorbringen, die man beständig wiedererkennt. Darum geht es also in *Kindheitsmuster:* Wolf möchte „schreibend zwischen der Gegenwart und der Vergangenheit vermitteln", diesen fatalen „Hang der Geschichte zu Wiederholungen" ergründen und erklären, wie wir so geworden, wie wir heute sind [vgl. 146, *S. 298*]. Hierbei bedient sie sich nicht eines fiktiven, wenn auch autobiographisch motivierten, Beispiels (wie im letzten Roman), sondern sie beginnt mit sich selbst, mit ihrer persönlichen Geschichte, ihrer Jugend während der Nazizeit und mit der Einwirkung dieser Erfahrungen auf die Bildung ihrer Persönlichkeit. Doch wo da anfangen? Die vielen Entwürfe zu diesem Roman zeugen von der außergewöhnlichen Schwierigkeit dieses Unterfangens. Erst nachdem Wolf die dreischichtige Form dieses neuen Erzählprojektes konzipiert hatte, bekam sie ihr Vorhaben in den Griff: in der erzählten historischen Zeit, von 1933 bis 1947 etwa, abstrahiert sie von sich in der dritten Person und erfindet die Figur der Nelly. Außerdem findet die Zeit des Niederschreibens, etwa von 1972 bis 1975, als reflektive Erzählzeit Eingang in den Roman wie auch die Zeit der Vorbereitung auf den Schreibprozeß, zu der die Polenreise zurück an ihren Geburtsort gehört. Auf diese Weise umgeht Wolf die „Schwierigkeit, ich zu sagen," an der auch Christa T. bei ihren Aufzeichnungen litt, indem sie sich selbst in der zweiten Person anredet.

Die Polenreise, das Studium historischer Dokumente in der Bibliothek, das Ausgraben der Familiengeschichte, die ständig wiederholte Befragung der eigenen Erinnerung, der Dialog mit sich selbst, all diese Vorgänge dienen dem Versuch, „die Schichten, die Ablagerungen, die die Ereignisse in uns allen hinterlassen haben, wieder in Bewegung zu bringen". Von Christa T. kennen wir schon die Abneigung gegen festgefahrene Strukturen. Was die Erzählerin von *Kindheits-*

muster im Prozeß dieses Nachforschens allerdings entdecken muß, ist, daß die Erinnerung lediglich verfestigte Bilder, „Medaillons" wie sie sie nennt, liefert. Sie möchte erzählerisch dem Vergessen entgegenarbeiten, bringt aber bloß wertlose „Glitzerworte" hervor, „Präparate, Einschlüsse, Fossilien mit einem furchtbaren Mangel an Eigentümlichkeit". Erst die Konfrontation der Erinnerung mit historischem Material und vor allem auch der Analogieschluß zur Gegenwart gewährt ihr einen Zugang zu ihren wahren Empfindungen, und das heißt in diesem Kontext: zur Archäologie von unterwürfigem Verhalten. Es geht um ein mühsames Verlernen trainierter Verhaltensmuster. Erst der Vergleich der Lebensverhältnisse und Erfahrungen im faschistischen Kleinbürgertum mit zeitgenössischen politischen (wohl analog faschistoiden) Verhaltensweisen erzeugt eine Reihe von Assoziationsbildern, die die Erinnerungen aus der Hitlerzeit in einen Verständnisrahmen einordnet, der die Selbstzensur vermeidet. Am Ende des Buches angelangt, überwindet die Erzählerin die Schwierigkeit, ich zu sagen, nachdem sie „schreibend den Rückzug der Angst" betrieben und ganz bewußt der verfluchten „Fälschung der Geschichte zum Traktat" entgegengearbeitet hat [vgl. 157, *S. 332*]. Dieser Roman ist Zeugnis für eine schwierige, ehrliche und langwierige Hinterfragung der eigenen Erfahrungsmuster wie auch der Muster der eigenen Generation. Er zeugt aber auch von den Problemen, die mit einem solchen Versuch verbunden sind und davon, wie tief die Verfälschung der Geschichte vorangeschritten ist.

Nach der Ausweisung Wolf Biermanns (geb. 1936) 1976 und der damit zum Ausdruck gekommenen Verhärtung der Fronten, die in der DDR zwischen kritischer Intellektualität und Staatsmacht bestehen, beschäftigt sich Christa Wolf zunehmend mit der Frage der real existierenden Utopie. In diesem Zusammenhang steht ihre Rezeption romantischer Texte, insbesondere der Autoren Bettine von Arnim (1785 – 1859), Karoline von Günderrode (1780 – 1806) und Heinrich Wilhelm von Kleist (1777 – 1811). Hier sind ihr Individualität und Eingebundenheit in die Gemeinschaft noch nicht, wie bei Christa T.,

zur fatalen Alternative geworden. Wolf verlegt also ihre Nachfor-
schungen der Erfahrungsmuster unserer Zivilisation an einen Punkt in
der Kulturgeschichte Deutschlands, an dem der große Entwurf der
Aufklärung, wie sie ihn nennt, noch präsent ist, aber bereits teilweise
in Pragmatismus abgerutscht ist. Hier sind es in erster Linie die
Frauenfreundschaften, in denen sie den Geist der real existierenden
Utopie aufzuspüren meint. Im Gegensatz zu den Männern (nicht nur)
dieser Zeit sind die Frauen noch zu großen Gefühlen in der Lage,
praktizieren Schwesterlichkeit und ergehen sich nicht in leerer Selbst-
bespiegelung, wie es in dem Essay mit dem bezeichnenden Titel *Berührung* (1977) heißt. An Bettine von Arnim interessiert Wolf die
Ablehnung der männlichen Ästhetik und Verhaltensmuster. An Betti-
nes Günderrodebuch bewundert sie das Zeitgenössische, nämlich „wie
die unerledigten Einlagerungen in unserer Geschichte, die produktiven Ansätze, über die sie mit 'ehernem' oder bloß geschäftigem Schritt
hinweggegangen ist, und unsere Selbstentfremdung miteinander zusammenhängen". Es geht also um das Nachdenken über die Ursprünge dieser Entfremdungserfahrung und um die utopische Vision eines
Gegenentwurfs. Bei der Günderrode erörtert Wolf das Schicksal einer
Schriftstellerin, die sich, im Gegensatz zu Bettine, den Mustern der
männlichen Ästhetik beugen will und infolge dessen nur Tödliches
hervorbringen kann, „aber nicht aus Todessehnsucht, sondern aus dem
Mangel an Leben". In den Beziehungen der Günderrode zu anderen
Frauen sieht Wolf eine utopische Vorwegnahme eines neuen Lebens-
modells, nämlich der Lebensform aus dem Geist der Gruppe heraus,
ohne hierarchische Ordnung und Selbstentfremdung. Dieses Thema
wird Wolf dann später in der gleichzeitig entworfenen, aber erst 1989
veröffentlichten Erzählung *Sommerstück* weiter ausführen und auf
ihre Situation eines zurückgezogenen Lebens auf dem Lande beziehen.

In der Erzählung *Kein Ort. Nirgends* (1979) kulminiert diese Nachfrage nach dem Ursprung von Entfremdungserfahrungen mit dem Interesse an der Entwicklung von geschlechtsspezifischer Subjektivität.

„Daß sie sich getroffen hätten: erwünschte Legende. Winkel am Rhein, wir sahen es. Ein passender Ort. Juni 1804". Statt der Rekonstruktion auf der Basis von Dokumenten nun die bewußte Ausarbeitung einer utopischen Vision. Der Text setzt sich zusammen aus inneren Monologen von Kleist und Günderrode, die auf ein Treffen einiger Freunde im Hause eines Rheingauer Weingutsbesitzers reagieren. Anwesend sind außer Kleist und Günderrode noch Wedekind, der Arzt von Kleist, Bettine Brentano, ihre Schwester Gunda Brentano, verheiratete Savigny, Friedrich Carl von Savigny, Clemens Brentano und Sophie Mereau. Kleist und Günderrode bleiben in dieser Teerunde Außenseiter. Er verunsichert die Runde mit seinem Hang zum Absoluten, seiner Sprachhemmung, seinem überfeinen Gehör, dem Traum vom rasenden Tier, das ihn verzehrt, und seiner Unfähigkeit zur Selbstkontrolle. Er scheint an der Logik von Ordnung und Folgerichtigkeit zu zerbrechen, weil er sie akzeptiert und sich selbst damit quält. „Er ist nicht Herr dessen, was in ihm denkt. Er muß sich Zwang antun". Wie Günderrode und auch Christa T. kann er nur durch Schreiben leben. Günderrode dagegen kann auf das Verständnis und die Vertrautheit zwischen Frauen rechnen. „Wie kindisch Männer sind", weiß sie mit Bettine durch Blickkontakt auszutauschen, und: „Die Bettine verstand sie gleich". Die Strukturen der schwesterlichen Berührung funktionieren noch, obwohl sie Günderrodes „Leiden an den Übeln der neuen Zeit" nicht zudecken können. Im Gegensatz zu Kleist kennt Günderrode ihre Schwächen, betreibt Selbstanalyse und hat eine gute Beobachtungsgabe. Dennoch muß sie dem Zwang gehorchen, was sie tötet.

In ihrer Rede anläßlich der Verleihung des Georg Büchner-Preises (1980) fordert Christa Wolf von der Literatur, daß sie Friedensforschung sein soll. Eine Funktion einer solchen Friedensforschung wäre die Beschreibung des blinden Fleckes der Kultur, die solch kriegerische Haltungen hervorbringt. „Die Lage ist hoffnungslos: Wenn nicht große Teile der Gesellschaften andere Werthierarchien einsetzen – nicht mehr: Höher, schneller, besser! –, wenn nicht ganz andere Werte an die erste Stelle rücken, wenn nicht verstanden wird, daß es keine Stärke ist, gegen Waffensysteme zu setzen, wenn nicht verstanden wird, daß ein anderer Weg gesucht werden muß zwischen den falschen Alternativen". Diese dringliche Einmischung Wolfs in die Tagespolitik ist der Hintergrund für ihre literarische Produktion in den achtziger Jahren, in erster Linie für die Erzählungen *Kassandra* (1983) und *Störfall. Nachrichten eines Tages* (1987). In den Frankfurter Poetikvorlesungen *Voraussetzungen einer Erzählung: Kassandra* (1983) äußert sich Wolf zu den Hintergründen der kriegerischen Zivilisation und sucht deren Urspünge in der klassischen Tradition, die den männlichen Rationalismus privilegiert und das Zum-Objekt-Machen der Frau – beispielsweise im Helena-Mythos – beschönigt. In ihrer Vision eines „Modells für eine Art von Utopie" verkörpert Kassandra, die trojanische Seherin, der niemand Glauben schenkte, eine Nahtstelle, an der die Richtung zur Männerwelt gewählt wurde. Wie in *Kein Ort. Nirgends* geht Wolf auch hier den Ursprüngen von Entfremdungserfahrung – diesmal in der griechischen Mythologie – nach. Kassandra muß lernen, sich selbst zu erfahren und sich zuzulassen, sich anzublicken und sich auszuhalten, das ist ihr Beitrag zur Friedensforschung.

Wie auch in den vorangegangenen Texten nähert sich Wolf ihrer Titelfigur über den Zeitbezug und die Relevanz dessen, wofür sie steht. Als Leser sehen wir zu Anfang der Geschichte die Erzählerin in Mykene in einem fiktiven Dialog mit Kassandra am Tag ihres Untergangs, wobei die Zeitebenen sich in diesem Akt vermischen. Die Erzählung selbst wird alsbald vom inneren Monolog Kassandras bestimmt, die ein letztes Mal ihr Leben in Troja vor und während des trojanischen Krieges passieren läßt und über die Ursprünge dieses Krieges reflektiert. Durch den Kopf gehen ihr hierbei: Die eigene privilegierte Stellung als Lieblingstochter von König Priamos, die ihr eine frühe ideologiekritische Einsicht in die Verhältnisse verbietet; die Charakterisierung der griechischen Helden als autoritätsgläubig und grausam, weil impotent; dagegen die Vertrautheit mit anderen Frauen, unter anderem Klytämnestra; die Unterdrückung ihrer Gefühle durch Denken und die generelle Körperfeindlichkeit ihrer Kultur; die verschiedenen Realitätsschichten des Mythos, durch die sie sich hindurchfinden muß; die Ideologie von Helena; die Unterdrückung älterer Wissensformen, die noch Zugang zu sinnlichem Wissen und gemeinschaftlichem Handeln hatten; die allmähliche Anpassung Trojas an den Kriegsgegner und die Verfestigung eines Polizeiapparats, der – nicht unähnlich dem MfS – nicht nur die Gegner, sondern vor allem die eigenen Bürger in Schach hält. Erst durch Abspaltung dieser Ideologie lernt sie, „das schwierigste nicht scheuen, das Bild von sich selbst zu ändern". Wie die anderen weiblichen Figuren in Wolfs Prosa besitzt Kassandra eine außergewöhnliche Selbstbeobachtungsgabe und scheut nicht die mühsame Rekonstruktionsarbeit, das Troja ihrer Kindheit wieder in ihrem Kopf aufzubauen – sozusagen als Gegenmodell zur zerstörerischen griechischen Kultur, die Troja in Besitz genommen hat. Kassandras Prophezeiung, daß es mit Troja so nicht weitergehe, wird aber, wie wir vom Mythos wissen, nicht gehört und die Stadt muß untergehen (analog zur Situation der Autorin in einem Land, das bald am Ende angelangt sein sollte). Nur in der Höhlengemeinschaft am Skamander, dieser „Neben-, ja Gegenwelt", wo sich viele an den Rand gedrängte Menschen aller Schichten während des Krieges treffen und das Leben zelebrieren, war Kassandra „bereit, der andere Mensch zu werden, der sich so lange schon in [ihr] regte". In dieser nicht-hierarchischen Gemeinschaft öffnet sich ein schmaler Streifen Zukunft, eine bessere Lebensmöglichkeit, die aber zusammen mit Troja untergeht.

Ich möchte mein kurzes Portrait mit einem Ausblick auf die Gegenwart beschließen, der an diesen letzten Punkt anschließt. Nicht nur in *Kassandra*, auch in *Sommerstück*, *Was bleibt* (1990) oder den Beiträgen zur Wende in der DDR denkt Christa Wolf das Modell Utopie als schmalen Streifen Zukunft, der aber unter dem Zeichen von Verlust steht. Dadurch entwickelt sie ein Verständnis vom Ende einer Lebensform, einer Situation analog der Trojas, in der warnende Signale nichts mehr bewirken. Dieses Denkmodell liegt auch ihrer Analyse der politischen Ereignisse im Herbst 1989 zugrunde. Das Dilemma von Kritik an der Gesellschaft einerseits und Hang zur Anpassung an ihre Werte andererseits, wie es anläßlich von *Was bleibt* in den Medien polemisch diskutiert wurde, hindert letztendlich die Erzählerin, die neue Sprache zu finden, in der sich der blinde Fleck unserer Gesellschaft beschreiben ließe. Dieses Dilemma macht Wolfs Erzählerinnen zu tragischen Figuren im Kontext zeitgenössischer Literatur, die große moralische Ansprüche formulieren, ihnen aber selbst nur ansatzweise gerecht werden können.

Richard Weber

Neue Dramatiker in der Bundesrepublik

Unmittelbar nach Kriegsende setzte in ganz Deutschland ein reges Theaterleben wieder ein; jede nur mögliche Spielstätte in den Trümmerlandschaften der Städte wurde für Aufführungen genutzt. Das große Interesse der Bevölkerung in West- wie in Ostdeutschland gerade an Theater schien Indiz für eine kulturelle Aufbruchsstimmung. Eine Dramatik jedoch, die nur annähernd der historischen Situation angemessen gewesen wäre, blieb in Westdeutschland trotz eines scheinbar so vielversprechenden Beginns vorerst aus; es dauerte fast zwanzig Jahre, ehe Theatertexte von Rang und internationaler Beachtung entstanden.

Die Erklärungen dafür sind vielfältig, doch im wesentlichen lassen sie sich alle zurückführen auf die Zerstörung von kulturellen Kontinuitäten durch den Faschismus. Nicht unerheblich dürfte allerdings darüber hinaus auch die resignative Haltung vieler Intellektueller gewesen sein, die nach dem Krieg einen politisch und kulturellen Neuanfang erhofften, sehr bald aber erfahren mußten, daß die Politik im CDU-Staat von der Vätergeneration unter restaurativen Vorzeichen bestimmt, eine kulturelle Erneuerung nicht wirklich eingeleitet und insbesondere das Theater weitgehend als bloß geselliges, der Zerstreuung dienendes Ereignis betrieben wurde, womit es reibungslos an jene Funktion anknüpfte, die ihm bereits unter der faschistischen Diktatur zugewiesen worden war.

Die Erfahrung verlorener Vergangenheit (Faschismus und Krieg) einerseits und die Konfrontation mit einer anscheinend stagnierenden, geschichtlich perspektivelosen Welt andererseits waren prägend für bundesrepublikanische Theatertexte der fünfziger Jahre. Signifikant

für die Verlorenheit, die „Losigkeit" (Samuel Beckett) ist in vielen
Dramen dieser Jahre das Imaginäre der Handlungen, eine große Distanz zur aktuellen Realität erzeugende Ort- und Zeitlosigkeit wie sie
in Karl Wittlingers (geb. 1922) vielgespieltem Stück *Kennen Sie die
Milchstraße?* (UA 1956) bereits im Titel anklingt. Ästhetisch adäquater Ausdruck solcher Weltsicht und -erfahrung schien vor allem das
Theater des Absurden zu sein, das der Erklär- und Veränderbarkeit
von Welt eine Absage erteilte, auf Abbildung der Wirklichkeit und
zwingende Handlungsführung verzichtete und statt dessen Grundsituationen, vor allem den Mangel an Sinngebung, immer wieder aufs
Neue variierte. Daran anzuknüpfen versuchten – wenngleich wenig
erfolgreich – Autoren wie Wolfgang Hildesheimer (1916 – 1991) mit
Pastorale (UA 1959), *Die Uhren* (UA 1959), *Der schiefe Turm von
Pisa* (UA 1959), Günter Grass (geb. 1927) mit *Noch zehn Minuten bis
Buffallo* (UA 1954), *Die bösen Köche* (UA 1961) oder Hermann
Moers (geb. 1930) mit *Zur Zeit der Distelblüte* (UA 1958), auch
Tankred Dorsts (geb. 1925) *Die Kurve* (UA 1960) und Martin Walsers
(geb. 1927) *Der Abstecher* (UA 1961) trugen noch deutliche Züge absurder Dramaturgie.

Nicht selten paarte sich mit dem konstatierten Sinnverlust die Klage
über den allgemeinen Werteverfall. Eine Rückbesinnung auf christliche
Ethik in der Dramatik verfochten Manfred Hausmann (1898 – 1986),
Bernt von Heiseler (1907 – 1969) und Max Mell (1882 – 1971), religiös-mythologische Welterklärungen gab Konrad Wünsche (geb. 1928)
in seinen an Paul Claudel (1868 – 1955) orientierten Stücken und selbst
Leopold Ahlsen (eigtl. Helmut Ahlsen, geb. 1927), der eher einer
realistischen Schule zuzuordnen ist, vertrat in seinem in Griechenland
während der Partisanenkämpfe 1944 angesiedelten Antikriegsstück
Philemon und Baucis (UA 1956) die abstrakte Forderung nach allgemeiner Menschlichkeit.

Ausdruck ähnlich konservativer Haltung war der Rückgriff auf dramaturgische Muster des 19. Jahrhunderts, wie sie in den Koversationsstücken *Jenseits vom Paradies* (UA 1954) von Herbert Asmodi (geb.

1923) oder *Mirakel im Müll* (UA 1958) von Axel von Ambesser (1910 – 1988) zu finden sind, aber auch in *Generationen* (UA 1955) von Gert Weymann (geb. 1919) und *Keine Zeit für Heilige* (UA 1959) von Joachim Widmann (geb. 1917), die einen Ibsenianismus zu reanimieren versuchten.

Bemüht, den Anschluß an internationale ästhetische Standards zu finden, blieben all diese Stücke jedoch nur epigonal. Der westdeutschen Dramatik neue Impulse zu verleihen, vermochten sie zu keinem Zeitpunkt. Diese kamen vielmehr aus dem Ausland, aus der deutschsprachigen Schweiz.

Schweizer Interludium

Zu einer Fluchtburg für viele Theaterkünstler, die Deutschland nach 1933 hatten verlassen müssen, war das Zürcher Schauspielhaus geworden; bis Kriegsende war es die einzige deutschsprachige Bühne Europas, die dramatische und theatrale Traditionen aus den zwanziger Jahren aufrecht zu erhalten versuchte. Neben den Stücken von Else Lasker-Schüler (1869 – 1945), Georg Kaiser (1878 – 1945), Carl Zuckmayer (1896 – 1977), Ferdinand Bruckner (1891 – 1958) und anderen erlebten vor allem die großen Dramen Bertolt Brechts (1898 – 1956) *Mutter Courage und ihre Kinder. Eine Chronik aus dem Dreißigjährigen Krieg* (UA 1941), *Leben des Galilei* (UA 1955, 1.u.2. Fassg. u.d.T. *Galileo Galilei*, UA 1943 bzw. 1947) und *Der gute Mensch von Sezuan. Ein Parabelstück* (UA 1943) hier ihre Uraufführung. Hier machte Brecht, aus dem amerikanischen Exil zurückgekehrt, zunächst für ein halbes Jahr halt, bevor er sich in Berlin niederließ. Und hier auch begann eine intensive Auseinandersetzung mit seinen Theatertexten und -theorien, ausgelöst durch zwei junge Schweizer Dramatiker: Friedrich Dürrenmatt (1921 – 1990) und Max Frisch (1911 – 1991), deren Stücke die bundesrepublikanischen Spielpläne bis in die sechziger Jahre beherrschen sollten.

In seinen erfolgreichsten Bühnenwerken *Biedermann und die Brand-stifter. Ein Lehrstück ohne Lehre* (UA 1958) und *Andorra. Stück in zwölf Bildern* (UA 1961) setzte sich Frisch mit der bestehenden Ge-sellschaft, der schweizerischen wie der westdeutschen, kritisch aus-einander, ohne allerdings einen Gegenentwurf zu formulieren. In bei-den Dramen stellte er eine barbarische Realität dar, gekennzeichnet durch Chauvinismus, Rassismus, Opportunismus und materielle Ver-führbarkeit, durch Aushöhlung aller humanistischen Ideale und der Flucht vor jeglicher Verantwortung. Angesichts solcher der modernen Gesellschaft scheinbar immanenten Phänomene, mußten Frisch zu-folge alle sozialen Utopien versagen. Nicht von ungefähr gab er dem *Biedermann*-Stück deshalb den Untertitel „Lehrstück ohne Lehre".

Ähnlich modellhaft waren auch die meisten Komödien Dürrenmatts. Doch aufgrund größerer Konkretion gingen sie in manchem über die parabolisch verallgemeinernde Gesellschaftskritik Frischs hinaus. Der Ost-West-Konflikt und die Situation des Kalten Krieges waren Anlaß, in der Komödie *Die Ehen des Herrn Mississippi* (UA 1952) zu de-monstrieren, daß in einer Realität, die vom einzelnen nur noch als Labyrinth erfahren wird, jedes von einem festen Konzept geleitete Gesellschaftssystem notwendig zum Scheitern verurteilt sei. Aus skeptisch-ironischer Distanz hielt Dürrenmatt in der weltweit erfolg-reichen „Komödie der Hochkonjunktur" *Der Besuch der alten Dame* (UA 1956) der bürgerlichen Gesellschaft in der Phase des Wirtschafts-wunders einen Spiegel vor, indem er den Ausverkauf aller Moral durch bedingungsloses Konsumverhalten scharf attackierte. Mit *Die Physiker* (UA 1962) schließlich schuf er in einer Zeit, in der die Fol-gen atomarer Aufrüstung in Ost wie in West sich in aller Bedrohlich-keit zeigten, einen Gegenentwurf zum *Galilei*. Im Unterschied zu Brecht vertrat Dürrenmatt darin die Position, daß im atomaren Zeit-alter verantwortliche Entscheidungen des einzeln den Lauf der Welt nicht mehr zu beeinflussen vermögen.

Trotz aller zeitkritischer Bezüge war das zentrale Thema sowohl in den Stücken Frischs als auch Dürrenmatts die Frage nach der Stellung des Subjekts in der Gesellschaft. Dürrenmatt ging es dabei vor allem um den Widerspruch zwischen Macht und sittlicher Entscheidungsmöglichkeit des Individuums, während Frisch das Rollenverhalten und -bewußtsein des einzelnen wieder und wieder durchspielte unter der Maßgabe, daß die empirische Realität nur eine von verschiedenen Möglichkeiten der Wirklichkeit ist. Die Dominanz gerade solcher Themenkomplexe war symptomatisch für die gesamte Dramatik und die Haltung von Intellektuellen und Künstlern in den fünfziger Jahren. Aufgrund der Erfahrungen im und mit dem Faschismus hielt man sich möglichst fern von aller politischer Praxis und mißtraute insbesondere allen Massenphänomenen. Der Intellektuelle verstand sich vielmehr als Einzelkämpfer, der einsam gegen eine ihm anonym erscheinende 'geistlose' Macht opponierte.

Formal bezogen sich Frisch und Dürrenmatt in mehrerer Hinsicht auf Brecht (Parabelform, Songs, Verfremdungseffekte), in deutlicher Abgrenzung zu dessen politisch-ästhetischer Intention, im Theater die Wirklichkeit als veränderbar darzustellen, bezweifelten beide jedoch zutiefst die Wirkungsmöglichkeiten epischen Theaters und negierten jeglichen politischen Praxisbezug von Drama und Theater. „Die Bühne", heißt es in Dürrenmatts Essay *Theaterprobleme* (1955), „stellt für mich nicht ein Feld für Theorien, Weltanschauungen und Aussagen, sondern ein Instrument dar, dessen Möglichkeiten ich zu erkennen suche, indem ich damit spiele." Die Versuche beider, am Stückeschreiber anzuknüpfen, um ihn zu verwerfen, trugen wesentlich zu einer Debatte um Brecht in der Bundesrepublik der fünfziger Jahre bei, die darin kulminierte, den Dichter gegen dessen politische Haltung auszuspielen. Eine konstruierte Dichotomie, die sich auswirkte auch auf das generelle Theaterverständnis der Zeit, insofern als sie Argumentationshilfe für die Legitimation eines apolitischen Theaters lieferte.

Politisierung der Dramatik

Unter solchen Voraussetzungen war der Weg zu einer politisch engagierten Dramatik schwer. Noch eingangs der sechziger Jahre konnten
Stücke wie *Die Schuldlosen* (UA 1961) von Siegfried Lenz (geb. 1926),
das in abstrakten Typisierungen dramaturgische und thematische Muster der fünfziger Jahre fortführte, Bühnenerfolge feiern. Eine Hinwendung zu größerer sozialer Konkretion zeichnete sich indes in Dramen wie *Eiche und Angora. Eine deutsche Chronik* (UA 1962) und
Der schwarze Schwan (UA 1964) ab, in denen, wenn auch vorwiegend auf psychologische Dimensionen reduziert, Martin Walser von
einer hilflosen 'Bewältigungs'-Dramatik abrückte und den Auswirkungen des Faschismus auf bundesrepublikanische Gegenwart nachg-
ging. Stand im Zentrum seiner Texte die Unfähigkeit der Gesellschaft,
sich von der Vätergeneration zu lösen, so sah Hans-Günter Michelsen
(geb. 1920) die Reformfähigkeit der Bundesrepublik ähnlich skeptisch,
setzte aber, beispielsweise in *Helm* (UA 1965), auf private, anarchisti-
sche Abrechnung mit kollektiven Verdrängungen der Vergangenheit.

Eine tatsächliche Neuorientierung der Theaterliteratur erfolgte durch
das *dokumentarische Drama*. Die Stücke von Rolf Hochhuth (geb.
1931), Heinar Kipphardt (1922 – 1982) und Peter Weiss (1916 – 1982)
wurden zum Politikum; sie machten der bundesdeutschen Gesellschaft
buchstäblich den Prozeß, so daß sich das Theater so deutlich wie
später niemals wieder als Forum öffentlicher politischer Auseinandersetzung profilieren konnte. Gewissermaßen der Studentenbewegung
vorgreifend, verhandelten sie Themen, die Ende der Dekade die außerparlamentarische Opposition auf die Straße bringen sollten.

In dem „christliches Trauerspiel" *Der Stellvertreter* (UA 1963), geschult an der Dramaturgie Friedrich von Schillers (1759 – 1805), klagte Hochhuth Papst Pius XII. an, während des NS-Regimes den Juden-
vernichtungen untätig zugesehen zu haben. Abgesichert durch zahlreiche Dokumente, erregte dieses Thesendrama trotz aller ästhetischer
Schwächen auch außerhalb des Theaters ein öffentliches Aufsehen,

wie es seine folgenden Stücke nicht annähernd vermochten, weder *Soldaten* (UA 1967) noch *Die Hebamme* (UA 1972) oder *Juristen (*UA 1980).

Während Hochhuth durch journalistisch akribische Recherche den Zuschauer von der historischen Authentizität seiner Stücke zu überzeugen suchte, waren für Weiß vor allem politische Beeinflussung des Publikums und Parteilichkeit im Sinne einer marxistischen Geschichtsauffassung bei der Auswahl und Montage von Dokumenten maßgebend. So wird in dem „Oratorium in elf Gesängen" *Die Ermittlung* (UA 1965) nicht nur gegen die namentlich genannten Täter von Auschwitz ermittelt, sondern auch gegen jene polit-ökonomischen Kräfte, die Weiss zufolge Auschwitz erst ermöglicht hatten und in der Bundesrepublik wieder am Werk waren: das Großkapital. Auf der Bühne sollten nicht individuelle Konflikte, sondern mittels des Dokuments historische Prozesse verhandelt werden.

Ganz anderen Zugang fand Kipphardt, 1959 aus der DDR zurückgekehrt, zum Dokumentarischen. Für ihn war es vor allem ein Verfahren illusionszerstörender szenischer Untersuchungen in der Nachfolge des brechtschen Lehrstücks. Der „szenische Bericht" *In der Sache J. Robert Oppenheimer* (UA 1964), der erneut die Verantwortung des Naturwissenschaftlers in der Gesellschaft modellhaft am Beispiel des ‘Vaters der Atombombe’ zur Diskussion stellte, enthielt sich jeglicher Stellungnahme des Autors, teilte weder Brechts Wissenschaftsgläubigkeit (*Galilei*) noch die diffuse Angst Dürrenmatts (*Physiker*), sondern überantwortete die Beurteilung des Sachverhalts dem Zuschauer, der in die Rolle eines Koproduzenten versetzt und damit als gleichwertiger Partner des Theaters ernst genommen wurde.

Bei aller Unterschiedlichkeit der politisch-ästhetischen Ansätze barg das dokumentarische Verfahren die grundsätzliche Gefahr, einer neuen Form von Illusionstheater aufzusitzen, indem das verwendete Material allzu leicht dazu verführte, eine Wirklichkeit, ‹wie sie war›, vorzutäuschen. Daß das Dokument nicht für eine objektive Abbildung von Realität bürgt, verdeutlichten die Dramen *Aufstand der Offiziere* (UA

413

1966) von Hans Hellmut Kirst (1914 – 1989), *Walküre 44 – 20. Juli 1944* (Urlesg. 1966) von Günter Weisenborn (1902 – 1969) und *Die Verschwörer* (UA 1968) von Wolfgang Graetz (geb. 1926), die alle den Widerstand vom 20. Juli 1944 zum Gegenstand hatten, ihn jedoch aus deutlich divergierenden Perspektiven darstellten.

Trotz aller berechtigten Kritik an ästhetischen Unzulänglichkeiten des Dokumentarischen gelang es doch gerade dieser Dramatik, literarische Traditionslinien, die durch den Faschismus abgerissen waren, in der Bundesrepublik wieder zu etablieren. Mit Hochhuth gewann das Geschichts- und Zeitstück neue Bedeutung, mit Weiss das im engeren Sinne politische Drama in Fortführung des Agitprop-Theaters und der Theaterarbeit Piscators, und Kipphardt eröffnete die Diskussion um Veränderung der Kommunikationsstrukturen zwischen Bühne und Zuschauer, anknüpfend an die Theaterexperimente Brechts aus den späten zwanziger Jahren. Ende der sechziger Jahre gesellte sich das ebenfalls an den zwanziger Jahren, an Ödön von Horváth (1901 – 1938) und Marieluise Fleißer (1901 – 1974), orientierte *Neue Volksstück* hinzu. Damit lagen vier Grundmodelle vor, die in modifizierter Form für die bundesrepublikanische Dramatik der folgenden Jahrzehnte wegweisend werden sollten.

Im Kontext der sich radikalisierenden Studentenbewegung wandte sich das Drama Ende der sechziger Jahre zunächst von spezifisch deutschen Problemen ab und ging grundsätzlichen Fragen revolutionärer Politik nach. Weiss setzte seinen agitatorische Ansatz der Systemanalyse und -kritik im *Gesang vom lusitanischen Popanz* (UA 1968), einem Stück über portugiesischen Neokolonialismus, sowie im *Diskurs über die Vorgeschichte und den Verlauf des langandauernden Befreiungskrieges in Viet Nam als Beispiel für die Notwendigkeit des bewaffneten Kampfes der Unterdrückten gegen ihre Unterdrücker sowie über die Versuche der Vereinigten Staaten von Amerika, die Grundlagen der Revolution zu vernichten* (UA 1968) fort. Hans Magnus Enzensberger (geb. 1929) ergriff in dem Dokumentarstück *Das Verhör von Habana* (UA 1970) Partei für ein sozialistisches Kuba. Und selbst

Hochhuth formulierte in *Guerillas* (UA 1970) eine eigene Revolutionsutopie. Am Beispiel der Reformation und der Bauernkriege verhandelte Dieter Fortes (geb. 1935) *Martin Luther & Thomas Münzer oder Die Einführung der Buchhaltung* (UA 1970) mit Blick auf deutsche Aktualität das Geflecht von herrschender Macht und Revolutionsversuchen. Die Gefahr des Machtmißbrauchs in revolutionären Prozessen diskutierte Hartmut Langes (geb. 1937) *Trotzki in Coyoacan* (UA 1972). Ernüchterung brachten indes Tankred Dorsts (geb. 1925) „Szenen einer deutschen Revolution" *Toller* (UA 1968), in denen er den Widerspruch zwischen revolutionärem Voluntarismus der Linken und politischer Realität in Deutschland formulierte. Damit rückten Zusammenhänge zwischen individuellem Verhalten und (schein-)revolutionären Prozessen in den Vordergrund, wie Weiss sie bereits Jahre zuvor in *Die Verfolgung und Ermordung Jean Paul Marats, dargestellt durch die Schauspielgruppe des Hospizes zu Charenton unter Anleitung des Herrn de Sade* (UA 1964) behandelt hatte und die ihm angesichts eines zunehmenden Dogmatismus der Linken in *Trotzki im Exil* (UA 1970) und besonders in *Hölderlin* (UA 1971) wieder zum Problem wurden. Eine Verabschiedung von aller Revolutionseuphorie und -romantik stellte schließlich *Büchners Tod* (UA 1972) des zeitweiligen Weggefährten Rudi Dutschkes und Deutsch schreibenden Exil-Chilenen Gaston Salvatore (geb. 1941) dar.

In den Diskussionen der westdeutschen Linken war unter Rückgriff auf Marx´ Theoreme seit '68 in zunehmendem Maße das Proletariat als Movens aller gesellschaftlichen Veränderungen ins Blickfeld gerückt. Damit wurde auch für das Drama die Darstellung der Unterschicht wieder aktuell. Die Alltagssituationen von Kleinbürgern, Tagelöhnern, Arbeitern und Marginalgruppen fanden Eingang im *Neuen Volksstück*, das zunächst ausschließlich aus dem süddeutschen Raum kam und seine Bezeichnung aus Spielort, dialektgefärbter Sprache und Herkunft der Figuren bezog.

Den Anfang machte Martin Sperr (geb. 1944) mit seiner *Bayerischen Trilogie: Jagdszenen aus Niederbayern* (UA 1966), *Landshuter Er-*

zählungen (UA 1967), *Münchener Freiheit* (UA 1971), in der er ein Panorama dörflichen, mittelständischen und großstädtischen Alltagsmilieus in all seiner Enge, seinen starren Verhaltensnormen und verborgenen Gewalttätigkeiten entfaltete. Ähnliches stellte Rainer Werner Fassbinder (1945 – 1982) in *Katzelmacher* (1969) dar, nämlich den Ausbruch von Brutalität, Fremdenhaß und Potenzneid in einer spießbürgerlichen Kleinstadt beim Auftauchen eines Gastarbeiters. Im Unterschied zu Sperr interessierte Fassbinder jedoch weniger der soziale Fall als vielmehr die aus Entfremdungsprozessen erwachsende rituelle Verflechtung von Unterdrückung und Gewaltausbrüchen, wie er sie in seinen zahlreichen Filmen immer wieder thematisierte, aber auch in Bühnentexten wie *Preparadise sorry now* (UA 1969), *Anarchie in Bayern* (UA 1969) oder *Bremer Freiheit* (UA 1971).

Versuchten Sperr und Fassbinder, die psychischen Deformationen der Unterschicht aus sozialen Determinanten abzuleiten, so verlagerte Franz Xaver Kroetz (geb. 1946) sie in die Bühnenfiguren selbst. In den vorrangig im subproletarischen Milieu spielenden Stücken *Heimarbeit. Hartnäckig* (UA 1971), *Wildwechsel* (UA 1971), *Männersache* (UA 1972), *Stallerhof* (UA 1972) oder *Geisterbahn* (UA 1975) herrscht absolute Unfähigkeit zur Kommunikation. Die Figuren vermögen sich weder sprachlich noch körperlich zu artikulieren, so daß sie ihre durch soziale Unterdrückung aufgestauten Aggressionen nurmehr gegeneinander richten.

Das Neue Volksstück, häufig abwertend als eine Spielart des Naturalismus bezeichnet, negierte anfänglich alles Hoffen auf gesellschaftliche Veränderung, insbesondere auf eine ‹von unten›, benannte aber, anders als die Dramatik der fünfziger Jahre, die realen sozialen Ursachen. In seinen späteren Stücken *Oberösterreich* (UA 1972), *Das Nest* (UA 1975, Dr. 1976) und *Mensch Meier* (UA 1978) trieb Kroetz solche Milieubeschreibungen allerdings weiter, indem er seinen Figuren in Anlehnung an Brecht optimistischere Perspektiven verlieh.

Gleichwohl war ein Realismus in der Dramatik eingekehrt, ein politischer wie auch ästhetischer, der bald Nachfolger auch außerhalb Bayerns in realistisch-kritischen Stücken mit spezifisch regionalem Charakter fand. Dazu zählten unter anderem Harald Waldemar Muellers (geb. 1934) *Großer Wolf* (UA 1968), Karl Otto Mühls (geb. 1923) *Rheinpromenade* (UA 1973), Fitzgerald Kusz' (geb. 1944) *Stinkwut* (UA 1979, Hsp. 1984) und *Schweig, Bub!* (UA 1976, Hsp. 1977) oder Peter Greiners (geb. 1939) *Fast ein Prolet* (UA 1978) und *Kiez. Ein unbürgerliches Trauerspiel um Ganovenehre und Ganovenkälte* (UA 1980). Seine Fortsetzung fand das Volksstück dann in den achtziger und neunziger Jahren durch junge Autoren, die in der Verknüpfung mit deutscher Geschichte neue Akzente setzten, um Alltagsbewußtsein unter dem NS-Regieme beziehungsweise unter den Besatzungsmächten in der frühen Bundesrepublik zu erkunden wie Thomas Strittmatters (1961 – 1995) *Viehjud Levi* (UA 1982) und *Polenweiher* (UA 1984) oder Kerstin Spechts (geb. 1956) *Amiwiesen* (UA 1990).

Innenansichten der Republik

Die Beendigung des Vietnamkriegs 1975 sowie die Entspannungspolitik in Mitteleuropa auf der einen Seite und innenpolitische Verhärtungen wie Radikalenerlaß, Terrorismus-Hysterie, der „deutsche Herbst" des Jahres 1977 und das Inkrafttreten von Zensurbestimmungen andererseits schufen Mitte der siebziger Jahre in der Bundesrepublik ein politisches Klima, das geprägt war von Hoffnungen auf gesellschaftliche Veränderungen und zugleich Enttäuschung über nicht eingelöste Reformversprechungen. Die „deutsche Misere" schien auch unter der sozial-liberalen Koalition kein Ende zu nehmen, so daß sich die Dramatik von weltpolitischen Stoffen, wie Hochhuth oder Weiss sie in den sechziger Jahren noch auf die Bühne gebracht hatten, abwandte und sich wieder auf spezifisch bundesrepublikanische Gegenwart und Vergangenheit konzentrierte, wobei übergreifende politische oder polit-ökonomische Erklärungsmuster kaum noch eine Rolle spielen sollten. Statt dessen rückten wie im Neuen Volksstück Innenansichten, das heißt Darstellungen von Alltagsbewußtsein und -situationen, in den Mittelpunkt des Interesses. Das bedeutete jedoch keineswegs, daß die bundesdeutsche Dramatik sich in Privatistisches zurückzog, breiten Raum nahm nach wie vor die Aufarbeitung deutscher Vergangenheit ein. Die Autoren enthielten sich allerdings allzu geläufigen ideologiekritischen Wertungen, sie suchten vielmehr, die Ursachen für die „deutsche Misere" im Alltäglichen aufzuspüren und Mentalitäten zu ergründen.

In einem multimedialen Großprojekt, bestehend aus dem Prosatext (und Fernsehspiel) *Dorothea Merz* (UA 1976), dem Film *Klaras Mutter* (UA 1978), dem Drama *Die Villa* (UA 1980) und der Komödie *Auf dem Chimborazo* (UA 1975), erzählte Tankred Dorst die Geschichte einer bürgerlichen Familie zwischen 1925 und Anfang der siebziger Jahre. Vor dem Hintergrund wechselnder politischer Ereignisse – Machtergreifung der Nazis, 'Stunde Null', Gegenwart – liefert diese Familienchronik gewissermaßen ein sozialpsychologisches Profil der Deutschen. Ähnliches unternahm Gerlind Reinshagen (geb. 1926) in ihrer traumspielähnlichen Trilogie *Sonntagskinder* (UA 1976), *Das Frühlingsfest* (UA 1980) und *Tanz Marie!* (UA 1989), in der psychische Verkrüppelungen – der alltägliche Faschismus in einer kleinbürgerlichen Familie, mangelndes Schuldbewußtsein und rücksichtslose Machtbesessenheit in der restaurativen Adenauer-Ära, Isolation von Alten und zwischenmenschliche Kälte in der Gegenwart – als psychosoziales Kontinuum deutscher Geschichte aufscheinen. Stoffliche Parallelen zeigte Horst Wolf Müllers (geb. 1935) durch die Jahre 1932, 1939, 1946 und 1953 historisch strukturierte Familien-Tetralogie *Komarek* (UA 1986), *Und wie die Welt so weit* (UA 1985), *Schedelhöfen* (UA 1987) und *Heimweh* (UA 1987), ein vierteiliger Zyklus über jüngste deutsche Geschichte.

In gewisser Weise waren auch Herbert Achternbuschs (geb. 1938) Stücke *Ella* (UA 1978), *Susn* (UA 1980), *Mein Herbert* (UA 1983) und *Gust* (UA 1984) – als Einheit betrachtet – eine Familienchronik mit autobiographischem Hintergrund, die Auskunft gibt über beschädigtes Leben und über das Leiden vor allem an bayerisch-katholischem Provinzialismus. Als einzelne Stücke sind sie jedoch eher vom Typus der exemplarischen Biographie, die am authentischen oder fiktiven Fall Entwicklungslinien deutscher Geschichte demonstriert. Hierzu zählte auch *Rotter* (UA 1977), ein „Märchen aus Deutschland" des 1976 von Ost- nach West-Berlin übergesiedelten Autors und Filmemachers Thomas Brasch (geb. 1945), der in seinem Stück die Geschichte eines Mitläufers erzählt, dessen Haltung auf einem tief in deutscher Mythologie verwurzeltem Bedürfnis beruht, von der Gesellschaft gebraucht zu werden – sei es von jener der Weimarer Republik, des NS-Staates oder der DDR. Weitere Beispiele solchen Verfahrens sind Peter Paul Zahls (geb. 1944) *Johann Georg Elser* (UA 1982) mit dem Untertitel „Ein deutsches Drama" oder Ulrich Zaums (geb. 1954) *Blattgold* (UA 1987), ein Stück, das den Aufstieg und Fall eines Opportunisten, des Magiers Hanussen, im Dritten Reich beschreibt.

Auf der Spurensuche nach Ursachen der aktuellen inneren Verfaßtheit der Bundesrepublik erstellte Klaus Pohl (geb. 1952) in seinen Stücken *Das Alte Land* (UA 1984) und *La Balkona Bar* (UA 1985) Zeitbilder aus schon fast vergessenen Frühphasen der Republik. Vor Ort genau recherchiert, entwarf er in *Das Alte Land* die weit gefächerte Szenerie einer norddeutschen Dorfgemeinschaft in den Umbruchsjahren 1946/47 und machte sichtbar, daß auf diesem Boden keine neue Zeit heranwachsen würde: „Die gute alte Ordnung faßt wieder Fuß und wächst zusammen. Im Stillen, und von selbst." Nahezu gleichzeitig entstand Harald Kuhlmanns (geb. 1943) *Wünsche und Krankheiten der Nomaden* (UA 1987), angesiedelt im Harz und ähnlich wie Pohls Stück ein Panorama dörflicher Nachkriegsgesellschaft bar jeglicher Orientierung.

Die Grenze zwischen Geschichts- und Zeitstück war in all diesen Dramen stets fließend, nicht anders in jenen, die zu zentralen Ereignissen der jüngsten westdeutschen Geschichte, zur RAF und zum Terrorismus, Stellung bezogen. Direkter Reflex auf die Terrorismus-Hysterie war die nur scheinbar private Liebesgeschichte zwischen einem

Verfassungsschützer und einer Studentin in Pohls *Da nahm der Himmel auch die Frau* (UA 1979). Aus größerer historischer Distanz griffen Rainald Goetz (geb. 1954) in *Heiliger Krieg* (UA 1987) und Zaum in *Die müde Jagd* (UA 1993) das Thema erneut auf. Während Zaum die Geschichte der bundesrepublikanischen Linken von '68 zum Mauerfall chronologisch nachzeichnete, komprimierte Goetz Faschismus, Terrorismus und bundesrepublikanischen Alltag zu einem ineinanderfließenden Zeitgemälde des Jetzt.

Dramaturgische Experimente

Auf den ersten Blick sind auch die Stücke von Botho Strauß (geb. 1944), dem meistgespielten bundesdeutschen Autor der siebziger und achtziger Jahre, *Die Hypochonder* (UA 1972), *Bekannte Gesichter, gemischte Gefühle* (UA 1975, Dr. 1979), *Trilogie des Wiedersehens* (UA 1976), *Groß und klein* (UA 1978), *Kalldewey, Farce* (UA 1982), *Der Park* (UA 1984) Abbilder bundesrepublikanischen Alltags. Doch wo man meint, nahezu fotografisch präzise Wirklichkeitsausschnitte zu erkennen, stößt man sehr bald auf extreme Künstlichkeit. Strauß verfolgt keinen wie auch immer gearteten Abbildrealismus, sondern angesichts einer durch und durch theatralisierten und von der Omnipräsenz elektronischer Medien geprägten Realität geht es ihm um Irritation eingeschliffener Wahrnehmungsmuster und um Entwicklung neuer Modelle für das Theater, von dem es in *Kalldewey, Farce* heißt, daß es „der letzte unserer magischen Versuche" sei. Strauß' Intention ist es offenbar, Theater als mythischen Raum zu restituieren. Die Suche nach einer neuen Theaterästhetik ist denn auch das, was ihn – bei allen sonstigen Differenzen – mit anderen Theaterautoren der späten siebziger und der achtziger Jahre verbindet.

Zerschlagung einer durchgehenden Handlung, Fragmentierung der Fabel, Auflösung der Einheit von Figuren, Durchdringung verschiedener Spiel- und Wirklichkeitsebenen sowie Vexierspiele von Zeit und

Logik, all das sind dramaturgische Charakteristika der Stücke von
Botho Strauß; doch sind sie keine Eigenheiten, sondern Merkmale
vieler Dramen dieser Zeit, zum Beispiel für *Mercedes* (UA 1983) von
Thomas Brasch, *Die einzige Geschichte* (UA 1985) und *Das Ganze
ein Stück* (UA 1986) von Friederike Roth (geb.1948), *Abendlandleben
oder Apollinaires Gedächtnis* (1987) von Gisela von Wysocki (geb.
1940) oder *Krieg* (UA 1987/88) von Rainald Goetz. Vieles mag an
romantische und expressionistische Dramatik erinnern; wesentlicher
jedoch ist, daß sich in solchen dramaturgischen Mustern der Reflex
auf eine Wirklichkeit manifestiert, die nur noch fragmentierte Wahrnehmung zuläßt und sich mimetischer Abbildung entzieht, sind doch
heute, unter der Herrschaft anonymer Apparate, politische und soziale
Prozesse nur schwer noch personalisierbar. Indem das Subjekt aus
dem Zentrum und damit die Handlung an die Peripherie rückte, eröffnete die Dramatik der Theaterpraxis zugleich aber auch die Möglichkeit, neue Spiel- und Kommunikationsweisen zu finden und zu erproben. Was die Autoren mit ihren Texten vorlegten, verstand sich meist
nicht als Vor-Schrift sondern als Angebot, bisweilen allerdings auch
als Aufforderung zur grundsätzlichen Veränderung der Theaterarbeit,
wofür Braschs Stück *Frauen. Krieg. Lustspiel* (UA 1988) beispielhaft
ist, in dem der Konkurrenzkampf zwischen Schauspielern nicht nur
thematisiert wird, sondern auch die Ausgangssituation eines Spiels bestimmt, das Alternativen in der Praxis, so sie gesucht werden, erlaubt.

Einen deutlichen Bruch mit konventionellen Dramenformen vollzogen
jene Stücke, die in Analogie zur Theatralisierung in bildender Kunst
und Musik Grenzüberschreitungen des Mediums anstrebten und sich
Texturen des künstlerischen Aktionismus näherten. So beschränkt sich
das Szenarium *Lucie, geh oder Das Unglück aus dem Theater* (UA
1978) von Thomas Brasch auf Anweisungen für eine theatrale Stadt-
rundfahrt durch Berlin. In *George Sand. Eine Frau in Bewegung, die
Frau von Stand* (UA 1980) versuchte Ginka Steinwachs (geb.1942),
Techniken des Surrealismus wieder aufgreifend, sowohl die Gattungsgrenzen durch Einbeziehung anderer Medien zu sprengen als auch den

Handlungsraum Theater zu überschreiten. Bei Gisela von Wysockis *Schauspieler Tänzer Sängerin* (UA 1988) handelte es sich um einen Aktionstext für drei Darsteller, in dem der Nebentext dominierender ist als der Haupttext und Anweisungen nicht im Sinne eines dynamischen Handlungs- sondern eines verzögerten Bildablaufs gibt. Rainald Goetz' strikt arithmetische, auf die Zahl „drei" rückführbare Trilogie *Krieg* ist als Vorlage für eine multimediale Partitur zu verstehen, die aus vorgegebenen Versatzstücken erst in und durch Theaterarbeit sich erstellt.

Kaum mehr mit ästhetischen Maßstäben meßbar sind die Stücke *Kuschwarda City* (UA 1980), *Der Frosch* (UA 1982), *Plattling* (UA 1982) oder *An der Donau* (UA 1987) des Autors, Malers, Bildhauers, Darstellers, Regisseurs und Filmproduzenten Herbert Achternbusch, denn sie sind weitgehend er selber. Für den „Erfinder der individuellen Kunst", wie Achternbusch sich selbst bezeichnet, ist Kunst zuvörderst selbsttherapeutisches Mittel bei der Verarbeitung der eigenen Leidensgeschichte. Es mischen sich Autobiographisches und Fiktives in seinen Theatertexten, monomanische Ich-Erkundungen allesamt, die sich stets auf der Grenzlinie zwischen Kunst/Theater und Leben bewegen, begleitet von der Sehnsucht nach Versöhnung beider Bereiche.

Von tiefem Kulturpessimismus bestimmt sind die in den achtziger Jahren entstandenen Theatertexte des 1980 aus der DDR gekommen Schauspielers und Autors Stefan Schütz (geb. 1944), der in seinen früheren Stücken durch Auflösung fester Rollen und gradliniger Handlungsführung den patriarchalisch geprägten Herrschaftsstrukturen im Theater noch Widerstand zu leisten und dort neue, weiblich geprägte Arbeitsweisen zu etablieren suchte. In *Die Seidels (Groß & Gross)* (UA 1986), *Monsieur X oder Die Witwe des Radfahrers* (1988) und *Orest-Obsession* (UA 1991) verschärften sich nicht nur abgrundtiefer Haß auf Politik, Gesellschaft, Zivilisation und Patriarchat, sondern verdichtete sich zunehmend ein apokalyptisches Bild von Geschichte, das keine Hoffnungsträger mehr kennt. Radikal in Frage stellte Schütz damit auch den gesamten Kultur- und Theaterbetrieb. „Wovon sollen wir euch noch spielen, wenn ihr selbst die seid, die, indem sie nach Hause gehen, in den Krieg treten, der keine Zuschauer mehr zuläßt", heißt es in *Spectacle Cressida* (UA 1984). Solche Skepsis gegenüber der Bedeutung von Drama und Theater in unserer Zeit war wohl, wenn auch nicht in dieser zugespitzten Weise, der Leitgedanke für alle dramaturgischen Experimente der achtziger Jahre.

Überlagert wurde die Problematik vorübergehend durch die deutsche Vereinigung, die eine Repolitisierung des Theaters zu bringen schien, lieferten Dramatiker doch das, was in der allgemeinen Euphorie im Lande schneller Verdrängung anheimfiel. Spontane Reaktion auf die historischen Ereignisse war die krude, politische und private Bruchstücke mischende Revolutionsfarce *Auf verlorenem Posten* (UA 1990), in der Achternbusch an jene Kräfte erinnerte, die eine friedliche Revolution auf den Weg gebracht hatten, inzwischen aber ins Abseits geraten waren. Als kritischer Kommentar zu Volker Brauns (geb. 1939) *Die Übergangsgesellschaft* (UA 1986) liest sich das in der Endphase der DDR entstandene Fragment *Villa Jugend* (UA 1990) von Georg Seidel (1945 – 1990), in dem das Endspiel eines Staates zur Familientragödie wird. In *Schlußchor* (UA 1991) deutete Strauß deutschtümelndes Geraune als Zeichen eines verlorengegangenen Geschichtsbewußtseins und, wie im mythischen Schlußtableau angedeutet, als erste Vibration großdeutschen Wahns. Als deutschen Alptraum behandelte Pohl in seinem kolportagehaften Stück *Karate-Billy kehrt zurück* (UA 1991) die Vergangenheitsbewältigung in der DDR. Erfahrungen aus einem verstörten Land fügte der Ost-Berliner Theaterautor Jochen Berg (geb. 1948) in den fünf Szenen *Fremde in der Nacht* (UA 1991) zusammen, die an beispielhaften Biographien von der Geschichte überrollter Ewigfortschrittlicher neudeutsche Befindlichkeiten während der politischen Wende demonstrieren. Sehr bald Stellung zu dem Thema nahmen auch junge Autoren, aus Ost- wie aus West-Deutschland. Atmosphärisch an die Stücke Horváths erinnernd, führte Elfriede Müller (geb. 1956) in *Goldener Oktober* (UA 1991) eine Gesellschaft von Spekulanten, guten Bürgern, Rechtsradikalen, Huren, Polen, So-

423

zialarbeitern, Trinkern und Unternehmern auf dem ehemaligen Todesstreifen vor, Brachland für jedermann, das zur Eroberung freigegeben ist. Michael Wildenhains (geb. 1958) *Ins Offene* (UA 1992/93) setzte sich in einer west-östlichen Liebesgeschichte mit dem Utopieverlust von Alt-68ern und Alt-Kommunisten nach den politischen Umwälzungen auseinander, wobei als Katalysator eine junge Generation fungiert, die unbequeme Fragen an die Geschichte der deutschen Linken stellt. Der zu DDR-Zeiten kaum gespielte vogtländische Theater- und Hörspielautor Christian Martin (geb. 1950) legte mit *Amok* (UA 1992), *Bunker* (UA 1993) und *Fighters* (UA 1996) eine *Trilogie der Erinnerung* vor, die sich mit veränderten Verhaltensweisen von Jugendlichen in der ehemaligen DDR befaßt, aber gleichwohl ein Spiegel der gesamten Republik sein kann; zentrale Themen sind Abrechnung mit der Elterngeneration, Anfälligkeit für Neonazismus und Bildung von sich bekriegenden deutschen und türkischen Jugendbanden. Einen vorläufigen Schlußpunkt setzte Hochhuth mit *Wessis in Weimar* (UA 1993), eine Szenenfolge über die Auswirkungen der deutsch-deutschen Vereinigung.

Die in den achtziger Jahren von Theaterautoren aufgeworfene Frage, wozu noch Drama und Theater, hat sich aber noch längst nicht erledigt. Nach Einkehr politischer ‹Normalität› und nachdem das Thema der deutsche Vereinigung auf den Bühnen hinlänglich verhandelt wurde, stellt sich das Problem heute erneut, zumal die jüngste Dramatik eher die Bedürfnisse schlichter Unterhaltung bedient, sich an Fernsehdramaturgien orientiert und dabei die Spezifik des Mediums Theater aus den Augen zu verlieren scheint.

Gerhard Scheit

Neue Dramatiker in der DDR

„Je mehr Staat, desto mehr Drama": In der ihm eigenen, abgründigen
Koketterie legitimierte Heiner Müller (1929 – 1995) nachträglich
seine 'Treue' zur DDR damit, daß es sich speziell für Dramatiker um
den besseren der beiden deutschen Staaten gehandelt habe: „natürlich
ist eine Diktatur für Dramatiker farbiger als eine Demokratie. Shakespeare ist in einer Demokratie undenkbar." Farbiger, das kann nur
heißen: weniger anonym. Die DDR erscheint in dieser Perspektive als
eine Art Laboratorium, in dem gewisse vormoderne Bedingungen des
Dramas künstlich reproduziert werden konnten: staatliche Macht war
fester und dauerhafter als in der westlichen Demokratie an bestimmte
Individuen gebunden, der „Personenkult" reaktivierte feudal-absoluti-
stische Züge, und der Staatsmann – keine „Charaktermaske" des Kapi-
tals – erschien für sein Tun verantwortlich. Allerdings konnte er vom
Dramatiker dafür nicht verantwortlich gemacht werden – das verhinderte die Diktatur per Zensur. Näher als das Elisabethanische Theater
liegen darum vielleicht doch Franz Grillparzer (1791 – 1872) und der
Metternich-Staat: Zu den Bedingungen des Labors gehörte ja die plan-
volle Isolierung von der Außenwelt, einer fremd gewordenen kapitalistischen Moderne, von deren Dynamik der neue Staat sich abge-
koppelt hatte. Die Isolierung wurde in der Ideologie weniger als Negation des Kapitalismus und nicht bloß utopisch als Übergang zum Kommunismus begriffen, sondern – im Sinne des alten Volksfront-Konzepts
– auch positiv bestimmt: als Bemühung um das vorhandene „nationale
Erbe" eines anderen, besseren Deutschland. Deutsche Mythen, historische und literarische Themen sind dann auch in der Dramatik bevorzugt worden, nachdem sich auf der Ebene des Zeitstücks sehr bald aus-
sichtslose Kollisionen mit der staatlichen Macht abgezeichnet hatten.

Produktionsstücke – Alltag und Arbeit

Die eigenartige Situation prägte noch die späten Arbeiten und Pläne Bertolt Brechts (1898 – 1956). Mit seinem *Turandot*-Stück (*Turandot oder Der Kongreß der Weißwäscher* (UA 1969)) versuchte der aus dem Exil zurückgekehrte Autor an Konzeptionen wie *Die Rundköpfe und die Spitzköpfe oder Reich und reich gesellt sich gern* (entst. 1932/34, UA 1936) oder den *Aufhaltsamen Aufstieg des Arturo Ui* (entst. 1941, UA 1958) anzuknüpfen. Brecht bezieht sich darin auf den Vergangenheit gewordenen Nationalsozialismus; es entsteht aber eine merkwürdige Zweideutigkeit, da die Fabel nun auch auf die Gegenwart des „Arbeiter- und Bauernstaats" bezogen werden kann – und offenbar auch soll. Ein unterdrücktes Vorwort steht hier in deutlichem Widerspruch zu Brechts offiziellen Äußerungen über den Aufstand von 1953: „unter neuen befehlshabern setzte sich also der naziapparat wieder in bewegung. (...) unüberzeugt aber feige, feindlich aber sich duckend begannen verknöcherte beamte wieder gegen die bevölkerung zu regieren." Im Stück selbst sagt Gogher Gogh: „Was heißt das: das Volk muß sich sein Regime wählen können? Kann sich etwa das Regime sein Volk wählen?" – und paraphrasiert damit Brechts bekanntes Gedicht über den 17. Juni: „Wäre es da / Nicht doch einfacher, die Regierung/ Löste das Volk auf und/ Wählte ein anderes?"

Weitere Pläne deuten indes eine konsequente Trennung sozialistischer und kapitalistischer Themen an. Brecht plante ein Stück über Einstein, als moderne Parallele zu *Leben des Galilei* (1. Fassg. entst. 1938/39, UA 1943, 2. Fassg. entst. 1945-47, UA 1947). Gegenüber seinem „Meisterschüler" Peter Hacks (geb. 1928) äußerte er sich aber skeptisch über die Realisierbarkeit des Projekts, das die modernen, anonymeren Beziehungen zwischen Wissenschaft und Politik behandeln sollte, und spekulierte über formale Neuerungen wie die Einführung einer „Simultantechnik". Folgenreicher war Brechts Orientierung auf die Arbeitswelt im eigenen Land: etwa seine Mitwirkung an dem Stück *Katzgraben. Szenen aus dem Bauernleben* (UA 1953) von Erwin

Strittmatter (1912 – 1994), das den Interessenskonflikt zwischen einem durch die Bodenreform zum Eigentümer gewordenen Kleinbauern und einem gebürtigen Großbauern behandelt. Brecht selbst begann über den Maurer Hans Garbe ein Stück zu schreiben. Dieser Arbeiter hatte 1950 auf eigene Initiative einen Ringofen repariert, ohne daß dabei der Betrieb gestoppt werden mußte. Und Brecht wollte demonstrieren, „was alles sich für ihn und bei ihm ändert, wenn er vom objekt der geschichte zu ihrem subjekt wird – unter der bedingung, daß dies nicht ein rein persönlicher vorgang ist, da er ja die klasse betrifft." Das Stück sollte, zusammen mit Eisler, im Stil der *Maßnahme* (UA 1930) oder der *Mutter* (nach Maksim Gorkij, entst. 1930/31, UA 1932) geschrieben werden –, wie Brecht überhaupt im Typus der *Maßnahme* die (kommunistische) Zukunft des Theaters sah, da er es erlaube, vom Persönlichen zu abstrahieren und das Kollektive unmittelbar darzustellen. Das *Garbe*-Projekt, das später *Büsching* hieß und nicht mehr verwirklicht werden konnte, sah einen „vollen akt über den 17. juni" vor.

Heiner Müller (geb. 1929), der sich beim Berliner Ensemble zu Brechts Lebzeiten vergeblich als „Meisterschüler" beworben hatte, griff später (zusammen mit seiner Frau Inge Müller (1925 – 1966)) den *Garbe*-Stoff auf und machte daraus 1957 den *Lohndrücker* (UA 1958). Er suchte dabei eher einen Mittelweg zwischen der von der Parteispitze wenig geschätzten Lehrstück-Form und dem üblichen 'Sozialistischen Realismus'. Um die Gestalt Garbes, die hier Belke heißt, etwas vom konventionellen 'positiven Helden' abzurücken, er-fand er für sie eine schlechte Vergangenheit: Belke hat in der Nazizeit einen Kommunisten wegen Sabotage denunziert. Darin zeigt sich ein grundsätzliches Dilemma der Produktionsstücke: Ihre Konflikte han-deln von Normen und Arbeitsleistung – auch politische Gegensätze können sich nur in dieser Weise artikulieren. Pointiert lautet die Lehre solcher Stücke: Wer mehr arbeitet, ist für den Sozialismus, wer weni-ger arbeitet, für den Kapitalismus. Schon in Strittmatters *Katzgraben* ist es die mangelnde Produktivität, die den Kleinbauern im Kampf gegen den Großbauern behindert – das Dilemma wird schließlich durch die Anschaffung eines Traktors beseitigt, und am Ende steht eine Hymne auf den technischen Fortschritt: „Maschinen säen und Maschinen ernten (...) Die Menschen meistern den Planeten Erde./ Und diese Zukunft kann man wie sein Leben lieben (...)".

Erst durch die Vergangenheit aber, die Dramatiker wie Heiner Müller oder auch Alfred Matusche (1909 – 1973; *Die Dorfstraße* (UA 1955)) ins Spiel bringen, gewinnt die Handlung politische Konturen. In Müllers *Die Korrektur* (UA 1958), die sich entschiedener am Lehrstück-Modell orientiert, wird sie am Ende sogar zum zentralen Konflikt, und die Produktion zum bloßen Anlaß: Über den Einsturz eines Fundaments des Kombinats „Schwarze Pumpe" geraten der Ingenieur und der Brigadier Bremer in Streit. Ursache ist ein technischer Fehler, der dramatisch kaum von Belang sein kann: Während Bremer ihn in der Zeichnung des Ingenieurs vermutet, gibt dieser den Arbeitern die Schuld. Der Konflikt kann so nicht zugespitzt werden. Da sagt Bremer plötzlich zum Ingenieur: „Ich hab acht Jahre im KZ gesessen. In der Zeit habt ihr euch den Bauch gefüllt und Bomber konstruiert für Hitler (...) Wir müssen aufbauen, was ihr kaputtgemacht habt." Er muß sich für diese Invektive beim Ingenieur schließlich entschuldigen, der Brüskierte hatte angedroht zu kündigen. Der alte Genosse aber steht am Ende da wie der junge in der *Maßnahme*. Er wird allerdings – da es sich um Produktion statt Revolution handelt – nicht erschossen: die Partei verlangt sein „Einverständnis" – er muß seinen „Fehler" korrigieren. „Wir brauchen keine Barrikaden, Genosse Bremer, wir brauchen Industriekombinate. Wir müssen den Kapitalismus an die Wand arbeiten." So versucht Müller das Pathos der Barrikaden auf den Alltag der Kombinate, auf die 'postrevolutionäre' Produktion, zu übertragen: das Brechtsche „Einverständnis" mit den Bedingungen der Revolution wird zum Einverständnis mit denen des Aufbaus. Doch die Arbeitswelt bleibt grau, es geht auch nicht um Leben und Tod, und Heiner Müller muß die dramatische „Farbigkeit" aus den vergangenen Kämpfen entwickeln – oder aber aus dem Verhältnis der Geschlechter. Eine Arbeiterin etwa sagt: „Wir sind das fünfte Rad, wenn es um eure Pfennige geht. Wenn ihr uns bespringen wollt, scheut ihr keine Kosten". Aber solche Stellen erregten den Unmut der Partei – sie fielen der Korrektur der *Korrektur* zum Opfer. Stattdessen schrieb der Autor einen Prolog und einen Epilog, worin die Arbeiterklasse selbst das Wort ergreift und – in gebundener Sprache – die Produktion als revolutionären Vorgang feiert: „Fluchend und stolpernd und ohne Aufenthalt,/ Links und links im Schritt der Fünfjahrespläne/ Reißen wir aus der krepierenden alten/ Die neue Welt." Bei der *Umsiedlerin oder Das Leben auf dem Lande* (entst. 1956–61, UA 1961; Neufassung u.d.T. *Die Bauern*, UA 1976) hat Müller schließlich große Teile der Handlung, zum ersten Mal auch Dialoge, in Blankversen niedergeschrieben – ein bewußter Stilbruch mit den naturalistischen Mitteln des Sozialistischen Realismus, wodurch eine eigenartige Spannung zwischen 'gehobenem' Rhythmus und 'niederem' Inhalt entsteht. Hacks sah darin einen Fortschritt der DDR-Dramatik, die Partei war anderer Meinung; Müller konnte das Stück durch keine Korrektur mehr konform machen; er wurde aus dem Schriftstellerverband ausgeschlossen. *Die Umsiedlerin* behandelt das Leben auf dem Lande im Zeitalter der Bodenreform – wobei wiederum der Anspruch der Frauen auf Emanzipation vom Mann ins Auge fällt. Die Titelgestalt wird schwanger von Fondrak, einem zwischen Hanswurst und Fatzer angelegten Asozialen, der statt Bauer zu werden, schließlich in den Westen geht. Mit ihm ist der immer wiederkehrende Typus des anarchischen Außenseiters geschaffen, der es den Autoren ermöglicht, eine Art plebejische oder proletarische Opposition zur herrschenden Parteidoktrin zu formulieren, hinter der sich gleichwohl auch die Interessen der Intellektuellen verbergen können. Helmut Baierl (geb. 1926), einer der vehementen Kritiker des Stücks, brachte im selben Jahr *Frau Flinz* (UA 1961, Dr. 1962) am Berliner Ensemble heraus – Antithese zu *Mutter Courage und ihre Kinder* (entst. 1939, UA 1941) und Korrektur der *Umsiedlerin* in einem, ein recht einfältiges Besserungsstück: die gegen die Obrigkeit handelnde Mutter wird bekehrt und für den sozialistischen Aufbau gewonnen. Noch in den späten siebziger Jahren galt *Frau Flinz* als Vorzeige-Stück der offiziellen Literaturauffassung.

Die Entdeckung der Sexualität in der Arbeitswelt war eine Möglichkeit, diese Welt – jenseits der Propaganda – zu *dramatisieren*. Nicht zufällig rief gerade dies die Zensur auf den Plan, nicht nur bei Heiner Müller, auch bei Peter Hacks. In *Die Sorgen um die Macht* (UA 1959; 2. Fassg. UA 1960, 3. Fassg. UA 1962) hat Hacks bereits seine Form der Konfliktlösung gefunden. Das Produktionsproblem – der technische Fehler: die schlechten Briketts, die den Maschinen der Glasfabrik schaden – wird auf Komödienart beseitigt. Der „Brikettierer" Max leidet darunter, daß er weniger verdient als die geliebte Frau, die Glasarbeiterin Hede – seine Potenz schwindet. Darum macht er Verbesserungsvorschläge für die Brikett-Produktion, die auch eingeführt werden. Doch aus sozialistischen Gründen werden sie Max nicht mehr Geld, sondern Ehre einbringen. Ihm genügt schließlich das symbolische Geld – Solidarität und Sozialismus –, um Hede wieder lieben zu können. So ergänzen sich Liebe und Produktion zu beider Wohl und unabhängig vom realen Geld. Auch in *Moritz Tassow* (entst. 1961, UA 1965) erweist sich die Komödie der Liebe als eine Art Platzhalter für den Kommunismus, der sich noch nicht einstellen will; die sexuelle Potenz als Symbol für die Produktivität, die in der Arbeitswelt nicht realisierbar ist. Die Titelgestalt möchte nach der Befreiung vom Nationalsozialismus sofort das Gemeineigentum auf einem Gut einführen – scheitert jedoch: Die neuen Eigentümer arbeiten nichts: „Natürlich wärs wirklich besser, sie wollten was arbeiten. An meiner Einrichtung ist nichts zu tadeln (...) Es muß an den Leuten liegen, ja da liegt der Hase im Pfeffer: die Leute. Politik geht überhaupt nur ganz ohne Leute." Liebe aber nicht ohne Frauen: Moritz verführt die Bauerntochter Jette – die freie Liebe funktioniert, im Gegensatz zum Gemeineigentum. Als dieses aber im Namen der Partei zunächst einmal aus strategischen Gründen aufgeteilt, der Kommunismus aufgeschoben werden soll, überläßt Moritz seine freie Geliebte dem Ehebund mit dem Bauernburschen Jochen und wird – Schriftsteller: „das ist der einzige Stand,/ In dem ich nicht verpflichtet bin, kapiert / Zu werden oder Anhänger zu haben." Mit diesen Worten verabschiedet sich auch Hacks vom politischen Theater. Er weicht der höheren Gewalt: während die *Sorgen um die Macht* nach der Aufführung im „Neuen Deutschland" scharf kritisiert wurden, setzte man *Moritz Tassow* im Deutschen Theater nach wenigen Aufführungen ab. Die beiden frühen Stücke von Hartmut Lange (geb. 1937) – *Senftenberger Erzählungen oder Die Enteignung* (entst. 1960, Dr. auszugsw. 1961, vollst. 1977) und *Marski* (entst. 1962/63, UA 1966) – gehören in mancher Hinsicht zum Hacksschen Typus der Produktions-Komödie. (Lange war ab 1961 Meisterschüler von Hacks und Mitarbeiter des Deutschen Theaters, ehe er 1965 nach West-Berlin ging. Beide Stücke konnten in der DDR nicht aufgeführt werden.) In *Marski* ist die Titelfigur ein Großbauer – groß in der Arbeit und im Genuß –, der sich nicht einfügen kann in die neue Ordnung. Als er seine kleinbäuerlichen Freunde und seinen Sohn an die „Landwirtschaftliche Produktions-Genossenschaft" verliert und allein sein Gut nicht mehr bestellen kann, will er sich erhängen. Doch die Freunde von der LPG, die im Überfluß produziert, schneiden Marski vom Strick und feiern ein großes Gelage mit ihm: Marski gelangt vom Tod zum Leben und vom reaktionären Außenseitertum zum Kommunismus: „Ich bin doch nicht blöd/ und halte fest am eigenen Herd,/ wenn er mich einsam und / verhungern läßt. Ich sterbe nicht / am eignen Vieh. Eher teil ichs auf / und eß es in Gesellschaft!"

Die Komödienform von Hacks mit ihren frechen Versen ist dem Lehrstück-Pathos entgegengesetzt und in mancher Hinsicht den Konflikten der Arbeitswelt um Normen und Technik angemessener. Doch kann sie die nationalsozialistische Vergangenheit, die auch bei Hacks in die Gegenwart geholt wird, verharmlosen. Eine Zwischenposition sucht Volker Braun (geb. 1939) mit dem mehrmals überarbeiteten *Die Kipper* (UA 1972; Dr. u.d.T. *Kipper Paul Bauch*, 1966); Braun hatte selbst in jenem Kombinat Schwarze Pumpe gearbeitet, das in Müllers

Korrektur dargestellt wird. „Das ist das langweiligste Land der Erde", sagt Paul Bauch, ein undisziplinierter 'Kraftkerl', der sich selbst zum Brigadier gemacht hat, nachdem er den alten in einer Messerstecherei besiegt hatte. Er lädt die Brigade zum Trinken ein und stachelt sie zur Produktivitätssteigerung an. Dies fördert zwar ihr Selbstbewußtsein, führt jedoch zu Brutalitäten und Unglücksfällen. Am Ende wird Bauch vom Kollektiv, das durch ihn selbstbewußt und selbstsicher geworden ist, verprügelt und ausgestoßen: „Er verliert eine Brigade, doch die Brigade gewinnt." Während der Außenseiter bei Müller entweder zum Einverständis mit dem Kollektiv gezwungen oder in den Westen geschickt wird, bei Hacks aber zum Intellektuellen und damit zum Statthalter der Utopie avanciert, strebt Braun eine Art dialektisches Gleichgewicht an zwischen einem „ganzen Menschen" und einem unvollständigen Kollektiv. Letztlich wird es doch aufgehoben in der Idee des (technischen) Fortschritts. In seiner philosophisch ausbalancierten Dramaturgie umgeht Braun das Tragische, indem er den Außenseiter nicht untergehen, sondern einfach weiterziehen läßt – in die Utopie. Sie wird am Ende in der Wissenschaft, in der Kybernetik gesichtet: „Es gibt kybernetische Maschinen, die sich selbst regulieren (...) Man muß die Initiative in die Technik hineinbauen, sonst müßte sie der Mensch erst jeden Tag aufbringen, das wär gewagt."

In den siebziger Jahren wird die Thematik der Produktion von Konflikten anderer Art immer deutlicher überlagert. In Brauns *Schmitten* (entst. 1969/78, UA 1982) verstümmelt die weibliche Titelfigur mit anderen Frauen den Bauleiter am Geschlecht, weil er sich weigert, seine Vaterschaft zuzugeben. Ist hier gleichsam Penthesilea in die Arbeitswelt gedrungen, so hatte Braun in *Tinka* (entst. 1973, UA 1976), worin die Produktion noch eine größere Rolle spielte, eine idealistischer anmutende Frauenfigur in den Mittelpunkt gestellt – eine Frau, die, so Wolfgang Emmerich, „an der Unterforderung seitens stehengebliebener, spießiger, opportunistischer Mitmenschen" scheitert [vgl. 101, *S. 165*]. In *Zement* (UA 1973) ließ Heiner Müller noch einmal die Mühen des Wirtschaftsaufbaus und das Pathos der Revolution zusammenklingen: „Ehren wir die Toten / Mit unsrer Arbeit für ein beßres Leben. / Genossen, setzt die Seilbahn in Betrieb". Rückblickend spricht Müller von einem „zu spät" geschriebenen Stück – mit ihm konnte er sich immerhin 1973 'offiziell' rehabilitieren. Zwar verschärft sich gegenüber den frühen Stücken, auch der nach Inge Müller verfaßten *Weiberkomödie* (nach einem Hsp. von Inge Müller, UA 1971), das sexuelle Dilemma; zwar nimmt die Verselbständigung des Terrors bedrohliche Züge an – die Hauptfigur Tschumalow aber garantiert als integrierender und harmonisierender Faktor den geschichtlichen Fortschritt.

Wie in der Neuen Linken im Westen verlagert sich die utopische Hoffnung in diesen Jahren von der heimischen Produktionssphäre auf den Befreiungskampf in der Dritten Welt oder sucht in den Revolutionen der Vergangenheit neue Impulse. Damit rückt die Frage der Gewalt wieder in den Mittelpunkt. In Müllers *Der Auftrag. Erinnerung an eine Revolution* (Dr. 1979, UA 1980) und Brauns *Guevara oder Der Sonnenstaat* (entst. 1975, UA 1977) wird der antikoloniale Kampf zum Thema, in *Lenins Tod* (entst. 1970, UA 1977) von Braun und in *Mauser* (UA 1975) von Müller die Russische Revolution. Im Falle des letzteren ist der Stoff selbst – „Variation auf ein Thema aus Scholochows Roman *Der Stille Don*" – von untergeordneter Bedeutung, der Text bedient sich konsequenter als irgendeiner der Form des Lehrstücks. Zentral ist, daß der politische Terror hier als Arbeit, als Produktion definiert wird. In Gestalt des Chors verlangt die Partei – ohne einen konkreten Anlaß – die Tötung eines einzelnen Revolutionärs, weil bei ihm der Terror sich verselbständigt habe, die Spannung zwischen Mittel und Zweck nicht mehr die brennende Wunde des Handelnden sei: „als seine Hand eins wurde mit dem Revolver / Und du wurdest eins mit deiner Arbeit / Und hattest kein Bewußtsein mehr von ihr / Daß sie getan werden muß hier und heute / Damit sie nicht mehr getan werden muß und von keinem / War dein Platz in unsrer Front eine Lücke / Und für dich kein Platz mehr in unsrer Front." Die

Spannung zwischen Mittel und Zweck, Weg und Ziel wird als Voraussetzung revolutionären Handelns bestimmt – doch gerade die Form des Lehrstücks kennt diese Spannung nicht, da sie immer nur das allgemeine Ganze und nicht das konkrete Einzelne zur Sprache zu bringen vermag. So ist *Mauser* ein Paradoxon: ein Lehrstück gegen das Lehrstück.

Für eine jüngere Dramatiker-Generation könnte Ulrich Plenzdorfs (geb.1934) dramatisierte Fassung der *Neuen Leiden des jungen W.* (1972) als neues Paradigma gelten. Der Alltag kehrt zurück, doch das kommunistische Telos ist verschwunden. Die Stücke von Uwe Saeger (geb. 1948) etwa (*Das Vorkommnis*, 1978; *Flugversuch*, 1983) sind Milieudarstellungen mit meist jugendlichen Protagonisten: „Nicht nationale Traumata, parabolische Kollisionen beschädigen diese Figuren, die Normalität der Verhältnisse läßt Ansprüche auf Selbstverwirklichung scheitern." [vgl. 79, *S. 184*] Daneben wird das alte Produktionsstück in einer Reihe von Satyrspielen auf groteske, schwankhafte oder phantastisch-märchenhafte Weise verabschiedet; sie reicht von Rainer Kirschs (geb. 1934) *Heinrich Schlaghands Höllenfahrt* (1973) über die Einakter von Kurt Bartsch (geb. 1937; z.B. *Die Goldgräber* (UA 1976)) und *Rotter. Ein Märchen aus Deutschland* (UA 1977) von Thomas Brasch (geb. 1945), der 1976 in den Westen übersiedelte, bis zu Harald Gerlachs (geb.1940) *Die Schicht* (UA 1984).

Weltliteratur 'postrevolutionär' – Komödie und Tragödie

Wie Peter Hacks ist Heinar Kipphardt (1922 – 1982) aus weltanschaulichen Gründen in die DDR gekommen und seit 1950 als Dramaturg am Deutschen Theater tätig. Sein „satirisches Lustspiel" *Shakespeare dringend gesucht: Dramatische Satire* (UA 1953) von 1953 gehört in gewisser Weise auch zu den Produktionsstücken – nur daß es die Produktion am Theater zum Gegenstand hat. Dadurch kann der Autor das

Problem der 'undramatischen' Arbeitswelt umgehen und in der entspannten Form einer streitbaren Unterhaltungskomödie die Frage von Produktivität und Gemeineigentum aufwerfen. Der Dramaturg Färbler leidet physisch unter der mangelnde Qualität der eingereichten Stücke – „(Zitiert:) 'Träum' von Eisen und Traktoren, diese lieb ich Tag und Nacht. Die Brigade ist geboren, hei, wie sie uns glücklich macht!' Mein Magen! Natron (...) In diesen Stücken geht es zu wie in einem Kuhmagen, nur, daß statt Gras Gedanken und altes Zeitungspapier wiedergekäut werden." Ausgerechnet dieser Geplagte übersieht das einzige wirkliche Talent. Es hilft ihm aber ein pfiffiger kluger Botenjunge, der ihm statt eines Funktionärs beisteht, den Fehler zu korrigieren. (In der Gestalt des untalentierten, opportunistischen Autors Mohnhaupt soll – so Emmerich [vgl. 101, *S. 111*] – der damals erfolgreiche Dramatiker Harald Hauser, geb. 1912, karikiert sein.) Die Austreibung des Bürokraten Schnell erinnert überdies an Majakowskis Dramaturgie. Nach einem satirischen Stück über das westdeutsche Wirtschaftswunder *Der staunenswerte Aufstieg des Alois Piontek* (UA 1956), wollte Kipphardt in den *Stühlen des Herrn Szmil* (1958; nach I.Ilf und G.Petrov) wieder den 'sozialistischen' Alltag kritisch unterhaltend darstellen. Das Stück wurde nicht mehr zur Aufführung freigegeben, sein Autor ging 1959 wieder zurück in den Westen.

Es waren die Dramatiker, die sich in der Folge auf die Suche nach Shakespeare begaben: Die eigentliche Alternative zu Zeit- und Produktionsstücken lag in der Bearbeitung weltliterarischer Stoffe. Auch hier könnte man Brecht mit seinen *Coriolan*- und *Don Juan*-Fassungen als Ahnherrn bezeichnen (*Coriolan*, nach W. Shakespeare, 1952/53; *Don Juan*, nach Molière, 1952). Als sich Müller und Hacks aber in den sechziger Jahren den 'klassischen' Themen zuwandten, um dem Zugriff des Staates und der Tristesse der Arbeitswelt zu entgehen, waren die Brechtschen Kriterien nicht mehr maßgebend. Hacks setzte sich nun bewußt ab von der Ästhetik seines Lehrers und von seiner eigenen frühen Produktion und proklamierte unter dem Stichwort der „postrevolutionären Dramaturgie" den notwendigen Übergang vom Sturm und Drang zur (sozialistischen) Klassik. Hacks Komödien nach griechischen Mythen (*Amphitryon*, 1958; *Omphale*, UA 1970) eliminieren dabei konsequent die 'dunklen' Seiten 'klassischer' Themen: In Amphitryon werden die seelischen Verwicklungen und das Mißtrauen zwischen Mann und Frau, die Kleist hervorhob, vom Göttervater mit leichter Hand entfernt. Der aber hat im Unterschied zu Molière kein politisches Pendant in der Wirklichkeit, sondern nur ein utopisches in einer ungreifbaren Zukunft: er bedeutet, laut Hacks, die „Zusammenfassung und Verkörperung aller menschlichen Vermögen" [vgl. 176, *S. 352*]. So nähert sich das Spiel, indem es aus den Unzulänglichkeiten des 'Allgemein Menschlichen' seinen Witz zu gewinnen sucht, weniger Goethe, Schiller oder Kleist als der Offenbachschen Operette, der Aristophanischen Komödie und der Nestroyschen Posse. Deutlicher noch als Aristophanes exponiert Hacks dabei als Seele der Komödie die männliche Potenz. Wie im *Gespräch im Hause Stein über den abwesenden Herrn von Goethe* (1976) liegt der Handlungsspielraum der Frau zwischen einem unattraktiven tumben Mann und einem schönen potenten Gott. Bei dem jüngeren Dramatiker Stefan Schütz (geb. 1944) bietet im Gegensatz dazu der entrückte mythische oder historische Stoff – *Antiope und Theseus* (1974, UA u.d.T. *Die Amazonen*), *Heloisa und Abaelard* (1975, UA 1979) – geradezu die Voraussetzung dafür, daß die Frauenfiguren eine einzigartige ethische Größe gegenüber den meist kleinmütigen und machthungrigen Männergestalten gewinnen.

Nach dem politischen Eklat der *Umsiedlerin* gelang Heiner Müller mit der Sophokles-Adaption *Philoktet* (Dr. 1965, UA 1968) die Rückkehr ins Theaterleben. Es folgte 1967 (nach dem Produktionsstück *Der Bau*, das wie der Film *Spur der Steine* auf den Roman von Erik Neutsch (geb. 1931) zurückgeht) *Ödipus Tyrann* (UA 1967). In *Philoktet* korrumpiert der klug taktierende Machtpolitiker Odysseus den naiven Moralisten Neoptolemos und weiß auch noch den toten Philoktet, der den Kriegsdienst verweigerte, für den Krieg zu instrumentalisieren. In den siebziger Jahren beginnt Müllers intensive Beschäftigung mit Shakespeare. Die *Macbeth*-Bearbeitung (UA 1972) steigert nicht nur das Ausmaß der Verbrechen, sie zeigt auch die bei Shakespeare 'positiven', edlen Figuren – Duncan, der Macbeth zum Opfer fällt und Malcom, der Macbeth dafür bestraft – als ebenso mörderische Herrschergestalten, einzig die Hexen könnten als Stellvertreter des revolutionären Terrors gelten. Während Friedrich Dieckmann in einer vorsichtigen Kritik von der Gefahr einer „Ästhetisierung des Schrecklichen" sprach [vgl. 140, *S. 681*], warf Wolfgang Harich in einer ausladenden, humoristischen und zugleich heftigen Polemik dem Dramatiker „Geschichtspessimismus" vor, wetterte über den „rapiden Niedergang" seiner „Sprachkultur", in der er selbst einstmals Beethovensche Tragik zu erkennen glaubte, und nennt Müller einen „außengeleiteten Intellektuellen", der der westlichen Porno- und Grausamkeitswelle Tribut zolle – während er andererseits Hacks als „Mozart des Adaptierens" feierte: „leicht, heiter, erzgescheit, von aufklärerischrationaler Helle, Komödienstoffe bevorzugend" [vgl. 147, *S. 189ff.*]. *Macbeth* führte zum Bruch zwischen Hacks und Müller; neben dem ästhetischen Gegensatz verschärfte sich auch ihr Konkurrenzverhältnis: Müller gewann insbesondere im Westen an Berühmtheit, Hacks verlor hier in der zweiten Hälfte der siebziger Jahre allmählich seine Position als der am meisten aufgeführte deutschsprachige Gegenwartsdramatiker. Während Hacks Erfolge vor allem beim ästhetisch eher konservativen Publikum in Ost und West feiern konnte, ist Müllers Aufstieg mit der Durchsetzung neuer Theaterformen verknüpft; deren szenische Mittel, die 'Klassiker' in die Gegenwart zu versetzen, werden zu integralen Teilen des Müllerschen Dramas; Tableaus, die ebensogut aus einem Regiebuch stammen könnten, ersetzen Dialoge – z.B. in den letzten Szenen von *Leben Gundlings Friedrich von Preußen Lessings Schlaf Traum Schrei* (UA 1979): „Autofriedhof. Elektrischer Stuhl, darauf ein Roboter ohne Gesicht. In zwischen unter den Autowracks in verschiedenen Unfallposen klassische Theaterfiguren und Filmstars. Musik WELCOME MY SON WELCOME TO THE MACHINE (Pink Floyd WISH YOU WERE HERE)." Läßt die Ausgabe im Rotbuch-Verlag mittels Bildmontagen und Anordnung den Dramencharakter an sich schon verblassen, verzichten neuere Theatertexte des Autors (*Hamletmaschine,* UA 1979, *Bildbeschreibung,* UA 1985) weithin sogar auf ausgeschriebene Rollen. Heiner Müller selbst sieht darin ein geschichtsphilosophisches Problem, über das kein Dramatiker sich hinwegsetzen könne – das Problem, „daß es keinen fiktiven Dialog mehr gibt. Eine Szene kann einem ganz klar sein, man kann es sich genau vorstellen, man kann es alles denken, aber den Dialog schreiben kann man nicht mehr. Eigentlich kann man nur noch in Zitaten miteinander reden." Außerhalb des Theaters jedoch entwickelt Müller seit den achtziger Jahren mit einiger Virtuosität ein Surrogat des Dialogs: die Kunst des Interviews, welcher er mehr und mehr seine Präsenz in der Öffentlichkeit verdankt.

Die intensive Auseinandersetzung mit der Dramatik Tschechows bei Thomas Brasch (*Anton Tschechows Stücke* (Dr. 1985)), Harald Gerlach (*Vergewaltigung* (1984)), Volker Braun (*Die Übergangsgesellschaft* (1988/89) und Georg Seidel (1945 – 1990) setzt wohl nicht zufällig in der letzten Phase der DDR ein: in der Situation des Abschieds, mit der Einsicht in die Hinfälligkeit eines gesellschaftlichen Systems oder einer Ahnung davon. Heiner Müller geht dieser Auseinandersetzung – abgesehen von einer Bearbeitung der *Möwe* 1971 – aus dem Wege und hält sich an sowjetische Romanvorlagen: Michail Aleksandrowitsch Scholochow (1905 – 1984) für *Mauser*, Fjodor Wassiljewitsch Gladkow (1883 – 1958) für *Zement*, Aleksandr Alfredowitsch Bek (1903 – 1972) für *Wolokolamsker Chaussee I – V* (UA 1985 – 1988). Im Unterschied zu Brauns Stück, bei dem – im Sinne des auf Trotzki anspielenden Titels – die Perspektive des Übergangs zum Sozialismus offenbleibt, schweben die Hoffnungen von Seidels Bühnenfiguren nicht in ungreifbarer Zukunft wie bei Tschechows Gestalten; sie sind begraben in der überall noch greifbaren Vergangenheit. In *Villa Jugend* (UA 1990) sagen die Kinder des alten kommunistischen Funktionärs, der eben einen Selbstmordversuch begangen hat und sein Haus verkaufen muß: „Hier geht irgendwas zu Ende, was längst zu Ende ist, aber jetzt merke ichs erst (...) alles kaputt, das Land, die Menschen, heulen müßte man, heulen."

Deutschland – Satire und Kult

Die satirische Behandlung deutscher Tradition in Brechts Bearbeitung des *Hofmeister* (anon. ersch. 1774, UA 1778) von Jakob Michael Reinhold Lenz (1751– 1792) (*Der Hofmeister,* nach J.M.R. Lenz, UA 1950, Dr. 1951) wie auch in den von ihm angeregten frühen Stücken von Hacks (*Die Schlacht bei Lobositz* (UA 1956); *Der Müller von Sanssouci* (UA 1958)) stand in deutlichem Spannungsverhältnis zur nationalen, auf die Wiedervereinigung ausgerichteten SED-Kulturpolitik, mit der andere remigrierte Exil-Autoren wie Friedrich Wolf (1888 – 1953; *Thomas Müntzer, der Mann mit der Regenbogenfahne* (UA 1953)) oder Hedda Zinner (1907 – 1994; *Lützower* (1955, Neufassg. 1956)) durchaus übereinstimmten. Wie Hanns Eislers (1898 – 1962) Libretto zu einer *Faustus*-Oper (1952) wurde auch Brechts *Hofmeister*, wenn auch bedeutend vorsichtiger, der Vorwurf gemacht, die 'negativen' Traditionen der deutschen Kultur zu stark zu akzentuieren. In den sechziger Jahren trat die deutsche Thematik in den Hintergrund, was damit zusammenhängen mag, daß die nationale Frage für das politische Selbstverständnis der DDR prekär geworden war. Die Abstinenz dauerte etwa bis zur Mitte der siebziger Jahre, als Stefan Schütz *Kohlhaas* (UA 1978), Heiner Müller *Die Schlacht. Szenen aus Deutschland* (entst. 1951/74, UA 1975) und *Germania Tod in Berlin* (UA 1978) schrieb. Im Gegensatz zu Brechts satirischer Perspektive zeigen Müllers Stücke, die auf frühe Entwürfe aus den fünfziger Jahren zurückgreifen, eine Art Pantragismus des Deutschtums, der aber von Ernst Blochs (1885 – 1977) *Prinzip Hoffnung* (3 Bd.e, 1954 – 1959) bewegt zu werden scheint. Das Ziel der deutschen Geschichte ist fragwürdig geworden; umso gewaltsamer wird es als Utopie beschworen. Was sich in den Produktionsstücken andeutet und bereits den Kern der Bearbeitung von Sophokles (um 496/97-406 v. Chr.) und William Shakespeare (1564 – 1616) (insbesondere *Anatomie Titus Fall of Rome* (UA 1985)) bildet, tritt in den Stücken über den Terror von links (*Der Auftrag*) und von rechts (*Die Schlacht*) noch prägnanter hervor: Müllers Dramatik steht in der Tradition von Friedrich Wilhelm Nietzsches (1844 – 1900) *Dionysos-Dithyramben* (entst. bis 1888, Dr. 1892); der evozierten Grausamkeit wird – wie Horst Domdey [vgl. 141] und Richard Herzinger [vgl. 148] zeigten – kultischer Sinn zugesprochen.

In seinem *Hofmeister* hatte Brecht den Akt der Selbstkastration des bürgerlichen Hauslehrers in den Mittelpunkt gestellt – und damit die Sexualität als Metapher für politisches Handeln eingesetzt (anders als in *Turandot*, wo sie in alter Brecht-Tradition als Metapher für die Käuflichkeit des Denkens dient). In Müllers *Germania* richtet sich diese Metapher nun gegen die Praxis der Kommunisten – die 'untreue' Freundin des jungen Arbeiters wird zur Allegorie der 'beschmutzten' Partei: In ihr glaubt der sterbende alte Hilse, der 'ewige' Maurer, die „rote Rosa" (Luxemburg) wiederzuerkennen. *Leben Gundlings* – ein Stück, das den Deutschland-Satiren von Brecht und Hacks noch am nächsten steht – greift Motive von Heinrich von Kleist (1777 – 1811), Georg Büchner (1813 – 1837) und Gotthold Ephraim Lessing (1729 – 1781) auf, so etwa den Bären aus der *Hermannsschlacht* (UA 1860). Doch auch hier wird das sexuelle Motiv politisch allegorisiert: der Bär, der den Intellektuellen Gundling verfolgt und schließlich umarmt, wird als Verkörperung des Volks vorgestellt. (Eine Ausnahme ist die unmetaphorische Darstellung der Sexualität in *Quartett. Nach Laclos* (UA 1982, Dr. 1981), das Müller 1980 nach Choderlos de Laclos (1741 – 1803) *Les Liaisons dangereuses* (1782, dt.: *Gefährliche Liebschaften*) verfaßt hat.)

Anders als Müller versucht Volker Braun in seinem Deutschland-Stück *Simplex Deutsch* (1979, UA 1980) Augenblicke der Entscheidung wie Schlaglichter zu gestalten: so etwa jenen der Befreiung im

Jahre 1945, mit dem das Stück schließt: „DU KANNST ALLES ENT-
SCHEIDEN/DANN FALLEN DIE TAGE WIEDER EIN EWIGER
SCHNEE". In den surrealistischen Bildern von Lothar Trolles (geb.
1944) *Weltuntergang Berlin* (UA 1984) erscheint deutsche Geschichte
weder als utopieträchtige Katastrophe noch als Ineinander von
Entscheidung und Erstarrung, sie wird als Kontinuum sinnloser und
infantiler (moralisch, politisch nicht faßbarer) Grausamkeiten vorgeführt. Eindringlicher und aufschlußreicher ist der Untergang in *Berlin,
ein Meer des Friedens* (UA 1985) von Einar Schleef (geb. 1944).
Schleef ist 1976 nach Westberlin übergesiedelt und stellt in seinem
Stück rückblickend den Alltag einer DDR-Familie auf die Bühne: verkommene Spießer einer Konsumgesellschaft ohne Waren, zwischen
ausuferndem Westfernsehen und schrumpfendem Selbstbewußtsein:
„Ich bin nicht gegen die Mauer. Das ist selbstverständlich, daß der
Staat mich schützt", sagt der Vater, der über die Killer im Fernsehen
begeistert ist: „Die werden mit ihrer Vergangenheit fertig." Tatsächlich rückt die Vergangenheit bedrohlich in den Vordergrund – und
dies läßt in gewisser Weise den Aufschwung des Rechtsextremismus
nach 1989 erahnen: „Die Vergangenheit kommt immer wieder wie ein
Kind geboren wird." – Das Kind ist diesmal die Enkelin, der vom
Vater anvertraut wird: „Damals. Einundvierzig. Jeder Schuß ein Ruß.
Hauptsache es knallt Mädchen." Eine Meeresüberschwemmung, der
keine Mauer standhält, zerstört schließlich die Anti-Idylle – eine kaum
verschlüsselte Vorwegnahme des Untergangs der DDR.

Die Ritter der Tafelrunde. Eine Komödie (1989) von Christoph Hein
(geb. 1944), die im Frühjahr 1989 am Staatsschauspiel Dresden uraufgeführt wurden, zeigen, auf der Folie des Grals-Mythos, mit er-
staunlicher psychologischer Präzision den herannnahenden Untergang
innerhalb der staatstragenden Schicht der DDR. Hierbei werden auch
distanzierte, halb dissidente Beziehungen der Intellektuellen zur
Staatsmacht thematisiert. So einfach jedoch die Metaphorik zu durchschauen ist – der Gral, den die Ritter suchen, steht für das Ziel des
Kommunismus, der Feind Klingsor für den Kapitalismus –, so sehr

verstellt sie den Blick auf die komplexen, inneren und äußeren Bedingungen der Implosion dieses Staatswesens. Klingsor ist in gleicher Weise Schimäre wie der Gral – wirklich sind nur die sexuellen Beziehungen und der Generationenkonflikt. Ästhetisch schlägt sich dies in der Diskrepanz zwischen psychologischem Naturalismus und mythischer Fabel nieder, die zuweilen banale Situationen herbeiführt, deren surrealistische Möglichkeiten aber ungenutzt bleiben. Demgegenüber versucht Manfred Karge* (geb.1938) in einem seiner *MauerStücke* (1990/91) dem Fall der Mauer durchaus Spaß abzugewinnen, und zwar als Parodie des Nibelungen-Mythos, die (wie der Titel der Szene – „Ostfotze" – veranschaulicht) von sexueller Metaphorik abermals ausgiebig Gebrauch macht.

Nach dem Ende der DDR gewinnt insbesondere bei Heiner Müller der nationale Gesichtspunkt an Bedeutung. Sah er zunächst im 'Realen Sozialismus' den Versuch einer 'Bremsung' kapitalistischer Dynamik, so überträgt er diese Funktion allmählich auf antikapitalistische Ideen aus dem Spektrum der politischen Rechten. Dionysos ist nicht mehr der Gott der Utopie, er feiert nun – im Sinne von Ernst Jünger und Botho Strauß – die Wiedergeburt des Immergleichen, des Nationalen. Die westdeutsche Linke wird kritisiert, weil sie sich „an Auschwitz erinnert, nicht an Stalingrad" – „Der Zweite Weltkrieg war auch eine deutsche Tragödie". Ihre Konsequenz sieht Müller, der zuletzt an einem Stück über Hitler und Stalin und an einem Libretto (für Pierre Boulez) über den Atriden-Mythos schreibt, offenbar in der Schlußlösung von Aischylos – darin nämlich, „daß die Toten gleichberechtigt sind (...) es hat sich soviel angehäuft an Schuld, an Verbrechen und an Kenntnis von Verbrechen, daß es plötzlich nicht mehr möglich ist zu entscheiden."

Alfred Barthofer

Neue Dramatiker in Österreich

Der Beitrag österreichischer Bühnenautoren zum deutschsprachigen
Drama seit 1945 liefert ein umfangreich-komplexes Spiegelbild der
politisch-sozialen Realität Österreichs der letzten fünfzig Jahre. Nach
einer Phase konzentrierter Bemühungen um den Wiederaufbau des
durch die Kriegshandlungen zerstörten Landes setzte mit dem Abschluß des Staatsvertrags im Jahre 1955 eine Periode des öffentlichen
Bekenntnisses zum kulturellen Traditionalismus ein, in der man versuchte, die nationale Identität Österreichs aus seiner Vergangenheit zu
definieren. Mit dem Staatsvertrag war die Vergangenheit offiziell be-
wältigt und eine kritische Auseinandersetzung mit der erinnerten Zeit
nicht länger notwendig, was die geistig offenen Schriftsteller und Künstler zutiefst beunruhigte und nach Antworten zu offenen Fragen suchen
ließ. Die mit dem zunehmenden Wohlstand des Landes verbundene
Uninteressiertheit an Kultur führte zu einem Jahrzehnt der Stagnation
und eines traditionsorientierten Provinzialismus. Peter Handkes (geb.
1942) *Publikumsbeschimpfung* leitete im Jahre 1966 eine Periode des
Umbruchs ein, in der die Bühnenwerke junger österreichischer Autoren internationale Anerkennung fanden. Mit dem Tode Thomas Bernhards im Jahre 1989 kam dieser Abschnitt zu einem abrupten Ende.
Einer neuen Generation von Dramatikern mit neuen Theaterkonzepten
und gesellschaftskritischen Aspirationen gelang es, sich auf der deutschsprachigen Theaterszene zu etablieren.

Wiederaufbau – Fassadenkultur

Knappe drei Wochen nach der Einstellung der Kampfhandlungen um
Wien trat das Burgtheater auf einer Ausweichbühne bereits wieder vor

das Wiener Publikum. In einer richtungweisenden Ansprache bestärk-
te der eben ernannte Burgtheaterdirektor seinen Glauben an die glor-
reiche Vergangenheit seiner Institution und rief dazu auf, das ausge-
brannte und in Trümmern liegende Haus am Ring in seinem „alten
Glanze" neu erstehen zu lassen. Einen Tag später nahmen bereits die
Staatsoper und das Theater in der Josefstadt den Spielbetrieb wieder
auf. Ende Juli sind in Wien mehr als zehn größere Theater wieder in
vollem Betrieb. In der zweiten Augusthälfte finden schon die ersten
Salzburger Festspiele statt. Trotz dieses vielversprechenden Starts des
Österreichischen Theaters im Jahre 1945 kann von einem echten Neubeginn, einer „Stunde Null", in Österreich aber nicht die Rede sein,
weil Schauspieler, Regisseure, Spielplan-Repertoir, Publikum und
teilweise auch Bühnenautoren mit denen der unmittelbar zu Ende ge-
gangenen Vergangenheit identisch waren und der kollektive Wille
zum radikalen Bruch und zur Selbstprüfung fehlte. Während die Fassaden des österreichischen Kulturbetriebs emsig saniert und restauriert
wurden, konnte dahinter faschistisches Gedankengut ungestört wei-
tergedeihen: „In dieser bilderlosen Zeit mußten wir uns das Grauen im
Übermaß erfinden, um der damaligen Lipizzanerseligkeit, ich rede immer von Österreich, zu entkommen. Sie dürfen nicht vergessen: Von
1945 bis 1948 wurden in Österreich 42 Heimatfilme gedreht. Die haben vom Österreicher weltweit das Bild eines politisch völlig un-
schuldigen, etwas schrulligen, liebenswürdigen und gastfreundlichen
Idioten geschaffen, der als Wirt herrlich taugt. Während Deutschland
zunächst als Industrienation zerstört und dann wiederaufgebaut wurde,
entwickelte sich Österreich zu einer Wirtsgesellschaft, zum Hawaii
Mitteleuropas. Am Ende dieser 42 Spielfilme stand der österreichische
Massenmörder freundlich und devot grinsend vor dem frisch renovier-
ten Weißen Rößl und begrüßte seine immer zahlreicher werdenden
Gäste. Spätestens mit dem Staatsvertrag von 1955 ist dieser Trick le-
galisiert worden und Österreich wurde als das erste von Hitler okku-
pierte Land hingestellt." Das hier von Peter Turrini (geb. 1944) betonte Schweigen wurde nur von einigen aus dem Exil zurückgekehrten

Dramatikern gebrochen. Ihre Theaterstücke fanden aber bei den größeren Bühnen wenig Anklang und wurden sogar gezielt ignoriert. Die bedeutendsten von ihnen sind: Ferdinand Bruckner (eigtl. Theodor Tagger, 1891 – 1958), Franz Theodor Csokor (1885 – 1969), Fritz Hochwälder (1911 – 1986), Theodor Kramer (1897 – 1958), Fritz Kortner (1892 – 1970), Arnold Bronnen (eigtl. A. Bronner, Ps. A.H. Schelle-Noetzel, 1895 – 1959) und Ernst Fischer (1899 – 1972). Ihre anti-faschistische Grundhaltung irritierte die Kulturträger, die den die humanistisch-christliche Kulturtradition Österreichs verkörpernden Schriftstellern Max Mell (1882 – 1971), Richard Billinger (1890 – 1965) und Friedrich Schreyvogl (1899 – 1976) die Nachkriegsbühnen überließen. Ferdinand Bruckner, der 1933 Deutschland verließ und nach Jahren des Exils wieder nach Deutschland zurückkommt, durchleuchtet in seinem Drama *Die Befreiten* (1945) die Frage des Mitläufertums und des Widerstands. Fritz Hochwälder, 1938 in die Schweiz geflüchtet, setzt sich in seinem Stück *Der Flüchtling* (1945) mit ähnlichen Problemen auseinander. Das Weiterleben der Führergesinnung und der Nazi-Mentalität in dem biederen Städtchen Brauning behandelt er in der Komödie *Der Himbeerpflücker* (1965). Die unbewältigte Vergangenheit steht auch in seinem Kriminalstück *Der Befehl* (1966) im Mittelpunkt des Geschehens, bei dem ein Wiener Polizist seine eigene faschistische Vergangenheit zu ermitteln hat. Die frühen Auseinandersetzungen Hochwälders mit der NS-Zeit in Österreich leiten die Bemühungen nach einem historisch gerechteren Selbstverständnis ein und finden später bei Peter Turrini, Wilhelm Pevny (geb. 1944), Felix Mitterer (geb. 1948), Heinz Rudolf Unger (geb. 1938), Helmut Qualtinger (1928 – 1986), Thomas Bernhard (1931 – 1989), Elfriede Jelinek (geb. 1946) und Werner Schwab (1958 – 1994) ihren dichterischen Niederschlag. Auf Zeit- und Gesellschaftskritik zielt auch Fritz Kortners *Donauwellen* ab, das anläßlich der Münchner Uraufführung im Jahre 1949 in Österreich viel Unwillen hervorrief und als „Zerrbild von Wien und allem Österreichischen" abgetan wurde. In der Figur des parasitären Wiener Friseurs Duffeck zeichnet Kortner einen Vorläufer von Helmut Qualtingers *Herrn Karl* (UA 1961). Duffeck ist der Opportunist und Mitläufer par excellence, der alle politischen Strömungen erfolgreich mitmacht und die Umwelt mit Wiener Charme zu seinem Vorteil ausnutzt. Seine Sprache spiegelt in der Bevölkerung weit verbreitete rassische Vorurteile und Denkmuster und wird von Kortner geschickt zur Demaskierung tiefliegender gesellschaftlicher Motivationskräfte eingesetzt. Franz Theodor Csokor gehört ebenfalls zu jener kleinen Gruppe aus dem Exil zurückgekehrter Dramatiker, denen es um einen echten Gesinnungwandel ging. Der Aufruf der kritischen Intelligenz zur Auseinandersetzung mit Zeitproblemen fiel auf taube Ohren und das vom Staat subventionierte Theater drohte an provinzieller Enge zu ersticken. Die schon in der NS-Zeit erfolgreichen Dramatiker Max Mell, Richard Billinger und Friedrich Schreyvogl stehen auch in dieser Zeit bevorzugt auf den Spielplänen der Wiener Bühnen.

In dieser Zeit kultureller Stagnation liegen auch die Wurzeln des österreichischen Kabaretts, das in Gerhard Bronner, Carl Merz und Helmut Qualtinger seine wirkungsvollsten Vertreter hatte. Ihr bedeutendster Beitrag ist zweifellos die von Merz und Qualtinger ursprünglich als Kabarettnummer konzipierte Figur des *Herrn Karl*, des parasitären politischen Opportunisten und Mitläufers, der bei den Wienern große Empörung auslöste und von Hans Weigel (1908 – 1991) als „menschlicher Zustand österreichischer Färbung" charakterisiert wurde. Wichtige Anregungen zu innovativem Denken und Experimentieren kamen von der 'Wiener Gruppe', der Künstler wie Hans Carl Artmann (geb. 1921), Gerhard Rühm (geb. 1930), Oswald Wiener (geb. 1935), Konrad Bayer (1932 – 1964), Friedericke Mayröcker (geb. 1924) und Ernst Jandl (geb. 1925) angehörten. Neben Sprachexperimenten in der Lyrik beschäftigten sich die meisten von ihnen auch mit Bühnen-Experimenten. H.C.Artmann und Konrad Bayer verfaßten zahlreiche surreale und dadaistische Theaterstücke, die in verschlüsselter Form soziale Probleme berühren. Hier haben auch Wolfgang Bauers (geb. 1941) Mikrodramen ihre Wurzeln. International berühmt wurden Ernst Jandls Sprechoper *Aus der Fremde. Sprechoper in 7 Szenen* (UA 1979) und das Endspiel *die humanisten* (1976). Einen nur schwer zu übersehenden Einfluß auf Form und Inhalt des Dramas der siebziger, achtziger und neunziger Jahre übte der *Wiener Aktionismus* mit Schock- und Provokationstheater, Überbetonung der Fäkal- und Sexualsphäre und Grausamkeit aus. Die sorgfältig restaurierte Fassade des österreichischen Kultur- und Theaterbetriebs zeigte Sprünge, die sich bald darauf auch in der Gesellschaftsstruktur nur mehr schwer verbergen lassen.

Internationalität und Experiment

Mit der Uraufführung von Peter Handkes *Publikumsbeschimpfung* im Jahre 1966 zeichnet sich deutlich ein Generationsbruch ab, in dem das österreichische Drama plötzlich weltweiten Anklang findet. Handkes Stücke wurden in die führenden Weltsprachen übersetzt und in fast allen Erdteilen aufgeführt. Handke verzichtet von allem Anfang an auf den realistischen Bildwert der theatralischen Situation und die direkte Bezugnahme auf die konkrete, gesellschaftliche Wirklichkeit und transponiert das Problemelement radikal auf die sprachtheoretische (mimetisch-gestische) Ebene, um aus dieser ein Wirklichkeitsmodell zu abstrahieren, dem die sozial- und gesellschaftskritische Dimension in plakathafter Augenfälligkeit und Brechtscher Intention fehlt. Das hat zum Vorwurf geführt, Handkes Bühnenwerken fehle Gesellschaftsbezogenheit und sozialkritische Relevanz. Handke bezieht sich häufig auf die Frage nach dem Verhältnis zwischen Theater und Gesellschaft und betont, daß es in seinem theatralischen Modell nicht darum gehe, die Wirklichkeit darzustellen, sondern dem Zuschauer zu helfen, über sich selber, seine alltägliche Wirklichkeit und seine Beziehung zum Mitmenschen ins Klare zu kommen. Hatten schon Karl Kraus (1874 – 1936), Ödön von Horváth (1901 – 1938) und Elias Canetti (1905 – 1994) auf die Sprachbedingtheit menschlichen Denkens und Handelns aufmerksam gemacht, so wird dies für Handke zum thematischen Schwerpunkt aller seiner Bühnenwerke, der in seinem Schauspiel *Kaspar* (1968) in programmatischer Form abgewandelt wird. Die Problematisierung der sprachlichen Interaktion, Manipulation und Reduktion ist daher durchaus als Gesellschaftskritik zu verstehen und sogar „stumme" Stücke, in denen Sprache durch Gesten, Aktionen und Objektkonfigurationen auf der Bühne ersetzt wird, unterliegen derselben Intention. Handke verabsolutiert den Sprech-Akt (oder das Fehlen desselben) und macht ihn zum Spiegelbild menschlicher Empfindungen und Bewußtseinsinhalte. In dieser Hinsicht knüpft Handke direkt an zentrale Überlegungen Ludwig Josef Johann Wittgensteins (1889 – 1951) an, der in seinen *Philosophischen Untersuchungen* (1953) ebenfalls die Sprache zum Ausgangspunkt aller theoretischen Betrachtungen macht. Die perfekte dichterische Metapher für die daraus resultierende Verunsicherung des Menschen hat Peter Handke in seinem Theaterstück *Der Ritt über den Bodensee* (1970) gefunden. Es stellt im Wesentlichen ein komplexes System von Sprachspielen und Rollenmustern dar, in dem philosophische Begriffe überprüft und ihres Scheinwerts entladen werden. Durch die Verschränkung von Fiktion, Traum, Wahnsinn und Wirklichkeit wird der Relativierungsprozeß scheinbar sicherheitsverbürgender Erfahrungs-und Ordnungskategorien intensiviert und zum Zweifel am Selbst und an der Wirklichkeit erhöht. In der Problematisierung der Sprache als Kommunikationsmittel liegt primär die Gesellschaftsbezogenheit seiner Bühnenwerke.

Wenn ein Kritiker nach der Uraufführung von Wolfgang Bauers *Magic Afternoon* im Jahre 1968 dessen Stücke als „harmlose Aufgüsse des Internationalen Undergrounds" abzutun versuchte, so erwiesen sie sich paradoxerweise trotz ihres Dialektcharakters als internationale Bühnenerfolge. In formaler Hinsicht stehen Bauers Dramen Kraus, Horváth und Arthur Schnitzler (1862 – 1931) näher als Bertolt Brecht (1898 – 1956) und der Ästhetik des Absurden Theaters. Die intime Vertrautheit mit den Sprach- und Verhaltensgewohnheiten gesellschaftlicher Randschichten, die geschickte Parodierung und Verspottung gängiger Kulturklischees und die Ironisierung der eigenen schriftstellerischen Tätigkeit konstituieren ein dramatisches Werk, das als Spiegel zeitgenössischer Verhältnisse verstanden werden will und in dessen Mittelpunkt die Tragik sozialer und gesellschaftlicher Entfremdung steht. Bürgerliche Lebensideale werden als Lüge und geisttötend-triviale Unterhaltungsspiele abgetan. Das Leben wird zum Spiel, zum „Bürgerspiel", und als Alternative zur Flucht in die literarische Fiktion bieten sich Ennui und ungehemmte Triebbefriedigung an. Drogen befreien schließlich vom pedantisch-beengenden bürgerlichen Ordnungsdenken und ermöglichen das „Aussteigen" aus den von der Gesellschaft verhängten Zwängen. Eng verbunden mit der Verweigerung des bürgerlichen Rollenspiels steht das Subkulturelement und das Problem des sprachlichen Kommunikationsverlusts. Wolfgang Bauers Stücke sind in vielfältig komplexer Weise im Österreichischen verwurzelt und von jenem dunklen Pessimismus durchwirkt, den Ronald Behr, eine Zentralfigur in *Sylvester oder Das Massaker im Hotel Sacher* (1971) ironisch-spöttisch „austriazistischen Mystizismus" nennt.

Bemerkenswert ist der internationale Erfolg, den Peter Turrini (geb. 1944) mit seinen Dialektstücken *rozznjogd* (entst. 1967, UA 1971) und *Sauschlachten* (1971) verzeichnen konnte. Wenn auch in den folgenden Stücken *Kindsmord* (UA 1973), *Der tollste Tag* (UA 1972) und *Die Wirtin* (UA 1973) der österreichische Sprachcharakter in seiner kruden, unverhüllten Direktheit zugunsten einer subtileren, an Horváth und Schnitzler erinnernden Dialogführung zurückgenommen wird, so zeigt die Sprache der von Peter Turrini und Wilhelm Pevny verfaßten sechsteiligen Fernsehserie *Alpensaga* (UA 1976/80) in der die erste Hälfte dieses Jahrhunderts aus der Sicht einer bäuerlichen Familie dargestellt wird, wieder durchgehend österreichische Dialektzüge. Der thematische Schwerpunkt der Turrinischen Dramatik liegt stets auf der sozialkritischen Durchleuchtung gesellschaftlicher Bedingtheiten, wobei die Sympathie stets bei den Unterdrückten und Ausgestoßenen liegt. Peter Turrinis Frühwerk steht unter dem Einfluß

449

von Antonin Artaud (1896 – 1948) und Peter Brook (geb. 1925) und
zielt auf ein dichterisches Erfassen der „Abgründe der menschlichen
Natur" mit theatralisch unkonventionellen Mitteln ab. Der Unwert des
Menschen wird in *rozznjogd* durch die Verlagerung des Beckettschen
Mülleimers zur städtischen Mülldeponie mit den nicht länger brauch-
baren Paradestücken der westlichen Konsum- und Wegwerfgesell-
schaft unterstrichen. Im grotesk-bizarren Entkleidungsritual bleibt der
Mensch als Tier übrig, das rücksichtlos abgeschossen werden kann.
Eine ähnliche Entmystifizierung des Menschen steht auch im Mittelpunkt von Peter Turrinis Volksstück *Sauschlachten*, in dem Horváth-
sche Züge menschlicher Bösartigkeit mit der realistischen Schärfe dieses Genres sichtbar gemacht und in ein Artaudsches Grausamkeitsri-
tual verdichtet werden. Zu den Klängen urgemütlicher, ländlicher Musik wird schließlich der Bauernsohn Valentin von seiner Mitwelt systematisch für die Schlachtung zurechtgemacht. Schritt für Schritt
wird die unmenschliche Fratze des Menschen freigelegt und das
schlechthin Böse als Wesensmerkmal des Menschen unterstrichen –
wie in Fritz Hochwälders Stück *Lazaretti oder Der Säbeltiger* (UA
1975). Peter Turrini ist einer der wenigen erfolgreichen österreichischen Dramatiker, der als politisch engagierter Schriftsteller verstanden werden will. In Lesungen und Diskussionen mit Arbeitern, Bauern, Lehrlingen, Schülern und Studenten versucht Turrini, die Entfremdung zwischen Künstler und Volk zu überwinden In Zusammenarbeit mit Wilhelm Pevny übernimmt Peter Turrini zwei große Fern-
seh-Projekte: *Alpensaga* und *Die Arbeitersaga* (1984 – 1987). Dann
arbeitet er aber nur mehr für die Bühne. In *Josef und Maria* (1980)
entdeckt er die Isolation der älteren Generation und ihre Probleme.
Als Variante davon ist *Alpenglühn* (1992) zu verstehen. Heftige politische Kontroversen löste das Stück *Die Bürger* (1981) in Wien aus.
Turrini rechnet hier vor allem mit der bürgerlichen (Schein-) Moral
ab, der die Jugend geopfert wird. In *Die Minderleister* (1988) thematisiert Turrini schließlich die tragischen Folgen der Langzeitarbeitslo-
sigkeit in der Stahlindustrie, politischen Opportunismus und die ver-

hängnisvolle Flucht in Alkohol und kommerzialisierte Traumwelten. Turrinis Dramen sind eine aufschlußreiche sozialkritische Bestandsaufnahme der gesellschaftlichen Verhältnisse Österreichs der letzten fünfzig Jahre.

Das sozialkritische Engagement Turrinis für die gesellschaftlich Ausgegrenzten fehlt bei Thomas Bernhard, dessen erstes Stück *Ein Fest für Boris* 1970 uraufgeführt worden ist und der bei seinem Tod im Jahre 1989 achtzehn abendfüllende Bühnenwerke hinterlassen hat. Das Menschenbild, das Thomas Bernhard in seinem umfangreichen dramatischen Werk zeichnet, steht unter dem direkten Einfluß der Ästhetik des Absurden Theaters. Die Erfahrung einer sinnentleerten Wirklichkeit und die daraus resultierende Absurdität der menschlichen Existenz bestimmen Inhalt und Form der Bernhardschen Dramen. Der rational-analytische Versuch der Wissenschaft, die Rätselhaftigkeit der menschlichen Existenz zu durchschauen, verliert sich stets im Oberflächlich-Mechanischen, was die zahlreichen Wissenschaftler-Figuren im dramatischen Werk Thomas Bernhards immer wieder beweisen. Die Hauptfiguren der Bernhardschen Dramen sind im Grunde nur leicht abgewandelte Varianten dieser Einsicht. Kann sich der kranke und körperlich verstümmelte Mensch nicht mehr als Höhepunkt der Schöpfung geben, so wird diese selbst zum kosmischen Fehlgriff deklariert. Die facettenreiche Erbärmlichkeit marionettenhafter Selbstbefangenheit durchzieht als thematischer Grundton alle Bernhardschen Theaterstücke. Das bevorzugte Grundmodell menschlichen Seins ist gekennzeichnet durch kerkerhaft räumliche Beschränkung, Immobilität der durch Krankheit, Zufall oder Alltagstrivialitäten aneinandergeketteten Figuren, ausgeleierte Verhaltensmuster, reduktive Monologisierung des Dialogs und zur Ideologie verhärteten Kultur- und Lebenspessimismus, dem der Glaube an eine mögliche Verbesserung der gesellschaftlichen Zustände abhanden gekommen ist. Flucht in Illusion und Selbsttäuschung wird zumeist rücksichtslos als solche entlarvt, was dazu führt, daß die Unterdrückten sich in stumpfer Ohnmacht ihren Ausbeutern unterwerfen, wie das in

451

der Komödie *Die Macht der Gewohnheit* (1974) meisterhaft veranschaulicht wird. In der Komödie *Vor dem Ruhestand* (1979) thematisiert Thomas Bernhard das Weiterbestehen nationalsozialistischen und antisemitischen Gedankengutes. Diese Problematik nimmt in seinem Spätwerk breiten Raum ein und hat in seinem letzten Stück *Heldenplatz* (1988) ergreifenden Ausdruck gefunden. Die Vehemenz der öffentlichen Reaktion auf diese Werke dokumentiert die gesellschaftliche Relevanz der Thematik.

Felix Mitterer (geb.1948) ist der Tradition der Tiroler Volksbühne und dem Volksstück verpflichtet. Schon sein erstes Stück *Kein Platz für Idioten* (1976) zeigt beispielhaft, daß er im Gegensatz zum flachen Bauernschwank der Löwinger Bühne eine neue, zur Diskussion anregende Form anstrebt, die den Zuschauer zwingt, kritisch Stellung zu beziehen und soziales Verhalten vor Augen führen will. In mehr als dreizehn Stücken thematisiert Mitterer aktuelle Probleme wie Opportunismus, Mitläufertum, Außenseitertum und Eigennutz. In *Kein schöner Land* (1987) setzt er sich mit der faschistischen Vergangenheit Tirols auseinander. *Besuchszeit* (1985) und *Sibirien* (1989) waren international besonders erfolgreich.

Aufbruch in die Postmoderne

Mit dem Tod von Thomas Bernhard am 12. Februar 1989 geht ein bedeutender Abschnitt der deutschsprachigen Theatergeschichte zu Ende. Thomas Bernhard hat nahezu zwanzig Schauspiele hinterlassen und zählt zu den meistgespielten Dramatikern im deutschen Sprachraum. In dem mehrfach überarbeiteten Stück *Die Schlacht um Wien. Schauspiel in drei Akten* (1995) nähert sich Peter Turrini wieder der sozial-und gesellschaftskritischen Einstellung der siebziger Jahre. Das Stück ist als Paraphrase auf den Krieg im früheren Jugoslawien zu verstehen. Auf der Suche nach neuen dramatischen Ausdrucksmitteln reflektiert Turrini auch wieder die gesellschaftliche Funktion des

Theaters, das mit den Massenmedien konkurrieren muß. Diese Problematik wird in der Figur des Theaterdirektors thematisiert. Verwendet Handke in seinem vorletzten Stück *Das Spiel vom Fragen oder Die Reise zum Sonoren Land* (UA 1990) noch postmoderne Montagen von Sprach-und Erinnerungsfragmenten, so zieht er sich in seinem Schau-Stück *Die Stunde da wir nichts voneinander wußten. Schauspiel* (1994) in einen beschaulichen Ästhetizismus zurück, der es dem Auge und der Phantasie des Zuschauers überläßt, aus einer Überfülle von visuellen Figuren und Situationen persönlich-private Assoziationsmuster zu entwickeln. Neues Theater wird auch in den Werken von Marlene Steeruwitz, Elfriede Jelinek und Werner Schwab angestrebt. Marlene Steeruwitz (geb. 1950) lebt in Wien und hat in den neunziger Jahren mehrere Dramen, sogenannte „Gegen-Entwürfe" geschrieben: *New York, New York* (1993), *Waikiki Beach, Sloane Square, Tolmezzo* und *Elysian Park* (1993), die trotz ihrer Titel in Österreich spielen und in komplex gebrochener Form und deutlicher Nähe zu Johann Nepomuk Nestroy (1801 – 1862), Kraus, Horváth, Canetti und Qualtinger kleinbürgerliche österreichische Verhältnisse spiegeln. Ihr Theater ist ein Anti-Identifikationstheater, getragen von Dialog-Kollagen und barockem Sprachspiel, das trotz grotesker Fragmentierung und Inkongruenz die soziale Beziehungslosigkeit und Entfremdung des Menschen im Zerfall überkommener Wertordnungen demonstriert.

Werner Schwab erlebte mit der Uraufführung seines ersten Stückes *Die Präsidentinnen* (199o) einen kometenhaften Aufstieg. Innerhalb von knapp drei Jahren folgten: *Übergewicht, unwichtig: Unform* (1991), *Volksvernichtung oder Meine Leber ist sinnlos* (1992), *Pornographie* (1993), *Endlich tot. Endlich keine Luft mehr* (1993) *Eskalation ordinär* (1993) *Antiklimax* (1993) und drei postum aufgeführte Werke. Schwabs Stücke sind Sprech-Stücke, die Elemente des Volksstückes aufweisen, ohne mit diesem aber viel gemeinsam zu haben. Interesse für die „soziale Dimension" verneint der Autor entschieden. Schwab ist ein Meister der sprachlichen Nachahmungs- und Übertreibungskunst, der ein willkürliches Spiel mit der österreichischen Kultur- und Sprachtradition inszeniert. Indem er Tabus verletzte, wollte er das Publikum provozieren.

Auch die Heinrich Böll-Preisträgerin Elfriede Jelinek schreibt gezielt gegen den Kanon der traditionellen Theaterästhetik und orientiert sich an poststrukturalistischen Theoremen. Dekonstruktion von Sinnzusammenhängen und die Verfremdung der dramatischen Form zielen aber nicht primär auf die sozialkritische Demaskierung und Durchleuchtung des Einzelnen, sondern auf die Freilegung einer gesamtgesellschaftlichen Malaise. Jelinek begann ihre schriftstellerische Tätigkeit unter dem Einfluß der 'Wiener Gruppe' und es ist daher nicht verwunderlich, daß ihre Dramaturgie vor allem vom Spiel mit der Sprache getragen wird. Ihr Theater ist anti-bürgerlich, feministisch und pessimistisch: das erste Stück *Was geschah, nachdem Nora ihren Mann verlassen hatte oder Stützen der Gesellschaft* (1979) ist beispielhaft dafür. In *Clara S.* (1982) thematisiert sie die Stellung der Künstlerin in der bürgerlichen Gesellschaft. Die Posse *Burgtheater* (1985) spielt in den Jahren 1941 und 1945 in Wien und ist an realen Personen orientiert, was zum Vorwurf der Österreichbeschimpfung geführt hat. Das Stück setzt sich aber auch mit Sprache auseinander und nicht nur mit der faschistischen Anfälligkeit prominenter österreichischer Künstler. *Präsident Abendwind* (1987) hingegen ist aus Elfriede Jelineks politischer Kampagne gegen Dr. Kurt Waldheim entstanden und unterstreicht ihr Engagement gegen Faschismus, poltitischen Opportunismus und „Vergeßlichkeit". Die faschistische Vergangenheit wird auch in der Prosa-Collage *Wolken. Heim* (1988) thematisiert und im Requiem *Totenauberg* (1992), das eine imaginäre Begegnung von Martin Heidegger (1889 – 1976) und Hannah Ahrendt (1906 – 1975) zum Mittelpunkt hat. Um Geschlecht und Herrschaft geht es auch in Elfriede Jelineks allerletztem Stück *Raststätte oder Sie machens alle* (1994), nur daß hier – im Unterschied zu *Krankheit oder Moderne Frauen* (1987) und *Lust* (1989) – die Frau nicht länger Opfer von Macht und Gewalt ist, sondern männliche Stärke in Komödienmanier als lächerlicher Schein demaskiert wird.

Peter Rusterholz

Portrait Thomas Bernhards

Die Österreich-Beschimpfungen Thomas Bernhards (1931 – 1989),
die aus Anlaß der Verleihung des Kleinen Staatspreises 1968 begannen, die in *Wittgensteins Neffe* (1982) literarisch gestaltet wurden und
im Stück *Heldenplatz* (1988) und dem daran anschließenden Skandal
einen Höhepunkt fanden, haben zwar polarisierend gewirkt, die Zahl
der Gegner wie der Verehrer vermehrt, aber kaum zu differenzierte-
rem Verständnis der Texte beigetragen. Die Äußerungen Bernhards in
Interviews, in autobiographischen Schriften und die Äußerungen von
Figuren seiner Prosa, seiner Theaterstücke und seiner Romane zeigen
in bezug auf das Verhältnis zu Österreich, zu seiner Geschichte und
zur Institution der Familie zweifellos viele Analogien. Der Rigorismus
der Urteile, die Übertreibung der Darstellung wurde deshalb oft psy-
chologisierend entweder als Reflex unglücklicher Kindheit oder gar
als Symptom paranoider Verwirrung des Geistes interpretiert. So ein-
leuchtend solche Hypothesen angesichts ausgewählter Analogien erscheinen möchten, so fragwürdig werden sie, wenn die diese relativierenden oder widerlegenden Differenzen nicht berücksichtigt werden
und deutlich wird, daß solche Reduktionen weder die literarische
Struktur der Texte noch die historischen Kontexte ihrer Genese berühren und deshalb literatur- und sozialgeschichtlichem Anspruch nicht
gerecht werden. Das heißt nicht, daß die Stigmata seiner Biographie
nicht berücksichtigt werden sollten, sondern nur, daß die Transformation autobiographischen und historischen Materials entsprechend seiner formalen und funktionalen Differenzierung in den Texten berücksichtigt werden muß.

Elementare Themen, dominante Inhalte erscheinen schon in den frühesten Texten. Zwar zeigen die frühesten Gedichte idyllische Züge heiler Welt in schroffem Gegensatz zur späteren Radikalität der Negation, doch enthalten auch sie schon Bilder der Vergänglichkeit und der Wiederholung des immer Gleichen. In den Gedichtbänden *Auf der Erde und in der Hölle* (1957), *In hora mortis* (1958) und *Unter dem Eisen des Mondes* (1958) spricht sich die verzweifelte Suche nach dem sich entziehenden Gott aus, der den Menschen in irdischer Hölle verzweifeln läßt und in die einzig mögliche Erlösung, den Tod ohne Auferstehung, treibt: „Kein Gebet / wird mich am Abend / trösten / und kein Baum / verstehn". Der ist Tod das alles prägende Thema. Die Szene beginnt mit den Worten: „Der Tod ist am Abend / der Tod ist am Morgen" und erinnert damit sowohl an Paul Celans (eigtl. Antschel, rumän. Anczel, 1920 – 1970) *Todesfuge* (entst. 1945, Dr. zuerst u.d.T. *Tango-ul mortii*, 1947) wie an barocke Vanitas-Lyrik, die den Tod als den tiefsten Denker feiert, der alles in den Grund denkt. – Mit seinem ersten Roman *Frost* (1963) gelang auch schon der Durchbruch und die Anerkennung als eines der bedeutendsten Talente deutscher Literatur des 20. Jahrhunderts. In diesem Text berichtet der Ich-Erzähler Famulus, Medizinstudent, im Auftrag seines Mentors, des Chirurgen Strauch, über seine Beobachtungen des Lebens von dessen Bruder, des Malers Strauch, der sich ihm in langen Spaziergängen monologisierend darstellt. Der Maler malt nicht mehr, hat seine Bilder verbrannt und ist ins Hochgebirge geflohen. Der dem Frost, der Kälte der Welt Verfallene versucht verzweifelnd, die Sprache der Natur zu lesen, die sich ihm verschließt, bis er schlußendlich in der Kälte dieser Natur verschwindet, unauffindbar. Sowohl der erzählende Beobachter wie der Beobachtete träumen. Der Beobachter, der Medizinstudent, sieht sich im Traum, wie er den Körper Strauchs operiert. Obgleich er meint, präzise Operationen vorgenommen zu haben, sieht er schließlich, daß er den Körper vollkommen zerschnitten hat zu einem „Haufen verstümmelten Fleisches, das sich unter elektrischen Stößen zu bewegen schien." Strauch träumt „etwas Grauenhaftes: Mein Kopf blähte sich auf und zwar so, daß die Landschaft sich um einige Grade verfinsterte und die Menschen in Wehelaute ausbrachen, [...] Da mein Kopf plötzlich so groß und schwer war, rollte er von dem Hügel hinunter, [...], und erdrückte viele der blauen Bäume und viele der Menschen [...] Plötzlich bemerkte ich, daß hinter mir alles abgestorben war." Hat der Mensch die Natur zerstört, oder zerstört die Natur den Menschen? Gewiß ist jedenfalls, sowohl der Beobachter wie der Beobachtete scheitern im Versuch, die Natur zum Sprechen zu bringen. Dem einen mißrät ärztliche Kunst zur Verstümmelung, der andere erkennt die Welt nur als Phantasmagorie seiner Vorstellung. Der Chirurg hatte dem Studenten aufgetragen, nicht nur allgemeine Verhaltensweisen, sondern auch die Funktion des Stockes in der Hand des Bruders genauestens zu beobachten. Im Text heißt es, er „stützte sich auf seinen Stock, mit dem er sich dann antrieb, so als wäre er Viehtreiber, Stock und Schlachtvieh in einem." Diese konkrete Beschreibung könnte im Kontext allegorisch verstanden werden als Gleichnis von Strauchs Welt- und Selbsterfahrung. Das gleichzeitige Scheitern des Studenten aber sollte vor dem Kurzschluß bewahren, Strauchs Wahn auf individuelle Pathologie zu reduzieren, anstatt zu fragen, inwiefern hier der Normale so pathologisch sei wie der Kranke und beide unterschiedliche Repräsentanten eines übergreifenden pathologischen Weltzustands seien, dessen Genese und Befund den handelnden Personen dunkel, aber vielleicht von den Lesenden dank der Präzision und Differenziertheit der Darstellung des Textes zu erkennen wäre. Der Ich-Erzähler, der Famulus, kommt aus Schwarzach, der Bahnstation bei Grafenhof, dem Lungensanatorium, in dem Bernhard seinerzeit hospitalisiert war. Der Maler Strauch spricht von den grausigen Spuren, die der Krieg im ganzen Tal hinterlassen habe, so daß sie als Beinhaus und Totenfeld erscheint. Lebensgeschichtliche Spuren des Autors und historische Spuren unbewältigter Vergangenheit sind unverkennbar, aber sie sind so unverkennbar verbunden und aufeinander bezogen, daß individuelle Reminiszenzen, die den Text angeregt haben, zum Ausdruck eines allgemeinen Zustands der Welt und des Menschen werden. Über diesem Text könnte ebensogut das Motto des zweiten größeren Prosatexts *Amras* (1964) stehen, Novalis' (eigtl. Georg Philipp Friedrich Freiherr von Hardenberg, 1772 – 1801) Diktum: „Das Wesen der Krankheit ist so dunkel als das Wesen des Lebens."

Zwei Brüder, der Ich-Erzähler und Walter, überleben den Selbstmord der Eltern, obgleich auch sie sich den Tod gewünscht haben, in einem Turm, in den sie von einem Onkel gebracht wurden, um sie vor der Irrenanstalt zu retten. Der „Tiroler-Epilepsie" der Mutter verfallend, stirbt Walter. Sein Studium auf sich selbst reduzierend, überlebt der Erzähler, doch seine Naturwissenschaft ist wie die Musik des Bruders mit den Eltern gestorben. Zwar erkennen sich die Brüder als „unsrer selbst als zweier doppelter Spiegelbilder des Universums bewußt." Der Überlebende aber gibt seinem Bewußtsein Ausdruck, „daß du nichts bist als Fragment, [...], daß Ende Bewußtsein ist [...], daß dann nichts ohne dich und daß folglich nichts ist." Der Text evoziert und negiert zugleich das romantische Konzept der All-Einheit von Ich, Welt und Kosmos. Auch die literarische Form folgt der romantischen Tradition des Fragmentarismus verschiedenster Textsorten, ohne aber die romantische Hoffnung auf eine transzendente Totalität und Vollendbarkeit des Unvollendeten zu bewahren.

Wie im Roman *Frost* kommt auch im Roman *Verstörung* (1967) und in der Erzählung *Watten. Ein Nachlaß* (1969) Ärzten eine wichtige Erzählfunktion zu. Im ersten Teil der *Verstörung* berichtet der Montanistik studierende Sohn eines Landarzts über die Krankenbesuche seines Vaters. Der zweite Teil besteht aus dem Monolog des zuletzt besuchten, nach übereinstimmender Meinung von Vater und Sohn wahnsinnigen Fürsten, dessen Existenz sowohl durch radikalste Formen der in diesem Buch geschilderten Krankheit wie durch Momente gesteigerten Bewußtseins geprägt ist. Schließlich schreibt er die Studie, die den Vorgang der Entleerung und Zerstörung seines verstörten Kopfes schildern sollte, nicht. Er gehört damit zu den in Bernhards

Werk zahlreichen Figuren, die an ihren Studien scheitern, da der totalitäre Anspruch dieser „Geistesmenschen" naturgemäß jedes Gelingen
verhindert. Die Wissenschaft des Arzt-Vaters wie diejenige seines
Sohnes sind hilf- und heillos, ermöglichen lediglich die Wahrnehmung und Erkenntnis radikaler Verstörung. Mitmenschliches Verstehen ist nur in den Grenzen möglich, die der Fürst formuliert: „Jeder
spreche immer eine Sprache, die er selbst nicht verstehe, die aber ab
und zu verstanden wird. Dadurch könne man existieren und also wenigstens mißverstanden werden." – Diese Sprachskepsis erscheint gegenüber der Perspektive Konrads in *Das Kalkwerk* (1970) geradezu
optimistisch, da ihm Lüge als das beinahe einzige Kontaktmedium zu
den Menschen erscheint. Vermittelt durch die Aussagen des zurück-
haltenden Ich-Erzählers und zweier Zeugen, Wieser und Fro, erfahren
wir Hintergründe der Motive des Mörders Konrad, der am Weih-
nachtsabend seine Frau getötet und sich ins Kalkwerk zurückgezogen
hat, um dort seine Studie über das Gehör zu schreiben. Konrad liest
den Anarchisten Kropotkin, seiner Frau las er Teile aus Novalis' *Heinrich von Ofterdingen* (1802) vor. Politische Aktion und poetische
Kontemplation scheinen sich gegenüberzustehen. Ihre Bedeutung ist
aber nicht einfach allegorisch zu entschlüsseln, sondern verweist auf
Konrads Unfähigkeit der sinnvollen Verbindung von Handlung und
Reflexion. Sowohl die Frau wie das Kalkwerk erscheinen unter verschiedenen Perspektiven sowohl als Bedingungen der Möglichkeit der
Niederschrift seiner Lebenswerks, der Studie über das Gehör, wie als
Gründe des Scheitern dieses Projekts. Dem Roman als Ganzes aber
gelingt, was Konrad versagt ist, eine Beschreibung der Geschichte des
Scheiterns.

Im Roman *Korrektur* (1975) folgt der Ich-Erzähler einer Einladung
Höllers, um nach dem Selbstmord seines Freundes Roithammer, dessen Nachlaß – Tausende von Zetteln und ein umfangreiches Manuskript „Über Altensam und alles, das mit Altensam zusammenhängt,
unter besonderer Berücksichtigung des Kegels" – zu sichten. Roithammer, an den Philosophen Ludwig Josef Johann Wittgenstein

459

(1889 – 1951) erinnernd, gelingt sein Lebenswerk. Er will statt des verhaßten Ortes der Kindheit und Herkunft, Altensam, ein ideales Bauwerk errichten, das vollkommenes Glück für die geliebte Schwester bringen soll, den sogenannten Kegel. Dessen Vollendung bringt der Schwester aber nicht das vollkommene Glück, sondern den Tod, der allerdings als die offenbar einzig mögliche Befreiung von der Last der Herkunft erscheint.

Bernhards Theaterstücke können als moderne Totentänze bezeichnet werden. Es sind dies satirisch-kritische Abgesänge an alle korrumpierten Mächte der Welt, aber auch zuweilen zum Groteskkomischen tendierende Spiele über die Vanität der Kunst. Bernhard hat schon früh Kurzdramen verfaßt. Aus einem dieser Versuche ist das erste größere Theaterstück, das schon 1967 geschriebene *Ein Fest für Boris* (1970), hervorgegangen. Die Theaterstücke verweisen direkter als die Prosa auf die historischen Kontexte ihrer Verstörungen. *Ein Fest für Boris* bezieht sich auf die Degeneration und Korruption menschlicher Beziehungen durch Besitzverhältnisse. Die Hauptfigur von *Der Ignorant und der Wahnsinnige* (1972) hat einen Rußlandfeldzug mitgemacht und dort einen Arm verloren. Der Protagonist von *Der Präsident* (1975) ist ein alter Nationalsozialist. *Vor dem Ruhestand. Eine Komödie der deutschen Seele* (1979) bezieht sich auf den Ruhestand des durch seine Richtertätigkeit während des Dritten Reiches zum Rücktritt gezwungenen früheren baden-württembergischen Ministerpräsidenten Filbinger. Das letzte Theaterstück *Heldenplatz* (1988) war ein ebenso großer Erfolg wie ein Skandal. Es behandelt die Ursachen des Selbstmords eines jüdischen Professors, der, aus seiner Emigration nach England zurückgekehrt, über dem Antisemitismus und anderen Rückständen nazistischer Mentalität in Wien und Österreich verzweifelt.

Die Künstler-Dramen – *Der Ignorant und der Wahnsinnige* (1972), *Die Macht der Gewohnheit* (1974), *Minetti* (1976), *Der Theatermacher* (1985) – artikulieren auf verschiedene Weise das je nachdem tragische oder in späteren Stücken immer mehr tragikomische Scheitern totalitärer Ansprüche der Kunst und des Geistesmenschen gegenüber verdorbener Natur und provinzieller Kultur. Je nachdem wird dieses Scheitern in differenzierter Weise gestaltet oder verkommt im Grenzfall zum Klischee. Das für die Interpretation Bernhards grundlegend wichtige Verhältnis von Fiktion und Faktizität kann exemplarisch studiert werden anhand der autobiographischen Texte, aber auch anhand der kurzen Prosatexte *Der Stimmenimitator* (1978). Der darin enthaltene Text *Ein eigenwilliger Autor* zeigt die wesentlichen Elemente der alle Aspekte von Bernhards Schreiben umfassenden Theatermetapher. Es ist die Rede von einem Autor, „der nur ein einziges Theaterstück geschrieben hat, das nur ein einzigesmal auf dem, seiner Meinung nach besten Theater der Welt und genauso seiner Meinung nach nur von dem besten Inszenator auf der Welt und genauso seiner Meinung nach nur von den besten Schauspielern auf der Welt aufgeführt werden durfte." Dieser Autor erschießt alle Zuschauer, welche seiner Meinung nach am falschen Ort lachen. Am Schluß der Vorstellung verbleiben nur noch tote Zuschauer, der Autor, der Theaterdirektor und die Schauspieler, welche sich von dem Autor und dem von ihm verursachten Geschehen nicht einen Augenblick hatten stören lassen. Natürlich zeigt dieser Autor unverkennbar Züge der von Bernhard kultivierten Geistesmenschen mit idealen Ansprüchen, die notwendig scheitern müssen. Viele Leser werden spontan ans Burgtheater denken oder gar den eigenwilligen Autor als Thomas Bernhard identifizieren. Bei genauerer Lektüre verbietet sich der direkte Bezug. Der dargestellte Autor ist weder mit Bernhard gleichzusetzen noch ist dieser anonyme Autor Subjekt oder gar Idol des Texts. Die apodiktischen Urteile des Autors werden durch wiederholte Relativierung in Frage gestellt. Der Schluß berechtigt sowohl zu Zweifeln, ob die Meinung des Autors die richtige Meinung, wie zu Zweifeln, ob Direktor und Schauspieler die besten der Welt seien. Die groteske Stilisierung läßt nur einen Befund mit absoluter Sicherheit zu, den Befund totaler Verstörung und Kommunikationsunfähigkeit der Künstler wie der Gesellschaft. Der Text stellt nicht nur die Zuschauer, sondern alle, auch den Autor, in Frage. Wer die autoreflexive Struktur des dargestellten Rollenspiels übersieht, wird nur die Mißverständnisse reproduzieren, die sich anläßlich diverser Skandale schon artikuliert haben. Thomas Bernhards Äußerung „in meinen Büchern ist alles künstlich" ist ernst zu nehmen und gilt auch für seine autobiographischen Texte.

Differenzen zwischen historischer Rekonstruktion und stilisierter Selbstdarstellung konnten dank der sorgfältigen Recherchen des französischen Forschers Louis Huguet präzise nachgewiesen werden und ermöglichen ein differenziertes Verständnis der Transformation biographischer Fakten in autobiographische Fiktion. Der erste der fünf autobiographischen Bände *Die Ursache. Eine Andeutung* (1975) spricht von den sowohl „aus Vorliebe geliebten" wie auch „von den aus Erfahrung gehaßten, kalten und nassen Mauern Salzburgs." Je nach innerem Befinden wechseln auch die Urteile über die Orte. Die Stadt ist als Ort einer ungeschützten Kindheit und Jugend einem Gefängnis ähnlich, das ihn „wie in einer Angst- und Schreckensfestung" einschließt. Der traumatische Ausdruck wird durch die sprachliche Artikulation, durch monomanische Wiederholungen, Steigerungen, durch partizipiale Appositionen, durch iterativ-durative Partikel wie 'immer', 'nur', ununterbrochen verstärkt. Schon in den ersten Tagen seines Lebens im Internat beschäftigt ihn der Gedanke an Selbstmord. Erwartungen auf Verbesserungen durch die Verwandlung des ursprünglich nationalsozialistischen Schülerheims in ein katholisches Internat werden enttäuscht. „Der Tagesablauf gestaltete sich auch katholisch genauso als der gleiche, im Grunde genommen menschenfeindliche Züchtigungsmechanismus wie der nationalsozialistische". An freien Wochenenden erhält er den Besuch des Großvaters, durch den er Montaigne kennenlernt. Montaigne wird zum Vorbild seiner Selbsterforschung, der Großvater zu seinem einzigen inneren Vertrauten. Seine Mutter schildert er als eine Frau, mit der er nur in höchstem Schwierigkeitsgrad zusammengelebt habe und deren Wesen zu beschreiben er noch nicht die Fähigkeit hätte. Die schon im ersten Band skizzierte Problematik des Schreibens wird im zweiten Band *Der Keller. Eine Entziehung* (1976) erweitert. Zwar kenne nur der Betroffene die Wahrheit, heißt es da, wolle er sie aber mitteilen, würde er automatisch zum Lügner. „Das Beschriebene macht etwas deutlich, das zwar dem Wahrheitswillen des Beschreibenden, aber nicht der Wahrheit entspricht, denn die Wahrheit ist überhaupt nicht mitteilbar." Im weiteren Verlauf der autobiographischen Texte verändern sich sowohl die Struktur der Sprache und im engsten Zusammenhang damit die Inhalte und die Differenziertheit der konkreten Darstellung. Die Texte beschreiben immer weniger nur eine allgemeine Verstörtheit, sondern immer mehr und zunehmend konkreter werdende Erinnerungen der besonderen Fälle, der besonderen Beziehungen, die mit dieser ursprünglichen Verstörung zusammenhängen. Die Titelüberschrift *Der Keller* bezeichnet den Ort des Ladens, in dem der Schreibende als Kaufmannslehrling tätig ist. Dieser Keller, dieser Laden ist aber auch die Begegnungsstätte der Outcasts, der Trinker und Huren, eine Gegenwelt also zur Welt des Gymnasiums, die er im Internat kennengelernt hatte. Schließlich ist der Keller Ort der verschütteten Erinnerung der Kindheit. Der Schreibende betrachtet den Rückweg in den Keller als einen Weg zu sich selbst. Dieser Weg führt aber vorerst zur Radikalisierung, zu einer Krankheit zum Tode, zu einer Lungenkrankheit, die einer inneren Verzweiflung den äußeren Ausdruck gibt. Diese Krankheit ist Gegenstand des dritten Bandes *Der Atem. Eine Entscheidung* (1978). Entscheidender Wendepunkt in der Entwicklung des dargestellten Lebens wie der Art und Weise der Darstellung ist die Szene, während der der Kranke – vom Pflegepersonal schon aufgegeben – aus dem Krankensaal in das Badezimmer geschoben wird, in dem kurz zuvor ein anderer Patient eingesargt worden ist. Dies führt zur Entscheidung: „Jetzt will ich leben." Auch in *Der Atem* wird das Problem des Schreibens diskutiert, aber im Gegensatz zum vorangehenden Band betrachtet der Schreibende Schreiben nicht mehr als Fälschung, sondern vertraut, wie er sagt, auf „Gedächtnis" und „Verstand". Fehler, Mängel seien ihm nachzuweisen. Niemals jedoch eine Fälschung. „Hier sind Bruchstücke mitgeteilt, aus welchen sich, wenn der Leser gewillt ist, ohne weiteres ein Ganzes zusammensetzen läßt." Die Rede ist vom Ich-Erzähler, der sich selbst und seinen Schreibprozeß objektivierend, in der dritten Person vom Schreiber spricht. Mängel, Fehler und Lücken können nun auch positiv als signifikante Ausdrucksformen der Annäherung verstanden werden, die durch die Stilart des Sagens gerade das enthüllen, was sie verschweigen, gerade das treffen, was sie scheinbar verfehlen. Dies bedingt freilich eine Kunst des Lesens, die der Schreibende zwar vom Großvater gelernt, aber erst nach dessen Tod beherrscht habe. Im engsten Zusammenhang damit ist ein seine Sicht und Schreibweise prägender Perspektivismus zu sehen, den er im nächsten Band *Die Kälte. Eine Isolation* (1981) prägnant zusammenfaßt: „Mein Großvater hatte mir die Wahrheit zur Kenntnis gebracht, nicht nur seine Wahrheit, auch meine Wahrheit, die Wahrheit überhaupt und dazu auch gleich die totalen Irrtümer dieser Wahrheit." Der Schreibende wird sich bewußt, daß seine Versagungen, der Krieg, Krankheit und Tod des Großvaters, die eigene Krankheit, Krankheit und Charakter der Mutter zu einem verzweifelten Lebensgefühl ständiger Abweisung geführt hätten. Er habe darauf, wie er ausdrücklich schreibt, mit den größenwahnsinnigsten Ansprüchen an das Leben und die Gesellschaft reagiert, die erst recht nicht hätten akzeptiert werden können. Die ersten vier Bände folgen der Chronologie des Lebens, von den Internatserfahrungen des Zwölfjährigen bis zum Aufenthalt in der Lungenheilstätte Grafenort. Der fünfte und letzte autobiographische Band *Ein Kind* (1982) erzählt die Frühgeschichte von der Geburt in den Niederlanden bis zum Eintritt ins Salzburger Johannäum. In diesem Band haben sich Stil des Schreibens, Metareflexion des Schreibens und Erinnerungsfähigkeit weiter verändert. Nun gelingt auch die Beschreibung der Mutter und die Erinnerung ihrer Aussprüche, die den Schreibenden verstört und sein Selbstgefühl zerstört haben: „Sie verletzte meine Seele zutiefst, wenn sie [...] 'du hast mein Leben zerstört, du bist an allem schuld, du bist mein Tod, du bist ein Nichts [...]' sagte." Nicht nur die Sprache der Beschreibung erinnerter Szenen ist einfacher und konkreter geworden, sondern auch der einzige Passus der Metareflexion des Schreibens: „Es ist wichtig, daß man weiß, was man sieht. Man muß nach und nach alles wenigstens bezeichnen können. Man muß wissen, woher man kommt. Was es ist." Die Entwicklungen der autobiographischen Texte drücken sich auch in der Stilart der späteren Werke aus in einer wachsenden Überlegenheit und spielerischen Distanz des Textsubjekts. Anschließend an seine autobiographischen Texte schrieb Bernhard biographische Studien, vornehmlich jüdischer Lebensläufe, die auf je verschiedene Art auch Spiegelungen des Selbstverständnisses des Autors Bernhard sind. *Wittgensteins Neffe* (1982) stellt den Neffen des Philosophen dar, *Beton* (1982) porträtiert den Komponisten Jakob Ludwig Felix Mendelssohn Bartholdy (1809 – 1847), *Der Untergeher* (1983) sollte zu einer Studie über den Pianisten Glenn Herbert Gould (1932 – 1982) werden, geriet aber zur Darstellung Wertheimers, des Untergehers. Der 1984 erschienene Text *Holzfällen* ist eine Auseinandersetzung mit der Kulturgesellschaft Wiens, die jedoch, was oft verkannt worden ist, nicht nur negativ, sondern auch positiv gesehen wird, wenn es fast in einem Atemzug heißt: „Diese entsetzliche Stadt Wien, dachte ich, die mich tief in die Verzweiflung und tatsächlich wieder einmal in nichts als in Ausweglosigkeit gestürzt hat, ist plötzlich der Motor, der meinen Kopf wieder denken, der meinen Körper wieder wie einen lebendigen reagieren läßt." Das schreibende Ich erkennt, daß dieselbe Stadt Wien, der es die Schuld an seinem geistigen und körperlichen Sterben gegeben hat, zum Medium seiner Wiederbelebung wird. Wer diesen Text als Pamphlet verkennt, verkennt dessen Fiktionalität und verkennt, daß das schreibende Ich nicht nur eine Fremdanalyse, sondern auch eine Selbstanalyse liefert, verkennt, daß die kritischen Analysen dieses schreibenden Ich sich fortan mit noch größerer Schonungslosigkeit gegen sich selbst richten. Der mit dem Untertitel 'Komödie' versehene Prosatext *Alte Meister* (1985) hat das Verhältnis von Kunst und Leben zum Gegenstand. Der Musikphilosoph und Geistesmensch Reger wird von sei-

465

nem Schüler Atzbacher beobachtet und beschrieben. Reger lädt Atzbacher ins Burgtheater ein mit den Worten: „Sie gehen mit mir heute ins Burgtheater, schließlich ist 'Der zerbrochene Krug' das beste deutsche Lustspiel und das Burgtheater ist dazu auch noch die erste Bühne der Welt." Die Vorstellung war, wie bei Bernhard nicht anders zu erwarten, entsetzlich. Es dürfte aber nicht zufällig sein, daß die beiden den *Zerbrochnen Krug* (entst. 1803-06, UA 1808) sehen. Das Spiel vom Richter, der über seine eigene Schuld richtend sich selbst entlarvt, könnte auch auf den Schreibenden und seinen Text bezogen werden.

Der letzte große Prosatext *Auslöschung. Ein Zerfall* (1986) ist nicht nur eine fulminante Aufbereitung aller zentralen Motive und Gedanken früherer Texte, sondern auch ein raffinierter Versuch, eine literarische Form zu gestalten, die – sich selbst wiederholend und variierend – schlußendlich selbst negiert. Verschiedene Erzähler und verschiedene Erzählperspektiven führen zur Niederschrift in der Funktion der Auslöschung ihrer selbst. Ein Er-Erzähler präsentiert den Erben des Guts Wolfsegg in Österreich, der, nachdem er Kindheit und Jugend während der Nazi-Zeit im Schoß seiner bigott katholischen Familie in Rom verbracht hat, aber nach dem Tod der Eltern nach Hause zurückgekehrt, den Entschluß faßt, das Erbe der isrealitischen Kultusgemeinde zu verschreiben. Er kehrt nach Rom zurück, wo er kurz darauf stirbt. Sein Versuch, die Vergangenheit auszulöschen, ist ihm mißlungen. Es gelingt dies nur teilweise einem dritten Medium des Erzählens, Onkel Georg, der für die mediterrane außerösterreichische Perspektive steht.

In diesem und in weiteren 26 Texten Bernhards wird Arthur Schopenhauers (1788 – 1860) Name mehrfach genannt. Inhaltliche Entsprechungen leuchten schon ein, wenn wir uns nur des Titels seines Hauptwerks *Die Welt als Wille und Vorstellung* (1818/19) erinnern. Der formale Perspektivismus der literarischen Darstellung verbietet allerdings jeden Versuch, diesen und jenen Text oder gar Bernhards

Dichtung insgesamt auf Einflüsse Schopenhauers reduzieren zu wollen. In Bernhards Texten wird jeder Begriff an den Paradoxien seiner Bezüge zu den dargestellten Situationen und an den Brechungen literarischer Form scheitern. Es gelingt Bernhard nicht eine Inszenierung Schopenhauerscher Philosophie, wohl aber die Provokation komischer Wirkung, die mit Schopenhauers Analyse des Komischen interpretiert werden kann. Schopenhauer sieht die Genese des Komischen und dessen Ausdruck im Lachen begründet, in der plötzlichen Wahrnehmung einer Inkongruenz zwischen einem Begriff und dem durch diesen gedachten realen Gegenstand, zwischen Abstraktion und Anschauung. Bernhard erzeugt immer wieder komische Effekte durch den Widerspruch in dem von verschiedenen Erzählern Gedachten und Beobachteten. Vielleicht noch bedeutender für das Verständnis der Texte Bernhards ist das Denken Sören Kierkegaards (1813 – 1855). Dessen *Krankheit zum Tode* (*Sygdommen til döden,* 1849) ist ein Modell für die Figuren Bernhards. Sie folgen ihm freilich nicht unverändert, da aus ihrer Verzweiflung nicht der Sprung in eine neue oder gar christliche Existenz folgt, sondern ihr Tod, ihre Auslöschung. Murau in *Auslöschung* überlegt kurz vor dem Begräbnis der Eltern, ob er Kierkegaards *Krankheit zum Tode* noch einmal lesen soll und verwirft das als lächerlich. Natürlich erinnert man sich des meistzitierten Satzes von Bernhard: „Es ist alles lächerlich, wenn man an den Tod denkt." Die wichtigste Anregung, die Kierkegaard Bernhard vermittelt hat, besteht aber nicht in thematischen Annäherungen, sondern in der literarischen Praxis der indirekten Mitteilung, deren Theorie Kierkegaard in der *Unwissenschaftlichen Nachschrift* begründet hat. „Wir müßten die Existenz als den Sachverhalt, den wir beschreiben wollen, sehen, aber wir sehen, so sehr wir uns bemühen, durch das von uns Beschriebene niemals den Sachverhalt", sagt Bernhard in *Der Keller*. Seine literarische Mitteilung ist nie direkte Mitteilung, da er die Vermittlung objektiver Erkenntnis weder für möglich noch gar für sinnvoll hält. Entsprechend dem Konzept Kierkegaards sind seine besten Texte indirekte Mitteilungen, perspektivisch gebrochen, voller Widersprü-

467

che und Paradoxien, so daß der Leser nicht durch fremde Erfahrung vergewaltigt, sondern provoziert wird, selbst zu denken und selbst zu erfahren. Ein und derselbe Ort kann je nach Befindlichkeit und Perspektive des Erzählenden „schön" oder „entsetzlich" sein. Geographisch eindeutig bezeichnete Orte werden zu allegorischen Landschaften, die barocke Traditionen mit besonderer Berücksichtigung melancholischer Orte und „Einsamkeitshöllen" variieren. Sie provozieren unter Verwendung der Topik des „locus horridus" oder des „locus terribilis" zur Meditation und zum „Memento mori". Freilich bleiben dies Rufe aus einer Diesseits-Hölle, deren Himmel leer, dessen Gott tot ist. Analogie und Differenz zu dieser Tradition wird uns sogleich bewußt, wenn wir uns daran erinnern, wie Hans Jakob Christoph von Grimmelshausen (1621/22 – 1676) und wie Thomas Bernhard die Funktion ihres Dichtens beschrieben. Grimmelshausen formuliert in seinem *Nachtlied des Einsiedlers* im *Abentheuerlichen Simplicissimus teutsch* (1668/69): „Auch die Eul', die nicht singen kann, zeigt doch mit ihrem Heulen an, daß sie Gott auch tut preisen." Thomas Bernhard sagt in einem Gespräch mit André Müller: „Meine Situation kann nur die eines skurrilen [...] ich möcht nicht einmal sagen, Papageis, weil das schon viel zu großartig wäre, sondern eines kleinen, aufmucksenden Vogerls sein. Das macht halt irgendein Geräusch, und dann verschwindet es wieder und ist weg. Der Wald ist groß und die Finsternis auch. Manchmal ist halt so ein Käuzchen drin, das keine Ruh gibt. Mehr bin ich nicht. Mehr verlang ich auch gar nicht zu sein." Gerade dadurch aber ist er nicht nur zum Vivisekteur seiner eigenen Pathologie, sondern der Krankheiten seiner und unserer Zeit geworden.

Richard Herzinger

Konservative Autoren

Konservatismus kann nicht mit einem gleichsam naturwüchsigen, dem modernen Denken vorgängigen „Traditionalismus" gleichgesetzt werden. Er ist vielmehr ideologische Reaktion auf die Bedrohung traditioneller, angeblich „gewachsener" Werte durch Aufklärung und Rationalismus. „Konservatismus" gibt es also erst seit dem 18. Jahrhundert, seit der Siegeszug des aufklärerischen Rationalismus begann, und er ist diesem „gleichursprünglich" [vgl. 19].

Bei seinem Versuch, die aufklärerische Infragestellung scheinbar ewig gültiger Werte der Natur und der menschlichen Ordnung rückgängig zu machen, bewegt sich konservatives Denken von Anfang an in einem Dilemma. Denn indem der Konservative Werte wie Religion, Autorität, Sitte, Heimat, Familie, Volk, Boden, Tradition, Werden, Wachsen, Natur oder Geschichte gegen ihre angebliche Entwertung durch den Geist der aufklärerisch-liberalen Moderne verteidigt, muß er sie als maßgebliche Werte zuerst neu setzen. Seine Option für das bewahrenswerte Alte folgt einer bewußten Entscheidung, und die Favorisierung bestimmter Ideen, Werte und politisch-gesellschaftlicher Formen, die dem Überlieferten zugeordnet werden, ist das Resultat einer rationalen Konstruktion, die durch die aufklärerische Moderne herausgefordert wurde. Durch seine Rhetorik substantieller Eigentlichkeit suggeriert der Konservatismus jedoch, in seinem Rekurs auf das Vorgegebene spreche sich eine unmittelbare, der Ratio vorgängige Wahrheit aus.

Das Dilemma des Konservatismus in Deutschland spitzt sich im zwanzigsten Jahrhundert in aporetischen Denkfiguren wie der einer „konservativen Revolution" oder, in der Variante des Schriftstellers

Rudolf Borchardt (1877 – 1945), einer „schöpferischen Restauration"
zu. Der Kulturphilosoph Moeller van den Bruck (1876 – 1925) erklärte 1923 in seiner Schrift *Das Dritte Reich*, konservativ zu sein bedeute
„Dinge zu schaffen, die zu erhalten sich lohnt". Der Konservative sei
kein 'Reaktionär', der zu überlebten Formen zurückkehren wolle; er
trachte vielmehr danach, den von Liberalismus und Aufklärung ver-
leugneten ewigen Lebensgesetzen revolutionär zum Durchbruch zu
verhelfen.

Spätestens durch Moellers dezisionistische Überbietung politisch-ro-
mantischer Natur- und Geschichtsphilosophie war der Konservatismus
mit modernen nationalistischen Bewegungen und in Teilen mit dem
Nationalsozialismus kompatibel geworden. Zahlreiche konservative
und konservativ-revolutionäre Intellektuelle und Schriftsteller, darunter Carl Schmitt (1888 – 1985), Hans Freyer (1887 – 1969), Martin
Heidegger (1889 – 1976) , Ernst Wiechert (1887 – 1950) und Gottfried Benn (1886 – 1956) sympathisierten oder kollaborierten, zumindest zeitweise und in unterschiedlicher Intensität, mit der nationalsozialistischen Bewegung und/oder dem NS-System. Andere, wie Ernst
Jünger (geb. 1895), Ernst von Salomon (1902 – 1972), Hans Carossa
(1878 – 1956) und Reinhold Schneider (1903 – 1958) begaben sich in
die 'innere Emigration', einige wenige, wie Ernst Niekisch (1889 –
1967), sogar in den aktiven Widerstand gegen das Hitler-Regime.
Allen diesen Autoren war freilich gemeinsam, daß sie der Weimarer
Republik und der Demokratie als solcher mit Ablehnung, wenn nicht
mit militanter Feindschaft gegenübergestanden hatten.

Das Dilemma konservativer Weltanschauung

Die Diskreditierung konservativen Denkens durch seine partielle
Nähe zum Nationalsozialismus machte es Intellektuellen und Schriftstellern nach 1945 nicht leicht, sich ungebrochen auf angeblich unbe-
schädigte, 'ewige' konservative Werte zu berufen. Um dies dennoch

mit großem Nachdruck tun zu können, mußten sie den Nationalsozialismus einer großangelegten Umdeutung unterziehen und die totalitäre Kontamination konservativer Ideen verleugnen. Die grundlegende Denkfigur dieser Umdeutung bestand darin, den Nationalsozialismus als die extreme Ausformung einer nihilistischen Moderne zu denunzieren, die durch einen fundamentalen Werteverfall und durch den Abfall des Menschen von Gott und der Religion gekennzeichnet sei. Im Kontrast zu einem so gedeuteten Nationalsozialismus konnten die Konservativen als die wirklichen Bewahrer einer ursprünglichen Würde von Mensch und Natur erscheinen.

Zivilisationskritische Autoren wie Ernst Wiechert oder Hans Carossa knüpften an Auffassungen an, die sie vor bzw. während der nationalsozialistischen Herrschaft verfochten hatten. *Das einfache Leben*, so der Titel eines Romans von Ernst Wiechert (1939), die Abkehr von einer überzivilisierten, verstädterten und technisierten Moderne sollte die Konsequenz der Erfahrung totalitärer Unmenschlichkeit sein. Christliche Traditionalisten wie Reinhold Schneider, Werner Bergengruen (1892 – 1964), aber auch Stefan Andres (1906 – 1970) und Edzard Schaper (1908 – 1984) fanden in der katholischen Kirche und ihren religiösen Universalien, Rudolf Alexander Schröder (1878 – 1962) im Protestantismus die Form, in der sich essentielle Werte der Humanität bewahrt hätten. *Die heile Welt*, wie ein Gedichtband Werner Bergengruens von 1950 heißt, war nicht im Diesseits des gesellschaftlichen Kollektivs und schon gar nicht in sozialen und politischen Utopien zu finden, sondern nur in der metaphysischen Realität Gottes, an der jeder Einzelne in der Verantwortung vor seinem Schöpfer Anteil habe: Was der Mensch zu allen Zeiten erreichen könne, sei *Gottes Utopia* – so der Titel eines Dramas von Stefan Andres aus dem Jahre 1950.

Komplexer sind die Deutungsversuche totalitärer Gewaltherrschaft im 20. Jahrhundert, wie sie Ernst Jünger in seiner Nachkriegs-Essayistik unternahm. In seinen Essays *Über die Linie* (1950) und *Der Waldgang* (1951) bemüht sich Jünger um eine Standortbestimmung des modernen Menschen nach den Vernichtungsorgien des Zweiten Weltkriegs. Die tiefere Bedeutung der Zerstörung erblickt er in der gobalen Durchsetzung eines vollendeten technisch-rationalistischen „Nihilismus". Diesen „Nihilismus", schreibt Jünger in *Über die Linie*, müsse man „als großes Schicksal ahnen, als Grundmacht, deren Einfluß sich niemand entziehen kann." Auch Jünger empfiehlt die Hinwendung zu metaphysischen Werten, namentlich zu denen der christlichen Religion. In *Der Waldgang* gibt er aber zu bedenken, „wieviel von Nihilismus auch in den Kirchen verborgen ist." Notwendig sei ein neuer Typus des „Theologen", „der über die niedere Ökonomie hinaus die Wissenschaft des Überflusses kennt, das Rätsel der ewigen Quellen, die unerschöpflich und immer nahe sind." Freilich soll solche Hinwendung zum Ewigen der Schöpfung nicht nur Tröstung bewirken: Jünger entwirft das Konzept einer aktiven inneren Widerstandhaltung gegen die „Einöde rationalistischer und materialistischer Systeme" in einer „statistisch überwachten und beherrschten Welt". Der Einzelne als „Anarch", der „den Wald" als den metaphorischen Raum des Elementaren und Mythischen immer und überall finden und aufsuchen könne, soll nach Jüngers Vorstellung alles andere als ein unzeitgemäßer Außenseiter sein. Den fortschrittsfeindlichen Zivilisationsverächtern unter den Konservativen rät Jünger, auf jeden Fall auf dem „Schiff" der Moderne auszuharren. Das „Schiff" zu verlassen, hieße, „auf hoher See auszusteigen. (...) Es ist daher auf alle Fälle rätlich, an Bord und auf Deck zu bleiben, selbst auf die Gefahr hin, daß man mit in die Luft fliegen wird."

Jüngers Wende vom konservativ-revolutionären Wertezertrümmerer zum wertebewahrenden „Anarchen" vollzog sich exemplarisch bereits in seiner Erzählung *Auf den Marmorklippen* (1939). Hatte er in seinen Essays *Die totale Mobilmachung* (1931) und *Der Arbeiter* (1932) noch die aktive Teilnahme an der „Sprengarbeit" gegen den bürgerlich-liberalen Geist als einen der „hohen und grausamsten Genüsse" der Zeit gefeiert, zog er sich jetzt, am Vorabend der europäischen Katastrophe, auf die Position einer distanzierten, apokalyptischen Abwartehaltung zurück. Angesichts des Untergangs der fiktiven Kul-

turlandschaft der „Großen Marina" im Krieg aller gegen alle findet der
Ich-Erzähler der *Marmorklippen* zu elementarer „Sicherheit" und
„Heiterkeit", die ihm aus der Gewißheit erwächst, daß „glücklich der
zu preisen (ist), dessen Wille nicht allzu schmerzhaft in seinem Streben lebt. Es wird kein Haus gebaut, kein Plan geschaffen, in welchem
nicht der Untergang als Grundstein steht, und nicht in unseren Werken
ruht, was unvergänglich in uns lebt."

Der katastrophische Kollaps einer Zivilisation erscheint bei Ernst Jünger, in Übereinstimmung mit der Kulturphilosophie Oswald Spenglers
(1880 – 1936) (*Der Untergang des Abendlandes*, 1918/1921), als un-
vermeidliches Schicksal einer jeden Kultur, die sich zu weit von ihren
Wurzeln entfernt habe. Das Inferno nimmt damit den Charakter einer
großen, elementaren Reinigung an, die den Menschen zum Unver-
gänglichen und Ursprünglichen zurückführt. In seiner (1944 verfaßten
und 1946 veröffentlichten) Schrift *Der Friede. Ein Wort an die Jugend
Europas und an die Jugend der Welt* hat Ernst Jünger seine Opferme-
taphysik, die er mit Hilfe einer aufdringlichen Metaphorik des ver-
wandelnden „Feuers" vermittelt, direkt auf die Realgeschichte bezogen.
Die immensen Opfer von Krieg und Vernichtung erscheinen hier als
die wertvolle „Saat", deren „Frucht" der „dauerhafte Friede" zwischen
den europäischen Völkern sein werde. Jüngers Opfer- und Reinigungs-
rhetorik deckt systematisch die realhistorischen Unterschiede zwischen
den Verursachern und den Leidtragenden des Zweiten Weltkriegs zu,
und insbesondere ebnet sie die beispiellose Dimension deutscher Verbrechen ein. Alle Völker hätten in dem furchtbaren „Ringen" des
Zweiten Weltkriegs ihr Blutopfer gebracht, und eben dieser gemeinsame „Schatz des Leidens" vereinige sie nun im Neuanfang.

Zwischen Akzeptanz und Vorbehalt

Rückbesinnung auf ursprüngliche, transzendente Werte heißt das Postulat konservativer Schriftsteller und Philosophen nach 1945. Martin

Heidegger sieht in seinem Brief *Über den Humanismus* (1946) die „jetzige Weltnot" durch eine im römischen Humanismus wurzelnde „rechnend-handelnde" Einstellung gegenüber dem „Seienden" und dem „Wirklichen" verursacht. Um den Menschen „zum Sein" zurück-zuführen gelte es, diese unheilvolle Denktradition zu überwinden.

Die Betrachtung des Nationalsozialismus – der ja in Wirklichkeit sel-ber in aggressiver Feindschaft zum Erbe des westlichen Rationalismus stand – als den Kulminationspunkt eines fehlgeleiteten Zivilisations-prozesses löst den Totalitarismus in einer allgemeinen Unheilsge-schichte der modernen Welt auf. Die Ansicht, diese Unheilsgeschichte finde ihren finalen Ausdruck in der vollständigen Technisierung der Gesellschaft und der damit einhergehenden Funktionalisierung des Menschen, impliziert die prinzipielle Ausweitung der Totalitarismus-diagnose auf die modernen demokratischen Massengesellschaften, und damit auch auf die politische und gesellschaftliche Ordnung der Bundesrepublik. Eine generalisierende Technik- und Zivilisationskri-tik, die zentrale Elemente späterer ökologischer Gesellschaftskritik vorwegnimmt (etwa Friedrich Georg Jüngers (1898 – 1977) 1941 be-gonnener und 1944 veröffentlichter Essay *Über die Perfektion der Technik*) findet sich in zahlreichen Variationen in der Essayistik kon-servativer Autoren: Friedrich Georg Jüngers *Maschine und Eigentum* (1949), Rudolf Pannwitz' (1881 – 1969) *Nihilismus und die werdende Welt* (1951) oder Hans Freyers *Theorie des gegenwärtigen Zeitalters* (1955) sind prototypische, wenn auch unterschiedlich ausgeprägte Beispiele. Während Friedrich Georg Jünger und Pannwitz der Technik grundsätzlich ablehnend gegenüberstehen – Pannwitz fordert die Rückkehr zu einem „organischen Weltaufbau" – sieht der Kulturso-ziologe Hans Freyer, ähnlich wie Ernst Jünger, keine Alternative mehr zum „sekundären System" einer durchtechnisierten Welt. Seine Hoff-nung richtet sich auf eine innere Umkehr des modernen Menschen hin zu mehr Individualität und Geistigkeit, die eintreten werde, wenn der Glaube an die totale Rationalisierbarkeit der Welt erst einmal an seine Grenzen gestoßen sei. Anders als noch in seiner konservativ-revolutionären Kampfschrift *Revolution von rechts* (1931) fehlt in Freyers Schriften der fünfziger Jahre der militante Überbietungsgestus, der das katastrophische Ende der bürgerlich-liberalen Epoche und den Anbruch des Zeitalters einer organischen Volksherrschaft verhieß. Freyer, der sich dem Nationalsozialismus angeschlossen, im Laufe der späten dreißiger und der vierziger Jahre jedoch von der NS-Ideologie gelöst hatte, akzeptierte am Ende grundsätzlich die Legitimität der liberalen demokratischen Ordnung. Ähnlich wie bei Arnold Gehlen (1904 – 1976) bleibt diese Akzeptanz jedoch unter dem Vorbehalt eines grundsätzlichen Mißtrauens gegenüber der Selbstorganisation einer offenen Gesellschaft. Nach Gehlen (vgl. *Die Seele im technischen Zeitalter*, 1956, *Studien zur Anthropologie und Soziologie*, 1963) ist der Mensch ein „Mängelwesen", das durch gewachsene, unanzweifelbare und sinnstiftende 'Institutionen' wie Staat, Familie und Kirche daran gehindert werden müsse, aus Überforderung durch die technisierte Massen- und Kommunikationsgesellschaft erneut irrationalen totalitären Ideologien zu verfallen.

Die Ersetzung der Totalitarismus- durch die Zivilisationskritik erlaubte konservativen Schriftstellern und Intellektuellen auch eine Uminterpretation der Geschichte des deutschen Widerstands gegen den Nationalsozialismus. Linker und liberaler Antifaschismus erschienen im konservativen Koordinatensystem als Variante eben jenes ideologischen Nihilismus und Atheismus, der die Herrschaft terroristischer Systeme wie dem des Nationalsozialismus, aber auch des Kommunismus, überhaupt erst möglich gemacht hätten. Dagegen erscheint die Verweigerung der aktiven Teilnahme an den Kämpfen der Zeit als eine für die Erneuerung der Humanität wertvollere Option.

In der öffentlichen Auseinandersetzung mit Thomas Mann haben Walter von Molo (1880 – 1958) und Frank Thiess (1890 – 1977) diese Umdeutung der „inneren Emigration" paradigmatisch formuliert [vgl. 54]. In ihrem Vorwurf, die Emigranten hätten es sich mit ihrer Kritik aus sicherer Distanz zu leicht gemacht und sie hätten sich auf Kosten des deutschen Volkes zu Erfüllungsgehilfen vor allem der westlichen Besatzungsmächte herabgewürdigt, schwingen traditionelle Ressentiments gegen den entwurzelten „Zivilisationsliteraten" mit – wie auch nationalistische und antiwestliche Affekte gegen die Siegermächte, und hier vor allem gegen die amerikanischen demokratischen Umerzieher der Deutschen.

Kraß kommt dieses Anknüpfen an antiliberale deutsche Traditionen etwa bei Ernst Wiechert zum Ausdruck, der in seiner Autobiographie *Jahre und Zeiten* (1948) „eine ganze Literatur, ja eine ganze Kunst", also die von den Nationalsozialisten für 'entartet' erklärte moderne Avantgarde der zwanziger und dreißiger Jahre beschuldigt, „das große Nein gesprochen" und darüber vergessen zu haben, „das wenn auch noch so kleine Ja hinzuzufügen. Und in diese Lücke des Grabens war das deutsche Volk, ja wahrscheinlich das Abendland gestolpert.". Hans Carossa konzedierte in seinem „Lebensbericht" mit dem Titel *Ungleiche Welten* (1951) den Emigranten zwar großzügig, ihr „Mißtrauen" gegen die Daheimgeblieben sei verständlich: „Diese Menschen hatten mit der Heimat auch ihr Seelengleichgewicht verloren; wir durften keine wohlwollend abwägenden Urteile von ihnen erwarten." Um so entschiedener besteht Carossa jedoch darauf, zu solch gerechter Abgewogenheit seien jene „wahrhaft Einsamen" der Inneren Emigration befähigt, „die, nur durch geistige Verwandtschaft zusammengehalten, die düstere Zeit im Lande durchlebt und durchlitten haben". Aus der Überzeugung, ungebrochen die Prinzipien abendländischer Kultur bewahrt zu haben, leiteten konservative Autoren wie Wiechert, der 1938 von den Nationalsozialisten in ein KZ gesperrt worden war, und Carossa nach 1945 einen geistigen Führungsanspruch im neuen Deutschland ab. Die amerikanische Entnazifizierungspolitik mußte ihnen daher wie eine ignorante Demütigung vorkommen.

Die moralische Legitimation der „reeducation" anzuzweifeln, ist das Anliegen des autobiographischen Berichts *Der Fragebogen* (1951) von Ernst von Salomon. Salomon, der als junger Nationalist 1922 in die Ermordung von Walter Rathenau (1867 – 1922) verwickelt war und in den späten zwanziger und frühen dreißiger Jahren zum Kreis der „neuen Nationalisten" um Ernst Jünger gehörte, versucht in seinem lakonischen, anekdotenreichen Buch den Vorwurf zu unterlaufen, das deutsche Volk habe in seiner Mehrheit die nationalsozialistische Gewaltherrschaft unterstützt. Umstritten war nicht zuletzt der heftige Antiamerikanismus des publikumswirksamen Buches Salomons: Fortwährend zieht der Autor, der nach Kriegsende wegen seiner aktiven Feindschaft gegen die Weimarer Republik in amerikanischen Internierungslagern einsaß, Parallelen zwischen den Unterdrückungspraktiken der Nationalsozialisten und der fremden Besatzungsmacht, und seine klischeehafte Darstellung der Amerikaner als kaugummikauende, unkultivierte und ebenso unfähige wie grausame Tölpel entsprach in vollem Maße den nachkriegsdeutschen Ressentiments gegen den Bezwinger des deutschen Reiches. Die strukturelle Gleichsetzung der amerikanisch geführten westlichen Welt mit dem Totalitarismus nationalsozialistischer und kommunistischer Prägung findet sich sowohl bei Carl Schmitt, der in seiner Schrift *Theorie des Partisanen* (1963) unterstellt, die atomare Abschreckungsstrategie setze die Erklärung des Feindes zum „unwerten Leben" voraus, wie auch bei Ernst Jünger, der in seinem Essay *Der Weltstaat. Organismus und Organisation* (1960) eine immer stärkere Angleichung von USA und Sowjetunion im Zeichen des planetarischen Nihilismus diagnostiziert. Nationalpatriotische Distanz nicht nur gegenüber dem Sowjetblock, sondern auch und gerade gegenüber dem Westen drückt sich in der Beteiligung wertkonservativ geprägter Autoren wie Stefan Andres oder Reinhold Schneider an der Bewegung gegen die Wiederbewaffnung Deutschlands in den fünfziger Jahren aus.

Eine Bewertung der politischen Einstellung konservativer Autoren nach 1945 muß zwiespältig ausfallen. Zweifellos trifft der oft erhobene Vorwurf zu, die mystifizierende konservative Geschichtsbetrachtung habe dazu beigetragen, eine schonungslose Benennung konkreter deutscher Schuld und damit eine grundlegende Auseinandersetzung mit der nationalsozialistischen Vergangenheit zu verhindern. Richtig ist auch, daß durch konservative Legitimationsfiguren antiliberale und antidemokratische deutsche Traditionen in die Bundesrepublik hinein perpetuiert wurden. Es wäre jedoch zu einseitig, die Bedeutung konservativer Autoren der Nachkriegszeit auf eine „restaurative" Rolle zu reduzieren. Denn nicht zuletzt durch die konservativen Schriftsteller und Intellektuellen ist auch die Überführung einer gefährlichen deutschen Denktradition in eine „entschärfte", mit den Prinzipien der liberalen Demokratie grundsätzlich kompatible Spielart des Kulturkonservatismus möglich gewesen. Ehemalige konservative Revolutionäre wie der Schriftsteller und Literaturkritiker Friedrich Sieburg (1893 – 1964) zogen, ohne einen Grundbestand deutschen kulturkonservativen Denkens aufzugeben, aus der nationalsozialistischen Katastrophe die Konsequenz, daß sich der „deutsche Geist" der Humanität und Liberalität der westlichen Welt (und das bedeutet im Falle Sieburgs vor allem Frankreichs) öffnen müsse. So trugen konservative Autoren auch zur kulturellen Integration der Bundesrepublik in die demokratische Zivilisation des Westens bei. Freilich konnte diese Integrationsfunktion nur begrenzt sein. Nicht von ungefähr gerieten die konservativen Schriftsteller und Intellektuellen seit den sechziger Jahren immer mehr ins Abseits. In dem Maße, wie mit der zunehmenden Verwestlichung der Bundesrepublik traditionelle deutsche Vorbehalte gegen die liberale Moderne in der westdeutschen Bildungselite an Bedeutung verloren, mußte auch der starre kulturkonservative Widerstand gegen einen vermeintlich fortschreitenden Kulturverfall unverständlich und antiquiert erscheinen. Nur wenige konservative Autoren konnten sich der Auseinandersetzung mit der neuen Schriftstellergeneration auf ähnlich hohem Niveau stellen wie der Lyriker und Literaturkritiker Hans Egon Holthusen (1913 – 1997), dessen Essayband *Sartre in Stammheim. Zwei Themen aus den Jahren der großen Turbulenz* (1982) eine eindringliche Analyse von *Utopie und Katastrophe* im lyrischen Werk von Hans Magnus Enzensberger (geb. 1929) enthält.

Dichtung als Gegenwelt

Konservatives Denken ist dichotomisch strukturiert: es basiert auf Strukturelementen, die denen liberal-aufklärerischen Denkens oppositionell entgegengesetzt werden. So zieht es dem „Intellekt" oder „zergliedernden Verstand" die ganzheitliche „Intuition", der „Analyse" die „Anschauung", dem „Machen" das „Werden" und dem „Allgemeinen" das „Besondere" vor. Dementsprechend gilt das „Bild" als organisch, dynamisch, lebendig, während der „Begriff" mechanisch, statisch, tot sei. Daraus leitet der Konservatismus einen privilegierten Zugang der Dichtung – die vor allem in Bildern spreche – zur Wahrheit ab. Dichtung steht dieser Auffassung nach in unmittelbarer Nähe zur Religion.

Solche gleichbleibenden Strukturelemente weisen den Konservatismus als eine geschlossene Diskursformation aus. Es fällt jedoch auf, daß sich konstitutive Elemente dieses Diskurses in weiten Teilen mit Topoi allgemeiner Moderne- und Zivilisationskritik überschneiden. Der fundamentale Einspruch gegen die „rationalistische Moderne" gehört seit der frühen Romantik zum Grundgestus der literarischen Moderne [vgl. 122]. Konservatismus schlichtweg mit „Antimodernismus" gleichzusetzen oder ihn kurzerhand der „Vormoderne" zuzuschlagen, hieße zu unterschätzen, in welchem Ausmaß die künstlerische und literarische Moderne in Deutschland auch mit konservativen Ideen verknüpft ist. Konservatives Denken in Kunst und Literatur verbindet sich in Deutschland eng mit der Vision einer spezifisch deutschen, „organischen Moderne", wie sie von der Romantik eines Friedrich Schlegel (1772 – 1829) oder Joseph von Eichendorff (1788 – 1859) über die „Gesamtkunstwerk"-Konzeption von Richard Wagner (1813 – 1883) und den von ihr beeinflußten kunstreligiösen Strömungen der Jahrhundertwende bis hin zu Tendenzen im Expressionismus verfolgt werden kann.

Einige der wichtigsten philosophischen und poetologischen Prämissen konservativer Autoren nach 1945 stehen mit weit verbreiteten Zeitstimmungen in Einklang. Die von Gottfried Benn in den fünfziger Jahren formulierte Auffassung von Dichtung als einer autarken Gegensphäre des Gesellschaftlichen, sein Insistieren auf der Autonomie der sprachlichen Form gegenüber dem Inhalt rekuriert auf hermetische Traditionen der klassischen Moderne und der literarischen Avantgarde. Grundlage des Bennschen Aufrufs zum Rückzug aus der Geschichte ist die kulturkonservative Diagnose eines unaufhaltsamen „Werteverfalls" und „Niedergangs" der abendländischen Zivilisation. Aus der gleichen Diagnose heraus bekehrt sich Alfred Döblin (1878 – 1957) während des Kriegs zum Katholizismus und beginnt in der Nachkriegszeit einen literarischen „Feldzug" für eine christliche „neue Aufklärung", wofür Texte wie seine „Religionsgespräche" (*Der unsterbliche Mensch. Ein Religionsgespräch* (1946) oder seine Erzählung *Die Pilgerin Aetheria* (1948-49) Zeugnis ablegen. Abscheu gegen eine durch Materialismus, geist- und kulturlose Verflachung sowie oberflächliche Beliebigkeit zerfallende Gegenwart artikuliert Hermann Hesse (1877 – 1962) in seinem (erstmals 1943 erschienenen) Roman *Das Glasperlenspiel*. Hesses in den fünfziger Jahren vertretene strikte Abgrenzung des „Geistes" von der Politik und der Geschichte, seine Forderung, der Dichter habe sich dem Dienst am „Reich des Geistes und der Seele" zu widmen, trifft sich mit typisch konservativen Auffassungen von dem besonderen metaphysischen Wert und einer überweltlichen Sendung der Dichtung. Enthistorisierung und Flucht aus der durch den Nationalsozialismus verursachten moralischen und geistigen Katastrophe in eine vermeintlich intakte Sphäre des reinen, autonomen Geistes entsprach einem weit verbreiteten Bedürfnis in der deutschen Nachkriegsintelligenz.

Jedoch lassen sich die zuletzt aufgeführten Autoren nicht umstandslos einer 'konservativen Literatur' zuordnen. Namentlich Gottfried Benn verband seine wertkonservativen Ideen mit einem beherzten Bekenntnis zum Autonomiepostulat der literarischen Moderne. Jedoch wurde das Erbe der Moderne in der westdeutschen Nachkriegsrezeption in der Regel um seine experimentellen und destruktiv-subversiven Anteile reduziert, so daß man von der Dominanz einer „traditionalistischen Modernität" sprechen kann.

Wenn auch zahlreiche moderne Autoren von Rang eine Reihe von Grundpositionen konservativer Weltanschauung teilten, so geht ihr literarisches Werk doch keineswegs in solchen ideologischen Vorgaben auf. Eben dies ist aber in hohem Maße bei jenen konservativen Schriftstellern der Fall, die – unbeschadet ihres geradezu rituell beschworenen Postulats, die Dichtung könne und solle die ganze Fülle der Schöpfung in ihrer unendlichen Vielfalt und Offenheit beschreiben und gegen „rationalistische" Gleichmacherei verteidigen – zumeist eine lehrhafte, moralisierende und in ihrer Grundbotschaft redundante Weltanschauungsliteratur produzierten. *Der Mensch vor dem Gericht der Geschichte* – dieser Titel eines Essays von Reinhold Schneider aus dem Jahre 1946 faßt paradigmatisch ein immer wiederkehrendes Thema konservativer Literatur der Nachkriegsjahre zusammen. Die Katastrophe von Nationalsozialismus und Vernichtungskrieg deutet Schneider als ein apokalyptisches Weltverhängnis, als „furchtbare Schickung", die jeden Einzelnen zu einer existentiellen moralischen Prüfung zwinge.

Der Einzelne, der in eine blutige, grausame Geschichte gestellt und der Gefahr wie der Versuchung von Macht und Gewalt der Herrschenden sowie des gesellschaftlichen Kollektivs ausgesetzt ist – einer Versuchung, der er in persönlicher Verantwortung vor Gott widerstehen muß: Diese Grundkonstellation, die Reinhold Schneider in seiner schon 1938 veröffentlichten Erzählung *Las Casas vor Karl V. Szenen aus der Konquistadorenzeit* entfaltet hat, und die sich in seinen Nachkriegserzählungen und -romanen (*Das getilgte Antlitz*, 1953, *Die silberne Ampel*, 1956) wiederholen, findet sich in zahlreichen erzählerischen Werken konservativer Autoren der späten vierziger und der fünfziger Jahre. Werner Bergengruens erstmals 1935 erschienener Roman *Der Großtyrann und das Gericht*, der sich (wie Schneiders Erzählung) in den Nachkriegsjahren großer Beliebtheit erfreute und Anfang der sechziger Jahre für die Bühne dramatisiert wurde, schildert am Modellbeispiel einer italienischen Stadt der Renaissance-Zeit die moralische Zerstörung eines Gemeinwesens durch die Hybris der Mächtigen und durch die Korrumpierbarkeit und Verführbarkeit der Beherrschten. Das christlich motivierte Selbstopfer eines einfachen Mannes führt schließlich zur Besserung des Großtyrannen. Eine vergleichbare Ausgangssituation entwirft Ernst Jüngers Roman *Heliopolis. Rückblick auf eine Stadt* (1949). Der Roman erzählt vom Verfall eines imaginären Reichs, das archaische Züge trägt, aber auch mit moderner technischer Bequemlichkeit und mit modernen Vernichtungswaffen ausgestattet ist. Die Hauptfigur entzieht sich der Unheilsgeschichte durch Hinwendung zum asketischen Leben, und er gewinnt das Bewußtsein zur „höheren Erfassung des Seins" in den Sphären des Metaphysischen. Die Romantrilogie *Die Sintflut* (bestehend aus: *Das Tier in der Tiefe*, 1949, *Die Arche*, 1951, *Der graue Regenbogen*, 1959) von Stefan Andres zeigt allegorisch den Aufstieg einer irrational-utopischen Welterlösungsideologie und ihre Perversion in verbrecherische Gewaltherrschaft. Andres' Roman *Der Mann im Fisch* (1963) aktualisiert die biblische Geschichte des Jonas im zeitkritischen Bezug: Jonas flieht seinen Auftrag, dem sündigen Ninive Gottes Strafgericht anzukündigen. Seiner Berufung schließlich doch folgend, erwirkt er Einsicht, Buße und Rettung der zum Untergang verurteilten Stadt.

Verherrlichung ursprünglicher deutscher Landschaft und ihrer unverdorbenen, erdverwurzelten Menschen, wie sie Ernst Wiechert in seinem zweibändigen Masuren-Roman *Die Jerominkinder* (1945-47) zelebriert, oder die nostalgische Beschwörung einer noch intakten, in sich selbst ruhenden Individualität in Werner Begengruens Romanen *Der letzte Rittmeister* (1952), *Die Rittmeisterin* (1954) und *Der dritte Kranz* (1962) korrespondieren in der konservativen Erzählliteratur mit der Denunziation einer von allem Geistigen entleerten, nur auf oberflächliches Geld–, Besitz- und Konsumstreben gerichteten bundesdeutschen Wirtschaftswunder-Gesellschaft, wie sie in Gerd Gaisers (1908 – 1976) Roman *Schlußball* (1958) geschildert wird. Solche direkte gegenwartskritische Auseinandersetzungen bleiben in der Literatur konservativer Autoren jedoch Ausnahmen. Flucht aus „der Zeit" in historische und religiöse Stoffe oder ins Allegorisch-Unverbindliche herrschen vor. Es finden sich aber vereinzelt auch bemerkenswerte literarische Zeitkommentare aus konservativer Sicht. Dies gilt nicht nur für Ernst Jüngers parabelhaft-phantastischen, aphoristisch-reflexiv gebrochenen Roman *Eumeswil* (1977). Dieser „Roman der posthistoire" [vgl. 151, *S. 589 ff.*] kann auch als verschlüsselte Beschreibung einer geschichts- und gesichtslosen Bundesrepublik gelesen werden. Erzählerische Qualitäten konventioneller Art besitzen die Romane und Reiseberichte Ernst von Salomons (*Das Schicksal des A.D. Ein Mann im Schatten der Geschichte*, 1960, *Die schöne Wilhelmine*, 1965, *Die Kette der tausend Kraniche*, 1972). Salomon vermeidet falsches, aufdringliches Pathos und präsentiert seine kulturkonservative Weltsicht im Tonfall skeptischer Ironie. Edwin Erich Dwinger (1898 – 1981) lieferte schon seit der Weimarer Zeit Romane mit völkisch-nationalistischer Tendenz, aber auch von packender erzählerischer Intensität. Nach 1945 setzte er die Tradition seiner antibolschewistischen Rußland-Romane fort (*General Wlassow*, 1951, *Sie suchten die Freiheit*, 1952).

Dem konservativen Anspruch, dem unbeschädigten Guten, Wahren und Schönen ungebrochen zum Ausdruck zu verhelfen, entsprach das Festhalten an konventionellen, geschlossenen Formen der erzählenden, dramatischen und lyrischen Literatur. Zum Selbstverständnis von Autoren wie Reinhold Schneider, Werner Bergengruen oder Friedrich Georg Jünger gehörte es, sich in allen dichterischen Gattungen zu betätigen.

In höchstem Ansehen steht in konservativem Dichtungsverständnis jedoch die Lyrik. In der lyrischen Form schien sich die programmatisch intendierte Ablösung dichterischer Sprache und Empfindung von der Zeitgebundenheit am reinsten realisieren zu lassen. Lyriker wie Rudolf Alexander Schröder (1878 – 1962) (*Hundert geistliche Gedichte*, 1951, *Das Sonntagsevangelium in Reimen*, 1952), Werner Bergengruen (*Dies irae*, 1945), Rudolf Hagelstange (1912 – 1984; *Venezianisches Credo*, 1945) Hans Egon Holthusen (*Klage um den Bruder* ,1947), Reinhold Schneider (*Die Sonette von Leben und Zeit, dem Glauben und der Geschichte,* 1954), Georg Britting (1891 – 1964) oder Friedrich Georg Jünger rekurierten auf vermeintlich zeitlose Formen, wobei sich das Sonett der größten Beliebtheit erfreute. Das bevorzugte Sujet konservativer Verskunst der Nachkriegszeit ist die Natur. Wilhelm Lehmann (1882 – 1968) stellt in seinen Gedichtsammlungen (darunter *Es ist noch nicht genug*, 1950, und *Sichtbare Zeit*, 1967) den naturmystischen Glauben an die Anwesenheit eines höchsten Wesens im Naturerlebnis der Künstlichkeit und Äußerlichkeit des Lebens in der modernen Zivilisation entgegen: *Der grüne Gott* lautet der programmatische Titel eines Gedichtbandes aus dem Jahre 1942. Auch bei Friedrich Georg Jünger, der es in der Beherrschung traditioneller Lyrikformen – Sonett, Ballade, Elegie bis hin zum Epos (er übertrug Homers *Odyssee* ins Deutsche) – zu einer gewissen epigonalen Meisterschaft gebracht hat, ist die Klage über die Heillosigkeit der Menschenwelt und die tröstende Begegnung mit der Natur eine strikt durchgehaltene Konstante. In dem Gedicht *Abend des Einsamen* aus dem Band *Es pocht an der Tür* (1968) heißt es: „Abends besucht mich der Fuchs, und wir sprechen / Wieder von Gott und der Welt, / Sprechen vom Truge des ruhlosen Menschen, / Von seiner List und dem Geld." Die Auflösung vorgegebener Gedicht- und Versformen in der modernen Lyrik wird von Friedrich Georg Jünger mit der Zerstörung der Wahrheit dichterischer Aussage gleichgesetzt. In einem nachgelassenenen Gedicht (postum veröffentlicht 1983 in dem Band *Im tiefen Granit*) schreibt er: „Er hat den Reim verlassen, / Hat die Rhythmen in sich zerstört. Die Verse blassen / Und werden Lettern, / Die das Ohr nicht hört. / Der Teil bewegt sich, / Ohne sich zu fügen. / Spürst du es nicht? / Es mehren sich die Lügen."

Konservative Einflüsse in der ostdeutschen Literatur

Die kulturpolitische Propaganda der SBZ und der späteren DDR war bis in die sechziger Jahre hinein von heftigen nationalistischen und kulturchauvinistischen Tönen geprägt. Dies entsprach dem Anspruch des SED-Regimes, der wahre Vertreter der Interessen des deutschen Volkes und der Anwalt der deutschen Einheit zu sein. Die Bundesrepublik wurde dagegen als „Spalterstaat" von Gnaden der Westmächte denunziert. Die Propaganda steigerte sich in die These hinein, Westdeutschland sei ein vom amerikanischen Imperialismus „kolonisiertes" Land, und die deutsche Bourgeois habe das deutsche Volk an die fremden Ausbeuter verkauft. Dieser Linie entsprechend überschlug sich die kulturpolitische Propaganda der DDR in Verdammungsurteilen gegen die „amerikanische Unkultur", die Westdeutschland überschwemmt und in die kulturelle „Dekadenz" geführt habe. „Von Bonn aus", heißt es in einer Erklärung der SED von 1952, „werden die kosmopolitischen Zersetzungsversuche der deutschen Kulturwerte unternommen, um das Nationalbewußtsein des deutschen Volkes zu zerstören".

Unter dem Deckmantel des „Antiimperialismus" und „Antikapitalismus" konnten sich in der DDR traditionelle deutsche antiwestliche, antiliberale und antimodernistische Ressentiments erhalten und entfalten. Dies gilt um so mehr, als die staatliche Festlegung der Literatur auf einen zunächst „antifaschistischen" und später „sozialistischen Realismus" mit einem schrillen Dekadenzverdikt gegen große Teile der klassichen Moderne und gegen die Kunst- und Literaturavantgarde verbunden war. Obwohl die offizielle literaturpolitische Linie der SED in ihrer Forderung, die Literatur habe sich in den Dienst „progressiver" historischer und gesellschaftlicher Kräfte zu stellen, dem konservativen Dichtungsideal diametral entgegengesetzt war, traf sie sich in folgendem Punkt doch mit konservativer Ideologie: in der moralischen und politischen Verdammung „formalistischer" und „modernistischer" künstlerischer Tendenzen wie der liberal-individualistischen Moderne als solcher.

So kam es, daß ein ehemaliger expressionistischer Dichter wie Johannes R. Becher (1891 – 1958), der als hoher SED-Kulturfunktionär (und seit 1954 als Minister für Kultur) diente, seine sozialistische und „humanistische" Bekenntnislyrik für formal ähnlich epigonale Formen benutzte wie seine konservativen Kollegen in Westdeutschland, wobei auch bei ihm das Sonett eine bevorzugte Stellung einnahm (*Sterne, unendliches Glühen*, 1951, *Glück der Ferne, leuchtend nah*, 1951, *Sonett-Werk 1913 – 1955*, 1956).

Kontinuitäten deutscher kulturkonservativer Zivilisationskritik ergaben sich nicht zuletzt durch Schriftsteller und Intellektuelle, die seit der Weimarer Republik in der Grauzone zwischen linkem und rechtem Extremismus hin- und hergewandert sind. So war Alfred Kurella (1895 – 1975), der in der DDR zum Leiter der Kulturkommission des ZK der SED avancierte, in der Weimarer Zeit aus der völkisch orientierten Jugendbewegung zur Kommunistischen Partei gestoßen. Bodo Uhse (1904 – 1963), der durch seinen Exilroman *Leutnant Bertram* (1944) zum gefeierten antifaschistischen Schriftsteller wurde und 1950 – 1952 als Vorsitzender des Schriftstellerverbandes fungierte, war vor seinem Übertritt zu den Kommunisten Anfang der dreißiger Jahre Anhänger des „linken", nationalrevolutionären Flügels der NSDAP um Otto Strasser (1897 – 1974) gewesen. Er wurde verdächtigt, noch zu DDR-Zeiten Kontakte zu einstigen nationalrevolutionären Mitkämpfern wie Ernst von Salomon aufrechtzuerhalten, mit dessen Bruder Bruno er in den letzten Jahren der Weimarer Republik im Auftrag der KPD die antirepublikanischen Aufstände der „Landvolkbewegung" in Schleswig-Holstein mitorganisiert hatte. Arnolt Bronnen (eigtl. A. Bronner, 1895 – 1959), der im Berlin der frühen zwanziger Jahre neben Bertolt Brecht (1998 – 1956) als der skandalöseste Theaterrevolutionär gegolten hatte (*Vatermord*, 1922), schloß sich gegen Ende der Weimarer Republik den Nationalsozialisten an und veröffentlichte einen völkisch-nationalistischen

Roman (*O.S.*, 1929). Nach dem Ende der Nazi-Diktatur, von der er sich seit Mitte der dreißiger Jahre innerlich distanziert hatte, näherte sich Bronnen kommunistischen Positionen an und übersiedelte 1955 in die DDR, wo er als Theaterkritiker für die „Berliner Zeitung" arbeitete.

Vor allem aber Ernst Niekisch verkörpert die Querverbindungen zwischen rechtem und linkem antiliberalem Denken. Niekisch, der als linkssozialistischer Sozialdemokrat begonnen hatte, wurde in den zwanziger Jahren zum herausragenden Kopf der sogenannten „nationalbolschewistischen" Strömung, die einen radikalen Nationalismus mit der Forderung verband, Deutschland müsse sich mit der Sowjetunion gegen den Westen verbünden. Niekisch sah im westlichen Liberalismus eine Neuauflage jahrtausendealter „römischer" Kolonialpolitik gegen Deutschland und behauptete (in Schriften wie *Entscheidung*, 1930), der gesunde Kern deutschen „Volkstums" lasse sich nur durch eine radikale politisch-kulturelle Abkehr vom Westen und eine entschlosene Ostorientierung erhalten. Niekisch, der in der Weimarer Zeit zum „neonationalistischen" Kreis um Ernst Jünger gehört hatte, wandte sich (in seiner Streitschrift *Hitler – ein deutsches Verhängnis*, 1931) nicht zuletzt deshalb gegen den Nationalsozialismus, weil dieser eine Kopie des italienischen Faschismus und damit ein betrügerischer Versuch sei, Deutschland einmal mehr dem „römischen Geist" zu unterwerfen. Seine aktive Widerstandsarbeit gegen das NS-Regime bezahlte Niekisch mit einer Verurteilung zu lebenslangem Zuchthaus. Nach dem Krieg schloß er sich der SED an und stieg in der DDR bis zum Volkskammer-Abgeordneten auf. Niekischs Entscheidung für die DDR folgte konsequent aus seinen alten „nationalbolschewistischen" Überzeugungen der Weimarer Zeit: In Essays wie *Deutsche Daseinsverfehlung* (1946) und *Ost und West* (1947) vertrat er die Ansicht, nur die enge Anlehnung an die Sowjetunion lasse den Deutschen nach dem Zusammenbruch noch eine Hoffnung, vom Geist des amerikanisch-westeuropäischen Kulturimperialismus nicht vollständig aufgesogen zu werden. Niekisch repräsentiert wie kein anderer die kulturnationalistische Option des DDR-Kommunismus. In dem Maße, wie sich die gesamtdeutsche Linie der SED als propagandistische Farce entpuppte und die Angleichung des DDR-Systems an das „sozialistische Lager" unumkehrbar wurde, schwand jedoch die Attraktivität der DDR für nationalpatriotische Kräfte. Niekisch wandte sich Ende der fünfziger Jahre von der SED ab und starb politisch isoliert und vereinsamt in Westberlin.

Folge der gesamtdeutschen Orientierung der DDR-Kulturpropaganda war auch die Gründung der Zeitschrift *Sinn und Form* im Jahre 1949. Daß der Mitherausgeber Johannes R. Becher den Lyriker Peter Huchel (1903 – 1981), der den Kommunisten zwar nahestand, für sich aber eine unabhängige politische und ästhetische Position beanspruchte, als Chefredakteur einsetzte, entsprang nicht zuletzt der Überlegung, die Zeitschrift auch für einen möglichst großen Kreis „bürgerlicher" Schriftsteller offenzuhalten. Huchels – stark von der märkisch-brandenburgischen Landschaft inspirierte – Naturlyrik (*Chausseen, Chausseen*, 1963, *Die Sternenreuse. Gedichte 1927 – 1947*, 1967, *Gezählte Tage*, 1972) verbindet kontemplative Naturbilder mit einer kritisch-dialektischen Reflexion auf Geschichte, Politik und Gesellschaft. Huchels Dichtung verweigerte sich experimenteller Tendenzen in der zeitgenössischen Lyrik, und seine zunehmend geschichts- und kulturpessimistische Haltung weist Berührungspunkte mit kulturkonservativen Auffassungen auf. Sein Widerstand gegen die staatlich verordnete politische Gleichschaltung von Literatur führte 1962 zu seiner Absetzung als Chefredakteur von *Sinn und Form*. Zunehmende Schikanen zwangen ihn im Jahre 1972 zum Verlasen der DDR.

Auf eine neue Weise äußerten sich Topoi konservativer deutscher Zivilisationskritik in der DDR-Literatur seit den siebziger Jahren. Zivilisationskritik löste als Paradigma den Fortschrittsoptimismus ab, der noch die sogenannte 'Ankunftsliteratur' der sechziger Jahre gekennzeichnet hatte. Autoren wie Heiner Müller (1929 – 1995), Christa Wolf (geb. 1929) oder Volker Braun (geb. 1939) verbanden eine kritischer werdende Sicht auf die gesellschaftlichen Verhältnisse im Realsozialismus mit einer fundamentalen, von apokalyptischen Zügen geprägten Technik- und Fortschrittskritik. Heiner Müller beerbt vitalistische Denkfiguren und kombiniert sie mit seiner revolutionär-utopischen Weltsicht. In Stücken wie *Mauser* (UA 1978), *Die Hamletmaschine* (UA 1979) und *Der Auftrag. Erinnerung an eine Revolution* (UA 1980) erscheint 'die Revolution' als Ausdruck elementarer Lebenskraft, die sich gegen eine lebensfeindliche, von der rationalistischen Aufklärung formierte Zivilisation Bahn bricht. In ihrer Erzählung *Kassandra* (1983) und den Frankfurter Poetik-Vorlesungen *Voraussetzungen einer Erzählung: Kassandra* (1983) übt Christa Wolf eine radikale Kritik am Patriarchat, dessen Praktiken die Ursache für eine katastrophale Fehlentwicklung der europäischen Zivilisationsgeschichte seien. Ihr zivilisationskritisches Deutungsmuster stützt Christa Wolf dabei in nicht geringem Maße auf die romantische Matriarchatsmythologie, wie sie von Johann Jakob Bachofen (1815 – 1887) entwickelt und von dem lebensphilosophischen Antirationalisten Ludwig Klages (1872 – 1956; *Der Geist als Widersacher der Seele*, 1929-32) fortgeschrieben wurde. Heftige Kritik am Euro- und Logozentrismus verbindet sich bei Volker Braun (im *Hinze-Kunze Roman*, 1985, in Stücken wie *Transit Europa*, 1987 oder in der Gedichtsammlung *Der Stoff zum Leben 1-3*, 1990) mit einem starken Affekt gegen die vom Westen in den Sozialismus hineindrängende westliche Medien- und Konsumgesellschaft. Dieser antiwestliche Affekt führt Braun (in seiner Gedicht- und Prosatextsammlung *Die Zickzackbrücke. Ein Abrißkalender*, 1992) – wie auch Heiner Müller und Christa Wolf – nach dem Ende der DDR zu einer Verdammung des deutschen Vereinigungsprozesses: Dieser sei ein Akt der Kolonisierung eigenständiger DDR-Kultur durch eine nivellierende westliche Geldherrschaft.

Gibt es eine Renaissance konservativer Ästhetik?

Heiner Müller beruft sich (so in dem autobiographischen Bericht *Krieg ohne Schlacht. Leben in zwei Dikaturen*, 1992) bei seiner Fundamentalkritik des Westens und dessen in der „römischen Zivilisation" wurzelnder Rationalität (vgl. das Gedicht *Mommsens Block*, 1993) ausdrücklich auf lebensphilosophische und konservativ-revolutionäre Kulturphilosophen, vor allem auf Friedrich Wilhelm Nietzsche (1844 – 1900), Carl Schmitt (1888 – 1985) und Ernst Jünger. Beeinflußt ist seine Sicht auf die moderne Konsum- und Mediengesellschaft als eine alle kulturellen Differenzen und schließlich alle Realität und Geschichte auslöschende Megamaschine aber auch von postmodernen französischen Medien- und Kulturtheoretikern wie Jean Baudrillard (geb. 1929) und Paul Virilio (geb. 1932).

Aber nicht nur bei ehemaligen DDR-Schriftstellern wie Müller steht die Rezeption antirationalistischer Denktraditionen – seit dem vielbeschworenen „Ende der Utopien" im Jahre 1989 – in hohem Kurs. Eine Synthese aus „Posthistoire"-Stimmung und bewußtem Rekurs auf deutsche kulturkonservative Ideologeme stellt der vieldiskutierte Essay *Anschwellender Bocksgesang* (1993) von Botho Strauß (geb. 1944) dar. Straußens (zuerst im Nachrichtenmagazin *Der Spiegel* veröffentlichter) Text erregte unter linken und linksliberalen Kommentatoren nicht deshalb Anstoß, weil er die Zerstörung substantieller Kulturwerte durch eine alles nivellierende Mediatisierung des öffentlichen Lebens beklagte. Diese Ansichten decken sich durchaus mit der auf der Linken üblichen Kulturkritik. Aufhorchen ließ Strauß, weil er diese Kulturkritik explizit an ihre konservativen, antiliberalen Ursprünge zurückkoppelte. So erklärte Strauß, die „Gegenaufklärung, im strengen Sinn", werde „immer die oberste Hüterin des Unbefragbaren, des Tabus und der Scheu sein". „Rechts zu sein" bedeute nichts anderes als „die Übermacht einer Erinnerung zu erleben; die den *Menschen* ergreift". Es gelte, sich einer „Überlieferung" zu erinnern, die „vor den Toren wie eine Fracht kostbarer Nahrung" verderbe, und die vor allem im „Weistum" der Dichter aufbewahrt bleibe. Der resignative Aufruf zum Rückzug in den „Hortus conclusus" steht bei Strauß unaufgelöst neben der prophetisch-sehnsüchtigen Ankündigung einer sich abzeichnenden Rückkehr authentischer Wirklichkeit. Das „angeblich so wirklichkeitsbezwingende Gefüge von Simulacren und Simulatoren", schreibt Strauß, gerate „von einem Tag zum anderen ins Wanken": „Die Wirklichkeit blutet wirklich jetzt." Selbst ein völkischer Unterton ist bei Strauß nicht zu überhören, wenn er bemängelt: „Daß ein Volk sein Sittengesetz gegen andere behaupten will und dafür bereit ist, Blutopfer zu bringen, das verstehen wir nicht mehr und halten es in unserer liberal-libertären Selbstbezogenheit für falsch und verwerflich."

Trotz seiner inzwischen eingestandenen Nähe zur neuen intellektuellen Rechten ist Straußens Rekonstruktion einer „gegenaufklärerischen" Traditionslinie, die er von Novalis über Rudolf Borchardt bis zu Martin Heidegger und Ernst Jünger zieht, wohl in erster Linie als Versuch einer substantialistischen Aufladung seiner Literaturpraxis zu verstehen. In seinem kurzen Text *Refrain einer tieferen Aufklärung* (1995) ruft Botho Strauß Ernst Jünger zum „Prototyp einer kommenden Kunst" aus: „(...) der, der in den Verbindungen steht, löst den Subversiv-Radikalen, den jakobinisch-'hölderlinischen' Zeit-Heros ab". Solcher Chiliasmus scheint aber eher den verzweifelten Projektionen einer alternden, in metaphysischen Gewißheiten Halt suchenden Generation ehemaliger Linksintellektueller geschuldet zu sein als einer tatsächlich erkennbaren Tendenz in der neuesten deutschen Literatur. Zwar könnte die emphatische, lagerübergreifende Rezeption Ernst Jüngers anläßlich seines hundertsten Geburtstag im Jahre 1995 auf einen bevorstehenden 'Kulturkampf' hinweisen: Auf verschiedenen Feldern der Politik und Kultur werden in den neunziger Jahren die Prinzipien einer offenen liberalen Gesellschaft verstärkt in Frage gestellt. Auf dem Gebiet der Literatur bleiben Versuche zur Wiedereinführung eines „hohen Tons" der Dichtung, wie sie Botho Strauß (in seinen Stücken *Schlußchor*, 1991, und *Das Gleichgewicht. Stück in drei Akten*, 1993, sowie in seinen Erzählungen *Wohnen Dämmern Lügen*, 1994) unternimmt, bisher Einzelfälle.

In *Ithaka* (1996), seiner Dramatisierung der Heimkehrgesänge der *Odyssee* (um 700 v. Chr.), poetisiert Botho Strauß die konservative Staatsutopie von einer im Metaphysischen ruhenden, gerechten Monarchie, die – ähnlich wie schon bei Novalis (eigtl. Friedrich von Hardenberg, 1772 – 1801) – durch eine liebende Königin verbürgt wird.

Bei Peter Handke (geb. 1942) fällt schon seit den siebziger Jahren ein Gestus geisteselitärer Entrückung auf, ohne daß eine politische Bezugnahme auf konservatives Denken erkennbar gewesen wäre. In seinem Reisebericht *Winterliche Reise zu den Flüssen Donau, Save und Drina oder Gerechtigkeit für Serbien* (1996) freilich stilisiert Handke die Serben zu einem eigensinnigen Kollektiv, das sich in kultureller Autarkie einer anmaßenden westlichen Weltzivilisation des Konsums und der medialen Täuschung widersetzt. Er reaktiviert damit den deutschen konservativen Topos vom Gegensatz zwischen „Kultur" und „Zivilisation".

Ob die Wiederbelebung konservativer philosophischer und ästhetischer Traditionen mehr bleibt als ein vorübergehendes Symptom für die tiefe Unsicherheit in bezug auf verbindliche künstlerischer Kriterien, ist fraglich. Der Bedeutungsschwund der Literatur als sinnstiftender und welterklärender Instanz ist, angesichts einer vielfältigen und unüberschaubaren Medienpluralität, zu nachhaltig, als daß sich eine Wiedereinsetzung der 'Dichtung' in den Rang einer privilegierten geistigen Gegensphäre denken ließe. So könnte eher Ulla Hahn (geb. 1945) recht behalten, die in ihrem Gedicht *Sätze schwenken* (aus dem Band *Epikurs Garten*, 1995) den Anspruch der Dichter auf Weltweisheit lustvoll verabschiedet und die Reduktion der Literatur zum Randphänomen als Erleichterung auffaßt: „(...) Adieu Leb wohl die Welt / sticht auch ohne Dichter in See über / stäubt sie mit Gischt und Silben. / Von der Schreibtischrampe aus / Sieht man sie vereinzelt noch winken / Sätze schwenken wie Mützen und Fahnen."

Richard Weber

Theater in der Bundesrepublik

Am 27. Mai 1945, nur wenige Wochen nach der deutschen Kapitulation, fand in Berlin wieder die erste Theateraufführung statt. Gegeben wurde Franz von Schönthans (1849 – 1913) Posse *Der Raub der Sabinerinnen* (UA 1884). Bis zum Jahresende folgten in der ehemaligen Reichshauptstadt noch weitere 120 Premieren. Einen ähnlichen Aufschwung, wenn auch mit leichter Verzögerung, nahm das Theaterwesen in den drei westlichen Besatzungszonen. Obwohl nahezu ein Drittel der einst 262 Theatergebäude 1945 restlos zerstört war, wurde landauf, landab Theater gespielt, in Gastwirtschaften, Turnhallen, Kinos oder Schul-Aulen, sofern die für die jeweilige Zone zuständige Kultur-Administration der Alliierten eine Lizenz erteilt hatte. Denn ohne deren Prüfung und Genehmigung war weder eine Premiere möglich, viel weniger noch ein Theater zu eröffnen.

Die alliierten 'Theateroffiziere' überwachten das Theaterleben in Deutschland, sie fungierten jedoch nicht nur als Kontroll- und Zensurinstanzen, ebenso offensiv betrieben sie nationale Kulturinteressen, indem sie Stücke aus dem eigenen Sprachraum auf deutschen Bühnen durchsetzten. So gelangte auf die Spielpläne der Trümmer- und Nachkriegszeit ein breites Spektrum internationaler zeitgenössischer Dramatik. Von übersetzten französischen Texten wurden besonders häufig gespielt Jean Anouilhs (1910 – 1987) *Antigone* (entst. 1942, UA 1944, Dr. 1946), Paul Claudels (1868 – 1955) *Der seidene Schuh oder Das Schlimmste trifft nicht immer zu (Le Soulier de satin, ou Le pire n´est pas toujours sûr*, UA 1943), Jean Giraudoux' (1882 – 1944) *Die Irre von Chaillot (La folle de Chaillot*, UA 1945, dt. Erstauff. 1946) und *Der Trojanische Krieg findet nicht statt (La guerre de Troie n´aura pas lieu*, UA 1935, dt. Erstauff. 1946), Jean-Paul Sartres *Die Fliegen* (*Les Mouches*, UA 1943, dt. Erstauff. 1947) und *Die schmutzigen Hände* (*Les Mains sales*, UA 1948, dt. Erstauff. 1949), Albert Camus' (1913 – 1960) *Die Gerechten* (*Les justes*, UA 1949, dt. Erstauff. 1950). Die erfolgreichsten Texte aus dem amerikanischen Dramenkanon waren Thornton Wilders (1897 – 1975) *Wir sind noch einmal davongekommen* (*The Skin of our Teeth*, UA 1942, dt. Erstauff. 1944) und *Unsre kleine Stadt* (*Our Town*, UA 1938, dt. Erstauff. 1939), Tennessee Williams' (eigtl. Thomas Lanier Williams, 1911 – 1983) *Die Glasmenagerie* (*The Glass Menagerie*, UA 1944, dt. Erstauff. 1946) und *Endstation Sehnsucht* (*A Streetcar Named Desire*, UA 1947, dt. Erstauff. 1949), Eugene O'Neills (1888 – 1953) *Trauer muß Elektra tragen. Eine Trilogie* (*Mourning Becomes Electra. A Trilogy*, UA 1931), Arthur Millers (geb. 1915) *Der Tod des Handlungsreisenden* und aus dem Britischen Thomas Stearns Eliots (1888 – 1965) *Mord im Dom* (*Murder in the Cathedral*, UA 1935, dt. Erstauff. 1947) und John Boynton Priestleys (1894 – 1984) *Ein Inspektor kommt* (*An Inspector Calls*, UA 1946, dt. Erstauff. 1947).

Zwischen Oktober 1946 und Mai 1947 betrug der Anteil ausländischer Stücke an den in Berlin aufgeführten Bühnenwerken knapp 80%, eine Zahl, die auch als repräsentativ für die Westzonen gelten kann. Aus der deutschsprachigen Theaterliteratur standen vor allem klassische Dramen auf dem Spielplan sowie Stücke des Unterhaltungsgenres wie *Im Weißen Rößl* (Film 1952) oder Curt Goetz' (1888 – 1960) *Ingeborg* (UA 1921, Film 1960) und *Hokuspokus* (UA 1928, Film 1930). „Schubladenliteratur" gab es nicht und eine neue deutsche Gegenwartsdramatik auch nur in bescheidenem Maß. Eine der wenigen Ausnahmen war Carl Zuckmayers (1896 – 1977) Stück *Des Teufels General* (entst. 1942, UA 1946, Film 1955), das auch noch in den fünfziger Jahren nicht an Zugkraft verlor. Weit weniger Breitenwirkung erreichte dagegen das Heimkehrerdrama *Draußen vor der Tür* (UA 1947) von Wolfgang Borchert (1921 – 1947). So eröffnete die ausländische Dramatik den deutschen Bühnen nicht nur den Anschluß an die internationale Theaterliteratur, sondern glich auch den Mangel an deutschsprachigen Theatertexten aus. Diese Spielplanstruktur sollte sich bis Anfang der sechziger Jahre nur unwesentlich ändern. Die Zahl der Uraufführungen neuerer deutscher Stücke von Autoren wie Leopold Ahlsen (geb. 1927), Herbert Asmodi (geb. 1923), Günter Grass (geb. 1927), Wolfgang Hildesheimer (1916 – 1991), Gerd Oelschlegel (geb. 1926), Theodor Schübel (geb. 1925), Erwin Sylvanus (1917 – 1985), Karl Wittlinger (geb. 1922) und anderen nahm zwar zu, fürs Theater waren sie jedoch meist unerheblich; das deutschsprachige Drama repräsentierten vielmehr die Schweizer Friedrich Dürrenmatt (1921 – 1990) und Max Frisch (1911 – 1991), deren erfolgreichste Werke wie *Der Besuch der alten Dame* (UA 1956), *Die Physiker* (UA 1962) und *Andorra. Stück in zwölf Bildern* (UA 1961) die Spielpläne der fünfziger und frühen sechziger Jahre dominierten.

Die Weltdramatik trug zweifellos zur Weitung eines deutschnational verengten Horizonts bei, doch durch restaurative Personal- und Strukturentscheidungen verspielte das westdeutsche Theater seine Chance für einen tatsächlichen Neuanfang; weder das System der Stadt- und Staatstheater noch eine Reform des Intendanzwesens standen je zur Debatte. Im Zuge der politischen 'Umerziehung' löste man zwar vereinzelt Theaterleiter der NS-Zeit ab, an ihre Stelle traten jedoch zum Teil Regisseure oder Schauspieler, die das Theaterleben zwischen 1933 und 1945 wesentlich geprägt hatten. Beispielhaft ist die Karriere des von den Nazis gefeierten Theaterstars Gustaf Gründgens (1899 – 1963), der nach kurzfristiger Inhaftierung 1947 auf einen IntendantenPosten in Düsseldorf gelangte.

In dem 1949 verabschiedeten Intendanten-Mustervertrag, der die Rechte und Pflichten von Leitern öffentlicher Theater festlegte, wurde zudem eine Betriebsstruktur festgeschrieben, die den Weg für deren autokratische Herrschaft ebnete, insbesondere wenn, wie in den fünfziger Jahren die Regel, Intendant und Oberspielleiter eine Personalunion bildeten. In diesem Sinne uneingeschränkt dirigierten Heinz Hilpert (1890 – 1967) von 1948 bis 1950 das „Deutsche Theater" in

Konstanz und von 1950 bis 1966 ein ebensolches in Göttingen, Oscar Fritz Schuh (1904 – 1984) nach seiner Tätigkeit in Berlin am Theater am Kurfürstendamm (1953 – 1959) in den Jahren 1959 bis 1963 die Kölner Städtische Bühnen, Hans Schalla (1904 – 1983) von 1949 bis 1972 das Schauspiel Bochum und Boleslaw Barlog (geb. 1906), Spezialist für zeitgenössische Werke, von 1945 bis 1972 das Schloßparktheater beziehungsweise die Staatsbühnen in Berlin. Ausnahmen waren Harry Buckwitz (1904 – 1987), 1951 bis 1968 Leiter des Frankfurter Schauspiels, der mit einer Inszenierung von *Der kaukasische Kreidekreis* (1955, UA in engl. Sprache 1948, dt. Erstauff. 1954) den nach dem 17. Juni 1953 ausgerufenen Boykott gegen Bertolt Brecht (1898 – 1956) durchbrach und den Stückeschreiber auf westdeutschen Bühnen durchsetzte, sowie Hans Schweikart (1895 – 1975), der in einem „eher kollegialen Stil" [vgl. 91; *S. 436*] 1947 bis 1962 die Münchner Kammerspiele führte. Die überragende Position im Nachkriegstheater nahm indessen Gustaf Gründgens ein, 1947 bis 1955 Intendant am Düsseldorfer Schauspielhaus und von 1955 bis 1962 am Deutschen Schauspielhaus Hamburg. Seine Inszenierungen prägten wesentlich den Schauspiel- und Inszenierungsstil der vierziger und fünfziger Jahre, den Gestus des Repräsentativen, von dem der aus dem Exil zurückgekehrte Regisseur und Schriftsteller Berthold Viertel (1885 – 1953) nicht zu Unrecht als „Reichskanzleistil" [vgl. 89; *S. 266*] sprach.

Die Entscheidung namhafter Intendanten für die Provinz hatte eine grundlegende Veränderung der Theatertopographie zur Folge: Eine Theatermetropole wie noch in der Weimarer Republik oder in der NS-Zeit gab es nicht länger, Berlin büßte seine Vorrangstellung ein, andere Städte wurden für das westdeutsche Theater gleichermaßen wichtig. Weil an fast allen Bühnen aber die regieführenden Intendanten das Sagen hatten, war nur wenig Raum für Innovatives. Einen Gegenpol zum herrschenden Theaterverständnis, das sich zwischen Klassizismus, realitätsferner Stilisierung und einem aus der Nazizeit übernommenen Hang zum Pomp bewegte, bildete einzig der detailreiche Realismus des remigrierten Schauspielers und zwischen München und Berlin pendelnden Regisseurs Fritz Kortner (1892 – 1970). Seine leidenschaftlich auf Wahrheit dringenden, politisch bewußten Inszenierungen (die anti-totalitäre Lesart von Friedrich von Schillers (1759 – 1805) *Don Carlos* (UA 1787) löste 1950 in Berlin vehemente Proteste aus) sollten wegweisend für eine neue Generation von Theaterleitern werden.

Reformen

Kortner war gewissermaßen Vorbote eines Wandels des westdeutschen Theaters, das im Laufe der sechziger Jahre zu politisch-ästhetischen und organisatorisch-strukturellen Neubestimmungen durch ein Zusammenspiel innen- wie außentheatraler Entwicklungen fand: die Herausbildung des „Bremer Stils", der Beginn der Mitbestimmungsdebatte, Alternativentwürfe durch das Studententheater, das Erscheinen einer neuen westdeutschen Dramatik, die Studentenrevolte und nicht zuletzt um 1970 der altersbedingte Rückzug jener Intendanten, die das Theater der ersten Nachkriegsphase so nachhaltig geprägt hatten.

Widerstand regte sich Ende der fünfziger Jahre zunächst in Ulm, wo Kurt Hübner (geb. 1916) von 1959 bis 1962 als Intendant wirkte und zwei Regisseuren Arbeitsmöglichkeit bot, die, von außen kommend, das erstarrte westdeutsche Theater in Bewegung brachten: dem Brecht-Schüler Peter Palitzsch (geb. 1918), der 1961 nicht mehr in die DDR zurückkehrte, und dem in England aufgewachsenen, aus einer jüdischen Emigrantenfamilie stammenden Peter Zadek. Einem nach dem Bau der Berliner Mauer neuerlich drohenden Brecht-Boykott setzte Palitzsch, allen vorausgegangenen Presseschlachten zum Trotz, 1961 die Inszenierung von Brechts *Der Prozeß der Jeanne d'Arc zu Rouen 1431* (nach Anna Seghers, UA 1952, Dr. 1953) entgegen, und im selben Jahr sorgte Peter Zadek (geb. 1926) mit seiner an William Shakespeare (1564 – 1616) und der Tradition des englischen Volkstheaters orientierten Inszenierung von Brendan Behans (1923 – 1964) irischem Kneipen- und Bordellstück *Die Geisel* (*The Hostage*, UA 1958, dt. Erstauff. 1961) nicht nur für Irritation sondern auch für einen handfesten Skandal.

In Zusammenarbeit mit Zadek setzte Hübner den eingeschlagenen Weg in Bremen konsequent fort, wo er weitere Außenseiter des etablierten Theaterbetriebs förderte, nämlich Talente einer neuen Regisseursgeneration wie Peter Stein (geb. 1937), Rainer Werner Fassbinder (1945 – 1982), Klaus Michael Grüber (geb. 1941), Hans Neuenfels (geb. 1941) oder Johann Kresnik (geb. 1939). Unter Hübners Generalintendanz (1962 – 1973) entwickelte sich das Bremer Theater zur avanciertesten Bühne der Bundesrepublik in den sechziger Jahren. Zu den legendären Inszenierungen dieser Zeit zählen Shakespeares *Held Henry* (1964 nach *König Heinrich V.* (*King Henry V*) UA 1599), *Maß für Maß* (1967, *Measure for Measure*, UA 1604), Frank Wedekinds (1864 – 1918) *Frühlings Erwachen* (1965, UA 1906) und Schillers *Die Räuber* (1966, UA 1782) unter der Regie Zadeks, Johann Wolfgang Goethes (1749 – 1832) *Torquato Tasso* (1969, UA 1807) unter Steins und Samuel Becketts (1906 – 1989) *Das letzte Band* (*Krapp's Last Tape*, 1973, UA 1958) unter Grübers Regie sowie das Fassbinder-Stück *Bremer Freiheit. Ein bürgerliches Trauerspiel* (UA 1971), das der Autor selbst in Szene setzte, Inszenierungen, die alle den „Bremer Stil" formten. Was diesen ausmachte, ist nicht klar definierbar. Es waren wohl die pointiert aktualisierten Lesarten von Klassikern, die das Publikum schockierten, die Vielfalt, der Reichtum theatraler Mittel, die Verstörungen in der Theaterlandschaft erzeugten, die ungewohnten, von aktuellen Strömungen der bildenden Kunst wie Environment oder Pop-Art stark beeiflußten szenischen Räume des Bühnenbildners Wilfried Minks (geb. 1931), kurz, die „Überzeugung, daß das Theater verletzen, Konventionen in Frage stellen muß" [vgl. 90, *S. 6*].

Dem gegenüber strebte Palitzsch in seiner an Brecht geschulten, stärker gesellschaftsbezogenen und spröderen Theaterarbeit eine Kollision von Gegenwart und Geschichte an. Kern seines Konzepts, das er als freier Gastregisseur wie auch als Schauspieldirektor in Stuttgart (1966 – 1972) zu realisieren suchte, war die Förderung neuer westdeutscher Dramen durch Uraufführungen von Stücken wie Martin Walsers (geb. 1927) *Überlebensgroß Herr Kott. Requiem für einen Unsterblichen* (UA 1963) und *Der schwarze Schwan* (UA 1964), Tankred Dorsts (geb. 1925) *Toller. Szenen aus einer deutschen Revolution* (UA 1968), Martin Sperrs (geb. 1944) *Koralle Meier. Geschichten einer Privaten* (UA 1970) oder *Hölderlin* (UA 1971) von Peter Weiss (1916 – 1982) sowie eine kritische, zeitgemäße Auseinandersetzung mit Shakespeares Historien.

Wichtiger aber noch wurde während der Stuttgarter Jahre der Beginn einer Debatte um innerbetriebliche Reformen, beeinflußt zweifellos durch Ereignisse wie Auschwitzprozeß, Vietnamkrieg, Notstandsgesetze und eine allgemeine Politisierung, vorangetrieben aber auch von den Bemühungen Palitzschs, die Arbeitsweisen innerhalb des Theaters zu demokratisieren, um durch größere Mitverantwortung eine Qualifizierung der ästhetischen Produkte zu erreichen. Die Diskussionen um Abbau hierarchischer Strukturen, Mitwirkung des Ensembles an Spielplan- und Engagementsentscheidungen sowie Partizipation von Schauspielern an dramaturgischen Vorarbeiten und Regiekonzepten mündeten schließlich in einem Mitbestimmungsmodell, das Palitzsch und sein Ensemble 1972 bis 1980 an den Städtischen Bühnen Frankfurt praktizierten. Es war der Versuch, die 1945 versäumten Strukturveränderungen nachzuholen. Ein hilfloser allerdings, der zwar vorübergehend zaghafte Nachahmungen fand, bei der Mehrheit sowohl der westdeutschen Bühnenangehörigen als auch der Kulturpolitiker jedoch auf Ablehnung stieß, schien die Institution Theater in der bestehenden Form doch bestens zu funktionieren.

Die entscheidende Veränderung des westdeutsche Theaters ging zu Beginn der sechziger Jahre indessen von einer neuen Dramatik aus. Die dokumentarischen Stücke *Der Stellvertreter. Ein christliches Trauerspiel* (UA 1963) von Rolf Hochhuth (geb. 1931), *In der Sache J. Robert Oppenheimer. Szenischer Bericht* (UA 1964) von Heinar

Kipphardt (1922 – 1982) und *Die Ermittlung. Oratorium in elf Ge-sängen* (UA 1965) von Weiss brachten erstmals nach dem Krieg wie-der aktuelle politische Probleme auf die Bühne und lösten ein Interes-se am politischen Schauspiel aus, das über Jahre hinaus in den Mittel-punkt rückte. Gleichzeitig gelang es Erwin Piscator (1893 – 1966), der alle drei Werke an der Freien Volksbühne Berlin uraufführte, im westdeutschen Theater wieder Fuß zu fassen. 1951 aus dem amerika-nischen Exil zurückgekehrt, war in der restaurativen Phase der Bun-desrepublik seine noch aus der Weimarer Republik bekannte Theater-arbeit auf politische Vorbehalte und ästhetische Vorurteile gestoßen, so daß er sich zunächst mit Gastregien an unbedeutenden Bühnen begnügen mußte. Erst das Dokumentardrama ermöglichte ihm, an seine in den zwanziger Jahren entwickelten Bühnenreformen wieder anzuknüpfen und sein Verständnis von einem politisch engagierten Theater auch einer jungen Generation vorzustellen.

Wie begrenzt die Möglichkeiten eines solch dezidiert politischen Theaters jedoch waren, stellte sich sehr bald schon im Fall Stein her-aus, der anläßlich seiner Inszenierung des *Vietnam-Diskurses* (*Diskurs über die Vorgeschichte und den Verlauf des langandauernden Befrei-ungskrieges in Viet Nam als Beispiel für die Notwendigkeit des be-waffneten Kampfes der Unterdrückten gegen ihre Unterdrücker sowie über die Versuche der Vereinigten Staaten von Amerika, die Grundla-gen der Revolution zu vernichten* (UA 1968)) von Weiss 1968 an den Münchner Kammerspielen das Ensemble aufgefordert hatte, im Zu-schauerraum Geld für den Vietcong zu sammeln, und daraufhin die fristlose Kündigung erhielt. Als Reaktion auf diese Erfahrung insze-nierte Stein, erfüllt von tiefer Skepsis gegenüber der politischen Wir-kung von Theater, 1969 in Bremen Goethes *Torquato Tasso;* Haupt-thema war der Konflikt zwischen Macht und Kunst.

Alternativen

Bereits in den fünfziger Jahren, verstärkt dann Anfang der sechziger Jahre artikulierte sich die Kritik am bestehenden Theaterbetrieb unter der Parole „Opas Theater ist tot" vor allem außerhalb der etablierten Häuser in den Studententheatern, die seit Ende der vierziger Jahren eine feste Größe in der westdeutschen Theaterlandschaft bildeten und sich von Beginn an als Experimentierbühnen verstanden. Insbesondere die seit 1949 jährlich in Erlangen stattfindende „Internationale Theaterwoche" und das „Festival Internazionale del Teatro Universitario" in Parma gaben Impulse für neue Spielweisen und öffneten den Blick auf die internationale Dramatik. Prägend war die Auseinandersetzung mit englischer und amerikanischer Literatur, vor allem aber mit den Klassikern des Absurden wie Beckett, Arthur Adamov (1908 – 1970), Eugène Ionesco (1909 – 1994), Fernando Arrabal (geb. 1932), Jean Tardieu (geb. 1903) und Slawomir Mrożek (geb. 1930), schließlich mit Brecht und den frühen Stücken von Peter Weiss. Hinzu kam die Beschäftigung mit literarischen Raritäten; Frank-Patrick Steckels (geb. 1943) Inszenierung von *Straßenecke. Ein Ort. Eine Handlung* (1965, UA 1931), die wesentlich zur Wiederentdeckung Hans Henny Jahnns (1894 – 1959) für die Bühne beitrug, ist nur ein Beispiel von vielen. Es erwuchs aus dem Studententheater der sechziger Jahre eine neue Generation von Schauspielern, Regisseuren und Dramaturgen (neben Steckel, Claus Peymann (geb. 1937), Jürgen Flimm (geb. 1941), Klaus Völker (geb. 1938), Wolfgang Wiens (geb. 1941) u.a.), die mit Beginn der siebziger Jahre einflußreiche Positionen im westdeutschen Theater einnehmen sollten.

Das Studententheater war aber auch gleichsam Basis für die Entstehung und Entwicklung von neuen Theaterformen jenseits der Institution, für das sogenannte freie Theater sowie das Straßen- und Kindertheater. Aus ihm gingen die Schaubühne am Halleschen Ufer (1962) und das Münchner „Action Theater" hervor, an dem Fassbinder als Regisseur debütierte und 1968 sein eigenes Stück *Katzelmacher* (UA

1968) inszenierte, das von Fassbinder, Hanna Schygulla (geb. 1943), Peer Raben (geb. 1941) und Kurt Raab (1941 – 1993) gegründete „antitheater" in München oder die „Theatermanufaktur" in Berlin, die mit ihrer ersten Produktion, *1848*, im Jahr 1973 Aufsehen erregte. Charakteristisch für die freien Theater waren der Verzicht auf staatliche Subventionen und das Bekenntnis zu kollektiver Theaterleitung und -arbeit, was weit über Palitzschs Mitbestimmungsmodell hinausging. Ebenso wichtig wurde aber auch die Erprobung neuer Spielweisen, angeregt durch amerikanische Off-Off-Theater wie das „Living Theatre", das „La Mama", das „Bread and Puppet", die „San Francisco Mime Troupe" und die Theatertheorien Antonin Artauds (1896 – 1948), Jerzy Grotowskis (geb. 1933) und Peter Brooks (geb. 1925) – Spielweisen, die erst in den achtziger Jahren auch in etablierten Theatern Eingang fanden. Seit den sechziger Jahren haben die freien Theater an Zahl rapide zugenommen und sind heute aus der deutschen Theaterlandschaft nicht mehr wegzudenken. Sie haben Schauspieler, die lange Jahre mit namhaften Regisseuren an Stadttheatern zusammenarbeiteten, verlockt, eigene Gruppen zu gründen; Beispiele sind Martin Lüttges „Theaterhof Priessental", Norbert Kentrups „Bremer Shakespeare Company" oder Otto Kuklas/Crescentia Dünßers „Zelt Ensemble Theater". Und sie haben während der siebziger Jahre ein kritisches Volkstheater durch Inszenierungen der Stücke Dario Fos (geb. 1926) popularisiert. Doch eine so innovative Kraft wie in den sechziger und frühen siebziger Jahren vermochten sie nie wieder zu erlangen.

Eine Sonderform des freien Theaters war das im Kontext der Studentenbewegung entstande Straßentheater, das die Traditionen des proletarischen Theaters und der Agitprop-Truppen der Weimarer Republik wiederzubeleben versuchte und mit selber verfaßten aktuell-tagespolitischen Gebrauchstexten an die Öffentlichkeit trat, von der Illusion getragen, politisch unmittelbar wirken zu können. Häufig bestanden enge Kontakte zum „Werkkreis Literatur der Arbeitswelt", der, wie die Straßentheater auch, eine autonome Arbeiterkultur in Westdeutschland reanimieren zu können glaubte. Beiden war zwar ein schnelles Ende beschieden, doch aus den Straßentheatern gingen nicht selten neue Formen des Zielgruppentheaters wie Lehrlings–, Alten- oder Behindertentheater sowie theaterpädagogische Aktivitäten hervor.

Ebenfalls im Umkreis des Studenten- und freien Theaters bildete sich die Form des emanzipatorischen Kindertheaters heraus. Mitte der sechziger Jahre begann am Berliner „Reichskabarett", dem späteren „Grips", eine Theaterarbeit für Kinder und Jugendliche, die mit deutlich politisch-pädagogischem Anspruch gegen die alljährlichen Weihnachtsmärchen im etablierten Theater Front machte. Pionierarbeit leistete Volker Ludwig (geb. 1937) in Zusammenarbeit mit Rainer Hachfeld (geb. 1939) und Detlef Michel (geb. 1944) mit den Stücken *Stokkerlok und Millipilli* (UA 1969), *Mannomann!* (UA 1972), *Ein Fest bei Papadakis* (UA 1973), *Das hältste ja im Kopf nicht aus* (UA 1975) oder *Friede, Freude, Pustekuchen* (UA 1982), die Alltagskonflikte behandelten und die Realität von Kindern und Erwachsenen immer genauer durchdrangen. Vielfach nachgespielt, regten sie eine Fülle von Theaterneugründungen an wie „Birne" und „Rote Grütze" in Berlin, „Klecks" in Hamburg, „rammbaff" in Hannover oder „Ömmes und Oimel" in Köln. In den siebziger Jahren, als dieses Theater seinen Zenit erreichte, kamen Stücke auch anderer Autoren hinzu; die meist gespielten waren Paul Maars (geb. 1937) *Kikerikiste* (UA 1973), Friedrich Karl Waechters (geb. 1937) *Schule mit Clowns* (UA 1974) und Hansjörg Schneiders (geb. 1938) *Robinson lernt tanzen* (UA 1974). Obwohl seit Beginn der achtziger Jahre Märchen und phantastische Texte wieder an Ansehen gewannen, hat das bundesrepublikanische Kindertheater nicht an Lebendigkeit verloren, es ist vielfältiger geworden, und es hat vor allem seine Eigenständigkeit stärken können.

Regietheater

Wichtigstes Ereignis für das bundesdeutsche Theater und gleichsam Konsequenz aus dem Politisierungsprozeß der späten sechziger Jahre war 1970 die Neugründung der Schaubühne am Halleschen Ufer in Berlin als kollektiv geführtes Ensembletheater unter der künstlerischen Leitung von Peter Stein, eröffnet mit Inszenierungen von Brechts *Die Mutter* (nach Maksim Gorkij, entst. 1930/31, UA 1932). und Peter Handkes (geb. 1942) *Der Ritt über den Bodensee* (UA 1970) in denen sich Programmatisches formulierte. In der *Mutter* akzentuierte Stein die Eigendynamik sozialer Gruppen (einschließlich des Theaters) innerhalb des gesamtgesellschaftlichen Ganzen, womit sich auch fast alle folgenden Produktionen beschäftigten, die Inszenierungen von Vsevolod Vital'evic Vischnevskis (1900 – 1951) *Die optimistische Tragödie* (1972, UA 1932), Heinrich (Wilhelm) von Kleists (1777 – 1811) *Prinz Friedrich von Homburg* (1972, UA 1821), Maksim Gork'ijs (eigtl. Aleksej Maksimovic Peskov, 1868 – 1936) *Sommergäste* (Film 1975) oder das *Antikenprojekt* (1973). Dem gegenüber trat in Claus Peymanns Inszenierung von *Ritt über den Bodensee* das Interesse am Subjekt und dessen Ausbruchsversuchen aus der Gesellschaft in den Vordergrund. Damit begann zugleich eine thematische Auseinandersetzung, die ihre Fortsetzung in Inszenierungen von Henrik Ibsens (1828 – 1906) *Peer Gynt* (1971, UA 1867), Ödön von Horváths (1901 – 1938) *Geschichten aus dem Wiener Wald* (1972, UA 1931), Eugène-Marie Labiches (1815 – 1888) *Das Sparschwein* (1973, UA 1864), Shakespeares *Wie es euch gefällt* (1977, *As You Like It*, Dr. 1623) oder Botho Strauß' (geb. 1944) *Trilogie des Wiedersehens* (UA 1976) fand.

Der Einfluß, den die Schaubühne auf die Entwicklung der Theaterpraxis in Deutschland nach dem Zweiten Weltkrieg nahm, ist nur noch vergleichbar mit jenem, den das Berliner Ensemble unter der Leitung Brechts hatte. Die wissenschaftlich exakten dramaturgischen Vorbereitungen von Inszenierungen, die ausführlichen Informationen des Ensembles über Regiekonzepte, die intensiven Probenprozesse, die Entwürfe immer neuer, stückspezifischer Anordnungen von Spiel- und Zuschauerräumen sowie die sorgfältigen Dokumentationen in den Programmheften setzten neue Standards und wurden für die Arbeitsweise vieler anderer Regisseure der siebziger und frühen achtziger Jahre prägend.

Was die Qualifizierung der Produkte betrifft, war das bundesrepublikanische Theater zu keinem Zeitpunkt so reich und so vielfältig wie gerade in dieser Zeit, für die charakteristisch ist, daß Inszenierungen auf höchstem Niveau von so vielen Leuten an so verschiedenen Orten entstanden: Goethes *Faust I* und *II* (UA 1819/1854) in Stuttgart (1977) und Kleists *Die Hermannsschlacht* (1982, UA 1860) in Bochum von Peymann, Friedrich Hebbels (1813 – 1863) *Maria Magdalene* (1972, UA 1846) in Köln und Schillers *Don Carlos* (1979) in Stuttgart von Hansgünther Heyme (geb. 1935), Ibsens *Nora oder Ein Puppenheim* (1972, *Et dukkehjem,* UA 1879, dt. Erstauff. 1880) in Stuttgart und Gerhart Hauptmanns (1862 – 1946) *Die Ratten* (1973, UA 1911) in Frankfurt von Neuenfels, Kleists *Käthchen von Heilbronn* (1979, UA 1810) in Köln und Ibsens *Peer Gynt* (1985) in Hamburg von Flimm, Shakespeares *Othello* (1976, UA 1604) in Hamburg und *Hamlet, Prinz von Dänemark* (1977, *The Tragicall Historie of Hamlet, Prince of Denmarke,* UA 1602) in Bochum von Zadek, Else Lasker-Schülers (1869 – 1945) *Die Wupper* (1976, UA 1919) in Berlin von Bondy und viele andere mehr.

An die Grenzen theatraler Möglichkeiten ging Klaus Michael Grüber mit seinen Schaubühnen-Produktionen *Empedokles. Hölderlin lesen* (1975) und vor allem *Die Winterreise* (1977) nach Christian Friedrich Hölderlin (1770 – 1843), eine Inszenierung mit Sportlern, Handwerkern, Kameraleuten, Reportern und Schauspielern im winterlichen Berliner Olympia-Stadion, die auf die Terrorismus-Hysterie im Lande reagierte. Die Scheidungslinie zwischen Kunst und Realität verwischend, näherte sich das Theater in solchen Projekten dem künstlerischen Aktionismus in bildender Kunst und Musik, und mit der Befreiung von der literarischen Vorlage, der „Entfesselung" des Theaters,

die ihren Kulminationspunkt in den *Inszenierten Räumen* der Bühnenbildner Karl-Ernst Herrmann (geb. 1936) und Erich Wonder (geb.
1944) 1979 in Hamburg fand, versuchte man das einzulösen, was die
historische Avantgarde in ihren programmatischen Schriften bereits zu
Beginn des Jahrhunderts gefordert hatte.

Auf Überwindung des Literaturtheaters zielten in den achtziger Jahren
auch Pina Bauschs (geb. 1940) „Wuppertaler Tanztheater", das die
Grenzen zwischen Tanz und Sprechtheater aufhob und ein ausgeprägtes Bewußtsein für Körpersprache im Schauspiel einführte, sowie das
Theater der Bilder des Amerikaners Robert Wilson (geb. 1941), der
mit *Death Destruction & Detroit* 1979 an der Schaubühne gastierte, in
der Folgezeit an verschieden westdeutschen Häusern inszenierte,
mehrfach mit dem DRR-Dramatiker Heiner Müller (1929 – 1995) ko-
operierend, und in Bühnenbildnern wie Herrmann, Wonder, Axel
Manthey (1945 – 1995) und Achim Freyer (geb. 1934) Epigonen fand,
die das Fach wechselten und als Regisseure von sich reden machten.
Die opulenten, zweifellos auch faszinierenden Bilderwelten dieses
Theaters erstickten das Medium jedoch nicht selten im bloß Ornamen-
talen.

Je höher die Theaterproduzenten ihre Kunst entwickelten, je mehr sie
ihr Material differenzierten, desto mehr blieb aber das zurück, was
Brecht als die unbedingt notwendige Komplementärerscheinung zur
Theaterkunst gefordert hatte, nämlich die Zuschauerkunst. Jenen Inszenierungen, die sich ästhetisch am weitesten vorwagten, kündigten
die Zuschauer ihr Interesse, ja, ihre Teilnahme auf. Ausdruck der zunehmenden Ghettoisierung des Theaters waren die Monumental-
Projekte zu Beginn der achtziger Jahre, Steins *Orestie* (1980, *Ore-
steia*, UA 458 v. Chr.) an der Schaubühne, Dorsts *Merlin oder Das
wüste Land* (UA 1981) in der Regie von Jaroslav Chundela (1936 –
1995) in Düsseldorf oder *Unsere Welt* (1981) in Bochum. Was diese
Produktionen, deren Aufführung acht oder mehr Stunden dauerten,
nur noch vermittelten, war das Unmaß an Arbeit und der Schweiß der
Anstrengung von Theaterleuten, die das Interesse am Publikum weit-

gehend aufgegeben hatten, sich weit mehr mit sich selbst beschäftigten und in groß angelegten Demonstrationen den Reichtum ihrer theatralen Mittel zur Schau stellten.

Brillieren konnten die Regisseure der siebziger und achtziger Jahre vor allem in Inszenierungen von Klassikern, von Texten, die letztlich frei verfügbares Material waren und der eigenen Imagination weiten Raum boten. Doch ganz ohne Gegenwartsdramatik kamen auch sie nicht aus. Bereits Ende der sechziger und dann in den siebziger Jahren hatte sich ein symbiotisches Verhältnis zwischen einzelnen Theaterautoren und Regisseuren herausgebildet. Peymann hatte die frühen Stücke Handkes uraufgeführt, später dann fast alle Stücke von Thomas Bernhard (1931 – 1989), Stein besorgte die Uraufführungen der Dramen von Botho Strauß, Zadek und zeitweise Heyme kooperierten mit Tankred Dorst, Flimm mit Klaus Pohl (geb. 1952), Manfred Karge (geb. 1938)/Matthias Langhoff (geb. 1941) mit Thomas Brasch (geb. 1945) und Heiner Müller; alles äußerst produktive Formen der Zusammenarbeit. Die Bindung von Uraufführungen an den Namen eines der großen Regisseure garantierte in der Regel bundesweite Erfolge von Theatertexten. Andererseits erschwerten gerade solch fest gefügten Paarungen neuen Autoren den Zugang zum Theater; nicht von einem der Groß-Regisseure uraufgeführt zu werden, bedeutete häufig, daß das Stück nur selten oder gar nicht an anderen Bühnen nachgespielt wurde.

Zu den wenigen Ausnahmen zählen die Stücke des Kosmopoliten George Tabori (geb. 1914), *Die Kannibalen* (UA 1969), *My Mother's Courage* (UA, Dr. 1979, Hsp. 1980), *Jubiläum* (UA 1983), *Mein Kampf* (UA 1987) oder der „jüdische Western" *Weissmann und Rotgesicht* (UA 1990), die sich in ironischer Distanz und voll schwarzen Humors mit der Geschichte der Deutschen und Juden auseinandersetzen und meist in eigener Regie an verschieden Theatern zur Aufführung kamen. Ausnahme in den achtziger Jahren war auch Harald Waldemar Muellers (geb. 1934) *Das Totenfloß* (UA 1986), eine apokalytische Horrorvision, die nach der Katastrophe von Tschernobyl 1986 an mehreren Bühnen gleichzeitig zur Uraufführung kam und in kürzester Frist bundesweit die Spielpläne eroberte.

Aufs Ganze aber gesehen hat das westdeutsche Theater in den achtziger Jahren den Anschluß an eine lebendige, zeitgenössische Dramatik verloren. Und das scheint auch eine wesentliche Ursache für seine gegenwärtige Krise zu sein, die sich verschärft hat in den neunziger Jahren durch massive Kürzungen öffentlicher Gelder und eine allgemeine Ratlosigkeit von Theaterleuten. Welche Funktion Theater innerhalb der Gesellschaft, welchen Stellenwert es im Ensemble der Künste und in der Konkurrenzsituation mit den elektronischen Medien zukünftig einnehmen kann, das wagt kaum einer von ihnen heute zu artikulieren. Es entsteht vielmehr zur Zeit der Eindruck, man habe sich damit abgefunden, daß Theater unausweichlich in Agonie verfällt.

Richard Weber

Theater in der DDR

Ähnlich wie die westlichen Alliierten betrieb auch die Sowjetische Militäradministration während der unmittelbaren Nachkriegszeit in ihrer Einflußsphäre eine nachsichtige Theaterpolitik. Die Zensur beschränkte sich im allgemeinen auf Unterbindung nazistischer und militaristischer Tendenzen. Kommunistischen beziehungsweise mit der KPD sympathisierenden Regisseuren, Schauspielern und Theaterautoren, die aus dem Exil zurückgekehrt oder aus KZ-Haft befreit worden waren, wie Bertolt Brecht (1898 – 1956), Ernst Busch (1900 – 1980), Fritz Erpenbeck (1897 – 1975), Heinrich Greif (1907 – 1946), Wolfgang Langhoff (1901 – 1966), Hans Rodenberg (1895 – 1978), Maxim Vallentin (1904 – 1987), Gustav von Wangenheim (1895 – 1975), Helene Weigel (1900 – 1971), Fritz Wisten (1890 – 1962), Friedrich Wolf (1888 – 1953), Hedda Zinner (1907 – 1994) und anderen wurden nach 1945 zwar Schlüsselpositionen im ostdeutschen Theater eingeräumt, doch für die sowjetische Besatzungsmacht spielte es in der Regel keine Rolle, ob einzelne Künstler im Dritten Reich repräsentative Mitläufer gewesen waren, galt es doch, gerade das Theater zu fördern, um es als Mittler einer anfänglichen Bündnispolitik zu nutzen, die ein neutrales, sowjetfreundliches, bürgerliches Gesamtdeutschland zum Ziel hatte.

Strategie dieser Kulturpolitik war die Wiedererrichtung eines durch den Faschismus zerstörten bürgerlichen Theaters mit demokratisch-antifaschistischem Akzent. In den Spielplänen schlug sich das durch die sogenannte „Antifa-Dramatik" nieder, durch Stücke wie Julius (Gyula) Hays (1900 – 1975) *Der Gerichtstag* (UA 1945), Friedrich Wolfs *Dr. Lilli Wanner* (UA 1946), *Professor Mamlock* (entst. 1933,

UA 1934, Dr. 1935), *Patrioten* (UA 1946), Ernst Tollers (1893 – 1939) *Pastor Hall* (1938), Günther Weisenborns (1902 – 1969) *Die Illegalen* (1946) oder Hedda Zinners *Caféhaus Payer* (UA 1945). Neben Dramen aus dem westlichen Ausland von Clifford Odets (1906 – 1963), Arthur Miller (geb. 1915), John B(oynton) Priestley (1894 – 1984), Jean Anouilh (1910 – 1987) und Armand Salacrou (1899 – 1989) gehörten russische Stücke zum Repertoire, die sich mit dem sowjetischen Alltag und der Revolution befaßten, Anton Pavlovic Cechovs (1860 – 1904) *Onkel Wanja. Szenen aus dem Landleben* (*Djadja Vanja. Sceny iz derevenskoj zizni,* UA 1899, dt. Erstauff. 1903), Maksim Gor'kijs (1868 – 1936) *Jegor Bulytschow und die anderen* (*Egor Bulycov i drugie,* UA 1932, dt. Erstauff. 1946), Leonid Rachmanows (geb. 1908) *Stürmischer Lebensabend* (UA 1937), Vsevolod Vital'evic Vischnevskis (1900 – 1951) *Die optimistische Tragödie* (UA 1932), oder mit dem Ost-West-Verhältnis wie Konstantin Michajlovic Simonovs (1915 – 1979) *Die russische Frage* (UA 1946) und *Oberst Kusmin* von den Gebrüder Tur und L. Scheinin. Das Rückrat der Spielpläne bildeten jedoch die deutschen Klassiker. Ein erstes Signal, gleichsam Bekenntnis zu Humanität und Toleranz, setzte Wistens Inszenierung von Gotthold Ephraim Lessings (1729 – 1781) *Nathan der Weise* (Dr. 1779, UA 1783) 1945 am Deutschen Theater in Ost-Berlin, der in rascher Folge eine Vielzahl weiterer Klassikerinszenierungen in der gesamten SBZ folgte.

Die Rückbesinnung aufs 'humanistische' Erbe war nicht bloß eine taktische Variante, sondern sie entsprach zutiefst den Bildungsvorstellungen der sowjetischen 'Theateroffiziere' und der deutschen Kommunisten. Das Motto der Volksbühnenbewegung aufgreifend, verkündete das Politbüro-Mitglied Anton Ackermann auf der „Ersten Zentralen Kulturtagung der KPD" im Februar 1946: „Die Kunst dem Volke". Was sich hierin manifestierte, war ein aus dem 19. Jahrhundert abgeleitetes und verinnerlichtes Kulturbewußtsein, das vom konservativen Flügel der KPD während der Weimarer Republik vehement verteidigt worden war und in der SBZ/DDR seine Fortsetzung fand. Nicht ein neues, anderes Theater sollte geschaffen, sondern das durch den Faschismus beschädigte bürgerliche rekonstruiert und allen Bevölkerungsschichten zugänglich gemacht werden.

Welchen Stellenwert das Theater als Instrument der Volksbildung einnahm, bezeugen die Eröffnung des „Theaters der Jungen Welt" in Leipzig (1946), des ersten Theaters für Kinder und Jugendliche in Deutschland überhaupt, dem das „Theater Junge Generation" in Dresden (1949) und das „Theater der Freundschaft" in Berlin (1950) folgten, die Neugründung der Volksbühne Berlin (1947), die forciert betriebene Eröffnung der Komischen Oper in Berlin (1947), an der Walter Felsenstein (1901 – 1975) weltweit anerkannte Pionierarbeit für ein realistisches Musiktheater leistete, sowie der Neubau des Deutschen Nationaltheaters in Weimar (1948). Insgesamt genoß das Theater seitens der SED ein Ansehen wie kaum ein anderes künstlerisches Medium, was sich in den beträchtlichen finanziellen Zuwendungen, dem organisatorischen Aufwand und nicht zuletzt in der Dichte der Theaterlandschaft spiegelte (1988 existierten in der DDR 68 selbständige Theater mit rund 200 Spielstätten).

Die auf Voksbildung und Konservierung des kulturellen Erbes gerichtete Kulturpolitik der vierziger Jahre wurde nach Gründung der DDR bis zu deren Auflösung im wesentlichen von der SED weitergeführt. Damit fand zugleich die Zementierung eines tief in den Traditionen des deutschen Hof- und Stadttheaters verwurzelten Theatermodells statt, auf das man sich bereits in der frühen Nachkriegszeit festgelegt hatte und das dem bundesrepublikanischen – bei allen Unterschieden der politischen Systeme – in einer Weise ähnelte, wie es die SED nie wahrhaben wollte. Weder der 1951 staatlich verordnete „Sozialistische Realismus" nach Shdanowschen Muster noch die Instrumentalisierung des Theaters durch den Staats- und Parteiapparats der SED wirkten sich strukturell auf das DDR-Theater aus, das zwar als 'sozialistisches Theater' firmierte, aber, wie das westdeutsche auch, ein von Grund auf bürgerlich geprägtes blieb. An diesem Paradoxon entzündeten sich denn auch die entscheidenden Konflikte der Partei mit jenen Künst-

511

lern, die eine andere, den proklamierten politischen Zielen des Sozialismus adäquate Form von Theater forderten.

Kurz nach der Premiere von *Mutter Courage und ihre Kinder. Eine Chronik aus dem Dreißigjährigen* Krieg (entst. 1939, UA 1941) in Berlin notierte Brecht in seinem *Arbeitsjournal* (Bd. 1: 1938 – 42, Bd. 2: 1942 – 55, Dr. 1973) unter dem Datum vom 28.1.49: „aus schriftlichen äußerungen WOLFS und erpenbecks, die der ‹linie› folgen wollen, ergeht, daß die wendung gegen die einfühlung gerade durch ihren erfolg beim arbeiterpublikum einige panik verursacht hat." Brechts Vorstellungen von einem neuen Theater standen ganz offensichtlich von Anfang an im krassen Widerspruch zur offiziellen ‹Linie›, die das Illusionstheater des 19. Jahrhunderts bevorzugte sowie eine auf Einfühlung ausgerichtete, psychologisch-naturalistische, an der Stanislawski-Schule orientierte Spielweise förderte, wie sie insbesondere von Wolfgang Langhoff am Deutschen Theater praktiziert und von M0axim Vallentin, Ottofritz Gaillard (geb. 1915) und Otto Lang (1906 – 1984) seit 1945 zunächst an der Staatlichen Musikschule, dann an dem 1947 gegründeten Deutschen Theater-Institut in Weimar gelehrt wurde.

Sein Konzept von einem genuin sozialistischen Theater hatte Brecht bereits 1930 in dem Fragment *Die Große und die Kleine Pädagogik* (um 1930) formuliert, in dem es heißt: „Die Grosse Pädagogik verändert die rolle des spielens vollständig sie hebt das system spieler und zuschauer auf (es gibt) sie kennt nur mehr spieler die zugleich studierende sind [...]" War für Brecht die Aufhebung der Differenz zwischen Kunst und Realität, die Überführung von Theater in Lebenspraxis anzustrebendes Ziel einer klassenlosen Gesellschaft, so sah er für die „übergangzeit der ersten revolution", für eine Transformationsgesellschaft wie die der DDR in den fünfziger Jahren also, „lediglich eine demokratisierung des theaters" vor, wobei der Theaterapparat „zum zweck der schwächung der bürgerlichen ideologischen positionen im bürgerlichen theater selber" genutzt werden sollte.

Ende 1948 aus dem amerikanischen Exil – mit Zwischenstation in der Schweiz – nach Ost-Berlin zurückgekehrt, hatte Brecht zusammen mit Helene Weigel die Errichtung eines eigenen Theaters, des Berliner Ensembles, betrieben, das zunächst im Deutschen Theater gastierte und 1954 das Theater am Schiffbauerdamm bezog. In den Jahren bis zu seinem Tod 1956 war diese Bühne sowohl Ausbildungsstätte als auch Laboratorium für ein dialektisches Theater, an dem Brecht in Kooperation mit seinen Schülern Benno Besson (geb. 1922), Egon Monk (geb. 1927), Manfred Wekwerth (geb. 1929) und Peter Palitzsch (geb. 1918) oder von außen kommenden Regisseuren wie Erich Engel (1891 – 1966) eigene Stücke, *Die Mutter* (1951, UA 1932), *Herr Puntila und sein Knecht Matti* (1952, UA 1948) und *Der kaukasische Kreidekreis* (UA in engl. Sprache 1948, dt. Erstauff. 1954), sowie klassische Werke wie *Der Hofmeister oder Vorteile der Privaterziehung* (1950, UA 1774) von Jakob Michael Reinhold Lenz (1751 – 1792), *Urfaust* (1952, enst. 1772-75) von Johann Wolfgang Goethe (1749 – 1832) und *Don Juan oder der steinerne Gast* (*Dom Juan ou le festin de pierre*, 1954, UA1665) von Jean-Baptiste Molière (eigtl. Jean-Baptiste Poquelin, 1622 – 1673) inszenierte.

Die eigenen Texte dienten der Erprobung episierender Spielweisen und der Entwicklung einer distanzierten, vom Verstand geleiteten Zuschauerkunst. In der Beschäftigung mit Klassikern setzte sich Brecht darüber hinaus kritisch mit der Erbe-Rezeption auseinander, indem er durch deutliche Historisierung der Vorlagen auf Differenzen zwischen Vergangenheit und Gegenwart, zwischen dem Alten und dem Neuen aufmerksam machte und sich damit gegen jene herrschende Theaterpraxis wandte, die Klassiker durch Aktualisierungen bruchlose auf die Gegenwart übertragen zu können glaubte. Das Verfahren der Episierung wie auch der Historisierung nicht begreifend, faßte die SED Brechts dialektischen Umgang mit Klassikern indes als puren Formalismus und vor allem als Polemik gegen die eigene Kulturpolitik auf, was sich in der Reaktion auf die *Urfaust*-Inszenierung von 1952 niederschlug. Im *Neuen Deutschland* vom 28.5.1953 war zu lesen: „Die

Tiefe und Schönheit der Goetheschen Dichtung, ihre Humanität und ihre ganz und gar nicht lehrhafte soziale Anklage waren wohl 'schuld', daß die Schranke der 'Verfremdung' zeitweilig durchbrochen wurde, daß wir plötzlich lenbendige Menschen auf der Bühne sahen."

Die Theaterarbeit Brechts wurde letztlich nur geduldet, weil das Berliner Ensemble zwischenzeitlich hohes internationales Ansehen erlangt hatte und sich trefflich als kulturpolitisches Aushängeschild der DDR eignete. Im Land selbst jedoch schwieg man sie nahezu tot; Rezensionen erschienen, wenn überhaupt, mit monatelangen Verspätungen, so daß Brecht verbittert, doch nicht gänzlich ohne Hoffnung im *Arbeitsjournal* vermerkte: „die bemühungen sind nur dann nicht ganz sinnlos, wenn die spielweise späterhin aufgenommen werden kann, d.h. wenn ihr lehrwert einmal realisiert wird." (4.5.1953)

Größere Bereitschaft, sich kulturrevolutionären Intentionen von Künstlern zu öffnen, schien die 3. Parteikonferenz der SED 1956 zu versprechen, auf der Walter Ulbricht (1893 – 1973) eine neue historische Etappe proklamierte: „Die entscheidende kulturelle Aufgabe im zweiten Fünfjahresplan besteht darin, in der Deutschen Demokratischen Republik eine sozialistische Kultur zu entwickeln und sie dem ganzen Volk zu vermitteln." [vgl. 12; *S. 429*] Diese Aufforderung ermutigte die Dramatiker Heiner Müller (1929 – 1995) und Peter Hacks (geb. 1928), die Dramaturgen Heinar Kipphardt (1922 – 1982) und Hagen Müller-Stahl (geb. 1926) des Deutschen Theaters bzw. der Volksbühne am Rosa-Luxemburg-Platz sowie den Regissseur und Brecht-Schüler Bernhard Klaus Tragelehn (geb. 1936), eine öffentliche Diskussion über Leitlinien eines sozialistischen Theaters zu führen. Bei allen divergierenden Gewichtungen im Detail war das Gemeinsame der von ihnen repräsentierten Konzeption eines *Didaktischen Theaters*, das an der Lehrstücktheorie Brechts und den Traditionen des revolutionären Avantgarde-Theaters der zwanziger Jahre anknüpfte, die schrittweise Sozialisierung von Theater, das heißt die Umstrukturierung und Anpassung des Theatersystems an die Bedingungen einer sozialistischen Gesellschaft, was sowohl eine Verände-

rung der Organisationsformen und Arbeitsweisen als auch die Aufhebung einer normativen Ästhetik implizierte. Intensive Verbindungen
wie die des Berliner Ensembles unter Brecht zu Betrieben und eine
Umformung der herkömmlichen Interaktion zwischen Bühne und Zuschauer zugunsten eines koproduzierenden Publikums sollten eine öffentliche Auseinandersetzung mit den widersprüchlichen Prozessen in
der DDR auf breiter Basis und ohne alle Idealisierungen befördern.

Die in diesem Kontext entstanden Produktionsstücke *Der Lohndrük-*
ker (UA 1958) und *Die Korrektur* (UA 1958) von Heiner Müller kamen – in auferlegter überarbeiteter Form und inszenatorisch geglättet –
1958 in Leipzig beziehungsweise am Gorki Theater in Berlin zur
Aufführung; Hacks' *Die Sorgen und die Macht* (UA 1959) wurden
1960 in Senftenberg uraufgeführt. Doch wie eng der Spielraum tatsächlich war und wie sehr die SED entgegen allen öffentlichen Bekundungen nach wie vor auf ihrer anfänglichen Theaterpolitik beharrte, stellte sich in den scharfen Attacken gegen Kipphardt heraus,
der daraufhin die DDR im Jahr 1959 mit der Begründung verließ, daß
er „[...] unter den gegenwärtigen Bedingungen, besonders auf dem
Gebiet der Kulturpolitik, keine Möglichkeit mehr sehe, als Schriftsteller und Theaterfachmann nutzbringend zu arbeiten." [vgl. 179; *S. 155*]
Die massiven Angriffe auf das *Didaktische Theater* kulminierten
schließlich in der Absetzung der als „reaktionäres Machwerk" bezeichneten Inszenierung von Müllers *Die Umsiedlerin oder Das Le*
ben auf dem Lande (entst. 1956 – 1961, UA 1961, Neufassg. u.d.T.
Die Bauern, UA 1976) unter der Regie von Tragelehn an der Studentenbühne der Hochschule für Ökonomie Berlin-Karlshorst im Jahr
1961. Das Stück blieb bis 1976 in der DDR verboten, der Autor erhielt zwei Jahre lang keine Arbeitsaufträge mehr, wurde isoliert und
aus dem Schriftstellerverband verwiesen, der Regisseur aus der Partei
ausgeschlossen und zudem zur „Bewährung in der Produktion" im
Tagebau Klettwitz verurteilt.

Ein letzter, allerdings nicht aus der Institution selber kommender Versuch, die Umgestaltung des Theatersystems einzufordern, fand

Anfang der siebziger Jahre statt, nachdem Erich Honecker (1912 – 1994) auf dem X. Parteitag 1971 unerwartet den Ruf nach Aufhebung aller Tabus auf dem Gebiet der Kunst geäußert hatte. Im Rückgriff auf Walter Benjamins (1892 – 1940) Essay *Programm eines proletarischen Kindertheaters* (1929) ging eine Intiative zur Erneuerung des Kinder- und Jugendtheaters im Sinne einer sozialistischen Gesellschaft von einer Gruppe junger Theaterleute aus, von den beiden aus der Schule Heiner Müllers kommenden Dramatikern Thomas Brasch (geb. 1945) und Lothar Trolle (geb. 1944) sowie der später als Autorin bekannt gewordenen Regisseurin Barbara Honigmann (geb. 1949). Gemeinsam mit Oberschülern in Berlin und Potsdam erarbeiteten sie nach dem Vorbild des brechtschen Lehrstücks und des Didaktischen Theaters zwei Projekte, *Das beispielhafte Leben und der Tod des Peter Göring. Biographie eines glücklichen Bürgers* (UA 1971) und *Galileo Galilei – Papst Urban VIII. Ein Kampf* (UA 1972), um Produktions- und Wirkungsweisen von Modellen revolutionären Theaters zu erproben. Beide Inszenierungen wurden unmittelbar nach den ersten Aufführungen verboten, hätten diese Experimente doch möglicherweise Anlaß geben können, die Diskussion über Strukturen eines sozialistischen Theaters abermals zu entfachen, wiewohl das Interesse daran bei den meisten Theatermachern zu diesem Zeitpunkt nur noch minimal war.

Wenn auch keine neue Grundsatzdebatte entstand, so hatte der X. Parteitag doch immerhin eine gewisse Liberalisierung der Theaterpolitik zur Folge, insofern als die SED dem Medium eine relative Eigengesetzlichkeit zubilligte, das heißt vielfältigere künstlerische Ausdrucksweisen, differenzierte Befriedigung von Bedürfnissen und Darstellung ungelöster gesellschaftlicher Konflikte, was die Aufführungen von Volker Brauns (geb. 1939) in den sechziger Jahren entstandenem Stück *Die Kipper* (UA 1972, Dr. u.d.T. *Kipper Paul Bauch*, 1966) in Leipzig, Heiner Müllers auf die Theatertheorie Antonin Artauds (1896 – 1948) Bezug nehmende *Macbeth*-Bearbeitung (UA 1972) in Brandenburg und vor allem Ulrich Plenzdorfs (geb. 1934) höchst umstrittenen Text

Die neuen Leiden des jungen W. (UA 1972) in Halle möglich machte. Doch auch diese kulturpolitische 'Öffnung' hatte deutliche Grenzen. Als B.K. Tragelehn und Einar Schleef (geb. 1944) 1975 in ihrer Inszenierung von August Strindbergs (1849 – 1912) *Fräulein Julie. Ein naturalistisches Trauerspiel* (*Fröken Julie. Ett naturalistiskt sorgespel*, 1888) am Berliner Ensemble den Widerspruch zwischen Anspruch und Wirklichkeit des real existierenden Sozialismus in seinen Auswirkungen auf private Beziehungen hervorhoben, kam es nach der fünften Aufführung zur Absetzung der Produktion. Die beiden Regisseure erhielten Arbeitsverbot: Tragelehn konnte bis Mitte der achtziger Jahre nur noch außerhalb der DDR inszenieren, Schleef verließ nach mißglücktem Fluchtversuch und Gefängnishaft 1976 das Land und ging nach West-Berlin.

Das Berliner Ensemble hatte nach Brechts Tod, dessen Theaterarbeit zunächst Erich Engel und die Schüler fortzusetzen versuchten, in den sechziger Jahren unter dem ‹Chefregisseur› Manfred Wekwerth seine politisch-ästhetisch herausragende Stellung zunehmend eingebüßt und war in Musealisierung und Akademismus erstarrt. Erst nach Helene Weigels Tod gelang es der neuen Intendantin, Ruth Berghaus (1927 – 1996), daß dieses Theater vorübergehend wieder zu einem der wichtigsten der DDR wurde. Unter ihrer Leitung (1971 bis 1977) rückte die Auseinandersetzung mit Zeitproblemen in den Vordergrund, denn neben Inszenierungen von Stücken wie *Im Dickicht der Städte. Der Kampf zweier Männer in der Riesenstadt Chicago* (1971, UA 1. Fassg. 1923, Dr. 2. Fassg. 1927), *Die Gewehre der Frau Carrar* (1971, UA 1937) und *Die Mutter* (1974, UA 1932), die einen neuen, aktuellen Blick auf Brechts Texte öffneten, setzte Berghaus in Zusammenarbeit mit ihren dramaturgischen Beratern Heiner Müller und Karl Mickel (geb. 1935) insbesondere auf Gegenwartsdramatik der DDR und Regisseure wie Tragelehn und Schleef, die sich durch inszenatorisch provokative Zugriffe ausgewiesen hatten.

Die Tradition der Theaterarbeit Brechts hatte seit den sechziger Jahren vor allem aber Benno Besson weitergeführt – allerdings unter Zurücknahme des kulturrevolutionären Aspekts. Zunächst als Gastregisseur an verschiedenen Bühnen, dann als künstlerischer Oberleiter und schließlich von 1974 bis 1978 als Intendant der Volksbühne am Rosa-Luxemburg-Platz, die unter ihm in den siebziger Jahren zum führenden Theater der DDR avancierte, entwickelte Besson durch Verknüpfung von Elementen des brechtschen und elisabethanischenen Theaters mit Formen der Commedia dell'arte eine lebendiges, kritisches Volkstheater in der Absicht, das Publikum mittels hoher ästhetischer Genüsse politisch zu aktivieren. In Inszenierungen wie *Der Frieden* (*Eirene*, 421 v. Chr., UA 1962) von Aristophanes (um 445 – 385 v. Chr.)/Hacks, *Der Drache* (*Drakon*, UA 1961, dt. Erstauff. 1962) von Jewgenij Lwowitc Schwarz (1896 – 1958), *Ödipus Tyrann* (1966, UA 1967) von Sophokles (um 496/97 – 406 v. Chr.)/Johann Christian Friedrich Hölderlin (1770 – 1843)/Müller oder *König Hirsch* (*Il re Cervo*, 1972, UA 1762, dt. Erstauff. 1956) von Carlo Gozzi (1720 – 1806) führte er die Ideen Brechts eines antiillusionistischen Theaters fort und suchte zugleich durch bewußte Theatralisierung der Vorgänge neue Zuschauerschichten zu erschließen. Mit *Spektakel I* (1973) und *Spektakel II* (1974), bei denen fünf Volksstücke beziehungsweise acht DDR-Gegenwartsdramen neben- und hintereinander gezeigt wurden, gelang es ihm, die Volksbühne zu einem Zentrum öffentlicher Diskussion zu machen. Die Zusammenarbeit mit Hacks und Müller, dessen Dramen *Weiberkomödie* (UA 1969) und *Die Bauern* (UA 1976, Neufassung von *Die Umsiedlerin oder Das Leben auf dem Lande*, UA 1961) unter der Regie von Fritz Marquardt (geb. 1928) herauskamen, sowie die Förderung des Regie-Duos Manfred Karge (geb. 1938)/ Matthias Langhoff (geb. 1941) und junger Dramatiker wie Christoph Hein (geb. 1944), den Besson 1973 bis 1978 als Hausautor engagierte, gewährleisteten kritische Reibung an realsozialistischer Wirklichkeit und Darstellungen von Realitätsbildern, die nur noch wenig gemein hatten mit den offiziellen Parolen der SED, was auf großes Interesse eines breiten Publikums stieß und vorbildlich wurde für andere Theater in der DDR.

Ein jähes Ende fand diese Entwicklung durch die Ausbürgerung Wolf Biermanns (geb. 1936) 1976, in deren Folge prominente Theaterleute wie die Schauspielerinnen und Schauspieler Angelica Domröse (geb. 1941), Jutta Hoffmann (geb. 1941), Katharina Thalbach (geb. 1954) und Hilmar Thate (geb. 1931) emigrierten und Engagements an westdeutschen Bühnen annahmen. Besson inszenierte nur noch im westlichen Ausland bis er schließlich 1982 die Direktion der Comédie in Genf antrat. Adolf Dresen (geb. 1935), Regisseur am Deutschen Theater, wurde nach Inszenierungen in Basel, Wien und Stuttgart 1981 die Leitung des Frankfurter Schauspiels übertragen, B.K. Tragelehn brachte in Bochum und Düsseldorf bedeutende Heiner-Müller-Inszenierungen wie *Die Schlacht* (1982), *Quartett. Nach Laclos* (UA 1982) und *Macbeth* (1983) heraus, Matthias Langhoff/Manfred Karge gingen ans Schauspiel Bochum, wo sie durch Georg Büchners (1813 – 1837) *Woyzeck* (1980, entst. 1836, UA 1913) und Uraufführungen von Braschs *Lieber Georg* (1979) sowie Müllers *Verkommenes Ufer/Medeamaterial/Landschaft mit Argonauten* (1982/1983) und *Anatomie Titus Fall of Rome* (UA 1985) von sich Reden machten. Von Günther Rühle (geb. 1924) ans Frankfurter Schauspiel geholt, sorgte Einar Schleef mit seinem Antikenprojekt *Mütter* (1986) dort für erhebliches Aufsehen, Jürgen Gosch (geb. 1943), Schauspieler und Regisseur der Volksbühne, inszenierte in Köln und Hamburg, bevor er 1988 die künstlerische Leitung der Berliner Schaubühne antrat, und die Schauspieldirektorin des Hans-Otto-Theaters Potsdam, Uta Birnbaum (geb. 1933), fand am Wuppertaler Theater Arbeit, wo sie gemeinsam mit ihrem Mann, dem Dramatiker Stefan Schütz (geb. 1944), unter anderem dessen Stücke *Odysseus' Heimkehr* (UA 1972) und *Sappa* (1981) zur Uraufführung brachte. Hinzu kamen zahlreiche Theaterkünstler, die den Antrag auf zeitweilige Ausreise gestellt hatten und ebenfalls regelmäßig an westdeutschen Bühnen gastierten.

Nutznießer dieses künstlerischen 'Ausverkaufs' war zweifellos das bundesrepublikanische Theater, erweckten die Ankommenden doch nicht nur Neugier beim Publikum, sondern aufgrund ihrer hohen handwerklichen Qualität und Professionalität auch vorübergehend die Hoffnung auf einen innovativen Schub, die jedoch verblaßte, je mehr Künstler in den Westen kamen und dies zur ‹Normalität› wurde. Für die DDR indes signalisierte der Weggang so vieler bedeutender Theaterleute die endgültige Verkrustung des Systems und dessen Kulturpolitik. Zwar konnten sich einzelne Regisseure und Autoren größere Freizügigkeit erkämpfen, doch setzten die Theater in der Regel weiterhin auf Bewährtes. Zu den wichtigsten Dramatikern dieser Dekade rückten Müller und Braun auf, ihre einst verbotenen wie auch die neuen Stücke gelangten jetzt weitgehend unbehelligt zur Aufführung, ebenso Christoph Heins *Cromwell* (1978), *Die wahre Geschichte des Ah Q (Zwischen Hund und Wolf). Nach Lu Xun.* (1983) und *Passage* (1987) sowie Georg Seidels (1945 – 1990) *Kondensmilchpanorama* (1981), *Jochen Schanotta* (1985) und *Carmen Kittel* (1987). Doch wurde – wie in der Bundesrepublik zu dieser Zeit nicht anders – die Gegenwartsdramatik nur selten nachgespielt, Texte von Nachwuchsautoren fanden kaum Beachtung und jene der erklärten Systemkritiker blieben nach wie vor tabu.

Dennoch entstand im Laufe der achtziger Jahre eine geheime politische Komplizenschaft zwischen Bühne und Publikum. Wenn auch keine Hochburg der oppositionellen Bewegung, so fungierte Theater doch als Ersatz für fehlende Öffentlichkeit, denn die vieldeutige, mittlerweile hohes künstlerisches Raffinement entwickelte 'Sklavensprache' von Inszenierungen machte zumindest eine „assoziative Öffentlichkeit" möglich. Erst in der Endphase der DDR übernahmen Bühnen auch antizipatorische Funktion und schufen durch gezielte Spielplanpolitik Raum für den offenen politischen Disput. In Dresden beispielsweise wurden *Die Übergangsgesellschaft* (Dr. 1988, UA 1986) von Volker Braun, *Nina, Nina, tam kartina* (1989) von Werner Buhss (geb. 1949) oder *Die Ritter der Tafelrunde. Eine Komödie* (1989) von Christoph Hein gespielt, Stücke, die in kaum verschlüsselter Form die Stimmung im Land reflektierten und für das Publikum Anlaß waren, sich nach den Vorstellungen gemeinsam mit den Theaterleuten über die Situation in der DDR zu verständigen. Den Charakter eines tatsächlich öffentlichen Forums nahm das Theater schließlich ab Ende September 1989 an, als auf fast allen Bühnen Briefe, Resolutionen und Erklärungen zur aktuellen Lage verlesen und mit dem Publikum diskutiert wurden. Für eine kurze Zeitspanne verschmolzen Theater und Realität.

Die nach der deutschen Vereinigung dann folgende Integration des DDR-Theaters in das bundesrepublikanische Theatersystem fand – von finanziellen Problemen abgesehen – nahezu reibungslos statt, vor allem aufgrund der strukturellen Ähnlichkeiten.

Gerhard Scheit

Theater in Österreich

Als die Ostmark zu Österreich wurde, fungierte das Theater als ein Ort der Versöhnung: Schauspieler, die in der Nazi-Propaganda tätig waren, freundeten sich mit eben noch geächteten Dramentexten an, vertriebene Regisseure mit daheimgebliebenen Schauspielern. Der ehemalige Burgtheaterdirektor und Nationalsozialist Lothar Müthel (1896 – 1964), der 1943 William Shakespeares (1564 – 1616) *Kaufmann von Venedig* (*The Merchant of Venice*, UA 1600) in dezidiert zeitgemäßer Art inszeniert hatte, widmete sich nun Gotthold Ephraim Lessings (1729 – 1781) *Nathan dem Weisen* (ersch. 1779, UA 1783); Paula Wessely (geb. 1907), die – zusammen mit ihrem Mann Attila Hörbiger (1896 – 1987) – im NS-Propagandafilm *Heimkehr* (1941) mitgewirkt hatte, spielte im Frühjahr 1946 Bertolt Brechts (eigtl. Eugen Berthold Friedrich Brecht, 1898 – 1956) Shen Te/Shui Ta; Berthold Viertel (1885 – 1953), der aus dem amerikanischen Exil zurückgekommen war und in einem Brief erklärt hatte, er werde mit Werner Krauss (1884 – 1959) nicht „arbeiten oder gar verkehren" [vgl. 161, *S. 44*], führte schließlich bei drei Produktionen mit diesem Schauspieler Regie, der nicht nur den Shylock in Müthels Inszenierung, sondern auch mehrere antisemitisch angelegte Judenfiguren in Veit Harlans (1899 – 1964) berüchtigtem Film *Jud Süß* (1940) verkörpert hatte; und es war der von den Nationalsozialisten vertriebene Josef Gielen (1890 – 1968), der als neuer Direktor des 'entnazifizierten' Burgtheaters Krauss, Wessely und Hörbiger engagierte.

Frappierend ist, wie schnell alles ging. „Das Wiener Kulturleben soll wieder so beginnen und so werden, wie es bis 1938 war", verkündete ein hoher sowjetischer Kulturoffizier am 23. April 1945 [vgl. 77, *S.*

144], nur wenige Tage nachdem die Stadt eingenommen worden war – und schon am 31. April eröffnete das Ensemble des Burgtheaters seinen Spielbetrieb (wegen der Zerstörung des Hauses am Ring an anderen Spielorten), einen Tag später folgten die Wiener Staatsoper (im Haus der Volksoper) und das Theater in der Josefstadt. Dabei griff man jedoch keineswegs auf die Zeit vor 1938 zurück: Das Burgtheater begann mit 'Klassiker'-Inszenierungen aus der Zeit der Ostmark. Und die erste Neuinszenierung wurde sogleich Müthel anvertraut: Hugo von Hofmannsthals (1874 – 1929) *Jedermann* (UA 1912). Bis 1951 wurde das christliche Stück insgesamt 106 Mal gespielt und machte dann wieder zwei erfolgreichen Autoren aus der Ära des 'Dritten Reichs' Platz: Max Mell (1882 – 1971) und Richard Billinger (1890 – 1965). Allerdings wurden neben dem *Jedermann* auch neue Stücke von den Exildramatikern Ferdinand Bruckner (1891 – 1958), Friedrich Theodor Csokor (1885 – 1969) und Fritz Hochwälder (1911 – 1986) ins Repertoire aufgenommen. Das Theater in der Josefstadt begann ebenfalls zunächst mit Rückgriffen aus dem Spielplan der frühen vierziger Jahre.

Es schien zunächst, als würden auch die Stücke Brechts zur Versöhnung beitragen können. Der Wiener Kulturstadtrat Viktor Matejka, der sich als einer der ganz wenigen für die Rückkehr der vom Nationalsozialismus Vertriebenen einsetzte, schlug Rudolf Steinboeck, dem neuen Direktor und alten Ensemblemitglied des Theaters in der Josefstadt, die Inszenierung des *Guten Menschen von Sezuan* (entst. 1939 – 1941, UA 1943) vor – und empfahl die Wessely für die Rolle der Protagonistin. Vergeblich versuchten Brecht und Helene Weigel (1900 – 1971) mit Briefen aus dem kalifornischen Exil diese Aufführung zu verhindern. Es war die erste Inszenierung des Stücks außerhalb der Schweiz. Ein Kritiker berichtet, daß die Schauspielerin „zum Schluß aufs tiefste erschüttert" war: „Tränen strömen über ihr Gesicht" [vgl. 154, *S. 34*]. Einen Monat später, Ende April 1946, gastierte das Ensemble des Zürcher Schauspielhauses mit *Mutter Courage und ihre Kinder. Eine Chronik aus dem Dreißigjährigen Krieg* (entst. 1939,

UA 1941, Dr. 1949) – in der Inszenierung von Leopold Lindtberg und mit Therese Giehse in der Titelpartie. Bei der Premiere waren Bundespräsident und Vizekanzler der jungen Republik anwesend.

Nicht überall wurde die Versöhnung um jeden Preis gesucht. Als man 1945 im Wiener Volkstheater *Haben* (1938) des ungarischen Autors und Moskauer Emigranten Julius (Gyula) Hay (1900 – 1975) zur deutschsprachigen Erstaufführung brachte, kam es zum ersten Theaterskandal der Zweiten Republik. Daß die Frauen, die ihre Männer vergiften, eine Madonnenstatue als Giftdepot verwenden, „war für Schüler des katholischen Piaristengymnasiums und Angehörige der ehemaligen 'Hitlerjugend' Anlaß, die Vorstellung zu stören. Es kam zu Tumulten und einer Schlägerei im Theater" [vgl. 61, *S. 158*]. Als drei Jahre später am selben Ort Ödön von Horváths (1901 – 1938) *Geschichten aus dem Wiener Wald* (UA 1931) als österreichische Erstaufführung inszeniert wurden, gab es abermals Tumulte – „Ein Teil der Zuschauer unterbrach in wütendem Gebrüll die Vorstellung (...) Die aus ihren Rollen tretenden Schauspieler schrieen Horváth-Zitate ins Publikum" [vgl. 127, *S. 76*]. Ein Kritiker schrieb in einer konservativen Zeitung von einer „grausigen Symphonie der Gemeinheit", von „Blasphemie auf ein Wienertum": Das Volkstheater werde „hier zum Tribunal des Volksfeindlichen. Wir haben, seitdem dieses Stück geschrieben wurde, so viel Not und Elend und Grauen kennengelernt, aber gesellschaftliche Verwesung haben im Volk von Wien noch immer keinen fruchtbaren Boden gefunden". Im Grunde wurde diese Meinung auch von den Kommunisten geteilt; Hugo Huppert (1902 – 1982), zurückgekehrt aus dem sowjetischen Exil, sprach von der „Preisgabe jedes Erziehungswillens, jeder sittlichen Sendung der Schaubühne" und verurteilte Horváths Stück als „Einschmuggelung des Ordinären unter der Maske des Populären." Die Kritik von Huppert verweist auch auf eine neue politische Konstellation. Das Volkstheater stand den Kommunisten mittlerweile – der Kalte Krieg hatte begonnen – fern, während das „Neue Theater in der Scala" – 1948 von Mitgliedern des Zürcher Schauspielhauses gegründet (als

Dramaturg wirkte ab 1951 der vom Nationalsozialismus zum Kommunismus bekehrte Arnolt Bronnen (eigtl. A. Bronner, 1895 – 1959)) – speziell von der KPÖ und der sowjetischen Besatzungsmacht getragen wurde und auf breite antikommunistische Ablehnung stieß. Dabei bemühte man sich an diesem Theater um eine 'volkstümliche' Ästhetik und einen an der alten Volksfront-Taktik orientierten Spielplan – wobei man auch nach neuen Formen des Publikumkontaktes (Einführungsveranstaltungen, Befragungen etc.) suchte. Propagandastücke wie Ernst Fischers (1899 – 1972) *Der große Verrat* (1950) bildeten Ausnahmen; aber auch Ödön von Horváth, Jura Soyfer (1912 – 1939) oder Karl Kraus (1874 – 1936) wurden nicht gespielt. Prototypisch ist die Uraufführung des *Bockerer* (1949) von Ulrich Becher (1910 – 1990) und Peter Preses (1907 – 1961), die von Huppert hochgepriesen wurde. Der Protagonist, ein Wiener „Fleischhauer" ist geradezu als Gegenfigur zu Horváths Oskar aus den *Geschichten aus dem Wienerwald* angelegt. Er verkörpert den kleinen unpolitischen Widerstand gegen den Nationalsozialismus und der ganze kabarettistische Witz des Exils ist ihm in den Mund gelegt. (Becher und Preses hatten das Stück 1946 noch in New York verfaßt.) Zugleich zeigt sich in den Beziehungen Bockerers zu seiner Frau und seinem Sohn, die beide begeisterte Nazis sind, das Dilemma solcher Volkstfront-Dramaturgie: er paßt nicht in die Familie und die Familie nicht zu ihm, und wie mit der Familie, so verhält es sich mit dem 'Volk', das ihn umgibt.

Mit dem Beginn des Kalten Krieges mußte auch Brecht, der häufig in der Scala gespielt wurde, zum Stein des Anstoßes werden. Der Komponist Gottfried von Einem gewann den Stückeschreiber 1948 zur Mitwirkung bei den Salzburger Festspielen. Als aber Brecht, der bereits in Ostberlin wirkte, auf Betreiben Einems die österreichische Staatsbürgerschaft bekam, inszenierte man in der Öffentlichkeit einen Skandal – Einem wurde in der Folge aus dem Kuratorium der Festspiele ausgeschlossen und Brecht von den Festspielen. Der Boykott seiner Stücke in Österreich – für den insbesondere die Kritiker Friedrich Torberg (eigtl. Kantor-Berg, 1908 – 1979) und Hans Weigel

(1908 – 1991) verantwortlich zeichneten – war damit angebahnt. Der Fall Brecht mag zeigen, nach welchen Maßgaben man in Salzburg bestrebt war, das internationale Renommee, das man seit dem Nationalsozialismus verloren hatte, zurückzugewinnen.

Das traditionell sehr stark ausgeprägte kulturelle 'Gefälle' zwischen Metropole und Provinz – nur zur Festspielzeit in Salzburg und (seit 1946) in Bregenz, durchbrochen – verringerte sich nach 1945 etwas. Wolfgang Greisenegger spricht sogar vom Beginn eines „Emanzipationsprozesses": „Durch die politische – und wirtschaftliche – Situation des viergeteilten Landes, durch die Übersiedlung mehr oder minder belasteter Künstler und durch den Umstand, daß die Verluste an Spielraum und Spielmaterial im Westen und Süden geringer waren, nahm die Bedeutung der Bühnen in den Landeshauptstädten zu." [vgl. 52, *S. 237*]

'Motorisiertes Biedermeier' (1955 – 1969)

Als man die beiden im Krieg zerstörten Häuser des Burgtheaters und der Staatoper im Jahr des Staatsvertrags wiedereröffnete, wurde Theater zum Staatsakt, als wäre das Barock leibhaftig wiedererstanden. Die Republik präsentierte die beiden rekonstruierten Ringstraßen-Gebäude als eindrucksvolle Monumente des Wiederaufbaus und steinerne Bekenntnisse einer „Kulturnation". Die Eröffnungsvorstellungen am 15. Oktober und am 5. November umrahmten den zum Nationalfeiertag deklarierten 26. Oktober, jenen Tag, an dem der Nationalrat Österreichs „immerwährende Neutralität" beschloß. Gespielt wurden Beethovens *Fidelio* und Grillparzers *König Ottokars Glück und Ende* (UA 1825). Nicht zufällig, aber unbewußt und keineswegs ironisch fiel Otto Basil (1901 – 1983) bei der Kritik der Burgtheater-Eröffnung in den Tonfall Kaiser Franz Josephs: „Nun, da wir diesen Tag, diese Stunde gepflückt, dieses österreichische Fest mit allen Sinnen gefeiert haben, dürfen wir sagen: Es war schön. Es war schön, weil wir ein

527

Theater erlebten, das Vorgänge aus der vaterländischen Geschichte als feierliches, kultisches Geschehen manifest werden ließ." Ursprünglich sollte mit Goethes *Egmont* (UA 1791) eröffnet werden, aber nach langen Diskussionen der verschiedenen politischen Lager (es wurde damit sogar der Ministerrat befaßt!), gab die „nationale Frage" den Ausschlag: Grillparzer wurde als österreichischer Autor vorgezogen und die allzu habsburgisch-monarchistischen Stellen im Stück einfach gestrichen. Ohnehin konnten die zur Auswahl stehenden Werke aus tiefster Vergangenheit in der erwünschten schillernden Weise auf die jüngste Vergangenheit und die Gegenwart bezogen werden: auf die Befreiung vom Nationalsozialismus ebenso wie auf den Abzug der Besatzungsmächte. Auf die Idee, ein zeitgenössisches Stück zu spielen, das diesen Bedeutungsspielraum nicht hätte, wäre niemand gekommen. Die beiden Eröffnungsvorstellungen legten damit auch den Kurs der Staatstheater – und des Josefstädter Theaters – bis in die späten sechziger Jahre fest: Klassikerinszenierungen weitgehend ohne Bezug zur Gegenwart – mit einigen bemerkenswerten Gästen wie Jean Louis Barrault (1910 – 1994), wobei es gelang, auch Emigranten zu integrieren (Fritz Kortner, Leopold Lindtberg, Ernst Lothar). Welche Integrationskraft der Burgtheaterstil besaß, zeigte die Aufführung von Brechts *Galilei* (entst. 1938/39, UA 1943) 1966 mit Curd Jürgens in der Titelrolle (Regie Kurt Meisel). Hilde Spiel (1911 – 1990) schrieb in der „Frankfurter Allgemeinen Zeitung" (2.11.1966), Kortner habe sich auf das „Ringen mit der traditionellen Theatralik des Burgtheaters" eingelassen; „Meisel versuchte es nicht einmal. So glaubte man denn zuweilen, sich im Schloß der Piccolomini oder auf dem Hradschin Rudolfs II. zu befinden, hörte man grillparzernde Mimen dem Text eine Gewichtigkeit geben, die seinen Inhalt hinabzog und versinken ließ."

„Burg und Oper", daneben Akademietheater und Volksoper, stellen – ähnlich wie der Komplex der verstaatlichten Industrie, das größte Unternehmen das Landes – eine österreichische Besonderheit dar, die etwa an die Situation in der DDR erinnern mag: sie werden von der

Bundesregierung (in der Kompetenz des Ministers für Unterricht und Kunst) unterhalten, die gewissermaßen an die Stelle des Kaisers getreten ist. Es handelt sich um Staatstheater im eigentlichen Sinn. Die hohen Kosten dieses Staatseigentums werden – bei den periodisch wiederkehrenden Diskussionen um den Etat – offiziell als Kulturauftrag einer Kulturnation legitimiert, wirksamer und etwas unterderhand aber als Umwegrentabilität im Sinne des Fremdenverkehrs verteidigt. Auch das Wiener Volkstheater ist kein Privattheater im engeren Sinne: seit 1948 ist es mehrheitlich im Besitz der Einheitsgewerkschaft ÖGB (Österreichischer Gewerkschaftsbund), die es als Nachfolgeorganisation der DAF (Deutschen Arbeitsfront) nach 1945 übernommen hatte. Die DAF wiederum hatte das Privattheater 1938 enteignet, „arisiert" und in eine „Kraft durch Freude"-Bühne umgewandelt.

Während die Häuser am Ring 1955 eröffnet werden konnten, mußte das Neue Theater in der Scala zusperren: der Abzug der sowjetischen Besatzungsmacht, der im Staatsvertrag fixiert worden war, raubte dem von der Mehrheit des Wiener Publikums geächteten Theater die finanzielle Grundlage. Auch diesem Ereignis kam eine gewisse symbolische Bedeutung zu – ein negativer Staatsakt sozusagen: Mit der Selbständigkeit Österreichs verlor die Kommunistische Partei rasch an Bedeutung – die Ereignisse in Ungarn 1956 beschleunigten diesen Prozeß; Ernst Fischer (1899 – 1972), der einstmals Leiter des Staatsamts für Volkserziehung und Unterricht gewesen war, schied 1959 als letzter kommunistischer Abgeordneter aus dem Parlament aus. Auch von den zahlreichen Klein- und Kellerbühnen, die nach 1945 entstanden waren (noch im Herbst 1949 waren es immerhin 32 Ensembles), überlebten in den fünfziger Jahren nur ganz wenige. Hierzu gehört das einzige Theater mit einer Frau an der Spitze: Stella Kadmon war aus der Emigration in Palästina zurückgekehrt und hatte versucht, an die Kleinkunstszene der dreißiger Jahre anzuknüpfen und ihre alte Kabarettbühne „Der liebe Augustin" wieder aufzubauen. Doch mit den alten Programmen – darunter Jura Soyfers *Astoria* (UA 1937) – scheiterte sie; erst mit Brechts *Furcht und Elend des Dritten*

Reichs (entst. 1937-38, UA u.d.T. *The Private Life of the Master Race*, 1945) gelang 1948 der Durchbruch. Ihr Theater nahm Abschied vom Kabarett und nannte sich hinfort „Theater der Courage": Bis in die siebziger Jahre wurden hier 121 österreichische Erstaufführungen (z.B. *Wildwechsel* (UA 1971) von Franz Xaver Kroetz (geb. 1946), *Bremer Freiheit* (UA 1971) von Rainer Werner Fassbinder (1945 – 1982)) und 31 Uraufführungen gebracht. Mitte der fünfziger Jahre gründete Conny Hannes Meyer – Mitglied der Publikumsorganisation und eifriger Besucher der „Scala" – das „Experiment am Lichtenwerd" (zusammen mit Edwin Pikl), und vier Jahre später die „Komödianten" im Theater am Börseplatz, die – an wechselnden Orten – bis in die achtziger Jahre ihr meist junges Publikum mit internationaler Gegenwartsdramatik bekannt machten und in der Auseinandersetzung mit Brechts Theaterkonzeption einen zeitgemäßen Inszenierungsstil zu entwickeln suchten.

Die eigentliche Gegenkultur zu „Burg und Oper" – zu jenem „motorisierten Biedermeier" (Ernst Hanisch), das sich in der Gestalt Herbert von Karajans (1908 – 1989), des Opernmatadors von Salzburg und Wien, idealtypisch ausprägte – formierte sich außerhalb des Theaters, aber durchaus in theaternahen Formen: das „Literarische Cabaret" der 'Wiener Gruppe' und Helmut Qualtingers (1928 – 1986) satirische Vortragskunst. Während die Wiener Gruppe die europäische Avantgarde, insbesondere Dadaismus und Surrealismus, gleichsam nachholte und verschiedene Techniken und Rituale der Publikumsprovokation entwickelte, knüpfte Qualtinger – als er am Beginn der sechziger Jahre den *Herrn Karl* (UA 1961, zusammen mit Carl Merz (1906 – 1979)) kreierte und seine Vorlesungen aus den *Letzten Tagen der Menschheit* (ersch. 1918/19, endgültige Fassg. 1926) begann – an die satirischen Traditionen von Nestroy, Kraus, Horváth und Soyfer an, die er als Schauspieler in Klein- und Kellerbühnen nach 1945 kennengelernt hatte. Der Skandal, den der seit den fünfziger Jahren als Kabarettist bekannte „Quasi" 1961 mit einer Fernsehsendung des *Herrn Karl* hervorrief, zeigt gewisse Ähnlichkeiten mit jenem Tumult um die österreichische Erstaufführung der *Geschichten aus dem Wiener Wald.*

Gerade die Volkstümlichkeit der bösen Figur erregte den Protest. Der kleine Mann, der im *Bockerer* noch als Antifaschist heiliggesprochen worden ist, zeigt sich nun wieder als gemütliches Ungeheuer.

Beschleunigte Modernisierung (1970 – 1986)

Als Wolfgang Bauer (geb. 1941) im kleinen „Ateliertheater" 1969 mit *Magic Afternoon* erfolgreich debütierte, sicherte sich das Volkstheater die Uraufführung seines folgenden Stücks *Change* (1969). Während Bauer mit den Ideologemen der 68er Bewegung wie mit Versatzstücken spielt, ist Peter Turrini (geb. 1944) mit seinem Erstling *rozznjogd*, der 1971 ebenfalls am Volkstheater aufgeführt wurde, um eine szenisch durchgeführte Kritik der Konsumgesellschaft und der sexuellen Repression bemüht. Das Volkstheater – von Ernst Lothar als „das tapferste Theater von Wien" bezeichnet – entwickelte sich nachgerade zur wichtigsten Bühne der jungen Dramatik: neben Turrini und Bauer wären hier noch Wilhelm Pevny (geb. 1944), Harald Sommer (geb. 1935), Heinz Rudolf Unger (geb.1938) und Elfriede Jelinek (geb. 1946) zu nennen. Es war das einzige größere Theater, das querstand zu jener in den siebziger Jahren sehr deutlich akzentuierten Abgrenzung der neu entstandenen politisierten Jugendszene zur 'Hochkultur' der etablierten Theater. Diese Abgrenzung erhielt ihre geschlossenste Gestalt 1976 in der sogenannten „Arenabewegung", die sich gegen den Verkauf einer alternativen Kulturstätte – des ehemaligen Auslandsschlachthofes mit dem sprechenden Namen Sankt Marx – an einen Textilkonzern formierte. Der Verkauf konnte trotz breiter Solidarisierung nicht verhindert werden, doch folgten der Arenabewegung eine Reihe von dezentralen, „basisnahen" Theater- und Kulturinitiativen (z.B. Gruppe 80, Jura Soyfer Theater, GemeindeHOF-Theater), und die Klein- und Kellertheater erlebten eine Blütezeit. Hans Gratzers „Schauspielhaus" konfrontierte das Wiener Publikum seit 1977 mit moderner internationaler Dramatik; 1987 – 1990 wurde dieses

Theater unter dem Namen „Der Kreis" von George Tabori (geb. 1914) als ein Theaterlabor (im Sinne des Actors Studio von Lee Strasberg) geleitet, wo unter anderem Thomas Braschs (geb. 1945) *Frauen. Krieg. Lustpiel* 1988 uraufgeführt wurde.

In der 'Hochkultur' selbst setzte der Modernisierungsschub unter der ersten „sozialistischen" Regierung in diplomatischen Formen ein: Im Zeichen der Entspannungspolitik gastierte 1978 das Berliner Ensemble zum zweiten Mal in Wien – jetzt aber nicht an der Scala, sondern im Burgtheater, wo man nun auch Regisseure aus der DDR (Adolf Dresen, Angelika Hurwicz) engagierte. Die Direktoren des Hauses (zunächst Gerhard Klingenberg (geb. 1929), dann Achim Benning (geb. 1935)) gewannen international renommierte Regisseure wie Hans Hollmann (geb. 1933), Otomar Krejca (geb. 1921), Hans Neuenfels (geb. 1941), Luca Ronconi (geb. 1933), Giorgio Strehler (geb. 1921), Peter Wood oder Horst Zankl – mitunter reagierten die konservative Presse und das Publikum mit Protest. Lange Zeit verdrängte Stücke wie die von Elias Canetti (1905 – 1994) kamen schließlich zur Aufführung. Und bei den Salzburger Festspielen hatte man gar schon 1972 die Uraufführung von Thomas Bernhards (1931 – 1989) *Der Ignorant und der Wahnsinnige* in der Regie des ebenfalls politisch umstrittenen Claus Peymann (geb. 1937) in Szene gehen lassen.

Rückspiegel (1986 – 1995)

Der Kulturkampf zwischen Alternativ- und Hochkultur verlor angesichts der Affäre um den Präsidentschaftskandidaten Kurt Waldheim einigermaßen an Bedeutung: in den Vordergrund trat nun die Auseinandersetzung über die NS-Vergangenheit. Intellektuelle in Wissenschaft und Kunst begriffen als dringlichste Aufgabe, die Lebenslüge der Zweiten Republik, wonach Österreich das erste Opfer Hitlerdeutschlands gewesen und von Mittäterschaft darum weitgehend freizusprechen wäre, zu demontieren. Dabei spielte nun gerade das

Burgtheater unter dem neuen Direktor Claus Peymann eine hervorragende Rolle. Der Skandal um die Uraufführung von Thomas Bernhards *Heldenplatz* (1988) zeigt die neuen Fronten: die Protagonisten des Stücks deklamieren in einer Art Litanei, daß die Österreicher samt und sonders Nationalsozialisten seien, Katholizismus und Nationalsozialismus eine Einheit bildeten. (Noch in den siebziger Jahren hatten sich Bernhards Invektiven auf Bruno Kreisky und die Sozialdemokraten konzentriert.) An Stelle von Hoch- und Alternativkultur stehen sich nun die Aufdecker und die Verdränger, die „Nestbeschmutzer" und die Patrioten gegenüber. Das neue Burgtheater gewinnt ein junges Publikum und stößt das alte konservative Bildungsbürgertum ab (das sich – unter lautem Protest – ins Theater der Josefstadt, das „bürgerlichste der bürgerlichen Theater Wiens" [vgl. 52, *S. 230*], zurückzieht); auch zwischen dem alten österreichischen Ensemble und den von Peymann engagierten, meist deutschen Schauspielern entsteht eine Kluft. Mit Ausnahme von Taboris 'Der Kreis' bzw. Gratzers Schauspielhaus, hier geht 1991 die Uraufführung von Werner Schwabs (1958 – 1994) *Übergewichtig, unwichtig: Unform* in Szene – verlieren die Klein- und Mittelbühnen zunehmend an Attraktivität, sie sind nun nicht mehr die Avantgarde, die Vertreter des Neuen, sondern eher Lückenfüller für den Spielplan der großen Bühnen. Auch das Volkstheater verliert seine langjährige avancierte Position: seine besten Schauspieler und vor allem seine erfolgreichsten Autoren, Peter Turrini und Elfriede Jelinek, werden vom Burgtheater angeworben; hinzu kommt seit 1987 George Tabori. In ihren speziell für die erste Bühne des Landes geschriebenen Stücken erhält die Vergangenheit des Nationalsozialismus und die Gegenwart des Rechtsextremismus wachsende Bedeutung (Taboris *Mein Kampf* (1987); Turrinis *Alpenglühn. Ein Theaterstück* (1992), *Die Schlacht um Wien. Schauspiel in drei Akten* (1995); Jelineks *Totenauberg. Ein Stück* (1991), *Raststätte oder Sie machens alle* (1994)). Das Österreich-Bild von Thomas Bernhards *Heldenplatz* wird darin in mancher Hinsicht differenziert, die Identität von Nationalsozialismus/Rechtsextremismus und 'Österreichertum' bleibt aber eine Art Konsens. Allerdings ist noch immer nicht gewagt worden, Jelineks *Burgtheater* (UA 1985), worin die Nazi-Vergangenheit der Hörbiger-Familie thematisiert wird, am Burgtheater aufzuführen.

Karl Riha

Experimentelle Literatur

Zweifellos stellt der Wiedereintritt Gottfried Benns (1886 – 1956) in die deutsche Nachkriegsliteratur eine wichtige Markierung dar: er ist nicht unbelastet durch das nationalsozialistische Engagement des Autors in den frühen dreißiger Jahren und korrespondiert mit seinem selbstauferlegten Rückzug aus der literarischen Öffentlichkeit während des 'Dritten Reichs'. Der Name des Autors steht dabei – in positiver Hinsicht – für die Fortdauer der expressionistischen Stiltendenz aus den zwanziger Jahren herauf, auffällig belegt durch die einschlägige Anthologie *Lyrik des expressionistischen Jahrzehnts. Von den Wegbereitern bis zum Dada* von 1955. In seinem Marburger Vortrag *Probleme der Lyrik* von 1951 fixierte Benn diese Kontinuität der Stiltendenz in die neuen Zeiten hinein, erweitert um den Anstoß zum 'Machen' von Gedichten – gegenüber ihrem 'Hervorquellen' aus Emotionen und Gefühlen – und insbesondere durch den Hinweis auf montierende Schreibweisen. Der einschlägige Hinweis lautet: „auch Slang-Ausdrücke, Argots, Rotwelsch, von zwei Weltkriegen in das Sprachbewußtsein hineingehämmert, ergänzt durch Fremdworte, Zitate, Sportjargon, antike Reminiszenzen, sind in meinem Besitz. [...] Aus all diesem kommt das Gedicht, das vielleicht eine dieser zerrissenen Stunden sammelt – : das absolute Gedicht, das Gedicht ohne Glauben, das Gedicht ohne Hoffnung, das Gedicht an niemanden gerichtet, das Gedicht aus Worten, die sie faszinierend montieren". Er stimulierte damit eine Reihe junger Lyriker, die gerade in den fünfziger Jahren neu auf den Plan traten und der deutschen Lyrik über eine forcierte Metaphernsprache hinaus frische Ausdrucksqualitäten öffneten – so etwa Peter Rühmkorf (geb. 1929) und Hans Magnus Enzensberger (geb. 1929).

Vom Marburger Auditorium und vielen späteren Lesern kaum bemerkt, enthielt jedoch dieser Vortrag Benns als Grenzziehung gegenüber noch weiterreichenden Neuerungen der Lyrik, als der Autor selbst sie ins Auge faßte, einen merkwürdigen und merkwürdig scharfen polemischen Ausfall. Zwar erinnert er mit Charles Baudelaire (1821 – 1867), Stéphane Mallarmé (1842 – 1898) etc. zunächst an die französischen Symbolisten (und Surrealisten), auch an den deutschen Frühexpressionismus vor dem Ersten Weltkrieg, bringt das futuristische Manifest Emilio Filippo Tommaso Marinettis (1876 – 1944) in die entsprechende Position, lenkt dann aber abrupt auf die unmittelbare Gegenwart über, um über sie gegen den Dadaismus und die durch Herwarth Walden (eigtl. Georg Lewin, 1878 – 1941) geförderte Wortkunstbewegung zu Felde zu ziehen: „In der allerletzten Zeit stößt man bei uns auf verlegerische und redaktionelle Versuche, eine Art Neutönerei in der Lyrik durchzusetzen, eine Art rezidivierenden Dadaismus, bei dem in einem Gedicht etwa sechzehnmal das Wort 'wirksam' am Anfang der Zeile steht, dem aber auch nichts Eindrucksvolles folgt, kombiniert mit den letzten Lauten der Pygmäen und Andamanesen – das soll wohl sehr global sein, aber für den, der vierzig Jahre Lyrik übersieht, wirkt es wie die Wiederaufnahme der Methode von August Stramm (1874 – 1915) und dem Sturmkreis, oder wie eine Repetition der Merz-Gedichte von Kurt Schwitters (1887 – 1948) („Anna, du bist von vorne wie von hinten"). In Frankreich macht sich eine ähnliche Strömung geltend, die sich Lettrismus nennt".

Unter negativer Perspektive bis hin zum Primitivismus-Vorwurf, der aus der noch frisch erinnerbaren Nazi-Zeit heraus den fatalen Beigeschmack des 'Abnormen' und 'Entarteten' hat, werden hier Positionen bezeichnet, denen in der Tat größere innovative Energien innewohnen sollten, als dies beim 'rezidivierenden' Expressionismus der Nachkriegsjahre der Fall war, der sich rasch selbst überholte und epigonal erstarrte. Dabei unterschlägt Benn in seiner Attacke die real gegebenen Hindernisse, wie sie aktuell der Wiederanknüpfung an die experimentellen Energien der Vorkriegsmoderne entgegenstanden. So verstellt er beispielsweise den Blick auf das – an widrigen Zeitumständen scheiternde und deshalb zur Wirkungslosigkeit verdammte – Projekt der Avantgarde-Zeitschrift *PIN*, mit dem Raoul Hausmann (1886 – 1971) und Kurt Schwitters aus ihrem französischen und englischen Exil heraus in Briefkontakt traten, um der durch den Krieg vernichteten Phantasie wieder auf die Beine zu helfen; er blockiert aber auch den Zugang zu jenen jungen Autoren dieser Jahre, die von sich aus den abgerissenen Faden des Experiments aufzunehmen suchten – so etwa Gerhard Rühm (geb. 1930), der die Zeitsituation wie folgt charakterisierte: „es hatte fast etwas sektiererisches an sich. [...] schnell wurde deutlich, dass die mehrheit wohl vieles gegen die nazistische kriegspolitik, aber im grunde nichts gegen die 'gesunde' kulturpolitik einzuwenden gehabt hatte. jetzt, da man der 'entarteten kunst' wieder offen begegnen konnte, erregte sie die gemüter oft bis zu handgreiflichkeiten".

Peter Rühmkorf hat einmal einige der für die unmittelbare Nachkriegszeit charakteristischen Titel von Gedichtbänden Revue passieren lassen; in ihrer Herkunft aus Klassik- und Romantik-Tradition bzw. aus der 'Natur'-Fixiertheit der 'inneren Emigration' der Nazi- und Kriegs-Ära sprechen sie für sich selbst: da gab es *Des alten Mannes Sommer* und *Die abendländische Elegie, Die Silberdistelklause* und *Das Weinberghaus, Venezianisches Credo* und *Irdisches Geleit, Verse für Minette* und *Der Laubbaum und die Rose*. Peter Hamm (geb. 1937) kommentierte: „Im übrigen drückte man sich um den Menschen und sein verwüstetes Bild und zielte auf Rilkes 'Weltinnenraum' oder widmete sich der 'Heilen Welt' (Bergengruen), der Natur. Jetzt schlug die Stunde Wilhelm Lehmanns (1882 – 1968) und seiner Jünger, die das Gedicht zu Nieswurz und Beifuß und wieder einmal zum Mythos und auf jeden Fall an die Peripherie der Gesellschaft führten".

Neues rührte sich in der deutschsprachigen Nachkriegsliteratur zuallernächst im Umkreis der 'Wiener Gruppe' um Friedrich Achleitner (geb. 1930), Hans Carl Artmann (geb. 1921), Konrad Bayer (1932 – 1964), Gerhard Rühm und Oswald Wiener (geb. 1935) und im Einzugsbereich der 'konkreten Poesie', die in den späten fünfziger und frühen sechziger Jahren – im Kreis um Max Bense (1910 – 1990) – ihr Zentrum in Stuttgart hatte. In seiner *acht-punkte-proklamation des poetisches actes* formulierte Artmann bereits 1953 den – wie er anmerkt – „unangreifbaren Satz", daß man Dichter sein könne, „ohne auch irgendjemals ein Wort geschrieben oder gesprochen zu haben": „Die alogische Geste selbst kann, derart ausgeführt, zu einem Act von ausgezeichneter Schönheit, ja zum Gedicht erhoben werden". Für die Ablösung des poetischen Textes vom Wort und seine Auflösung ins Gestische gibt es – bis in den Aufbruch des russischen Futurismus zurück – keinen adäquaten Vergleich; die angesprochene Programmatik konstituierte eine eigene Dynamik, die später mit Ernst Jandl (geb. 1925) auch noch einmal eine Randfigur der 'Gruppe' erfaßte und zur eigenwilligen Hervorbringung des 'Sprechgedichts' animierte: dem 'Öffnen' korrespondiert hier im einschlägigen Programm-Poem das 'Schließen' des Mundes und ihm wiederum nur noch das 'mimische' bzw. 'gestische Extra'.

Im Namen der 'konkreten Poesie' forderte Helmut Heißenbüttel (1921 – 1996) die Dekomposition der syntaktischen Einheit: er ordnet die Montage dem Prozeß des 'antigrammatischen Sprechens' zu und erklärt zum Prinzip der 'freien Syntax': „Es besagt, daß die Sprache durch syntaktische, ja vokabuläre Destruktion und Reduktion, durch alogische Koppelung, durch neue syntagmatische Verfahren, durch Benutzung phonetischer Unbestimmtheiten und typographischer Ergänzungen und ähnlicher dem Bereich der grammatisch bestimmten Redeweise entzogen wird". Das „alte Grundmodell der Sprache von Subjekt-Objekt-Prädikat" hält nicht mehr stand: „Wir benutzen es noch. Aber es ist bereits starr. Es erscheint abgenutzt, bröckelt ab, verwittert". Mit der Folge seiner *Textbücher* (1 – 6, 1960 – 1967) und in seinem Essayband *Über Literatur* (1966) umriß Heißenbüttel die Geographie der neuen, aus dem Experiment abgeleiteten literarischen

Formen und offerierte sie auf diese Weise gleichermaßen der poetischen Praxis wie der literaturkritischen und literaturwissenschaftlichen Inbesitznahme.

Den neuen, durch ihn in die Gegenwartsliteratur eingeführten poetischen Begriff der *konstellation* hat Eugen Gomringer (geb. 1925) in seinem einschlägigen programmatischen Statement *vom vers zur konstellation* (1954) wie folgt definiert: „die konstellation ist die einfachste gestaltungsmöglichkeit der auf dem wort beruhenden dichtung". Als unmittelbare Herausforderung wird die „schnelle kommunikation" der modernen Zivilisation genannt: „unsere sprachen befinden sich auf dem Weg der formalen vereinfachung. es bilden sich reduzierte, knappe formen. oft geht der inhalt eines satzes in einen einwortbegriff über, oft werden längere ausführungen in form kleiner buchstabengruppen dargestellt. es zeigt sich auch die tendenz, viele sprachen durch einige wenige, allgemeingültige zu ersetzen". Was die künstlerische Tendenz zur Abstraktion angeht, werden Wassily Kandinsky (1866 – 1944), Paul Klee (1879 – 1940) und Piet Mondrian (1872 – 1944) namhaft gemacht, deren abstrakte Formationen denn auch für die Anordnung der neuen Texte nutzbar gemacht werden, so etwa das geometrische Rechteck für *schweigen*, wobei der Leerfleck in der Mitte als optisches Äquivalent für den akustischen Sachverhalt agiert:

schweigen schweigen schweigen
schweigen schweigen schweigen
schweigen   schweigen
schweigen schweigen schweigen
schweigen schweigen schweigen

Zweck dieser neuen Dichtung sei es, so die Folgerung, „der dichtung wieder eine organische funktion in der gesellschaft zu geben und damit den platz des dichters zu seinem nutzen und zum nutzen der gesellschaft neu zu bestimmen. da dabei an die formale vereinfachung unserer sprachen und den zeichencharakter der schrift zu denken ist, kann von einer organischen funktion der dichtung nur dann gesprochen werden, wenn sie sich in diese sprachvorgänge einschaltet. das neue gedicht ist deshalb als ganzes und in den teilen einfach und überschaubar. es wird zum seh- und gebrauchsgegenstand: denkgegenstand – denkspiel". Ganz in diesem Sinne bezeichnet Gomringer die *Konstellation*, der er später Begriffe wie 'Ideogramm', 'Typogramm', 'Piktogramm' oder 'Permutation' an die Seite stellte, als „letztmögliches absolutes gedicht", als „baustein internationaler kommunikation" und – im besten Fall – als „weises spiel", denn: um die Möglichkeiten des Spiels zu wissen, sei „heute gleichbedeutend dem wissen um eine endgültige klassiker-satzung".

Den neuen Textbegriff unter Beweis zu stellen, trat Eugen Gomringer bereits 1953 mit seinem dreisprachigen Bändchen *konstellationen constellations constelaciones* hervor, und Max Bense schuf sich mit der Zeitschrift *augenblick* (1955 – 1956, 1958, 1959 – 1961) und der Editionsreihe *rot* (seit 1960) eigene Publikationsmöglichkeiten für sich selbst wie für Autoren, die dem Programm der 'konkreten Poesie' folgten, sich mit ihm auseinandersetzten, mit ihm zu arbeiten und seine Operationsmöglichkeiten auszuloten begannen. Bense selbst eröffnete die Reihe *rot* mit dem Bändchen *grignan*; neben weiteren Autoren der 'Stuttgarter Gruppe', unter denen ich – nach Gomringer und Heißenbüttel als bereits Genannten – Reinhard Döhl (geb. 1934), Ludwig Harig (geb. 1927), Hansjörg Mayer und Konrad Balder Schäuffelen (geb. 1929) hervorhebe, sind dann auch hier die Autoren der 'Wiener Gruppe' zu nennen, die zwangsläufig jenseits der Landesgrenze Anschluß suchen mußten, da sie in Österreich nur unzureichende Publikationsmöglichkeiten fanden, obwohl doch H.C. Artmann zu diesem Zeitpunkt mit dem Lyrikbändchen *med ana schwoazzn dintn. gedichta r aus bradnsee* (1958), das den bizarr notierten Wiener Dialekt für Surrealismus und schwarzen Humor entdeckte, einen großen Erfolg beim Wiener Publikum erzielt hatte:

> *I bin a ringlgschbüübsizza*
> *und hob schon sim weiwa daschlong*
> *und eanare gebeina*

untan schlofzimabon fagrom ...
heit lod i ma r ein di ochte
zu einem libesdraum -
daun schdöl i owa s oaschestrion ei
und bek s me n hakal zaum!

[...]

i bin a ringlgschbüübsizza
(und schlof en da nocht nua bein liacht
wäu i mi waun s so finzta is
fua de dodn weiwa fiacht ...).

Neben Ernst Jandl, der mit *lange Gedichte* (1964) ein Programm-Stichwort aufgriff, das Walter Friedrich Höllerer (geb. 1922) bereits 1965 in der von ihm herausgegebenen Zeitschrift *Akzente* herausgestellt und forciert hatte, ist mit dem für sie markanten Titel *metaphorisch* Friederike Mayröcker (geb. 1924) in der Reihe *rot* vertreten: ausgehend von der 'metaphorischen' tendierte sie früh zur 'metamorphotischen' Schreibweise und eroberte ihr über die Lyrik hinaus speziell auch die längere Prosa. Sehr früh stiftete Benses Editions-Unternehmung Kontakte zwischen Schriftstellern und bildenden Künstlern, die sich dem Experiment verpflichteten, und öffnete sich internationalen Tendenzen der experimentellen Poesie – so etwa den konkreten Texten der Noigrandes-Gruppe in Brasilien. Ludwig Harig knüpfte durch seine Übersetzungen Verbindungen nach Frankreich, speziell zu Raymond Queneau (1903 – 1976) und weiteren 'Oulipo'-Autoren. 1968 stieß aus Hannover der 'Totalkünstler' Timm Ulrichs (geb. 1940) unter die *rot*-Autoren vor; analog zur Umbenennung von 'Chemnitz' in 'Karl-Marx-Stadt' in der DDR, die er damit ironisierte, hatte er 1967 gemeinsam mit dem Frankfurter Maler Werner Schreib (1925 – 1969) für die Umbenennung von 'Hannover' in 'Kurt-Schwitters-Stadt' plädiert und damit die Erinnerung an den damals so gut wie vergessenen Merz-Künstler und die Dada-Revolte nach dem Ersten Weltkrieg geschärft.

Aus Frankfurt meldeten sich bereits 1960 Franz Mon (geb. 1926) und
Walter Höllerer mit ihrer Programm-Anthologie *movens. Dokumente
und Analyse zur Dichtung, bildenden Kunst, Musik, Architektur*
(1960), mit der sie einen weiteren wichtigen Akzent für die experimentelle Literatur dieser Jahre setzten. Dabei traten die beiden Herausgeber selbst mit interessanten theoretischen Beiträgen hervor, öffneten mit Textbeispielen von Gertrude Stein, Kurt Schwitters und
Hans (Jean) Arp (1887 – 1966) den Blick für die Primär-Moderne des
frühen zwanzigsten Jahrhunderts, zitierten mit Eugen Gomringer die
'Stuttgarter Gruppe', mit Konrad Bayer und Gerhard Rühm die 'Wiener Gruppe' herbei, wiesen aber gleichzeitig mit Claus Bremer (geb.
1924), Bazon Brock, Carlfriedrich Claus, Klaus Peter Dienst und
Diter Rot auf ein jetzt schon wesentlich erweitertes Feld experimenteller Autoren hin, das sich in den Folgejahren – etwa mit Ferdinand Kri-
wets *Rundscheiben*-Texten, mit Klaus Peter Denckers (geb. 1941)
Schrift-Bildern oder Heinz Gappmayrs (geb. 1925) Konzept-Texten
etc. – noch einmal rapid ausdehnen sollte; mit Gregory Nunzio Corso
(geb. 1930) und Robert White Creeley (geb. 1926) fiel zudem ein
Schlaglicht auf die aktuelle amerikanische Moderne, die in der Folgezeit mit den Stichworten 'Beat Generation', 'Happening' und 'Pop
Art' eine heftige Faszination ausüben sollte. Mit der Zahl der Namen
nuancierten sich die Möglichkeiten der 'konkret' bei der Sprache
einsetzenden Poesie, so etwa um die Dokumentation skripturaler Prozesse bei Carlfriedrich Claus, um den herum sich in den folgenden
Jahren und Jahrzehnten im thüringischen Annaberg ein DDR-Zentrum
der experimentellen Literatur entwickelte, von dem nachhaltig zahlreiche verdeckte Wirkungen auf die junge Autorengeneration ausgingen,
die in den siebziger, achtziger und frühen neunziger Jahren mit zahlreichen Handpressen und kleinen Zeitschriften (Uwe Warncke, Hartmut
Andryczuk etc.) ihr kreatives Zentrum im Berliner 'Prenzlauer Berg'
finden sollte; Rückwärts-Kontakte zum russischen Futurismus der
Revolutionsjahre vermittelte hier der Exil-Russe Valerij Scherstjanoi.

Die Energien der auf diese Weise um sich greifenden und sich in ihren Ausdrucksformen differenzierenden 'konkreten Poesie' bündelten sich vor allem in der Weiterverfolgung der 'Lautpoesie' sowie der 'visuellen Poesie' sowohl in ihrer neo-dadaistischen wie ihrer abstrakt-konstruktivistischen Ausprägung. Immer wieder widmeten Literaturzeitschriften diesen markanten Trends eigene Sonderhefte, kam es zu Anthologie-Veröffentlichungen, Schallplatten- und Tonband-Produktionen (etwa im S-Press-Verlag) und informativen Galerie- und Museums-Ausstellungen im nationalen wie internationalen Rahmen; nicht zuletzt nahm das 'neue Hörspiel' Anstöße der konkreten Poesie auf und nährte sich aus ihnen. 1978 begründeten S.J. Schmidt, Jörg Drews und Klaus Ramm das 'Bielefelder Colloquium Neue Literatur', das sich mit seinen alljährlichen Treffen experimenteller Autoren des In- und Auslands – neben einer ganzen Garde junger deutscher, österreichischer und schweizer Autoren Chris Bezzel (geb. 1937), Franz Josef Czernin (geb. 1952), Elfriede Czurda (geb. 1946), Gunter Falk, Hartmut Geerken (geb. 1939), Jochen Gerz (geb. 1940), Bodo Hell, Felix Philipp Ingold (geb. 1942), Ferdinand Schmatz (geb. 1953), Schuldt (geb. 1941), Martin Schweizer, Paul Wühr (geb. 1927) und der jung verstorbene Reinhard Priessnitz (1945 – 1985)) die Franzosen Henri Chopin, Ilse und Pierre Garnier, die Engländer Jeremy Adler und Lily Greenham, die Tschechen Bohumila Grögerova und Josef Hirsal – zu einer alternativen 'Gruppe 47' entwickelte: „Nicht die Neuerfindung", hielt Heißenbüttel zum ersten Treffen im Februar 1978 fest, „sondern die mögliche neue Verbindung verschiedenartiger und unter Umständen einander entgegengesetzter Methoden erschien als Leitlinie". – Mit Blick auf ihre historische Ableitung wie insbesondere ihr dynamisches aktuelles Umfeld verfaßten Klaus-Peter Dencker und Christina Weiss zu frühem Zeitpunkt eigene wissenschaftliche Monographien zur 'visuellen Poesie'.

Per Teil-Vorabdruck aus dem erst im Folgejahr publizierten Prosaband *Der Schatten des Körpers des Kutschers* (entst. 1952, Dr. 1960) war in *movens* auch Peter Weiss (1916 – 1982) vertreten: eben dieses

Buch wurde sofort nach seinem Erscheinen allgemein als experimenteller Roman angesprochen, setzte es sich doch entschieden von all jenen Paradigmata ab, die bis dahin in der Tradition eines wie immer gefärbten 'Realismus' das Terrain des längeren Erzählens bestimmt hatten. In der zentralen Passage des Textes wird eine verdeckte Liebesszene als Schattenspiel beobachtet, wobei der seiner sprichwörtlichen Allmacht beraubte Erzähler strikt auf diese reduzierte Wahrnehmung eingeengt wird, also bis tief in die Sprache hinein genötigt ist, diese Transposition ins 'Schattenspiel' nach- und mitzuvollziehen – eben deshalb der durch seinen doppelten Genitiv markante Titel des Buches: *Der Schatten des Körpers des Kutschers*. Unmittelbare Wirkung erzielte dieser Erzählstil etwa bei Ror Wolf (geb. 1932), der zunächst mit diversen Erzählungen und dann mit seinem Debüt-Roman *Fortsetzung des Berichts* (1964) hier – wie unter dem sprechenden Pseudonym Raoul Tranchirer bei den Collagen von Peter Weiss, die ihrerseits die surrealistischen Klebebilder von Max Ernst (1891 – 1976) als Vorbild hatten – sehr direkt anschloß.

Eine noch radikalere experimentelle Modifikation der strukturellen Möglichkeiten des Romans unternahm dann erst 1970 Arno Schmidt (1914 – 1979) mit seinem voluminösen Erzählwerk *Zettels Traum*, das seiner komplizierten Technik wegen – darunter die Aufspaltung des narrativen Ablaufs in mehrere nebeneinandergedruckte, also simultan wahrzunehmende Spalten – als schreibmaschinengeschriebenes Typoskript im Großformat DIN A 3 veröffentlicht wurde. Trotzdem verfolgt Schmidt ein noch einigermaßen geläufiges Romansujet: geschildert wird der Tag, den ein älteres Übersetzer-Ehepaar mit Tochter Franziska bei einem befreundeten, speziell in Sachen Poe ausgewiesenen Privatgelehrten in seinem Häuschen in der Lüneburger Heide verbringt; „Daniel Pagenstecher, alter ego von Arno Schmidt, legt ihnen seine etym-Theorie vor, spaziert mit ihnen durch Hain und Flur [...] und erlebt mit dem Mädchen, in bewußter Opposition zu den 'grauslichen Kindfrauen' der Literatur des 19. Jahrhunderts als literarisches und auch sonst frühreifes Gör gezeichnet, eine sexuelle Beziehung".

Nach der hier apostrophierten Etym-Theorie – Anwendung der Definition aufs Definierte – ist aber der ganze Roman abgefaßt: als enthemmte, Freud'sche Fehlleistungen zur durablen Technik erhebende Schreibweise hilft sie unter der kontrollierten Normsprache proteushaften „Wort-Keimen" zum Vorschein und inszeniert mit ihrer Hilfe ein witzig-witzelndes, begattungslustiges Sprachspiel, das den ganzen Roman überzieht.

Zu ähnlichen, aber noch stärker radikalisierten Aufspaltungen des Lesevorgangs tendierten späterhin Oswald Wiener mit seinem Roman *die verbesserung von mitteleuropa* (1965) und Konrad Balder Schäuffelen mit seinem Lotterie-Roman *deus ex skatola* (1975). Wiener eröffnet seinen Roman durch ein Stichwort-Register, mit dessen Hilfe sich jeder Leser seinen individuell-zufälligen Leseweg in das Buch öffnen kann. „der neunmalweise leser hat wenig schwierigkeit", heißt es mittendrin in einer Notiz unter der Überschrift 'kritik der ersten neunundvierzig seiten', „zusammenhang zu erfinden" – er tut dies auf eigene rechnung. Und eine Art Resümee des Ganzen, das man auch als eine Umschreibung des Prinzips Zufall lesen kann, findet sich unter *Appendix C*, nun tatsächlich am Schluß des Buches:

> „wenn der leser einen gewinn aus der lektüre meines buches ziehen kann, so wird das, hoffe ich, ein gefühl davon sein, dass er sich mit aller kraft gegen den beweis, gegen die kontinuität und die kontingenz, gegen die formulierung, gegen alles richtige, unabwendbare, natürliche und evidente richten muß, wenn er eine entfaltung seines selbst – und sei es auch nur für kurze zeit – erleben will."

Schäuffelen offeriert als *Lotterie*-Roman ein Holzkästchen mit 25 mal 15 Losröllchen, deren unterschiedliche Kombinationsmöglichkeiten (per Pinzettenzugriff) ins schier Unermeßliche (10 mit über sechshundert Nullen) gehen. Zu Recht also kommen per Titelassoziation die 'hilfreichen Götter' ins Zufallsspiel – und jeder Leser, der die beigegebene Pinzette nimmt, um sich die Leseröllchen in beliebiger Reihenfolge herauszufischen, wird durch seine ihm ganz eigene, durch niemand anderen tangierbare Zufallslektüre selbst ein kleiner *deus ex skatola*; die Zufallsprobe aufs Exempel bzw. die Probe aufs Zufallsexemplar gewinnt dabei – beschränkt auf sechs der dreihundert Röllchen – folgende Gestalt:

> *sätze für bare münze genommen*
>
> *zwischen den partikeln sind klüfte*
>
> *von aussichtspunkt zu aussichtspunkt leben*
>
> *ist die unaufgewickelte rolle ein satz?*
>
> *fuchs du hast den satz gestohlen*
>
> *offen und erlebnishungrig verliert sich der paradigmatische text in den irrgärten der assoziationen.*

Es sei höchste Zeit, hatte H.C. Artmann in seinem Tagebuchroman *Das suchen nach dem gestrigen tag oder Schnee auf einem heißen brotwecken. Eintragungen eines bizarren liebhabers* (1964) gefordert, daß man in der Literatur endlich auch Phänomene der Massenkultur wie Comic strips zur Kenntnis nehmen müsse, die eine große Leserschaft fänden, und benutzte hierfür den Terminus 'Pop-Literatur'. Tatsächlich setzte Mitte der sechziger Jahre ein heftiges literarisches wie literaturwissenschaftliches Interesse für diese Mischliteratur aus Text und Bild ein, und mit Alfred von Meysenbug, Chlodwig Poth (geb. 1930), Gerhard Seyfried, Marie Marcks (geb. 1922) und anderen graphisch-literarischen Doppelbegabungen (die meisten unter ihnen Mitarbeiter der Satire-Zeitschrift *Titanic*) meldeten sich nun tatsächlich zahlreiche Autoren mit zugespitzt gesellschaftskritischen, parodistischen Bilder- und Fotoromanen zu Wort, in denen sogar der Philosoph der *Kritischen Theorie* – Theodor W. Adorno (1903 – 1969) – auf die Schippe gehoben und satirisch apostrophiert wurde.

Zu seinem eigenen Urerlebnis in Richtung 'Happening' und 'Pop art' merkte seinerseits Wolf Vostell (geb. 1932) an, ihm sei während eines gemeinsamen Aktionsvortrags mit Allan Kaprow (geb. 1927) im New Yorker 'Cricket Theatre' nach der Lektüre einer Zeitungsnotiz über einen Flugzeugabsturz plötzlich die Doppelbedeutung von 'Décollage'

– als 'Start eines Flugzeugs' und 'Aufgeklebtes abreißen' aufgegangen: „Dies war für mich der Moment, meine Gedanken über Kunst und Leben neu zu formulieren". Aus dem Akt des Abreißens, der den eigentlichen Unterschied zur 'Collage' ausmacht, entwickelte Vostell zu Beginn der sechziger Jahre die Technik der 'Verwischung' von Gedrucktem (Zeitungen, Plakate), aber auch von Fernsehprogrammen durch elektronischen Eingriff. Wesentlich für den Übergang von der Collage zur Décollage bzw. zum Happening war – zusätzlich – das neu hinzukommende Moment der Aktion mit oder vor einem Publikum zum Zweck der Irritation. Absicht solcher Vorführungen war es, der Welt die Maske abzuziehen und das so enthäutete Leben als Zumutung, als eine zum Widerspruch herausfordernde Überlagerung, als groteskes Neben- und Miteinander von Unvereinbarem erscheinen zu lassen. Der Radius der Möglichkeiten reichte vom bloß appellativen Schockspektakel, bei dem der Zuschauer trotz aller Provokation nur passiver Betrachter blieb, bis zur wahren Décollage- oder Happening-Situation, die den Zuschauer ins 'Mitspiel' (dieser über Bertolt Brechts Theaterreform weit hinausgehende Terminus wurde durch Claus Bremer in die Debatte gebracht) bannte und in Aktion und Gegenaktion hineinzog. Ein gutes Beispiel dafür ist Vostells Happening *In Ulm, um Ulm und um Ulm herum* vom November 1964. Die einzelnen Stationen dieser Mitspiel-Décollage, die an vierundzwanzig Stellen der Stadt führte, standen unter Überschriften wie: „Die Zuwendung zum Hedonismus durch Zufall", „Das Leben mit den unbegrenzten Zumutbarkeiten", „Der chronische Appetit nach Konsumgütern" oder „Der Autismus in der Werbung und die Einführung der Konfusion mit den Massenmedien". Das nun wirklich in das Geschehen einbezogene Publikum ließ Vostell einen markierten Weg entlanglaufen: am Eingang verteilte er Holzscheite, die am Ausgang gegen Nummern ausgetauscht wurden, für die es später – ungleicher Lohn für gleiche Arbeit – „wie bei der Lotterie" Gutes, weniger Gutes oder gar nichts zu essen gab. In den Omnibussen, mit denen die Zuschauer von Schauplatz zu Schauplatz befördert wurden, waren Tonbänder mit divergenten Textausschnitten aus Zeitungen, Reklameanzeigen, wissenschaftlicher Literatur etc. zu hören, ergänzt um völlig absurde Anweisungen (aber doch weniger hirnrissig als 'Empfehlungen' zum 'Atomschutz' per Zeitung über dem Kopf, die man damals propagierte) wie: „Schlafen Sie mit einem Automotor im Bett!", „Nehmen Sie einen Fisch in den Mund!", „Gehen Sie 74mal in Cleopatra!"

Die experimentellen Kunst- und Literatur-Strömungen der fünfziger und sechziger Jahre verloren nach der Studentenrevolte von 1968/69 ihre Brisanz und traten in den Hintergrund; zeitweise sprach man sogar vom 'Tod der Literatur'. In der Tat reüssierte mit 'politischer Lyrik' und 'Lyrik der neuen Innerlichkeit' – so die neuen Programm-Stichworte – eine traditionelle Ästhetik, die sich für den Transport von Weltanschauung besser eignete als experimentelle Formen. Der Zusammenhang mit dem Aufbruch der Nachkriegs-Moderne der fünfziger und sechziger Jahre riß jedoch niemals ab; im Gegenteil: Autoren wie Helmut Heißenbüttel und Ernst Jandl hielten konsequent an ihrer Neuerungspoetik fest und kamen über entsprechende Modifikationen zu entscheidenden Weiterungen, mit denen sie die anhaltende Lebendigkeit des Ansatzes und seine Fähigkeit zur Transformation der Literatur unter Beweis stellten. Jüngere Autoren folgten ihnen, darunter der 1968 aus Rumänien zugewanderte Oskar Pastior (geb. 1927), der in Publikationen wie *Gedichtgedichte* (1973), *Höricht* (1975), *Der krimgotische Fächer* (1978) oder dem Lesebuch *Jalousien aufgemacht* (1987) eine häufig als Anagramm aufgezogene Buchstaben- und Wortspiel-Poetik vertritt, Reinhold Koehler mit seinen postum veröffentlichten *Contratexten* (1988) oder – noch näher an die literarische Gegenwart heran – Herbert Pfeiffer, der 1992 unter dem Titel *Oh Cello voll Echo* mit einem erstaunlichen Band *Palindromgedichte* debütierte.

Bereits in seinem Nachwort zur Erstausgabe des Gedichtbands *Laut und Luise* (1966), der Jandls experimentelle Poesie eröffnete, verwies Heißenbüttel darauf, es handle sich hier um „Gedichte wie eh und je", freilich mit dem Zusatz: „(soweit es je Gedichte wie eh und je gegeben hat)". Er habe damit, faßte er nach, weder ein Paradoxon im Sinn, noch meine er, ein Ignorant zu sein, sondern wende sich bewußt gegen ein bis heute merkwürdiges Klischee, nach welchem 'Moderne' und 'Tradition' sich gegenseitig ausschließen: „Daß erst im Risiko der Progression, im Ausprobieren und ersten Benennen dessen, was eben nie vorher gesagt oder gezeigt worden ist, die Tradition sinnvoll eingelöst und ihr Erbe weitergetragen werden kann, dieser Gedanke widerspricht offenbar der Übereinkunft, auf die sich unsere Zeit eingelassen zu haben scheint".

Der Spannbogen der Traditionsformen, die Jandl auf diese Weise innovativ weiterführt, reicht vom *Morgenlied*, das wir seit dem Mittelalter kennen, bis zu allen neueren Gedichtgenres, die das achtzehnte und neunzehnte Jahrhundert prägten. Dabei verdankt der Autor einen Gutteil seiner poetischen Energie der Rückbindung des Gedichts an den konkreten Sprech- und Vortragsakt vor Publikum, der seinerseits durch alles 'Stimmliche' und 'Lautliche' inspiriert ist. Der Gedichtband *der künstliche baum* von 1970 ist deshalb neben 'visuelle gedichte' strikt in die Kapitel 'lese- und sprechgedichte' und 'lautgedichte' aufgeteilt. Dabei handelt es sich um keinen Zugewinn aus der Rezitation als edler 'Vortragskunst', sondern darum, daß Jandl mit Hilfe des Gedichtvortrags in Sprachbereiche vorstößt, die sich bis dahin der Literarisierung entzogen: indem er sich etwa an bloßer Sprechmimik, am Buchstabentausch und am Versprecher orientiert, geht er bewußt 'unter das Niveau' der 'Höhenpoetik', zieht also Einfälle gerade aus dem Defekt. Dies gilt in verstärktem Maße für die Orientierung an der 'Sprache der Kinder' und an der 'Gastarbeiter-Sprache', die mit dem Gedichtband *der gelbe hund* von 1980 programmatisch wird. Den entscheidenden Hinweis gibt eine unter die Gedichte dieser Publikation gestreute Prosanotiz, die auf den bereits 1978 gedruckten Gedichtband *die bearbeitung der mütze* und den dort enthaltenen Zyklus *tagenglas* verweist:

„eine reihe von gedichten, deren sprache, im gegensatz zu aller her-
kömmlichen poesie, unter dem niveau der alltagssprache liegt. es ist die
sprache von leuten, die deutsch zu reden genötigt sind, ohne es je
systematisch erlernt zu haben. manche nennen es 'gastarbeiterdeutsch',
ich aber, im hinblick auf poesie, nenne es eine 'heruntergekommene
sprache'. "

Geht man diesem Statement auf den Grund, ist es erlaubt, mit dem
russischen Formalisten Viktor Schklowski (1893 – 1984) einen Akt
der 'Rebarbarisierung' anzusetzen, wie er immer dann zu beobachten
sei, wenn sich die Literatur wieder einmal allzusehr ins Esoterische
begeben habe und dringend einer Regeneration bedürfe – als eben
solche erweist sich Jandls Auffrischung der poetischen Sprache mit
Hilfe der 'Kindersprache' und durch sein sogenanntes 'Gastarbeiterdeutsch'! Ihre Fehlerhaftigkeit wird zum Kunstmittel eines dekompo-
sitorischen, 'antigrammatischen Schreibens' gemacht, das sich den
Fallstricken der herkömmlichen Syntax entzieht und die Worte in ungewohnte Verbindungen zueinander treten läßt; der Vorgang als solcher verweist nach den Worten Jandls darüber hinaus auf die Dürftig-
keit der menschlichen Existenz, die der Autor mit allen Menschen
teilt:

wie oft-oft
sein ich gesessen vorn vom
weißen papieren und nicht
gefüllen sich haben mit lettern und wörtern den
weißen papieren sondern
weißen geblieben es sein

Natürlich zielt dieser 'Griff nach unten' dann auch auf die poetischen
Formen – so in besonders konsequenter Weise vorgeführt in Jandls
letzter Gedichte-Publikation mit dem Titel *stanzen* aus dem Jahre
1992. Nicht die klassische italienische Vers- und Strophenform, nach
der zunächst Boccaccio, Ariost und Tasso und nach ihnen dann auch
Goethe und Schiller dichteten, ist gemeint, sondern von 'G'stanzeln'
ist die Rede, jenen den 'Schnadahüpfl'n' verwandten Dialekt-Vierzei-

lern also, die man in ländlichen Gegenden Österreichs als ein volks-
tümliches Literaturgenre kennt, offen für jedwede Improvisation aus
der Lust und Laune heraus. Der Leser erwerbe mit diesem Buch keine
„Menschen-, Seelen- oder gar Heilkunde", wie sie immer wieder von
Bücher-Klappentexten propagiert werde, so die Schlußsätze des
'Nachworts', sondern „ein buch poesie", „ein buch erhebender und
niederschmetternder sprachkunde". Analog zu dem Lyrikband *idyllen*
von 1989 begegnen wir auch hier einer Fülle von Texten, die in Er-
lebnissen, Gefühlen und Erfahrungen des Autors ihren Ursprung haben, aber diesen ganz hinter sich lassen, weil sie die Ich- und Du-Ge-
stik erst wieder aufgreifen, nachdem sie radikal von ihr Abstand genommen und sie ganz in Sprachgesten aufgelöst haben. Vor diesem
Hintergrund ist es interessant zu beobachten, in welcher Weise es
Jandl mit Hilfe dieser aus dem 'literarischen Untergrund' aufsteigen-
den Innovationspoetik gelingt, Alltägliches und Banalstes neu in den
literarischen Prozeß einzubringen, wie umgekehrt bekannte Themen
aufzugreifen und überraschend so zu füllen, daß man verblüfft einhält
und stutzt. Jandl kann es sich jetzt sogar leisten, sich mit den großen
Namen der Literaturgeschichte in direkte Parallele zu setzen! Und so
vergleicht er sich denn mit seiner Erfahrung des Alterns unserem
'Dichterfürsten' und 'Weimarer Klassiker' Johann Wolfgang Goethe
und tritt ihm über die Zeiten hinweg face en face als 'Klassikaner' unseres zwanzigsten Jahrhunderts gegenüber. Er signalisiert dies in Anspielung auf Goethes in vielfacher Hinsicht so bedeutsames Gedicht
Wanderers Nachtlied unter folgendem Wortlaut:

> *waasd i red hoed so gean*
> *drum redia so füü*
> *skommt drauf aun, mid wem*
> *oowa woat, boid bini schdüü.·*

In den drei Bänden seiner *Projekt*-Serie – *Eichendorffs Untergang und
andere Märchen* (1978), *Wenn Adolf Hitler den Krieg nicht gewonnen
hätte. Historische Novellen und wahre Begebenheiten* (1979) und *Das*

Ende der Alternative. Einfache Geschichten (1980) – stellte Helmut Heißenbüttel unter Beweis, daß die Innovativ-Poetik der Moderne keinen absoluten Bruch mit der Tradition der Literatur darstellt, sondern sehr wohl in der Lage ist, historische Formen aufzugreifen und überraschend neu zu konstituieren: jeder dieser drei Bände enthält jeweils dreizehn längere Erzählungen, die sich tatsächlich – allerdings von einer sublimen Psychologie unterwandert, durch die Reflexion des Erzählers gebrochen oder als Spiel mit Zitaten aufgezogen – noch einmal auf das Muster des 'Märchens', der 'Novelle' oder eben der 'einfachen Geschichte' zurückbeziehen lassen. Als eine Art Gegensetzung zu solchen längeren erzählerischen Explikationen fungieren nun aber in allen drei Bänden immer wieder zwischengestreute Kurz- oder Kürzestgeschichten, die ihren Reiz aus der Reduktion der Erzählung erhalten. Meist liegt der Ausgangspunkt im 'Merkwürdigen' – etwa von der Art: „Ein älterer Buchhändler las einmal in einem Buch, in dem ein älterer Buchhändler ein Buch las [...]", „Ein achtundsechzigjähriger Rentner in der Stadt Leeds versuchte einmal eine siebzigjährige Witwe zu vergewaltigen [...]" oder auch nur „Eine Reitlehrerin heiratete einmal einen Bühnenbildner [...]". Jeder dieser Texte schließt mit dem Stereotypsatz: „Mehr ist dazu eigentlich nicht zu sagen" bzw. mit Varianten wie „Dem ist eigentlich nichts hinzuzufügen", „Mehr möchte ich dazu gar nicht sagen" etc. Auf diese Weise entstehen Cut-up-Effekte, die der Erwartung des Weitererzählens in den Arm fallen und den Leser auf die Exposition zurückwerfen: die permanente Verweigerung des Weitererzählens folgt der Logik des Kalauers und gewinnt eine eigene, fortschreitende Absurdität; dabei unterstreicht die stereotype Schlußwendung mit Abweichung, daß wir es bei alledem immer mit 'Gesagtem', 'Erzähltem', 'Geschriebenem' zu tun haben, daß es sich also um Abruptheiten im Medium der Sprache handelt. Ein besonderer Reiz bildet sich deshalb dort aus, wo die Berichtgeschichte auch thematisch auf 'Sprache' und 'Literatur' eingeht, wobei hier die Witzfigur sozusagen introvertieren darf:

„Zwei amerikanische Linguisten trafen einander, als sie schon etwas älter waren, einmal und vollzogen einen Sprechakt aneinander. Wozu eigentlich nichts weiter hinzuzufügen wäre, es sei denn, daß niemand weiß, ob die Linguisten sich nicht in Wirklichkeit bloß einfach über das Wetter unterhalten haben oder ob es ihnen diesmal gelungen ist, den Gang der Weltgeschichte auf den, wie es Hans Wollschläger ausgedrückt hat, Satz zu reduzieren: Karlchen fährt Roller."

Dieser Reduktionismus berührt das Erzählerische in seiner Substanz. Wenn, wie es hier geschieht, das Nicht- bzw. Nicht-mehr-Erzählen zum Thema des Erzählens wird, handelt es sich ja doch wohl um eine Poetik ex negativo und damit um einen radikalen Schnitt innerhalb der Geschichte der Narrativik. Für die 'Kurzgeschichte' markiert Heißenbüttel damit einen ähnlich zentralen Punkt, wie er für andere Kunst- und Literaturgattungen innerhalb der Entwicklung der Moderne längst schon gesetzt wurde: so etwa, wenn das Abreißen des Dialogs, das Aneinandervorbeireden und andere Formen der verweigerten bzw. nicht mehr zustande kommenden Kommunikation für das avantgardistische Drama konstitutiv wurden, wenn ein einzelnes Wort, ja ein einzelner Buchstabe zum Gedicht erhoben werden konnte oder wenn sich avantgardistische Komponisten auf das 'Prinzip Pause' statt auf die 'Folge der Töne' als neue Kompositionseinheit festlegten.

Der Begriff der 'Postmoderne', der spätestens seit den achtziger Jahren Epochen-Signifikanz beansprucht, ist zwiespältig: er signalisiert zum einen die Nachfolge auf die diversen Moderne-Bewegungen des zwanzigsten Jahrhunderts, zum anderen ihre Überwindung. Der Terminus als solcher entstand weniger in der Literatur selbst, als daß er aus der Architektur übernommen wurde, wo er – nach der Formel „Anything goes" – 'Stilbeliebigkeit' bezeichnete. Die Neuerungen der experimentellen Literatur gingen in der so benannten Postmoderne nicht unter, sondern wurden nur relativiert und anders, als man es bis dahin kannte, kodiert, wobei sie freilich oft ihre spezifische Stringenz verloren – so der Fall, wenn man etwa Aktionskunst, Happening, Performance, Pop Art, Fluxus etc. unter diesem Terminus zu bündeln suchte. Dem Ganzen fehlte im übrigen der Charakter eines wirklichen Aufbruchs im Sinne einer noch einmal weitergedrehten experimentellen Innovation, man gab deshalb die 'Rückkehr zum Vergangenen' als 'Vorwärtsbewegung' aus. Das Muster-Beispiel eines hier angelegten 'Verwirrspiels mit der Geschichte' war der 1988 erschienene Roman *Die letzte Welt* von Christoph Ransmayr (geb. 1954), der sich an Umberto Ecos (geb. 1932) *Il nome della rosa* (1980, dt. *Der Name der Rose*, 1982, Film 1986) orientierte. Gelegentlich diente der Begriff auch nur dazu, einer neuen Phase im Werk bereits bekannter Autoren wie Peter Handke (geb. 1942) etc. einen neuen Namen zu geben.

Bereits 1962 stellte Heißenbüttel in einem seiner Essays *Spekulationen über eine Literatur von übermorgen* an. Natürlich bezog er sich dabei – mit Alexander Kluges (geb. 1932) *Lebensläufen* (1962), Arno Schmidts *Kaff auch Mare Crisium* (1960), Jürgen Beckers (geb. 1932) *Feldern* (1964) und Hans G. Helms' *Fa:m' Ahniesgwow* – auf Autoren und Werke seiner Gegenwart, die in spezifischer Weise in die Zukunft vorauszuweisen schienen; in methodischer Hinsicht verwies er als „neue literarische Typen" auf Inventar- und Katalogerzählung, statistischen und topologischen Roman – und notierte in diesem Zusammenhang:

> „*Ausgeprägte Faktizität, bis zur Verleugnung der eigenen Stoffverarbeitung, Registrationsmethoden, quasi Kollageelemente, Benutzung verschiedenartigster wissenschaftlicher und halbwissenschaftlicher Disziplinen, von der Informationstheorie bis zur Tiefenpsychologie, von den Schematismen der neuesten mathematischen und physikalischen Erkenntnisse bis zu den Versuchsergebnissen der empirischen Soziologie, all das könnte eher zur Charakteristik einer solchen Art Literatur herangezogen werden als die Frage nach dem 'dichterischen' Gehalt oder der dichterischen Qualität.*"

Mit Oswald Wieners *verbesserung von mitteleuropa* und Konrad Balder Schäuffelens *Lotterie*-Roman, von denen die Rede war, sollte diesen Auspizien nur allzubald entsprochen werden; beide Romane enthielten jedoch ihrerseits ein erneut vorausweisendes Potential, auf das man zwangsläufig zu sprechen kommen müßte, wenn man heute – am Vorabend des Jahrhundert- und Jahrtausendendes – Heißenbüttels Versuch einer literarischen Zukunfts-Spekulation wiederholen wollte. Denn: man käme ja nicht umhin, auf jene längst initiierte und immer weiter um sich greifende, mediale Revolution hinzuweisen, welche die Literatur in absehbarer Zeit vom Buch lösen und an den Computer mit all seinen neuen kreativen Möglichkeiten binden wird. Gerade die experimentelle Literatur des Jahrhundert- und zugleich Jahrtausendendes – das zeigen die letztgenannten Beispiele – scheint dazu berufen, etwas von dieser Wende vorwegzunehmen, ehe diese sich selbst vollendet und ihrerseits fixe, irreversible Tatsachen schafft, so wie seinerzeit Gutenbergs Erfindung des Buchdrucks gegen die Kultur der Handschriften und der mündlichen Literatur obsiegt und ihre feste Grenze gezogen hatte.

Lothar Jordan

Lyrik

> Eine neue große Welle von Frömmigkeit geht über den Erd-
> teil. Döblin, einst großer Avantgardist und Franz Biberkopf
> vom Alexanderplatz, wurde streng katholisch und verkündet
> ora et labora, Toynbee ist christlich, Eliot ebenso, Jünger gibt
> sich christlich-humanistisch – alles Rückgriffe, schöne Hal-
> tung, aber Stilentspannung, Katholizismus.

Was Gottfried Benn (1886 – 1956) in *Doppelleben. Zwei Selbstdarstellungen* (1950) polemisch zur Signatur des intellektuellen Nach-
kriegsklimas zuspitzte, galt mutatis mutandis auch für die Lyrik. Zwei
Tendenzen überlagerten sich: Da war zum einen die international zu
beobachtende Dämpfung der avantgardistischen Impulse der zehner
und zwanziger Jahre in der Klassischen Moderne sowie der Übergang
zur weltanschaulichen Bindung der Lyrik (T[homas] S[tearns] Eliot
(1888 – 1965): Katholizismus; Paul Eluard (1895 – 1952), Louis Aragon (1897 – 1982): Kommunismus). Zum anderen wurde die in der
deutschen Kultur besonders ausgeprägte Tradition, gerade die Lyrik
als die Gattung des hohen Tons, der religiösen und metaphysischen
Fragen anzusehen, nach Kriegsende aktualisiert. Sie hatte selbst während der nationalsozialistischen Herrschaft weitergewirkt. Das Jahr
1945 bildete in der Entwicklung der Lyrik keinen echten 'Nullpunkt'.
Die schwierigen Gedichtbände der *Duineser Elegien* und *Sonette an
Orpheus* (beide 1923) von Rainer (eigtl. René) Maria Rilke (1875 –
1926) kamen bis 1950 auf eine deutsche Auflage von ca. 48.000 bzw.
69.000 Exemplaren. Noch 1962 konstatierte Hans Bender (1907 –
1991), daß sich die deutschen Dichter nach 1945 an den „Meistern

Hofmannsthal, George, Rilke, aber auch Loerke" orientiert hätten [vgl. 123a, *S. 10*]. Die Dichtung Georg Trakls (1887 – 1914) diente als ein Bindeglied zwischen hohem Ton und prononciert moderner Lyrik.

Neben der religiösen Lyrik im engeren Sinne finden wir in der Lyrik der Nachkriegszeit die Fortsetzung oder Restauration pantheistischer, christlicher, jüdischer, antiker und anderer mythologischer, etwa naturmagischer Haltungen. Wie keine andere Gattung schien die Lyrik geeignet, ältere, dem Sakralen und Metaphysischen nahestehende kulturelle Konzeptionen aufzubewahren oder wiederherzustellen, auch als eine – etwas verspätete – Alternative zur Barbarei des Nationalsozialismus. Rudolf Hagelstanges (1912 – 1984) verbreiteter Sonettenzyklus *Venezianisches Credo* (1945, überwiegend im Krieg geschrieben) distanziert sich vom Dritten Reich, indem er 'Geist' und 'Wesen', aber auch Freiheit preist. Dem Chaos der letzten Kriegsjahre und der ersten Nachkriegszeit stand der Anspruch der Form gegenüber. Das Erhabene und das Ewige, Sonett und Hymne kompensierten Schmutz und Hunger und hoben konkrete geschichtliche Fragen in oft überzeitlichen Antworten auf.

Friedrich Hölderlins (1770 – 1843) Lyrik, philologisch gesichert durch Beißners Große Stuttgarter Ausgabe, war offen für die Inanspruchnahme aus den Perspektiven verschiedener Weltanschauungen, war ein Muster für den hohen Ton und den Anspruch der Poesie, den Geist auch in der größten Dunkelheit zu bewahren. Sie ist es, mit allerdings nachlassender Breite, über die unmittelbare Nachkriegszeit hinaus bis zur Gegenwart geblieben, und zwar für ganz unterschiedliche Dichter wie Georg Maurer (1907 – 1971), Paul Celan (eigtl. Antschel, rumän. Anczel, 1920 – 1970), Friederike Mayröcker (geb. 1924) und jüngere.

Nelly (Leonie) Sachs (1891 – 1970) verbindet einen religiösen Grundton und jüdische Mystik mit einer Erinnerung und Verarbeitung persönlichen Leids und des vielfachen Grauens, das der Nationalsozialismus gebracht hatte. Ihre überwiegend im schwedischen Exil entstandene Lyrik (*Und niemand weiß weiter*, 1957; *Flucht und Ver-*

wandlung, 1959; *Fahrt ins Staublose*, 1961) zeigt, daß hoher Ton und Hermetik die Thematisierung der Zeitgeschichte nicht ausschließen, und enthält zahlreiche beeindruckende Bilder. Sie sind allerdings nicht immer so eingängig wie das Beispiel:

> „Frieden
> du großes Augenlid
> das alle Unruhe verschließt
> mit deinem himmlischen Wimpernkranz
>
> Du leiseste aller Geburten."

1966 erhielt Nelly Sachs den Nobelpreis. Sie und Christine Lavant (eigtl. Habernig, 1915 – 1973; *Die Bettlerschale*, 1956, *Spindel im Mond*, 1959), die Elemente der Naturlyrik, surrealistische Schreibverfahren und die Volkskultur ihrer Kärntner Heimat mit Traditionen katholischer Dichtung verband, waren neben dem allerdings komplexeren Celan die bisher letzten deutschsprachigen Lyriker, die Modernität und Religiösität bzw. Mystik poetisch gelungen zusammenbringen konnten.

Als wichtigste Neben- und Gegenlinie zum hohen Ton ist in der Nachkriegslyrik vor allem die Dichtung der Lakonie zu betrachten. Die poetische Knappheit, die Günter Eich (1907 – 1972) mit dem Gedicht *Inventur* (1947) vertritt, schließt an Vorgänger wie die Neue Sachlichkeit der zwanziger Jahre und an Gedichte Bertolt Brechts (1898 – 1956) seit 1930 an:

> „Dies ist meine Mütze,
> dies ist mein Mantel,
> hier mein Rasierzeug
> im Beutel aus Leinen."

Das siebenstrophige Gedicht, das die Situation in amerikanischer Kriegsgefangenschaft abbildet, trug zum Mythos vom 'Kahlschlag' bei. Solche lakonische Dichtung ließ sich mit hermetischer Lyrik oder Naturlyrik durchaus verbinden. Sie konnte aufgrund der einprägsamen

Kürze, der Distanz zu offiziellem Pathos und der Chance zur Pointe ferner für die politische Dichtung genutzt werden. Zu nennen sind der späte Brecht, Walter Helmut Fritz (geb. 1929), Günter Kunert (geb. 1929) und Reiner Kunze (geb. 1933), doch finden sich lakonische Elemente im Werk vieler Autoren.

Für das Auslaufen des hohen Tons, der religiösen Aura, der Orientierung an der Form, zu der auch die Forcierung ausgeprägter Hermetik, oft in Kurzgedichten, gerechnet werden kann, sind mehrere Gründe verantwortlich. Da ist zum einen der hedonistische Materialismus der Konsumorientierung als herrschendes Verhaltensmuster des Alltagslebens. Zum anderen erzielten jetzt verschiedene Typen materialistischer, a- oder antireligiöser, postmetaphysischer Weltanschauungen breitere Wirkungen. Diese neuen Formen der Lebenswirklichkeit und der erkenntnis- und handlungsorientierenden Perspektiven griffen nicht nur in die Poetologien der Dichter ein, sondern veränderten zudem die Verfahren und Werte der Literaturwissenschaft und -kritik und damit insgesamt die Ansichten von Lyrik. Zu ihnen zählen Martin Heideggers (1889 – 1976) Ontologie und der Existentialismus, beide schon seit den frühen Fünfzigern in der Lyrik spürbar (vgl. Ingeborg Bachmann, 1926 – 1973, und Ernst Meister, 1911 – 1979), die Politisierung durch den Marxismus, verschiedene Formen des Szientismus, der Aufschwung der Linguistik und der Sprachkritik, die Kommunikationstheorie usw.. So sollte nicht die von Benn 1950 (s. das Eingangszitat) konstatierte 'religiöse Welle' die deutschsprachige Lyrik in der zweiten Jahrhunderthälfte am stärksten bewegen. Andere Wellen drängten sie allmählich zurück. Zu diesen gehörten: Benns eigene Dichtung und Poetologie zwischen Nihilismus und der Auffassung von Kunst als letzter, wenn auch nur scheinhafter metaphysischer Tätigkeit; eine politisch orientierte, materialistisch-humanistische Linie in der Nachfolge Brechts, die zwischen lyrischen Formtraditionen seit dem 18. Jahrhundert, liedhaft dargebotenem Realismus und lakonischer Kürze verschieden ausgeprägt sein konnte; mehr oder weniger radikale Fortläufer und Adaptoren der Avantgarde; phänomenologisch-imagistische Strömungen, darunter die Orientierung an Themen des Alltags und eine drastische Senkung des Tons. Diese Veränderungen überlappen sich zeitlich, während zudem ältere Schreibweisen – weniger beachtet – weiterbestehen können. Die historische Darstellung muß in ein Nacheinander auflösen, was teilweise parallel läuft.

Mit Hugo Friedrichs (1904 – 1978) *Struktur der modernen Lyrik* wurde 1956 ein bestimmter Strang der französischen Lyrik seit Charles Baudelaire (1821 – 1867) und Stéphane Mallarmé (1842 – 1898) zur modernen Lyrik schlechthin erklärt und als ihr Hintergrund und Kennzeichen der Verlust des christlichen Weltbildes, abendländischer Ordnungsvorstellungen herausgearbeitet: Die moderne Lyrik sei Ausdruck von Transzendenzverlust, Desorientierung, Traditionsbruch, Enthumanisierung, Sprachmagie, Dunkelheit und Vereinsamung und nähere sich insgesamt dem Schweigen. So eingegrenzte ('hermetische') Lyrik wurde dann für nicht wenige Literaturwissenschaftler zum 'Paradigma der Moderne'.

Ein Paradigmawechsel zeichnete sich etwa seit Beginn, zunehmend in der zweiten Hälfte der sechziger Jahre ab. Die französische Lyrik wurde in ihrer Rolle als Vorbild von der amerikanischen abgelöst, als Schreibweisen an Bedeutung gewannen, die etliche jüngere Autoren als lebens- und wirklichkeitsnah, weniger esoterisch und weniger artifiziell begrüßten. Das betraf die Behandlung politischer und gesellschaftlicher Themen, die Annäherung an Alltag und Pop (populäre Kultur, vor allem Musik und Film), bis dahin tabuisierte Themen wie insbesondere die Sexualität, formal die Lockerung des Verses oder den Übergang vom Vers zur Zeile, die Bewegung in Richtung auf die Umgangssprache. Etliche Autoren senkten Ton und Inhalt so sehr ab, daß Kritiker bemängelten, Gedichte bestünden nur noch aus schlichter Prosa, die beliebig in Zeilen gebrochen sei.

Nachdem die Ausdifferenzierung der deutschen Lyrik nicht zuletzt durch eine flexible, aber weitreichende nachholende Adaption vielfältigster Schreibweisen der internationalen Moderne ca. 1970 – 1975 zu einem gewissen Abschluß gekommen war, pendelte sich die Lyrik

zwischen der Esoterik des hermetischen Gedichtes und der Schlicht-
heit des Alltagsgedichtes seit der zweiten Hälfte der siebziger Jahre im
mittleren Ton ein. Gedichte mit mittlerer Schwierigkeit eroberten das
Terrain. Mit gedämpftem Kunstanspruch beharrten sie weiter oder
wieder, obgleich nicht ohne Skepsis, auf der Eigensinnigkeit der Poesie. Seit der zweiten Hälfte der achtziger Jahre sind vereinzelt, aber
spürbar anregend, verschiedene Schreibweisen zu beobachten, die den
Kunstanspruch der Lyrik kompromißloser realisieren.

Es versteht sich, daß solche Tendenzbeschreibungen nicht die Eigenart jedes einzelnen Autors erfassen, geschweige denn die aller seiner
Gedichte, zumal einige Dichter, die jahrzehntelang produktiv waren,
mehrere z.T. ganz verschiedene Phasen durchlaufen haben. Drei Beispiele: Marie Luise Kaschnitz (1901 – 1974) kommt von eher epigonalen Versuchen der zwanziger Jahre über hymnische Gedichte der
frühen Nachkriegszeit in *Totentanz und Gedichte zur Zeit* (1947), die
freirhythmische *Zukunftsmusik* (1950) und die knapper und spröder
werdenden *Neuen Gedichte* (1957) schließlich zur Selbstreflexion
zwischen Sterblichkeit und öffentlicher Verantwortung, so in den
Bänden *Ein Wort weiter* (1965) und *Kein Zauberspruch* (1972). Erich
Arendt (1903 – 1984) debütierte in den zwanziger Jahren im Stile von
August Stramm (1874 – 1915) und Franz Richard Behrens und
bereicherte später, auch aufgrund seiner umfassenden Erfahrungen
u.a. im spanischen Bürgerkrieg und im südamerikanischem Exil (bis
1950), das deutsche geschichtliche und zeitgeschichtliche Gedicht und
das Landschaftsgedicht. H[ans] C[arl] Artmann (geb. 1921), Mitglied
der Wiener Gruppe, realisierte die in seiner vom Surrealismus inspirierten *acht-punkte-proklamation des poetischen actes* (1953) formulierte Bestimmung der Poesie als Lebensprinzip durch universalpoeti-
sche Vielfalt. Seine Gedichte reichen von den Wiener Dialektgedichten
med ana schwoazzn dintn. gedichta r aus bradnsee (1958) über die
Adaption zahlreicher Stile zwischen Barock und Avantgarde, zusammengefaßt in dem Band *ein lilienweißer brief aus lincolnshire* (1969),

bis zu „Balladen und Naturgedichten" in *Aus meiner Botanisiertrommel* (1975).

Benn

Gottfried Benn (1886 – 1956) hat die deutsche Lyrik vom Beginn der zehner Jahre bis in die fünfziger Jahre und über seinen Tod hinaus bis heute mitgeprägt, wenn auch seine Präsenz in der literarischen Öffentlichkeit zeitweilig eingeschränkt war. Dem Veröffentlichungsverbot 1938 durch die Nationalsozialisten folgte die Behinderung seiner Publikationen in Deutschland durch die alliierte Kulturpolitik nach dem Krieg. Der Band *Statische Gedichte* (1948) mußte daher in der Schweiz erscheinen, bevor ihn ein Jahr später der Limes-Verlag in Wiesbaden übernehmen konnte. Durch diesen Band wurde der Autor rasch – erneut – berühmt. Bei seinem wirkungsmächtigen Vortrag *Probleme der Lyrik* (1951) in der Universität Marburg waren u.a. schon „ein Bundesminister, zwei hessische Minister, vier Universitätsrektoren" anwesend, wie Benn selbst festhielt.

Es ist eigenartig, daß die *Statischen Gedichte* zwar genau die Nachkriegsstimmung treffen, aber größtenteils während des Krieges, in Einzelfällen bereits Mitte der dreißiger Jahre geschrieben wurden. Ihre Erfolge um 1950 hängen damit zusammen, daß sie weltanschauliche Modernität (Nihilismus, Existentialismus) sowie die Reflexion des Standes moderner Wissenschaft mit der virtuosen Handhabung traditioneller Form verbinden, so in dem Gedicht *Ein Wort*:

> „Ein Wort, ein Satz -: aus Chiffern steigen
> erkanntes Leben, jäher Sinn,
> die Sonne steht, die Sphären schweigen
> und alles ballt sich zu ihm hin.
>
> Ein Wort –, ein Glanz, ein Flug, ein Feuer,
> ein Flammenwurf, ein Sternenstrich –,
> und wieder Dunkel, ungeheuer,
> im leeren Raum um Welt und Ich."

Bereits im Jahr der Entstehung dieses Gedichtes, 1941, hatte Benn notiert: „Lyrik ist Existentialkunst". Das nahm er nach dem Krieg wieder auf: „Das Wort des Lyrikers vertritt keine Idee, vertritt keinen Gedanken und kein Ideal, es ist Existenz an sich, Ausdruck, Miene, Hauch" (1949). Solche Poetologie ging sowohl mit der international erfolgreichen Existenzphilosophie, als auch mit der Distanzierung von Gruppe und Volk zusammen, die damals nicht wenigen Deutschen – und Benn selbst – ein Bedürfnis war. Das 'Ich' bleibt empirisch unbestimmt, geschichtslos, aber es bleibt. Ein, wenn auch vergänglicher Sinn wird ihm in einer dunklen und leeren Welt nur aus der Kunst, hier dem 'Wort' zuteil. Der Begriff der 'Chiffre' nimmt ein Element der zeitgenössischen poetologischen Diskussion auf und für das eigene Programm in Anspruch. Die Plötzlichkeit des Sinns („jäher Sinn"), sein epiphanischer Charakter weisen auf die quasi-religiöse Funktion der Kunst, die aber nicht in Religion zurückfällt, da sie keine Ewigkeit mehr beansprucht. Die Rolle des Sehers wird übernommen, zugleich auf Transzendenz verzichtet. Beibehalten wird hier die traditionelle Form, zwei vierzeilige Strophen in einer seit dem 18. Jahrhundert sehr gängigen, liedhaften Form (Kreuzreim, jambische Vierheber, Wechsel von weiblichem umd männlichem Versschluß), die den Höhepunkt ihrer Verbreitung bereits im 19. Jahrhundert erlebt hatte. Diese Form war konventionell und also von einem breiten Publikum leicht als Kunst zu identifizieren. Der Inhalt aber entzog sich allen Festlegungen außer der Aufwertung von Dichtung gegenüber allen anderen Erkenntnis- und Wahrnehmungsmöglichkeiten.

Benns Gedichte im gemischten Ton wie *1886* oder *Clemenceau* hielt der Verleger mit sicherem Gespür für den Zeitgeschmack weitgehend aus dem Band heraus. Benn schrieb in den fünfziger Jahren weitere Gedichte dieses Typs (*Spät*, *Radio*, *Bauxit*). Er verwendete in ihnen wie schon in den zwanziger Jahren u.a. ausgesuchte, seltsame oder seltene Substantive aus den verschiedensten Bereichen, präsentierte sie in einem Parlandoton und mischte Stile und Tonlagen. In *Außenminister* (1952) heißt es:

„»Zwiespalt zwischen der öffentlichen
und der eigentlichen Meinung« (Keynes). Opalisieren!
Man lebt zwischen les hauts et les bas,
erst Oberpräsident, dann kleiner Balkanposten, schließlich Chef,
dann ein neues Revirement,
und man geht auf seine Güter."

Benn spricht von seinen „Wortschatzzitaten". Die Kombination hete-
rogener Lexika und Idiome läßt – zum Teil witzige – Montagen aus
verschiedenen Wirklichkeiten, vom Alltag über die Politik bis zur
Wissenschaft, entstehen. Seine Gedichte dieser Machart haben eine
langfristige, anhaltende Wirkung bis heute (Peter Rühmkorf, geb.
1929, Hans Magnus Enzensberger, geb. 1929 u.a.).

Naturlyrik

In der Naturlyrik, die in der Nachkriegszeit zunächst viel Beachtung
fand, wurden die 1930 begonnenen Entwicklungslinien fortgeführt,
zum Teil von den gleichen Dichtern wie Wilhelm Lehmann (1882 –
1968) und Elisabeth Langgässer (eigtl. E.L. Hoffmann, 1899 – 1950).
Sie verlor unter dem Vorwurf, eskapistisch (Werner Bergengruen
(1892 – 1964): *Die heile Welt*, 1950), geschichts- und politikfern, sowie sprachlich und formal veraltet zu sein, allmählich an Bedeutung.
Doch haben die allgemeine Schärfung des Blicks für ökologische Fragen ihre potentiell ethischen oder politischen Aspekte sichtbar gemacht und ihre erneute Aktualität begünstigt. Tatsächlich ist die Naturlyrik, häufig unter Verbindung mit anderen Richtungen und Sub-
gattungen, bei abflauender Breitenwirkung über die sechziger Jahre
hinaus weitergeführt worden. Dabei wurde der bewahrende oder be-
schwörende Charakter der fünfziger Jahre, in denen noch seltene
Pflanzen oder Tiere bedichtet wurden, wenn sich das lyrische Ich
nicht gar mit ihnen identifizierte oder tote Dinge zu einem zauberhaf-
ten Leben erweckte (manchmal eher skurril als geheimnisvoll), zu-

nehmend abgelöst durch eine Bestandsaufnahme der Verluste. Neue Ausprägungen der Gattung kamen von Autoren, die den Spielraum der Naturlyrik um die Reflexion der Geschichte und der menschlichen, politischen und sozialen Verhältnisse erweiterten. Zu ihnen ist Peter Huchel (1903 – 1981) zu rechnen, der bereits zu Beginn der dreißiger Jahre zu schreiben begonnen hatte und von 1949 – 1962 Chefredakteur der Zeitschrift *Sinn und Form. Beiträge zur Literatur* (1, 1949ff.) war. Im Gewand der Naturlyrik, aufgeladen mit mythischen und antiken Reminiszenzen, teils im dichterischen Gespräch mit Kollegen nach außen gewendet, reflektiert er in Bänden wie *Chausseen Chausseen* (1963) und *Gezählte Tage* (1972) den Zweiten Weltkrieg oder die als kalt empfundene Gegenwart in der DDR, die ihn am Ende aus seiner Funktion drängte. In dem Hans Mayer (geb. 1907) gewidmeten Gedicht *Winterpsalm* wird nicht nur nach der Lebensmöglichkeit der Landschaft gefragt, sondern auch nach der Funktion des Dichters (*Schilfrohr*) im kalten Staat, wenn es heißt:

> „Atmet noch schwach,
> Durch die Kehle des Schilfrohrs,
> Der vereiste Fluß?"

Der aus Ostpreußen stammende Johannes Bobrowski (1917 – 1965), der nach russischer Kriegsgefangenschaft später in Berlin-Friedrichshagen lebte, widmete sich vor allem dem Versuch, die nicht nur in geographische Ferne gerückten Landschaften und Kulturen Osteuropas im Medium der eigenen Anschauung und Erinnerung poetisch wiederzuerwecken. In den Gedichten (*Sarmatische Zeit*, 1961; *Schattenland Ströme*, 1962) klingen ebenso Echos der Sprache Friedrich Gottlieb Klopstocks (1724 – 1803) wie die Erinnerung an den von Deutschen nach Osteuropa getragenen Zweiten Weltkrieg. Doch ist auch die poetische Moderne auf verschiedene Weise präsent. In der Folge Huchels und Bobrowskis steht u.a. Sarah Kirsch (geb. Bernstein, eigtl. Ingrid, geb. 1935; *Landaufenthalt*, 1967, *Zaubersprüche*, 1973, *Erdreich*, 1982 u.a.), die den Kreis der Naturlyrik um imaginierte Landschaften, Reisegedichte, Gespräche und Liebesgedichte überschreitet, Beschwörungen und Reflexion verbindet. Besonders vielfältig in der Verwendung poetischer Formen ist Karl Mickel (geb. 1935), der wie Bobrowski bis auf Klopstock zurückgreift. Sein viel beachtetes Gedicht *Der See* aus dem Band *Vita nova mea* (1966: Ostausgabe, 1967: Westausgabe) nutzt das Genre zur allegorischen Darstellung der ambivalenten ('dialektischen') Rolle des Menschen als Subjekt der Geschichte:

> „See, schartige Schüssel, gefüllt mit Fischleibern
> Du Anti-Himmel unterm Kiel, abgesplitterte Hirnschal
> Von Herrn Herr Hydrocephalos, vor unsern Zeitläuften
> Eingedrückt ins Erdreich, Denkmal des Aufpralls
> Nach rasendem Absturz [...]."

Bei Jürgen Becker (geb. 1932) werden die unmittelbaren Wahrnehmungen der äußeren Landschaft, hier meist der verbauten Kölner Bucht, mit Wahrnehmungen montiert, die durch die elektronischen Medien vermittelt sind; zudem werden Erinnerungen und Reflexionen eingeschoben, so daß der Eindruck einer Zersiedlung auch des Bewußtseins entsteht (*Das Ende der Landschaftsmalerei*, 1974; *Odenthals Küste*, 1986, u.a.).

Öffnung zur internationalen modernen Lyrik

Das Ende der nationalsozialistischen Literaturpolitik ermöglichte (nach kurzen Einschränkungen in der unmittelbaren Nachkriegszeit) die ungehinderte Vermittlung neuerer und neuester ausländischer Dichtung in den deutschen Sprachraum. Von dieser Möglichkeit machten zunächst vor allem die nun für einige Jahre blühenden Literaturzeitschriften regen Gebrauch. Dann folgten zunehmend Anthologien und selbständig veröffentlichte Übersetzungen einzelner Autoren (von denen im folgenden nur wenige Beispiele genannt werden können).

Man nahm mit wachsender Intensität den engen Kontakt wieder auf, der noch in den zwanziger Jahren zur ausländischen Lyrik bestanden hatte und der in den dreißiger Jahren zunehmend gelöst worden war. Praktisch wurde vieles wieder aufgegriffen, was schon damals, in Einzelfällen sogar bereits vor dem Ersten Weltkrieg (Guillaume Apollinaire, 1880 – 1918) in Deutschland präsent gewesen war. Hinzu kamen echte Neuentdeckungen hier verbotener oder aus anderen Gründen unbekannter Lyrik. Weltoffenheit, die die nationale Verengung kompensieren sollte, spielte als Motiv ebenso eine Rolle wie das wißbegierige und nachholbedürftige Interesse der Leser, Dichter und Kritiker. Die ganze Vielfalt der internationalen modernen Lyrik wurde in den nächsten Jahrzehnten in deutscher Sprache zugänglich – mit klar erkennbaren Wirkungen für die Entwicklung der deutschen Poesie und Poetologien.

Von den Aktivitäten der Literaturvermittler wurden auch kaum bekannte Literaturen erfaßt. Dennoch ergaben sich deutliche Schwerpunkte. Zwar war der erste nach dem Krieg in deutscher Ausgabe vorgestellte ausländische Dichter der russische Revolutionssänger Vladimir Majakovskij (1893 – 1930), insgesamt aber blieb bis in die sechziger Jahre die moderne französische und andere romanische Dichtung am einflußreichsten, insbesondere die symbolistisch-hermetische Linie Mallarmés, deren Nebenlinien wie etwa die Dichtung des Italieners Giuseppe Ungaretti (1888 – 1970) und die Poesie des Surrealismus. Am selbständigsten weiterentwickelt hat sie Celan, der verschiedene Dichtungstraditionen aus Ost und West aufnahm. Die surrealistischen Schreibverfahren und Stilelemente wurden mit wenigen Ausnahmen (Wiener Gruppe) eher entschärft in die deutsche Lyrik integriert. Markenzeichen der surrealistischen Dichtung wie die originelle Genetivmetapher („Kartenspiel der Schwermut") entwickelten sich zum poetischen Allgemeingut und ließen sich mit allen möglichen Verfahren kombinieren. Das gilt neben vielen anderen für Ernst Meister, Ingeborg Bachmann, Hilde Domin (eigtl. Palm, geb. 1912; *Nur eine Rose als Stütze*, 1959, *Rückkehr der Schiffe*, 1962, *Hier*,

1964, u.a.), die später Beiträge zur poetologischen Diskussion lieferte und sich auf die öffentliche Diskussion einließ. Neben der französischen fand besonders die spanischsprachige Dichtung etwa mit Rafael Alberti (geb. 1902) und Pablo Neruda (1904 – 1973) Aufmerksamkeit, z.T. mit deutlich politischem Einschlag.

Die sechziger und siebziger Jahre standen im Zeichen der Vermittlung und Wirkung der neuesten oder wenigstens neuerer Dichter aus den USA wie William Carlos Williams (1883 – 1963), Charles Olson (1910 – 1970), Frank O'Hara (1926 – 1966), den Beatdichtern wie Allen Ginsberg (geb. 1926), auch Charles Bukowski (1920 – 1994). So verschieden diese Autoren sein mochten, insgesamt ermutigten sie die deutsche Lyrik zu einer direkteren Darstellung der Lebenswirklichkeit, der Jugend- und Popkultur, auch der sozialen und politischen Fragen. Ihre Werke und deren Rezeption unterstützten einen Anspruch auf 'freieren Atem', Lockerung der Form und der Sprache, Authentizität, Distanz zu akademischen und hermetischen Dichtungspositionen.

Es ist nicht nur für das Klima des literarischen Lebens, sondern für die Entwicklung der deutschen Lyrik wichtig, daß an der über Jahrzehnte hinweg anhaltenden breiten Übersetzer- und Vermittlertätigkeit zahlreiche deutsche Lyriker beteiligt waren. Ihr Engagement belegt die weitgehende Aufgeschlossenheit für die „Weltsprache der modernen Poesie". Vor allem aber erwarben diese Dichter präzise Erfahrungen mit anderen Schreibweisen und Themen, so z.B. Karl Krolow (geb. 1915), Hans Magnus Enzensberger, Rolf Dieter Brinkmann (1940 – 1975), Sarah Kirsch, Oskar Pastior (zeitw. Pastior-Capesius, geb. 1927). Wertvoll für den internationalen Zusammenhang war die – staatlich geförderte – Übersetzertätigkeit von Dichtern in der DDR, etwa aus dem Russischen, Tschechischen oder Bulgarischen. Mochten diese Tätigkeit nicht in jedem Fall ganz freiwillig sein und die Auswahl manchmal vorgegeben, so hatten solche poetischen Kontakte gerade mit den ost- und südosteuropäischen Sprachen doch positive

Aspekte. Als 'Nachdichter' produktiv wurden etwa Karl Heinz Czechowski (geb. 1935), Sarah Kirsch, Reiner Kunze, Elke Erb (geb. 1938). Zu erwähnen ist die aus dieser Reihe herausfallende Übersetzung eines langen Gedichtes in jiddischer Sprache und seine späte Veröffentlichung 1995: *Dos lied vunem ojsgehargetn jidischn volk/Großer Gesang vom ausgerotteten jüdischen Volk* durch Wolf Biermann (geb. 1936). Jizchak Katzenelson (1886 – 1944 [Auschwitz]) hat das bemerkenswerte Gedicht 1943/44 in einem deutschen KZ in Frankreich geschrieben.

Einige deutsche Lyriker gaben einflußreiche Anthologien mit neuerer Dichtung heraus. Von solchen Sammelwerken sind hervorzuheben *Transit. Lyrikbuch der Jahrhundertmitte* (1956) von Walter Höllerer (geb. 1922) und die wohl wichtigste deutsche Anthologie internationaler moderner Lyrik nach dem Zweiten Weltkrieg, nämlich das *Museum der modernen Poesie* (1960) von Hans Magnus Enzensberger sowie die nicht nur Lyrik umfassende Sammlung *Acid. Neue amerikanische Szene* (1969) von Rolf Dieter Brinkmann und Ralf-Rainer Rygulla (geb. 1943). Sowohl das *Museum* als auch *Acid* fanden Jahrzehnte später Fortsetzungen und Aktualisierungen in Anthologien anderer Herausgeber [vgl. 125]. Aus Finnland lieferte Manfred Peter Hein (geb. 1931) mit der Sammlung *Auf der Karte Europas ein Fleck. Gedichte der osteuropäischen Avantgarde* 1991 eine späte Ergänzung in anderer Blickrichtung.

Krolow

Der Übergang der deutschen Naturlyrik zur Aufnahme der neueren internationalen Moderne läßt sich beispielhaft im Werk Karl Krolows (geb. 1915) zeigen. Der gewiß mehrdeutige Titel seines Lyrikbandes *Die Zeichen der Welt* (1952) spielt auf Krolows Übersetzungen, Anthologien und Essays an, in denen sich das transnationale Selbstverständnis eines avancierten deutschen Lyrikers der fünfziger Jahre dokumentiert. Krolow, der in der ersten Hälfte der vierziger Jahre mit Naturgedichten im Gefolge Oskar Loerkes (1884 – 1941) und Wilhelm Lehmanns (1882 – 1968) begonnen hatte, setzte sich in dem Gedicht *Terzinen vom früheren Einverständnis mit aller Welt* von der Naturlyrik, auch seiner eigenen, ab. Unter dem Motto „Erinnerungen sind Jagdhörner / Deren Ton im Winde vergeht", das Apollinaire zitiert und schon damit den Wechsel der Leitbilder markiert, beginnt das Gedicht:

> „Die schöne Stille der Gewächse
> -Zerbrechlich wie die Fabel Welt-
> Umschlang ich sanft im Arm der Echse.
>
> Zerbrechlich wie die Fabel Welt,
> So ritt ich auf des Windes Nacken,
> Den Oberon zusammenhält.
>
> So ritt ich auf des Windes Nacken:
> Ein grüner Schatten ohne Laut,
> Befreit von meiner Schwere Schlacken."

Die harmonisch erlebte, phantastisch-magisch dargestellte Natur erscheint nurmehr in der Vergangenheitsform. Krolows „früheres Einverständnis" mit der naturmagischen Sicht auf die Welt wird zurückgenommen, zugleich die entsprechende poetische Schule als obsolet demontiert. Der Vers „ein grüner Schatten ohne Laut" klingt wie die Synthese der Titel von zwei Gedichtbänden Lehmanns, *Antwort des Schweigens* (1935), *Der grüne Gott* (1942) und nimmt zugleich v.a. den englischen Barockdichter Andrew Marvell (1621 – 1678) auf („like a green thought in a green shade"), dessen Gedichttechnik T.S. Eliot wiederentdeckt hatte. Die „Fabel Welt" zitiert den Gedichtband *La Fable du monde* (1938) des Franzosen Jules Supervielle (1884 – 1960). Krolow übernimmt sogar das Tierinventar von Supervielles Gedicht *La Ville des animaux* (1934), dessen Exotismen von der deutschen Naturlyrik signifikant abweichen. Dabei geht er nicht surrealistisch vor, sondern adaptiert die gemäßigte, hier vor allem die französische Mo-

derne in Zitaten und Anspielungen, die in sanfte Ironie und virtuos ge-
handhabte alte Form (romanische „Terzinen") eingebettet sind. Auch
in den späteren Jahrzehnten sollte sich Krolow als wandlungsfreudiger
und neue Strömungen schnell erfassender Dichter erweisen. Das gilt
nach *Fremde Körper* (1959) für *Alltägliche Gedichte* (1968) und
Bürgerliche Gedichte (1970), die darauf reagieren, daß Sexualität in
den sechziger Jahren ein öffentliches Thema geworden war.

Neue Töne: Enzensberger, Rühmkorf

Eine Zäsur ergab sich nach dem Tode Benns und Brechts (1956) mit
dem Debüt jüngerer Autoren, deren frühe Veröffentlichungen von der
Kritik meist rasch als wegweisend anerkannt wurden. Von ihnen halten Helmut Heißenbüttel (1921 – 1996), Hans Magnus Enzensberger
(geb. 1929) und Peter Rühmkorf (geb. 1929), ohne sich auf diese Gattung zu beschränken, gerade als Lyriker eine herausgehobene Position. Sie haben die deutsche Dichtung bis in unsere Gegenwart durch
ihre Publikationen mitgeprägt, obgleich ihnen Innovationen wie in
den frühen Werken nicht mehr gelungen sind. Auch die Gedichtbände
Die Vorzüge der Windhühner (1956) und *Gleisdreieck* (1960) von
Günter Grass (geb. 1927), der jedoch mit seiner frühen Prosa bedeutender ist, können in diesem Zusammenhang erwähnt werden.

„Es gibt für den Auftritt Hans Magnus Enzensbergers auf der Bühne
des deutschen Geistes keinen anderen Vergleich als die Erinnerung an
das Erscheinen von Heinrich Heine," begann Alfred Andersch (1914 –
1980) seine Rezension von Enzensbergers zweitem Gedichtband *landessprache* (1960). Das hohe Lob deutet die Bewegung an, die der
junge Dichter mit diesem Band und mit seinem Erstling *verteidigung
der wölfe* (1957) in die deutsche Literatur gebracht hatte. In die gleiche Richtung wies *blindenschrift* (1964). Enzensberger stellte sowohl
den Anschluß an die internationale Moderne her, als auch die Verbindung anscheinend unvereinbarer deutscher Schreibweisen wie die von

Benn und von Brecht, die jede für sich eine Leitfunktion beanspruchen konnten. Das ergab eine umfassende Synthese mit überraschenden Effekten. In dem Gedicht *an alle fernsprechteilnehmer* aus *landessprache*, aus aktuellem Anlaß geschrieben und bereits 1958 in den *Frankfurter Heften* veröffentlicht, heißt es etwa:

> „in den staatsdruckereien
> rüstet das tückische blei auf,
> die ministerien mauscheln, nach phlox
> und erloschenen resolutionen riecht
> der august, das plenum ist leer."

Die „erloschenen resolutionen" beziehen sich auf den Streit um die atomare Bewaffnung der Bundeswehr 1958. Das Vokabular der älteren Naturlyrik ist im Gedicht noch präsent („nach phlox ... riecht der august"), obgleich 'umfunktioniert'. Andererseits werden unpoetische Wörter wie „staatsdruckereien", „ministerien" usw. gleichsam aus der Tageszeitung in das Gedicht übernommen, kühne Bildlichkeit („das tückische blei ... rüstet auf") mit sachlichen Beschreibungen („das plenum ist leer"), Alliterationen und Zeugma (geschult an W[ystan] H[ugh] Auden, 1907 – 1973) kombiniert. So entsteht ein eigentümlicher Ton, dessen Modernität von der durchgängigen Kleinschreibung, die Enzensberger allerdings später als bloß modisch auffaßte und rückgängig machte, unterstrichen wird.

Enzensberger brillierte in einer Vielzahl von literarischen Tätigkeiten, u.a. als Essayist, Anthologist, Übersetzer zahlreicher Kollegen, Zeitschriftengründer und Herausgeber. Nach einer Phase verstärkten politischen Engagements trat er als Lyriker erst 1975 mit *Mausoleum. Siebenunddreißig Balladen aus der Geschichte des Fortschritts* wieder hervor, mit reflektierenden, sachlichen erzählenden Gedichten. In seinen Bänden *Zukunftsmusik* (1991) und *Kiosk. Neue Gedichte* (1995) kommen die ältesten Themen der Lyrik im modernen Gewand zurück: Das letzte Gedicht in *Kiosk*, *Die Grablegung*, stellt, ganz vorsichtig, die Frage, ob es ein Unsterbliches im Menschen gibt, eine den Tod überdauernde Seele.

Peter Rühmkorf hält die parodistische Manier, mit der er expressionistisches Pathos und den hohen Ton der deutschen Lyrik handhabt, seit seinen ersten Bänden (*Heiße Lyrik,* zus. mit Werner Riegel, 1956, *Irdisches Vergnügen in g,* 1959) konsequent durch. Zur Geltung kommt sie vor allem im Vortrag dieser Gedichte. Rühmkorf verwendet sie in drastischen Trink- und Liebesliedern, die etwas von dem Himmelreich auf Erden retten wollen, das schon Heinrich Heine (1797 – 1856) als Zukunftsvision in seine Dichtung hineinnahm. Zu Verklärung und Verdrängung, die er als einen Grundzug deutscher Kultur nach dem Krieg ansah, stehen seine Gedichte in scharfem Widerspruch. In den späteren Bänden *Haltbar bis Ende 1999* (1979) und *Einmalig wie wir alle* (1989) hält der Autor Glücks- und Lustansprüche ebenso fest wie die Folgen des Alterns. Er wird skeptischer gegenüber den Möglichkeiten, die Welt zu verbessern, ohne seine 'linke' Einstellung preiszugeben.

Beispiele staatlicher Konstellationen deutscher Lyrik: DDR, Rumänien

Mit dem Bau der Berliner Mauer 1961 wurde die Frage nach Einheit oder Pluralität auch der deutschen Literatur virulent. Für das Selbstverständnis der westdeutschen Lyriker spielte sie keine größere Rolle, selbst wenn sie auf die politische Lage publizistisch reagierten. Enzensberger machte 1967 den „Versuch, von der deutschen Frage Urlaub zu nehmen". Für viele Dichter in der DDR war die Frage jedoch Ansporn oder Stachel. In der Einleitung zu ihrer Anthologie *In diesem besseren Land. Gedichte der Deutschen Demokratischen Republik seit 1945* [!] (1966) fragten Adolf Endler (geb. 1930) und Karl Mickel – doppelt deutbar -: „Genügen zwanzig Jahre, [...] der Dichtung eines Landes den Stempel aufzudrücken?" „Ein eindeutiges Ja" schien ihnen legitim. In der westdeutschen Literaturwissenschaft meinte der Begriff 'Lyrik der DDR' oder – mit etwas anderem Ton – 'Lyrik aus der DDR' Autoren, die längere Zeit in der DDR Lyrik geschrieben haben. Einschränkend angewandt wurde er von einigen Wissenschaftlern auf die Lyrik, die sich seit Beginn der sechziger Jahre in der DDR entwickelt hatte; wieder andere meinten hiermit Autoren, die die DDR verlassen mußten oder wollten. Innerhalb des Literatursystems der DDR stellte sich ein Kanon der Lyrik heraus, der bis zum Ende dieses Staates im wesentlichen stabil blieb. Das zeigt sich im Vergleich der sechsten Auflage der Anthologie *Lyrik der DDR* (1984, 1. Aufl. 1970), zusammengestellt von Uwe Berger und Günther Deicke, mit der ihr 1988 folgenden Sammlung *Die eigene Stimme. Lyrik der DDR*. Das neue Herausgeberteam (Ursula Heukenkamp, Heinz Kahlau (geb. 1931), Wulf Kirsten (geb. 1934)), darunter wiederum zwei Dichter, hielt an der vorgängigen Auswahl im wesentlichen fest und präsentierte 90 Lyriker. Man begann mit Johannes R. Becher (1891 – 1958), Brecht und weiteren „Klassikern" der DDR und nahm abschließend jüngere Dichter auf wie Uwe Kolbe (geb. 1957) und die der Tradition der Avantgarde nahestehenden Bert Papenfuß-Gorek (geb. 1956) oder Stefan Döring (geb. 1954), nicht jedoch Biermann und Kunze. Diese Leerstellen füllte die Sammlung *Ein Molotow-Cocktail auf fremder Bettkante. Lyrik der siebziger/achtziger Jahre von Dichtern aus der DDR*, 1991 hrsg. von Peter Geist. Sie erweiterte das Spektrum gerade im Bereich der modernistisch bis radikal modern orientierten jüngeren Dichter, etwa der Talente des Prenzlauer Bergs.

Auch die deutschsprachige Literatur Rumäniens, die Literatur einer sprachlichen Minderheit, hat das Bewußtsein einer eigenen, vielfältigen Tradition. Die 'Gegenwartslyrik' beginnt in Rumänien nach 1944. Gedichte von deutschsprachigen Autoren aus Rumänien sind hierzulande bekannt geworden durch eine 1984 von Peter Motzan in der DDR hrsg. Anthologie und – teils schon früher – durch emigrierte Lyriker wie Paul Celan, Rose Ausländer (1907 – 1988), Oskar Pastior, Rolf Bossert (1952 – 1986), Richard Wagner (geb. 1952), Franz

Hodjak (geb. 1944), Werner Söllner (geb. 1951) u.a. Diese Dichter publizierten häufig bei namhaften (west)deutschen Verlagen. An älteren Autoren, die in Rumänien blieben, sind Oscar Walter Cisek (1897 – 1966) und Alfred Margul-Sperber (1898 – 1967) zu nennen [vgl. 114a].

Subjektivität – Neue Subjektivität

In den sechziger Jahren sind in der DDR und in den siebziger Jahren in Westdeutschland poetologische Diskussionen um Subjektivität bzw. Neue Subjektivität geführt worden. Der Suggestion zum Trotz, die von der Ähnlichkeit der Begriffe ausgeht, muß betont werden, daß die Perspektiven der Diskussionen eher verschieden waren. In der DDR waren es damals jüngere Dichter wie Mickel, Endler, Kunert, Sarah Kirsch und Czechowski, die auf der Subjektivität, der relativen Autonomie des Lyriker und der Lyrik gegenüber weltanschaulichen oder politischen Vorgaben beharrten. Sie wollten an der Freiheit künstlerischer Aussagen und – spezifisch moderner – Formen festhalten. Radikalisiert wird diese Linie später von Wolfgang Hilbig (geb. 1941).

In der westdeutschen Diskussion reagierten die mit dem Begriff Neue Subjektivität gemeinten neuen Positionen auf das Scheitern der Studentenbewegung und der Außerparlamentarischen Opposition. Zuvor hatten nicht wenige Kritiker und Schriftsteller gerade die Lyrik unter einen generellen Eskapismus-Verdacht gestellt oder sie als politisch wirkungslos und damit irrelevant angesehen. Als sich nun trotz der Konzentration der Kräfte kein Erfolg dieser politischen Bewegungen abzeichnete, rief Herbert Marcuse 1969 zu einer 'Neuen Sensibilität' auf, in der die politische Energien sich wieder verstärkt auf die ästhetische Wahrnehmung und Gestaltung des Alltags richten sollten. Einer solchen Zuwendung zur Realität und zum „freieren Atem" im Gedicht (und damit der Abwendung von hermetischen, prononciert artifiziellen Schreibweisen) war schon seit etwa 1965 von Poetologen wie W. Höllerer der Weg bereitet worden. Unter diesen Voraussetzungen kam es ab etwa 1970 bei jüngeren Autoren zu einem erneuten Interesse an der Lyrik. Es orientierte sich an einer Alltäglichkeit von Sprache und Themen, für die die jüngere amerikanische Literaturszene als wichtiges Vorbild diente. Der Dichter Jürgen Theobaldy (geb. 1944) trat als programmatischer Wortführer hervor. Die Autoren fanden bald ein größer werdendes Publikum, was dem Interesse an Lyrik insgesamt zugutekam, so daß in der zweiten Hälfte des Jahrzehnts an mehreren Orten poetische Großveranstaltungen stattfanden bzw. als fester Bestandteil des literarischen Lebens etabliert wurden. Die Strömung trug ferner zur 'Schreibbewegung' bei. Mit ihr sollten möglichst viele Laien zu eigenen Dichtungen animiert werden, in Schreibkursen an Universitäten (die Etablierung des 'creative writing' gelang aber nur teilweise), in Schulen, Volkshochschulen oder Literaturbüros. Wolf Wondratschek (geb. 1943) erreichte mit seinen der Popkultur nahen Bänden wie *Chuck's Zimmer* (1974), *Das leise Lachen am Ohr eines andern* (1976), *Männer und Frauen* (1978), jeweils im Untertitel als *Gedichte/Lieder* spezifiziert, zahlreiche, meist jüngere Leser.

Zu beachten sind einige Dichter, die gelegentlich der Neuen Subjektivität zugerechnet wurden, tatsächlich aber nur die Gedichte formal auflockern und ihre 'Authentizität' in der Darstellung von persönlichen Erfahrungen und Wahrnehmungen vergrößern, ohne den Kunstanspruch aufzugeben. Zu ihnen zählen Nicolas Born (1937 – 1979) und Rolf Haufs (geb. 1935). Im weiteren könnten in diesen Umkreis – nach anderen Anfängen – Christoph Meckel (geb. 1935) oder z. B. Harald Hartung (geb. 1932) und Ursula Krechel (geb. 1947) genannt werden.

Rolf Dieter Brinkmann

Kaum ein anderer Dichter der Generation nach Benn und Brecht ist so sehr zum Kultautor Jüngerer geworden wie Rolf Dieter Brinkmann (1940 – 1975). Sein Einzelgängertum, sein Haß auf den Literaturbetrieb, seine Arbeit als – zeitweilig Schock und Tabubruch suchender – kompromißloser Lyriker, der die Bilderwelt von Foto und Kino in seine Arbeiten hineinnahm, und sein früher Tod trugen dazu dabei, ihm die Rolle eines poète maudit zuzuweisen. Brinkmann begegnete nicht nur der Gesellschaft, in der er lebte, sondern allen ihren Traditionen, insbesondere der als 'abendländisch' eingeschätzten Geisteskultur mit einem futuristischen Protest. Zunächst angeregt durch die Kölner Schule des 'Neuen Realismus' um Dieter Wellershoff (geb. 1925), rezipierte er Ende der sechziger Jahre aus den USA importierte künstlerische Strömungen, in denen Kino, Comic Strip, Polaroids, Popmusik als ästhetische Ausdrucksformen ernstgenommen wurden. Im Vorwort zu dem Gedichtband *Die Piloten* (1968) schrieb Brinkmann: „Ich denke, daß das Gedicht die geeignetste Form ist, spontan erfaßte Vorgänge und Bewegungen, eine nur in einem Augenblick sich deutlich zeigende Empfindlichkeit als snap-shot festzuhalten." Phänomene des Alltags gingen ohne jede Beschönigung, eher unter Auswahl ihrer häßlichen Seiten, mit Interieurs und insbesondere Stadtlandschaften in die Gedichte ein. Oft sind sie durch W.C. Williams angeregt, auch in ihrer Organisation in zwei- bis vierzeiligen reimlosen Strophen, deren Zeilen ohne Rücksicht auf das Strophenende durch Enjambements verbunden sind. Die Motive von Abbruch und Aufbruch verzahnten sich in den Gedichten ebenso spannungsvoll wie Sprache und Bilder. Brinkmann stellte etliche Text-Bild-Collagen her, versah Gedichtbände mit Fotos. Sprache wurde von ihm als Fliegenpapier empfunden. Die Versuche, sich loszureißen, brachten Texte hervor, die wie Lumpensammler Gegenstände und Elemente einer sinnlosen Welt einsammeln, um sie doch produktiv zu nutzen. Disparate Strukturen der Außenwelt werden ebenso wie gespaltene innere Zustände in der Anordnung von Texten sichtbar, die Hans Dieter Schäfer als „Flächenkompositionen" [vgl. 133, *S. 58*] bezeichnet hat, wie in diesem Auszug aus dem Gedicht *Rolltreppen im August*:

„In diesem Sommer gab es Schattenstädte,
    Schattengesträuch genug.   "Was machst du, und
              macht dich das glücklich?"
      Seit Wochen traf ich keinen mehr, der
        glücklich war. Sie sind alle
Ein verstaubter, krüppeliger   beschäftigt.
Baum rauschte vorm Fenster.

         Hier sind Schatten gegangen,

  Die Klassiker   las ich auf einer Warntafel, auf dem
 wurden verramscht, "git   Buchumschlag.
      t'fuck aut'a here,",,

Neben solch radikal offenen Formen veröffentlichte Brinkmann, ebenfalls in *Westwärts 1 & 2* (1975), *Einige sehr populäre Songs*, in denen er die Möglichkeiten ausloten wollte, in einer Kultur der Enttabuisierung überhaupt noch zu schockieren – so etwa durch die fiktive Darstellung des Sexuallebens von Adolf Hitler und Eva Braun im Slang des Underground mit pornographischem Einschlag.

'Wiederkehr der Formen'

Seit 1977 wurden die poetischen Leistungen der Neuen Subjektivität von der Literaturkritik zunehmend als unzureichend bemängelt (Jörg Drews u.a.). Die Strömung lief zwar noch weiter, doch setzten im Gegenzug poetologische Überlegungen zum 'Formproblem' der Lyrik ein. Eine programmatische Frage galt der 'Wiederkehr der Formen' (Harald Hartung, 1984). Die Antworten fielen sehr unterschiedlich aus. Von den avantgardistischen, experimentellen Formen hatte sich Peter Handke (geb. 1942), sie noch einmal zusammenfassend, bereits 1969 in dem Gedichtband *Die Innenwelt der Außenwelt der Innenwelt* verabschiedet. Andere Dichter aber setzten sie fort. So lassen sich als Belege für neue Entwicklungen z.B. die Gedichte von Reinhard Priessnitz (1945 – 1985) und Paul Wühr (geb. 1927) heranziehen:

Beide stehen in der Tradition der literarischen Avantgarde. Aber es gab auch Autoren, die sich der poetischen Form in ganz anderer Weise annahmen wie Ludwig Greve (1924 – 1981), der u.a. die Strophe der alkäischen Ode verwendete. In den achtziger Jahren mehr beachtet und diskutiert wurden jedoch die Gedichte von Ulla Hahn (geb. 1946), die in Bänden wie *Herz über Kopf* (1981) und *Spielende* (1983) Reim und Vers in neuer Leichtigkeit vorführte. Krolow präsentierte in *Herbstsonett mit Hegel* (1981) erneut Formen wie Terzinen, Sonette, gar eine *Siziliane*. Den poetischen Zeitgeist karikierte Ludwig Harig (geb. 1927) 1983 in dem Zweizeiler: „Alle haben wir so gerne / strenge Form und Postmoderne".

In den siebziger und achtziger Jahren wurde auch – auf sehr verschiedene Weise – eine spezifische Formtradition erneuert: das lange Gedicht. Höllerers *Thesen zum langen Gedicht* (1965), denen etwa poetologische Forderungen von Endler und Mickel entsprachen, hatten zunächst kaum Gedichte zur Folge wie die 'long poems' *Cantos* (von Ezra Pound) oder *Paterson* (von W.C. Williams), sondern nur weniger artifizielle (s. Neue Subjektivität). Doch etwa zehn Jahre später, auch nach Versuchen Brinkmanns in *Westwärts 1 & 2* (1975), zeichnete sich allmählich eine Wiederbelebung größerer lyrischer Strukturen ab: in erzählenden Gedichten, Gedichtzyklen oder der Mischung solcher Formen. Das gilt für Michael Krüger (geb. 1943) in *Reginapoly* (1976), insbesondere im Titelgedicht des Bandes, welches das lange Gedicht mit der Langzeile und Traditionen der Gedankenlyrik sowie der poetologischen Reflexion verknüpft. Weitere Beispiele sind Enzensbergers *Mausoleum* (1975) und *Der Untergang der Titanic* (1978), Jürgen Beckers *Odenthals Küste* (1986) und *Das Gedicht von der wiedervereinigten Landschaft* (1988).

Mayröcker, Pastior

Sowohl Friederike Mayröcker (geb. 1924) als auch Oskar Pastior (geb. 1927) sind sehr eigenständige Dichter. Ihre jeweiligen Eigenarten erschweren eine Einordnung in Strömungen oder Richtungen ebenso wie die einsinnige Interpretation ihrer Gedichte. Beiden gemeinsam sind autobiographische Anspielungen oder Zitate und die Herstellung komplexer intertextueller Bezüge zu anderer (und eigener) Literatur.

Friederike Mayröcker ist erst seit den *Ausgewählten Gedichten. 1944 – 1978* (1979) mit stetig wachsendem, aber eher stillem Ruhm eine feste Größe der deutschsprachigen Lyrik geworden. Weitere Bände (*Gute Nacht, guten Morgen. Gedichte 1978 – 1981*, 1982, *Winterglück. Gedichte 1981 – 1985*, 1986 u.a.) folgten kontinuierlich. Es gehört zu den Topoi von Literaturwissenschaft und -kritik, die Poetizität dieser Gedichte zu loben und zugleich einzuräumen, nicht präzise angeben zu können, worin ihre Eigenart besteht. Die Gedichte zeichnet eine Offenheit und Polydiskursivität aus, die an die späten Hymnen Hölderlins erinnert, aber überwiegend durch moderne Verfahren wie Montage und Collage generiert scheint, in denen die Welt über Zettel und Ausschnitte zusammengesetzt wird. Sie gehen teilweise in surrealistischen Spuren, folgen teils dem 'Bewußtseinsstrom' (Erinnerungen an die Kindheit) teils den Impulsen des Sprachmaterials (Klängen, etwa Alliterationen). Verschiedene Arten literarischen Materials werden im Schreibprozeß verschränkt. Man tut gut daran, nicht nur nach e i n e m Schlüssel zu suchen, der die Texte öffnen könnte:

> *Winter-Text mit Automatik*
>
> „»..ehesten maurisch; ist bei weitem Dagobert; hängt hälsig;
> feuerschiffig; über Bord; hat auch Genie-Auge; betritt Almosen;
> atemlos verhängt im Dreiklang; hast neunte serenade?
> Steinplatz
> für Kinder: holz-klopf-Herz: ein Rumpf im neuen Maszstab;
> ein Traktat: enormer Wintermorgen

> Schnee; Schnee-Enklave; seit Scharen gerettet; ein Heimweh-Lorbeer
> (ach Schaukelpferd; Mops; wacholdern struppig alt; mein Mops; sitzt
>   winterkalt an einer Straszenecke; liegt flach)
> [...]..«"

Nähme man den Begriff eines Proteus der Sprache als Ehrentitel, so
käme er Oskar Pastior zu. In immer anderen Versuchsanordnungen
generiert er stets neue Typen von Texten, die auf der Oberfläche sowohl leicht als auch fast unverständlich erscheinen können, doch weitere Sinndimensionen aufweisen, also traditionellen Ansprüchen auf
'Tiefe' durchaus genügen. Dabei werden Gattungsgrenzen zwischen
Hörtext, Prosa und Lyrik überschritten wie in *Höricht* (1975); oder es
klingen verschiedene Sprachen ineinander, so daß ein synthetischer,
'makkaronischer' Dialekt zu entstehen scheint – etwa in der Sammlung *Der krimgotische Fächer* (1978):

> „BALLADE VOM DEFEKTEN KABEL
>
> Adafactas
> Cowlbl
> Ed rumplnz kataraktasch-lych
> Uotrfawls
> aachabrawnkts Brambl
> aachr dohts...
>
> Schlochtehz ihm
> schlochtehz ihm
> ehs klaren Zohn
>
> [...]"

Der Text ist beim Hören witzig und wird beim Lesen ernster, wenn
man allmählich feststellt, daß auch von der Schlachtung eines Kalbes
(„Cowlbl") die Rede ist. Das löst die Entdeckung weiterer, zunächst
unvermuteter, etwa religiöser Sinnschichten aus. Den Interferenzen
verschiedener Sprachklänge mag man die Lebensgeschichte Pastiors
abhören. Er entstammt der deutschen Minderheit in Rumänien und

wuchs somit in einem Kulturraum auf, in dem Sprachen aus verschiedenen Sprachfamilien ineinandergriffen und Mehrsprachigkeit nichts Ungewöhnliches war (auch Pastiors Übersetzungen zeugen davon). Unter der Oberfläche des Sprachspiels sind Diskurse versteckt, an denen Lyrik traditionell teilhat, z.b. der philosophische oder der politische.

Die Jüngsten

Hatten in den sechziger und siebziger Jahren Tendenzen dominiert, die den Kunstanspruch, die besondere Redeweise und den besonderen Wert von Lyrik zurücknahmen, so setzte Mitte der achtziger Jahre bei einigen jüngeren Dichtern eine Bewegung zum kunstvollen und zum schwierigen Gedicht ein. Von einem neuen Klassizismus läßt sich aber nicht sprechen, da sich die Dichter zwar der älteren Formen und Funktionen der Poesie – mehr oder weniger – bewußt sind, aber ebensosehr den Impetus der prononciert modernen Lyrik aufnehmen. Die ersten neuen Töne kamen von Peter Waterhouse (geb. 1956) in den Bänden *Menz* (1984) und *passim* (1986). Dieser, ein guter Kenner der hermetischen Tradition, Übersetzer des italienischen Lyrikers Andrea Zanzotto (geb. 1921), schreibt schwierige Gedichte in einfachen Sätzen, deren Syntax wie aus einem Sprachlehrbuch genommen erscheint.

> *Spaziergang als Himmelskunst*
>
> „Guten Tag Kunst: So muß man beginnen. Warum? Im Grüßen
> bleiben die Übergänge sichtbar. Die Grundlage des Grüßens heißt:
> Es gibt nur Übergänge, die gute Welt ist ein einziges Sagen:
> Guten Tag, und kommt herüber
> als Dinge [...]"

Gegenüber diesen sanften Tönen nehmen sich die Gedichte von Wolfgang Dietrich (geb. 1957) drastisch aus. Zwar stellte ihn das Luchterhand Jahrbuch der Lyrik bereits 1984 vor, aber er blieb ein Außenseiter des Literaturbetriebes. Seine Gedichte wie z.B. *Rede an*

Gott als ein fliegendes Schwein oder *Ode auf das elektronische Barock* nehmen Formen wie Hymne und Ode auf, stellen sich als 'Satiren' und Parodien dar. Sie lassen aber, selbst wenn sie Reim und Vers verwenden, keine Harmonie aufkommen, da bitterböser Ernst oder die geschmacksverletzende Attacke den schönen Schein einer vom Autor als 'a-sozial' empfundenen Gesellschaft rüde durchbrechen.

Thomas Kling (geb. 1957) gelangte mit den Bänden *geschmacksverstärker* (1989) und *brennstabn* (1991) rasch zu einem Höhepunkt seiner Entwicklung und zu allgemeiner Anerkennung. Sein Stil steht in der Tradition von Mayröcker und Pastior. Brinkmanns Medieninteresse folgend, nimmt Kling auch die Sprache der Pop- und Subkultur auf. In der intensiven Inszenierung (Lesung) seiner Texte im provokativen Gestus der frühen Avantgarde kommen ihre erheblichen Klangqualitäten zur Geltung. Unter der Oberfläche fassen die Gedichte eine Wirklichkeit neu zusammen, die in unendlich vielen Einzelheiten und heterogenen historischen Perspektiven erscheint.

Das öffentliche Interesse an Lyrik, das in den ersten Jahren nach dem Krieg und – unter anderen Konstellationen – seit etwa der Mitte der siebziger Jahre für einige Zeit vorhanden war, ist zurückgegangen. Innerhalb der Künste, auch innerhalb der Literatur, spielt die Lyrik, von einigen wenigen Ausnahmen abgesehen, unter dem Aspekt von Umsatz und Verdienstmöglichkeit eine marginale Rolle. Einem Aufsatz von H. Platschek im *Merkur* (Dez. 1993), in dem sarkastisch der durchschlagende Einfluß des Faktors Geld auf die Bildende Kunst der Gegenwart beklagt wird, sind Gedichte von Durs Grünbein (geb. 1962), einem der begabtesten jungen Lyriker, vorangestellt. Das Arrangement soll besagen: Keine gegenwärtige Kunstform ist in ihren Werten weiter von den Zwängen des Warenverkehrs entfernt als die Lyrik, zumindest, wenn sie sich nicht mit Musik verbindet. Grünbein, der ältere Formtraditionen mit Brinkmannschem Gestus vereinigt, benennt das Groteske und Grausige, aber auch das Atavistische des menschlichen Daseins. Es kommen Seelenlandschaften zutage, die mindestens so beschädigt sind wie die Welt ringsum. So beginnt das

Gedicht *Späte Erklärung*, das sich von dem rousseauistischen Optimismus absetzt, den so viele Intellektuelle in der zweiten Hälfte des 20. Jahrhunderts teilten:

„Wie schnell alles aus ist, die Lichtwechsel, das Lachen, der jüngste Tag.
Eben noch Steilwände, undurchdringlich, sind die ragenden Mauern
Gefallen. Im Dunkel kehrt Steppe zurück in die Stadt, die Legende
Vom Leben in Horden, an offenen Feuerstellen und ohne Schutz.
Das Kreischen verscheuchter Katzen wie Urgeschrei
Läßt an Brandmarkung denken, mongolische Foltern, die Initiation
Scharfsinniger Kinder, im Töten geschickt, an Jagdlust statt Hysterie."

Martin Kane

Politische Lyrik

„Ein politisches Gedicht oder nicht? Das ist ein Streit um Worte."
Diese Bemerkung Hans Magnus Enzensbergers (geb. 1929) deutet auf
eine lange, zu keinem befriedigenden Ergebnis führende Debatte über
die Frage, was politische Lyrik ist. Scheitert auch immer wieder der
Versuch, eine schlüssige, allgemeinverbindliche Begriffsbestimmung
zu finden, so ist es doch nicht schwierig, ein politisches Gedicht zu
identifizieren. Gedichte, die auf ihre historisch-politische Situation
reagieren und einwirken wollen, und „in denen sich die Autoren mit
ihrer Umwelt auseinandersetzen, in denen gesellschaftliche Inhalte
umgesetzt werden" geben sich rasch durch Sprache und Inhalt zu erkennen.

Trotz einer weltabgewandten, oft in der Natur Zuflucht suchenden
Lyrik der unmittelbaren Nachkriegszeit, ist das Zeitgedicht von Anfang an da. Wie in verschiedenen Anthologien deutscher Nachkriegslyrik nachzulesen ist, hat sich in der Bundesrepublik das einst als
„garstig Lied" verpönte politische Gedicht sehr schnell etabliert, und
zwar als Ausdruck einer wachsenden Desillusionierung über die Entwicklung nach 1945. An den Kapitelüberschriften von Horst Bingels
(Ps. Hobi, geb. 1933) Anthologie *Zeitgedichte. Deutsche Politische
Lyrik seit 1945* (1963) lassen sich Art und Ursprung dieser Beunruhi-
gung deutlich abschätzen: *Kleiner Mann hab acht, Wacht auf, denn
eure Träume sind schlecht, Konjunktur, Kernspaltungsbedenken, Der
Tod ist ein Meister aus Deutschland, Fenster zur Zonengrenze.* Ähnliche – auf die politische Restauration der Adenauer-Ära zurückzufüh-
rende – Ängste werden auch von politischen Kommentatoren formuliert. Ulrike Meinhof (1934 – 1976) zum Beispiel hat nicht nur ihre ei-

gene Enttäuschung ventiliert, als sie in einem 1964 erschienenen, eine breite Palette politischer Standpunkte vertretenden Essayband schrieb:

„Vierzehn Jahre Adenauer haben aus 55 Millionen Deutschen, Schreibern und Lesern, Politikern und Kommentatoren, Zuschauern und Produzenten an Fernsehschirm und Leinwand ein Volk von Halbinformanden und Halbinformierten gemacht, von denen die einen nur die Hälfte dessen sagen, was sie wissen, von denen die anderen nur die Hälfte dessen erfahren, was sie brauchen; belastet mit Vorurteilen, umgeben von Tabus, eingeschnürt in Illusionen, so daß sie ihre eigenen Vorteile nicht mehr zu erkennen vermögen, ihre eigenen Interessen nicht mehr wahrzunehmen." [vgl. 29]

Angesichts weitverbreiteter Apathie und Ignoranz sieht sich der westdeutsche Lyriker zunehmend an die Peripherie, in eine „Außenseitersituation der politischen Moral" gedrängt [vgl. 34, *S. 293*]. Für Lyriker wie Hans Magnus Enzensberger (geb.1929), Christoph Meckel (geb.1935), oder den „willkommenen Querulanten" Erich Fried (1921 – 1988) drückt sich dieses Außenseitertum in zornigen, provokativen oder zur Reflexion einladenden Gedichten aus, die für eine erfrischende Garstigkeit in der bundesrepublikanischen Literaturlandschaft sorgen. So zum Beispiel wird in Christoph Meckels *Der Pfau* (1962) das Phönix-Klischee des deutschen Wirtschaftswunders als ekelerregende Schreckensvision entlarvt:

> „[...]
> Ich sah aus Deutschlands Asche keinen Phönix steigen,
> doch sah ich einen Pfau in der Leuchtzeit seines Gefieders,
> ich sah ihn strahlende Räder schlagen
> im Gegenlicht eisgrauer Himmel und Wetterleuchten
> und hörte den Jubel der Krähen und Spatzen und sah,
> ELSTERNSCHWÄRME IN SEINE GOLDFEDERN STÜRZEN
> LÄUSE FINSTER AUS SEINEM GEFIEDER WACHSEN
> GROSSE AMEISEN SEINE AUGEN ZERFRESSEN"

Hier schwimmt ein Dichter, mahnend und mit aufklärender Absicht, gegen den Strom. Das gleiche gilt auch für Enzensberger. Die Titelgedichte seiner beiden ersten Lyrikbände *verteidigung der wölfe* (1957) und *landessprache* (1960) dürfen als Beitrag „zur politischen Alphabetisierung Deutschlands" [vgl. 103] verstanden werden, als verächtliche Inspektion einer dem Konsum und der historischen Amnesie verfallenen Gesellschaft. Sie gilt als „...feig,/ scheuend die mühsal der wahrheit, dem lernen abgeneigt, das denken/ überantwortend den wölfen", und als eine, in der „es aufwärts geht, aber nicht vorwärts [...] wo die vergangenheit in den müllschluckern schwelt/ und die zukunft mit falschen zähnen knirscht".

Erich Fried

Erich Fried mag als der politische Dichter nach 1945 *par excellence* gelten. Seiner Behauptung aber, das Schreiben sei keine literarische sondern eine politische Tätigkeit, liegt eine provokative Halbwahrheit zugrunde. In seinen überaus zahlreichen Gedicht- und Prosabänden ist es nicht nur das Schreckensbild der politischen Wirklichkeit, das auf sich aufmerksam macht. Mustert man die Vielfalt der in seinem Werk enthaltenen Ausdrucksmittel, erkennt man sogleich die falsche Naivität von Frieds Bemerkung, und weiß sich in der Gegenwart eines politisch engagierten Schriftstellers von erheblicher künstlerischer Raffinesse. Der Begriff „politisch engagiert" vermag nur wenig auszusagen: im Falle Frieds muß er für jede Phase seiner Entwicklung neu definiert werden. Besteht sein frühestes Werk zum größten Teil aus Zeitgedichten, die als Reaktion auf den zweiten Weltkrieg und den Nationalsozialismus zu verstehen sind, zieht sich seine Produktion der späten vierziger und fünfziger Jahre auf eine solipsistische Haltung zurück, in der die politische Dimension verborgen oder stark verschlüsselt bleibt. Mit dem 1964 erschienen Band *Warngedichte* aber, und erst recht mit dem Band *und Vietnam und. Einundvierzig Gedichte* (1966), kehrt Fried der Introvertiertheit entschieden den Rücken.

Die *Warngedichte* drücken Angst vor der Welt aus: „...das dumpfe Gefühl beim Erwachen [...] die nicht genau lokalisierbare Beklemmung [...] beim plötzlichen Erfassen der Zusammenhänge zwischen verschiedenen Zeitungsmeldungen". Der Autor wendet sich zwar *An die Schrecken der Zeit*, verzichtet aber auf „zeitgebundene Bilder". Das Politische in diesem Band manifestiert sich in Form von spruchhaften, grotesk-absurden Tier- oder Pflanzenfabeln, die zwar die empirische Realität übersteigen, in ihrer erschreckenden Absurdität aber die von der politischen Wirklichkeit verursachten Ängste auf unverkennbare Weise darstellen. Man nehme zum Beispiel das Gedicht *Usurpation*:

> „Eine fleischfressende Pflanze
> hatte sich überfressen
> an einem ganzen Schwein
> sie war nicht groß genug
> Ihre Blüten quiekten
> ihr Stiel begann sich zu bauchen
> die Wurzel ringelte sich
> zuletzt lief sie grunzend davon"

Usurpation ist keine Verschlüsselung spezifischer Ereignisse oder Figuren, sondern eine offene, aus bizarren Bildern bestehende Parabel; die Wirkung dieses Gedichts beruht nicht auf der Erläuterung bestimmter sozial-politischer Probleme, sondern auf der Welle beunruhigender Assoziationen, die es im Leser auszulösen vermag.

Wenn auch den *Warngedichten* nicht mehr rein subjektive Angstneurosen zugrundeliegen, sondern das Grauen „vor funkelnagelneuen Waffen, veralteten Gedankengängen und uralten Vorurteilen", so lassen sie kaum die Polemik der zwei Jahre später veröffentlichten Vietnam-Gedichte vorausahnen. Hatte Frieds politische Lyrik bis dato Sprachexperiment und distanzierende Techniken des Grotesk-Absurden bevorzugt, fallen in *und Vietnam und* Bild und Realität zusammen. Das politische Tagesgeschehen des Vietnamkriegs wird direkt angesprochen: „*Das Land* liegt sieben Fußtritte/ und einen Schuß weit/ seine südliche Hälfte/ heißt Demokratie/ In ihrer Hauptstadt Sodom/ regiert ein Soldat der *Mein Kampf* lernt/ Die Mönche sind buddhistisch/ oder katholisch/ Die buddhistischen Mönche/ werden oft Rote genannt/ In Wirklichkeit sind sie gelb/ aber nicht wenn sie brennen [...]". Diese Vietnam-Lyrik ist immer dort am wirksamsten, wo sie schlau-ironisch Information, Analysen und Kommentar aus offiziellen Quellen manipuliert: Die ad absurdum durchgeführte Rechtfertigung für das Scheitern des euphemistisch genannten „hamlet pacification programs" im *Verhinderten Liebesdienst*, zum Beispiel, oder die Erhellung absichtlich vernebelter Ereignisse in *17.-22. Mai 1966*: „Aus Da Nang/ wurde fünf Tage hindurch/ täglich berichtet:/ Gelegentlich einzelne Schüsse/ Am sechsten Tag wurde berichtet:/ In den Kämpfen der lezten fünf Tage/ in Da Nang/ bisher etwa tausend Opfer".

Politische Lyrik in der DDR

In ihrem politischen Impuls ist die Lyrik des ersten Jahrzehnts der DDR durchaus zwiespältig. Für aus dem Exil zurückkehrende und linientreue Schriftsteller wie Johannes R. Becher (1891 – 1958), Erich Weinert (1890 – 1953) oder Kuba (eigtl. Kurt Barthel, 1914 – 1967) – vom Faschismus verfolgte Kommunisten, die in „diesem besseren Lande" [vgl. 130] ihre Zukunftsvision verwirklicht sehen wollten – heißt Politik Lobhudelei des neuen Staates, gerechtfertigt mit „Volksverbundenheit" und „Parteilichkeit". Becher zelebriert das neue Bündnis zwischen Volk und Staat („Ein Staat, geboren aus des Volkes Not,/ Und von dem Volk zu seinem Schutz gegründet -"). In seinem *Dem 7.Oktober 1949* gewidmeten Gedicht feiert Kuba euphorisch die Gründung der DDR. Erich Weinert findet im *Bekenntnis eines Künst-*

lers zur neuen Welt (1952) seine Identität und eine neue Lebensaufgabe im engen Zusammenhalt mit dem Volk („Mit meinem Volk schreit ich Seit an Seite./ In meine Werke kam ein neuer Sinn.) Obwohl die DDR-Realität den Hoffnungen dieser älteren Generation kommunistischer Lyriker nicht immer zu entsprechen vermochte, kommt in ihren propagandistischen Gedichten keine Zweifel an der Entwicklung des Sozialismus im neuen Staat zum Vorschein. Für Bertolt Brecht (1898 – 1956) dagegen, stets darum bemüht, eine Ideologisierung seiner literarischen Produktion zu vermeiden, ist die Situation weit problematischer. In den *Buckower Elegien* (1953/54) äußert er sich mit bescheidenem Optimismus (*Der Radwechsel*) über seine Rückkehr in die ostdeutsche „musterprovinz", hegt aber auch Bedenken über das Erbe Preußens und der Nazizeit, das einen Schatten über den neuen Anfang wirft (*Gewohnheiten, noch immer, Der Einarmige im Gehölz, Vor acht Jahren*). Große Schwierigkeiten bereiten ihm die Ereignisse des 17. Juni 1953. Seine Erschütterung verbirgt sich zum Teil hinter lakonischer Ironie (*Die Lösung*), kommt dann aber in *Böser Morgen* schuldbewußt über die eigene ambivalente Haltung zum Ausdruck. Wie oft in seiner früheren Lyrik findet er in der Natur das „objective correlative" (T.S.Eliot) für politisch-gesellschaftliche Erfahrungen. Der Dichter, dem einst „Ein Gespräch über Bäume fast ein Verbrechen ist/ Weil es ein Schweigen über so viele Untaten einschließt" führt uns jetzt einen qualvollen Selbstbefragungsprozess vor Augen:

> „Die Silberpappel, eine ortsbekannte Schönheit
> Heut eine alte Vettel. Der See
> Eine Lache Abwaschwasser, nicht rühren!
> Die Fuchsien unter dem Löwenmaul billig und eitel.
> Warum?
> Heut nacht im Traum sah ich Finger, auf mich deutend
> Wie auf einen Aussätzigen. Sie waren zerarbeitet und
> Sie waren gebrochen.
>
> Unwissende! schrie ich
> Schuldbewußt."

Die Generation der in der DDR aufgewachsenen Lyriker/innen hat bei Brecht viel gelernt. Wenn auch ihre Staatsloyalität nicht in Frage steht, so sind sie doch keineswegs bereit, die unkritische Haltung eines Becher oder eines Weinert zu übernehmen. Die Parteilichkeit von Volker Braun (geb.1939), Sarah Kirsch (geb. Bernstein, eigtl. Ingrid, geb. 1935) oder Wolf Biermann (geb.1936) ist viel unbequemerer Art. So lesen wir zum Beispiel bei dem jungen Volker Braun: „Kommt uns nicht mit Fertigem! Wir brauchen Halbfabrikate! ...Hier herrscht das Experiment und keine steife Routine....Raus aus den Sesseln, Jungs!". Unzufriedenheit mit lähmender Bürokratie, jugendliche Ungeduld über die scheinbar ins Stocken geratene Revolution hört man auch von Biermann in *Antrittsrede des Sängers* oder *An die alten Genossen*, die gegen einen engstirnigen und müde gewordenen Sozialismus gerichtet sind. Beiden Lyrikern gemeinsam ist der Versuch, eine eigene Identität zu finden, die sich zwar sozialistisch-loyal gibt, aber auch bestrebt ist, ideologischer Bevormundung aus dem Wege zu gehen. Bei Sarah Kirsch führt dies – wie sich an dem Gedicht *Schwarze Bohnen* demonstrieren läßt – zu Selbstbehauptungsversuchen, die oft mißverstanden werden:

> „Nachmittags nehme ich ein Buch in die Hand
> Nachmittags lege ich ein Buch aus der Hand
> Nachmittags fällt mir ein es gibt Krieg
> Nachmittags vergesse ich jedweden Krieg
> Nachmittags mahle ich Kaffee
> Nachmittags setze ich den zermahlenen Kaffee
> Rückwärts zusammen schöne
> Schwarze Bohnen
> Nachmittags ziehe ich mich aus mich an
> Erst schminke dann wasche ich mich
> Singe bin stumm"

Diese – für den westlichen Blick – harmlose Registrierung alltäglicher Langeweile ist auf dem VI. Schriftstellerkongreß 1969 zum Politikum geworden, als Sarah Kirsch von dem Kritiker Günther Deicke eine öf-

fentliche Rüge erteilt wird, weil ihr Gedicht von „eine[r] spätbürgerliche[n] Position der Aussichtslosigkeit jeglichen Beginnens" gekennzeichnet sei [vgl. 124, *S. 23 ff.*]. Doch was heute anfechtbar war,
konnte morgen nach liberaler Kursänderung begrüßt werden. Das
zeigte sich auf dem VII. Schriftstellerkongreß, als dasselbe Gedicht von
Karl-Heinz Jakobs wegen seiner komplexen und anspruchsvollen
poetischen Handhabung sozialistischer Realitäten gelobt wurde.

Schwarze Bohnen, sowie viele andere Gedichte von Kirsch, sind in ihrer subjektiven Tendenz und Distanzierung für linientreue Kritiker
wie Deicke höchst problematisch gewesen. Obgleich gewiss nicht von
der Autorin so gemeint, sind sie doch wohl in offiziellen Kreisen für
subversiv gehalten worden.

Das gleiche gilt noch mehr für Wolfgang Hilbig (geb. 1941), einen
Arbeiterdichter, der sich strikt weigert, „Mitgestalter unserer sozialistischen Gesellschaft" zu sein. Radikal politisch im Gestus der Ablehnung, ist seine Lyrik weitab vom sozialistischen Kollektiv angesiedelt. Sie deutet auf entfremdete, gebrochene Existenzen am Rande der
Gesellschaft, denen sogar der Trost der Sprache vorenthalten wird:
„[...] unsere worte sind/ gefrorene fetzen und fallen in den geringen
schnee". Von Positivem keine Spur in Gedichten, die uns mit einem
unbarmherzig brutalen Bild des DDR-Alltags präsentieren – zum Beispiel in dem ironisch betitelten *deutscher morgen*: „[...] der kalte spiegel überm becken/ zeigt was mich so würgt was/ mir den mund so
füllt/ aufgerissne augen sehn mich kauen/ dunkle blutklumpen".

Illusionslosigkeit ganz anderer Art läßt sich in der experimentellen
Lyrik der Dichter der „Prenzlauer-Berg-Connection" feststellen. Be-
ruhend auf einer tiefen Sprachskepsis, zutiefst allergisch gegen die
Phrasenhaftigkeit der öffentlichen Diskurse, praktizieren Lyriker wie
Bert Papenfuß-Gorek „Spracharbeit als Opposition und Subversion"
[vgl. 160, *S. 623*]. Jeder direkten politischen Absicht abschwörend
(„Meine Generation hat die Hände im Schoß, was engagiertes[!] Handeln betrifft. Kein früher Braun heute...[vgl. 152; Uwe Kolbe]"), ge-
bärdet sich trotzdem diese Generation äußerst politisch, indem sie

sich, als zufällig „Hineingeborene", in ihrer Lyrik sowie auch in ihrem Lebenstil, schroff von den herrschenden, offiziellen Werten distanziert: „aber aberarkdichter schreiben seit jahren/ nur fon & ueber was sie ankotzt/ und ueber eine gesellschaft/ die sie forwiegend auskotzt".

In den Diskussionen über das Ende der DDR konnte man gelegentlich von „Wendesignalen" in der Literatur hören, die den Zusammenbruch vorausgesehen oder indirekt dazu beigetragen haben sollen: Christoph Hein (geb. 1944) meinte sogar, in den Jahren 1974 bis 1989 „... elfmal das Ende der DDR beschrieben zu haben". Die DDR-Lyrik der siebziger und achtziger Jahre darf auch in diesem Zusammenhang betrachtet werden. Wachsende Unzufriedenheit mit den Deformationen des real existierenden Sozialismus läßt sich immer häufiger in den Gedichten von Reiner Kunze (geb. 1933), Günter Kunert (geb. 1929), Sarah Kirsch und auch von Volker Braun spüren. Bei Kunze heißt es sehr früh:

> „Sensibel
> ist die erde über den quellen: kein baum darf
> gefällt, keine wurzel
> gerodet werden
> Die quellen könnten
> versiegen
> Wie viele Bäume werden
> gefällt, wie viele wurzeln
> gerodet
> in uns."

Ähnlich klingt es bei Braun, der seit der Biermann-Affäre 1976 sich vom Staat distanziert: „[...]Die Bleibe, die ich suche, ist kein Staat./ Mit zehn Geboten und mit Eisendraht:/ Sähe ich Brüder und keine Lemuren./ Wie komme ich durch den Winter der Strukturen./ Partei mein Fürst: *sie hat uns alles gegeben*/ Und alles ist noch nicht das Leben." Sein bitterstes Urteil aber hebt er für die Wende selbst auf, den – wie er es sieht – totalen Ausverkauf der DDR, von Land und Leuten, an den Westen.

„Da bin ich noch: mein Land geht in den Westen.
KRIEG DEN HÜTTEN FRIEDE DEN PALÄSTEN.
Ich selber habe ihm den Tritt versetzt.
Es wirft sich weg und seine magre Zierde.
Dem Winter folgt der Sommer der Begierde.
Und ich kann *bleiben wo der Pfeffer wächst.*
Und unverständlich wird mein ganzer Text
Was ich niemals besaß wird mir entrissen.
Was ich nicht lebte, werd ich ewig missen.
Die Hoffnung lag im Weg wie eine Falle.
Wann sag ich wieder *mein* und meine alle."

Man kann dies als letztes Wort über nicht in Erfüllung gegangene Hoffnung auf einen humanen Sozialismus lesen.

Grenzen und Möglichkeiten einer Begriffsbestimmung

Es ist schwierig, eine verbindliche, endgültige Definition des politischen Gedichts zu geben. Dennoch ist eines allen gemeinsam: Wenn ein Gedicht politisch wirkt, ist es in der Lage aufzustacheln und zu provozieren, oder, wie es Enzensberger einmal formuliert hat, „Sachverhalte vorzuzeigen, die mit anderen bequemeren Mitteln nicht vorgezeigt werden können" [vgl. 171, *S. 146*] . Dies gelingt in erster Linie durch seine Sprache. Das politische Gedicht macht seine Autorität und Integrität geltend, indem es „nicht der Gesellschaft nach dem Munde redet" [vgl. 163], sondern nach Bild und Formulierung strebt, die sich „zwischen den herrschenden Ideologien ihr eigenes Dasein behaupten können" [vgl. 173, *S. 7*].

Mit den Worten Georg Maurers (1907 – 1971) bleibt noch zu fragen „Was vermag Lyrik?" [vgl. 188]. Der debütierende Hans Magnus Enzensberger meinte es zu wissen; er wollte „seine Gedichte verstanden wissen als Inschriften, Plakate, Flugblätter, in eine Mauer geritzt, auf eine Mauer geklebt, vor eine Mauer verteilt"; sie sollten „Mitteilungen sein, hier und jetzt, an uns und alle". Die Aspirationen des debütierenden Enzensbergers haben sich aber als Illusionen erwiesen. Nur während der Studentenbewegung 1967-69 hat sich das politische Gedicht – auf der Straße, wo Enzensberger es haben wollte – durchsetzen können, doch meistens mit ästhetisch mäßigem Erfolg. Ansonsten ist die politische Lyrik in „die Lyrikbände und literarischen Zeitschriften" zurückgekehrt (Karsunke), wo sie früher und jetzt gut aufgehoben ist. Nur selten ist es dem Gedicht gelungen, für Aufsehen jenseits der Feuilletonseiten zu sorgen (man denke etwa an den von Alfred Anderschs (1914 – 1980) Streitgedicht *Artikel 3(3)* (1976) ausgelösten Furore), geschweige denn, daß es für politische Veränderung sorgen konnte.

Unvermeidliche Schlußfolgerung: In Anbetracht der gesellschaftlichen Folgenlosigkeit engagierter Lyrik sind politische Gedichte als ein rein literarisches Unternehmen zu verstehen, als intimes Autor/Leser-Gespräch zwischen Gleichgesinnten. Der Lyriker ist, wie wir alle, nur ein „unsicherer Bewohner der Welt der öffentlichen Ereignisse" – Träger einer mahnenden oder Besorgnis erregenden Botschaft, die wir zwar auch vernommen haben, aber nicht so treffend haben formulieren können, doch wie wir ohne Antwort oder Trost.

Klaus Manger

Portrait Paul Celans

In acht Gedichtbüchern hat Paul Celan (eigtl. Antschel, rumän. Anczel, 1920 – 1970) seine lyrische Dichtung, eine Dichtung in gebundener Sprache, gesammelt und autorisiert: *Mohn und Gedächtnis* (1952), *Von Schwelle zu Schwelle* (1955), *Sprachgitter* (1959), *Die Niemandsrose* (1963), *Atemwende* (1967), *Fadensonnen* (1968), *Lichtzwang* (1970), *Schneepart* (1971). Den ersten Band *Der Sand aus den Urnen* (1948) hat Celan zahlreicher Druckfehler wegen, wohl auch aus Gründen der inneren Entwicklung seines Dichtens, verworfen und nur in Auswahl in *Mohn und Gedächtnis* aufgenommen. Aus dem Nachlaß erschien 1976 der von Celan nicht mehr selbst für den Druck vorbereitete Band *Zeitgehöft*. 1989 folgte das in der Bukowina, in Bukarest und Wien entstandene Frühwerk, das auch rumänische Dichtungen enthält. Celans einzige veröffentlichte Prosaerzählung *Gespräch im Gebirg* (1960) entstand im August 1959. Seine bedeutsame Rede *Der Meridian* (1960), eine Bekundung seines Dichtungsverständnisses, hielt Celan anläßlich der Verleihung des Georg Büchner-Preises. Im übrigen hat Celan ein umfängliches Übersetzungswerk vorgelegt, das 58 Autoren aus sieben Sprachen präsentiert, darunter den größten Anteil französischsprachiger Dichtungen von Pablo Picasso, Arthur Rimbaud, Paul Valéry bis André Du Bouchet und bedeutende russische Dichtungen, so, um „des bloßen Vorhandenseins" willen, erstmals auf deutsch Ossip Emiljanowitsch Mandelstam (1891 – 1938). Die unverwechselbare Eindringlichkeit von Celans dichterischem Sprechen, das allem „Wohlklang" und „Schönen" mißtraut, hat keinen anderen Anspruch als den, „wahr zu sein". Dieser Herausforderung hat er sich vor dem düsteren Hintergrund dieses XX. Jahrhunderts wie kein anderer gestellt.

Geboren am 23. November 1920 als das einzige Kind deutschsprachiger Juden, des Vaters Leo Antschel-Teitler (Jg. 1890) und der Mutter Friederike (Jg. 1895), geb. Schrager, wächst Celan in der kaiserlich-österreichisch geprägten Vielvölkerstadt Czernowitz in der Bukowina auf, in der östlichsten Provinz der ehemaligen Habsburger Donaumonarchie, die seit dem Zerfall des Habsburger Reiches zu Rumänien gehört. 1940 wird die Stadt mit der Nordbukowina von der Sowjetunion annektiert. Nach dem deutschen Überfall auf die Sowjetunion ziehen am 5. Juli 1941 rumänische und deutsche Truppen in der Stadt ein. Als Jude muß Celan Zwangsarbeit unter rumänischer Aufsicht verrichten. Seine Eltern werden von den Deutschen in das Arbeitslager Kariera am südlichen Bug verschleppt. 1942 stirbt der Vater an Typhus (?), die Mutter wird ermordet. Im Februar 1944 kehrt Celan aus dem Arbeitslager nach Czernowitz zurück, das im März wieder sowjetisch wird. „Kennt noch das Wasser des südlichen Bug, / Mutter, die Welle, die Wunden dir schlug?" Nach dem Abitur 1938 hatte Celan ein Medizinstudium in Tours in Frankreich aufgenommen und war im Jahr darauf nach Czernowitz zurückgekehrt. Die Fahrt nach Frankreich führte ihn über Berlin am Tag nach der Kristallnacht vom 9. auf den 10. November 1938: „Über Krakau / bist du gekommen," heißt es später, „am Anhalter / Bahnhof / floß deinen Blicken ein Rauch zu, / der war schon von morgen." Aus jenen Erfahrungen erwuchs Celan ein Auftrag zu epochaler Trauerarbeit, der er sich als Dichter stellt: „da, wo du hinmußt, der eine / genaue / Kristall."

Im Herbst 1944 nimmt Celan seine schon 1939 begonnenen philologischen Studien in Czernowitz wieder auf. 1945 verläßt er jedoch seine Heimat für immer, geht als Übersetzer und Lektor nach Bukarest und veröffentlicht erste Gedichte in der rumänischen Zeitschrift *Agora*, jetzt unter dem aus seinem rumänischen Namen Anczel gebildeten Anagramm Celan. Im Dezember 1947 flieht er über Ungarn nach Wien. Hier erscheint 1948 sein erster Band *Der Sand aus den Urnen*.

Doch da ist er schon in Paris, seit Juli 1948, wo er sein Studium fortsetzt und 1950 die Licence ès Lettres erwirbt. 1952 verheiratet sich Celan mit der Graphikerin Gisèle Lestrange. 1959 wird er Lektor an der École Normale Supérieure in der Rue d'Ulm in Paris. 1958 erhält Celan den Literaturpreis der Freien Hansestadt Bremen, 1960 den Büchner-Preis, 1964 den Großen Kunstpreis des Landes Nordrhein-Westfalen. Wiederholt führen ihn Reisen nach Deutschland, zu Freunden und Lesungen, zuletzt auf der Hölderlin-Tagung Ende März 1970 in Stuttgart. 1969 besucht Celan Israel und spricht vor dem Hebräischen Schriftstellerverband in Tel Aviv. Ende April 1970 setzt er seinem Leben in der Seine ein Ende.

„Der Tod ist ein Meister aus Deutschland", steht in Celans bekanntem Gedicht *Todesfuge* (entst. 1945), das zuerst *Todestango* (*Tangoul mortii*) hieß. Kompromißlos geht Celans Dichtung zum Grunde des Daseins. Während im Gedicht *Mit wechselndem Schlüssel* das Du Zugang zur reinen Wahrheit der Sprache sucht, verblutet es, quillt aus seinen Sinnesorganen, „aus Aug oder Mund oder Ohr", statt sinnliche Wahrnehmungen einzulassen, der „ganz besondere Saft" des Lebens. Das ist zugleich ein Einspruch gegen Parmenides (um 515 – um 445 v. Chr.), wo Dike „mit wechselnden Schlüsseln" das Lichtreich der Wahrheit öffnet, um zu erkennen, Denken und Sein seien dasselbe. Für Celan ist nach den Erfahrungen dieses XX. Jahrhunderts eine solche Identifikation vollends zu einer Aporie geraten. Seine private Biographie ist zugleich eine historische Biographie, individuell und exemplarisch in einem. Dem Totalitätsdenken des Nationalsozialismus, des Stalinismus, der Gewalt, der Massenvernichtung sind Celans Eltern, Verwandte, Freunde sowie zahllose Genannte und Ungenannte zum Opfer gefallen. „Und duldest du, Mutter, wie einst, ach, daheim, / den leisen, den deutschen, den schmerzlichen Reim?" Ihrer aller gewaltsamer Tod wird Auftrag und Vermächtnis seines Dichtens. Wie sollten da nach dem Terror noch Verständigung und Einverständnis möglich sein?

Tatsächlich finden „Aschen- / Schluckauf", „Weißkies- / stotterer", „Dum-dum-Horizonte", „Sperrtonnensprache", das „gedunkelte Splitterecho" in Celans Gedicht: „In den Einstiegluken zur Wahrheit / beten die Spürgeräte". Seine Poetik ist, wie sie *Der Meridian* konzentriert, von extremen Äußerungsmöglichkeiten des Menschen geprägt und zugleich inständig auf das ansprechbare Du gerichtet. Aus dem Werk Georg Büchners (1813 – 1837) entwickelt Celan die Poetik des „Gegenworts", einen individuellen Akt der Freiheit, wie ihn Lucile angesichts der gestorbenen Tode in *Dantons Tod* (ersch. 1835, UA 1902) ausruft: „Es lebe der König!" Lenz geht noch einen Schritt weiter, da es ihm unangenehm war, wie Büchner schreibt, daß er nicht auf dem Kopf gehen konnte. Und Celan folgert: „wer auf dem Kopf geht, der hat den Himmel als Abgrund unter sich." Sein „Es lebe der König" sei nun indessen kein Wort mehr, sondern ein furchtbares Verstummen: „es verschlägt ihm – und auch uns – den Atem und das Wort." Darum geht es in Celans Dichtung, um eine mittels solchen verschlagenen Atems und Wortes intensivierte Form des Erinnerns. „Dichtung: das kann eine Atemwende bedeuten." *Atemwende* heißt dann auch der Gedichtband von 1967. Und *Atemwende* ist wie „Aschen- / Schluckauf" eine Huldigung „der für die Gegenwart des Menschlichen zeugenden Majestät des Absurden".

Mit jedem einzelnen Gedicht, mit jedem einzelnen Wort sucht Celan von neuem, seine dichterische Aussage zu intensivieren, die Sprache zu aktualisieren, damit das Wort, einer „Flaschenpost" gleich, sein Du auch erreiche, an „Herzland" gespült werde. Um zu solcher Verlebendigung des Wortes zu gelangen, wird kein Aufwand gescheut, werden dichterische, überhaupt menschliche Zeugnisse, aus welchem Land und welcher Weltgegend auch immer, heraufgerufen. Indem die Gedichte um vertraute Motive wie Wort, Auge, Nacht, Welt, Asche kristallisieren, greifen sie durch die Geschichte und ihre Sprache hindurch, knüpfen Gleichartiges und auch in Opposition Stehendes zusammen. Sie sind so wenig auf ein Programm und so sehr auf den Menschen gerichtet, daß sie prinzipiell zwischen Ich und Du verhoffen. Ihre Richtungsvielfalt resultiert aus ihrer Richtungsoffenheit, die keine Richtungslosigkeit ist. Denn so einsam und unterwegs das Gedicht ist und, wer es schreibt, ihm mitgegeben bleibt, so steht es doch „im Geheimnis der Begegnung". Sie glückt in dem Augenblick, wo ein Gedicht, sein in Individuation und Kreatürlichkeit aktualisiertes Sprechen, auf einen Menschen zuhält und ihn anspricht, so daß er diesen Impuls zum Gespräch auch aufnimmt. Auf das mythologische Bild für Verlebendigung durch Kunst, Pygmalion und sein Geschöpf, weist Celan gleich eingangs des *Meridian* hin. Die Begegnungen mit dem Gedicht bleiben ein Geheimnis, weil sie nicht zu erzwingen sind und die Aufnahmebereitschaft eines Gegenübers voraussetzen.

Den Hinweis auf die solche Begegnungen ermöglichende „aktualisierte Sprache" konnte Celan bei Mandelstam finden, dessen Dichtung er im Jahr 1960 für den Norddeutschen Rundfunk dargestellt hat. Der Aufsatz berührt sich hier wörtlich mit dem *Meridian* aus demselben Jahr und fährt fort: „Der Ort des Gedichts ist ein menschlicher Ort, 'ein Ort im All', gewiß, aber hier, hier unten, in der Zeit. Das Gedicht bleibt, mit allen seinen Horizonten, ein sublunarisches, ein terrestrisches, ein kreatürliches Phänomen. Es ist Gestalt gewordene Sprache eines Einzelnen, es hat Gegenständlichkeit, Gegenständigkeit, Gegenwärtigkeit, Präsenz. Es steht in die Zeit hinein." Ossip Mandelstam ist als einzigem Dichter ein Band, *Die Niemandsrose*, gewidmet.

Neben den russischen Dichtern, außer Ossip Mandelstam Aleksandr Blok (1880 – 1921), Sergej Jessenin (1895 – 1925), Welemir Chlebnikov (1885 – 1922), waren sicher die französischen für Celan am wichtigsten. Wie er sich und die Französin aber in Dante Alighieris (1265 – 1321) Paolo und Francesca wiederfinden konnte, sich auf Parmenides bezog, William Shakespeares (1564 – 1616) Sonette (in Auswahl) übertrug oder sich mit Büchner auseinandersetzte, wie er Jean Paul (eigtl. Johann Paul Friedrich Richter, 1763 – 1825) besonders schätzte, von Jewgenij Jewtuschenko (geb. 1933) *Babij Jar* (1961) übertrug, mit Nelly Sachs (1891 – 1970) liebevolle Briefe wechselte oder der Begegnung mit Martin Heidegger (1889 – 1976) in *Todtnau-*

berg gedenkt, zeigt, daß Celan die Welt des Dichtens und Denkens über zeitliche und politische Grenzen hinweg offenstand, er sich aber nicht enzyklopädisch, sondern eben aktualisierend damit auseinandersetzte. Das macht Celans von Marina Zwetajewa (1892 – 1941) bezogenes Motto: „alle Dichter sind Juden" so sprechend, zu dem er schon in Jean Pauls *Vorschule der Ästhetik nebst einigen Vorlesungen in Leipzig über die Parteien der Zeit* (1804, § 22) finden konnte: „Dichtkunst, wie alles Göttliche im Menschen, ist an Zeit und Ort gekettet und muß immer ein Zimmermannssohn und ein Jude werden". Um so nachdrücklicher fordert sein Imperativ „machs Wort aus", gegebenenfalls zu schweigen, auf jeden Fall aber nach allem, was geschehen, das Wort neu auszumachen, es, nachdem es das Wort und den Atem verschlagen hat, neu zu finden.

Celans Konsequenz verlangt nach der neuen Poetik, wie sie *Der Meridian* vorstellt. Diese von Pol zu Pol unter dem Zenit gedachte Linie rundet sich, weil die Erde sich dreht, zur Kugel. Folglich wird es möglich, daß die Flaschenpost jeden Ort des Menschen auf der Erde erreicht. Ihre räumliche Gestalt fügt sich überraschend zu Bernd Alois Zimmermanns (1918 – 1970) musikalischer „Kugelgestalt der Zeit" (1968). In großer Denkgenauigkeit und Präzision geht Celan zu Werke. Die Reihenfolge seiner Gedichte ist in der Regel die chronologische. Das hindert nicht, daß sie gleichwohl bestimmten Kompositionsprinzipien folgen. Im ersten, verworfenen Gedichtband steht die *Todesfuge* am Ende, in *Mohn und Gedächtnis* als zweite Abteilung; die dritte eröffnet das erste Paris-Gedicht *Auf Reisen*. In den Manuskripten, die oft schon das fertige Gedicht enthalten, gelegentlich in der Vers- und Strophenfolge oder in einzelnen Worten noch geändert werden, erscheinen genaue Datierungen offenkundig seit der Plagiataffäre um 1960, mit der Claire Goll (1890 – 1977), die Witwe von Ivan Goll, Celan zu schaden suchte. Am 18. Mai 1960 sieht sich Celan an Hans Bender (1907 – 1991) zu schreiben gedrängt: „Nur wahre Hände schreiben wahre Gedichte."

Unter dieser Prämisse bleibt Celans Dichten thematisch kaum etwas fremd. Die von genauem Erinnern herausgeforderte Präzision reicht in die Historie: „Quatorze / juillets", in die Literarhistorie: „Odysseus, mein Affe", bezieht Autoren ein wie Pindar, Hölderlin oder Kafka, reicht in die religiöse Topik: „sag, daß Jerusalem i s t", ins Jüdische: „Kaddisch", ins Politische: „No pasarán", in die Geographie: „Petropolis", in die Geologie: „Kluftrose", in die (Al-)Chemie: „Chymisch", überhaupt in Fachwissenschaften, etwa in die Kristallographie. Hat man, in Anlehnung an Jean Paul, *Sprachgitter* gemeinhin wie das klösterliche Begegnungsfenster flächig aufgefaßt, so widerspricht das dem darauffolgenden Gedicht, wo es heißt: „Kristall um Kristall, / zeittief gegittert". Die dreidimensionale, also räumliche Sprachauffassung, wie sie Celans durch die Zeit hindurchgreifende Poetik zum Ausdruck bringt, eröffnet sich über die Vorstellung des dem Kristallographen geläufigen Kristallgitters. *Atemkristall* (1965) heißt die erste, separat mit acht Radierungen von Gisèle Celan-Lestrange bibliophil erschienene Abteilung aus dem Band *Atemwende*.

Die Präzision des Erinnerns reicht über das Fachliche hinaus in die anderen Sprachen, in Celans überragende Übersetzungsleistung aus ihnen, sowie in frühere Sprachstufen. Zackern und sömmern sind ausgestorbene Verben. Wie Hölderlin an Pindar, so „zackere" das lyrische Ich bei Celan an der Königszäsur. Dieses Zackern ist in Johann Christoph Adelungs *Grammatisch-kritischem Wörterbuch der hochdeutschen Mundart* (1801) in der Bedeutung von „oft und in kleinen Absätzen ziehen", „nach und nach abpflügen" aufgeführt, kommt also in der Metaphorik des Pflügens dem Vers (lat. *versus*) nahe. Celans Gedicht *Andenken* spricht von „der sömmernden Wolke". Adelung kennt zwei Bedeutungen von „sömmern", deren zweite die Bedingung der ersten ist. Die Wolke den Sonnenstrahlen aussetzen, heißt größtmögliche Schatten werfen. Stark belaubte und mit langen Ästen versehene Bäume sömmern, wenn sie, so weit ihre Äste reichen, kein anderes Gewächs unter ihrem Schatten aufkommen lassen. Die sömmernde Wolke liegt folglich vor der Sonne und entwirft einen Schattenort.

Elias Canetti (1905 – 1994) hat in *Der andere Prozeß. Kafkas Briefe an Felice* (1969) auf die dem Werk Franz Kafkas (1883 – 1924) eigenen Diminutiva aufmerksam gemacht. Symptome der Moderne sind ihm dessen Verwandlungen ins Kleine. Beispielsweise seien die kleinen Schreie eines Maulwurfs das einzige, was den Gott rühre. „Mit der Stimme der Feldmaus / quiekst du herauf". Solche Diminutiva kennen Celans Gedichte zuhauf, etwa das „Holzlied", das „Blatt", den „Deut" oder den „Lerchenschatten". Die Lerche, Wappenvogel des Dichters nicht nur bei Joseph Freiherr von Eichendorff (1788 – 1857), ist bekannt dafür, daß sie am schönsten singt und am höchsten steigt. Als kleiner Vogel bleibt sie, während sie steigt und steigt, dem Nachschauenden kaum sichtbar. Je höher sie aber der Sonne entgegensteigt, desto größeren Schatten wirft sie, einer winzigen sömmernden Wolke gleich, zur Erde. Es ist ein ausgemachtes Ziel der Gedichte, den Leser an ihrer Denkgenauigkeit zu beteiligen. So bleiben sie lebendig.

In gleicher Weise erfordert die Tektonik der Gedichte die Aufmerksamkeit des Lesers. In einem Brief vom 2. Dezember 1951 schreibt Celan: „Und noch aus den Verzweiflungen wurden Gedichte." Auch der Bau dieser Gedichte verrät größte Präzision. Sie nutzen über das „doppelte Continuum" von Vers und Satz hinaus (F. G. Jünger) die semantischen Ebenen von Wort- und Silbenzusammensetzungen aus und suchen, wo immer es geht, zusätzlichen Sinn freizusetzen. Das Gedicht *Chymisch* spricht von „Schweigen, wie Gold gekocht, in / verkohlten / Händen." Da die Verse „Wie Kronen, Luftkronen / um – –" in die Aposiopese münden, zeigen sie auf die Schwestergestalt und ihre Verflüchtigung ins Körperlose. Das Gedicht endet mit „König- / liche." Wenn die Schwestergestalt zuletzt als königliche in Erscheinung tritt, führt die königliche Kunst des Veredelns auf ihren Höhepunkt. Da der chymische Prozeß zugleich eine Veredelung und eine Vermählung ist, sehen wir zum Schluß als Krönung des Versbaus die Vermählung von König und Königlicher, als wären es König und Königin. Aufgrund der in den „verkohlten Händen" angezeigten gewaltsamen Verwandlung legt sich darüber eine Vermählung von „König" und „liche", mhd. liche, der toten Körpergestalt oder Leiche. Es ist eine Vermählung von Leben und Tod, gefaßt in die lebendig-tote Qualität einer zweiwertigen Sache, einer Rebis. Wie im Rahmen lebendiger Vergegenwärtigung die Schwester zur Königlichen erhöht wird, erinnert sie das Gedicht transitorisch zugleich als Tote.

„Die Ewigkeit hält sich in Grenzen", wissen Celans Gedichte. Mit ihrer zunehmenden Verknappung, insbesondere in den letzten Bänden nach *Atemwende*, wächst der Sarkasmus: „dieses / Brot kauen, mit / Schreibzähnen". Aber sie bleiben unterwegs. „Wen, da er durchs Nichts fährt, / holt das Veratmete hier / in eine der Welten herüber?"

Helmut Arntzen

Portrait Ernst Meisters

Die Mehrzahl der Gegenwartsautoren ist dem Literaturbetrieb integriert. Sie kooperieren so eng als möglich mit den Medieninstitutionen, durch die sie Bekanntheit, Prominenz vielleicht erreichen können, sie wissen, in welchen Abständen sie ein Buch erscheinen lassen müssen, um ihre Bekanntheit zu erhalten, sie beliefern die Feuilletons der Tages- und Wochenzeitungen, die Zeitschriften, die Rundfunkanstalten mit dem, was diesen wichtig, also aktuell und leser- bzw. hörergeeignet erscheint.

Die literarische Produktion scheint mehr und mehr eine Funktion des Literaturbetriebs zu werden. Primat hat nicht die Niederschrift dessen, was den einzelnen Autor bedrängt oder beschäftigt und seine Formung verlangt, sondern was die Öffentlichkeit angeblich von ihm erwartet: die Wirklichkeitsillusion und das Wirkungsvolle.

Das Mimetische und das Rhetorische seien aber, heißt es dazu, schon seit der Antike zwei zentrale Kategorien, es handle sich also bei dem heutigen Verhalten der Autoren um nichts neues.

Abgesehen davon, daß sich in diesen Kategorien das Literarische nicht erschöpft, waren das Mimetische und das Rhetorische auf Systeme bezogen, die – wie Mythos, Religion, Vernunft – heute nicht mehr bestimmend sind. An ihre Stelle ist ein System getreten, das als mediales nicht mit den spezifischen Semantiken der 'alten' Systeme konkurriert, sondern sich ausschließlich durch 'formale' Momente charakterisieren läßt wie etwa das des Verbreitungsgrades und damit das des quantitativ meßbaren Erfolgs. So sind diese Momente als solche bereits immer in der Nähe zu denen des ökonomischen Systems. Mimesis und Rhetorik orientieren sich daher am Journalismus als der

Synthesis von Medialität und Kommerzialität. Dichtung als dritte bzw. erste Kategorie neben mimetischer Darstellung und Rhetorik widerstrebt aber dem 'neuen' System, insofern sie nicht journalisierbar ist. (Sie hat übrigens schon den 'alten' Systemen, deren Ausdruck sie doch manchmal zu sein schien, widerstrebt, insofern sie völlig eigenwillig, sozusagen willkürlich über sie verfügt hat.)

Ernst Meister (1911 – 1979) tritt von Anfang an als Dichter in die Erscheinung. Er schrieb vor allem Gedichte und schrieb nie solche, die im Kontext medialer Erwartungen standen. Wenn er daneben eine Zeitlang, nämlich in den sechziger und siebziger Jahren, Hörspiele verfaßte, so gewiß, um dadurch wenigstens zu einem geringen Teil die vorab feststehende kommerzielle Erfolglosigkeit des Lyrikers zu kompensieren. Und anders als die erzählerische oder die Bühnenprosa ist das Hörspiel durch seine Einbindung in die öffentlich-rechtlichen Rundfunkanstalten am wenigsten journalistisch-ökonomisch gelenkt.

Meister, geboren am 3.9.1911 in Hagen-Haspe, hat dort auch den größten Teil seines Lebens zugebracht. Er studierte zwar vor dem Krieg in Marburg, Berlin und Frankfurt, nach dem Krieg in Heidelberg. Er war von 1940 bis zum Kriegsende Soldat, aber von Reisen abgesehen war er in Kindheit und Jugend und für die fast 25 Jahre seiner Hauptlebenszeit an Haspe gebunden, an das Haus, das seine Eltern 1917 bezogen hatten. Das Studium der Philosophie, Theologie, Germanistik und Kunstgeschichte, sein philosophischer Lehrer Karl Löwith (1897 – 1973) haben ihn mit den großen denkerischen und literarischen Traditionen bekannt und vertraut gemacht, aber in der Industrieprovinzialität der Ausläufer des Ruhrgebiets, doch auch am Rande des Sauerlandes ist seine Lyrik vor allem entstanden. Anders als im 19. und zu Beginn des 20. Jahrhunderts ist hier also gerade nicht mehr die große Stadt, aber auch nicht die Idylle, sondern die illiterarische Industriestadt räumliche Voraussetzung des Werks geworden. Die große Stadt ist ja nach 1945 nicht mehr der Raum des Bohemiens und des bürgerlichen Schriftstellers, sondern der des journalistischen Literaten, der sich aber auch dank der Kommunikationsmittel und bspw. aus ideologischen Gründen auf dem Lande ansiedeln kann. Meisters Wohnort war ihm aus ökonomischen Gründen 'aufgezwungen', aber er schafft ihm gleichzeitig die Möglichkeit, ohne die üblichen kommunikativen Ablenkungen, die dies wegen des Verlusts der literarischen Sachorientierung zugunsten der Medienorientierung sind, sich dichterisch zu konzentrieren: „Ich aber meine [...] den 'leeren' Raum. Ohne das Denken an ihn wird Wohnen nicht 'geistlich'."

Meisters Anfang ist freilich noch durch literarische Zeitbeziehungen geprägt. Sein kleiner Band *Ausstellung* (1932) wird literaturkritisch als „Kandinsky-Lyrik" vereinnahmt – eine Benennung, die Meister selbst mehrfach aufgreift – und ist durch eine zwar antikommunikative, aber durchaus zeitgenössische Geste charakterisiert, die auf den Surrealismus Bretons, Eluards und Supervielles deutet und manchmal noch auf den Expressionismus van Hoddis´, Lichtensteins oder auch August Stramms. In diesem zeitgenössisch Antikommunikativem aber (*Die gelben Beine*; *Mein eines Bein liegt im Garten vor dem Haus*; *Und vor ihm rollt sein Kopf* etc.) ist bereits auf die spätere Lyrik Meisters Vorausdeutendes zu entdecken: es ist nicht so sehr anti- denn vielmehr unkommunikativ und gleichzeitig eminent sprachlich.

> *ALLES BERUHT AUF SICH.*
> *Ich beruhe auf mir.*
>
> *Die Stadt geht durch die Straßen spazieren.*
> *Ein Berg steigt zu sich hinauf.*
> *Eine Luftschiffschaukel bleibt im Schwunge stehn und besinnt sich.*
> *Der Fluß spricht: Wohin muß ich fließen?*
> *Gott spricht: Mutter, ich kann nicht mehr weiter. Es ist so heiß.*
> *Die Chaussee spricht: Ich habe kein Benzin mehr.*
> *Ein Abend umhegt die Welt und sagt: Guten Abend.*
> *Mütter sprechen im Chor:*
> *Alles beruht auf sich.*
> *Sie lachen.*

Der Anfang: zwei parallele, durch Reflexiva bestimmte Sätze, die aber entgegengesetzte Reflexionen sind. Das Gedicht vermittelt beide, indem es sie in den folgenden Sätzen ausführt: die zweite Strophe ist der Übergang von surrealem Sprechen zu einer poetischen Reflexion, die einräumt, daß alles Subjekt, alles darum 'reflexiv', alles darum sprachlich sein kann. Das beendet hierarchische Verhältnisse: „Fluß", „Gott", „Chaussee", „Abend", „Mütter" sind gleichberechtigte Subjekte dieses Sprechens.

In dem Augenblick, da sich das mediale Sprechen als Muster der Kommunikation durchsetzt, insistiert der junge Lyriker auf einem Sprechen, das Natursprache ist, aber nun durch Reflexivität geprägt und damit wieder an Menschensprache erinnernd, die es nicht mehr gibt, da anstelle des Gedankens das Gerede sprachbestimmend wird. Viel später wird er sagen, daß „Dichten [bei ihm] identisch [sei] mit Denken".

Nach dem Band *Ausstellung* hat Meister erst 1953 seinen zweiten Gedichtband veröffentlicht, doch hat er auch in der Zwischenzeit Gedichte geschrieben, von denen er 1946/47 in sechs *Mitteilungen für Freunde* Nachricht gab. Von diesen Gedichten, die vielfach an Hölderlin anknüpfen, ist nur eines verändert in einen späteren Band übernommen worden (*Zerstreuung eines Fisches* in *Dem Spiegelkabinett gegenüber*, 1954).

Zwischen 1953 und 1962 erscheinen zehn meist schmale Lyrikbände, in denen es durchaus Berührungen mit Tendenzen der zeitgenössischen Lyrik gibt, am wenigsten allerdings mit der politisch-ideologischen. Doch lassen sich über den Surrealismus hinaus weitere Beziehungen zur lyrischen Tradition erkennen.

Das lyrische Verfahren ist das der freien Füllung des Verses, wobei schon in den sechziger Jahren ein lyrischer Lakonismus auffällt, der sich auch als rhythmischer Akzent bemerkbar macht. Doch haben die Gedichte meist noch eine mittlere Länge und sind auch darin der zeitgenössischen Lyrik verwandt.

Schon in den Gedichten der fünfziger und sechziger Jahre fällt ein entschiedener Rekurs auf Sprache als Sprache auf. Der erscheint zunächst als einer auf das Thema der Sprache, entfernt sich aber schon darin dem üblichen thematischen Interesse der Nachkriegslyrik (Kahlschlaggedicht, Naturlyrik, politische Lyrik, Alltagslyrik), wobei Paul Celan (eigtl. Antschel, rumän. Anczel, 1920 – 1970) als die große andere Ausnahme zu nennen ist.

Neben das Thema der Sprache tritt als Ausdrucksform von Sprache, vor allem in den Bänden ... *und Ararat* (1956) und *Fermate* (1957) Musik, die in dem Gedicht *Après Aprèslude* aus *Fermate* noch einmal evoziert, mit Gottfried Benn (1886 – 1956) als ihrem lyrischen 'Ursprung' (statt Verlaine oder dem jungen Hofmannsthal) verbunden, aber auch schon als lyrische Sprechweise verlassen wird.

Inmitten dieses Gedichts stehen die Zeilen „Totsein an und für sich/ nicht erfahrbar dem Ich". Sie weisen auf die entscheidend neue und von nun an beständige Thematik in Meisters Gedicht hin: den Tod.

Sie wird mit der Thematik der Sprache verschränkt, v.a. in ihrer Sprachlichkeit aufgesucht, d.h. die Vorstellung 'Tod, Nichts' wird auf paradoxe Weise lebendig, indem sie als sprachliche evoziert wird.

Nähe zum Tod, Nähe zur Sprache wird im Schweigen hergestellt, das wieder mit dem Sprechen der Dinge zusammenhängt, einer weiteren 'Sprachstufe' der Gedichte Meisters zu Anfang der sechziger Jahre: „Entgegen/ ist mir das Schweigen/ des Steins [...] Zuwider/ ist mir Sagen,/ darum schweig ich".

Dem Sprechen der Dinge, dem Schweigen ist „Geschwätz", Gerede als Sprache der Kommunikation konfrontiert: „gelebt wie/ gelebt, mit der/ Sorge und im/ guten Geschwätz ..."

Nach *Flut und Stein* (1962) gibt es zum ersten Mal eine längere Pause in der Veröffentlichungssequenz Meisterscher Gedichte. Erst 1968 erscheint der Band *Zeichen um Zeichen*.

Es fällt zunächst auf, daß in diesem Band nur noch ganz wenige längere Gedichte stehen, die meisten haben bis zu 16 Zeilen. In diesem und in folgenden Bänden (*Es kam die Nachricht*, 1969; *Sage vom Ganzen den Satz*, 1972) ist nicht mehr die Dingsprache im Mittelpunkt, sondern die Dinglichkeit der Sprache: „'Schlimm' – dies/ sichere Wort/ stehe allein./ Es schält sich/ wie Haut vom Munde."

Ins Zentrum des Gedichts rücken nun einzelne Worte, die mehr und mehr eine Verszeile füllen. So tendieren sie auf einen Lakonismus, der der Überfülltheit kommunikativer Texte in Zeitung und gängigem Buch entgegengesetzt ist. Gedicht erfüllt sich nun im Satz, Satz konzentriert sich im einzelnen Wort und solche Lyrik wird unter das Postulat gestellt: „Sage vom Ganzen den Satz".

Es ist ein Postulat, das kein wissenschaftliches und auch kein philosophisches mehr sein kann, sondern allein ein dichterisches, insofern es ja keine Weltformel meint, vielmehr eine Entgegnung zu der Feststellung „Viele/ haben keine Sprache".

Sprachlosigkeit, meist in der Form des Geredes, also des sprachunbewußten Sprechens, ist der Normalzustand des Sprechens und der Sprecher geworden. Die Entgegnung des lakonischen Gedichts ist aber keine des gleitenden, des schönen Verses mehr. Sie hat einen lyrischen Sprecher, der bezeugt: „Wär ich nicht selbst/ satt von Elend, ich// bewegte/ die Zunge nicht." Nicht das existierende Ich reicht schon als Entgegnung. Bewegen kann sich erst, bewegt ist erst, nämlich sprachlich, „Ich", das „satt von Elend" ist, das Sätze, Verse „mit dem Stock auf den Tisch" schlägt wie diesen: „Zu sterben, das ist/ Grammatik!" Tod und Sprache werden hier wieder enggeführt: Grammatik, die Sprachregel, erfüllt sich als Lebensregel.

Es ist unmittelbar evident, wie weit entfernt diese Lyrik von den üblichen Gedichten der sechziger und siebziger Jahre in deutscher Sprache ist, den Alltagsgedichten, denen der neuen Subjektivität, deren Prosabeobachtungen und deren privates Gejammer zu zufälligen Einheiten addiert und in zufällige Zeilen transponiert wurden.

Der hemmungslosen Trivialität, die nun auch die Lyrik der journalisierten Literatur anpassen will, widersprechen Meisters Gedichte einfach in ihrer Gestalt und ihrer Semantik. Lyrik erhält weiterhin ihren Sinn nur, wenn sie sagt, was nirgend anders gesagt wird. Doch schließt dieses 'Was' immer schon ein 'Wie' ein. Die schweren und einzelnen Worte des Meisterschen Gedichts sind in einen Gedichtrhythmus einbezogen, der als lyrischer Rhythmus erscheint, sich nicht an Prosa anbiedert, aber sich auch nicht mit dem fließenden Lied-Rhythmus früherer Epochen identifizieren läßt. Es ist ein stockender Rhythmus, der als solcher herstellt, was wieder als explizites Postulat im Gedicht erscheint: „Der Mensch/ hat sein Lied zu singen", und zwar „gerüttelt von der Weltstille".

Die ganz ungewöhnliche Leistung der Lyrik Meisters ist die Erinnerung an das, was jenseits des heute relevant Genannten liegt: des Wirtschaftlichen, Politischen, Gesellschaftlichen, aber auch jenseits der asemantischen postmodernen Seiltänzereien. Vordringlich sind dies Tod und Sprache, jener als das nicht im Gerede Aufhebbare, diese als die in der Reflexion, im Sagen des Todes Standhaltende. Macht des Todes und Gegenmacht der Sprache sind die unerhörten Bekundungen des Meisterschen Gedichts.

Sie gelten insbesondere für die beiden späten Bände *Im Zeitspalt* (1976) und *Wandloser Raum* (1979).

Lakonisch heißt es: „Da vorn/ ist das Grab." In Aufnahme von Hölderlins *Mnemosyne* heißt es: „Lang oder kurz ist die Zeit,/ und das Wahre,/ das sich ereignen wird,/ heißt Sterben."

Aber was „da vorn/ ist", was „sich ereignen wird", wird *gesprochen*: nicht als Information, nicht in kommunikativer Absicht, sondern als Gedicht, als Komprimierung und als Ausdruck dessen, was sonst bloß *ist*, ja nicht einmal ist. Die Sprachlichkeit des Gedichts aber ist nicht denotatives Zeichen, ist auch nicht Begriff oder im rhetorischen Sinn Metapher, sondern die aus Einsicht in die Sprache selbst geborene Einheit von Sinn und Sinnlichkeit, von Gedanke und Klangmaterie.

So können Spruchhaftes und Klageton sich in den späten Gedichten verbinden. Fast erratisch wird konstatiert: „Es ist,/ Staub zu sein,/ wirklich kein Amt." Daran schließt sich unmittelbar aus dem Klang gewonnener Ausdruck an: „O/ Öde immerdar,/ der Ewigkeit Wüste."

Und aus beidem geht knappste Reflexion hervor: „Geboren,/ bin ich/ ins Wissen geworfen." Das Gedicht bietet die Einsicht, die aus dem sich fügt, *was* es sagt und *daß* es sagt. -

Wandloser Raum erscheint im Todesjahr Meisters: 1979. Am 15. Juni ist er in seiner Heimatstadt gestorben.

Die Rezeptionsgeschichte seines Werks ist bis heute schwierig geblieben. Er erhält zwar einige bedeutende Preise, den letzten und bedeutendsten, den Georg-Büchner-Preis, aber erst nach seinem Tod.

Schon seit Anfang der sechziger Jahre beschäftigt sich auch die Literaturwissenschaft mit ihm. Heselhaus schreibt über ihn, später Beda Allemann, Georg Laschen, Helmut Arntzen. Auch entstehen erste Dissertationen. Besonders setzt sich in der Literaturkritik Jürgen P. Wallmann für sein Werk ein. Hoch einzuschätzen für dessen Ermöglichung ist die freundschaftliche Zuwendung des Lehrers Helmut Kohlleppel. Auch ist sicherlich richtig, daß schon seit den fünfziger Jahren eine Leserschaft entsteht, die ihn als bedeutenden Poeten erkennt und bestätigt.

Nach seinem Tod bildete sich unter der Leitung von Theo Buck eine Meister-Gesellschaft, die bereits zweimal wissenschaftliche Colloquien veranstaltete. Der Rimbaud-Verlag legte die Gedichtbände neu, die Hörspiele zum ersten Mal auf. 1985 und 1989 erschienen Sammlungen von Meister-Texten, z.T. mit wissenschaftlichen Beiträgen.

Trotzdem kann nicht die Rede davon sein, daß Meister schon den Platz einnimmt, der ihm als Lyriker gebührt. Das hängt mit vielem, nicht zuletzt auch mit den üblichen Nachlaßproblemen zusammen, die zwischen Personen außerordentlich unterschiedlicher Kompetenz ausgetragen werden.

Aber entscheidend für die ungenügende Schätzung und Verbreitung des Werks ist doch wohl die Position, die Lyrik in Deutschland nach dem Zweiten Weltkrieg eingenommen hat. Geht man davon aus, daß über den Stand der literarischen Kultur eines Landes nichts so genau Auskunft gibt wie die Rezeption von Lyrik, so ist es um diese literari-

sche Kultur in der Bundesrepublik Deutschland erbärmlich bestellt.
Der äußere Anschein widerspricht dieser Feststellung. Der Umfang
der literarischen Buchproduktion, das Vordringen der Literaturkritik
in die populären Medien, die mit Industrieveranstaltungen konkurrierende Buchmesse, die unablässige Verteilung von Literaturpreisen,
die mehrfache Institutionalisierung der Literatur in Akademien, die
Fülle literaturwissenschaftlicher Professuren scheinen die günstigste
Auskunft über die literarische Kultur dieses Landes zu geben. In
Wahrheit handelt es sich um Ausdrucksformen eines literarischen Betriebs, der zu dem, in dessen Namen er spricht, sich etwa verhält wie
ein Buchhalter zu dem Vermögen, das er registriert. Auch muß man
daran denken, daß eine stärkere und breitere Rezeption neuerer Lyrik
nach dem Krieg nur in drei Fällen stattgefunden hat: bei Benn, Brecht
und Celan.

Die Benn-Rezeption war die einer Generation, die in diesen Gedichten
sich ausgedrückt fand. Die Lektüre des Lyrikers Brecht war, soweit
sie nicht politischen Interessen entsprach, der offenen und heimlichen
Didaxe zugewandt wie auch einem Zynismus, die beide als die hoffende und die enttäuschte Seite der Aufklärungstradition zu beschreiben sind. Im Werk Celans schließlich rezipierte man ein Amalgam aus
unbewältigbarer Vergangenheit und bewältigter lyrischer Form; man
las es als das Gedicht nach Auschwitz, dem Theodor W. Adornos
(1903 – 1969) Verdikt gegolten hatte.

Ansonsten breitete sich, soweit Lyrik nicht längst durch die Halden
von Romanprosa und durch das populäre Schreckenstheater zwischen
Friedrich Dürrenmatt (1921 – 1990) und Thomas Bernhard (1931 –
1989) erdrückt worden war, eine Schule der Geläufigkeit aus, die zur
schnellen Verwertung Etüden in Politik, Gesellschaftskritik, Alltag,
Subjektivität lieferte. Es entstand, von wenigen Ausnahmen abgesehen, eine angepaßte Lyrik und ein angepaßtes Lyrikverständnis, die
sich beide durch den Hinweis auf die Obsoletheit einer Romantikvorstellung legitimierten, die ganz und gar nicht die authentische meinen
konnte. Sie erinnerte frappierend an die Goldschnittlyrik des vorigen

Jahrhunderts, von der sie sich gerade als vom schlechtesten Beispiel absetzen wollte. Doch verhinderte sie durch die Übernahme der gängigen Dicta, denen die 68er zur Geltung verholfen hatten und deren Kern Haß auf die Literatur als das andere war, die Rezeption der großen deutschen Lyrik, die in den Namen Gryphius, Goethe, Claudius, Hölderlin, Eichendorff, Mörike, Hofmannsthal, George, Rilke vor allem erscheint. Der einzige Heine blieb aus ideologischen Gründen akzeptiert.

In dieser Atmosphäre konnte das Gedicht Meisters nicht das Gehör finden, das es verlangen kann. Vor allem darum nicht, weil sich in jener das Politische mit dem Kommerziellen versöhnte, dem linke Politik doch den entschiedensten Kampf angesagt hatte. Diese Versöhnung fand im Zeichen der Venerierung des Mittelmaßes statt. Als akzeptabel galt nur das unmittelbar Plausible, nicht was im Kantischen Sinne viel zu denken gab, sondern was wenig Mühe kostete. Die emanzipatorischen Postulate wie die kommerziellen Erwartungen fanden in den Fernseh-Serien ihre Erfüllung, in denen die promiskue Gesellschaft als entertainment vorgeführt wird.

Davon war und ist unendlich entfernt der Anspruch, den Meisters Gedicht stellt. Es konfrontiert schon mit einem Lexikon, das weder in der Alltagssprache noch in der aus ihr abgeleiteten Literatur als zulässig gilt: z.B. (aus einer Reihe von Gedichten exzerpiert): „Schweigen, Gebein, Finsternis, Abgrund, Endlichkeit, Sein, Grab, Weisheit" etc. Und andere, gängigere Worte erscheinen in ganz unvertrauten Kontexten: „Er ist, der Leib,/ in seiner Arbeit/ kein Traum/ und ein Traum". Das wird das Geschwätz Geschwätz nennen und rasch zu seinen Kommunikationen übergehen.

Und natürlich ist „Tod" für diese kein Thema, schon gar kein lyrisches, sondern hinsichtlich millionenfachen Vorkommens allenfalls ein Kick, hinsichtlich eigener Befürchtungen eine zu verdrängende Peinlichkeit.

Natürlich ist „Sprache" für diese nur Mittel der Kommunikation, Zeichenreservoir, Referenzmedium, Informationsapparat, nicht Zentrum des Denkens, nicht Seinsermöglichung.

Nun bezeugt aber die tollgewordene Absurdität einer sprachlosen Welt aus Kommerz, Gewalt und entertainment, daß sie eine vernachlässigenswerte Größe sei – oder daß in ihr, neben ihr, trotz ihr anderes sich verberge, von dem einzig noch eine Dichtung Kenntnis gibt, die verfaßt ist wie die Ernst Meisters. Denn Philosophie, Theologie und die übliche Literatur sind nur noch kommunikative Spielchen, die die nicht brauchen, die handeln, zuschlagen und Witzchen reißen, es sei denn, sie erleben den Spaß, ihre Absurdität durch jene affirmiert zu finden.

Die Lyrik Meisters ist, ob sie nun in größerem Maße wirksam werde oder nur wenigen sich vermittle, objektiv der beständige Widerspruch zur Nichtung des menschlichen Daseins durch Nichtigmachung und Vernichtung. Wenn inskünftig von Literatur noch etwas zu sagen sein wird, dann nur von einer Dichtung wie der Ernst Meisters.

Bernhard Zimmermann

Arbeiterliteratur

Wenn nachfolgend von 'Arbeiterliteratur' die Rede sein wird, so deckt dieser Begriff zwei durchaus unterschiedliche literarische Phänomene ab. Zum einen figuriert er als Bezeichnung für Literatur, die von Werktätigen oder ehemaligen Arbeitern deutscher oder ausländischer Herkunft in deutscher Sprache verfaßt wurde und wird, meist mit aufklärerischem oder gesellschaftskritischem Impetus oder auch mit der Primärfunktion einer literarischen Selbstverständigung. Dominant handelt es sich bei diesem Typus von Arbeiterliteratur um eine Literatur von Laien, die sich Professionalisierungszwängen und der marktstrategischen Produktgestaltung tendenziell entzieht. Zum anderen fungiert der Begriff Arbeiterliteratur auch als Bezeichnung für Literatur, die nicht von Arbeitern für Arbeiter, sondern von professionellen Schriftstellern unterschiedlichster Herkunft für ein in soziologischer Hinsicht disperses Publikum verfaßt wird und lediglich in stofflich-thematischer Hinsicht die Lebenswelten und den Arbeitsalltag von Arbeitern literarisch verarbeitet und dabei meist Arbeiter als dominante Handlungsträger ins Zentrum der Fiktion(en) rückt, teils in sozialkritischer Absicht, teils in dokumentarischem Habitus oder auch im Kontext einer autobiografisch motivierten Spurensuche. Zwischen diesen durchaus disparaten Erscheinungsformen von Arbeiterliteratur sind Berührungen und Überlagerungen prinzipiell möglich, wenn auch in der Praxis nicht sehr häufig auffindbar.

Kriegsende, 'Nullpunkt' und die Beschwörung proletarischerSchicksalsgemeinschaft

Die Arbeiterliteratur im deutschsprachigen Raum weist eine mehr als hundertjährige, von vielerlei Brüchen und Diskontinuitäten begleitete Tradition auf. Die Spaltung der Arbeiterbewegung in den zwanziger Jahren, die Auflösung ihrer Organisationen im Jahr 1933 und die faschistische Diktatur erwiesen sich auch für die Entwicklung der Arbeiterliteratur vor 1945 als maßgebliche außerliterarische Einflußgrößen. Das Jahr 1945 markiert auch innerhalb der Geschichte der Arbeiterliteratur eine Zäsur, wenn auch keinen Nullpunkt. Im Territorium der späteren Bundesrepublik Deutschland ist die Ausgangskonstellation durch einen doppelten Traditionsbruch gekennzeichnet: weder die durch den Faschismus kompromittierte Arbeiterliteratur noch die antifaschistische, proletarisch-revolutionäre Arbeiterliteratur der zwanziger Jahre boten Orientierungspunkte, an denen die Arbeiterliteratur im gesellschaftlichen Klima der späten vierziger und fünfziger Jahre hätte anknüpfen können. Im Territorium der späteren DDR fanden zwar proletarisch-revolutionäre Autoren, die das Dritte Reich im Exil überlebt hatten, wie Erich Weinert etwa, eine neue Heimat, doch der kulturelle Neubeginn stand im Zeichen einer klassenübergreifenden Orientierung am „kulturellen Erbe" der als progressiv eingestuften bürgerlichen Literaturtradition der Vergangenheit.

Die überaus spärlichen Ausdrucksformen von Arbeiterliteratur in der unmittelbaren Nachkriegszeit stehen wie etwa Erich Grisars (1898 – 1955) Erzählung *Die Tat des Hilko Boßmann. Eine Erzählung aus dem Jahr 1945* (1947) im Zeichen der Anknüpfung an völkisch akzentuierte Volksgemeinschaftsideologien der Vergangenheit, oder sie propagieren wie Martha Schlinkert-Galinskys Roman *Der Schatten des Schlotes* (1947), eine von Interessenskonflikten gereinigte Klassenharmonie und glorifizieren proletarische Helden, die wissen, „daß arm und reich immer bleiben würden" und die als Arbeiterführer dafür sorgen möchten, daß sich die verlorengegangene „Verbundenheit untereinander als Schicksalsgemeinschaft" wiedereinstellen möge.

Die Gruppe 61

Stellt man diese für die Konstituierung von Arbeiterliteratur äußerst ungünstigen inner- und außerliterarischen Konstellationen in Rechnung, stellt man darüber hinaus in Rechnung, daß auch in Teilen der arbeitenden Bevölkerung die Annahme, man lebe in einer „nivellierten Mittelstandsgesellschaft", auf Zustimmung rechnen konnte, so kommt der Gründung der Dortmunder Gruppe 61 am Karfreitag 1961 durchaus eine nicht gering zu veranschlagende Bedeutung im literarischen Leben der frühen sechziger Jahre zu. Den Initiatoren dieses „Arbeitskreis(es) für die künstlerische Auseinandersetzung mit der Arbeitswelt" lag es anfangs durchaus fern, an die sozial- und gesellschaftskritischen Tendenzen der Arbeiterliteratur anzuknüpfen. Ihr Anliegen beschränkte sich primär auf das Ziel, den aus der Nachkriegsliteratur weitgehend ausgeblendeten Wirklichkeitsbereich der industriellen Arbeitswelt als literarisches Sujet zu rehabilitieren. Schon die Namengebung der Gruppe, die der erfolgreichen Gruppe 47 nachempfunden war, signalisierte den Anspruch, als Zusammenschluß literarisch ambitionierter Schriftsteller ernstgenommen zu werden und sich durchaus an den Normen des etablierten Literaturbetriebs messen zu lassen: „Die Autoren der Dortmunder Gruppe 61 schreiben nicht als Arbeiter für Arbeiter, sie wollen einen Beitrag leisten zur literarischen Gestaltung aller drängenden Fragen und Erscheinungen unserer von Technik und 'Wohlstand' beherrschten Gegenwart." So faßte Fritz Hüser (geb. 1908), einer der wichtigsten Mentoren der Gruppe 61, das Selbstverständnis der neuen Schriftstellervereinigung zusammen. Gleichwohl stammte, wie eine Mitgliederbefragung von Peter Kühne dokumentierte, eine relativ große Zahl der Gründungsmitglieder der Gruppe 61 aus Arbeiterfamilien. Viele Autoren der Gruppe waren gleichzeitig auch Gewerkschaftsmitglieder, ungeachtet des Umstands, daß sich die Schriftstellervereinigung als unabhängig definierte.

Dem unbestreitbaren Verdienst, den Bereich der Arbeitswelt wieder der literarischen Darstellung zugänglich gemacht (und ihn damit tendenziell auch der Kritik ausgesetzt) zu haben, steht bei vielen Autoren der Gruppe 61 gleichwohl eine anachronistische literarische Praxis gegenüber, die vor allem im Bereich der Lyrik sehr ausgeprägt blieb. So griffen etwa Autoren wie Josef Büscher (geb. 1918) (*Neue Industriedichtung* (1965)) oder Arthur Granitzki (geb. 1906) in ihren lyrischen Beschwörungen von Industriearbeit und Fabrikwelten unverhüllt auf expressionistische Ausdrucksformen zurück. In der Prosaliteratur blieb es vor allem Max von der Grün (geb. 1926) und Hans Günter Wallraff (geb. 1942) vorbehalten, die literarischen Aktivitäten der Gruppe 61 ins Blickfeld einer größeren Öffentlichkeit zu rücken und die Darstellung von Arbeitswelt in einer dezidiert kritischen Perspektive vorzunehmen. Da beide Autoren bei ihrer Kritik auch die Gewerkschaften nicht aussparten, blieben Konflikte nicht aus. Die Gewerkschaftspresse, die in der ersten Hälfte der sechziger Jahre für viele Autoren der Gruppe 61 der dominante Publikationsort war, boykottierte Autoren wie von der Grün oder Wallraff mit dem Argument, ihr literarisches Schaffen verstoße gegen das Prinzip der gewerkschaftlichen Solidarität.

Der Werkkreis Literatur der Arbeitswelt

Mitte der sechziger Jahre wurden viele jüngere Autoren in die Gruppe 61 aufgenommen, die in den siebziger Jahren eine wichtige Rolle im literarischen Leben spielten: Günter Wallraff, Friedrich Christian Delius (geb. 1943), Angelika Mechtel (geb. 1943), Wolfgang Körner (geb. 1937) oder Peter Paul Zahl (geb. 1944). Schreibende Arbeiter befanden sich Mitte der sechziger Jahre innerhalb der Gruppe 61 schon in einer marginalen Position, was Josef Büscher, eines der

Gründungsmitglieder der Gruppe, 1966 zum demonstrativen Austritt bewog. Die gruppeninternen Konflikte fanden ihren Ausdruck in der Gründung eines eigenständigen „Werkkreis(es) Literatur der Arbeitswelt", der sich 1970 auch organisatorisch von der Gruppe 61 trennte. Die Initiatoren der Werkkreis-Bewegung, Erasmus Schöfer (geb. 1931) und Peter Schütt (geb. 1939), verstanden sich einerseits als „Erben" der Gruppe 61, insoweit die Werkkreise die durch die Gruppe 61 eingeleitete Entwicklung literarischer Exploration der Arbeitswelt fortführen sollten. In programmatischer Hinsicht setzten sie andererseits auch neue Akzente: nicht Unabhängigkeit und Überparteilichkeit, sondern Parteilichkeit im Interesse der abhängig Beschäftigten sollte die literarische Praxis der Werkkreis-Mitglieder bestimmen. Die Arbeitswelt und Lebenswirklichkeit von Arbeitern und Angestellten sollte möglichst durch Arbeiter und Angestellte literarisch erschlossen werden. Als Adressaten der von den Werkkreisen produzierten Literatur erhofften sich die Initiatoren und Mitglieder vor allem Werktätige, die durch die Medien Flugblatt, Zeitung, (Gewerkschafts)Zeitschrift erreicht werden sollten. Nicht zuletzt ging die von Linksintellektuellen initiierte und gesteuerte Werkkreis-Bewegung von den Annahme aus, durch „Bewußtseinsveränderung" langfristig auch gesellschaftsverändernd wirksam werden zu können (und sich hierbei auch marktwirtschaftlich ausgerichteter Verlagsimperien bedienen zu können). Die im S. Fischer-Verlag erschienene Taschenbuchreihe mit Werkkreis-Publikationen erreichte Auflagenzahlen zwischen 40000 und 50000 Exemplare für Romane wie *Gehen oder Kaputtgehen* (1973) von Helmut Creutz (geb. 1923) sowie themenspezifische 'Lesebücher' wie *Dieser Betrieb wird bestreikt. Berichte über die Arbeitskämpfe in der BRD* (1974), *Liebe Kollegin. Texte zur Emanzipation der Frau in der Bundesrepublik* (1973ff.) oder *Mit 15 hat man noch Träume. Arbeiterjugend in der Bundesrepublik* (1975). Doch der temporäre Erfolg darf nicht darüber hinwegtäuschen, daß die betreffenden Bände vorwiegend dort Abnehmer fanden, wo sie auch der Fischer-Pressedienst vermutete: „...viele Indizien lassen den

Schluß zu: Die Bände werden zunehmend intensiver in Gewerkschaftsschulungen, in Berufs- und sonstigen Schulen, auch in Universitäten gelesen und diskutiert." Daß die Werkkreise keine Literatur hervorbrachten, die über den Tag hinaus hätte wirken können, ist aber auch dem Umstand geschuldet, daß die Autoren einem allzu vordergründigen, instrumentalistischen Vorverständnis von Literatur huldigten und annahmen, literarische Ausdruckskraft sei mehr oder weniger zweitrangig, wenn nicht gar ganz verzichtbar.

Günter Wallraff und Erika Runge

Während die Laienschriftsteller des Werkkreises meist ihrem literarischen Sujet auf Grund von gravierenden Ausdrucksnotständen nicht gewachsen waren, fehlte den Berufsschriftstellern in der Regel der unmittelbare Kontakt zur industriellen Arbeitswelt und zum sozialen Alltag der Werktätigen. Einen Ausweg aus diesem Dilemma schienen dokumentarische Formen zu offerieren, die zudem ein hohes Maß an Authentizität suggerierten. Erika Runge (geb. 1939), Mitglied der Gruppe 61 wie auch später des Werkkreises, bediente sich in ihren *Bottroper Protokollen* (1968) in exemplarischer Form des sog. O-Ton-Dokumentarismus, der die von Kurzarbeit, Zechenstillegung und Massenarbeitslosigkeit betroffenen Arbeiter im Originalton zu Wort kommen läßt, ihre Selbstaussagen lediglich montiert, durch thematische Zuordnung in Kontexte rückt, ohne das erhobene „Material" einer sprachlichen Gestaltung zu unterwerfen.

Als weitaus publizitätsträchtiger als Runges O-Ton-Dokumentarismus erwies sich das von Günter Wallraff gewählte Verfahren, zum Zwecke der Hervorbringung authentischer Sozialreportagen temporär in die soziale Identität von Unterschichtpersonen zu schlüpfen, um durch „teilnehmende Beobachtung" aufdecken zu können, was sich hinter der Fassade von Begriffen wie „Wirtschaftswunder" und „Sozialpartnerschaft" verbarg. Seine zunächst in Gewerkschaftszeitungen, später auch in Buchform publizierten Industriereportagen *Wir brauchen dich. Als Arbeiter in deutschen Großbetrieben* (1966), *13 unerwünschte Reportagen* (1969, erw. u.d.T. *Unerwünschte Reportagen,* 1970) sowie *Neue Reportagen, Untersuchungen und Lehrbeispiele* (1972) trugen erheblich dazu bei, durch Zitate aus Geschäftskorrespondenzen, internen Schriftstücken, Rechenschaftsberichten usw. Einblicke in abgeschirmte Bereiche der Arbeitswelt zu ermöglichen und konnten in Einzelfällen auch eine Mobilisierung der Belegschaft in Gang bringen, auch wenn die einzelkämpferische Vorgehensweise als literarischer under-cover-agent nicht verallgemeinerungsfähig war und Wallraff zu immer raffinierteren Täuschungsmanövern und Kostümierungen zwang. Mitte der achtziger Jahre radikalisierte Wallraff sein Verfahren, indem er die Rolle eines Leiharbeiters annahm, was es ihm ermöglichen sollte, Auswirkungen einer auf die Schwächsten gerichteten strukturellen Gewalt der Gesellschaft für ein Millionenpublikum nachvollziehbar zu machen (*Ganz unten,* 1985).

Max von der Grün und August Kühn

Sieht man von den semidokumentarischen Fiktionen eines Günter Wallraff einmal ab, so bezog die Arbeiterliteratur der sechziger und frühen siebziger Jahre ihre wichtigsten Impulse von einem Autor, der von 1951 bis 1963 als Bauarbeiter, Hauer und Lokführer im Bergbau tätig war, bis ihn ein schwerer Arbeitsunfall zur Aufgabe dieser Arbeit zwang. Die Rede ist von Max von der Grün (geb. 1936), einem Mitinitiator der Gruppe 61, der mit seinem zweiten Roman *Irrlicht und Feuer* (1963) den Versuch unternahm, proletarische Alltagsrealität und die soziale Lage der Bergarbeiter im Ruhrgebiet möglichst konkret und gestützt auf eigene Erfahrung literarisch zur Darstellung zu bringen.

Die authentische Schilderung eines schweren Unglücksfalls, bei dem durch den Einsatz eines sicherheitstechnisch mangelhaften Kohleabbau-Geräts mehrer Bergleute schwer verletzt wurden und ein Arbeiter sogar zu Tode kam, trug Autor und Verlag eine (erfolglose) Klage wegen Geschäftsschädigung ein. Auch die Gewerkschaften sahen sich durch die Darstellung ihrer Aktivitäten bzw. Nichtaktivitäten nachhaltig brüskiert. Gerade der Verzicht auf eine kritiklose Darstellung von Arbeitswelt und die Absage an jedwede Verklärung von Arbeitern trug zur literarischen Qualität des Romans bei, aber auch zu seiner „Unverträglichkeit" im außerliterarischen Sinne. Während von der Grün in *Irrlicht und Feuer* dem Protest gegen den Status Quo nur eine marginale Stellung einräumte, trug sein 1973 erschienener Roman *Stellenweise Glatteis* (1973) dem Bedürfnis nach positiven Orientierungen stärker Rechnung. In den Mittelpunkt des auf einen authentischen Fall zurückgreifenden Romans stellte von der Grün einen Kfz-Schlosser, der als unbestechlicher Einzelkämpfer skandalöse Überwachungspraktiken in seinem Betrieb aufdeckt und dank der breiten Solidarisierung seiner Kollegen schließlich auch die Gewerkschaftsfunktionäre dazu bewegen kann, eine Massendemonstration gegen die Überwachung zu organisieren. Doch das Ende des Romans beugt einer illusionären Revolutionseuphorie entschieden vor. Auf das Grundmuster des Romans, den Leser durch die Darstellung eines sozialen Konflikts in einer überschaubaren Parzelle zum Nachdenken über die Notwendigkeit und Möglichkeit(en) solidarischen Handelns zu ermutigen, griffen auch andere Arbeiterschriftsteller wie Peter Neuneiner (*Akkord ist Mord* (1972)) oder August Kühn (eigtl. Helmut Münch, 1936 – 1996, *Eis am Stecken* (1974)) zurück, ohne daß ihren Romanen eine vergleichbare Resonanz zuteil geworden wäre.

Während von der Grün die Stoffe für seine Romane der unmittelbaren Gegenwart abgewann, trug August Kühn mit *Zeit zum Aufstehen* (1975), einer zur epischen Breite tendierenden Chronik einer proletarischen Familie, dem seit Beginn der siebziger Jahre wachsenden Bedürfnis nach autobiographischer Spurensuche und kultureller Selbstvergewisserung auf literarisch versierte Weise Rechnung. Die engagierte, farbige, auch unterhaltsame Schilderung proletarischer Lebensläufe (und Traditionen) tritt an die Stelle von dokumentarischen Tendenzen. Die erzählende Rekonstruktion von Vergangenheit, begrenzt auf eine Familie, offerierte die Chance, der aus der offiziellen Historiographie weitgehend ausgegrenzten Dimension proletarischen Alltags – wie bruchstückhaft auch immer sie sei – habhaft werden und damit einer Geschichtsschreibung von unten näherkommen zu können.

„Richtig daheim waren wir nie"

Die siebziger Jahre boten günstige soziokulturelle Voraussetzungen für die Wiederentdeckung proletarisch-revolutionärer Literatur wie auch für literarische Gestaltungen proletarischer Milieus. Die Namen Martin Sperr (geb. 1944), Franz Xaver Kroetz (geb. 1946) und Rainer Werner Fassbinder (1945 – 1982) können stellvertretend für ein literarisches Programm stehen, das sich in O-Ton-Dokumentarismus oder in neonaturalistischen Imitaten der Sprache und Lebenswirklichkeit der Unterschichten anzunähern suchte. Die Romantrilogie *Ästhetik des Widerstands* (1975 – 1981) von Peter Weiss (1916 – 1982) markiert in künstlerischer Hinsicht den Höhepunkt der literarischen Gestaltung von Arbeitergestalten durch bürgerliche Autoren.

In den achtziger Jahren verlagert sich das Interesse der literarischen Intelligenz auf Deklassierte aller Schattierungen. Der exorbitante Markterfolg von Günter Wallraffs *Ganz unten* (1985) bestätigt diesen Trend und partizipiert an ihm. Gleichzeitig begünstigt das Interesse an Alltagsgeschichte auch schriftstellerische Exkursionen in proletarische Milieus der Vergangenheit. Die literarische Spurensuche setzt jedoch fortan nicht mehr wie noch die *Ästhetik des Widerstands* von Peter Weiss eine hohe zerebrale Belastbarkeit ihrer Adressaten voraus . Sie steht im Zeichen von Überschaubarkeit, Anteilnahme, Nähe und bedient mitunter auch Nostalgiebedürfnisse. Innerhalb der elektronischen Medien bezeugt der internationale Erfolg der fiktiven Hunsrück-Chronik *Heimat* (1981–84) von Edgar Reitz (geb. 1932) und Peter Steinbach den hier konstatierten Trend und markiert in stiltypologischer Hinsicht den Gegenpol zu Fassbinders Serie *Acht Stunden sind kein Tag. Eine Familienserie* (1972/73).

Ungeachtet der generellen Tendenz zur „Regionalisierung" literarischer Gestaltung, zur Beschränkung auf Nahräume und soziale Mikrokosmen, bleibt das Spektrum literarischer Gestaltungen von proletarischen Milieus in stilistischer Hinsicht offen für verschiedene Varianten. Adam Seides (geb. 1929) fiktive Chronik *Taubenkasper. Von Kämpfen, Siegen, Niederlagen, Verstrickungen, Weimarer Republik und Zechenkolonie* (1985) bedient sich eines komplexen Montageverfahrens, das die Erinnerungen proletarischer Protagonisten an die Ereignisse einer Unnaer Zechensiedlung in den Jahren von 1918 bis 1932 mit Dokumenten, statistischen Daten, Redetexten und überlieferten Zeitzeugnissen konfrontiert und kombiniert. Manfred Römbells (geb. 1941) autobiographisch geprägter Roman *Rotstrassenzeit* (1989) knüpft in stilistischer Hinsicht an August Kühn an. Das Beobachtungsfeld ist allerdings bei Römbell noch kleiner dimensioniert als bei Kühn: erzählt wird die Kindheit in einem saarländischen Dorf, die Geschichte einer Straße, einer Familie, die zurückverfolgt wird bis in die Generation des Großvaters, eines Bergarbeiters. Anschaulichkeit, Rückgriffe auf Lokalkolorit, Liebe zu atmosphärischen Details und Authentizität der Milieuschilderungen sind symptomatisch für Römbells stilistischen Zugriff:

„Manchmal tobte eine große Gruppe schreiend durch die Straße,öfter in der Bexbacher Straße, seltener in der Rotstraße. Manchmal waren es kleine Gruppen von zwei oder drei, die sich still im Klickerspiel maßen, ihr Bitschholz mit gezielten Schlägen vom einen Ende der Straße bis zum anderen trieben ...Oft, wenn der Lärm, das Gejuchze und Gekreisch, die lauten Rufe und plötzlichen Aufschreie sich vor einem Haus festgesetzt hatten, geschah es, daß sich ein Fenster öffnete und eine Frau erschien,die flehend und beschwörend halblaut herausrief: „Mein Gott, unser Vater hat Nachtschicht! Macht, daß ihr weiterkommt, seid doch leiser, ihr Bankerte!" Während Seide und Römbell Vergangenheit thematisieren, läßt sich Henry Jaeger (eigtl. Karl-Heinz Jäger, geb. 1927) in dieser Hinsicht antizyklisch in seinem Roman *Glückauf Kumpel oder der große Beschiß* (1990) auf das Risiko einer literarischen Darstellung von proletarischer Gegenwart ein: authentische Beschreibungen sozialer Milieus im Ruhrgebiet sind eingebettet in eine mehr oder minder spannende Geschichte, die gut recherchiert ist und ohne vordergründige Elendsmalerei oder Heroisierung von Arbeitern auskommt.

Am Ufer der Fremde

Unter durchaus anderen Rahmenbedingungen vollzog und vollzieht sich die Entstehung einer Arbeiterliteratur von Migranten in der Bundesrepublik. Auch sie versteht sich als Teil der Arbeiterliteratur in der Bundesrepublik, wie schon aus dem Umstand deutlich wird, daß sie in deutscher Sprache verfaßt ist und ihre Verfasser mit dieser Entscheidung für die deutsche Sprache auch den Anspruch verbanden, „Brücken zu schlagen zu den deutschen Mitbürgern und zu den verschiedenen Minderheiten anderer Sprachherkunft in der Bundesrepublik". Sowohl die Vielgestaltigkeit als auch die literarische Qualität der Hervorbringungen von Franco Biondi (geb. 1947), Aras Ören (geb. 1939), Aysel Özakin (geb. 1942) oder Kostas Karaoulis (geb. 1941) machen es unmöglich, dieses wichtige Segment einer neuen Arbeiterliteratur in wenigen Zeilen zu skizzieren. Es bleibt abzuwarten, ob sich die Migrantenliteratur als wichtiger Bestandteil nicht nur der Arbeiterliteratur in der Bundesrepublik, sondern der Gegenwartsliteratur generell wird etablieren können.

Horst Albert Glaser

Neue Heimatliteratur

Am Begriff von 'Heimatliteratur' fällt als erstes auf, daß man hierunter Texte versteht, die das Leben auf dem Lande beschreiben – sei's in idyllischer, sei's in tragischer Form. Nicht von 'Heimatliteratur' wird gesprochen, wenn das Leben in Städten, auf Straßen oder schlicht in einem Nirgendwo beschrieben wird. Man könnte daraus den Schluß ziehen, daß nur Menschen, die in agrarischen Gesellschaftsverhältnissen leben, eine Heimat haben – und ihre Heimat ist eben das Land oder die Landschaft. Städter, Reisende oder auf Schlössern Lebende, haben demzufolge keine Heimat, müssen als Heimatlose angesehen werden. Es mag im 19. Jahrhundert noch einen Sinn ergeben haben, von 'Heimat' und 'Heimatliteratur' zu sprechen, denn im 19. Jahrhundert lebten noch 80-90 Prozent der Bevölkerung von der Landwirtschaft, von Ackerbau und Viehzucht. Heute ist das Verhältnis umgekehrt: 80-85 Prozent der mitteleuropäischen Gesellschaft beziehen ihren Lebensunterhalt nicht mehr aus der Landwirtschaft. Ja, man kann noch weiter gehen und sagen, auch die 10-15 Prozent, die der Stadtflucht getrotzt und auf dem Lande zurückgeblieben sind – sie leben von Subventionen und Steuererleichterungen, die ihnen aus dem Einkommen der Stadtbevölkerung zuteil werden. Kurzum: es läßt sich feststellen, daß – wenn der Begriff Heimatliteratur ernstgenommen wird – heute nur noch 10-15 Prozent eine Heimat haben. Alle anderen, und das sind mehr als drei Viertel der Gesamtbevölkerung, müssen als heimatlos gelten. Dieser statistische Sachverhalt alteriert zweifelsohne den Charakter der Literatur, die wir heute noch (oder wieder) als Heimatliteratur bezeichnen. Es ist eine Literatur von Minoritäten über Minoritäten. Minoritätenliteraturen aber tragen den Charakter des

Exotischen und müssen ihn wohl auch tragen, wenn sie für lesende Majoritäten (sprich: die Stadtbevölkerung) interessant sein sollen.

Freilich sei nicht verschwiegen, daß auch im 19. Jahrhundert sogenannte Heimatliteratur weithin in der Stadt produziert und dort auch gelesen wurde, selbst wenn ihre Autoren häufig vom Lande kamen. Das ist etwa bei Adalbert Stifter (1805 – 1868) der Fall, dessen Erzählungen und Romane in Wien oder in Linz entstanden, aber zumeist auf böhmischen Dörfern oder in Alpentälern angesiedelt sind. Es ließe sich sogar die Behauptung wagen (und man hat sie schon aufgestellt [vgl. 144]): die Heimatliteratur des 19. Jahrhunderts (ich denke hierbei an Autoren wie Adalbert Stifter, Jeremias Gotthelf, Peter Rosegger und Berthold Auerbach) beschreibt bereits Verhältnisse, die im Entschwinden begriffen waren. Industrialisierung und Verstädterung, die um die Mitte des 19. Jahrhunderts weit ins Land hineingriffen, ließen eine Heimatliteratur entstehen, die eine verschwindende Lebensform festzuhalten und zu konservieren trachtete. Hieraus erklärt sich der pädagogische und politische Impetus eines Adalbert Stifter und eines Jeremias Gotthelf (eigtl. Albert Bitzius, 1797 – 1854), die dem falschen Lauf der Zeiten ein Bild richtigen, d.h. traditionellen Lebens entgegenstellen wollten. Und als falscher Lauf der Zeiten galt die Verbürgerlichung auch ländlicher Lebensumstände, ihre Verstädterung. Beklagt wurde eine Industrialisierung, welche die Bauern, insbesondere aber die überzähligen Bauernsöhne und Bauerntöchter, vom Dorf in die Fabriken trieb. Als konservative Utopien sind die Heimatdichtungen von Stifter und Gotthelf bereits bezeichnet worden. Doch wie gesagt: es kam diesen utopischen Erzählungen vom sei's harten, sei's heiteren, aber stets redlichen und einfachen Landleben eine gewisse Plausibilität zu, solange drei Viertel der Bevölkerung in Verhältnissen lebten, die sich wenigstens von ferne und dem Anspruch nach mit den erdichteten Verhältnissen vergleichen ließen. In Wirklichkeit mochte es bereits zu Stifters Zeiten anders zugegangen sein, als er es in den *Bunten Steinen* (1853) wahrhaben will. Doch fiel seine Idylle (so gebrochen sie immer sich präsentierte) weithin mit dem Bewußtsein derer zusammen, die auf dem Lande lebten resp. von dort kamen oder dorthin zurück wollten. Das will nicht heißen, daß Stifters Erzählungen schlechthin ideologisch waren. Ihre Wirklichkeit präsentiert sich als eine höchst artifizielle, insinuiert aber gleichwohl, es herrsche auf Erden, insbesondere aber auf dem Lande, das „sanfte Gesetz". Nun, Stifters „sanftes Gesetz" aus der Vorrede zu den *Bunten Steinen* verkündet, daß die irdischen Verhältnisse der Menschen eingebettet seien in die Ordnung des Kosmos. Das meint sowohl die naturhaften Bedingungen der agrarischen Produktion als auch die Lebensumstände der Agrarbevölkerung selbst. Wie Aussaat, Ernten und Viehzucht vom Klima und dem Zyklus der Jahreszeiten abhingen, so schien auch das dörfliche Leben, da es durch diesen Zyklus bestimmt war, ein Teil des natürlichen Ganzen zu sein. Soweit das bäuerliche Leben von Geburt, Hochzeit, Tod und landwirtschaftlicher Arbeit bestimmt war, schien es sich im Rhythmus der Natur zu bewegen und konnte darin als aufgehoben angesehen werden.

Es war freilich schon Stifters Zeitgenosse Friedrich Hebbel (1813 – 1863), der sich über das Linzer „Komma im Frack" mokierte. Stifters idyllisierender Detailmalerei entgehe die historische Dimension, in Hebbels Verstande: die der tragisch verlaufenden Weltgeschichte. Hätte Stifter Gelegenheit gehabt, Napoleon gegenüberzustehen, so hätte ihn an dieser epochalen Gestalt des Jahrhunderts allein der Kotspritzer auf dessen Stiefelspitze interessiert. Ihn hätte er detailverliebt beschrieben, Napoleon selbst wäre ihm entgangen.

Heute ließe sich ein Vorwurf gegen Stifters Detailrealismus gerade anders herum formulieren: seine Details sind zu ausgesucht und verraten mehr Intentionalität als Wirklichkeitssinn – auch wenn es Stifter auf höchstem artistischen Niveau gelingt, seine ausgesuchten Details zu einem scheinhaft schönen Ganzen zu gruppieren. Hätte Stifter den Detailrealismus so konsequent angewandt – wie es vierzig Jahre später die Naturalisten taten – so wäre eine ganz andere Wirklichkeit ins Blickfeld geraten. Sie hätte sich nicht länger dem schönen Schein gefügt, sondern eher eine häßliche und sinnverlassene Seite präsentiert.

Und so ist denn die neue Heimatliteratur, die man gern auch eine 'Anti-Heimatliteratur' nennt, hindurchgegangen durch die Erfahrungen und Techniken des konsequenten Naturalismus, der die schöne Welt des Biedermeiers zerfällte in die brutale Welt des sozialen Realismus. Konsequenter noch als Ludwig Anzengruber (1839 – 1889) hat Gerhart Hauptmann (1862 – 1946) in *Vor Sonnenaufgang* (UA 1932) und den *Webern* (UA 1893) den schönen Schein weggeblasen, der über der Landschaft lag und dem die Landschaftsdichter des 19. Jahrhunderts anhingen. Im Vordergrund der naturalistischen Milieuschilderungen stehen nicht länger naturhafte Vorgänge, die an die Ordnung des Kosmos anzuschließen waren, sondern soziale Spannungsfelder, die mit Industrie und Geldwirtschaft zusammenhingen.

In den neuen Themen und Techniken der Naturalisten dokumentiert sich freilich ein historischer Prozeß: die Indienstnahme des Landes durch die Stadt, die Bauern und Dörfer zu ihren Anhängseln machte. Zur ökonomischen Dominanz der Städte trat die technische und wissenschaftliche Umgestaltung der Landwirtschaft hinzu. Synthetische Düngemittel und Maschinen ermöglichten mehrere Ernten pro Jahr, wie chemische Futtermittel die Viehzucht revolutionierten. D.h.: indem Bauernhöfe sich in Agrarfabriken umzuwandeln begannen, zerriß auch der Schein des Natürlichen, der an der Landwirtschaft bislang gehangen hatte. Die Produktion erfolgte nicht länger in vorgegebenen natürlichen Zyklen, sondern aufgrund von Angebot und Nachfrage, die ihrerseits technische, chemische und biologische Eingriffe in den natürlichen Zyklus bedingten. Im Zuge solcher kapitalintensiven Reorganisation zerfiel als erstes die Basis ökonomisch autonomer Bauernhöfe – sie hatten sich – tendenziell – in Agrarfabriken zu verwandeln (s. die Schnapsbrennereien auf aristokratischen Gütern) oder sie verkümmerten zu Residualhöfen, auf denen um den nackten Lebenserhalt gekämpft werden mußte. In diesem Kampf ums Dasein, der dem Fabrikproletarier so gut wie Kleinbauern und freigelassenen Hörigen oblag, drangen die aggressiven und pathischen Elemente im bäuerlichen Charakter nach oben. In diesem Sinne konnte Franz Innerhofer (geb. 1944) in den *Schönen Tagen* (1974) von Bauernhöfen als von Bauern-KZs sprechen. Doch so rasch sollten sich Stiftersche Bauernhöfe nicht in KZs verwandeln. Hatte Hans Fallada (eigtl. Rudolf Ditzen, 1893 – 1947) zwar den naturalistischen Auflösungsprozeß in *Bauern, Bonzen und Bomben* (1931) noch ein Stück weitergetrieben – auch Rudolf Borchardts (1877 – 1945) *Unwürdiger Liebhaber* (1929) wäre zu erwähnen – so wurde die Destruktion des Heimatromans vorerst durch die Diktatur des Nationalsozialismus gestoppt. Mehr oder minder gewaltsam wurde eine 'Blut und Boden-Literatur' der sog. 'Blubo' favorisiert, der an Stifter und Gotthelf anknüpfen wollte, aber kein höheres Niveau als Ludwig Ganghofer (1855 – 1920) und Gustav Freytag (1816 – 1895) erreichte.

Eine besondere Art von Heimatliteratur hat sich in den sechziger Jahren herausgebildet. Es ist die Heimatliteratur der Heimatvertriebenen, wie sie genannt werden. *So zärtlich war Suleyken* (1955, Film 1972) – dieser Titel, den Siegfried Lenz (geb. 1926) über seine Erinnerungen an die masurische Heimat gesetzt hat, ist durchaus nostalgisch getönt. Er meint eine Heimat, die verlorengegangen ist und nicht wiederkehren wird. Hieraus erklären sich die fabelhaften Züge der kleinen Erzählungen. Weniger idyllisch sind die Romane von Horst Bienek (1930 – 1990) und Günter Grass (geb. 1927) konzipiert. Es werden Bilder von Städten und Geschichten von Familien entworfen oder berichtet, denen zugleich ihr Untergang und ihre Auflösung einbeschrieben sind. So jedenfalls in den Danziger Romanen von Grass und der Gleiwitzer Tetralogie von Bienek.

Von Mecklenburg erzählt Uwe Johnson (1934 – 1984) in seinen *Mutmaßungen über Jakob* (1959). Es ist das Mecklenburg der „Zone" – während der Jahre 1945 bis 1956. Auch diese ist unterdessen eine vergangene Welt geworden. Heimat wird von diesen Autoren – darauf hat Elisabeth Roth hingewiesen – nicht im Sinne von Heimattümelei beschrieben. Auch werden politische Rechte auf Heimat nicht geltend gemacht. Wie Heimat hier nur als eine der Erinnerung, der kein Ort mehr entspricht, von den Autoren beschrieben wird, mag ein Satz aus Lenzens *Heimatmuseum* (1978) illustrieren:

> „Wir werden nicht mehr erwartet dort in Lucknow; die anderen, die uns hätten erwarten können – es gibt sie nicht mehr. Kein Laut, der dich erinnert, kein Gesicht, das aufglänzt bei deinem Anblick, keine Hand, die unentrinnbare Beziehungen erneuert, darum wird es den Augenblick nicht mehr geben, auf den du hoffst."

Diese nostalgische Form von Heimatliteratur der sog. ersten Nachkriegsgeneration in der westdeutschen Literatur muß man abtrennen von der Produktion der zweiten Generation. Sie ist nicht mit einer entfernten oder verlorenen Heimat beschäftigt, sondern einer gegenwärtigen, die jederzeit zu besichtigen ist. Was man plötzlich wiederfindet, sind Heimatschilderungen im Stil der Naturalisten, betrachtet man die Produktion der achtziger Jahre. Die Feindseligkeit, mit der die Autoren den Ort ihrer Herkunft betrachten, ist verblüffend. Was sich eigentlich abspielt in der neueren Heimatliteratur, ist der ödipale Aufstand gegen die Welt der Väter. Ihre Autoren sind meist Oberdeutsche, häufig Österreicher und Schweizer. Was sie beschreiben, sind Bauern-KZs. So hat es Sibylle Cramer in der 14. Nummer des *Literaturmagazins* genannt, das der neuen Heimatliteratur gewidmet ist. Es ist Anti-Heimatliteratur eher denn eine der Heimt. Das Dorf, der Stall, der Acker – sie werden nicht länger als Orte gesehen, die – fern der Stadt – besondere Identifikations- und Schutzmöglichkeiten bereithielten. Von eigener Aktivität ist ganz zu schweigen. Es geht im Stall nicht besser zu als in der Fabrik. Hier wie dort stehen die Menschen am Fließband. Einmal transportiert es Mist, ein andermal Autos.

Beat Sterchi (geb. 1949) hat durch Montagetechnik versucht, dörfliche Szenerie mit Stadtgeschehen zu vermischen. Was im – keineswegs abschreckend geschilderten – Dorf geschieht, hat seine Fortsetzung in der Stadt, oder – andersherum gesprochen – was im Stall geschieht, bereitet auf den Schlachthof vor. Der Roman *Blösch* (1983), der einer

Elitekuh desselben Namens gilt, zeigt, wie es dem Skelett dieser Kuh ergeht, die vorher in ländlicher Szenerie gehätschelt wurde.

„Krummen setzte an. – Jetzt, du Sauhund! schrie er und zog dem Blösch-Kadaver einen meisterhaften Hieb aufs Kreuzbein, aber spalten tat sich nichts. Kein Knacken, nichts. Er schlug wieder und wieder zu, hob das Eisen immer wütender über den feuerroten Kopf, schrie und ächzte und stampfte und fluchte: Wie von Glas spritzen alle seine Schläge ab. Als hätte es sich schon vor dem Tod versteinert, widerstand Blöschs Kreuzbein Krummens Kraft. Krummen schlug noch immer zu, doch diese Wirbelsäule war unteilbar.

Immer weniger sicher landeten seine Schläge auf den gläsernen Knochen. Buri wandte sich ab, kopfschüttelnd. Huber und Hofer verzogen verlegen die Schultern und schalteten die Enthäutungsgeräte wieder an.

– Jetzt, beim Donner! Das ist doch nicht zu glauben, sagte der Überländer, und noch einmal verdrehte Vorarbeiter Krummen die Augen, reckte das Spalteisen hoch hinter seinen Kopf und ließ es mit letzter Anstrengung neben dem Kreuzbein niederkrachen: Der rechte Beckenknochen barst, zersplitterte. Das Beil landete im warmen, zuckenden Fleisch. Der Überländer fuhr zusammen, als hätte der Schlag ihm gegolten. Häglis Gesicht verzerrte sich. Krummen durchhackte das Lendenfleisch. Die Wirbel zersplitterten. Das rechte Nierstück zermalmend hackte er weiter neben der Wirbelsäule durch den Kuhrücken hinunter, zerhackte die Reifen der Rücken, zerhackte am Nacken Seitenflügel der breiten Halswirbel und dunkelrotes, dampfendes Fleisch zu einem häßlichen Mus, hieb blind auf den letzten Wirbel, auf den federnden Atlas ein, bis die beiden Kuhseiten der Blöschkarkasse, mehr zerfleischt als gespalten, von sich ließen und das Eisen in Krummens Händen, mit ungehemmten Schwung ein Loch in den Granitboden grub.“

Hinter den Darstellungen von Anti-Heimat stehen offenkundig Einsichten, die allem Rousseauismus abhold sind. Die Idee einer guten Natur, die erst durch Zivilismus schlecht gemacht worden ist, wird allenfalls noch von der neuen Landbewegung der Grünen geglaubt; den Autoren der avancierten literarischen Produktion ist sie Hekuba. Die Natur – so Thomas Bernhards (1931 – 1989) unermüdlich repetiertes

Credo – ist krank und schlecht wie der Mensch. Im Landleben seien Idiotie und Verbrechen so gut zu Hause wie in der Stadt. Seien die Menschen grausam, tückisch oder verblödet, so sei es die Natur, die in ihnen so handle. Alles gerinnt ihm zu einem ewig sich fortzeugenden Naturzustand, der die Menschen heiße, sich selbst oder die anderen umzubringen.

Man würde freilich fehlgehen, nähme man an, daß Bernhard mit *Frost* (1963) oder der nachfolgenden *Verstörung* (1967) einen Heimatroman geschrieben habe, in dem die positiven Vorzeichen eines Stifter oder Gotthelf schlichtweg durch negative Vorzeichen ersetzt worden sind. Es ist nicht so, daß Bernhard gesunde Bauern durch kranke Bauern ersetzt, gute Nachbarschaft durch haßerfüllte Ranküne oder Redlichkeit durch Betrug und Verleumdung auswechselt habe. Dann wäre Bernhard nicht viel mehr als der legitime Nachfolger John Knittels (eigtl. Hermann K., 1891 – 1970), der in seiner *Via Mala* (1934, Filme 1945/61) ein bäuerliches Horrorszenarium anrichtete. In *Frost* wird vielmehr die Krankheitsgeschichte eines stadtflüchtigen Intellektuellen beschrieben, der auf dem Lande Zuflucht in einer 'heilen Welt' suchte, jedoch ein Pandämonium von Krankheit, Elend und Grausamkeit antraf, das auf eigenartige Weise mit dem paranoischen Phantasien und Halluzinationen interferiert, die im Kopf des heilungsuchenden Intellektuellen vorgehen. Diese Interferenz wird von Bernhard so weit getrieben, daß fragwürdig bleibt, ob das bäuerliche Pandämonium eine Vision des paranoischen Malers oder geltende Wirklichkeit ist. Kaum zu differenzieren ist in den langen Monologen, die der Maler seinem medizinischen Beobachter hält, ob wir es mit eingestreuten Wirklichkeitspartikeln oder deren wahnhafter Interpretation zu tun haben. In den monologischen Strudel der semi-paranoischen Suada wird sogar der schein-objektive Ich-Erzähler hineinbezogen, der aus der Stadt in das Alpental geschickt wurde, um festzustellen, ob der Maler verrückt sei oder nicht. Die Berichte des städtischen Beobachters transformieren langsam in die monologischen Strukturen des Kranken, über den berichtet werden soll.

Auf solch intellektuellem Niveau und mit solch sprachlichen Mitteln ist Heimatliteratur zuvor nicht geschrieben worden. Kaum einmal ist in der umfangreichen Literatur zu Bernhards oeuvre versucht worden, das Ineinander von direkter Rede, indirekter Rede, erlebter Rede und Erzählerbericht zu entwirren. Fast systematisch scheint Bernhard in *Frost* die Spuren verwischt zu haben, aufgrund deren die untergegangenen Grenzen zwischen Bericht und wahnhafter Verzerrung des Berichtes rekonstruiert werden könnten. Reste solcher Spuren sind dort zu finden, wo in indirekter Rede die Ansichten des kranken Malers referiert, aus dem Konjunktiv übergangslos in den Indikativ gewechselt wird. An diesem Wechsel scheint die Ansicht des Malers überzugehen in den Sachbericht des Erzählers, der die Ansichten des Malers als eigene Feststellungen referiert, während jedoch im nächsten Satz wieder der Konjunktiv erscheint oder gar Anführungszeichen, die eine direkte Rede des Malers insinuieren. Diese direkte Rede wird syntaktisch zu einem Referat des Beobachters, wenn plötzlich die Anführungszeichen aufhören, aber die Suada im selben Ton weitergeht.

Das Verfahren, verschiedene Sprechebenen ineinander zu schieben, läßt sich an der Eingangspassage zum Kapitel „Elfter Tag" deutlich erkennen:

„Leuten wie der Wirtin seien Begriffe wie Hochachtung oder Ehrfurcht unbekannt. Sie geht in die Kirche, weil sie nicht ausgerichtet werden will. Weil sie sonst zwischen lauter Leuten, die sich in den Kopf gesetzt haben, daß es sich gehört, in die Kirche zu gehen, untergeht. Ein erbärmliches Ertrinken sei das Ertrinken unter Landleuten. Sie schauen ruhig zu, wie ihr Opfer sich wehrt und wie die Wellen über ihm zusammenschlagen, als wäre das das Selbstverständlichste von der Welt: einen bösen Menschen einfach untergehen zu lassen, einen, der nicht dazugehört. Der sich von ihnen nichts hat sagen lassen, sich von ihnen nicht hat überzeugen lassen. [...] „Die Wirtin ist eine Fremde", sagte der Maler. Sie ist ihnen allen immer fremd gewesen, denn ihr Vater stammt aus einer andern Gegend, aus einem andern Tal, gegen das Tirolische zu. Sie bezeichnen so jemanden wie die Wirtin als Ungeziefer. Die Bäuerlichen. Und die Bäuerlichen herrschen hier immer noch, obwohl sie schon weit

zurückgedrängt sind. Obwohl das Proletariat sich schon zu Rechten auf-
schwingt, die noch vor drei, vier Jahren unmöglich durchzusetzen gewesen wären. Das Proletariat: alles, was im Laufe von drei Jahrzehnten ins
Tal hereingeschwemmt worden ist, um von der Zellulosefabrik, von der
Eisenbahn, jetzt auch noch vom Kraftwerk verschlungen zu werden.
„Noch gibt es Fronleichnamsprozessionen", sagte der Maler, „und Christi Himmelfahrtsumzüge, aber wie lange noch? Der Katholizismus hat
ausgespielt. Wenigstens hier. Der Kommunismus schreitet weit aus. In
ein paar Jahren gibt es hier nur noch den Kommunismus. Und Bauern-
tum ist dann nur noch ein Traum. Zu nichts mehr führend". Er sagte:
„Die Wirtin aber geht in die Kirche, weil sie immer noch von den Bauern abhängt. Und sie geht zu Kommunistenversammlungen, weil sie
auch dazu gezwungen ist." Ohne sie hätte das Gasthaus sicher schon den
Besitzer gewechselt, denn „ihr Mann ist ein Trinker, der mehr vertrinkt,
als er einnimmt, wenn sie ihm nicht auf die Pfoten haut". Immer besof-
fen, führte er das Leben einer „ständig saftlassenden Kröte, die ab und
zu wild um sich schlagen darf". Im Garten lag er oft mit ausgebreiteten
Armen, mit offenem Mund und verdrehten Augen, als wäre er tot, und
war nur von Schnäpsen und Bier aufgequollen. [...] „Oft schleifen sie ihn
von der Schattseite herüber", sagte der Maler, „wo er auf Schulden
soff." Alle drei Wochen machte sie einen Rundgang, um bei allen
Wirtsleuten, was er getrunken hatte, zu bezahlen. Sie beschwor die
Wirtsleute, die Konkurrenz also, ihm doch von jetzt an nichts mehr zu
geben. Aber die haben immer auf sie gepfiffen. Freut sich doch jeder
Wirt, wenn er mit der Zeit einen anderen umbringt."

In späteren Texten nimmt die Komplexität der Satzstrukturen und die
Vielschichtigkeit der Sprachebenen ab, so daß wir es – etwa in *Holzfällen* (1984) – mit eher planen Texten zu tun haben.

Die einfachere Struktur gerade des erwähnten Textes hat es erlaubt,
daß österreichische Gerichte ein Verkaufsverbot erließen, mit dem die
Ehre einer im Text angegriffenen Person geschützt werden sollte.
Vergleicht man zudem die Reden Bernhards – etwa zur Verleihung
des österreichischen Staatspreises – mit den Reden resp. den referier-
ten Reden seiner Personen, so kann kein Zweifel daran bestehen, daß

die Ansichten des offenkundig verrückten Malers Straub auch die Ansichten seines Autors sind. Denn ohne alle syntaktischen und gram-
matikalischen Relativierungen tritt in den Reden des Autors ans
Tageslicht, daß er platterdings die Welt so sieht, wie seine Figuren es
tun. Und die Welt ist ihm – mit den Worten Blaise Pascals – eine gott-
ferne und kranke. Denn die Krankheit ist der Urgrund, aus dem das
Elend kriecht, das Bernhard in einer Sturzflut von Bildern und Ver-
wünschungen beschreibt. Die hypochondrische Besessenheit von
Krankheitsvorstellungen macht ihn fast zu einem Nachfahren Thomas
Manns (1875 – 1955), wie man ihn auch – wegen seines lärmenden
Nihilismus – unseren kleinen „Alpen-Beckett" genannt hat. Seine Hy-
pochondrie überschlägt sich in einer Passage aus dem Kapitel „Vier-
zehnter Tag":

„Unter Umständen könnte man ja in die Konditorei hinuntergehen",
sagte er. „Aber wissen Sie, daß der Konditor die Tuberkulose hat? Die
Leute rennen hier alle mit dieser ansteckenden Krankheit herum. Auch
die Konditorstochter hat die Tuberkulose, das scheint mit den Abwäs-
sern der Zellulosefabrik zusammenzuhängen, mit dem Dampf, den die
Lokomotiven jahrzehntelang ausgespieen haben, mit der schlechten
Kost, die diese Leute essen. Fast alle haben zerfressene Lungenflügel,
der Pneu und das Pneumoperitoneum sind an der Tagesordnung. Sie haben die Tuberkulose in der Brust, im Kopf, an Armen und Beinen. Alle
haben sie irgendein Geschwür, von der Tuberkulose hervorgerufen. Das
Tal ist berüchtigt wegen seiner Tuberkulosefälle. Hier finden Sie alle
Tuberkuloseformen: die Hauttuberkulosen, die Gehirntuberkulose, die
Darmtuberkulose. Viele Fälle von Meningitis, die binnen Stunden zum
Tod führt. Die Arbeiter haben die Tuberkulose von dem Dreck, in dem
sie herumgraben müssen, die Bauern haben sie von den Hunden und von
der verseuchten Milch. Ein Großteil der Leute wird von der galoppie-
renden Schwindsucht befallen. Außerdem", sagte er, „die Wirkung der
neueren Medikamente, die Wirkung des Streptomycius zum Beispiel, ist
gleich Null. Wissen Sie, daß der Wasenmeister tuberkulosekrank ist?
Daß die Wirtin die Tuberkulose hat? Daß ihre Kinder schon dreimal in
Heilanstalten gewesen sind? Die Tuberkulose ist durchaus keine im

Aussterben begriffene Krankheit. Man sagt, man kann sie heilen. Aber das sagt die Medikamentenindustrie. In Wirklichkeit ist die Tuberkulose heute genauso unheilbar wie immer. Selbst Leute, die sich haben impfen lassen, haben die Tuberkulose bekommen. Oft sind die am schwersten tuberkulosekrank, die so gut ausschauen, daß man ihnen überhaupt keine Krankheit zutraut. Die rosigen Gesichter täuschen über die zerfressene Lunge hinweg."

Bevor Bernhard sich vom Schwung seiner Suada hinreißen läßt zu behaupten, alle Menschen auf der Welt hätten die Tuberkulose und wenn sie die Tuberkulose nicht haben, dann seien sie auf die Gesundbeterei der Ärzte hereingefallen – bevor er an diesem höchsten Punkt seiner Hyperbel ankommt, bricht die Passage ab. An dieser Passage, die ausführlich zitiert worden ist, läßt sich ablesen, wie Elemente aus der Biographie Bernhards in literarische Fiktion umgesetzt worden sind. Aus seiner Autobiographie wissen wir nämlich, daß Bernhard selbst schwer an Tuberkulose erkrankt war und jahrelang von Sanatorium zu Sanatorium wanderte, worunter sich freilich keines auf dem „Zauberberg" befand. In der Tuberkulosesuada scheint es sich nachgerade um einen Abwehrzauber zu handeln, der die eigene (überwundene) Krankheit auf die ganze Menschheit projiziert, um nicht länger als stigmatisierte Person dazustehen. Denn durch die Tuberkulose, von der er sich überall verfolgt sieht, da er ihr überall zu begegnen meint – durch diese Krankheit erfahren die intellektuellen Fähigkeiten nicht eine Steigerung, wie es Thomas Mann im *Zauberberg* (1924, Film 1983) vorführte, sondern Bernhards Tuberkulose führt allein in die stumpfsinnige Vernichtung und Selbstvernichtung seines Personals.

Wer etwas anderes über die kranke und verkommene Landbevölkerung sagt, der schreibe Kolportage-Literatur. Und Kolportage-Literatur ist ihm demzufolge alle Heimatliteratur, in der es anders zugeht als in der großen Landeskrankenanstalt resp. der großen Landesirrenanstalt, als die ihm – frei nach Karl Kraus (1874 – 1936) – Österreich gilt. Heimatliteratur vom Schlage Karl Heinrich Waggerls (1897 – 1973) und Jeremias Gotthelfs oder gar der forcierten Bauernliteratur im Dritten Reich ist für Bernhard umstandslos Lüge:

> „Morbid", sagte der Maler, „ist alles auf dem Land, speziell hier ist alles morbid. Es ist doch ein großer Irrtum, anzunehmen, die Landmenschen seien mehr wert: die Landmenschen, ja! Die Landmenschen, das sind ja die Untermenschen von heute! Die Untermenschen! Überhaupt ist das Land verkommen, heruntergekommen, viel tiefer heruntergekommen als die Stadt! Der letzte Krieg hat die Landmenschen ruiniert! Innen und außen ruiniert! Das ist ja nur mehr Gerümpel, das Landvolk! Und waren denn die Landmenschen, sagen Sie, waren denn die Bauern jemals so großartig? Erbe, Erde, was war das immer? Nein, das war nie etwas anderes als Kolportage! Hören Sie: Kolportage! Die Landleute sind vielleicht reservierter, aber das ist ja das Abgründige, das Unanständige, das Erbärmliche an den Landleuten! Diese ganze simple, rücksichtslose Gedankenwelt, wo die Einfalt und die Niedertracht eine rechthaberische, stupide Ehe eingehen, alles verheeren ...! Von der Landbevölkerung geht ja doch gar nichts aus! Die Dörfer, dieser hemdsärmelige Stumpfsinn! Und hören Sie: ich spreche ja geradezu von der Landpest! Mich stößt das Land einfach ab!"

Es ist schwer vorstellbar, daß Landmenschen und Heimatliteratur, die sich ihrer Verklärung widmete, auf gröbere Weise beschimpft und heruntergemacht werden könnten. Denn wenn Bernhard einen literarischen Ruhm in Anspruch nehmen kann, der ihm auch von seinen Kritikern nicht bestritten wird, so ist es der, die Gattung Schimpfrede wieder in Schwung gebracht zu haben. Seit Luthers Schimpfreden auf den Papst und den Katholizismus ist so nicht mehr gesprochen worden in der deutschen Literatur. Erst Bernhard verdanken wir wieder ebenso rücksichtslose wie faszinierende Schimpfreden. Die Salzburger leiden heute noch unter der Beschimpfung, die Bernhard der Stadt der Festspiele und der Mozartkugeln gewidmet hat. Es ist die ärgste ihrer Stadtgeschichte.

Es gibt freilich einen andren Österreicher, der es vermochte, selbst Bernhard zu übertrumpfen. Ich spreche von Josef Winkler (geb. 1953) und seiner Trilogie *Das wilde Kärnten* (1. *Menschenkind*, 1979; 2. *Der Ackermann aus Kärnten*, 1980; 3. *Muttersprache*, 1982). Ende der siebziger, Anfang der achtziger Jahre erschienen, zeigen die drei autobiographisch getönten Romane deutliche Spuren Bernhardscher Land- und Heimatbeschimpfung. Freilich haben auch noch andre Autoren Pate gestanden, Autoren, an die man gemeinhin nicht denkt, wenn von Heimatliteratur gehandelt wird: Hans Henny Jahnn (1894 – 1959) und Jean Genet (1910 – 1986). Und diese Namen geben zusammen mit demjenigen Bernhards an, in welche Richtung es bei Winkler geht. Wir treffen wieder auf die bereits von Bernhard her vertrauten Schilderungen von Elend, Grausamkeit und Stumpfsinn – wenngleich vom Salzkammergut nach Kärnten verlegt, in Winklers Heimatdorf Kamering an der Drau. Anders als bei Bernhard erfährt die schimpfende Elendsmalerei eine quasi-mystische Vertiefung. Von der fixen Idee einer 'Imitatio Christi' besessen, wühlt sich das Erzähler-Ich in die brutalsten Begebenheiten hinein, die sich nur auf Bauernhöfen zutragen können. Schläge, Schweinsgeburten, Selbstmorde, Verkehrsunfälle – sie alle werden mit einer Inbrunst als Leidensstationen eines armen Bauernbuben begriffen, der sein Leid nicht abwehren, sondern es als sein Kreuz auf sich nehmen will. Sind wir bei Bernhard einer hypochondrischen Pathophobie begegnet, so haben wir's bei Winkler mit einem masochistischen Hineinwählen in alle nur denkbaren Stationen der Erniedrigung zu tun. Winklers Jugendjahre in Kamering werden als Passionsweg geschildert, die von einer blut-, samen- und jauchetriefenden Station zur nächsten fährt, bis uns am Ende der Kruzifixus erwartet, dem der Lendenschurz abgerissen werden soll, damit das verkommene Erzählerich dessen Genitalien liebkosen kann. Diese eigenartige Fleisch-, Blut- und Samenmystik wird mit Genets Pathos vorgetragen. Der Hymnus, den Winkler auf den Doppelselbstmord zweier Knabenfreunde im Heustadel des Pfarrhofes von Kamering anstimmt, enthält freilich noch mehr als Genetsches Ansingen von Mord, Grausamkeit und Genitalien. In einem quasi surrealistischen Raptus hebt Winklers Prosa vom Boden der Realität ab und

schweift aus in die Welt von Halluzination und Phantasie. Und dieser
ästhetische Schwebezustand zwischen Dorfchronik, Schlachtbericht,
mystischer Versenkung und phantastischem Abflug ist durchaus
kunstvoll komponiert. Winkler hat der Anti-Heimatliteratur Dimensionen erobert, die dem traditionellen Verständnis von Heimatliteratur
durchaus fremd sind: Hochgetriebene Pathetik, mystische Vereinigung mit allem Kranken, Elenden und Grausamen sowie artifizielle
Montage heterogenster Sprach- und Bildelemente. Berühmt geworden
ist die Dorfbeschreibung, die dem Bild und der Metaphorik des Kruzifix folgt. Sie findet sich in Winklers zweitem Roman, dem *Ackermann
aus Kärnten*. Die Anspielung auf den spätmittelalterlichen *Ackermann
aus Böhmen* (um 1400) des Johannes Tepl (um 1350 – 1414) liegt auf
der Hand. Hier wie dort geht es um den Versuch einer Theodizee, die
trotz einer offenkundig mißratenen Schöpfung gelingen soll. Winkler
versucht die Theodizee, indem er die Passion Christi zum Inhalt und
Ziel der Schöpfung selbst macht – und sie nicht bloß Weg zur endli-
chen Erlösung ist. Nicht „Erlöse uns von allen Übeln" wird von
Winkler intoniert, sondern eher: Erlöse uns in und für alle Übel. Die
31 Häuser, aus denen das Dorf Kamering besteht, werden von
Winkler nach der Geometrie des Kreuzes angeordnet. Die Wundmale
des Gekreuzigten fallen mit dem Ort besonders wichtiger Häuser zusammen. Das 19. Haus ist das Haus von Winklers Familie, der
Enznhof. In dessen Beschreibung hat Winkler die ganze Passionsge-
schichte seines Jugendbildes gepackt. Die Beschreibungen der anderen Häuser geraten eher knapp – es sei denn, wir kommen zu Häusern,
in denen Selbstmörder gelebt resp. sich umgebracht haben. An diesen
Stellen beginnt Winklers Prosa wieder zu wuchern, schwillt Pathos an
und setzt christologische Hymnik ein.

„Die geographische Anatomie unseres Dorfes läßt sich mit einem Kruzifix vergleichen. Von der Dorfstraße, zu deren linker und rechter Hand
Häuser stehen, strecken sich im oberen Teil zwei Arme, auf die die Bau-
ernhäuser wie die Knorpel eines Rosenkranzes eingefädelt sind. Ganz
links, auf der angepflockten Hand steckt das Blut des ersten Hauses. Das

Zimmer der verstorbenen Mutter ist rot austapeziert. Am letzten Haus des rechten Armes steht ein roter Kalbstrick für den Nagel, der die rechte Hand des Kruzifix hochhält. Den Kopf dieses Kruzifix bilden Pfarrhof und Heustadel, in dem sich die beiden siebzehnjährigen Lehrlinge umbrachten. Zu Füßen dieses Dorfkruzifix stehen Friedhof und Kirche. In der Mitte, wo sich senkrechter und lotrechter Balken treffen, ist das Herz des Kruzifix, der Knotenpunkt meines Romans, mein elterliches Bauernhaus. Das Herz pocht und stößt Fieber von sich. Die kranken Herzschläge aus meinem väterlichen Mutterhaus fließen in die Adern aller anderen Häuser und stellen den Kontakt mit dem Tod her. 'Wer den Tod nicht scheut, dessen Zunge ist auch im Kerker frei. Der Tod geht übers Grab. Vom Tod reden ist etwas anderes als sterben.' Zu Hüften dieses Kruzifix steht ein Haus, in dem erst vor wenigen Jahren zwei Menschen auf ungewöhnliche Weise gestorben sind. Am Fuße des Kruzifix steht neben Dorfkirche und Friedhof das Elternhaus eines der beiden Lehrlinge. Auch hier kann man für den einen Fußnagel einen roten Kalbstrick als Symbol nehmen. Immer noch sieht man rote, ameisenhöhlendünne Streifen vom Elternhaus des Toten zum Friedhof hin, in die Kirche und weiter ins Innere der Kirche, vorbei am offenen Kommuniongitter bis zum Tabernakel mit dem Leib Christi, in dem die Leiden des Dorfes im Wasserzeichen der Hostien rekonstruiert sind. Überall dort, wo die Wundmale des Gekreuzigten eingraviert sind, starb jemand eines ungewöhnlichen Todes. Ein Junge ertrank, ein Kind überlebte das Übergewicht des Traktors nicht, ein Verkehrsunfall, noch ein Verkehrsunfall, am Oberschenkelwundmal steht das zwerghafte Bauernhaus, in dem sich, wiederum mit einem Kalbstrick, ein sechzehnjähriger Maurerlehrling umbrachte. Nur die eine Wunde, die sich an der linken Brustseite in der Nähe des Herzens befindet, ist noch geschlossen. Mehrer Anläufe des Todes haben Angst ausgelöst. Mit einer Lanze gegen sich selbst wollte die Schwester dieses letzte Wundmal öffnen. Eine Überdosis Schlaftabletten der Tochter, und die Mutter träumt nicht mehr, die Heiligenbilder beginnen zu sprechen, treten aus ihrem Rahmen und gehen im Stechschritt vor dem Totenbett auf und ab. Die Pfauenfederaugen öffnen verschlafen die Lider. Die Fußnägel des Gekreuzigten werden zu Sargschrauben."

Die Besessenheit vom christologischen Motiv erwächst aus der Absicht des Romans, die Geschichte einer homosexuellen Fixierung zu berichten. Die unio mystica mit dem Kruzifixus soll das Bedürfnis nach masochistischer Leidenslust so gut wie die Lust nach homosexueller Vereinigung erfüllen. Was die stets von neuem imaginierte unio mystica mit dem Kruzifixus gewährt, ist das Ineinander von Tod, Leiden und Geburt. Leitmotiv dieses Ineinanders ist der Kälberstrick, an dem sich die geliebten Freunde gemeinsam erhängt haben. Kaum ein Requisit wird in Winklers Adoleszensroman so häufig erwähnt wie eben der Kälberstrick. Er verbindet Leben und Tod miteinander, insofern es eben jener Strick ist, den man um die Vorderfüße von Kälbern bindet, die der kalbenden Kuh aus dem Bauch gezogen werden. Man könnte ihn mit einer Nabelschnur vergleichen, an der sich die Kinder später aufhängen werden. Wie eng das christologische Motiv mit dem Motiv der Homosexualität zusammenhängt, mag folgende Passage illustrieren:

> „'Es sah zuerst aus, als ob Jakob und Robert in der Mitte des Heustadels stehen würden, und ich rief, kommt raus, versteckt euch nicht länger, erst als ich näher hinblickte, sah ich, daß Robert und Jakob an einem Strick hingen', erzählte Christian. Von diesem Augenblick an waren der Heustadel und seine nahe Umgebung in einer gläsernen Vitrine verschlossen. Die Polizisten beschlagnahmten einen Teil des Stricks und die beiden Toten. Den anderen Teil des Stricks, an dem sich der fürchterliche Knoten befindet, habe ich zu Hause. Die beiden Toten habe ich nicht mit nach Hause nehmen dürfen. Man hat sie mir weggenommen. Auf meinen Rücken hätte ich sie gebunden, vier Beine würden auf dem Boden schleifen und den Staub Gottes im Dorf aufwirbeln. Meine ausschreitenden Beine und mein aufrechtes Rückgrat hätten den beiden Toten stolz eine Prozession über die Dorfstraße ermöglicht. So wie Jesus auf dem Golgathahügel flankiert von zwei anderen Menschen gekreuzigt worden ist, wäre ich in der Mitte gewesen, Robert am linken und Jakob am rechten Schulterblatt meines zu einem Kruzifix erhöhten Leibes. Ein Kreuz Blut kreist als Heiligenschein um mein Haupt. Tief drücken die Stacheln der Erntedankkrone in die Kopfhaut."

In den Motivkreis der Homosexualität gehört die privilegierte Mutter-
fixierung so gut wie der exorbitante Vaterhaß. Beides fehlt nicht in
den Romanen Winklers, die mehr oder minder dasselbe Thema um-
kreisen: den Selbstmord der Freunde und die familiäre Leidensgeschichte des kleinen Seppl. Mit dem 'Ackermann aus Kärnten' ist die
Vatergestalt gemeint, dessen schwere Faust über der Familie lastet,
wie sein schwerer Leib auf der Mutter liegt, damit sie sechs Kinder
gebären kann. Einen Blick in die Kameringer Familienhölle gibt folgende Passage frei:

> „Du hast mir ins Gesicht geschlagen, ich blute. Ich beginne als Kind
> zum ersten Mal mit dem Vater zu schreien, der Vater erschrickt, nimmt
> ein Taschentuch und stillt das Blut. Ich will mich nicht von ihm verarz-
> ten lassen, laß mich lieber sterben, ich will ohnehin nicht leben. Ich habe
> auch deshalb Schläge provoziert, weil ich auf einen tödlichen Schlag
> hoffte. Ich wollte den Tod in mir haben, ich wollte beweint werden, ich
> wollte gestreichelt werden, wenn auch erst auf dem Totenbett. [...] Die
> Schwester steht im Hintergrund, sie weiß noch nicht, daß sie in zehn
> Jahren in diesem Bett, in dem der Vater gezeugt wurde und der Großva-
> ter starb, ihren ersten Selbstmordversuch verüben wird und daß ich es
> sein werde, der in den Spiegel blickend ihr in die Augen sehen wird."

Der Ackermann aus Kärnten ist Hubert Fichte (1935 – 1986) gewidmet. Mit Genet und Jahnn gehört er zu den schwulen Paten von Winklers Prosa. Der Autor läßt uns nicht im Unklaren, auf welche Vorbilder er sich des weiteren bezieht. Im Roman *Menschenkind*, dem dritten der Trilogie dürfen wir erfahren, daß er sich eine literarische Bildung an der Hochschule für Bildungswissenschaften in Klagenfurt erworben hat. Als der dort amtierende „Literaturprofessor" Winkler eines Tages empfohlen habe, weniger Genet dafür aber mehr Stifter zu
lesen, habe er ihm entgegnet: „Immerhin hat Stifter sich umgebracht,
Genet jedoch nicht". Der Kollege Aspetsberger eröffnete mir unlängst
auf einer Konferenz in Triest, daß er jener „Literaturprofessor" gewesen sei. In seinem Institut habe Winkler nämlich als Bürokraft ge-

arbeitet. An der Anekdote läßt sich ablesen, wie gering der Einfluß der Literaturwissenschaft auf die literarische Produktion ist.

Stifter scheint überhaupt der unsichtbare Gegner von Bernhard und Winkler zu sein. Die Stille und Ruhe seiner Dichtung soll – so hat es den Anschein – von den Jüngeren überboten werden, indem sie an ihre Stelle Geschrei und hektische Agitation setzen. Für einen der jüngeren Autoren Österreichs gilt Stifter jedoch eher als Vorbild denn als Feindbild. Ich spreche von Gerhard Roth (geb. 1942) und seinen Romanen *Der stille Ozean* (1980) und *Landläufiger Tod* (1984). Sie sind gleichzeitig mit Winklers Dorftrilogie erschienen – Anfang der achtziger Jahre. Die Geschichte vom stadtflüchtigen Dr. Ascher, der sich aufs Land zurückzieht, um dort – eben dem „stillen Ozean" – zur Ruhe zu kommen, ähnelt allzu deutlich dem jungen Doktor, der in Stifters *Mappe meines Urgroßvaters* (1841 – 1864) auftritt und von seinen Selbstmordneigungen geheilt wird. Die Heilung vollzieht sich bei Stifter, indem der verzweifelte junge Doktor in die Ruhe der Landschaft eintritt und das sanfte Fließen der Natur erfährt. Solche Heilung scheint auch bei Roths Dr. Ascher zu gelingen. Angesichts des stillen Ozeans, zu dem sich ihm die steiermärkische Landschaft vertieft, wird er ruhiger und beschäftigt sich mit Naturstudien. Doch die Ruhe, die Roth über seinen verzweifelten Mediziner kommen läßt, täuscht. Der Namer „Ascher" deutet zudem auf keinen guten Ausgang. Eher beiläufig erfahren wir im Folgeroman des *Landläufigen Todes*, daß Ascher sich erschossen hat. Zu dieser mäandrisch verlaufenden Erzählung hat Roth so etwas wie eine Kurzfassung vorgelegt, an der das Strukturgerüst des komplexen Aufbaus abgelesen werden kann. Es ist die *Dorfchronik zum 'Landläufigen Tod'* (1984). Eingeteilt in die Abschnitte „Morgen", „Mittag", „Nachmittag", „Abend" und „Nacht" werden die Vorgänge in verschiedenen Häusern desselben Dorfes notiert. Diese Notate sind nüchtern und selbst wenn phantastische Vorgänge berichtet werden, so eben im Stile eines Protokolls, das suggeriert, surreale Elemente seien in diesem Heimattext den realen Elementen gleichzusetzen. In den einzelnen Abschnitten wiederholen sich die notierten Vorgänge: am Morgen und am Abend hat sich in den Häusern nicht viel verändert. Dieselben Alltagsverrichtungen scheinen – wie in einem langsam laufenden Film – am Abend nur ein kleines Stück weiter gerückt zu sein als am Morgen, oder sie wiederholen sich am Abend nicht anders, als sie am Morgen erschienen. Das wilde Chaos, als das sich Landleben bei Winkler präsentiert, ist bei Roth entweder auf stereotype Abläufe derselben Vorgänge reduziert, oder es läuft ein enggefaßter alltäglicher Vorgang wie ein schon oft gesehener Film ab. Das läßt sich deutlich zeigen an den Passagen über den 107-jährigen General, der in seinem Schloß sitzt und die Gegend durchs Fernrohr anstarrt. Am „Morgen" heißt es von ihm:

> „25. Oben, im Schloß, in einem Saal, durch dessen optische Einrichtung (eine Kombination von Linsen und Spiegeln) es dem General möglich ist, mit einem Blick die ehemaligen Güter zu erfassen (Äcker, Wiesen, Wälder, Obstgärten, Ställe, Gehöfte): Der 107-jährige sitzt auf dem knarrenden Drehstuhl. Nichts mehr von dem, was er durch das Fernrohr sieht, gehört ihm. Aus Gewohnheit schaut er zum Friedhof hinunter, um die Meisen, Dompfaffen, Goldamseln, Hühnerhabichte und Saatkrähen zu beobachten."

Am „Mittag" lesen wir von ihm nicht viel mehr:

> „13. Im Schloß, der 107-jährige General starrt noch immer durch das Fernrohr. Auf seinem mageren Körper schlottert eine viel zu große Uniformjacke der Kaiserlichen Armee und, da er friert, trägt er weiße Handschuhe. Wie immer spricht er in Gedanken mit den Toten. Er hadert mit ihnen wegen verlorener Schlachten und vermeintlicher Intrigen. In seiner Erinnerung watet er auf dem Schlachtfeld durch Pfützen von Blut."

Und am „Nachmittag" heißt es von ihm:

> „4. Sobald der 107-jährige General mit dem Fernrohr in das Spiegelsystem blickt, sieht er von allen Seiten nur noch sein Gesicht, und zwar auf eine so vervielfältigte Weise, daß es wie ein Muster wirkt. Diese Summe von Nasen, Augen, Glatzköpfen, Lippen und Kinnladen spiegelt sein eigenes Aussehen wider. Wie in einem Planetarium sitzt der General da,

unter dem Sternenhimmel der eigenen Gesichter, die sich ineinander vermischen."

Man kann an Roths Prosa die gleichen Wiederholungen beobachten, die bereits Stifters Prosa auszeichneten. Diese Wiederholungen haben bei Stifter den Sinn, den gleichmäßigen Rhythmus nachzuahmen, in dem Naturvorgänge zyklisch aufeinander folgen. Man könnte sagen, daß Roth diese zyklische Wiederkehr auf die Stereotypie reduziert hat – eine Stereotypie, der kein heilender Effekt mehr zukommt. Der „gescheiterte" Dr. Ascher findet in der Natur nicht zu einem friedevollen, tätigen Leben – er erschießt sich vielmehr mit einer Schrotflinte.

Die Anti-Heimatliteratur der österreichischen Autoren dürfte insbesondere vom Werk Hans Leberts (1919 – 1993) angeregt worden sein. In den Romanen *Die Wolfshaut* (1960) und *Der Feuerkreis* (1971) verbindet er Landschaftsschilderungen mit der jüngsten (faschistischen) Vergangenheit Österreichs dergestalt, daß letztere seine Naturbilder dämonisch verzerrt. Sie erscheinen nicht nur stigmatisiert von vergangenem Geschehen, sondern Natur schickt sich selbst an, die ihr angetane Schändung zu rächen. Die naturmagische Dimension seiner Prosa verbindet Leberts Werk mit demjenigen Hans Henny Jahnns und Jean Fernand Gionos (1895 – 1970).

***

Gemessen an den Versuchen Bernhards, Winklers und Roths, eine neue Heimatliteratur zu schreiben, nehmen sich die Filme von Edgar Reitz (geb. 1932) einigermaßen bescheiden aus. In zwei Filmen von epischer Breite hat Reitz das Thema 'Heimat' einem größeren Publikum vorgeführt, als es die Bücher der genannten Autoren je haben erreichen können. Betrachtet man sich *Heimat I* von 1981 genauer, so erinnert der Film an eine Reihe von Sketchen und Slapsticks, die absonderliche oder possierliche Begebenheiten in einem Dorf des Hunsrück zum Gegenstand haben. Das eigentlich bäuerliche Leben tritt kaum ins Blickfeld, statt dessen sehen wir notlandende Flieger, verhaftete Sozialisten, Denksmalsenthüllungen und kitschige Liebesszenen. Was von den Autoren mit existentieller Betroffenheit berichtet wird: Geburt, Leiden und Tod auf dem Land – es gerät bei Reitz zu einer Kette skurriler Begebenheiten, vor der städtisches Kinopublikum sein Gaudi genießt. Illustriert sei dies an einer Sequenz, die ein Standardmotiv moderner Heimatliteratur parodiert: den Mord, der verheimlicht wird, indem das Opfer in der Jauchegrube versenkt wird. In Marcel Konrads (geb. 1954) Schweizer Heimatroman *Stoppelfelder* (1983) wird die Entdeckung der jaucheverschmierten Leiche als surrealistisches Kunststück präsentiert. Es heißt da:

„Die drei Stangen waren in den Saft getaucht, das ergab fast einen Kreis, und in diesem Kreis erschien langsam eine Kugel, ebenso braun wie die Soße. [...] Fäden schlampten an der Kugel, waren das Würmer? Die Kugel stieg, das machten die Stangenmänner, und an die Kugel angeschlossen erschien ein weiteres Stück, ein Sach, verbunden, davon ... daran ... das waren Arme und ... und ..., das war ein Kopf, das war ein Mensch, das war der ... Von den drei Stangen getragen, schwamm der Körper nun obenauf, er schwamm auf dem Bauch, aber auch am Rücken, obwohl braun verfärbt und dick aufgedunsen, glaubte ich den Vater zu erkennen [...] Wie sie ihn wiedergelegt hatten, da war der Mund aufgeklappt und brauner Saft quoll hervor, zwei, drei Stöße."

Bei Reitz ist daraus ein schwacher Scherz geworden, indem von der Polizei ein Motorrad, aber kein Kind aus der Jauchegrube gezogen wird. Die Dörfler hatten sich einen Kindsmord bloß eingebildet, und die Kinobesucher dürfen über sie lachen.

Claude Foucart

Körper und Literatur

In einem Gespräch mit Uwe Wittstock hat Bodo Kirchhoff (geb. 1948) die Gelegenheit ergriffen, einen wichtigen, aber oft in der deutschen Literatur außer acht gelassenen Standpunkt mutig zu vertreten: es existiere eine Auffassung der Literatur, die auf das seit dem zweiten Weltkriege gehegte Engagement verzichte. Kirchhoffs Ziel ist in der Tat anderer Natur, und der Zugang zu seinem Werk wird dadurch erschwert, daß die von ihm behandelten Themen um „Körperliches", das heißt, um Erotik und Sexualität kreisen. Über „Erotik", meint Bodo Kirchhoff, habe er nie etwas „in deutschsprachigen Büchern" gelesen, was allerdings nicht bedeute, daß dieser „Zugangsweg" in der europäischen Literatur und besonders in der deutschsprachigen Literatur völlig abwesend sei. Als Beispiel nennt Bodo Kirchhoff Jean Genet (1910 – 1986) und „die frühen Bücher von Josef Winkler". Es wäre aber falsch, den Namen von Hans Henny Jahnn (1894 – 1959) zu vergessen, da der Autor der *Nacht aus Blei* (1956) in mancher Hinsicht zu den Schriftstellern gehörte, die den Körper eine wesentliche Rolle in ihrem Werk spielen lassen. In seinem Kurzroman versucht Hans Henny Jahnn mit expressionistischen Methoden, „die Gestalt der Stimme, den Körper" in seiner Nacktheit zur Geltung zu bringen. In der Stadt, in der er gerade angekommen ist, empfindet Matthieu seine Präsenz als die eines Außenseiters. Und „das Fleich gewordene Leben" erlaubt keine Freude. Der Körper wird zum Ausdruck von „Kummer" und „Verzweiflung". Und wenn Matthieu zu seinem jüngeren Doppelgänger Anders spricht, hat er vor sich ein „Jammerbild". Schönheit spielt hier keine Rolle mehr. Der Körper stellt seine Wunden mitten in einer öden städtischen Friedhofslandschaft aus.

Malach hamoves, der Todesengel, herrscht über eine Welt, die Nacktheit und Tod eng zusammenbindet. Weit weg ist das Ideal der körperlichen Schönheit. Durch die Erfahrung des Todes, „eine Mauer aus grauem Blei", wie Hans Henny Jahnn diese Welt von „Nichtwissen, Nichtfühlen, Nichtkönnen" in seinem Roman *Die Niederschrift des Gustav Anias Horn, nachdem er neunundvierzig Jahre alt geworden war* (1949) beschreibt, entdeckt Matthieu die Kraft der Körperlichkeit, die die Menschen „durch den wilden Wahnsinn der Verzweiflung" führt. In dieser Hinsicht ist Hans Henny Jahnn ein Wegbereiter einer neuen Auffassung dieser Körperlichkeit.

Von Jean Genet zu Josef Winkler

Die Beobachtung des Körpers als Versuch, die Geschichte einer Realität, in der Lust und Schmerz ihre Rolle spielen, in ihrer Verborgenheit zu erfassen, steht in der zweiten Hälfte des Jahrhunderts im Mittelpunkt einer ganzen Reihe von Texten. Mit Hans Henny Jahnn, Hubert Fichte (1935 – 1986) und Josef Winkler (geb. 1953) treten Autoren in den Vordergrund, die mit der deutschen Tradition der Nachkriegsjahre, einer Bekenntnisliteratur, die den Schriftsteller als moralische Instanz betrachtet, wenig zu tun haben. Alle drei berufen sich auf literarische Strömungen, die sehr oft ihren Ursprung im Ausland haben. Zwischen Hans Henny Jahnn und, zum Beispiel, André Gide (1869 – 1951) gibt es ohne Zweifel gewisse Gemeinsamkeiten. Beide betrachten die Literatur als „Verdeutlichen" und nicht mehr als „Verdichten" der Realität. Und Hubert Fichte ist jahrelang mit Jean Genet in Kontakt geblieben. Seine Gespräche mit dem französischen Schriftsteller (1981), seine Analyse der *Sprache der Liebe. Polemische Anmerkungen zu „Querelle de Brest" von Jean Genet* (1982) sind Zeugnisse dieser Anziehungskraft, die Genet auf Fichte ausgeübt hat. Was Josef Winkler betrifft, so hat er in *Das Zöglingsheft des Jean Genet* (1992) beschrieben, wie er in den Bann von Genets Werk geraten ist. Und der französische Romancier

Philippe Sollers (geb. 1936) hat die Natur von Genets Anziehungskraft auf moderne Schriftsteller treffend geschildert, indem er die Eigentümlichkeit von Genets Verhältnis zur Macht, seinem Hang zum Abstrakten und zum Wert des Körpers als Realität außerhalb der Gesellschaft erläutert hat. So kann man von einer Literatur sprechen, die die Welt politisch nicht verändern will, nur darauf erpicht ist, den Körper als Objekt einer Dramaturgie des Lebens außerhalb jeder Moral, jeder „Macht", zu beobachten. Sie zielt natürlicherweise auf eine Kritik an der Verfolgung des Außenseitertums, das Jean Genet mit allen Konsequenzen bis zum Ende gelebt hat.

In solcher Perspektive gibt es eine europäische Tradition, die den Körper nicht als Träger moralischer Werte, sondern als menschliche Realität an sich betrachtet. Der erste Roman von Josef Winkler, *Menschenkind* (1979) ist ein Beispiel dieser neuen Auffassung des Körpers, die sich von den Prinzipien einer von vornherein negativen Betrachtung des Körpers weit entfernt hat. Für Josef Winkler ist es wichtig, „eine neue Erde aus euerem Fleisch" zu schaffen, was wiederum bedeutet, daß der Körper Objekt der literarischen Arbeit und Maßstab jedes menschlichen Erlebnisses sein wird. Vor uns haben wir eine „fleischgewordene Erdkugel". Der Körper wird im „Labyrinth tausender Schreckenssekunden" durch die „Wortmaschine" auseinander genommen. In seinem 1992 erschienenen *Das Zöglingsheft des Jean Genet* läßt Josef Winkler erkennen, daß das erste Gebot dieser Art von Literatur die Beschreibung des Körpers als eigene, persönliche Geschichte der Haut sei und daß er, als Schriftsteller, dieser Haut eine wichtige Aussagekraft schenke. Die Erfahrung des Körpers ist vor allem die der Sexualität mit ihren Ängsten. In seinem Gespräch mit Uwe Wittstock erinnert Bodo Kirchhoff gerade an Genet und spricht von der „Erotik", die in die „Erfahrung von Elend und Todesangst" mündet. In Genets Romanen entdeckt Josef Winkler den Körper nicht als Bild einer glatten und von aller Wirklichkeit entrückten Schönheit, sondern als lebendiges Experimentierfeld, das vom Prinzip einer malerischen Harmonie des Körpers befreit wird. Auf den Spuren des französischen Autors sehnt sich Winkler nicht nur nach Erinnerungen an eine Gedankenwelt, die ihm nahe ist. Er fühlt vielmehr das Bedürfnis, in die „finsteren Tiefen" seiner Jugend einzudringen. Im Hotelbett, in dem Genet starb, wälzt er sich und hat „das Gefühl auf Genets Eingeweiden zu liegen". Von Schönheit ist nicht mehr die Rede. Die literarische Erfahrung des Körperlichen enthält vor allem, so erläutert Josef Winkler die eigenen Träume in seinem Vorwort zu Jahnns *Nacht aus Blei* (1980), die Negation des Ewig- Schönen. Denn „Schön ist das Bild, das aus dem Rahmen fällt". Und was beschrieben wird, ist gerade der Kontakt mit der Verwesung und dem Tod. Beim Lesen der *Nacht aus Blei* hatte Josef Winkler vor allem „Angst vor einem einsamen Tod". Und in Genets *Pompes funèbres* (1947, dt.: *Das Totenfest*, 1966) ist der Schriftsteller auch ständig mit dem Tode konfrontiert. Und dieser Tod meint nicht den des Dichters. Er ist der Ausdruck einer tiefen Sehnsucht, die Grenzen des Vorstellbaren zu erreichen. Das literarische Experimentieren mit dem Körper ist durch den Willen begleitet, aus dem Buch eine „Axt" für „das gefrorene Meer in uns" zu machen. Und an der Haut haftet und entfaltet sich jedes menschliche Laster, was Josef Winkler, immer auf Genets Spur, „die rohe Sexualität" in ihrer höchsten Form nennt: die Konfrontation mit dem Unsagbaren, wo Lust und Schrecken sich ständig und abwechselnd den Körper des Menschen teilen.

Für die Homosexualität hat Genet keine Theorie. Aber er empfindet sie als Praxis des Körpers. *Das Zöglingsheft des Jean Genet* erscheint auf diese Weise als Beschreibung des „entmenschlichten" Körpers. Bis an die Grenzen des „Entsetzens" sucht der Schriftsteller nach den verschiedenen Möglichkeiten, die Körperlichkeit als Quelle aller „Ängste und Phantasien der unterdrückten Minderheit" zu erfassen. So beschreibt Hubert Fichte Genets Haltung in seiner Studie über *Die Sprache der Liebe*. Gleiches gilt auch für Josef Winkler und sein *Menschenkind*.

Ritual des Körpers

Zurecht hat Hubert Fichte in seinem Interview mit Genet (1981) versucht, Genets Entdeckung der Grenzen, die dem Körper gesetzt sind, als „Ritualisierung" zu bezeichnen. In der Tat gibt es in der heutigen deutschen Literatur eine Bewegung, deren Ursprung in einer neuen Definition der Sexualität zu suchen ist. In Winklers Werk entsteht eine neue Form von Erotik,, die auf alles Theoretische verzichtet. Josef Winkler sucht sich selbst und findet einen Platz in der Nähe von Jean Genet, dessen Einfluß schon 1979, im *Menschenkind*, spürbar war. In dem Roman *Der Ackermann aus Kärnten* (1980) rechnet der Schriftsteller mit der Macht und mit seinem eigenen Vater ab. In den folgenden Romanen (*Muttersprache* (1982), *Der Leibeigene* (1987)) ist der Autor mit seiner Jugend weiterhin konfrontiert. Und im *Friedhof der bitteren Orangen* (1990) kommt Genets Name mehrmals vor.

Weder Genet noch Winkler verhehlen ihre sexuellen Neigungen, und die Homosexualität steht im Mittelpunkt ihrer Werke. Die Erfahrung der Körperlichkeit ist vor allem die der „Todesangst". Für Winkler ist der Körper „schwer wie Blei". Es sind, wie es im *Menschenkind* heißt, „entgleiste Leiber". Der Roman beginnt mit einer Szene, die die Erinnerung an die Kindheit hervorruft und gleichzeitig auf „eine metaphorische Obdachlosigkeit" hinweist. Die Sexualität isoliert das Kind. Und langsam wird der Körper die Inkarnation eines Rituals. In seinem Gespräch mit Hubert Fichte versucht Jean Genet, auch diese Ritualisation als „Behauptung einer Transzendenz", besser gesagt als „Wiederholung" einer Transzendenz zu definieren. Er sieht in diesen Riten Übergangsriten: „Verrat an der Familie", „Mord von Familienmitgliedern", Riten mit Tierhäuten, Urinriten u.s.w.. In einem Satz faßt er, ohne das Werk von Josef Winkler zu kennen, das im selben Jahr (1981) wie das Gespräch mit Hubert Fichte erscheint, die Essenz dieser Riten zusammen: „Übergang von der Pubertät zum Mannesalter". Als Kern aller Betrachtung steht das Kind auf der Suche nach einer Identität, die ein anderes Leben ist. Die Homosexualität beruht in den Werken von Schriftstellern wie Fichte, Genet, Winkler auf einer Ritualisation der Gewalt. Das *Menschenkind* von Winkler präsentiert die Verwandlung der menschlichen Handlungen in Riten: „das Weinen" wird „zur bloßen Erektionslust". Die Körperbilder führen zur „Ekstase", und „bei jedem Schrei eines Vogels" spürt das *Menschenkind* „das Blut der Mutter" in seinem Mund.

Ritualisation kann aber nicht nur Annäherung von pubertären Erfahrungen und Kulturriten bedeuten, sondern auch Anklage gegen eine Gesellschaft, die Minderheiten marginalisiert. Jean Genet und Hubert Fichte haben gemeinsam betont, daß gerade zwischen Ritualisation und Revolution ein enger Zusammenhang bestehe. Sexualität wird als Neugestaltung der Welt nach pubertären Idealen zu einer Zeremonie, die sich von der bürgerlichen Realität trennt. 1974 erscheint Fichtes Roman *Versuch über die Pubertät*, nachdem er die Romane *Das Waisenhaus* 1965 und *Die Palette* 1968 veröffentlicht hatte. Im *Waisenhaus* steht wiederum der Körper als „kleines Erlebnis" im Mittelpunkt des Romans: Detlev glaubt ein Puppenauge gefunden zu haben, aber es ist nur Vogeldreck. Mit diesem Vergleich wird die Reinheit des Körpers, des Ewig-Schönen zerstört. An Hand dieses Beispiels wird klar, daß das Körperliche zur Zersetzung der Realität beiträgt, indem es sie symbolisch ins Unsaubere führt. Ein unbedeutendes Erlebnis wird zur Flucht aus der normalen Welt. Der Körper wird verfremdet und evoziert eine Wirklichkeit, die mit der normalen Welt nichts mehr zu tun hat. Durch die Erfahrung des Körperlichen wird es klar, daß Detlevs Kindheit sich nicht nur durch nackte Tatsachen, sondern vor allem durch das konkrete Gefühl des Verlassenseins und die Bedrohung des Zerfalls charakterisieren läßt.

So kann man feststellen, daß die drei zitierten Romane eine Trilogie bilden: die Homosexualität in der *Palette* und im *Versuch über die Pubertät* wird in den Vordergrund gestellt. Die Geschichte eines Lokals, der *Palette*, wo Homosexuelle sich treffen, ist auch die Geschichte einer Sexualität, die sich in Abhängigkeit von der Gesellschaft befindet. Kulturbeschreibungen werden zur „Vivisektion einer

Pubertät, dies Auseinanderfallen kleinbürgerlicher Erlebnisse". In dieser Welt ohne Hoffnung herrscht eine Liebe, die nur Spiel ist und niemals zum Traum wird. Was Jäcki beobachtet, das ist „das Gewürge von Abhängigkeit und Verpflichtung und Fortdauer". Alles wird „unangenehm". In einer Wanderung durch die verschiedenen Stationen der Sexualität wird ein Schrecken geschildert, der alle Personen in „Silhouetten" verwandelt, da sie „ohne Namen" sind und keiner auf den anderen zugeht. Die neue Palette „soll die Form eines Tintenfisches haben", der in seinen Fangarmen die Besucher festhält. Von „Militanz" war die Rede, als Hubert Fichte versuchte, zwischen der Homosexualität von Genet und der „protestantischen Zerquältheit und Mythologisierung" bei Hans Henny Jahnn zu unterscheiden. Die „Mythologisierung der Homosexualität" bei Jean Genet erscheint Hubert Fichte so „grandios", daß sie dem Leben am Rande der bürgerlichen Gesellschaft „den alltäglichen Stachel nahm". Mit der *Palette* versucht Hubert Fichte auf den Boden der Konfrontation von Sexualität und Unterdrückung, von bürgerlicher Gesellschaft und Außenseitertum zurückzuführen. Im Körperlichen entdeckt Hubert Fichte eine Form von Sexualität, die sich als Ritual mitten in einer banalen Wirklichkeit entfalten kann. Sie könnte ein Mittelweg zwischen der gequälten Sexualität eines André Gides und Genets Mythologisierung des Körpers sein, der es ihm erlaubt, die Sexualität in ihren konkreten Formen zu schildern. Das ist der Sinn seiner ganzen literarischen und soziologischen Arbeit, die zu einer Beschreibung menschlicher Empfindungen führen sollte.

Mit seinem Roman *Die Palette* wagt Hubert Fichte einen literarischen Versuch, in dem er den Körper in seiner inneren Realität fassen möchte, die weit weg ist von der Methode, die Josef Winkler verwendet, um sich durch die Ritualisierung der körperlichen Gesten vom Religiösen zu befreien. Hubert Fichte nimmt keine Notiz von dieser literarischen Erfahrung, da er mit einer journalistischen Methode die Konfrontation mit der Gegenwart, mit der bürgerlichen Gesellschaft in der Bundesrepublik erreichen will. Zwischen der politischen Realität und dem literarischen Versuch existiert bei Fichte ein enger Zusammenhang. Hubert Fichte selbst betont, daß sein Werk *Versuch über die Pubertät* sich nicht von der Entwicklung der Hamburger Mentalität, der „Neutralisierung" des Tatbestandes Homosexualität in der Hansestadt trennen läßt. Daß die Liberalisierung der Homosexualität eine gewisse Rolle in dieser neuen Beschreibung der Körperlichkeit gespielt hat, scheint dem Schriftsteller unbestreitbar. In diesem gesellschaftlichen Rahmen, in der „spätbürgerlichen Gesellschaft", um Hubert Fichte zu zitieren, spielt die Sexualität eine neue literarische Rolle.

Hubert Fichte

In diesem Roman läßt die Beschreibung der Sexualität eine Entwicklung erkennen, die durch zwei Tatbestände bestimmt wurde. Einerseits hat Hubert Fichte mehrmals betont, daß die Sexualität selbst neue Wege während der siebziger Jahre eingeschlagen habe. Und sein Roman spiegele diese Erneuerung wider. Nach Fichtes Meinung läßt sich eine gewisse „Neugierdelosigkeit in unserer Kultur" erkennen, die den Schriftsteller gerade dazu zwinge, die Pubertät nicht nur als eine Periode im Leben eines Kindes, sondern, wie Rüdiger Wischenbart es beschrieben hat, als einen lebenslangen Prozeß zu betrachten. In der Tat handelt es sich in Fichtes Roman um eine „pubertäre Ritualisierung", die sich bis ins hohe Alter entwickelt. Im *Versuch über die Pubertät* ist die Wanderung des Helden durch Hotels, Lokale, Kinos nicht als Verwirklichung von sexuellen Bedürfnissen zu charakterisieren. Hubert Fichte betont, daß „Sexualität sich ohne Orgasmus bereits erfüllt". Hier haben Riten ihre Rolle zu spielen. Diese „Gänge", „Informationsgänge", um Fichtes Wörter zu gebrauchen, sind psychische Momente einer sexuellen „Erleichterung", die sich gerade durch diese Riten erklären läßt. Hubert Fichte spricht von den „Tänzen der Adlerflügler". Den Körper beobachten heißt in diesem Fall, das psychologische und soziale Verhalten von Außenseitern zu analysieren und es durch Vergleiche mit Beispielen aus anderen Zivilisationen, aus ethnologischen Betrachtungen zu erläutern. Die Körperlichkeit ist nicht nur ein Versuch, das Außergewöhnliche als Realität und auch als Ritus zu erfassen, wie es bei Josef Winkler der Fall ist, sondern auch das Banale zu beobachten. In einer Zeit, in der gerade die „Neugierdelosigkeit" sich in der deutschen Gesellschaft immer mehr verbreitet hat, wurde es für den Schriftsteller zwingend notwendig, den Körper nicht als Ausdruck einer besonderen Situation, einer besonderen Welt wahrzunehmen, die sich von der Alltäglichkeit leicht trennen lassen würde, sondern als Element im Leben eines Menschen, das im Einklang mit den Gewohnheiten der Gesellschaft steht, zu verstehen. In diesem Fall spricht Fichte von „Informationsverarbeitung". Die Rolle des Schriftstellers ist das Herausheben des Körpers, seiner Beziehungen zu den Gewohnheiten der Gesellschaft. Auf diese Weise wird klar, daß Pubertät als etwas Positives zu verstehen ist. Während seiner Wanderungen durch die Hochburgen der Homosexualität praktiziert der Mensch gerade, was die Gesellschaft von ihm verlangt. Ihre Neugierdelosigkeit spiegelt sich in dieser Ritualisierung des „quasi-Orgasmus", die niemals über einen Kuß, einen flüchtigen Besuch hinausgeht. Der andere wird als Objekt betrachtet. Er schenkt uns seinen Körper als Material für unsere Augen, die ihn wie ein Gerichtsarzt behandeln. In dieser Situation ist der Körper entferntes Objekt eines Rituals, das die Sexualität nicht mehr als Befriedigung sexueller Begierde, sondern als Beobachtung eines Objekts versteht: die Bäume sind, sagt uns Hubert Fichte, keine menschlichen Wesen, sondern Körper. In diesem Sinn wird gerade der Körper von weitem beobachtet. Seine Präsenz ist unbestritten, wie die des Baumes. Aber die Art und Weise, ihn zu betrachten, ist neu. Die Modernität von Fichtes Werk beruht auf der Kraft des Schriftstellers als „Erklärer" und „Analytiker", der nicht mehr den Körper aus der Nähe, in Kontakt mit ihm, beschreibt. Schon in *Detlevs Imitationen „Grünspan"* (1971) und anschließend mit dem *Versuch über die*

Pubertät wird die Literatur zur „anthropologie poétique". Darin liegt Fichtes Originalität und allerdings auch die Schwierigkeit, die Realität und die verschiedenen Seiten des Menschen zu erfassen. Einerseits behauptet der Schriftsteller immer wieder, daß jeder seiner literarischen Versuche sich vor allem als „Poesie" verstehen lasse. Was Fichte als Poesie definiert wissen will, hat er während seines Gesprächs mit Rüdiger Wischenbart erläutert und in einer Formel zusammengefaßt. Er hat ein Ziel: „Wortmaterial von anderen" zu montieren. Da liegt der Ursprung seiner eigenen Kunst. Andererseits muß er aber auch „die ganze Realität", das heißt vor allem das Politische in dieses „Wortmaterial" einfügen. Das Beispiel, das er herausstellt, um diesen komplizierten Sachverhalt anschaulich darzustellen, kommt aus einem Vergleich zwischen Literatur und Malerei. Wenn es Piet Mondrian (eigtl. Pieter Cornelius Mondriaan, 1872–1944) ausreicht, „schwarze Streifen mit etwas Farbtönen in einem hübschen Zusammenhang „zu bringen, so ist das, Fichtes Meinung nach, zu wenig. Und in diesem Kontext steht Hubert Fichte in der Nähe Jean Genets. Durch seine „Veranlagung" hat Genet „die bekannte literarische Welt" verändert und dadurch „eine Veränderung der sogenannten normalen Welt" eingeleitet, teilt uns Hubert Fichte in seiner Studie über *Die Sprache der Liebe* von Jean Genet mit.

Fichtes Auffassung der Literatur beruht auf diesen Prinzipien. Ein Romanschriftsteller ist ein Verhaltensforscher, der fremde Kulturen als Wortschöpfungen versteht, die die Identität einer in sich verschlossenen Welt beschreiben. Fichtes Analyse geht von Genets Analyse der sexuellen Realität aus: das „Verhalten eines menschlichen Stamms (Teil der Ethnologie) steht auf derselben sozialen Ebene wie das homosexuelle Verhalten. Beide Formen des Lebens sind für Genet „klassenloses Verhalten", das heißt Momente aus einer Wirklichkeit, die nichts mit den Gewohnheiten, die in der heutigen deutschen Gesellschaft herrschen, gemein hat. Und „der ethnographische Blick", betont Hubert Fichte, „macht uns hell-sichtig für die eigene Gesellschaft". Riten aus pubertärem Verhalten und afrikanischen, neoamerikanischen Kulturen lassen sich vergleichen und führen zur Beschreibung von Menschen, die in Terror und ohne Liebe leben. Weit weg von der gängigen Sexualität erscheint eine Verhaltensweise, die den Dichter dazu führt, eine eigene Sprache zu erfinden, um diese Ausgeschlossenheit von Menschen zu würdigen.

Die Körperlichkeit wird durch die Riten, die sie konkretisieren, zur momentanen Bestandsaufnahme eines literarischen Versuches, der die Konsequenz aus den politischen und sozialen Fakten einer Welt zieht, wo der Körper als Werkzeug einer festgelegten Bedeutung definiert wird. Mit der Beschreibung von Riten formt sich eine Gruppe von literarischen Helden, die in ihren Eigentümlichkeiten mit dem Alltäglichen konfrontiert werden. Fichtes Werk, sowie Winklers Erstlingsromane, sind Bestandteile einer Literatur, die Spiegel einer „Kultur der Unterdrückten" ist und daher Element dieser Geschichte einer modernen Empfindsamkeit.

Josef Winkler strebt einen Vergleich zwischen religiösen Riten und grausamen Verhaltensweisen der bäuerlichen Welt an. Hubert Fichte versucht, eine Gemeinsamkeit zwischen allen Unterdrückten zu erfassen und sie als organisierte Welt zu definieren. Zerrüttete Existenzen werden als eine Gemeinde mit ihren Riten inszeniert.Und diese Grenzsituationen beschwören eine Welt am Rande des Abgrunds. Homosexualität und Magie führen unweigerlich zur Beschreibung einer Realität voller Gewalt: der Tod herrscht über die ganze Szene.

Für beide Schriftsteller ist es unvorstellbar zu leben, „ohne gequält zu werden". Der Körper stellt eine ständige Bedrohung des eigenen Ichs dar. Es herrscht eine „Anspannung von Gewalt und Angst und Schmerz" mitten in einer Gesellschaft, die durch „eine ungeheure Faszination" geprägt wurde, die der Mensch in seiner „Einsamkeit" solange verdrängt hat, bis es ihm klar wurde, daß diese Riten, die „die Kombination zwischen schweißigem Körper und Leder und Urin", eine „Mischung" von „Geruch „ und „Blut" bilden, „eine Art von Widerstand" symbolisieren. In diesem Sinn läßt sich Fichtes Gedanken-

665

gang nicht von einer „Körpermystik" beherrschen, die sich als Initiation und Entdeckung der Homosexualität darstellt, die am Rande der Gesellschaft von „Personen" bekämpft wird, die „mich umgaben, die mich dressierten, die mich gefangen hielten" (Hans Henny Jahnn). Alles in allem, „ein Protest", der in ein „Ausbrechen aus der Herrschaftssprache" (G. Härle) mündet. Mit Fichte und Winkler entwickelt sich eine gewaltige Litanei, ein „Tanz um sich selber, ein Nichtwissenwohin, ein Herumgestrudele, eine Treibholzsituation". Im *Friedhof der bitteren Orangen* führt der Held, als „Schweigender", „das Leben eines Toten". Weit von der alltäglichen Wirklichkeit löst sich der „gläserne" Körper: Er wird „irgendwann auf der Straße" auseinanderfallen. Dann spürt man diese „Auslöschung", die Körper und Tod eng zusammenbringt. Durch diesen Tanz zwischen Schrecken und Lust entdeckt der Mensch das Auseinanderfallen des Körpers, die Nähe des Todes: „Meine Haut ist mein Sarg".

Diese Auffassung der Körperlichkeit deckt eine Realität, „eine andere Sprache" auf (*Xango. Die afroamerikanischen Religionen II: Bahia, Haiti, Trinidad*, 1976). Dieser Wille, den Übergang vom Banalen, Unausgesprochenen und Verbotenen zum Tod und zum Magischen zu erfassen, führt zu einer Definition des Individuums, die an der Grenze des Vorstellbaren steht. Den Körper in Szene zu setzen, führt zu den „früheren Schichten", wovon Fichte im *Versuch über die Pubertät* spricht. Zwischen Ethnologie und Körper existiert eine permanente Beziehung, die den Körper von seiner scheinbaren Banalität befreit und menschliche Spannungen zutage bringt.

Bodo Kirchhoff

In den Frankfurter Poetikvorlesungen über sein eigenes Werk und über sein Verständnis des „körperlichen Schmerzes" zeichnet Bodo Kirchhoff den langen Weg seiner Überlegungen nach, die schon am Anfang seines Werkes auffallend waren, als er unter dem Einfluß von

Lacans Theorie stand. Indem er sein Interesse für Winkler offenbart
hat, zeigt er, daß es eine enge Verbindung zwischen den Gedanken
beider Schriftsteller gibt, die um den Körper kreisen. Eines wird von
vornherein klar: dieser Körper existiert nicht mehr nur als Hülle einer
Seele. Ganz im Gegenteil: ihn zu beobachten führt zu einer Erweiterung und Bereicherung des menschlichen Lebens, soweit dieser Körper seine Eigenständigkeit besitzt, die mit der Feststellung der „eigenen Nichtigkeit" beginnt, wie Bodo Kirchhoff die Originalität von
Josef Winkler charakterisiert. Daß Bodo Kirchhoff nur die ersten
Werke von Josef Winkler schätzt, hat in sich nichts Überraschendes,
da er in diesen Romanen die Motivation seines Schreibens, den
Kampf gegen die Körperlosigkeit, gegen „seine eigene Nichtigkeit",
der auch „ein sprachliches Erretten" ist, entdeckt hat. Der Körper entwickelt sich als Basis aller Versuche, sich selbst auszudrücken. Durch
die „Erotik" findet der Schriftsteller eine Möglichkeit, diese „Sprachlosigkeit" zu überwinden. Das Herausstellen der Körperlichkeit
entspricht genau einer Grundeinstellung des Schriftstellers, die schon
durch Josef Winkler zur Geltung gebracht wurde.

Die Neugierde (*Ferne Frauen*, 1987) steht bei Bodo Kirchhoff im
Mittelpunkt jeder Geschichte. Am Anfang jeder Suche herrscht aber
diese Sprachlosigkeit („Ich weiß nicht, wie man erzählt": „was ist eine
Geschichte"?) Alles ist „unvorhergesehen". Jede Begegnung passiert
„zufällig". Von diesem Standpunkt aus wird eine Situation beobachtet, teilnahmslos und dank seiner Augen wird der Schriftsteller die
„Räumlichkeit in Redefiguren" umsetzen. Und die Neugierde ist einfach die Art, wie man einen Text „schärfer" macht, das heißt ihn „am
Rand eines Abgrunds" sich bewegen läßt. Das „Verborgene" wird
zum „Wesentlichen". Die Literatur ergibt sich aus einer zufälligen
Begegnung des Schriftstellers mit einer Wirklichkeit, die es ihm
ermöglicht, sich in „einen anderen hineinzuversetzen". Das geschieht
nur durch eine genaue Beobachtung des Körperlichen mit all seinen
Details, die helfen, die Sprachlosigkeit zu überwinden. Vor allem hat
Bodo Kirchhoff klargestellt, daß er außer sich selbst nichts spürt. Der

Schriftsteller besitzt die Kraft, das Bild erotischer Situationen ins Sprachliche zu übersetzen, was aber auch bedeutet, daß er, weit weg von Körpern der anderen, fähig ist, sich selbst vorzustellen, so in *Dame und Schwein* (1985). Als Mann erschafft der Schriftseller eine erotische Welt weit weg von sich, aber auch unter seiner Gewalt. In seinen Frankfurter Poetikvorlesungen klärt Bodo Kirchhoff diese Thematik auf, und er zeigt bewußt, daß alles sich um „Körper und Schrift" dreht. Und im Roman über *Body-Building* (1980) versucht er durch die Schrift, das Körperlose seiner Jugend zu überwinden. Hier herrscht eine gewisse Sehnsucht nach „verkörperter Freiheit". Zu diesem Zweck sucht er im Körper der Frau das Motiv seines Schreibens, das ihm ermöglicht, sich seiner eigenen Körperlosigkeit zu entwinden. Der Schrifsteller ist, nach Kirchhoffs Ansicht, ein „Dieb in einem Kreis von Dieben". Was eine Geschichte des Körpers werden sollte, entpuppt sich, genauer gesagt, als „die Rede des anderen". Es handelt sich nicht um Außergewöhnliches, sondern um etwas Banales. Wir bleiben am „Oberflächlichen". Es ist kein Zufall, daß das nächste Werk von Bodo Kirchhoff den Namen *Die Einsamkeit der Haut* (1981) trägt. Mit Recht hat Fritz Joachim Raddatz (geb. 1931) diesen Roman eine „Steuerung von außen" genannt. In der Tat verbringt der Mann aus dem Roman ein gewisse Zeit in einem Peep-Show-Center. Die Augen photographieren die Szene. Nichts darf sich zwischen den Beobachter und die Frau stellen. Die Haut erscheint dem Beobachter „offen". In keinem Augenblick nähert sich der Schriftsteller der Haut dieser Frau. Was manchmal als „Empfindungslosigkeit" charakterisiert wird, ist in Wirklichkeit ein Versuch, einen „Zugang" zur Welt zu entdecken. Die Erforschung des weiblichen Körpers erschafft eine Welt, die nur durch diese genauere Beobachtung des Körpers erreicht wird. Über den weiblichen Körper zu sprechen ist untrennbar vom Versuch, eine „orthopädische Wahrheit" wahrzunehmen, die des „geschriebenen Körpers". Einerseits gibt es im Hintergrund dieser Behauptung die persönliche Feststellung, daß wir selten „auf eigenen Füßen stehen" und noch seltener „keiner Gehhilfe" bedürfen, um die Körperlichkeit zu konkretisieren. Andererseits erzählt der Schriftsteller durch sein literarisches Werk „Geschichten um die Sexualität", die ihm erlauben, „die unheimliche Präsenz des eigentlich Abwesenden" vor Augen zu führen. Diese Präsenz des Körpers hängt, nach Kirchhoffs Ansicht, vom Ergründen sexueller „Abgründe" ab – und das mit „Offenheit". In diesem Sinn bleibt Kirchhoffs Werk in der Nähe von Winklers Versuch, das Körperlose zu überwinden.

Sehr oft wird Bodo Kirchhoff seine „gnadenlose Plattheit", das Unappetitliche, das Abstoßende vorgeworfen. Am Anfang seines Romans *Die Einsamkeit der Haut* beschreibt Bodo Kirchhoff den Körper eines Mädchens, die „Wirkung" der verschiedenen Bereiche dieses Körpers und betont, daß da „keine Spur von Geschichten", „keine erzwungenen Formen" zu sehen seien. In der Tat sind es nur „Wörter, nicht Worte", wie Bodo Kirchhoff diesen literarischen Versuch noch einmal in seinen Frankfurter Vorlesungen erläutert. Das heißt, daß es „Einzelgebilde" gibt, die „von absoluter Anwesenheit" sind. Es handelt sich nicht um „Verständigungsmittel", sondern um den Triumph des Schriftstellers, der durch seine Beobachtungen, seinen „Voyeurismus" nicht der Frau, sondern dem Körper Leben gibt. Die Banalität mancher Beschreibungen lasse sich leicht erklären, indem man feststellt, daß die Realität vom Wort abhängt und die genaue Beobachtung des eigenen Körpers sich zu einem Dialog entwickelt, der die Einsamkeit des Helden durchbricht. Der Roman wird durch das „Zusammendenken von Ich und Selbst", durch die Existenz der „Schreibkraft" bezeichnet.

Eine Literatur sucht nach Körper und Sprache

Ohne Zweifel existiert in Deutschland eine Literatur, die sich weit von den politischen Querelen der Zeit entfernt hat und mit aller Kraft versucht, sich von der Logik des aufklärerischen Dogmas zu befreien. Der Schriftsteller steht nicht vor einer Welt, die er nur zu verstehen hätte. Das erste Gebot bleibt für manche die Überwindung der Sprachlosigkeit und die Entdeckung einer Welt, in der zuerst Angst und Tod herrschen. Der Mensch ist mit dem Körper, das heißt mit einem Schweigen konfrontiert, das er als Rätsel zu entziffern hat. Mit Fichte und Winkler wird der Versuch zur Rekonstruktion einer mythischen Welt gewagt, in der allerdings die gesellschaftliche Kritik auch ihre Rolle spielt. Daß diese Art von Literatur den Schriftsteller in einen Meister der Beobachtung des menschlichen Körpers verwandelt, zeigt in aller Deutlichkeit, daß das Engagement nicht mehr die wichtigste Frage ist, die der Schriftsteller sich stellt. Vor allem muß er mit allen Konsequenzen das Sprachlose in all seinen Tiefen und Abgründen, den Körper, als Thema der Literatur hervorheben, was natürlich dazu führt, die Ängste und Schmerzen des Menschen, eben seine Körperlichkeit, zur Sprache zu bringen.

Daß diese Literatur zu skandalösen Szenen führt, wenn die *Legenden um den eigenen Körper* im Mittelpunkt dieser Auseinandersetzung stehen, ist zu erwarten. Autoren, wie Rainald Goetz (geb. 1954), beschreiben eine Welt, wo der Vater „Hölle und Erlösung" wird und die Seele nach dem pubertären Kampf eine „Wunde" geworden ist. Kinder und Irre sind von der „Erwachsenenwelt" schwer zu trennen. Auf diese Weise stellt Rainald Goetz eine Gleichung vor: „Wahnsinn ist Revolte, ist Kunst". Es entwickelt sich logischerweise eine Kritik an der heutigen Gesellschaft, der „öffentlichen Sicherheit und Ordnung", die in den anderen Werken von Rainald Goetz immer heftiger wird: *Krieg* (1. *Heiliger Krieg*, 2. *Schlachten*, 3. *Kolik*, UA 1987/88, Dr. 1986), *Kontrolliert* (1988) und *Festung. Stücke* (1993). Daß diese Art von Literatur schon Tradition geworden ist, zeigen uns die Werke eines neuen Schriftstellers, Michael Roes (geb. 1960), der all die Themen, die bei den anderen Autoren schon vorhanden waren, noch einmal und in einer mythischen Form bearbeitet (*Lleu Llaw Gyffes* (1994), *Jizchak. versuch über das sohnesopfer* (Diss. FU Berlin 1990, ersch. 1992) und besonders *Cham. Symposion* (1993). In all diesen

Werken spielen Homosexualität und der Konflikt mit dem Vater eine Rolle. Mit Michael Roes wird klar, daß Hans Henny Jahnn einen Nachfolger gefunden hat.

Franz Stadler

Massenliteratur

Ein Bucherfolg sei „das Zeichen eines geglückten soziologischen Experiments, der Beweis dafür, daß wieder einmal eine Mischung von Elementen gelungen ist, die dem Geschmack der anonymen Lesermassen entspricht": so 1931 Siegfried Kracauer (1889 – 1966).

Der Leihbücherei-Roman, der Illustrierten-Roman, der Heftroman, das Serien-Taschenbuch: sie sind kalkulierte steadyseller, zu störungsfreiem Absatz – als Periodika – entschlossen: der Sensation bedürftige und doch nolens volens risikoscheue Industrieware. Die Moderation der Abmischungen „geglückter/mißglückter Experimente" gibt Auskunft – über Teilnehmer und Teilhaber des Literaturmarkts.

An der profitablen Massenliteratur läßt sich das Widerspiel von Freiheit und Marktmacht, von Promotion, Werbe-Umfeld-Anpassung, Kampf um Vertriebsspannen, „Prüfstellen"-Regulativen, Richtlinien von „Freiwilligen Selbstkontrollen" und Lektorats-Anweisungen studieren.

Sie wird für ein Publikum produziert, dem Bildungsforscher alle paar Jahre attestieren, daß ihm (bis zu) 30% als sekundäre (funktionelle) Analphabeten nur als Leser-Zombies angehören. Die Zahlen der „nicht buchreifen" Pflichtschul-Abgänger und der Nie-Buch-Leser (je über 50%) interpretieren einander. Die Leseforschung (in der BRD und im Österreich der siebziger Jahre) hat ein knappes Drittel der lesefähigen Bevölkerung als „bekennende" Leser von (Heft-) Serienliteratur ermittelt; etwa 55% der Lesefähigen lesen (gerne nur) „Unterhaltungsliteratur".

Doch eiliger Ineinssetzung von „Bildungs-Unterschicht" und „Trivialkultur" stehen entgegen: die soziale und Bildungs-Streuung der Heftleser wie die verbreitete Erscheinung des „manischen" Heftlesers einerseits; zum anderen der durch Studien über Werkbüchereien u.ä. erbrachte Nachweis des proletarischen Lesers mit breit gefächerten Lese-Weltorientierungs-Bedürfnissen. Wohl begründbar ist auch die „selektive more-and-more-rule" der Medienforscher: die vom Einzelnen präferierten Lektüre-Muster werden auch in seiner sonstigen Mediennutzung bevorzugt.

Gesunde story mit DIN-Tabus

Als das erhellendste (Kracauersche Labor-) „Experiment" scheinen Bestseller-Erfolg und Rezeption von Günter Grass' (geb. 1927) *Danziger Trilogie* (1. *Die Blechtrommel,*1959; 2. *Katz und Maus,* 1961; 3. *Hundejahre,* 1963) kaum übertreffbar. Die schelmenhafte Neuabmischung der deutschen Tabus startet in jenen Jahren der Remilitarisierung, da in a l l e n Segmenten der Serienliteratur der BRD das Kriegsthema kulminiert, während in den Schullesebüchern Hans Carossa (1878 – 1956) und Werner Bergengruen (1892 – 1964), Ernst Wiechert (1887 – 1950) und Edzard Hellmuth Schaper (1908 – 1984) das Sagen und Raunen haben. Ums Ritterkreuz vorm Genital entbrennt ein Kulturkampf, in dem alle Parteiungen der (Literatur-) Gesellschaft vehement und öffentlich aneinandergeraten.

Weniger medienwirksam als der rhein-katholische „Volkswartbund" verknüpft auch der 1961 in Graz (von Karl May-Freunden und „45er-Syndrom"-Widerstehern) gegründete „Verein der Freunde der Volksliteratur" die Themen kampagnehaft: „Verbietet Grass, der kaum imstande wäre, einen guten Cotton zu schreiben, und nicht die Volksliteratur! [...] Weg mit dem Kunstvorbehalt-Schund der Hochliteratur-Cliquen, [...] die zum Glück in allen Sprachgemeinschaften nur von 10 bis 15 Prozent gelesen werden"!

Spiritus rector des „Gutachter"-Vereins in der BRD ist Rudolf Beissel, Ex-Chef des „Reichsfilmblatts" und UFA-Autor (sein Pseudonym nach 1933: F.B. Cottan); nach dem Krieg Mitbegründer der CDU Hamburgs; Volkswartbündler und „Cheflektor" des „Remagener Kreises", der „Freiwilligen Selbstkontrolle" der „Volksliteratur"-Romanheft-Verleger.

Das Zitat macht Sinn, wenn man *Cotton* durch *Landser* ersetzt. Seit 1954 ist in der BRD die „Bundesprüfstelle für jugendgefährdende Schriften" tätig – auf der Grundlage eines 1953 geschaffenen Gesetzes. Diese sieht „Verbreitungsbeschränkungen" (nicht Verbote) vor: von „v o r a l l e m unsittliche(n) sowie Verbrechen, Krieg, Rassenhaß verherrlichende(n) Schriften". (Antragsberechtigt sind nur Behörden.) Das erste Jahrfünft dieser Prüfstelle von 1954 bis 1959 zeitigt 692 Einzel- und 62 Dauer-Indizierungen: hiervon gelten 410 „Nuditäten", 75 „Sexschriften", auch 6 Comics-Serien und 53 Romanheften als unsittlich-reißerischen Inhalts: nicht ein einziges der faschistoiden *Ritterkreuzträger* oder *Landser*-Hefte wird indiziert; vielmehr werden 1960 *Fliegergeschichten* in die „Weißen Listen" der Schulen als „Vorbilder" der „Bekämpfung von Schmutz und Schund" aufgenommen.

Im Mai 1960 werden nach Drängen von Jugend-, Gewerkschafts- und Lehrerorganisationen (auf Antrag der Jugendbehörden von Bremen, Hamburg und Berlin) erstmals 6 *Landser*-Hefte indiziert. Der juristische Streit endet 1966 mit der höchstrichterlichen Erkenntnis: der Tatbestand der Kriegsverherrlichung ist n u r möglich, wenn er „in Form einer 'Saga'" erfolgt.

Die Verlage Uta-Pabel und Moewig „mildern" die Titelbilder und reduzieren 1961/62 freiwillig die Serienzahl auf dem ohnedies übersättigten Markt; und die bewährten Leihbuchkämpen K.H. Scheer und Clark Dalton lassen 1961 den Weltraumkrieger Perry Rhodan durchstarten.

Die Ausgrenzung des Verpönten macht die unerwünschte Normalität umso kenntlicher. Die Gesetzespraxis, gebrochen durch das weltanschauliche Temperament der Verlage, liest sich in Anweisungen an die Heft-Autoren so:

„Sex ist [..] bei allen Frauenromanen tabu. Szenen mit erotischen Anspielungen sind zu vermeiden". „Zu vermeiden (ist) [...] die Schilderung
der Behörden und Ordnungsmächte als korrupt und verbrecherisch. Unter keinen Umständen dürfen Richter, Geistliche, Polizei usw. verbrecherisch handeln". „Politische Themen wie das Problem der deutschen
Spaltung dürfen im Tierarzt-Roman nicht zur Sprache kommen." „Nicht
umsonst spielen jede Woche Millionen Leute Zahlenlotto [...] Das Milieu des Erfolgsromans ist durch den oben angesprochenen Personen-
kreis des erfolgreichen Unternehmers vorgezeichnet." „Die Hauptpersonen sind schöne Menschen, sie tragen [sic] edle Züge." „Die Idee der
story muß gesund sein [...] Schädlich ist jede Tendenz, die den Beweis
zu erbringen versucht, als sei Opposition gegen die Obrigkeit erstre-
benswert."

Die Landser werden in der Folge „unpolitischer": neben den Porträts
Skorzenys und sonstiger untadeliger SS-"Majore" werden in den Texten Randbemerkungen über wehrunkundige „Partei-Heinis" rar. „Sexuelle Starfighter" gar (eines Heft-FSK-Außenseiters, 1975) stürzen
rasch ab. (Die Periode des „Sittenromans" ab 1948 hatte 1953 „geendet"). Der explizite Ruf der „Volksliteraten" von 1961ff.: „Verbietet
Blechtrommel, *Lolita* und *Lady Chatterley*!" findet teilweise Gehör
bei den Richtern – skurrilerweise noch in Jahrzehnten, da die Kioske
von *Sankt Pauli-Magazinen* überquellen, die allwöchentlich ein Millionen-Publikum finden.

Die Abfolge der Themen-Neuversuche und Themen-Häufungen in der
(unterschiedlich wendigen) Serienliteratur gibt Auskunft über die Abfolge der politisch-gesellschaftlichen Streit-Themen. Die Mixtur-Ver-
änderungen spiegeln den Wandel des Spektrums konservativer Deutungsmuster und Rezeptionsvorlagen.

Virtualitäts-Verbund 1995

In den neunziger Jahren werden – erstmals seit Jahrzehnten – die Auf-
lageziffern des (nunmehr größeren) Heftroman-Markts niedriger. Re-

lativ genaue Aussagen über die Heftroman-Auflagen sind erst ab Ende der sechziger Jahre, der deutlichen Konzentration des Markts, möglich. Vom Ende der sechziger Jahre bis etwa 1988 liegen die (steigenden) Verkaufsauflagen bei 210 bis 250 Mio. jährlich. Ab 1990 ist die Gesamtzahl sinkend. Die seit Anfang der siebziger Jahre forcierten Magazine des *Mein Bekenntnis*-Typus sind seit etwa 1975 mit etwa 20 Mio. jährlich integrales Heftmarkt-Element.

Heftromane: Druckauflagen jährlich (in Tsd)

	1970	1980	1985	1995
Bastei	63.076	79.924	70.200	81.380
B.-Taschenhefte	0	(5.000)	(5.000)	5.850
Pabel *	(50.000)	0	0	0
Moewig *	(19.510)	0	0	0
VPM Pabel-Moewig	0	72.280	90.740	33.420
Zauberkreis *	28.002	24.440	17.680	0
Kelter	22.100	42.900	42.900	42.000
Marken *	15.600	17.082	14.105	0
(Summe Heftroman)	198.288	241.626	240.625	161.770
Cora-Kioskbuch	0	0	0	24.700
„Truestory"-Magazine	(0)	(20.000)	(20.000)	(20.000)
(Summe Heftroman)	198.288	241.626	240.625	161.770
Cora-Kioskbuch	0	0	0	24.700
„Truestory"-Magazine	(0)	(20.000)	(20.000)	(20.000)

* Dieses Bild ergibt sich auf der Basis der (diskontinuierlichen, nicht IVW-geprüften) Eigenangaben der Verlage (für Zwecke der Werber-Werbung im „Stamm-Leitfaden") – nach Subtraktion von Rätseln u.ä. aus „Frauen"-, „Männer"-, „Gold"-, selbst „Mystery"-Staffeln. Pabel bzw. die „Verlags-

union VPM Pabel-Moewig", seit Ende 1970 Tochter des Illustrierten-konzerns Heinrich Bauer, klammern die *Landser* stets aus ihren Zahlen aus. „Marken" und „Zauberkreis" haben in den früher neunziger Jahren ihr Erscheinen eingestellt. Die (teils bekannten) Auflagen der „Sonstigen" (Hallberg, Neuzeit, Schaper, Erber u.a.; auch Hiro (Wien), mit Springers „Cora" (im Vertriebs-Verunbd) lassen sich mit der Remittenden-Quote der „Großen" (10 bis 15%) „gleichsetzen". (Zahlen in Klammern enthalten Schätz-Rundungen auf Basis lückenhafter Angaben.)

Der Aufkauf des DDR-Kinder-Zeitschriften-Verlags „Junge Welt" (*Bummi* usw.) durch die als *Landser*-Produzenten profilierte VPM (1991) „ergänzt" diese Momentaufnahme komplementär. Und die Ankündigung von Signierstunden in den Buchhandlungen der „neuen Bundesländer" gehört nun zum Service auf den „Leser-Seiten" der Heftromane.

Doch im nunmehr näheren Osten, in Budapest, Wroclaw und Brno finden sich seit 1992 Tochterfirmen („Phönix", „Moba") des Heft-marktleaders Bastei-Lübbe, der im übrigen zu den Spitzenreitern unter den Taschenbuch- und unter den Comics-Produzenten der BRD zählt.

Perry Rhodan, Jerry Cotton, Dr. Thomas Bruckner, Dr. Stefan Frank, Lassiter, John Sinclair – diese Langzeit-Hefthelden sind mit den in Wellen wiederkehrenden Werken von Hedwig Courths-Mahler (1867 – 1950); Friede Birkner (1891 – 1985) und Ludwig Ganghofer (1885 – 1920) das Fundament von zwei der fünf größten Taschenbuch-Produzenten (Heyne und Bastei) geblieben: präsent am Kiosk u n d bei Sortimentern. Durchschnitts-Verkaufs-Auflagen dieser Reihen: 40 Tsd., jedenfalls wenn man (mit Rolf Heyne) „die durchwegs sechsstelligen Konsalik-Auflagen mitrechnet".

Die deutschen steady-Bestseller-Autoren mit zweistelligen Mio.-Auflagen und Übersetzungen in Dutzende von Sprachen, allen voran Heinz G. Konsalik (eigtl. Heinz Günther, geb. 1921), Johannes Mario Simmel (geb. 1924), Marie Louise Fischer (geb. 1922) und Utta Danella (eigtl. U. Schneider, geb. Denneler, geb. um 1920), entstammen den Gründer- und Glanzjahren des (fast toten) Illustrierten-Romans.

Während (seit Mitte der achtziger Jahre) „Hobby-Nostalgie"-Drucker Sammlermärkte mit Nachdrucken von Heften aus den zwanziger und dreißiger Jahren beliefern (unter dem niedlichen Kürzel „VK"- für „Vorkriegs"-Texte), ändern sich in den Karrieren der neuen Serienhelden die Stufen-Abfolgen erheblich: den als Heft-Figuren Bewährten (Dr. Frank, Bergdoktor) folgt das Fernsehen, das öffentlich-rechtliche wie das private, „quotenorientiert" nach.

Die Emanzipation kommt aus dem Kleingewerbe, der (eigenen) Boutique und der (eigenen) Band, da herrschen *Gute Zeiten. Schlechte Zeiten*: die Kioskserie folgt (ähnlich wie schon bei den „Film-Romanen") dem größeren elektronischen Bruder raschest nach; simultan ist nun aber auch die CD-ROM (aus dem RTL- und Bertelsmann-Umfeld) mit Figuren-Soziogramm und virtuellen Kulissen – für den interaktiven User – zur Stelle.

Und da gibts noch die *Spacelords* (1. *Hadrians Mond,* 1993; 2. *Sankt Petersburg zwei,* 1994; 3. *Sandaras Sternenstadt,* 1994) als Exempel: Wolfgang Hohlbeins Science Fiction-Saga preist sich selber an – als geschrieben „n a c h dem gleichnamigen PC-Action-Spiel".

Die (konstant auflagestärkeren) Frauen-Serien geben der pseudorealistischen Modernität mehr Raum (Arzt- und Ärztinnen-Serien; truestory-Magazine; neuerdings auch *Trotzköpfchen*-Modernisierungen: *BRAVO-Herzklopfen*-Romane und *Megatolle Typen* des „aufmüpfigen" Nachwuchs-Konsumismus). Zugleich wachsen die Anteile der „Dämonenkiller" an der männlichen Katastrophen-Welt-Bannung.

Von der Stunde Eins zum Auslaufmodell

Heute erscheint die Erwähnung des Leihbücherei-Romane (LR) so kurios-archaisch wie der Nachweis von Bibliographen, daß nach 1945 und vor 1960 neun (kurzlebige) Versuche gewagt worden sind, Kolportage-Lieferungsromane unters Lesevolk zu bringen.

Doch knapp 25 Mio. Entleihungen aus öffentlichen Bücherein (1953) stehen 300 Mio. (1951) „bis zu 600 Mio." (1953) Ausleihen aus gewerblichen Leihbüchereien gegenüber. Und deren Buchbestand ist geprägt (zu 70 bis 80%) von Reihen-Romanen, die auschließlich für diesen Zweck hergestellt worden sind: eine Gesamtzahl von 35.000 produzierten „neuen" Titeln (aus mehr als 90 Verlagen) in der Periode von 1947/48 bis 1971 kann als sehr wahrscheinlich gelten.

In der Blütezeit des LR, also bis in die frühen sechziger Jahre, bestehen ca. 28.000 solcher Leihbüchereien: bei Verteidigungsbedarf werden „einige (unprofessionelle) schwarze Schafe" unter den 25.000 Gemischtwarenhändlern mit Buchleihe („hinterm Spiritus" im Nebenzimmer) der Öffentlichkeit als Prügelknaben für die 3.000 Vollerwerbs-Profis angeboten. (1974/75 zählt der „Börsenverein" noch 130 eingetragene Leihbuchhändler). Eine typische Leihbücherei bedient eine Stamm-Klientel von 200 bis 400 Kunden; bis in die sechziger Jahre beträgt die Leihgebühr 40 bis 50 Pfennig.

Der LR hat (meist) 256 Seiten, ist fest gebunden (mit farbigem Titelbild), erscheint (meist) monatlich – in einer Auflage von lediglich 1.200 bis 2.000 Exemplaren. Anja von Tharau, Carol Flynn, Fred Hammer, Hanns Hart, Cliff Clure, Arlon Brando, Cäsar Fabius, Raoul de la Croix: wie beim Heftroman sind die Autoren-Pseudonyme stilisierter Teil des Zielgruppen-Reizensembles.

„Reine" Frauenromane – mit Hang zu „preziösem Stil" – machen etwa 40% aus: Romane in der Familienblatt-Tradition (einschließlich Heimat- und Artzroman) mit Brautpaar am Traualtar als happy end – im Zeichen des wilhelminischen Innerlichkeits-Bündnisses von „Seelenadel und innerem Reichtum" als Vorbedingung für „bloß äußerlichen" Reichtum und Kindersegen.

Mischformen (Mantel und Degen-Romanzen, „galante Sittenromane") nehmen einen großen LR-Marktanteil ein. Ein deutlicher Wandel der

Sujet-Präferenzen ist innerhalb dieser Romanze-Abenteuer-Mixturen (ca. 25%) und im Segment der harten Männer-Abenteuer (ca. 35%) zu beobachten.

Relativ konstant (bis 1965) ist der große Anteil von Krimis: Reihenfiguren wie G-man Jack Kelly und G-man Jerry Cotton verdeutlichen die Verknüpfungen mit der Zeit vor 1945 und mit dem Heftroman. Doch die Kriminal-Abenteuer der „Welt-Detektive" und „Welt-Reporter" werden kaum mehr detektivisch entschieden: der kriminologische Rätsellöser, der Milieu-Detektor, der listig-edle Gauner- oder Hochstapler-„König" der zwanziger Jahre scheiden aus dem Helden-Rennen aus.

Im *Lockenden Westen* agieren *Die Gefährlichen*: Das sind (Flying/Buffalo/Texas/Kansas) J a c k und T o m (Mix, Prox, Fox, Brack), unterstützt vom Karl May-haften „blonden Panther", von Billy Jenkins und Wyatt Earp. Sie haben d o r t noch viel „aufzuräumen", um für Ordnung zu sorgen: mit *Caramba*- Büchern und Colt.

Der Western ist d a s LR-Abenteuer-Genre der fünfziger Jahre – im Wettstreit mit den *Vier Musketieren der Meere*, mit dem *Halben Stier*, dem *Größten Piraten aller Zeiten* und mit der Besatzung des *Gespensterschiffs*, die fernab von Deutschland unter der Totenkopf-Flagge *Inseln der gefangenen Frauen* erstürmen: *Alarm-Agenten-Afrika* oder *Musketen-Mädchen-Menschenhändler* sind charakteristische Stabreim-Titel der *Abenteuer in fünf Erdteilen* voll *Tropenglut und Leidenschaft*. (Die Idylle der sprechenden Affen im Hinterhof der Fliegenden Holländer des Kolonialismus umhegen *Tarzan* und *Liane*).

Ab 1953/54 bringen einige dieser Unverwüstlichen zunächst französische Fremdenlegionärs-Stiefel, sodann treutapfere Landser-Gesichter zum Vorschein.

Im Jahrzehnt vor dem „Afrikanischen Jahr" und der TV-Vollversorgung (und noch vorm Sputnik, 1957) beginnt die Karriere der utopisch-phantastischen Romane. Signifikante Stationen: *Will Fox. Der Weltraumpirat* ist 1952 bis 1954 unterwegs, auf den Spuren der *Erotik der Weltraumschiffahrt* (1949); 1958 bis 1961 folgt ihm „VK"-halbir-

681

disch *Sun Koh. Der Erbe von Atlantis*; 1959 endlich ist das *Volk im Raum* an der richtigen Stelle, bereit, *Höllenplaneten* und *Rote Monde* zu befreien; 1963 bis 1966 werden *Uto-Spione* bekämpft. In der Auslaufperiode des LR wird von den Verlegern fast ausschließlich auf Science Fiction gesetzt: *Perry Rhodan. Der Erbe des Universums* ist (1962 bis 1968) einer der Erben des sterbenden LR-Markts, ehe er flugs in den Taschenbuchsektor der Gutenberg-Galaxis wechselt.

Die Stunde Null

Im Jahre 1945 selbst sind in der Trümmer-und Lizenz-Landschaft die Leihbüchereien da: mit „neuem" Verband und wohlfeiler Leseware – vor jeder Haustür. (Der Gesetzes-Zäsur 1953/54 gewinnen sie zunächst die Hoffnung auf Schutz der Branche durch „notwendige Säuberungen" ab – nach Muster früherer Erfahrungen).

In der Periode bis 1938 hatten die Nazis in 8000 Leihbüchereien insgesamt 100.000 säuberungsbedürftige Bände (!) entdeckt. In den Jahren der papierverknappenden NS-Kriegswirtschaft wurden Courths-Mahler und Karl May (1842 – 1912) nicht neu aufgelegt; angelsächsische Detektive hatten „Kriegsbüchereien" zu weichen – oder Brasilianer zu werden; und Friede Birkner war – nicht ihrer Texte willen – (überlebendes) KZ-Opfer: dies die Fakten zur (vielzitierten) Legende von der NS-imkommensurablen Widerspenstigkeit der „Volksliteratur".

Der den Groschenheft-Traditionen wohlwollendste Heinz J.Galle interpretiert die Zäsur von 1933: „Unmittelbar nach der Machtergreifung versuchten die cleveren Hefte-Produzenten, die Partei rechts zu überholen, diesen Trick hatte man ja schon 1914 mit Erfolg angewandt".

Viele Nachkriegs-Hefthelden waren „VK"-Helden, unter ihnen die 1950 – 1961 populärsten: *Rolf Torring* und U-Boot-Abenteurer *Jörn Farrow* (beide 1932 – 1939).

„Seit fast 50 Jahren ein Begriff", heißt es um 1980 von den *Kelter*-Romanen. Gestartet wurde der *Kelter*-Roman Ende 1938 von Fritz Mardicke, nachmals „Marken"-Verleger, mit sechsstelligen Auflagen in den Kriegsjahren. Die „Moewig-Romane" schreiben 1964 den „33.Jg."; Moewig („& Hoeffner", Dresden) wurde 1949 – wie auch der Heyne-Verlag – von Willi Heyne in München wiedergegründet; 1970 verkauft Heyne „Moewig", um sich aufs Taschenbuch zu konzentrieren.

Viele der Landser-Schreiber sind Nazi-Kriegsberichter, etwa Fritz-Otto Busch (Narvik, Bertelsmann 1940). Landser-Pabel rekrutiert seine Autoren aus den Freunden der Wildente, dem Kameradschaftsblatt der Propaganda-Kompanien.

Nach 1945 prominentester Autor der „Kriegsbücherei der deutschen Jugend" (Bd.144) war der Stern-Herausgeber und Journalisten-Lehrer Henri Nannen. Kriegsberichter des „Dritten Reichs" waren Herbert Reinecker (geb. 1914), meistbeschäftiger TV-Serienautor, und der erfolgreichste (Export-) Autor der BRD, Heinz Günther („Konsalik"). Dieser rühmt noch 1978 im Interview die deutschen Aggressoren auf sowjetischem Boden als unwiderstehlich liebenswürdige Opfer kriegsrechtswidriger Partisanen – als Vorbilder seiner Krieg-Arzt-Liebe-Mixturen.

Leipzig, Dresden und Berlin waren jahrzehntelang die Zentren der „industriösen Literatur" gewesen. Kulturbund, Parteien und SMAD organisieren in der Sowjetzone ab Juli 1945 die Stillegung der „Fabriken der Herrenvolk-Ideolgie". Die ab 1948 (diskontinuierlich) entwikkelte „antifaschistische und antiimperialistische Unterhaltungsliteratur der DDR" (mit etwa 8000 Titeln bis 1990) bleibt hier unerörtert.

Heftromane

Der deutsche Heftroman ist in Nachfolge des Lieferungsromans (ab 1905) durch Adaption der US-"dime novel" entstanden. Er garantiert dem Käufer – als wöchentliche oder 14-tägliche Kiosk-Zeitschrift – einen durch Cover, Serien-Titelei und Vorspanntext definierten und standardisierten („vollständigen") Lesestoff. Neben den seit Ende der fünfziger Jahre üblichen 64 Seiten (DIN A5) gibt es andere Formate und Norm-Umfänge (32, 48, 96, 128 Seiten). Die bis dahin häufige Serie mit wechselnden Genres („Der neue spannende Roman") ist der sujetspezifischen Serie gewichen.

Vom Heftroman der BRD reden heißt: von 160 bis 200 Tsd erschienenen Titeln (1947/48 bis heute) reden. Auch nach Abzug aller Mehrfach-Auflagen und versteckten Nachdrucke sind etwa 100 Tsd „Originaltitel" zu vermuten. Mit der erfolgreichen Okkupation des Utopischen durch *Perry Rhodan*; durch die Welle der Arztromane mit Serienheld, die beide Ende der siebziger Jahre die Zahl der Polizei-Agenten am Kiosk überflügeln; mit der Schauerromantik-Science-Fiction-Epenfundus-Bündelung zur „Fantasy" und deren erfolgreicher Marktreduktion zu *Professor Zamorra* und anderen *Geisterjägern* – auf all diesen Wegen werden Genres durch Traditionsauswahl und soziale Anpassungsreaktionen (neu) definiert – im Rahmen und im nahen Umfeld der Heftromane.

Die Beschreibung der Genre-Marktführer bildet den Heftroman angemessen ab. Das über den LR (für die Jahre bis 1960) Gesagte beschreibt auch die Tendenzen des Heftromans dieser Phase; zu illustrieren und zu modifizieren ist: Sammler-Kataloge haben (zumindest) 46 Serien mit „vermischten" Abenteuern in der Trizone 1948 ausfindig gemacht; bis 1950 sind allein im Vierzonen-Österreich 67 Serien dieses breiten Zuschnitts gestartet worden, in der (Deutsch-) Schweiz jedenfalls mehr als zehn.

„Frauen"- und „Männer"-Romane werden hier wesentlich seltener vermengt. Die erste Serie mit der *Gartenlaube* im Titel erscheint 1950; das Jahrfünft der literarischen Aufrüstung birgt auch den Höhepunkt des Heimatromans (unter den Frauen-Genres) – und die Goldjahre des heilen „deutschen Heimatfilms" sowie des österreichischen *Kaiserjäger*-Wien-Films (mit BRD-Erfolg). Auf Horror bauende Texte sind vereinzelt nachweisbar; Horror als Serien-Kennung tritt erst ab den frühen siebziger Jahren auf den Plan.

Entpuppung der Frau des Hauses

Die Zielgruppen-Lesestoffe werden von den Verlagen mit Hilfe von Verfahren der Marktforschung „abgeschmeckt": für jüngere/ältere Frauen/Männer.

Irgendwo, nicht allzu fern von München oder Hamburg, steht es. Das Eigenheim (von *Silvia*, *Edelweiß* und *Erika*) im Grünen, aufgeblasen zu Beinahe-Gutshof, Schloß oder Privatklinik, umgeben von Park-Natur, stellt die Szenerie des Frauenromans und seiner fakultativen Varianten dar: des Adels-, Heimat-, Mami-, Arzt-Romans.

Inmitten amöner Landschaft folgen anmutige Frauen dem „warmen Gefühl" und „der Stimme des Herzens"; mit Hilfe des „Schicksals" gelingt die Eliminierung von Rivalen, insbesondere der neidischen Arbeitskollegin, die sich selber durch „berechnenden kalten Verstand" beim Leser denunziert hat. Am (nie und nimmer angepeilten) Ziel wartet die „kräftige Schulter" jenes edlen natürlich-kinderlieb-gesunden Mannes, der auch der Gebildetsten und Tüchtigsten in Hinkunft die intrigantische Berufswelt zu ersparen vermag.

Bauer und Bäuerin (mit Gesinde); der Herr vom Schloßhotel und seine herzeigbare Empfangsdame; der Arzt und die Krankenschwester: Hier geht die Doppelgleichung allemal auf – die vom Betrieb als Familie und die von den „natürlichen" Rollen-Stereotypen von Chef-Mann und helfender Frau. Eine manichäische Wertwelt wird vorgeführt – vermittels Figuren-Entpuppung, als ein Lernprozeß, den Wernsing/Wucherpfennig als „Berichtigung einer Irrtumswahl" definiert haben – mit den Phasen: Irrtumswahl/Herausstellung/Konkurrenz/Elimination/richtige Wahl. Der karikierenden Enttarnung des „Falschen" getarnt zugeordnet werden politische Inhalte: „Mitbestimmung" (z.B.) ist die Forderung des kindlichen Suppenkaspars; wer für Fristenlösung plädiert, überfährt prompt fahrlässig ein Kind.

Der Männer Kampf-Berufung

„Abenteuerroman" heißt der gemeinsame Nenner der Marktpräsentation und der literarhistorischen Wurzeln der Männer-Heft-Serien. Die wesentlichen Genres sind:

- der Kriminalroman (mit Spionage-Ablegern); dominierend ist *G(un)-man Jerry Cotton*; seit 1956; „weltweit 500 Mio Auflage";
- der (stagnierende) Western; marktbeherrschend sind Autorenserien von G.F.Unger und Robert Ullman, sowie (seit 1972) *Lassiter. Der härteste Mann seiner Zeit*:
- Science Fiction (SF), kulminierend in den siebziger Jahren; Marktleader (mit Fanclubs und „Intergalactic fan products") ist *Perry Rhodan. Der Erbe des Universums*; seit 1961; Auflage „weltweit 800 Mio";
- der Kriegsroman; dominiert durch *Landser. Erlebnisberichte aus der Geschichte des Zweiten Weltkriegs*; seit 1957, teils alternierend als *Ritterkreuzträger*-Romane; zeitweilig begleitet von: *Klingendem Roman, Humor in Uniform, Sachbüchern.*
- die (boomende) Horror-Fantasy; dominiert durch *Geisterjäger John Sinclair* (seit 1977); auch die neueren *Abenteurer. Auf der Suche nach den letzten Rätseln der Erde* variieren dieses Schema des Gespensterkrimi-Sprößlings.

Coyoten-Prärie; Stadtwolf-Dschungel; winterliches Steppen-Schlachtfeld: karger Chamboden-Planet aus der fünften Dimension Intergalaktischer Zeitrechnung; Nilquellen mit König Johannes und Voodoo-Zauber; schließlich das im Zeitreise-Kontinuum simultan von Kreuzrittern, Mossad-Agentinnen und palästinensischen Terroristen umkämpfte Jerusalem: Männer mögen's bunter, härter, technizistisch cooler.

Was dem Frauenroman die „Berichtigung der Irrtumswahl" (mit „zufälliger" Eliminierung des Rivalen), ist dem „Männerroman" die Schaffung oder Wiederherstellung der latent gestörten Ordnung durch tödliche Niederringung des Bösen mittels Überlegenheit von vehikel-verstärkter Körperkraft und Waffen – inmitten sozialdarwinistischer Kampf-Natur und als deren Exekutivorgan. (In der „Fantasy" erweist sich der übersinnlich begabte Heldenleib als: auto-mobil).

Aller Kritik entzogen ist der halbgöttliche Rassenkämpfer Perry als „Führer des Solaren Imperiums". „Law and order"-Staatlichkeit ist stärkenswert, doch zu umgehen, wenn sie – wie im Western – hinter dem Naturrecht des Desperados auf Rache zurückbleibt. „Die Polizei darf nicht verbrecherisch handeln"; die Autoren-Anweisung wird zur Anleitung für die Einübung von Notstands-Denken: im Krimi des Cotton-Typs sind unbefugte Haussuchung und tödliche Schüsse die Regel, ebenso impliziter Nachweis und explizite Billigung ihrer Un-vermeidlichkeit.

Schuldvermutung und Mafia-Verdacht sind universell. Bei der „Spionage"-Weiterung (CIA kontra KGB, chinesische „Ostasiaten") sind Irrtümer bei der Charakter-Verteilung ausgeschlossen; der (auslandsaktive) deutsche Serien-"Mann für Sonderfälle" hat nur „Kriminelle" als Visavis. Das Böse entpuppt, aber läutert sich nicht.

Nicht ein Wort von: KZ, SS, Kriegsschuld, Kriegsverbrechen. Im ob-ligaten Nackriegs-Rückblick der Schlußsequenz wird stattdessen das „Schlimmere": „Völkerversklavung" und „Unrecht der Sieger", be-schworen.

Allen Erwähnungen von Weltkriegs-Armeen, stellaren Mensch-Tier-heiten und Erbfürstentümern zum Trotz: die Deutungsmuster sozialer Beziehungen erschöpfen sich in patriarchalischer Familie und kommandiertem Männer-Trupp; der Rest ist (teuflisch gelenkte) Bande. (In diesem Kontext verwertbarer Unmündigkeit scheint die Romanpräsenz der von Ziermann benannten Leitbilder von Untertan, Erfolgsmensch und Killer/Landser angemessener bestimmt).

Zwischen sozialdarwinistischem Naturrecht und staatlich gebilligtem Exekutor, zwischen Schicksals-Aristokratie und dem „Gott in Weiß" bleibt ausgesperrt: die diskutierende, die sich aus freien Stücken organisierende Gesellschaft. (Sie ist, zur „Bande" entstellt, durch Intrige, Netz und Plan des Bösen diffamiert).

Schema im Wandel der Ist-Normen

In den neunziger Jahren ist er kaum mehr marktexistent: der Illustrierten-Fortsetzungs-Roman (IFR). In der Regenbogenpresse mit ihren „aktuellen Endlos-Märchen" (Nutz) von Hocharistokratie und Medienprominenz finden sich noch – neben Humor, Rätsel, Horoskop, *Dr. Eva rät* – eine oder mehrere Kurzgeschichten, versehen mit dem Etikett: „abgeschlossener Roman".

Dem Dahinscheiden des IFR gehen voraus: 1. Frühe Nachkriegsjahre mit Nachdrucken von Erich M. Remarque (eigtl. Erich Paul Remark,1898 – 1970), Vicky Baum (1888 – 1960) und Agatha Christie (1890 – 1976); 2. die Jahre von 1950 bis Anfang der siebziger Jahre, in denen Illustrierte und TV-Programm-Zeitschriften (*Hörzu*, *Quick*, *Stern*, *Revue*, *Bunte* u.a.) den IFR kreieren und durchsetzen: als ein „Stück Nationalliteratur" (Jabs-Kriegsmann), in dem deutsche Autoren über deutsche Themen für ein deutsches Millionen-Publikum schreiben; 3. Die Periode ab den frühen siebziger Jahren, in der internationale Agentur-Bestseller-Konfektion (Robbins, Paretti, Pilcher) das Hausgemachte überlagert.

Der neue IFR wird (anfangs nur) von Redakteur-Kollektiven („namens" H.U. Horster, Adrian Hülsen, Stefan Olivier) geschrieben: jede Fortsetzung ist „für sich", nach den Bedürfnissen redaktioneller Einpassung, konzipiert. Leser-Reaktionen entscheiden über die Heldenleben (10 bis 40 Folgen) und können Konflikte sowie die Träger von Sympathien und Antipathien umgruppieren. Tagesthemen werden stichworthaft mitverpackt. Der c'est-la-vie-Gestus schließt alles offenkundig Phantastische aus, um die Strahlkraft der „reportierten" großen Welt nicht zu beeinträchtigen.

Dominante Fabelstruktur durch die Jahrzehnte bleibt der Frauen-"Erfolgsroman": die Liebe-Sozialaufstieg-Reichtum-Verkoppelung wird „problematisiert", die „Sehnsucht wird betrogen" (Hollstein), der traumerfüllende Blick hinter die glänzenden Fassaden wird mit der Versagung koordiniert: „Geld allein macht nicht glücklich".

Die Ränder des inhaltlichen Pluralismus markieren Autoren, die sich einen Buchmarkt-Namen erschrieben haben: der grobschlächtige Reaktionär Konsalik und der (literarisch subtilere) Antifaschist und Pazifist Johannes Mario Simmel. (Beider Werk ist wesentlich umfangreicher als die in Illustrierten erschienenen Texte; „linkere" und „rechtere" Illustrierte druckten Konsalik u n d Simmel).

In ihren BRD-aktuellen Romanen benützen beide den IFR-Topos von der 'Scheinmoral der oberen Zehntausend'. Dem sentimentalen Nazi-Apologeten Konsalik ist sie der Anlaß, um wackere „Wehrmacht"-Offiziere gegen heutige BRD-"Degeneration" und erlittenes Unrecht agitieren zu lassen. Dem sentimentalen „demokratischen Gebrauchsschriftsteller" und deklarierten Sozialdemokraten wird 'die Scheinmoral' zur „Rest-Verschlüsselung", mit der die „80% Wahrheit" (Simmel) abgeschlossen werden. Die IFR-Ästhetik der Personalisierung gesellschaftlicher Verhältnisse und der „sensationellen Verpakkung": vermag sie als „Transportmittel" gleichermaßen Geschichts-Verkleisterung und die „List" begreifender/eingreifender Vernunft zu befördern?

Eine Synopse der vorhandenen Inhaltsanalysen von Heft- und IFR ergibt: alles, was den realen Leser-Alltag ausmacht und was realgesellschaftlich zwischen den (Tarif-) Parteien ausgefochten wird, verewigt den mittelständischen Struktur- und Wertkonservatismus der frühen fünfziger Jahre. Unantastbare System-Prämisse ist die natürliche Ungleichheit – nicht nur der Geschlechter.

Die „eigenen" Staats-Ordnungsmächte bleiben im Heft nahezu völlig ausgeblendet; der aktuelle IFR gibt ab Mitte der sechziger Jahre der Kritik an Behörden-Unverstand und dem Einverständnis mit der Steuerhinterziehung (als verzeihlicher Heldenschwäche) Raum. Der „korrupte Politiker" bleibt dem Ausland vorbehalten: je rangniedriger das klischierte Land, desto ranghöher können „böser Potentat", im Einzelfall selbst der zum Kapitalisten degradierte Unternehmer werden.

„Lieber gesund und reich als arm und krank": das Innenleben der 'Leistungsgesellschaft' übersetzt sich ins Koordinatenkreuz der Völkerkunde. Dessen (Freund-Feind-)Achse scheidet Westen/Kapitalismus von Osten/Sozialismus; die (Prestige-)Achse scheidet Große/Wohlhabende/Mächtige/Deutschland-Nahe von Süden/Armen/Faulen/Fremd(rassig)en.

Demgemäß ist die Erde bevölkert von: schrecklichen Sowjet-Russen, listig-gewalttätigen Orientalen (eines „judenfreien" Antisemitismus), schlitzohrig-gefährlichen Gelben, österreichischen Strizzis, faulen Südeuropären, sympathischen Gourmet-Franzosen (usf.): dies die Langzeit-Konstanten der Serienliteratur.

Einen Sonderfall (neben den Briten und Franzosen der Fünfzigerjahre-Abenteuer) bilden die USA. Sie werden (ab den Mittfünfzigern) sympathischer, als „FBI-Staat-Vater" adoptiert. Die entschuldende re-education-Abwehr und die Projektion der Eigenkonflikte ergeben die „Einheit" von: sympathischer Trail-Vitalität, South-Western-Präferenz, edelwilden Indianern, tierkindlichen Negern, Kriminalität, Alkohol-, Drogen- und Sex-Enthemmung.

Die Verknüpfung von (anerkannt) anziehenden/abstoßenden Allgemeinheiten mit Produkt/Leitbild/Feindbild ist das Grundmodell der Sprache von Werbung, Propaganda und Serienliteratur. Pflichterfüllung, Ordnung, Opferwillen, Treue – verbunden mit der Zaubervokabel (der 'Lingua tertii imperii'): „Einsatz" – verdankt sich jegliches Vermögen, jeglicher Heldenerfolg.

Der Heftroman faßt seine Wirkungsabsicht in den knapperen Werbespruch: „Mitlesen – miterleben – mitlernen"! Eingeübt werden buchstäblich beschränkte Sprach- und Wahrnehmungsmuster. Nach der

Vertreibung der Vernunft aus der Phantasie waltet eine phantasielose „Vernünftigkeit", die den Gedanken an Sinn und Möglichkeit eigenen Handelns in der Gesellschaft ausschließt und die Billigung (zieldisponibler) Menschenjagd miteinschließt.

Österreich und Schweiz

Der Heftroman-Markt in der deutschsprachigen Schweiz (wie in Österreich) erscheint ab den sechziger Jahren als Annex der BRD-Marktleader (unter Einschluß von *Landser* u.ä.). Die besondere und frühe Reputation des Kriminalromans in der Schweizer 'Hochliteratur' spiegelt sich in der Herausgabe der Romane Glausers durch die „Gildenbibliothek der Schweizer Autoren". Schweiz-eigene Serienliteratur ist (bis in die fünfziger Jahre) vertreten durch Abenteuerreihen wie *Jim Strong* sowie Zeitungs-Heimatromane. (Bibliographien lassen auf die Schweiz als bevorzugten Verlagsort abenteuerlicher konfessioneller Missionsliteratur der Jahre „um" 1945 schließen).

Die Götter waren Astronauten: die Archäologie-Mystifikationen des Schweizers Erich von Däniken (geb. 1935), seit den späten sechziger Jahren mehrmals (BRD-)Bestseller, haben die SF-Fantasy-Motivik mitgeformt – und deren Akzeptanz des „Vielleicht doch!" erhöht.

In Österreich erscheinen – von 1949 bis heute – *Kommissar Wiltons Kriminalberichte*: der unstet-"westeuropäische" Interpol-Mann ist ein Gewalt, doch nicht Vorurteile scheuender Erbe der Scotland Yard-Detektive – und der frühen Nachkriegsjahre.

Auf dem durch Sammler rekonstruierten „Männerserien"-Markt hat es rund 170 (bis 1950); etwa 210 (1951/55) und über 20 österreichische „Serien" (1955/1960) gegeben: zeitweilig mehr als in der BRD. Das Alter von 50 Titeln haben 14 Männer-Reihen und zumindest eine Frauen-Reihe erreicht, darunter ein „Wiener Roman": dieser „Ostmark-Mix" erscheint 1939 – 1955. In der Zeit der Gründerhektik bis Mitte der fünfziger Jahre funktioniert die Genre-Streuung BRDanalog. Doch haben (nicht nur) „Grüne-Agrar-Post-Romane", die die austro-prä-faschistische „Heimatliteratur" neu aufbereiten, eine auffällige Neigung zum „südost-markig"-wehrhaften Bauern an den Grenzen Tirols und Kärntens – etwa die des Alt-Nazi- und Neu-Landser-Autors Springenschmid. Zu den Mitschöpfern einer modernisierten „Populärkultur mit Entschuldungsfunktion" [vgl. 86] gehört Rolf Mauerhardt/Ralf Murat, agilster Gründer/Titelwechsler und Eigenverleger (bis 1966). Als Vielschreiber (v.a. von Western, er gehört zu den *Lassiter*-Autoren) ist er auch in der BRD präsent.

Insbesondere in den Jahren 1948 bis 1953 versuchen etliche Tendenz-Verlage (v.a.im Umfeld von SPÖ und KPÖ), schließlich Pädagogen im Zusammenwirken mit den Schulbehörden, den Heftmarkt durch die Strategie des „besseren Beispiels" zu besetzen. Der (als „Anti-Nazismus") konsensfähige Antifaschismus wird sehr unterschiedlich realisiert – im lebhaften „Schmutz und Schund"-Streit nach dem Jugendschutzgesetz von 1950. Diesem Impetus entstammen: „Neue Abenteuer" (in einer Poe-Gerstäcker-Traven-Traditionslinie); „Große (Reise-) Abenteuer", die über den Schul-"Buchklub der Jugend" distribuiert werden; schließlich Krimis mit dem Anspruch der Aufdeckung internationaler Politik-Hintergründe, etwa in der Linzer „Bären-Bücherei": hier erscheinen Simmels erste Romane.

Um die Fortsetzung(en) einer anderen massenhaft verbreiteten Literaturform wird in den siebziger Jahren kampagnehaft gestritten: um die der TV-*Alpensaga* (1976/80) von Peter Turrini (geb. 1944)/Wilhelm Pevny (geb. 1944). Die Verteidiger der „Sauberkeit der Heimat" führen die Abwehr der „Besudelung der Vergangenheit" mit im Munde. Doch die *Alpensaga* steht im größeren Kontext des „neuen Volksstücks", des „neuen deutschen (Sozio-)Krimis", der sozialkritisch-wissenschaftlichen Phantastik und der emanzipatorischen Frauenliteratur. Es geht um den Dauerprozeß (der Brechtschen Dialektik) von Volkstümlichkeit und Realismus.

Joachim Paech

Autorenfilm

In der Geschichte des deutschen Films ist zweimal vom Autorenfilm die Rede. Zuerst wird damit im sog. 'Jahr des Autorenfilms 1913' der Beginn der Einbeziehung des literarischen Autors in die Filmproduktion bezeichnet. Es war zunächst der französischen Firma *Pathé*, dann der dänischen *Nordisk* gelungen, für ihre Produktion in Deutschland gegen den Widerstand der Theaterverbände zeitgenössische Autoren als Stofflieferanten und wenn möglich sogar als Drehbuchschreiber für die Filmindustrie zu gewinnen. Dies geschah in der erklärten Absicht, ein bürgerliches Lese- und Theaterpublikum in die Kinos zu holen, wo fortan Filme nach Stoffen von Arthur Schnitzler (1862 – 1931), Hugo von Hofmannsthal (1874 – 1929), Gerhart Hauptmann (1862 – 1946), Hermann Sudermann (1857 – 1928) u.a. zu sehen waren. Deren Unkenntnis filmischer Produktionsbedingungen erforderte jedoch die Bearbeitung ihrer Filmmanuskripte, bevor sie als Drehbücher für die Filmproduktion tauglich waren. Gerhart Hauptmann zum Beispiel mußte dulden, daß sich der Entwurf für *Atlantis* (1913) als „in der ersten Fassung unbrauchbar (erwies) und gründlich umgearbeitet werden mußte" [vgl. 68, *S. 24*].. Die Kinostücke in dem von Kurt Pinthus (1886 – 1975) 1913/14 herausgegebenen *Kinobuch* blieben sämtlich unverfilmt. Daraufhin sah sich Ewald-André Dupont (1891 – 1956) veranlaßt, 1919 eine Anleitung für Filmautoren *Wie ein Film geschrieben wird und wie man ihn verwertet* [vgl. 47] herauszugeben. Grundlage sollte das literarische Film-Manuskript als Vor-Schrift für den Film sein. Den Schriftstellern wurde versichert: „Das Film-Manuskript ist ein Kunstwerk wie nur irgendeine literarische Arbeit." [vgl. 47, *S. 7*]. Während der Stummfilmzeit blieb indes die

Mitarbeit literarischer Autoren im wesentlichen auf die Lieferung von Erzählvorlagen beschränkt, die von Fachleuten der Filmindustrie umgearbeitet und für die Produktion eingerichtet wurden. Eine bedeutende Ausnahme ist der Drehbuchautor des expressionistischen Films Carl Mayer (1894 – 1944), dessen 'filmisch' geschriebene Drehbücher erstmals 1924 sogar separat veröffentlicht wurden [vgl. 57]. Erst als der Tonfilm auch Dialoge erfordert, geht die „Tradition des stummen, unliterarischen Films" [vgl. 43, *S. 193*] zu Ende, weil das literarische Szenarium nicht mehr nur als ein Text für den Film, sondern als Filmtext eines Filmautors unmittelbar im Film realisiert werden konnte und zugleich wie das Bühnendrama eine literarische Gattung begründete: „Das Szenarium als selbständige Literaturgattung ist da" [vgl. 43, *S. 199*].

Der Film, ab 1923 auch das Radio, konfrontieren als technische Medien den literarischen Autor mit Produktionsmitteln, über die er nicht mehr verfügen, die er statt sie zu beherrschen nur beliefern kann. Versuche, sie zu verändern, schlagen fehl. Autorenschaft im Rahmen der Filmindustrie bedeutet daher auch nach der Einführung des Tonfilms in erster Linie die Verwertung unabhängig vom Film entstandener literarischer Vorlagen für die Produktion von Filmen. Die Spannweite der 'Mitarbeit' von Autoren reicht vom Verkauf von Filmrechten für die Verfilmung von Romanen oder Theaterstücken bis zur Mitarbeit von Autoren im abhängigen Arbeitsverhältnis etwa bei den Studios der Major Companies in Hollywood, wo zweitweilig Autoren wie William Cuthbert Faulkner (1897 – 1962), F[rancis] Scott Key Fitzgerald (1896 – 1940), Raymond Thornton Chandler (1888 – 1959), Edgar Laurence Doctorow (geb. 1931) u.a. Lohnarbeit verrichteten. Ähnlich erging es deutschen Schriftstellern auf ihrer Flucht vor Hitlerdeutschland, als ihnen das 'Schreiben in Hollywood' das Überleben sicherte.

Da die technischen Produktionsbedingungen der Filmindustrie nicht nur in Hollywood für die nach wie vor bestehende Trennung zwischen individuell-künstlerischer und kollektiv-industrieller Produktion für den Film verantwortlich waren, konnten erst Veränderungen in dieser Produktionsweise dazu führen, daß erfolgreich versucht werden konnte, eine Autorenschaft analog zur Literatur auch für den Film zu reklamieren. Anfang der 50er Jahre fand das im Weltkrieg entwickelte Equipment leichter 16mm-Kameras und kleiner Produktionseinheiten in die Dokumentarfilmproduktion ('direct cinema', 'cinéma vérité') Einlaß. Parallel dazu hatte der italienische Neorealismus mit seiner Ästhetik der Unmittelbarkeit vorgefundener (Trümmer-)Realität für den Spielfilm (z.B. Roberto Rossellini (1906 – 1977): *Germania anno zero* (dt. *Deutschland im Jahre Null*, 1947) eine neue, an der Wirklichkeit orientierte Beziehung zwischen Literatur und Film begründet, die zur Symbiose zwischen Regisseur und Schriftsteller z.B. Vittorio De Sica (1902 – 1974) (Film) und Cesare Zavattini (1902 – 1989) (Literatur) oder zum Regisseur, der auch sein eigener Drehbuchautor ist, führte. Die Erfahrung dieser Produktionsweise sowohl dokumentarischer als auch fiktionaler Filme schien zu ermöglichen, daß künftig der Regisseur als Autor seines Films dessen Entstehung direkt beeinflussen und für 'sein filmisches Kunstwerk' in jeder Phase der Entstehung persönlich verantwortlich sein könnte, ähnlich wie der literarische Autor für seinen Text. Mehr noch, wie der Romanautor mit dem Federhalter, so sollte der Filmautor mit der Kamera 'schreiben' können. Alexandre Astruc (geb. 1923), selbst Filmregisseur, hatte die These von der 'caméra stylo' schon 1947 aufgestellt [vgl. 42] und damit der Revolte der künftigen Filmautoren gegen die Vor-Schriften der Literatur das Stichwort gegeben.

Die 'politique des auteurs' der Pariser Filmzeitschrift „Cahiers du Cinéma" und ihres Begründers André Bazin (1918 – 1958) erhoffte sich Ende der 50er Jahre in Frankreich einen Durchbruch junger Filmautoren gegen eine verkrustete Filmproduktion, deren besondere Qualität ('cinéma de qualité') nicht zuletzt durch die routinierten Drehbücher u.a. von Jean Auranche (geb. 1904) und Pierre Bost (geb. 1901) für Claude Autant-Larat (geb. 1903), Jean Delannoy (geb. 1908), Yves Allégret (1907 – 1987) oder René Clément (geb. 1913) gewährleistet war. Noch als Filmkritiker bezichtigte François Truffaut (1932 – 1984) diese Drehbuchhandwerker, für eine 'gewisse Tendenz' [vgl. 88] im französischen Film verantwortlich zu sein, durch die der Film dermaßen in literarischen Konventionen blockiert wurde, daß er sich filmisch nicht entfalten konnte. Als dann seit 1958 eine 'neue Welle' junger Filmautoren mit eigenen Filmen erfolgreich bei Filmfestivals in Erscheinung trat, handelte es sich in der Regel um billig produzierte, mit kleinem Stab und oft improvisierter Technik aufgenommene 'Autorenfilme' ('cinéma des auteurs'), weil sich in ihnen die Filmautoren Claude Chabrol (geb. 1930), Truffaut, Jacques Rivette (geb. 1928), Alain Resnais (geb. 1922), Jacques Rozier (geb. 1926) u.a. mit einer eigenen Handschrift direkt künstlerisch auszudrücken schienen, so, wie André Bazin es vom Filmautoren verlangt hatte: „Die Politik der Autoren besteht kurz darin, daß man das Persönliche im künstlerischen Ausdruck zur Grundlage macht und davon ausgeht, daß es sich von einem Film zum nächsten fortsetzt oder sogar verstärkt." [vgl. 44, *S. 10*; Übers. vom Autor]. Die Autorenfilme der 'Nouvelle Vague' tragen in der Tat die Spuren der persönlichen, biographischen Investitionen ihrer Regisseure und darüber hinaus der technischen Innovationen, die sich stilistisch, vor allem bei Jean-Luc Godard (geb. 1930), durch Spontaneität und bewußte Regelverstöße bemerkbar machten. Hinzukommt, daß etwa gleichzeitig Ende der 50er Jahre der Filmindustrie mit dem Fernsehen ein Konkurrent nicht nur im Kampf um den Zuschauer, sondern auch als alternative Produktionsweise für Filmautoren entstanden ist. Das neue Medium war drauf und dran, sich das alte, den Film, einzuverleiben, was nicht nur zur Übernahme von Kinofilmen im Fernsehen, sondern auch zu einer neuen Fernsehästhetik des Films führte, die sich in der 'Nouvelle Vague' deutlich bemerkbar machte. Roziers Film *Adieu Philippine* (1960) beginnt in einem Fernsehstudio; Jean-Luc Godard wird Ende der 60er Jahre für das Fernsehen arbeiten, die Video-Technik benutzen und sich in einem eigenen Studio in der Schweiz zeitweilig unabhängig von den Medien-Institutionen zu wähnen. Eine amerikanische Variante der

'Autoren-Theorie' des Films diente am Ende des Studio-Systems vor allem dazu, das kohärente Werk großer Regisseur-Persönlichkeiten (z.B. Alfred Hitchcock (1899 – 1980), Howard Hawks (1896 – 1977) oder John Ford (eigtl. Sean Aloysius O'Fearna, 1895 – 1973)) zu konstruieren und zu vermarkten. Regisseure als unabhängige Produzenten ihrer Filme hatten es nach wie vor schwer (z.B.Otto Ludwig Preminger (1906 – 1986)); Autorenfilme im europäischen Verständnis konnten als 'Art Films' nur am Rande (Off-Hollywood) der mächtigen Filmindustrie entstehen (z.B. John Cassavetes (1929 – 1989)).

Autorenfilm in Deutschland nach 1962

Während sich in Frankreich die 'Nouvelle Vague' der jungen Regisseure immerhin gegen ein wenn auch stagnierendes 'cinéma de qualité' durchsetzen mußte, heißt es 1961 über den Zustand des (west-)deutschen Films: „Der deutsche Film ist schlecht. Die Zeitgenossen haben sich damit abgefunden, dies als etwas Selbstverständliches hinzunehmen" [vgl. 56, *S. 13*]. Junge Regisseure in (West-)Deutschland, die sich nicht damit abfinden wollten, wurden auf den Kassenerfolg der Heimat-, Arzt-, Schlager- oder Edgar Wallace-Filme (Richard Horatio Edgar Wallace, 1875 – 1932) verwiesen, den sie wiederholen müßten, wenn sie eine Chance innerhalb der etablierten Filmindustrie haben wollten. Erst als parallel zum Aufstieg des Fernsehens der Niedergang der (west-)deutschen Filmindustrie begann, d.h. von 1959 817 Millionen Zuschauern und einer Bruttoeinnahme von über 1 Milliarde D-Mark schließlich 1967 nur noch 250 Millionen Zuschauern übrig blieben, die nur noch 600 Millionen D-Mark Bruttoeinnahmen erbrachten, konnten die Proteste der jungen Filmemacher Gehör und ihre Filmprojekte öffentliche Förderung finden.

Die Stunde des Autorenfilms in (West-)Deutschland schlug 1962 während der Oberhausener Kurzfilmtage. Inspiriert durch den Erfolg der 'Nouvelle Vague' in Frankreich (Kluge: "Ich habe Jean-Luc

Godards *A bout de souffle* (dt. *Außer Atem*, 1960) gesehen, und danach wollte ich Filme machen" [vgl. 170, *S. 102*]), des Free Cinema in England und ähnlicher Filmbewegungen in anderen Ländern und ermutigt durch eigene Erfolge mit Kurzfilmen auf internationalen Festivals, wurde von den „jungen Autoren, Regisseuren und Produzenten" der Anspruch erhoben, „den neuen deutschen Spielfilm zu schaffen". Frei von den branchenüblichen Konventionen sollte „eine neue Sprache des Films" entstehen. (Manifest am 28.Februar 1962). Wenige Monate später lief in Cannes die Böll-Verfilmung *Das Brot der frühen Jahre* (1955, Film 1962) als deutscher Festivalbeitrag, an dem 4 der Unterzeichner des Oberhausener Manifests beteiligt waren, darunter der Regisseur Herbert Vesely, ein Mitglied der 'Münchner Schule', die bis dahin durch den Versuch deutlicher Stilbildung im Kurzfilm auf sich aufmerksam gemacht hatte. Es dauerte allerdings noch bis Mitte der 60er Jahre, ehe sich der angekündigte 'neue deutsche Film' durchsetzen konnte, nachdem ein 'Kuratorium junger Deutscher Film' 1965 und ein entsprechendes Film-Förderungs-Gesetz (FFG, 1968, novelliert 1971) die wirtschaftliche Basis bereitgestellt hatten. Alexander Kluge (geb. 1932), bis dahin Autor literarischer Erzählungen und Regisseur von Kurzfilmen und wie Edgar Reitz (geb. 1932) Mitunterzeichner des Oberhausener Manifestes, dreht 1965/66 seinen ersten Autorenfilm: *Abschied von gestern*; Edgar Reitz folgt 1966 mit *Mahlzeiten*. Das sind faktisch die Anfänge des (west-)deutschen Autorenfilms.

Was heißt Autorenfilm? Edgar Reitz verweist darauf, daß sich im Titelvorspann der Filme vom 'Kino der Autoren' „immer häufiger auch die Angabe 'Ein Film von ...'„ [vgl. 78, *S. 15*] findet. Da jeder Kinofilm das Ergebnis der Zusammenarbeit sehr unterschiedlicher technischer, künstlerischer, literarischer etc. Kompetenzen ist, müßte an dieser Stelle der 'Name' eines Kollektivs erscheinen, das in dem betreffenden Film die 'Autoren-Verantwortung' übernommen hat. Dieser (Un-)Möglichkeit einer 'Utopie Film' steht die Regel gegenüber, daß der Filmautor eine einzelne Person ist, die zumindest die literarische und filmische Kompetenz in sich vereinigt, da die „Identifikation des Filmautors mit seinem Stoff hier immer so weit geht, daß von einer autobiografischen Tendenz beim 'Kino der Autoren' gesprochen wird" [vgl. 78, *S. 14*]. Die geforderte Symbiose des literarischen und Filmautors im Regisseur des Autorenfilms führte zu Mißverständnissen hinsichtlich des Autorenbegriffs, als sich 1962 Vertreter der 'Oberhausener Gruppe' mit literarischen Autoren der 'Gruppe 47' trafen, denen vorgeworfen worden war, sich viel zu wenig um die Erneuerung des deutschen Films gekümmert zu haben. Die Regisseure der 'Oberhausener Gruppe' hielten sich nun selbst im Sinne der 'politique des auteurs' für Autoren ihrer Filme, die möglichst auch noch das Drehbuch selbst geschrieben haben. „Die Schriftsteller dagegen sehen, von der Tradition des Fernsehspiels her, das den Verfasser des Buchs als den eigentlichen Urheber ansieht, die Autorenschaft bei sich." [vgl. 58, *S. 121*] Alfred Andersch (1914 – 1980) hat als Mitglied der 'Gruppe 47' ein Jahr später das 'Kino der Autoren' folgendermaßen definiert: Er geht aus von der Forderung der französischen Filmautoren nach einer neuen Dramaturgie, die „den Regisseur in einen Autor verwandeln [will], den Film in ein 'cinéma des auteurs', die Technik in 'caméra stylo',, und leitet daraus eine grundsätzliche Literarisierung des Films ab, in dem die literarische Produktion nicht mehr 'Vor-Schrift' des Films ist, sondern zum Modell der Filmproduktion insgesamt wird, was aus der Sicht der 'Gruppe 47' der Literatur eine neue, aber nach wie vor dominante Rolle zuweist. „Die Theorie einer literarischen Ästhetik des Films kann nicht vom Film, sie muß von der Literatur geleistet werden." Die Richtung, in die eine solche literarische Theorie des Films weist, deutet auf literarische Gesetze, „die eine spezielle Struktur des Films nicht aufheben, ihr aber zugrunde liegen." Das praktikable Modell „einer Teilhabe der Literatur am Film" ist der Neorealismus im Sinne der Kooperation de Sicas und Zavattinis, wenngleich auch für Andersch eine „Synthese von Regie und Autorschaft" [vgl. 40, *S. 335-345*] im Geiste der Literatur möglich scheint. Bezeichnenderweise denkt Andersch dabei

nicht an François Truffaut, sondern an Alain Resnais und dessen Kooperation zwischen 'Nouveau Cinéma' und 'Nouveau Roman' und
insbesondere an den Romanautor Alain Robbe-Grillet (geb. 1922)
(*L'année dernière à Marienbad*, dt. *Letztes Jahr in Marienbad*, 1961),
der schließlich seinerseits als Regisseur zu einem literarischen Filmautor seiner Filme geworden ist. Unter den deutschen Autorenfilmen
sind sicherlich jene die bedeutendsten, deren Filmautoren zugleich
auch die literarischen Autoren ihrer (Dreh-)Bücher waren, das gilt in
erster Linie für 'die Filme von ...' Alexander Kluge, Edgar Reitz, Peter Handke (geb. 1942) oder Rainer Werner Fassbinder (1945 – 1982).

Während sich Alfred Andersch den Autorenfilm nur nach dem Modell
des literarischen Autors denken kann und dafür zurecht auf die
'politique des auteurs' der 'Nouvelle Vague' verweist, sieht Alexander Kluge den Autorenfilm noch in einer anderen filmgeschichtlichen
oder Medienperspektive: „Autorenfilm ist eine Protestform". Trotz
wirtschaftlicher Argumente sieht er den Autor eher in einer romantischen Tradition des schöpferischen Geistes, der gegen seine (kommerzielle) Unterdrückung protestiert; in diesem Sinne ist die „Einbrin-
gung der subjektiven Seite [...] das Prinzip des Autorenfilms." Für ihn
sind auch Friedrich Wilhelm Murnau (eigtl. F. W. Plumpe, 1888 –
1931), Fritz Lang (1890 – 1976) oder Alfred Hitchcock „selbstverständlich Autorenfilmer". Andererseits ist für ihn offenbar der Autorenfilm auf die Auseinandersetzung zwischen Kommerz und Kreativität begrenzt, denn „der Begriff des Autorenfilms [ist] nicht doktrinär,
er ist eine Aushilfe – die man nicht zu jedem Zeitpunkt der Filment-
wicklung benötigt und die lediglich bedeutet, daß die Übermacht der
Geldseite zurücktritt." [vgl. 170, *S. 101 ff.*] Als filmpolitisches
Konzept schließlich ist der Autorenfilm tatsächlich historisch
begrenzt, wenn spätestens seit Ende der 70er Jahre das Fernsehen im
Guten (es ermöglicht Filme und gibt z.B. durch das 'Kleine Fernsehspiel' im ZDF neue Anstöße) wie im Schlechten (der Film wird
unwiderruflich ein 'Element' der elektronischen Massenmedien und
ihrer (medien-)politischen Strukturen) die Filmproduktion beherrscht.

Der letzte Versuch eines 'kollektiven Autorenfilms', der sich zudem politisch einmischt, ist *Deutschland im Herbst* (1977/78). „1977 waren die wirtschaftlichen Strukturen der Filmproduktion immer weniger für Experimente geeignet; ohne das Fernsehen konnten kaum noch Filme gemacht werden, die nicht von vornherein rein kommerziell produziert wurden. Der Autorenfilm engagierter Individuen schien am Ende, die Autoren standen da, aber ohne Film" [vgl. 73].

War der Autorenfilm eine 'deutsche Ideologie' des Films? Schon drei Jahre nach den ersten Ergebnissen machte sich Skepsis breit. Enno Patalas vermutete, daß in „den deutschen Begriff des Autorenfilms [...] von den Prämissen der 'politique des auteurs' nur die verkehrteste, reaktionärste eingegangen (ist), das Vertrauen in die Allmacht des Regisseurs" [vgl. 74, *S. 24*], sich in der Konkurrenz um Fördergelder durchsetzen zu können. Das Konzept des Autorenfilms hatte in Deutschland primär strategische Bedeutung in einer Auseinandersetzung, in der es „als ideologisches Konzept und Diskurs funktionierte" [vgl. 48, *S. 44*], um über die höhere kulturelle Bewertung des 'Autors' an staatliche Förderungsmittel zu gelangen, die eine neue subventionierte Produktionsform des Films ermöglichen sollten. Damit es funktioniert, mußte das Konzept notwendig unscharf und vage im ideologischen Grundwiderspruch von Kultur und Kommerz bleiben. Es diente eben nicht wie die amerikanische 'Author Theory' dazu, das identifizierbare 'Gesamtwerk' eines Regisseurs im Nachhinein zu nobilitieren oder wie das 'cinéma des auteurs' als Label für eine (jedenfalls anfangs) kohärente Gruppe einer neuen Generation von Filmregisseuren; statt dessen mußte unter der Flagge des Autorenfilms überhaupt erst der Anspruch eines Filmautors auf seine künftigen 'Autorenfilme' durchgesetzt werden. Seine soziokulturellen Abhängigkeiten ließen die Verwirklichung des Konzepts 'Autorenfilm' nur in spezifischen 'kulturell' definierten Ausschnitten der Filmproduktion realistisch erscheinen: Abhängig von staatlicher Kulturförderung und entsprechend kleinen Etats hat der deutsche Autorenfilm eher gewisse Ähnlichkeiten mit der Randerscheinung des amerikanischen 'Art

Cinema', beide setzen ein spezielles, kulturell einverständiges Publikum in speziellen Kinos (in Deutschland den 'Kommunalen Kinos') voraus.

Da bereits der Film der künstlerisch-subjektive Ausdruck seines Autorenfilmers ist, wird die Position des Autors und Künstlers verdoppelt, wenn in vielen besonders symptomatischen Autorenfilmen, die als (häufig Kleist-) Literaturverfilmungen an literarische Autoren anknüpfen, sich wiederum Erfahrungen von Künstlern thematisiert finden. Jean-Marie Straubs (geb. 1933) und Danièlle Huillets (geb. 1936) *Chronik der Anna Magdalena Bach* (1967) gehört ebenso in diesen Zusammenhang wie der *Lenz*-Film (1970, nach Büchner) von George Moorse (geb. 1936); der Blechtrommler Oskar (Volker Schlöndorff (geb. 1939) in *Die Blechtrommel* (1978/79) nach Günter Grass (geb. 1927)) ist mit seiner Perspektive der Verweigerung ein Gegenstück zu Werner Herzogs (eigtl. W. H. Stipetic, geb. 1942) *Jeder für sich und Gott gegen alle* (1974, über Kaspar Hauser), dem die Kreativität menschlicher Existenz verweigert wird. Alexander Kluges *Die Artisten in der Zirkuskuppel: ratlos* (1967) faßt die Befindlichkeit des Filmautors als Künstler Ende der 60er Jahre parallel zur Studentenrevolte in einer intellektuellen Metaphorik zusammen, für die ein Jahr später in der radikalen Selbstentblößung des Künstlersubjekts Rainer Werner Fassbinder, die sein menschliches Versagen angesichts der politischen Ereignisse des 'Deutschen Herbst' herausstellt, kein Platz mehr ist. (*Deutschland im Herbst*, 1977/78)

Gerade diese zuletzt genannten Beispiele lassen erkennen, daß das Konzept des Autorenfilms nicht nur, wie Alfred Andersch meinte, den nach wie vor literarischen Autor in eine neue, engere Beziehung zum Film(-Regisseur) rücken sollte, vielmehr wollte der Regisseur als Autor seines Films sich in seinem 'Werk' ebenso selbst ausdrücken können wie die Maler, Dichter oder Musiker traditionell in ihren Gemälden, Dichtungen oder Kompositionen. Die Autorenfilmer haben diesen Anspruch buchstäblich verinnerlicht und im ästhetischen Programm ihrer Filme noch einmal verdoppelt und verstärkt. Letztlich jedoch ist die subjektive Sicht eines deutschen Autorenfilmers seine Weltanschauung, die er gegen Kapital und Staat durchsetzen und mit seinem Publikum teilen möchte.

Der neue deutsche Autorenfilm ist, abgesehen von wenigen Ausnahmen, Erzählkino geblieben, was ihn trotz aller Dementis noch einmal grundsätzlich in die Nähe zur Literatur rückt. Das 'Medium' des Autorenfilmers sollte nicht zufällig die Kamera als Federhalter ('caméra stylo') und nicht etwa die Kamera als Pinsel ('caméra pinceau') des Malers sein, an deren Vor-Bild sich in den 20er Jahren das avantgardistische 'cinéma pur' orientiert hatte und zu dessen Modell Godard später zurückkehrte, um zu filmen „wie ein Maler malt" [vgl. 153, *S. 57*]. Der Autorenfilm ist, da hat Alfred Andersch recht, ein 'cinéma impur' (Bazin) nach dem narrativen Modell der Literatur gewesen, wobei fraglich ist, ob es „die in der Geschichte [...] mitgeschleppten literarischen Konzepte und Traditionen, als dem Film unangemessene" [vgl. 45, *S. 154*] waren, die dem Autorenfilm zum Verhängnis geworden sind.

Autorenfilm, dreifach

Am Anfang ist Alexander Kluges Film *Abschied von gestern* (1966) nicht nur beispielhaft für das Konzept des (west-)deutschen Autorenfilms, er ist auch (mit allein neun Auszeichnungen bei den Filmfestspielen 1966 in Venedig) eines seiner international erfolgreichsten Exemplare. Kluge, selbst Protagonist der Oberhausener Autorenpolitik des jungen deutschen Films, hatte *Abschied von gestern* Elemente seiner Erzählung *Anita G.* aus der Sammlung von *Lebensläufen* (1962) zugrundegelegt. Erzählt wird von einer jungen Frau, die als Jüdin noch von den Nazis vom Schulbesuch ausgeschlossen wurde, dann aus der DDR in den Westen geht und dort mit Gerichten, Behörden und Arbeitgebern in Konflikt kommt. Anita G. streunt durch die Bundesrepublik der 60er Jahre, sie verliert ihre Jobs, weil sie zurecht oder unrecht des Diebstahls angeklagt wird, sie versucht es mit höherer Bildung an der Universität und wird von einem verheirateten Mann, der ihretwegen sein Leben nicht ändern will, verlassen. Sie wird schwanger und stellt sich der Polizei, um ihr Kind im Gefängnis zur Welt zu bringen. „Jeder ist an allem Schuld, aber wenn das jeder wüßte, hätten wir das Paradies auf Erden" verlautet auf einer Schrifttafel am Ende. Die literarische Geschichte der Anita G. ging auf einen in der bundesdeutschen Realität 'gefundenen' authentischen Fall zurück; ihrer filmischen Wiedererzählung hat sie allerdings nur die Verlaufsstruktur geliehen, während die Schauspieler mit der Verkörperung der Figuren ihnen auch in unterschiedlicher Weise ihre eigene Wirklichkeit hinzugefügt haben. Dieser in mehrfacher Hinsicht 'biographische' Aspekt, der den Film „doppelt und dreifach in der Wirklichkeit abgesichert" hat [vgl. 143, *S. 33*], wurde in erster Linie von der Darstellerin der Hauptfigur Anita G., Alexandra Kluge, verwirklicht. Im Film verwendete Fotos aus der Kindheit der Geschwister Alexander und Alexandra Kluge, „die der Anita in so vielem ähnelt, daß ihr Bruder im Gespräch gelegentlich die Namen verwechselt" [vgl. 155, *S. 624*], dokumentieren überdeutlich die subjektive Verankerung der Autorenschaft(en) im Film. Mehr als Literatur, hat literarische Kompetenz des Erzählens auf der Seite des Autors Alexander Kluge mitgewirkt. Die Schrift der eingeblendeten Titel 'zitiert' bestenfalls Literatur im Sinne brechtscher Verfremdung durch die Mediendifferenz, die in den Brüchen und Schnittstellen Raum für den zusätzlichen 'Autor' des Films, den mit seiner Phantasie beteiligten Zuschauer läßt. *Abschied von gestern* vollzieht, ebenso wie die ersten Filme der 'Nouvelle Vague', den Bruch mit der herkömmlichen Filmproduktion, den 'Abschied' von 'Opas Film' und ist zugleich Ausdruck einer 'Utopie Film', in der jeder an jeder Stelle als Autor an der Filmproduktion mitwirkt, zum Beispiel hat Edgar Reitz, selbst Filmautor, zusammen mit Thomas Mauch an der Kamera gestanden. Zugleich leitet Kluges Film den noch ganz subjektiven und orientierungslosen 'Abschied' von einer bundesrepublikanischen Gesellschaft der Väter ein, die dann Ende der 60er Jahre in der Revolte der jungen Generation abrupt zu Ende gehen wird. Auch in dieser gesellschaftlichen Rolle steht *Abschied von gestern* wie kein anderer deutscher Autorenfilm der französischen 'Nouvelle Vague' nahe.

Jenseits von 'Oberhausen' ist für Rainer Werner Fassbinder das Theater die prägende Schule für seine Filme gewesen, hier hat er den Stil seiner Filme, ihre unverwechselbare 'mise en scène', entwickelt. Ein paar Kurzfilme sind Fingerübungen im Stil Eric Rohmers (eigtl. Maurice Schérer, geb. 1920) (*Der Stadtstreicher*, 1966) oder Godards (*Kleines Chaos*, 1966). *Katzelmacher* (1969) ist sein zweiter Langfilm, im selben Jahr entstanden wie *Liebe ist kälter als der Tod* (1969). Auf dem Weg vom Münchner 'Action-Theater' übers 'Antiteater' ins Kino hatten es Fassbinder und seine Theatergruppe zunächst mit einem Gangsterfilm versucht, gedreht im Stil von Jean-Marie Straub, der zur gleichen Zeit am Antiteater inszeniert hatte. Auch Godards Erstling *A bout de souffle* (1959) war eine europäische (Anti-)Version des amerikanischen Gangsterfilms; statt Godard widmete Fassbinder *Liebe ist kälter als der Tod* den Nouvelle Vague Regisseuren Chabrol und Rohmer, vor allem aber Jean-Marie Straub. *Katzelmacher* ist kein Versuch mehr, den Übergang vom Theater zum Film zu vollziehen, es ist dieser Übergang selbst (für die Produktion firmiert die „Antitheater-X-Film"). Es war das erste eigene Stück, das Fassbinder für die Bühne geschrieben und im April 1968 noch im Action-Theater aufgeführt hat, das kurz darauf geschlossen und als Antiteater weitergeführt wurde. Die Geschichte vom griechischen Gastarbeiter Jorgos, der es mit dem Fremdenhaß einer Clique Einheimischer zu tun bekommt, wird vom Antiteater zum Anti-Kino weiterentwickelt, verändert, von innen nach außen gekehrt: Eher dramatische Kinoeffekte des Theaters (das Stück dauerte nur 20 Minuten) werden im Film zugunsten episch ausgespielter Bühnenszenen verdrängt, die das Rituelle der stumpfsinnigen Alltagshandlungen ihrer Figuren ausstellen. Die extreme Stilisierung der verbalen und der Körpersprachen, die die Gruppe der Einheimischen mit dem 'Fremden' konfrontieren, nehmen dem Film mehr noch als dem Stück die vermeintliche Volkstümlichkeit und Nähe zum (Münchner) Regionalismus und verweisen auf den Autor selbst, seine spezifische Bühnen- und Film-Sprache: In langen, frontal aufgenommenen Einstellungen sitzen die Einheimischen gelangweilt auf einem Geländer oder lust- und sprachlos einander an Tischen gegenüber. Fassbinder zitiert im Film den 'dokumentarischen Gestus' des Theaters, über dem erst die Wirklichkeit des spießigen Verhaltens, das in Aggression umschlägt, deutlich wird. Die Personalunion von Dramatiker, Theaterregisseur, Drehbuchautor, Filmregisseur und Hauptdarsteller (des Jorgos) gibt Fassbinder die zentrale (Autor-) Position, die von der 'politique des auteurs' angestrebt worden war. Eine Differenzierung des 'Neuen deutschen Films' in autorenorientierte und themenorientierte Filme gilt für Fassbinders *Katzelmacher* kaum, da hier, wie in seinen meisten späteren Filmen, der Autor Fassbinder selbst mindestens ebenso Thema ist (*In einem Jahr mit 13 Monden*, 1978 oder *Querelle – Ein Pakt mit dem Teufel* (nach Jean Genet, 1989) wie die soziale, psychologische oder politische Befindlichkeit der Deutschen in Gegenwart und (Nazi- oder Nachkriegs-) Vergangenheit (*Die Ehe der Maria Braun*, 1978 oder *Lili Marleen*, 1980). Die 'Autorenschaft' Fassbinders kommt am deutlichsten in der szenischen Konstruktion seines Kinostils zum Ausdruck, dem er seine Mitarbeiter, Genregesetze des Spielfilms (Melodram und Gangsterfilm) und nicht zuletzt auch sich selbst (vgl. u.a. die Selbstinszenierung in *Deutschland im Herbst*, 1977) bedingungslos unterworfen hat.

Es mag überraschen (am meisten ihn selbst), daß an dieser Stelle, wo ebenso Werner Herzog, Edgar Reitz, Wim Wenders (geb. 1945) u.v.a. stehen könnten, Herbert Achternbusch (geb. 1938) als dritter Protagonist des deutschen Autorenfilms vorgestellt wird. Seine Filme sind, wie seine Malerei und seine literarischen Arbeiten, Variationen seiner selbst, d.h. Achternbusch ist im radikalsten Sinne 'sein eigener Autor'. „Derart dicht als Autoren-Film in vierfacher Hinsicht [in Personalunion von Drehbuchautor, Regisseur, Produzent und Hauptdarsteller] ist noch nicht einmal Fassbinders Werk [...] Fassbinders Erzählen ist 'objektiver', selbst dort, wo er sich eine Hauptrolle und eine Story auf den Leib geschrieben hat" [vgl. 84, *S. 157*]. Bevor Achternbusch geschrieben hat, hat er '10 Jahre Malerei probiert'. Als Schriftsteller (*Die Alexanderschlacht*, 1971) hat er sich „zum Filmen durchgeschrieben" [vgl. 145, *S. 176*]. Als *Die Stunde des Todes*, der 'Bericht eines Überlebenden', 1975 erscheint, enthält der Band nicht nur die ersten Filmtexte (*Herz aus Glas*, 1976 von Werner Herzog verfilmt und *Das Andechser Gefühl*), sondern auch die ständig wiederkehrenden Bekenntnisse eines obsessiven Kinogängers: „Zur Erhaltung meines Lebens war immer das Kino nötig". Erzählt wird auch von Achternbuschs erster aktiven Teilnahme am Filmemachen, als er 1973 in Volker Schlöndorffs *Aufenthalt in Tirol* zum erstenmal (aber nicht zum letztenmal) einen betrunkenen Schullehrer spielte. Das Filmen wird für ihn die Fortsetzung des Schreibens mit anderen Mitteln oder wie es in der Erzählung heißt: „Ich habe aus meiner Rolle *Das Andechser Gefühl* entwickelt". Am Ende der Erzählung verläßt er die Literatur und wendet sich dem Film zu: „Deine Seele hat genug Schaden erlitten, jetzt gilt es, die Welt zu gewinnen. Wir haben für 'Das Andechser Gefühl' vom Kuratorium Junger Deutscher Film 80000 Mark bekommen, was stimmt." Das reicht, um vor dem Biertisch im Kloster Andechs, an dem der(selbe) Lehrer (Achternbusch) offenbar noch immer sitzt, eine 16mm-Kamera aufzustellen und ihn zu zeigen, wie er sehnsüchtig in die weite Landschaft blickt, wo er vor seinem nahen Tod noch die schöne Schauspielerin erwartet, die ihn von einem schlimmen Beruf, einer schlimmen Ehe und wohl auch von einem schlimmen Leben erlösen soll. Der Film 'ereignet' sich zwischen den endlos langen Einstellungen und ebenso langen Gesprächspausen, wenn die Schauspielerin (Margarethe von Trotta (geb. 1942)) in einem herrlich gelben Kleid doch noch kommt (sie kehrt in den *Atlantikschwimmern* (1975/76) als Schwimmlehrerin zurück), der Lehrer in der Schule eine Prüfung über sich ergehen lassen muß und von seiner Frau mit einem langen Messer erstochen wird. Der Film ist wie ein „solches Zwischenstadium zwischen Klärung und Nicht-Klärung [...]

ein Gefühl, das eine Balance hält" [vgl. 149, *S. 227*] und das auch seinen Autor im Gleichgewicht hält: „Im Kino will ich mich spüren. Auf
ein Kino, in dem ich mich nicht wieder meiner Gefühlswelt vergewissern kann, pfeif ich". So dient das „ganze Medium Film zu nichts als
zur Feier einer Person" [vgl. 162, *S. 125*]. Achternbuschs Liebe zum
Film wird begleitet von ständigen Konflikten des Film-Autors zu den
Institutionen des Autoren-Films. Das Fernsehen (genauer der Bayerische Rundfunk) protestierte 1981 gegen die Ausstrahlung von *Servus
Bayern* (1977), am bekanntesten wurde die Verweigerung zugesagter
Fördergelder für den Film *Das Gespenst* (1982) durch den bayerischen Bundesinnenminister Friedrich Zimmermann. Die Fähigkeit des
Film-Autors Achternbusch, sich dennoch mit seinen 'eigenen' Filmen
gegen vielfältige Beschränkungen durch die Massenmedien durchzusetzen, ist nicht zuletzt in deren Produktionsweise begründet. Nicht
nur tauchen immer wieder dieselben Figuren auf, die von denselben
Darstellern gespielt werden, die im engeren und im weiteren Sinn zu
seiner Familie gehören, er hat insbesondere auch die Produktion und
sogar den Verleih seiner Filme selber übernommen.

Nimmt man die drei Beispiele für den Autorenfilm als Modelle ihrer
Bedingungen, dann hat Alexander Kluge versucht, nach dem Scheitern des Autorenfilms am Ende der 70er Jahre das Autorenkonzept als
Produzent in den Massenmedien selbst offensiv fortzuführen. Fassbinder hat nur noch das Scheitern des Autorenfilms erlebt (er stirbt
1982 in München) und darauf wie Wenders, Herzog, Schlöndorff u.a.
mit der Drohung reagiert, künftig im Ausland zu produzieren. Achternbusch, in der Rolle des poète maudit, ist allein als sein eigener Autor und dessen Produzent übriggeblieben. Allerdings scheint das Beispiel Achternbusch eher auf eine längst vergangene Vergangenheit
des Autorenkonzepts zu verweisen, als auf eine Zukunft des Filmautors in den Massenmedien, dessen 'Tod' allenthalben beschworen
wird.

Der 'Medientod des Autors'

Paradoxerweise sind die 'politique des auteurs' und mit ihr der Autorenfilm in ihrem Bestreben, den 'Autor' für den (Kino-)Film zu retten, zugleich Symptom für den sich ankündigenden 'Medientod des Autors', der nicht das Verschwinden geistiger Kreativität, sondern die Auflösung einer soziokulturellen 'Institution Autor' andeutet. Die Schwierigkeiten, die die Autorenfilmer mit der Beantwortung der Frage 'Was ist ein Autor innerhalb der Filmproduktion?' hatten, war in der personalen Streuung und in der medialen Differenz unterschiedlicher 'Autoren'funktionen, die an einer Filmproduktion beteiligt sind und ihrer Bewertungen begründet. Der Name eines Autors wird eingesetzt, wenn es heißt 'Ein Film von ...', alle anderen Namen im Vorspann benennen (künstlerische, technische etc.) Funktionsträger, die dem Regisseur untergeordnet sind. Auch für Kluge steht fest, daß die „Darsteller, der Kameramann, das Tonteam [...] seine Instrumente (sind), auch die Organisationsleitung." [vgl. 155, *S. 488*]. Die Geschichte des Autorenfilms belegt dagegen sehr deutlich, daß nichts so sehr auf einer (romantischen) Illusion beruhte, wie dieser Autorenbegriff, der noch einmal für das Medienzeitalter stark gemacht werden sollte. Kaum einer der Autorenfilme wäre entstanden, wären nicht die Film'autoren' zugleich die Produzenten i.S. von Organisatoren ihrer Filme gewesen. Dem ideellen literarischen steht das reelle Produzenten-Modell des Autors gegenüber. Tatsächlich ist der Ursprung des Autorenrechts nicht der Anspruch des Urhebers auf sein geistiges Werk, sondern der des Verlegers auf das Werk des Urhebers, der jedoch nur gegen Raubkopien über ein Naturrecht am geistigen Eigentum des Urhebers, das jener dem Verleger abgetreten hatte, durchzusetzen war. Das Autorenrecht ist also Produzentenrecht und dient demjenigen, der über die Produktionsmittel 'geistiger Produkte' verfügt. Der literarische Autor kann (konnte) sich noch einbilden, mit Papier und Federhalter über die literarischen Produktionsmittel zu verfügen, die seit Gutenberg tatsächlich dem Drucker, nach ihm dem

Verleger von Büchern gehörten. Das Bild von der 'caméra stylo' stellt also ein hochindustrielles Medium 'Filmkamera' zurück in den Mythos des autonomen literarischen Autors mit Papier und Federhalter, um die Illusion selbstbestimmter kultureller Arbeit auch im Medienzeitalter noch aufrecht zu erhalten. Walter Benjamin (1892 – 1940) hatte vor derartigen Illusionen gewarnt und schon von der Dichtung gefordert, sie im Rahmen der wirklichen gesellschaftlichen Produktionsverhältnisse (von Literatur) zu sehen und die „Vorstellungen von Formen oder Gattungen der Dichtung an Hand von technischen Gegebenheiten unserer heutigen Lage" umzudenken. „Der Zugang zur Autorschaft" geht folgerichtig über den „Autor als Produzent" [vgl. 136, S. 687-689]. Es ist unübersehbar, daß die Filmindustrie neben dem Rundfunk, dem Fernsehen, dem Video und den digitalen elektronischen Medien sämtlich 'Produktionsmittel' auch von 'Literatur' sind, die die Produktionsverhältnisse wesentlich bestimmen, in denen literarische 'Autoren'schaft möglich ist. Ein Blick auf die Produktions-Realität des Hollywoodfilms zeigt, daß 'Autor-Regisseur' in Hollywood erst sein konnte, wer sich zugleich als Produzent seiner Filme relativ selbständig gemacht hatte (Otto Preminger ist das beste Beispiel für die Konflikte des abhängigen Regisseurs im Studio-System und den schließlichen Erfolg des Autor-Produzenten). In Deutschland kann so gut wie kein literarischer 'Autor' „seine Produktion noch außerhalb der audio-visuellen Medien auf einem rein literarischen Markt durchsetzen [...] Wer heute vom Schreiben lebt, muß seine Texte multimedial vermarkten." [vgl. 72, S. 180]

Es bedarf also gar nicht des Verweises auf die Feststellung der Strukturalisten, daß der Autor grundsätzlich in der intertextuellen bzw. intermedialen Produktivität kultureller Erscheinungen abwesend ist. Es sind vielmehr Texte, die den Autor 'nennen', um als individuelle Texte 'im Namen eines Autors' verwertbar sein zu können. Immer mehr Texte verweigern dem Autor die Nennung seines Namens, weil ihre mediale Produktion und kommerzielle Verwertung die Autorenfunktion erübrigt. Die paradoxe Situation des Autorenfilms in den

60er Jahren erklärt sich aus dem Übergang von einer traditionellen, noch am Theater orientierten Struktur des hochindustriellen Mediums 'Kino-Film' zum Fernsehen (ähnlich der Situation der Fotografie in der zweiten Hälfte des 19.Jahrhunderts in ihrem Verhältnis zur Malerei), dessen Produktionsverhältnisse keinerlei 'romantische' Illusionen mehr zuläßt. Die französische 'politique des auteurs' hat versucht, im Vertrauen auf die kulturelle Stärke des Kinofilms in Frankreich, dennoch den Übergang zu den 'neuen Medien' zu ermöglichen. Der deutsche Autorenfilm ist der konservative Versuch, sich gegen den 'Verlust des Namens des Autors' in der Scherbenwelt des Molochs Fernsehen zu stemmen, der im wesentlichen für den Niedergang des Kinofilms verantwortlich gemacht wurde. Tatsächlich hatte die ökonomische Analyse des Kinofilms in (West-)Deutschland bereits für 1972 deutlich gemacht, daß seine Randstellung innerhalb der Massenmedien den Film von einem Medium der Modernisierung der Künste in der ersten Hälfte dieses Jahrhunderts zu einem Traditionsträger (seiner eigenen Geschichte) werden ließ. Alexander Kluge hat, darin Godard vergleichbar, den Übergang von der Autor-Illusion des Neuen deutschen Films zur Produzenten-Realität im Fernsehen für notwendig gehalten und für sich vollzogen.

Das Verschwinden des Autors in der multimedialen Produktion von Schriften, Bildern und Tönen wäre nur zu bedauern, wenn allein der Produzent als derjenige, der über die Produktionsmittel gesellschaftlicher Medien-Kommunikation verfügt, zurückbleiben würde, um endlose Textströme über Leinwände und Monitore zirkulieren zu lassen – mit dem alleinigen Zweck, endlose Geldströme zurückzuerhalten. Die Hoffnung (aber auch die Angst) des Autors ist der Leser/Zuschauer, der seinen Platz einnimmt. Der Tod des Autors hat seine Wiederauferstehung im Leser erfahren, an einem Ort, an dem die Vielfalt des Schreibens fokussiert. „Ich glaube, das ist der Kern: Der Film stellt sich im Kopf des Zuschauers zusammen, und er ist nicht ein Kunstwerk, das auf der Leinwand für sich lebt" [vgl. 75, *S. 489*]. Wenn der Film erst im Kopf des Zuschauers entsteht, ist auch der 'Autor' Zuschauer und als Zuschauer erst 'Autor' seines 'Werkes'. Der 'Eigensinn' des Zuschauers, der sich in seinem 'Medienkopf' [vgl. 71] jederzeit die eigenen Programme zusammenstellt, ähnelt dann dem des 'Autors', der sich seinen eigenen Vers auf die Welt der Texte und Diskurse macht. Vielleicht war das die wirkliche 'Utopie Kino' der 60er Jahre, die auf ihre Weise vom interaktiven, digitalen Fernsehen und vom privaten Besitz an Filmen auf Video am Ende des Jahrhunderts verwirklicht wird: „Überspitzt gesagt, wir leben in einer Gesellschaft, die ihre Sinnfragen durch Kopieren löst. Kopieren ist kein Tatbestand, sondern eine Geisteshaltung" [vgl. 92]. Intermediale Aktivitäten und Interaktivität als Angebot der Medien an die 'Benutzer' werden eine ganz neue Kategorie des 'Autors als Sampler' hervorbringen, der bereitwillig sein Recht auf Urheberschaft mit dem Recht auf Teilnahme eintauscht.

Bernhard Zimmermann

Epoche in der Literaturgeschichtsschreibung

„Wozu schreiben? Die Leute können sowieso nicht lesen." Der Autor dieser Zeilen, der Ungar György Dalos, begnügte sich in seiner 1982 erschienenen Satire *Neunzehnhundertfünfundachtzig* nicht damit, das Ende des Lesezeitalters zu prognostizieren. Er gab es bereits für Realität aus. Zehn Jahre nach 1985 wird zwar weiterhin gelesen (und mehr denn je geschrieben). Doch die Macdonaldisierung der Medienlandschaft hat auch in der ehemals als literarische Öffentlichkeit bezeichneten Sphäre nachhaltige Spuren hinterlassen: Geschichtsbewußtsein oder gar ein historisch reflektierter Umgang mit Literatur dürfen als vom Aussterben bedrohte Kulturtechniken längst Ansprüche auf Artenschutz anmelden. Unter diesen kulturellen Vorzeichen könnte auch der Literaturgeschichtsschreibung die Funktion zufallen, nicht nur Dokument einer spezialisierten in-group-Kommunikation, sondern in welch rudimentärer Form auch immer gedächtnisbildend wirksam zu sein. Und dies selbst dort, wo sie sich nicht fernen Zeiträumen, der 'past history' widmet, sondern dem Wagnis aussetzt, ihr Beobachtungsfeld im Terrain der noch lebenden Zeitgenossen anzusiedeln. Diesem Wagnis liefern sich fraglos alle Darstellungen aus, die sich dem Zeitraum von 1945 bis zur Gegenwart historiographisch nähern, können doch ihre Verfasser nicht einmal auf die tendenziell objektivierende Kraft der zeitlichen Distanz vertrauen. Eine unfreiwillige Grenzauflösung zwischen Historiographie und Literaturkritik ist unter solchen Vorzeichen mehr oder minder in Kauf zu nehmen, denn nichts ist so transitorisch wie das im Habitus des Letztgültigen einherkommende Werturteil. So weist denn auch die Literaturgeschichtsschreibung zur Epoche von 1945 bis 1995 eine große Schwankungsbreite der Urteile, Periodisierungen und Kanonisierungen auf, die fraglos auch der relativ geringen zeitlichen Ferne der Historiographen zu ihrem Objekt geschuldet ist.

Zäsuren und Periodisierungen

Die militärische Niederlage des deutschen Faschismus und das Ende des Zweiten Weltkriegs im Jahre 1945 werden mit gutem Grund auch als literarhistorisch signifikante Zäsur angesehen. Dies gilt für die Literaturgeschichtsschreibung in der ehemaligen DDR ebenso wie für diejenige in der Bundesrepublik, und es gilt für alle Literaturgeschichten, die seit 1945 erschienen sind. Diese Homogenität der Periodisierung – bei ansonsten stark divergierenden methodischen Ausrichtungen der Literaturgeschichtsschreibung – ist andererseits nicht sonderlich überraschend angesichts des Umstands, daß das Jahr 1945 in der gesamten Historiographie der Nachkriegszeit die einzige unumstrittene Zäsur ist, die zugleich auch eine Epochengrenze darstellt. Schon die Frage, ob das Jahr 1949, in dem sich die Gründung zweier deutscher Staaten vollzog, auch eine Epochengrenze darstelle, ist äußerst umstritten. Eine gewisse Übereinkunft besteht lediglich in der Annahme, daß das Jahr 1949 als Zäsur anzusehen sei, insofern sich nach 1949 sowohl die politisch-ökonomischen als auch die kulturellen Entwicklungen in beiden deutschen Staaten voneinander abkoppeln, wenngleich sie in ihrer Eigendynamik durchaus auch durch die Faktoren der Systemabgrenzung und Systemkonkurrenz wechselseitig affiziert werden.

Für die Kulturgeschichtsschreibung ist der Zeitraum von 1945 bis 1995 bislang weitgehend Neuland geblieben. Lediglich für den Bereich der Literatur liegen bereits diverse Entwürfe vor. Der bislang kühnste Entwurf einer kulturgeschichtlichen Gesamtdarstellung für die Bundesrepublik, Jost Hermands Pionierarbeiten *Kultur im Wiederaufbau. 1945 – 1965* [vgl. 109] und *Die Kultur der Bundesrepublik*

Deutschland. 1965 – 1985 [vgl. 22] setzt die maßgebliche Zäsur innerhalb des dargestellten Zeitraums in der Mitte der sechziger Jahre an. In dieser Einschätzung folgt Hermand literaturgeschichtlichen Periodisierungsvorschlägen, die unabhängig voneinander den Beginn der Studentenbewegung im Jahre 1965 als auch literarhistorisch bedeutsame Binnenzäsur lokalisieren. Selbstverständlich ist auch diese Binnenzäsur nicht unwidersprochen geblieben, denn jede Setzung von Zeitgrenzen täuscht immer auch eine Gleichzeitigkeit des Ungleichzeitigen vor und kann insofern nie der Komplexität literarischer Empirie in vollem Umfang gerecht werden. Gleichwohl bestreiten auch die Kritiker einer eindeutigen Datierung der Binnenzäsur in den sechziger Jahren nicht, daß im Zeitraum vom 1965 – 1969 ein kultureller Umbruch stattgefunden habe, der auch literarische Folgen zeitigte. Helmut Kreuzer lokalisiert in seinen Überlegungen zur Periodisierung der modernen' deutschen Literatur die ersten Symptome dieser weitreichenden Politisierung der westdeutschen Literatur bereits in den Jahren 1963/64 in der öffentlichen Debatte um Rolf Hochhuths (geb. 1931) *Stellvertreter* (UA 1963, erw. 1967 m. Untertitel *Ein christliches Trauerspiel*), in der politischen Konversion von Peter Weiss (1916 – 1982), der Entstehung der Zeitschriften *Kursbuch* (1, 1965) und *Kürbiskern. Literatur, Kritik, Klassenkampf* (1965 – 1987) und sieht die Politisierung der Literatur beeinflußt durch das Ende des Kalten Kriegs und die gleichzeitige Entfesselung von zahlreichen „heißen Kriegen und Aufständen in der Dritten Welt" [vgl. 180, *S. 53*]. Ungeachtet dieser höchst legitimen Versuche einer punktuellen Binnengliederung der literarhistorischen Entwicklungen von 1945 bis in die neunziger Jahre läßt sich generell eher eine Gliederung nach dem Dekaden-Prinzip feststellen, was keineswegs als Symptom einer historiographischen Bankrotterklärung zu deuten ist. Im Gegenteil. Die Annahme, daß sich historische Zäsuren im Zehnjahresschnitt vollzögen, liegt allen involvierten Historiographen gänzlich fern. Eher schon darf die auffällige Zurückhaltung gegenüber harten Periodisierungen als Indiz dafür gelten, daß sich die Literaturgeschichtsschrei-

bung noch in zu großer zeitlicher Nähe zu ihrem Darstellungsobjek
wähnt, als daß markante Zäsuren in größerer Zahl bereits erkennba
wären. Die Zuflucht zum Dekaden-Prinzip trägt letztendlich auch den
Umstand Rechnung, daß sich – abgesehen vom Eckdatum 1945 – ei
Konsens über weitere Zäsuren in der Forschung noch nicht eingestell
hat. Und selbst das für die deutsche Nachkriegsgeschichte realhisto
risch markante Eckdatum 1989 ist als literarhistorisches Eckdatun
derzeit noch Gegenstand der Diskussion.

'Nullpunkt', 'Trümmerliteratur', 'Kahlschlag'

Obwohl das Jahr 1949 fraglos ein wichtiges Eckdatum der politische
Geschichte Deutschlands markiert, entspricht diesem Datum nich
unmittelbar auch eine literarhistorische Zäsur, die sofort wirksan
würde. Die literarischen Folgen der deutschen Teilung werden viel
mehr erst in den fünfziger Jahre in vollem Umfang wirksam. Wenn
dennoch auch die Literaturgeschichtsschreibung sich dieses Datums
als Binnenzäsur bedient, so legitimiert sich diese Verfahrensweise v.a
aus einer literatursoziologischen und kommunikationsgeschichtlicher
Perspektivierung, denn die in der unmittelbaren Nachkriegszeit vor
handene Bereitschaft zum Dialog der Schriftsteller in Ost und West
weicht nach 1949 einer zunehmenden Entfremdung. Die Weichenstel
lungen für einen gemeinsamen kulturellen und literarischen Neube
ginn werden durch die Entstehung konträrer Gesellschaftssysteme auf
deutschem Boden nachhaltig beeinträchtigt.

Sieht man vom Phänomen der Binnenzäsur 1949 einmal ab, so greifen
die neueren Literaturgeschichten in Ost und West zur Charakterisie
rung der Literatur der unmittelbaren Nachkriegszeit bevorzugt au
zeitgenössische Schlagworte wie 'Kahlschlag' (Wolfgang Weyrauch),
'Trümmerliteratur' (Heinrich Böll) oder 'Nullpunkt' zurück, um die
Bewußtseinslage vor allem der jüngeren Autoren zu typisieren. Die
historische Distanz zu den mit diesen Schlagworten konnotierten lite-

716

rarischen Phänomenen bzw. Einschätzungen bleibt indes nicht ohne Auswirkung auf die Verwendung dieser Begriffe. Vor allem in den Literaturgeschichten der frühen achtziger Jahre werden die Schlagworte der fünfziger Jahre einer ideologiekritischen Perspektive ausgesetzt.

Sowohl die realitätsferne, zur Feierabendinnerlichkeit und mythischen Überhöhungen tendierende, Trost- und Erbauungsfunktion erfüllende Literatur der 'inneren Emigration', die sich nach 1945 großer Beliebtheit erfreute, als auch die dezidiert zeitkritische, an der 'Bestandsaufnahme' der Nachkriegsrealität ausgerichtete 'Trümmerliteratur' in ihrem zur Bekenntnishaftigkeit tendierenden moralischen Rigorismus war im Verlauf von vier Jahrzehnten Literaturgeschichtsschreibung gewissen Schwankungen der literarischen Wertung ausgesetzt.

Einer gewissen Kontinuität und Konsistenz von emphatischer Zustimmung und Ablehnung bei gleichzeitiger Kanonisierung erfreut sich von den Autoren, die zwischen 1945 und 1949 eine nachhaltige Wirkung ausübten, insbesondere Gottfried Benn (1886 – 1956). Der radikale Geschichtspessimismus, das provokative Desinteresse am Blendwerk politischer Begriffe samt ihrer Verheißungen sicherten dem Spätwerk Benns einen festen Platz im literarhistorischen Koordinatensystem der späten vierziger und fünfziger Jahre. Jenseits seiner Zeitgebundenheit und aller ideologischen Implikate sind es letztlich Formqualitäten, die das literarische Werk Benns – ungeachtet aller Konjunkturen der Historiographie – einer dauerhaften Kanonisierung teilhaftig werden ließen.

Die fünfziger Jahre

Mit Blick auf die Literatur der fünfziger Jahre verzichten fast alle Literaturgeschichten auf Binnenperiodisierungen. Es fehlt an markanten Wendepunkten innerhalb des literarischen Lebens, die sich als Eckdaten anbieten würden. Auch die Todesdaten von Bertolt Brecht (1956) und Gottfried Benn (1956) sind in dieser Hinsicht eher unergiebig:

717

das Literaturkonzept Gottfried Benns büßte auch nach seinem Tode seine Attraktivität zunächst nicht ein, auch wenn die jüngere Lyriker generation in der Nachfolge Benns sich – wie etwa Peter Rühmkor (geb. 1929) – vom Einfluß ihres Vorbilds allmählich zu lösen suchte Der Einfluß des Dramatikers Bertolt Brecht blieb – schon durch die Institution des Berliner Ensembles und die Produktivität der Brecht Schüler im Umfeld dieses Theaters – auch nach Brechts Tod im Oster Deutschlands gewahrt. Der – nur vereinzelt durch mutige Regisseure wie Harry Buckwitz (1904 – 1987) durchbrochene – Boykott seiner Stücke in Westdeutschland und Österreich währte bis in die frühen sechziger Jahre und erfuhr durch den Mauer-Bau im August 1961 temporär neue Begründungen. Auf westdeutschen Bühnen fiel in der zweiten Hälfte der fünfziger Jahre Max Frisch (1911 – 1991) und Friedrich Dürrenmatt (1921 – 1990) die Position der meistgespielter lebenden Bühnenautoren zu. Dem Erfolg ihrer in dramaturgischer Hinsicht an Brechts Episches Theater, in weltanschaulicher Hinsich an Tendenzen des sog. Absurden Theaters anküpfenden Stücke zollte auch die Literaturgeschichtsschreibung gebührend Tribut: keine Lite raturgeschichte der sechziger Jahre, die nicht Frisch und Dürrenmat zu literarischen Potenzen höchsten Ranges erhob. Der zeitliche Ab stand zu ihren Stücken blieb jedoch nicht ohne Auswirkungen auf die literarische Wertung. Die Werke Dürrenmatts und Frischs, deren Zeit gebundenheit in den Literaturgeschichten der sechziger Jahre noch nicht akzentuierte wurde, erschienen aus der Sicht der achtziger Jahre bereits als überaus zeitgebunden. In der von Wolfgang Beutin u.a herausgegebenen Literaturgeschichte des Metzler-Verlags werden sie gar schon ins Kleingedruckte zurückgedrängt.

Die sechziger Jahre

Die sechziger Jahre figurieren in allen Literaturgeschichten als ein Jahrzehnt der Politisierung der Literatur. Die Trennung von Kunst und

Politik, der im Klima des Kalten Kriegs während der fünfziger Jahre viele Schriftsteller huldigten, verlor in den sechziger Jahren als Rückzugsposition ebenso an Bedeutung wie ein esoterischer Literaturbegriff. Selbst die Lyrik, in den fünfziger Jahren beherrscht von Hermetik, Abstraktion, Selbstreflexivität und Sprachpurismus, geriet in den Sog von gesellschaftlichem Engagement und politischer Agitation. Der Einmütigkeit dieses Politisierungsbefunds stehen in der historiographischen Darstellung des Jahrzehnts allerdings durchaus unterschiedliche Binnenperiodisierungen gegenüber.

Helmut Kreuzer sieht das Jahr 1963, in dem Hochhuths *Stellvertreter*-Stück uraufgeführt wurde, als die „markante Grenze zwischen zwei literarischen Perioden" [vgl. 180, *S. 70*] an: nach 1963 dominierten „auf den Bühnen ein politisch-moralisch engagiertes, zeitgeschichtliches Dokumentartheater (...),das im Verlauf der sechziger und frühen siebziger Jahre mit fließenden Grenzen in das... Agitations- und Straßentheater einerseits [und] ein dokumentarisches Historiendrama von ideologisch-politischer Brisanz andererseits" übergehe [vgl. 180, *S. 71*]. Ungeachtet seines Plädoyers für das Eckdatum 1963 räumt Kreuzer allerdings auch ein, daß schon die Gründung der Gruppe 61 als erster Indikator für den konstatierten Trendwechsel angesehen werden könne.

Ralf Schnell sieht demgegenüber das Jahrzehnt durch drei wichtige Eckdaten charakterisiert: als Politisierungsphase gilt eigentlich nur der Zeitraum von 1961 – 1968. Das Jahr 1968, das innerhalb der politischen Historiographie vor allem als Jahr der Verabschiedung der Notstandsgesetze und des Höhepunkts der Studentenrevolte figuriert, ist ihm das Jahr des politisch-kulturellen Umbruchs, in dem die tendenzielle Absage an die Existenzberechtigung der Literatur ihren Höhepunkt gefunden habe. Das Jahr 1969 fungiert innerhalb seiner Periodisierung bereits als Ausgangspunkt einer 'Tendenzwende', die im Zeichen der Entpolitisierung und eines Aufschwungs von 'Neuer Subjektivität' stehe.

Sowohl das 'weiche' Periodisierungskonzept Kreuzers mit seinen offenen Grenzen in die siebziger Jahre als auch die 'harte' Binnenperiodisierung Schnells können gewichtige Gründe für sich geltend machen. Aus der Sicht der neunziger Jahre sind die Eckdaten 1968/1969 partiell bereits verblaßt: aus der historischen Distanz eines Jahrzehnts, in dem Utopien keine Rolle mehr spielen und die Partikularisierung öffentlicher Kommunikation ein beispielloses Ausmaß erreicht hat, erscheint die 'Tendenzwende' des Jahres 1969 eher als vergleichsweise undramatischer – wenngleich literarisch folgenreicher – Trendwechsel innerhalb eines kulturellen Kräftefeldes, das weiterhin durch einen relativ hohen Stellenwert des Politischen geprägt blieb.

Die siebziger Jahre

Die siebziger Jahre gelten den Literaturgeschichten vorwiegend als Dekade des Rückzugs in Innerlichkeit. Dies signalisieren etwa schon Kapitelüberschriften wie *'Neue Subjektivität' oder der Rückzug in die Innerlichkeit?* [vgl. 98, *S. 749*], *'Tendenzwende' – Literatur zwischen Innerlichkeit und alternativen Lebensformen* [vgl. 99, *S. 490*] oder *Enttäuschungen, Rückzüge und Protest: die siebziger Jahre* [vgl. 100, *S. 102*]. Angesichts des geringen historischen Abstands zu ihrem Darstellungsobjekt hält sich die Historiographie mit Binnenperiodisierungen sehr zurück. In O.F. Riewohlts Beitrag *Die westdeutsche Literatur der Gegenwart* figurieren die Jahre 1972/73 als endgültiger Wendepunkt der literarischen Entwicklung in den siebziger Jahren. Diese Binnenperiodisierung stützt sich einerseits auf markante Daten der politischen Geschichte, zum andern auch auf genuin literarische Daten: mit dem Jahr 1972 komme eine kurze Reformperiode zu ihrem Abschluß. Zugleich habe der sog. 'Radikalenerlaß' (1972) als Disziplinierungsinstrument auch nachhaltige Spuren im intellektuellen Leben der Zeit hinterlassen. Die demonstrative Rückkehr zum Individuum und seiner privaten Erfahrungswelt kündigt sich (auf hohem literarischen Niveau) in Peter Handkes (geb. 1942) 1972 erschienenem Prosaband *Der kurze Brief zum langen Abschied* an. Als nicht minder zeittypisch und einflußreich erwies sich die 1973 erschienene Erzählung *Lenz* von Peter Schneider (geb. 1940): ein „Findebuch" für die in ihrem politischen Engagement verunsicherte, von resignativen Erschöpfungszuständen heimgesuchte 68er-Studentengeneration, dem in der Folgezeit zahllose autobiografisch geprägte „Selbstfindungs"-Bücher mit literarischen Anspruch folgen sollten.

Das durch die Feuilletons der Zeit geisternde Schlagwort 'Tendenzwende', auf das sich auch die Historiographie punktuell bezieht, wurde nicht nur durch den enormen Aufschwung autobiografisch geprägter, vom Dokumentarismus der sechziger Jahre abgekehrter Genres (Tagebuch, Autobiographie, Journal usw.), sondern auch durch den Umstand bestätigt, daß sich Ende des Jahrzehnts kein maßgebliches Theater der Bundesrepublik mehr an der Aufführung des 1978 vorab publizierten Hochhuth-Stücks *Juristen* (UA 1980) interessiert zeigte, obwohl das Stück im politischen Raum Wirkungen zeitigte und einen durch seine NS-Vergangenheit kompromittierten Ministerpräsidenten zum Rücktritt bewog.

Daß den dominanten Trends der sog. 'Neuen Subjektivität', der auf Selbstverständigung angelegten 'Frauenliteratur' von Autorinnen wie Verena Stefan (geb. 1947) oder Karin Struck (geb. 1947) und den diversen Ausdrucksformen subjektivistischer Nabelschau in den siebziger Jahren auch eine nicht unerhebliche Zahl literarischer Neuerscheinungen gegenüberstand, die – wie etwa Heinrich Bölls (1917 – 1985) Erzählung *Die verlorene Ehre der Katharina Blum oder: Wie Gewalt entstehen und wohin sie führen kann* (1974, Film 1975), Peter Otto Chotjewitz' (geb. 1934) Roman *Die Herren des Morgengrauens* (1978) oder gar die beiden ersten Bände der *Ästhetik des Widerstands* (1975 – 1981) von Peter Weiss (1916 – 1982) – ihre Sujets nach wie vor außerhalb des eng umgrenzten Horizonts privater Selbsterfahrung aufsuchten, bleibt in der Literaturgeschichtsschreibung nicht unerwähnt. Wieweit das Zeittypische bei größerem historischem Abstand der Vergessenheit anheimfallen wird, bleibt abzuwarten.

Literaturgeschichtsschreibung in der DDR

Die Literaturgeschichtsschreibung der ehemaligen DDR prägte – soweit es die Literatur seit 1945 betrifft – das Prinzip der Zweistaatlichkeit stärker als jene der BRD: Erfolgte eine separate Darstellung der beiden deutschen Literaturen in der westdeutschen Historiographie eher aus systematischen Gründen, so trug die Historiographie der DDR mit der „literarischen Zweistaatlichkeit" kulturpolitischen Vorgaben Rechnung. In der Periodisierung der DDR-Literatur folgen die von Autorenkollektiven erarbeiteten DDR-Literaturgeschichten – etwa die von Horst Haase u.a. herausgegebene *Geschichte der Literatur der Deutschen Demokratischen Republik* (1976) oder die von Kurt Böttcher u.a. herausgegebene *Kurze Geschichte der Deutschen Literatur* (1981) bis in die Terminologie hinein offiziellen Sprachregelungen. Die Phase von 1945 bis 1949 gilt als „Vorbereitungsphase" der 'sozialistischen Nationalliteratur', die Phase von 1949 bis Anfang der sechziger Jahre als Phase ihrer „Herausbildung"; die Zeit von der ersten Hälfte der sechziger Jahre bis ca. 1971 erscheint als Phase der „Entfaltung", die nach 1973 dann unter die Rahmenbedingungen einer entwickelten sozialistischen Gesellschaft fällt. Der Blick der DDR-Literaturgeschichten auf die Literaturentwicklung der Bundesrepublik kennt eine derartig grobe Synchronisation von Literaturgeschichtsschreibung und Kulturpolitik nicht.

Die Kanonbildung der DDR-Historiographie differiert unterhalb der Ebene der „großen Namen" z.T. gravierend von der der westdeutschen. Hohe Wertschätzung erfahren etwa literarische Trends, die auf 'Realismus' und Gesellschaftskritik ausgerichtet sind. Gravierende Fehlurteile sind vor allem für die Darstellung der siebziger Jahre symptomatisch: die Historiographen wähnen hier auch die westdeutsche Literatur auf dem Weg zu einer 'sozialistischen Literatur' [vgl. 134].

'Postmoderne' und die epochale Zäsur 1989

Wo sich die Literaturgeschichtsschreibung aus minimaler zeitlicher Distanz bereits an historiographische Darstellungen der achtziger Jahre heranwagt, ist dies nur um den Preis einer unfreiwilligen Nähe zu Verfahrensweisen der journalistischen Literaturkritik möglich. Semantische Leerformeln wie der Postmodernismusbegriff, über dessen deskriptiven Gehalt sich bis heute kein Konsens herstellen ließ, konnten sich einbürgern, obwohl sie sich als nicht historisierbar erwiesen. So wird etwa der Postmoderne-Begriff völlig unterschiedlich verwendet. Man hat mit ihm die amerikanische Literatur nach 1945, die abendländische Philosophie des zwanzigsten Jahrhunderts, die westliche Kulturgeschichte der achtziger Jahre, die internationale Architekturgeschichte im zwanzigsten Jahrhundert und die Theorieentwürfe zum sog. Ende der Geschichte etikettiert. So fehlt es denn Mitte der neunziger Jahre nicht an Nekrologen auf die sog. Postmoderne bzw. an Periodisierungskonzepten, die der Postmoderne eine 'zweite Moderne' folgen lassen und damit neue Postismen geradezu provozieren.

Auch die Kanonisierungen, die sich etwa in der von Wilfried Barner herausgegebenen Geschichte der deutschen Literatur von 1945 bis zur Gegenwart mit Blick auf die achtziger Jahre feststellen lassen, dürften sich bald als überholt erweisen: so erscheint etwa Botho Strauß (geb. 1944) – neben allseits kanonisierten Autoren wie Günter Grass (geb. 1927), Heinrich Böll oder Martin Walser (geb. 1927) – als der repräsentative Autor der alten Bundesrepublik. Mit derlei Geschmacksurteilen begibt sich die Literaturgeschichtsschreibung ungeschützt auf das Terrain des feuilletonistischen Meinungsgetümmels, in dem etwa ein Rezensent der FAZ die Vermutung äußert, auf dem „leerstehenden Platz des repräsentativen Autors" der Bundesrepublik habe kein Geringerer als der greise Ernst Jünger (geb. 1895) Platz genommen oder Bodo Kirchhoff (geb. 1948) kundgibt, er sehe keine Autoren mehr, die mehr als nur noch für sich selbst repräsentativ seien.

Das Jahr 1989, das eine fraglos gravierende Epochengrenze innerhalb der politischen Geschichte Deutschlands markiert, hat in der literarischen Historiographie bislang noch keine Spuren hinterlassen. Sowohl die von Barner herausgegebene als auch die von Ralf Schnell verfaßte Geschichte der deutschsprachigen Literatur seit 1945, die beide nach 1989 erschienen sind, tragen diesem Eckdatum in systematischer Hinsicht noch keinerlei Rechnung, ein Defizit, das zweifellos auch der mangelnden zeitlichen Distanz zwischen Historiographie und historiographischem Objekt geschuldet ist. Die Vereinigung der beiden deutschen Teilstaaten stellt jedoch auch die Literaturgeschichtsschreibung der Zukunft vor neue Herausforderungen, und sie könnte auch die Vergangenheit erneut vielerlei Korrekturen aussetzen.

Bibliographie

Die nachstehende Bibliographie ist eine Zusammenfassung der wissenschaftlichen Literatur, auf die sich die Autoren in ihren Artikeln beziehen bzw. auf die sie hinweisen. Sie erhebt keinen Anspruch, einen Überblick über die gesamte wissenschaftliche Literatur zu bieten. Nicht geschlossen werden sollte aus der Bibliographie, daß alle aufgeführten Titel zur weiterführenden Lektüre empfohlen werden. Zitate im Text werden durch die in Klammern gesetzten Ziffern nachgewiesen. Hierbei bezieht sich die erste Ziffer auf die Titelnummer der Bibliographie, während die zweite, *kursiv* gesetzte Ziffer die Seite im zitierten Titel angibt.

Zur allgemeinen Geschichte
(insbesondere politische, Sozial- und Kulturgeschichte)

1 ASH, TIMOTHY GARTON: Rückblick auf die Entspannung.
   In: Aus Politik und Zeitgeschichte. Hamburg (1994), H. 14, S. 3 – 10.

2 BARING, ARNULF: Von Zügen und Gleisen. Zum Streit von Augstein und Grass ums Vaterland. In: FAZ, 16.2. 1990.

3 BEIER, ROSEMARIE: Bericht zur (mentalen) Lage der Nation. In: Aus Politik und Zeitgeschichte. Hamburg (1995), H. 27, S.10 – 18.

4 BIERMANN, WOLF: Das wars. Klappe zu. Affe lebt.
   In: DIE ZEIT, 2.3. 1990.

5 BIERMANN, WOLF: Nur wer sich ändert, bleibt sich treu.
   In: DIE ZEIT, 24.8.1990.

6 BENDER, PETER: Unsere Erbschaft. Was war die DDR – Was bleibt von ihr? Hamburg 1992.

7   BENZ, WOLFGANG: Die Gründung der Bundesrepublik. Von der
    Bizone zum souveränen Staat. München 1984.

8   BROCK, BAZON: Die Re-Dekade. Kunst und Kultur der 80er Jahre.
    München 1990.

9   BRUYN, GÜNTER DE: So viele Länder, Ströme und Sitten.
    In: FAZ, 3.2.1990.

10 CYBA, EVA: Modernisierung im Patriarchat? Zur Situation der Frauen
    in Arbeit, Bildung und privater Sphäre 1945 bis 1995. In: Österreich
    1945 – 1995. Gesellschaft – Politik – Kultur. Hrsg. von Reinhard
    Sieder; Heinz Steinert. Wien 1995. S. 435-457.

11 Deutschland nach der Wende. Eine Zwischenbilanz. Hrsg. von
    Robert Hettlage; Karl Lenz. München 1995.

12 Dokumente zur Kunst-, Literatur- und Kulturpolitik der SED. Hrsg.
    von Elimar Schubbe. Stuttgart 1972.

13 DRIMMEL, HEINRICH: Österreichische Kulturpolitik seit dem
    Staatsvertrag. In: Österreich in Geschichte und Literatur. Wien 6
    (1962), S. 343-351.

14 ENZENSBERGER, HANS MAGNUS: Gangarten – Ein Nachtrag zur
    Utopie. In: FAZ, 19.5.1990.

15 FRITSCH, GERHARD: Literatur. In: Aufforderung zum Mißtrauen.
    Literatur, Bildende Kunst, Musik in Österreich seit 1945. Hrsg. von
    Otto Breicha; Gerhard Fritsch. Salzburg, Wien 1967. S. 7-9.

16 Gespräche mit Günter Grass. Hrsg. von Heinz Ludwig Arnold.
    München 1978 (= text+kritik 1).

17 GRASS, GÜNTER: Ein Schnäppchen namens DDR.
    Warnung vor Deutschland: Das Monstrum will Großmacht sein.
    In: DIE ZEIT, 5.10.1990.

18 GRASS, GÜNTER: Kurze Rede eines vaterlandslosen Gesellen.
    In: DIE ZEIT, 9.2.1990.

19 GREIFFENHAGEN, MARTIN: Das Dilemma des Konservatismus in
    Deutschland. Frankfurt (Main) 1986.

20 Die Gruppe 47. Ein kritischer Abriß. Hrsg. Von Heinz-Ludwig
    Arnold. München 1980 (= text+kritik Sonderband).

21 HANISCH, ERNST: Der lange Schatten des Staates. Österreichische Gesellschaftsgeschichte im 20. Jahrhundert. Wien 1994.

22 HERMAND, JOST: Die Kultur der Bundesrepublik Deutschland 1965 – 85. München 1988.

23 JÄGER, MANFRED: Kultur und Politik in der DDR 1945 – 1990. Köln 1994.

24 Kulturpolitisches Wörterbuch. Hrsg. Von Manfred Berger; Franz Hentschel; Hans Koch; Werner Kühn; Heinz Sallmon. 2. Aufl. Berlin 1978 (1. Aufl 1970).

25 Martin Walser im Gespräch: Die deutsche Einheit ist die Sache von uns allen. In: DIE WELT, 11.7.1990.

26 MATZNER, EGON: Funktionen der Sozialpartnerschaft. In: Das politische System Österreichs. Hrsg. Von Heinz Fischer. 3., erg. Aufl. Wien, München, Zürich 1982. S. 429-451.

27 MEIER, ARTUR:Abschied von der sozialistischen Ständegesellschaft. In: Aus Politik und Zeitgeschichte. Hamburg (1990), H. 16/17, S. 3 – 14.

28 MEIER, CHRISTIAN: Vom „fin de siècle" zum „end of history"? Zur Lage der Geschichte. In: Merkur. Stuttgart 44 (1990), S.809-823.

29 MEINHOF, ULRIKE: „Provinz und kleinkariert". In: Die Ära Adenauer. Einsichten und Ausblicke. Hrsg. Von Janko Musulin. Frankfurt (Main), Hamburg 1964. S.106 – 112.

30 MENASSE, ROBERT: Der Name der Rose ist Dr. Kurt Waldheim. Der erste postmoderne Bundespräsident. In: Ders.: Die sozialpartnerschaftliche Ästhetik. Essays zum österreichischen Geist. Wien 1990. S.166 – 174.

31 MÜLLER, HEINER: Die Küste der Barbaren. In: Ders: Gesammelte Irrtümer. Bd. 3. Frankfurt (Main) 1994. S. 169 – 170.

32 MÜLLER, HEINER: Dunkles Getümmel ziehender Barbaren. In: Ders: Gesammelte Irrtümer. Bd. 3. Frankfurt (Main) 1994. S. 92 – 93.

32a Müller, HEINER: Zehn Deutsche sind dümmer als fünf. Gespräch mit Uwe Wittstock für die „Neue Rundschau" 2 / 1992. In: Ders: Gesammelte Irrtümer. Bd. 3. Frankfurt (Main) 1994. S. 148 – 195.

33 PANKOKE, ECKART: Arbeit und Kultur.Moralökonomie,Wohlfahrts-, Kultur- und Gesellschaftspolitik in Deutschland 1945 – 1990.In: Die Bundesrepublik. Eine historische Bilanz. Hrsg. von Robert Hettlage. München 1990. S. 88 – 110.

34 RICHTER, HANS WERNER: Zum politischen Engagement deutscher Schriftsteller. In: Die Neue Rundschau. Frankfurt (Main) 78 (1967), S.290-298.

35 ROSENBERGER, SIEGLINDE: „Lieber gleich-berechtigt als später". In: Österreich 1945 – 1995. Gesellschaft – Politik – Kultur. Hrsg. von Reinhard Sieder; Heinz Steinert. Wien 1995. S. 354-369.

36 VESTER, MICHAEL: Deutschlands feine Unterschiede.Mentalitäten und Modernisierung in Ost- und Westdeutschland. In: Aus Politik und Zeitgeschichte. Hamburg (1995), H. 20, S. 16-30.

37 WALSER, MARTIN: Deutsche Sorgen. In: DER SPIEGEL, 28.6.1993.

38 WERCKMEISTER, OTTO K.: Zitadellenkultur. Die schöne Kunst des Untergangs in der Kultur der achtziger Jahre. München 1989.

39 WOHLGENANNT, LIESELOTTE: Arm und reich. Österreich auf dem Weg zur Zweidrittelgesellschaft. In: Österreich 1945 – 1995. Gesellschaft – Politik – Kultur. Hrsg. von Reinhard Sieder; Heinz Steinert. Wien 1995. S. 253-267.

Zur Öffentlichkeit, Publizistik, zum Buchmarkt und zu den Massenmedien

40 ANDERSCH, ALFRED: Das Kino der Autoren. In: Merkur. Stuttgart 15 (1961), S. 332-348.

41 ARNOLD, HEINZ LUDWIG: Über Kulturzeitschriften nach 1945. In: Der Aquädukt 1763 – 1988. Ein Almanach aus dem Verlag C.H. Beck im 225. Jahr seines Bestehens. München 1988. S. 494 ff.

42 ASTRUC, ALEXANDRE: Die Geburt einer neuen Avantgarde: die
   Kamera als Federhalter. In: Der Film. Manifeste, Gespräche,
   Dokumente. Hrsg. von Theodor Kotulla. Bd.2: München 1964.
   S.111 – 115.

43 BALÁZS, BÉLA: Das Filmszenarium, eine neue literarische Gattung.
   In: Ders.: Essay, Kritik 1922 – 1932. Zusammenstellung und
   Redaktion Gertraude Kuehn. Berlin (Ost) 1973. S.179 – 199.

44 BAZIN, ANDRÉ: De la politique des auteurs. In: Cahiers du Cinéma.
   London (1957), H. 70, S. 2 – 11.

45 BRAUERHOCH, ANNETTE: Der Autorenfilm. Emanzipatorisches
   Konzept oder autoritäres Modell? In: Abschied vom Gestern.
   Bundesdeutscher Film der sechziger und siebziger Jahre. Hrsg. von
   Hilmar Hoffmann. Frankfurt (Main) 1992. S.154 – 165.

46 DIETHARDT, ULI; Wischenbart, Rüdiger: Wer umarmt hier wen zu
   welchem Zweck? Die Schriftsteller, die Öffentlichkeit und der Staat in
   Österreich – eine Innensicht. In: Bestandsaufnahme Gegenwartsliteratur. Bundesrepublik Deutschland, Deutsche Demokratische Republik,
   Österreich, Schweiz. Hrsg. von Heinz Ludwig Arnold. München 1988
   (= text+kritik Sonderband). S. 285-295.

47 DUPONT, ESWALD ANDRÉ: Wie ein Film geschrieben wird und wie
   man ihn verwertet. 2. völlig neu bearb. Auflage von F. Prodehl.
   Berlin 1925.

48 ELSAESSER, THOMAS: New German Cinema. A History. New
   Brunswick (NJ/USA) 1989.

48a FISCHER, BERNHARD; Dietzel Thomas: Deutsche literarische Zeit-
   schriften 1945-1970. Ein Repertorium. Hrsg. vom Deutschen
   Literaturarchiv Marbach am Neckar. 4 Bände. München, London,
   New York 1992.

49 FÜHMANN, FRANZ: Brief an den Minister für Kultur.
   In: Ders.: Erfahrung und Widersprüche. Versuche über Literatur.
   Frankfurt (Main) 1976. S.9.

50 Gesamtverzeichnis indizierter Bücher, Taschenbücher, Broschüren,
   Comics und Flugblätter. Hrsg. von Rudolf Stefen. Baden-Baden 1989.

51 Gesellschaft. Literatur. Lesen. Literaturrezeption in theoretischer Sicht. Hrsg. von Manfred Naumann. Berlin, Weimar 1973.

52 GREISENEGGER, WOLFGANG: Das Theaterleben nach 1945. In: Literatur der Nachkriegszeit und der fünfziger Jahre in Österreich. Hrsg. von Friedbert Aspetsberger, Norbert Frei und Hubert Lengauer. Redigiert von Hermann Möcker. Wien 1984. S. 223- 241.

53 GROSS, RUTH: „PLAN" and the Austrian Rebirth: Portrait of a Journal. Columbia (S.C./USA) 1982.

54 GRUNENBERG, ANTONIA: "Und was tatest du?" Schriftsteller und politische Macht. Zum Streit zwischen Thomas Mann und Walter von Molo. In: Autor, Macht, Staat. Literatur und Politik in Deutschland. Ein notwendiger Dialog. Hrsg. von Gerd Langguth. Düsseldorf 1994. S. 110 – 130.

55 HELBLING, HANNO: Literaturkritik in der Tageszeitung. In: Sprache im technischen Zeitalter. Stuttgart 105 (1988), S. 29-33.

56 HEMBUS, JOE: Der deutsche Film kann gar nicht besser sein. Ein Pamphlet von gestern. Eine Abrechnung von heute. München 1981.

57 HEMPEL, ROLF: Carl Mayer. Ein Autor schreibt mit der Kamera. Berlin 1968.

58 HICKETHIER, KNUT: Aufbruch in die Mediengesellschaft. Die Gruppe 47 und die Medien. In: Dichter und Richter. Die Gruppe 47 und die deutsche Nachkriegsliteratur. Katalog der Ausstellung der Akademie der Künste, 28.Oktober bis 7.Dezember 1988. Hrsg. von Jürgen Schutte. Berlin 1988. S.114 – 123.

59 HINCK, WALTER: Kommunikationsweisen gegenwärtiger Literaturkritik. In: Literaturkritik – Anspruch und Wirklichkeit. DFG-Symposium 1989. Hrsg. von Wilfried Barner. Stuttgart 1990. S. 98 – 107.

60 HOFFMANN, HILMAR: Plädoyer für intermediale Kreativität. Zum Verhältnis von Literatur und Fernsehen. In: Medium. Frankfurt (Main) 4 (1993), S. 57-61.

61 HUEMER, ANDREA: Engagiertes, zeitgemäßes und unbequemes Theater. Direktion Günther Haenel. In: 100 Jahre Volkstheater. Theater. Zeit. Geschichte. Hrsg. von Evelyn Schreiner. Wien, München 1989. S.156 – 161.

62 INNERHOFER, ROLAND: Die Grazer Autorenversammlung (1973 – 1983). Zur Organisation einer „Avantgarde". Wien 1985.

63 KIRCHHOFF, BODO: Schreiben und Narzißmus. Was dem Schriftsteller seine Legende raubt – oder: Das Medienzeitalter ist wie für Rezensenten gemacht. In: Die Neue Rundschau. Frankfurt (Main) (1995), H. 2, S. 51-68.

64 Die Literatur der österreichischen Kunst-, Kultur- und Autorenverlage. Katalog 1993. Hrsg. von Karin Kinast; Gerhard Ruiss. Wien 1993.

65 LÜTZELER, PAUL MICHAEL: Einleitung: Von der Spätmoderne zur Postmoderne. In: Spätmoderne und Postmoderne. Beiträge zur deutschsprachigen Gegenwartsliteratur. Hrsg. von Paul Michael Lützeler. Frankfurt (Main) 1991. S.11-22.

66 MATZNER, UWE: Bestellverfahren im Umbruch. In: Börsenblatt für den Deutschen Buchhandel. Frankfurt (Main) (1995), H. 34, S. 27-31.

67 MECKLENBURG, NORBERT: Die Rhetorik der Literaturkritik. Ein Gedankengang mit Vorschlägen zur Praxis. In: Literaturkritik – Medienkritik. Hrsg. von Jörg Drews. Heidelberg 1977. S. 34-48.

68 NOACK, VICTOR: Der Kino. Etwas über sein Wesen und seine Bedeutung. Leipzig 1913.

69 OPASCHOWSKI, HORST W.: Freizeit, Medien und Konsum im nächsten Jahrzehnt. In: Buchmarketing. Was sich in Gesellschaft und Handel ändert; worauf sich Verlage einstellen müssen. Hrsg. von Hero Kind. Düsseldorf 1994. S. 48-84.

70 OSTENDORF, HERIBERT: Zeitkritische Literatur – (Straf-)justizielle Behinderungen und grundgesetzlich gewährte Literaturfreiheit. In: Literatur vor dem Richter. Beiträge zur Literaturfreiheit und Zensur. Hrsg. von Birgit Dankert; Lothar Zechlin. Baden-Baden 1988. S. 271-281.

71 PAECH, JOACHIM: Erinnerungsbilder im Medienkopf. In: Weltbilder – Bildwelten. Computergestützte Visionen. Hrsg. von Klaus Peter Dencker. Hamburg 1995. S.96 – 106.

72 PAECH, JOACHIM: Literatur und Film. Stuttgart 1988.

73 PAECH, JOACHIM: Zweimal Deutschland im Herbst: 1977 und 1992. In: Kinoschriften. Jahrbuch der Gesellschaft für Filmtheorie. Wien 4 (1995).

74 PATALAS, ENNO: Drei Jahre Autorenfilm – Die Autoren sind da, wo bleibt der Film? In: Filmkritik. Frankfurt (Main) 13 (1969), S.23-24.

75 PATALAS, ENNO: Tribüne des Jungen Deutschen Films. II. Alexander Kluge. In: Filmkritik. Frankfurt (Main) 10 (1966), S.487-491.

76 PROSS, HARRY: Literatur und Politik. Geschichte und Programme der politisch-literarischen Zeitschriften im deutschen Sprachgebiet seit 1870. Olten, Freiburg 1963.

77 RATHKOLB, OLIVER: Theater von Gestern und kalter Krieg. Die Wiener Theaterszene in den ersten Jahren nach 1945. In: 100 Jahre Volkstheater. Theater. Zeit. Geschichte. Hrsg. von Evelyn Schreiner. Wien, München 1989. S. 144 – 153.

78 REITZ, EDGAR: Utopie Kino (1963-65). In: Ders.: Liebe zum Kino. Köln 1984. S.12-31.

79 RIEWOLDT, OTTO F.: Theaterarbeit. Über den Wirkungszusammenhang von Bühne, Dramatik, Kulturpolitik und Publikum. In: Die Literatur der DDR. Hrsg. von Hans-Jürgen Schmitt. München, Wien 1983 (= Hansers Sozialgeschichte der deutschen Literatur vom 16. Jahrhundert bis zur Gegenwart. Hrsg.von Rolf Grimminger, Bd. 11). S. 133 – 186.

80 RÜHLE, GÜNTHER: Die Büchermacher. Von Autoren, Verlegern, Buchhändlern, Messen und Konzernen. Frankfurt (Main) 1985.

81 RUISS, GERHARD; Vyoral, Johannes A.: Die Freiheit, zu sehen, wo man bleibt. 1. österreichischer Schriftstellerkongreß 1981. Wien 1982.

82 SCHEICHL, SIGURD PAUL: „Wer schreibt heute einen guten Bergroman?" Die Rauriser Literaturtage. In: Zeit ohne Manifeste? Zur Literatur der siebziger Jahre in Österreich. Hrsg. von Friedbert Aspetsberger; Hubert Lengauer. Wien 1987. S. 103 – 121.

83 SCHUH, FRANZ: Die Grazer Autorenversammlung. In: Zeit ohne Manifeste? Zur Literatur der siebziger Jahre in Österreich. Hrsg. von Friedbert Aspetsberger; Hubert Lengauer. Wien 1987. S. 16-34.

84 SCHÜTTE, WOLFRAM: Wo ein Film entsteht, da sind auch Menschen. In: Herbert Achternbusch. Hrsg. von Jörg Drews. Frankfurt (Main) 1982. S. 146 – 160.

85 SCHWENDTER, ROLF: Notate zur Grazer Autorenversammlung. In: Zeit ohne Manifeste? Zur Literatur der siebziger Jahre in Österreich. Hrsg. von Friedbert Aspetsberger; Hubert Lengauer. Wien 1987. S. 35-45.

86 SEEßLEN, GEORG: Tanz den Adolf Hitler. Faschismus in der populären Kultur. Berlin 1994.

87 STEINERT, HAJO: Der letzte Literaturpapst dieses Jahrhunderts: Marcel Reich-Ranicki. In: Wapnewski, Peter: Betrifft Literatur. Über Marcel Reich-Ranicki. Stuttgart 1990. S. 95 – 120.

88 TRUFFAUT, FRANÇOIS: Eine gewisse Tendenz im französischen Film. In: Der Film. Manifeste, Gespräche, Dokumente. Hrsg. von Theodor Kotulla. Bd. 2. München 1964. S. 123 f.

89 VIERTEL, BERTHOLD: Schriften zum Theater. Hrsg. von Gert Heidenreich. München 1970.

90 Weisheit ist kein Verrat. Kurt Hübner, Kortner-Preisträger 1991, erzählt – im Gespräch mit Moritz Rinke. In: Theater heute. Berlin 32 (1991), H. 11, S. 6 – 14.

91 Welttheater. Theatergeschichte, Autoren, Stücke, Inszenierungen. Hrsg. von Henning Rischbieter und Jan Berg. 3., völlig neubearb. Aufl. Braunschweig 1985.

92 WEYH, FELIX: Geistiges Eigentum und die Entwicklung der Kommunikationstechnik. Teil 1: Vom Buchdruck zu den Copyright-Industries. In: Leviathan. Düsseldorf (1993), H. 4 und (1994), H. 1.

93 WEYRER, URSULA: „Das Silberboot". Eine österreichische Literatur-zeitschrift (1935-36, 1946-52). Innsbruck 1984.

94 WIESMAYR, ELISABETH: Die Zeitschrift „manuskripte" 1960 – 1970. Königstein/Ts. 1980.

95 WINKLER, WILLI: Warum der Leser den Kritiker nicht mehr braucht. In: Sprache im technischen Zeitalter. Stuttgart 105 (1988), S. 16 – 19.

Zur Literaturgeschichte

96 AMANN, KLAUS: P.E.N. Politik – Emigration – Nationalsozialismus. Ein österreichischer Schriftstellerclub. Wien, Graz, Köln 1984.

97 ANDERSCH, ALFRED; Enzensberger, Hans Magnus: Die Literatur nach dem Tod der Literatur. Ein Gespräch. In: Nach dem Protest. Literatur im Umbruch. Hrsg. von W. Martin Lüdke. Frankfurt (Main) 1979.

98 BERG, JAN U.A.: Sozialgeschichte der deutschen Literatur von 1918 bis zur Gegenwart. Frankfurt (Main) 1981.

99 BEUTIN, WOLFGANG U.A.: Deutsche Literaturgeschichte. Von den Anfängen bis zur Gegenwart. Stuttgart 1979.

100 BOLLENBECK, GEORG U.A.: Deutsche Literaturgeschichte. Zwanzig-stes Jahrhundert. Düsseldorf 1991 (= Deutsche Literaturgeschichte, Bd. 5).

101 EMMERICH, WOLFGANG: Kleine Literaturgeschichte der DDR. 1945 – 1988. 5., erw. u. bearb. Aufl. Frankfurt (Main) 1989.

102 ENDLER, ADOLF: Im Zeichen der Inkonsequenz. In: Sinn und Form. Berlin 23 (1971), S. 1358 – 1366.

103 ENZENSBERGER, HANS MAGNUS: Gemeinplätze, die Neueste Literatur betreffend. In: Kursbuch. Frankfurt (Main) 15 (1968), S. 187 – 197.

104 FREI, NORBERT: Die fünfziger Jahre im Spiegel von Schriftsteller-
    Autobiographien. In: Literatur der Nachkriegszeit und der fünfziger
    Jahre in Österreich. Hrsg. von Friedbert Aspetsberger, Norbert Frei
    und Hubert Lengauer. Redigiert von Hermann Möcker. Wien 1984.
    S. 59-74.

105 FÜHMANN, FRANZ: Wandlung – Wahrheit – Würde. Aufsätze und
    Gespräche 1964 – 1981. Darmstadt, Neuwied 1985.

106 Geschichte der deutschen Literatur von 1945 bis zur Gegenwart.
    Hrsg. von Wilfried Barner. München 1994.

107 Geschichte der Literatur der Deutschen Demokratischen Republik.
    2. Aufl. Berlin 1977 (= Geschichte der deutschen Literatur von den
    Anfängen bis zur Gegenwart. Hrsg. von Klaus Gysi. Sonderausgabe,
    Bd. 11).

108 HENZ, RUDOLF: Vorwort. In: Das Wort in der Zeit. München 1
    (1955).

109 HERMAND, JOST: Kultur im Wiederaufbau. Die Bundesrepublik
    Deutschland 1945 – 1965. München 1986.

110 JENS, WALTER: Literatur und Politik. Pfullingen 1963.

110a LEHMANN, JOACHIM: Die blinde Wissenschaft. Realismus und
    Realität in der Literaturtheorie der DDR. In: Epistemata. Würzburg
    163 (1995), S. 73-119.

111 Literatur der DDR. Hrsg. von Hans-Jürgen Schmitt. München, Wien
    1983 (= Hansers Spzialgeschichte der deutschen Literatur vom 16.
    Jahrhundert bis zur Gegenwart. Hrsg.von Rolf Grimminger, Bd. 11).

112 Literatur der Deutschen Demokratischen Republik. Einzeldarstellun-
    gen. Hrsg. von einem Autorenkollektiv unter der Leitung von Hans
    Jürgen Geerdts. 2 Bde. Berlin (Ost) 1976 ff.

113 Literatur in der Bundesrepublik bis 1967. Hrsg. von Ludwig Fischer.
    München 1986 (= Hansers Sozialgeschichte der deutschen Literatur
    vom 16. Jahrhundert bis zur Gegenwart. Hrsg.von Rolf Grimminger,
    Bd. 10).

113a LUKÁCS, GEORG; Becher, Johannes R.; Wolf, Friedrich u.a.: Die Säuberung. Moskau 1936: Stenogramm einer geschlossenen Parteiversammlung. Hrsg. von Reinhard Müller. Reinbek 1991.

114 MENASSE, ROBERT: Die sozialpartnerschaftliche Ästhetik. Essays zum österreichischen Geist. Wien 1990.

114a MÜLLER, HEINER: Denken ist grundsätzlich schuldhaft. Die Kunst als Waffe gegen das Zeitdiktat der Maschinen. In: Ders.: „jenseits der nation". Berlin 1991.

114b OLIVEIRA, CLAIRE DE: La Poésie allemande de Roumanie. Entre hétéronomie et dissidence (1944 – 1990). Bern, Berlin, Frankfurt (Main) 1995.

115 PAUL, MARKUS: Sprachartisten – Weltverbesserer. Bruchlinien in der österreichischen Literatur nach 1960. Innsbruck 1991.

116 Raddatz, Fritz J.: Zur deutschen Literatur der Zeit. 2 Bd.e. Reinbek 1987.

117 RICHTER, HANS: Verse, Dichter, Wirklichkeit. Aufsätze zur Lyrik. Berlin, Weimar 1970.

118 RÜHM, GERHARD: Vorwort. In: Die Wiener Gruppe. Achleitner, Artmann, Bayer, Rühm, Wiener. Texte, Gemeinschaftsarbeiten, Aktionen. Hrsg. von Gerhard Rühm. Reinbek 1967. S. 5-36.

119 SANDER, HANS-DIETRICH: Geschichte der schönen Literatur in der DDR. Ein Grundriß. Freiburg 1972.

119a SCHMIDT-DENGLER, WENDELIN: Bruchlinien. Vorlesungen zur österreichischen Literatur 1945 bis 1990. Salzburg 1995.

120 SCHNELL, RALF: Geschichte der deutschsprachigen Literatur seit 1945. Stuttgart 1993.

121 SPIEL, HILDE: Die österreichische Literatur nach 1945. Eine Einführung. In: Die zeitgenössische Literatur Österreichs. Hrsg. von Hilde Spiel. Mit einem Essay „Zur Entwicklung des österreichischen Hörspiels nach 1945" von Hilde Haider-Pregler. Zürich, München 1976 (Kindlers Literaturgeschichte der Gegenwart, Bd. 3). S. 7 – 127.

122 VIETTA, SILVIO: Die literarische Moderne. Eine problemgeschicht-
liche Darstellung der deutschsprachigen Literatur von Hölderlin bis
Thomas Bernhard. Stuttgart 1992.

122a WALTHER, JOACHIM: Sicherungsbereich Literatur. Schriftsteller und
Staatssicherheit in der Deutschen Demokratischen Republik. In:
Analysen und Dokumente. Wissenschaftliche Reihe des Bundesbe-
auftragten für die Unterlagen des Staatssicherheitsdienstes der ehemaligen Deutschen Demokratischen Republik. Berlin 1996.

123 WEHDEKING, VOLKER CHRISTIAN: Der Nullpunkt. Über die Konstituierung der deutschen Nachkriegsliteratur (1945 – 1948) in den
amerikanischen Kriegsgefangenenlagern. Stuttgart 1971.

123a Widerspiel. Deutsche Lyrik seit 1945. Hrsg. von Hans Bender.
München 1962.

124 VI. Deutscher Schriftstellerkongreß vom 28. bis 30. Mai 1969 in
Berlin. Protokoll. Hrsg. vom Deutschen Schriftstellerverband. Berlin,
Weimar 1969.

Zu den Gattungen

125 Atlas der neuen Poesie. Hrsg. von Joachim Sartorius. Reinbek 1995.

126 BAUMGART, REINHARD: Der neudeutsche Literaturstreit. Anlaß-
Verlauf-Vorgeschichte-Folgen. In: Vom gegenwärtigen Zustand der
deutschen Literatur. Hrsg. von Heinz Ludwig Arnold. München
1992 (= text+kritik 113). S. 72-85.

127 DEUTSCH-SCHREINER, EVELYN: Österreichische Bühnentradition und
modernes Volksstück. In: Modern Austrian Literature. Binghamton
(1995), H. 1, S.75-93.

128 HAGE, VOLKER: Die Wiederkehr des Erzählers. Neue deutsche
Literatur der siebziger Jahre. Frankfurt (Main), Berlin, Wien 1982.

129 HILLEBRAND, BRUNO: Theorie des Romans. Erzählstrategien der
Neuzeit. 3., erweiterte Aufl. Stuttgart 1993.

130 In diesem besseren Land. Gedichte der Deutschen Demokratischen Republik seit 1945. Hrsg. von Adolf Endler; Karl Mickel. Halle 1965.

131 JUNG, WERNER: Alltag und Ekstasen. Ein Essay. In: Neue Generation – Neues Erzählen. Deutsche Prosa-Literatur der achtziger Jahre. Hrsg. von Walter Delaba; Werner Jung; Ingrid Pergande u.a. Opladen 1993. S.155 – 163.

132 Roman oder Leben. Postmoderne in der deutschen Literatur. Hrsg. von Uwe Wittstock. Leipzig 1994.

133 SCHÄFER, HANS DIETER: Zusammenhänge der deutschen Gegenwartslyrik. In: Lyrik – von allen Seiten. Gedichte und Aufsätze des ersten Lyrikertreffens in Münster. Hrsg. von Lothar Jordan; Axel Marquardt; Winfried Woesler. Frankfurt (Main) 1981, S. 32-78.

134 SZABÓ, JÁNOS: Erzieher und Verweigerer. Zur deutschsprachigen Gegenwartsprosa der Schweiz. Würzburg 1989.

Zu einzelnen Autoren

135 BAIER, LOTHAR: Querstehende Neubauten. Dieter Wellershoffs Essays. In: Dieter Wellershoff. Hrsg. von Heinz Ludwig Arnold. München 1985 (= text+kritik 88). S. 66-76.

136 BENJAMIN, WALTER: Der Autor als Produzent. In: Ders.: Versuche über Brecht. Frankfurt (Main) 1966. S. 95 – 116.

137 BIENEK, HORST: Alfred Andersch. In: Ders.: Werkstattgespräche mit Schriftstellern. München 1965. S. 137 – 151.

138 Brigitte Kronauer: Der Revolution der Nachahmung. Hrsg. von Heinz Ludwig Arnold. München 1991 (= text+kritik 112).

139 DANTO, ARTHUR C.: Jean-Paul Sartre. Göttingen 1993.

140 DIECKMANN, FRIEDRICH: Antwort an Wolfgang Harich. In: Sinn und Form. Berlin 25 (1973), S. 680 – 687.

141 DOMDEY, HORST: Mythos als Phrase oder Die Sinnausstattung des Opfers. Henker- und Opfermasken in Texten Heiner Müllers. In: Merkur. Stuttgart 40 (1986), S.403-413.

142 Erinnerte Zukunft: 11 Studien zum Werk Christa Wolfs. Hrsg. von
Wolfram Mauser. Würzburg 1985.

143 FISCHER, ROBERT; Hembus, Joe: Abschied von gestern (1966).
In: Dies.: Der Neue Deutsche Film 1960 – 1980. München 1981.
S.31-33.

144 GLASER, HORST ALBERT: Die Restauration des Schönen. Stifters
„Nachsommer". Stuttgart 1964.

144a GLASER, HORST ALBERT: Die Krankheit zum Tode oder der Wille
zum Leben. Überlegungen zu Thomas Bernhards Autobiographie.
In: Sehnsuchtsangst. Zur österreichischen Literatur der Gegenwart.
Colloquium an der Universität von Amsterdam. Hrsg. von
Alexander von Bormann. Amsterdam 1987. S. 65-73.

145 GRAFE, FRIEDA: Er macht Film um Film um Film. In: Herbert
Achternbusch. Hrsg. von Jörg Drews. Frankfurt (Main) 1982.
S.161-204.

146 GREIF, HANS-JÜRGEN: Christa Wolf: „Wie sind wir so geworden wie
wir heute sind?". Bern 1978.

147 HARICH, WOLFGANG: Der entlaufene Dingo, das vergessene Floß.
Aus Anlaß der „Macbeth"-Bearbeitung von Heiner Müller. In: Sinn
und Form. Berlin 25 (1973), S.189-218.

148 HERZINGER, RICHARD: Masken der Lebensrevolution. Vitalistische
Zivilisations- und Humanismuskritik in Texten Heiner Müllers.
München 1992.

149 KLUGE, ALEXANDER: Vier Geschichten für Herbert Achternbusch.
In: Herbert Achternbusch. Hrsg. von Jörg Drews. Frankfurt (Main)
1982. S. 224-230.

150 MAUSER, WOLFRAM; Helmtrud Mauser: Christa Wolf: Nachdenken
über Christa T. München 1987.

151 MEYER, MARTIN: Ernst Jünger. München 1990.

152 „Ohne den Leser geht es nicht". Ursula Heukenkamp im Gespräch mit
Gerd Adloff, Gabriele Eckart, Uwe Kolbe, Bernd Wagner. In:
Weimarer Beiträge. Weimar 25 (1979), S.41-52.

153 PAECH, JOACHIM: Passion oder die EinBILDungen des Jean-Luc
Godard. Frankfurt (Main) 1989.

154 PALM, KURT: Vom Boykott zur Anerkennung. Brecht und
Österreich. Wien, München 1983.

155 PATALAS, ENNO: Abschied von gestern (Anita G.). In: Filmkritik.
Frankfurt (Main) 10 (1966), S. 623-624.

156 SALZINGER, HELMUT: Ein willkommener Querulant. Rezension über
Erich Frieds „Anfechtungen". In: Der Tagesspiegel, 11.2.68. S.41.

157 SHIRER, ROBERT: Difficulties of Saying ‹I›: The Narrator as Protagonist in Christa Wolf's „Kindheitsmuster" and Uwe Johnson's
„Jahrestage". New York 1988.

158 STEPHAN, ALEXANDER: Christa Wolf. 4. Aufl. München 1991.

159 THOMASSEN, CHRISTA: Der lange Weg zu uns selbst: Christa Wolfs
Roman „Nachdenken über Christa T." als Erfahrungs- und Hand-
lungsmuster. Kronberg 1977.

160 TREBEß, ACHIM: „im rechten augenblick das linke tun". Spracher-
neuerung in Texten von Bert Papenfuß-Gorek. In: Weimarer Beiträge.
Weimar 36 (1990), S.617-636.

161 Viertels Welt. Der Regisseur, Lyriker, Essayist Berthold Viertel.
Wien 1988.

162 WALSER, MARTIN: Das Unmögliche kann man nur darstellen.
Herbert Achternbuschs zweiter Film. Zu „Die Atlantikschwimmer".
In: Herbert Achternbusch. Hrsg. von Jörg Drews. Frankfurt (Main)
1982. S.125 – 129.

Zur Philosophie, Ästhetik und Literaturtheorie

163 ADORNO, THEODOR W.: Rede über Lyrik und Gesellschaft.
In: Ders.:Schriften. Bd. 2. Frankfurt (Main) 1974.

164 BARCK, KARLHEINZ: Geschicklichkeit der Künste. In: Weimarer
Beiträge. Weimar 32 (1986), S. 631-642.

165 BAUDRILLARD, JEAN: Agonie des Realen. Aus dem Franz. von
Lothar Kurzawa; Volker Schaefer. Berlin 1978.

165a Baumgart, REINHARD: Aussichten des Romans oder „Hat Literatur
Zukunft?". Frankfurter Vorlesungen. Neuwied, Berlin 1968.

166 BREUNUNG, LEONIE; Nocke, Joachím: Die Kunst als Rechtsbegriff
oder wer definiert Kunst? In: Literatur vor dem Richter. Beiträge zur
Literaturfreiheit und Zensur. Hrsg. von Birgit Dankert; Lothar
Zechlin. Baden-Baden 1988. S. 235-270.

167 BRINKMANN, ROLF DIETER: Angriff aufs Monopol. [Zuerst: 1968]
In: Roman oder Leben. Postmoderne in der deutschen Literatur.
Hrsg. von Uwe Wittstock. Leipzig 1994.

168 Deutsche Literaturkritik 4. Vom Dritten Reich bis zur Gegenwart.
Hrsg. von Hans Mayer. Leicht gekürzte Ausg. Frankfurt (Main)
1978.

169 EAGLETON, TERRY: Ästhetik. Die Geschichte ihrer Ideologie. Aus
dem Engl. von Klaus Laermann. Stuttgart, Weimar 1994.

170 EDER, KLAUS; Kluge, Alexander: Ulmer Dramaturgien. Reibungs-
verluste. Stichwort Bestandsaufnahme. München, Wien 1980.

171 ENZENSBERGER, HANS MAGNUS: Scherenschleifer und Poeten.
In: Ders.: Mein Gedicht ist mein Messer. Lyriker zu ihren Gedichten. Hrsg. von Hans Bender. München 1964. S. 144 – 148.

172 ENZENSBERGER; HANS MAGNUS: Einzelheiten II. Poesie und Politik.
Frankfurt (Main) 1970.

173 FUCHS, GÜNTER BRUNO: Zwischen den Ideologien sein Dasein
behaupten. In: Akzente: München 8 (1961). S. 5-7.

174 Strukturalismus als interpretatives Verfahren. Hrsg. von Helga
Gallas. Darmstadt, Neuwied 1972.

175 HABERMAS, JÜRGEN: Der philosophische Diskurs der Moderne.
Zwölf Vorlesungen. Frankfurt (Main) 1985.

176 HACKS, PETER: Die Maßgaben der Kunst. Gesammelte Aufsätze.
Düsseldorf 1977.

177 HEIDEGGER, MARTIN: Der Ursprung des Kunstwerks. Stuttgart 1992.

178 KINDER, HERMANN: Von Lese-Lust und -Mühe. In: Literatur-
     magazin. Reinbek (1994), H. 34, S. 46-62.
179 KIPPHARDT, HEINAR: Schreibt die Wahrheit. Essays, Briefe,
     Entwürfe. Bd. I: 1949 – 1964. Hamburg 1989.
180 KREUZER, HELMUT: Veränderungen des Literaturbegriffs. Fünf
     Beiträge zu aktuellen Problemen der Literaturwissenschaft.
     Göttingen 1975.
181 Kursbuch. Frankfurt (Main) 15 (1968).
182 Kursbuch. Frankfurt (Main) 16 (1969).
183 Kursbuch. Frankfurt (Main) 20 (1970).
184 Literarische Widerspiegelung. Hrsg. von Dieter Schlenstedt. Berlin,
     Weimar 1981.
185 LUKÁCS, GEORG: Die Theorie des Romans. Ein geschichts-
     philosophischer Versuch über die Formen der großen Epik.
     Neuwied, Berlin 1963.
186 LUKÁCS, GEORG: Kunst und objektive Wahrheit.
     In: Ders.: Probleme des Realismus I. Neuwied, Berlin 1971
     (= Werke, Bd. 4). S. 607-650.
187 LUKÁCS, GEORG: Probleme des Realismus I. Neuwied, Berlin 1971
     (= Werke, Bd. 4).
188 MAURER, GEORG: Was vermag Lyrik? Essays, Reden, Briefe.
     Leipzig 1982.
189 MCLUHAN, MARSHALL; Fiore, Quentin; Agel, Jerome: The Medium
     is the Massage/Das Medium ist Massage. Übers. von Max Nänny.
     Frankfurt (Main), Berlin 1969.
190 SCHINDEL, ROBERT: Literatur – Auskunftsbüro der Angst.
     In: Tendenz Freisprache. Texte zu einer Poetik der achtziger Jahre.
     Hrsg. von Ulrich Janetzki; Wolfgang Rath. Frankfurt (Main) 1992.
     S. 188-201.
191 SCHLENSTEDT, DIETER: Problemfeld Widerspiegelung.
     In: Literarische Widerspiegelung. Geschichtliche und theoretische
     Dimension eines Problemes. Hrsg. von Dieter Schlenstedt. Berlin,
     Weimar 1981.

192 SCHNEIDER, MICHAEL: Väter und Söhne, posthum. Über die Väter-
     Literatur der siebziger Jahre. In: Bestandsaufnahme Gegenwarts-
     literatur. Bundesrepublik Deutschland, Deutsche Demokratische
     Republik, Österreich, Schweiz. Hrsg. von Heinz Ludwig Arnold.
     München. 1988 (= text+kritik Sonderband). S. 139 – 150.

193 SCHONAUER, FRANZ: Sieburg & Co. Rückblick auf eine sogenannte
     konservative Literaturkritik. In: Nachkriegsliteratur. Spurensiche-
     rung des Krieges. Gab es eine Reeducation der Sprache? Anti-
     faschismus nach dem Faschismus, das Pathos des Nullpunktes, erste
     Gespräche über Bäume, Poesie nach Auschwitz. Hrsg. von Nicolas
     Born; Jürgen Manthey. Reinbek 1977 (= Literaturmagazin 7,
     Sonderband). S. 237-251.

194 Sozialistische Realismuskonzeptionen. Dokumente zum ersten
     Allunionskongreß der Sowjetschriftsteller. Hrsg. von Hans-Jürgen
     Schmitt; Godehard Schramm. Frankfurt (Main) 1974.

195 VIEHOFF, REINHOLD: Literaturkritik 1973 und 1988 – Aspekte des
     literaturkritischen Wertewandels. In: Literaturkritik – Anspruch und
     Wirklichkeit. DFG-Symposium 1989. Hrsg. von Wilfried Barner.
     Stuttgart 1990. S. 440-459.

196 Wege aus der Moderne. Schlüsseltexte der Postmoderne-Diskussion.
     Hrsg. von Wolfgang Welsch. Weinheim 1988.

197 WELLERSHOFF, DIETER: Die Arbeit des Lebens. Autobiographische
     Texte. Köln 1985.

198 WELLERSHOFF, DIETER: Die Wahrheit der Literatur. Sieben
     Gespräche. München 1980.

199 WELLERSHOFF, DIETER: Wahrnehmung und Phantasie. Essays zur
     Literatur. Köln 1987.

200 WELSCH, WOLFGANG: Ästhetisches Denken. Stuttgart. 3. Aufl. 1993.

201 Wörterbuch der Literaturwissenschaft. Hrsg. von Claus Träger.
     Leipzig 1986.

Über die Verfasser

DR. HELMUT ARNTZEN, Professor emer. für Neuere deutsche Literatur an
der Universität Münster

DR. ALFRED BARTHOFER, Professor für deutsche Sprache und Literatur an
der University of Newcastle (Australien)

DR. PETER J. BRENNER, Professor für Neuere deutsche Literaturgeschichte
an der Universität zu Köln

DR. HORST DOMDEY, Professor für Neuere deutsche Literatur an der
Freien Universität Berlin

DR. JÜRGEN EGYPTIEN, Wissenschaftlicher Mitarbeiter im Germanistischen Institut der RWTH Aachen

DR. WOLFGANG EMMERICH, Professor für Neuere deutsche Literaturgeschichte an der Universität Bremen

DR. CLAUDE FOUCART, Professor für Vergleichende Literaturwissenschaft
an der Université de Lyon III (Frankreich)

DR. HORST ALBERT GLASER, Professor für Allgemeine und Vergleichende
Literaturwissenschaft an der Universität Essen / Gesamthochschule

JOACHIM-RÜDIGER GROTH, Professor für Neuere Deutsche Literatur und
ihre Didaktik an der Pädagogischen Hochschule Schwäbisch
Gmünd

DR. KARL-HEINZ HARTMANN, Wissenschaftlicher Mitarbeiter im
Fachbereich Germanistik der Freien Universität Berlin

DR. RICHARD HERZINGER, Wissenschaftlicher Mitarbeiter im Fachbereich
Germanistik der Freien Universität Berlin

DR. ROBERT HETTLAGE, Professor für Soziologie an der Universität
Regensburg

DR. LOTHAR JORDAN, apl. Professor für Neuere deutsche Literatur und
Vergleichende Literaturwissenschaft an der Universität Osnabrück

Dr. Michael Kämper-van den Boogaart, Wissenschaftlicher Assistent für Deutsche Sprache und Literatur und ihre Didaktik an der Universität Lüneburg

Dr. Martin Kane, Reader in Modern German Studies an der Universität von Kent in Canterbury (Großbritannien)

Dr. Klaus Manger, Professor für Neuere deutsche Literatur an der Friedrich-Schiller-Universität Jena

Dr. Eberhard Mannack, Professor emer. für Deutsche Philologie an der Christian-Albrechts-Universität zu Kiel

Dr. Volker Neuhaus, Professor für Neuere deutsche Literaturgeschichte an der Universität zu Köln

Dr. Joachim Paech, Professor für Medienwissenschaft an der Universität Konstanz

Dr. Gesine von Prittwitz, Berlin

Dr. Wolfgang Rath, Privatdozent für Neuere Deutsche Philologie an der Technischen Universität Berlin

Dr. Karl Riha, Professor für Germanistik / Allgemeine Literaturwissenschaft an der Universität – Gesamthochschule Siegen

Dr. Peter Rusterholz, Professor für Neuere deutsche Literaturwissenschaft an der Universität Bern (Schweiz)

Dr. Günther Rüther, Mitglied der Geschäftsleitung der Konrad-Adenauer-Stiftung, Lehrbeauftragter an der Universität Bonn

Dr. Axel Schalk, Lehrbeauftragter an der Universität Potsdam

Dr. Sigurd-Paul Scheichl, Professor für Österreichische Literaturgeschichte und Allgemeine Literaturwissenschaft an der Universität Innsbruck

Dr. Gerhard Scheit, Wien

Dr. Sigrid Schmid-Bortenschlager, Professorin für Neuere deutsche Literatur mit besonderer Berücksichtigung der Komparatistik an der Universität Salzburg (Österreich)

Dr. Detlev Schöttker, Wissenschaftlicher Mitarbeiter am Institut für Literaturwissenschaft der Universität Stuttgart

Dr. Franz Stadler, Wien (Österreich)

DR. RICHARD WEBER, Köln

DR. SABINE WILKE, Professorin für neuere deutsche Literaturwissenschaft
an der University of Washington, Seattle (USA)

DR. KLAUS ZEYRINGER, Professor für Germanistik an der Université
Catholique de l'Ouest, Angers (Frankreich)

DR. BERNHARD ZIMMERMANN, Privatdozent für Neuere Literaturwissenschaft an der Universität – Gesamthochschule Siegen

Personenregister

Abusch, Alexander (1902–1982) 133

Achleitner, Friedrich (geb. 1930) 270, 281, 538

Achternbusch, Herbert (geb. 1938) 316f., 418, 422f., 706ff.

Adamov, Arthur (1908–1970) 256, 501

Adorno, Theodor Wiesengrund (1903–1969) 39, 151, 175, 179ff., 288, 546, 617

Ahlsen, Leopold (eigtl. Helmut Ahlsen, geb. 1927) 408, 495

Aichinger, Ilse (geb. 1921) 27, 84, 87, 89f., 133, 151, 264, 267, 269, 279, 379

Althusser, Louis (1918–1990) 198

Amann, Jürg (geb. 1947) 370

Ambesser, Axel von (1910–1988) 409

Améry, Jean (eigtl. Hanns Meyer, 1912–1978) 235

Andersch, Alfred (1914–1980) 44ff., 87, 96, 104, 179, 191, 251f., 256f., 259, 287, 289, 292, 294ff., 386, 388, 392, 572, 597, 699f., 702f.

Andres, Stefan (1906–1970) 471, 477, 482

Apitz, Bruno (1900–1979) 333

Arendt, Erich (1903–1984) 137, 206, 330, 562

Arendt, Hannah (1906–1975) 39

Arnold, Heinz Ludwig (geb. 1940) 105, 253

Arp, Hans (Jean) (1887–1966) 542

Arrabal, Fernando (geb. 1932) 501

Artmann, H[ans] C[arl] (geb. 1921) 270f., 281, 283, 446, 538, 540, 546, 562

Asmodi, Herbert (geb. 1923) 408, 495

Augustin, Ernst (geb. 1927) 246, 315, 323

Ausländer, Rose (1907–1988) 575

Bachmann, Guido (geb. 1940) 366f., 371

Bachmann, Ingeborg (1926–1973) 27, 85, 87, 89f., 94, 106, 192, 263, 266, 279ff., 325, 560, 568

Bäcker, Heimrad (geb. 1925) 160, 272

Baierl, Helmut (geb. 1926) 429

Barlog, Boleslaw (geb. 1906) 496

Barthel, Kurt siehe: Kuba

Barthes, Roland (1915–1980) 191

Bartsch, Kurt (geb. 1937) 66, 119, 343, 434

Basil, Otto (1901–1983) 82f., 264, 527

Bauer, Wolfgang (geb. 1941) 90, 150, 281, 284, 446, 448, 531

Baum, Vicky (1888–1960) 688

Baumgart, Reinhart (geb. 1929) 107, 187, 304

Bausch, Pina (geb. 1940) 506

Bayer, Konrad (1932–1964) 86, 152, 270, 446, 538, 542

Bazin, André (1918–1958) 695f., 703

Becher, Johannes R(obert) (1891–1958) 50ff., 63, 113f., 119, 132, 223, 330, 396, 486, 488, 575, 591

Becker, Jurek (1937–1997) 66, 135, 137, 341, 343

Becker, Jürgen (geb. 1932) 554, 567, 580

Becker, Thorsten (geb. 1958) 326

Beckett, Samuel (eigtl. Samuel Barclay Beckett, 1906–1989) 94, 186, 192f., 256, 304, 408, 450, 498, 501

Behan, Brendan (1923–1964) 498

Bender, Hans (1907–1991) 557, 604

Benjamin, Walter [Benedix Schönflies] (1892–1940) 183f., 315, 516, 710

Benn, Gottfried (1886–1956) 38, 41, 175ff., 183, 385, 470, 480, 535f., 557, 560f., 563ff., 572f. 577, 613, 617, 717f.

Bense, Max (1910–1990), 538, 540f.

Berg, Jochen (geb. 1948) 423

Bergengruen, Werner (1892–1964) 36, 265, 471, 481ff., 537, 565, 674

Berghaus, Ruth (1927–1996) 517

Bernhard, Thomas (1931–1989) 94, 156f., 271, 314f., 443, 445, 451f., 455ff., 507, 532f., 617, 639ff.

Bernstein, F. W. (eigtl. Fritz Weigle, geb. 1939) 322

Besson, Benno (geb. 1922) 513, 517f.

Beyse, Jochen (geb. 1949) 320

Bezzel, Chris (geb. 1937) 543

Bichsel, Peter (geb. 1935) 362, 366, 373f.

Bienek, Horst (1930–1990) 66, 132, 222, 637

Biermann, Pieke (geb. 1950) 326

Biermann, Wolf (eigtl. Karl–Wolf Biermann, geb. 1936) 74ff., 128, 133, 135ff., 161, 168, 170f., 211, 342, 400, 519, 570, 593, 595

Bill, Max (1908–1994) 362

Billinger, Richard (1890–1968) 82, 445, 524

Bingel, Horst (Ps. Hobi, geb. 1933) 587

Biondi, Franco (geb. 1947) 631

Birkner, Friede (Elfriede) (1891– 1985) 678, 682

Birnbaum, Uta (geb. 1933) 519

Bisinger, Gerald (geb. 1936) 268

Blatter, Silvio (geb. 1946) 370, 373

Bloch, Ernst (1885–1977) 63, 162, 203, 227, 330, 439

Blöcker, Günter (geb. 1913) 103f., 107

Bobrowski, Johannes (1917–1965) 128, 566

Böll, Heinrich (1917–1985) 42, 46, 50, 87, 96, 98, 101, 187, 191f., 235f., 238f., 242ff., 246, 256, 264, 281, 289ff., 379f. 390, 454, 716, 721, 723

Böni, Franz (geb. 1952) 373

Borchardt, Rudolf (1877–1945) 470, 491, 637

Borchert, Wolfgang (1921–1947) 40, 43f., 95, 264, 267, 387, 494

Born, Nicolas (1937–1979) 242, 246f., 304, 313, 577

Bossert, Rolf (1952–1986) 575

Brandstetter, Alois (geb. 1938) 320

Brasch, Thomas (geb. 1945) 66, 135, 138, 346, 419, 421, 434, 438, 507, 516, 519, 532

Braun, Felix (1885–1973) 150, 265

Braun, Volker (geb. 1939) 66, 124, 128, 133, 135ff., 346, 353, 356, 423, 431ff., 488f., 516, 520, 593ff.

Brecht, Bert[olt] (eigtl. Eugen Berthold Friedrich Brecht, 1898–1956) 24, 52, 55, 63, 90, 94, 96, 131ff., 183, 185, 203, 209, 222f., 330, 409ff., 413f., 426f., 447f., 486, 496ff., 504, 517f., 512ff., 523ff., 547, 559f., 572f., 577, 592f., 617, 717f.

Bredel, Willi (1901–1964) 332f., 50, 52, 54, 120, 131, 133, 222, 230f., 330

Breicha, Otto (geb. 1932) 272

Bremer, Claus (geb. 1924) 542, 547

Brinkmann, Rolf Dieter (1940–1975)
179, 200, 235, 240, 242, 246, 304,
307f., 569f., 577ff., 584

Britting, Georg (1891–1964) 484

Broch, Hermann (1886–1951) 263, 288

Bronnen, Arnolt (eigtl. A. Bronner,
1895–1959) 445, 486, 526

Brook, Peter (geb. 1925) 450, 502

Bruyn, Günter de (geb. 1926) 66, 71,
78ff., 136, 138, 336, 340, 352, 355

Buch, Hans Christoph (geb. 1944)
194

Buckwitz, Harry (1904–1987) 496,
718

Buhss, Werner (geb. 1949) 520

Burger, Hermann (1942–1989) 372f.

Burkart, Erika (geb. 1922) 362, 370

Busch, Ernst (1900–1980) 509

Büscher, Josef (geb. 1918) 624

Busta, Christine (eigtl. Chr. Dimt,
1915–1987) 84, 268

Butor, Michel (geb. 1926) 305

Canetti, Elias (1905–1994) 264, 315,
447, 453, 532, 606

Carossa, Hans (1878–1956) 470f.,
476, 674

Cassirer, Ernst (1874–1945) 39

Celan, Paul (eigtl. Antschel, rumän.
Anczel, 1920–1970) 55, 84, 87, 90,
133, 186, 256, 266, 456, 558, 575,
599ff., 613, 617

Chotjewitz, Peter Otto (geb. 1934)
195, 721

Chundela, Jaroslav (1936–1995) 506

Cibulka, Hanns (geb. 1920) 136, 222

Cisek, Oscar Walter (1897–1966) 576

Claudius, Eduard (eigtl. Eduard
Schmidt, 1911–1976) 222, 231,
334, 618

Courths–Mahler, Hedwig (geb. Mahler,
1867–1950) 678, 682

Creutz, Helmut (geb. 1923) 625

Csokor, Franz Theodor (1885–1969)
277f., 524

Curtius, Ernst Robert (1886–1956)
104

Czechowski, Karl Heinz (geb. 1935)
570, 576

Czernin, Franz Josef (geb. 1952) 543

Czurda, Elfriede (geb. 1946) 543

Danella, Utta (eigtl. U. Schneider, geb.
Denneler, geb. um 1920) 678f.

Däniken, Erich (Anton Paul) von (geb.
1935) 691

De Sica, Vittorio (1902–1974) 695,
699

Dean, Martin R. (geb. 1955) 370

Delius, Friedrich Christian (geb. 1943)
244, 624

Dencker, Klaus Peter (geb. 1941)
542f.

Derrida, Jacques (geb. 1930) 191

Dietrich, Wolfgang (geb. 1957) 583

Diggelmann, Walter Matthias
(1927–1979) 362f.

Döblin, Alfred (1878–1957) 52, 241,
254, 288, 480

Doderer, Heimito von (1896–1966)
85, 89, 187, 264, 279

Döhl, Reinhard (geb. 1934) 540

Domin, Hilde (eigtl. Palm, geb. 1912)
568

Domröse, Angelica (geb. 1941) 519

Döring, Stefan (geb. 1954) 575

Dorst, Tankred (geb. 1925) 408, 415,
418, 499, 506f.

Drawert, Kurt (geb. 1956) 119

Dresen, Adolf (geb. 1935) 519

Drewitz, Ingeborg (1923–1986) 236,
245

Dürrenmatt, Friedrich (1921–1990)
360ff., 409ff., 413, 495, 617, 718

Dwinger, Edwin Erich (1898–1981)
483

Eco, Umberto (geb. 1932)   198, 554

Eich, Günter (1907–1972)   43, 46, 94, 133, 253, 266, 559

Eisendle, Helmut (geb. 1939)   90, 314

Eisenreich, Herbert (1925–1986)   151, 268, 272

Eisler, Hanns (1898–1962)   56, 115, 131, 135, 204, 439

Eliot, T[homas] S[tearns] (1888–1965)   94, 217, 494

Ende, Michael Andreas Helmuth (1929–1995)   200

Endler, Adolf (geb. 1930)   119, 207, 343, 574, 576

Engel, Erich (1891–1966)   513, 517

Enzensberger, Hans Magnus (geb. 1929)   79f., 94, 184, 186, 192, 256, 259f., 287, 308, 414, 478, 535, 565, 569f., 572ff., 580, 587ff., 596f.

Enzinger, Erwin (geb.1955)   320

Erb, Elke (geb. 1938)   570

Erlenberger, Maria (Ps., eigtl. Name nicht bekannt)   313

Ernst, Gustav (geb. 1944)   273

Erpenbeck, Fritz (1897–1975)   509

Eue, Dieter (geb. 1947)   66

Fabri, Albrecht (geb. 1911)   104

Faes, Urs (geb. 1947)   365

Faesi, Robert (1883–1972)   359

Fallada, Hans (eigtl. Rudolf Ditzen, 1893–1947)   54, 95, 637

Fassbinder, Rainer Werner (1945–1982)   416, 498, 501f., 530, 629f., 700, 702, 705ff.

Federspiel, Jürg (geb. 1931)   361

Feuchtwanger, Lion (1884–1958)   53, 330

Fichte, Hubert (1935–1986)   200, 315, 650, 656ff.

Ficker, Ludwig von (1880–1967)   263

Fiedler, Leslie A.(Aaron) (geb. 1917)   197

Fischer, Marie Louise (eigtl. M.L. Fischer–Kernmayr, geb. 1922)   678

Fleißer, Marieluise (1901–1974)   414

Flimm, Jürgen (geb. 1941)   501, 505, 507

Fo, Dario (geb. 1926)   502

Forte, Dieter (geb. 1935)   415

Foucault, Michel (1926–1984)   182, 191, 197f.

Frank, Leonhard (1882–1961)   53, 330

Franzetti, Andrea (geb. 1959)   365

Freyer, Achim (geb. 1934)   506

Freyer, Hans (1887–1969)   470, 474f.

Fried, Erich (1921–1988)   85, 101, 268, 588ff.

Friedrich, Hugo (1904–1978)   177, 561

Fries, Fritz Rudolf (geb. 1935)   127, 136

Frisch, Max (1911–1991)   94, 256, 315, 359ff., 370, 373f., 409ff., 495, 718

Frischmuth, Barbara (geb. 1941)   90, 314

Fritsch, Gerhard (1924–1969)   152, 267, 271 f.

Fritsch, Werner (geb. 1960)   323

Fritz, Michael G. (geb. 1953)   356

Fritz, Walter Helmut (geb. 1929)   560

Fröhlich, Hans Jürgen (geb. 1932)   316

Fuchs, Jürgen (geb. 1950)   66, 342

Fühmann, Franz (1922–1984)   66, 116, 124, 137, 206, 222, 230, 232f., 354

Fussenegger, Gertrud (geb. 1912)   272

Gaillard, Ottofritz (geb. 1915)   512

Gaiser, Gerd (1908–1976)   53, 482

Ganz, Raffael (geb. 1923)   363ff.

Gappmayr, Heinz (geb. 1925)   542

Gauß, Karl–Markus (geb. 1954) 272

Geerken, Hartmut (geb. 1939) 323, 543

Gehlen, Arnold (1904–1976) 475

Geiser, Christoph (geb. 1949) 369f.

Genet, Jean (1910–1986) 367, 646, 650, 655ff.

Gerlach, Harald (geb. 1940) 434, 438

Gernhardt, Robert (geb. 1937) 322, 324

Gerz, Jochen (geb. 1940) 543

Ginzkey, Franz Karl (1871–1963) 150

Giordano, Ralph (geb. 1923) 119

Gisevius, Hans B. (1904–1974) 39

Godard, Jean–Luc (geb. 1930) 696, 703, 705, 711

Goes, Albrecht (geb. 1908) 380

Goetz, Curt (1888–1960) 494

Goetz, Rainald (geb. 1954) 244f., 325, 420ff., 670

Goldmann, Lucien (1913–1970) 198

Goll, Claire (1890–1977) 604

Gomringer, Eugen (geb. 1925) 362, 539, 542

Gosch, Jürgen (geb. 1943) 519

Gotsche, Otto (1904–1985) 133, 231

Graetz, Wolfgang (geb. 1926) 414

Graf, Oskar Maria (1894–1967) 53

Grass, Günter (geb. 1927) 69ff., 107ff., 187, 200, 235f., 238, 240f., 256, 299f., 301, 315, 381, 392, 408, 495, 572, 637, 674, 702, 723

Gregor–Dellin, Martin (1926–1988) 66

Greif, Heinrich (1907–1946) 509

Greiner, Peter (geb. 1939) 417

Greve, Ludwig (1924–1981) 580

Grisar, Erich (1898–1955) 622

Grogger, Paula (1892–1983) 82, 265

Grotowski, Jerzy (geb. 1933) 502

Grüber, Klaus Michael (geb. 1941) 498, 505

Grün, Max von der (geb. 1926) 624, 627f.

Grünberg, Karl (1891–1972) 222

Gründgens, Gustaf (1899–1963) 495f.

Grunwald, Henning (geb. 1942) 325f.

Guggenheim, Kurt (1896–1983) 359

Gütersloh, Albert Paris von (eigtl. A. Conrad Kiehtreiber, 1887–1973) 83

Habe, Hans (urspr. János Békessy, 1911–1977) 48

Habermas, Jürgen (geb. 1929) 14, 80, 106, 197f., 328

Hachfeld, Rainer (geb. 1939) 503

Hacks, Peter (geb. 1928) 66, 426, 429ff., 514f., 518

Hagelstange, Rudolf (1912–1984) 36, 484, 558

Hahn, Ulla (geb. 1945) 492, 580

Hakel, Hermann (1911–1987) 82, 85f., 267

Hamm, Peter (geb. 1937) 104, 537

Handke, Peter (geb. 1942) 90, 94, 200, 271, 280f., 314f., 324, 327f., 443, 447f., 453, 492, 504, 554, 579, 700, 720

Hänny, Reto (geb. 1947) 374

Harich, Wolfgang (1921–1995) 132, 162, 225

Harig, Ludwig (geb. 1927) 540f., 580

Härtling, Peter (geb. 1933) 312, 316

Hartung, Harald (geb. 1932) 577

Häsler, Alfred A. (geb. 1921) 364

Haslinger, Josef (geb. 1955) 273

Hastedt, Regina Margarete (geb. 1921) 229f.

Haufs, Rolf (geb. 1935) 577

Haug, Wolfgang Fritz (geb. 1936) 258

Hauptmann, Gerhart (1862–1946) 693

Haushofer, Albrecht (1903–1945) 37

Hausmann, Manfred (1898–1986) 408

Hausmann, Raoul (1886–1971) 537

Hay, Julius (Gyula) (1900–1975) 212,
509, 525
Heer, Friedrich (1916–1983) 27
Hegewald, Wolfgang (geb. 1952) 136
Heidegger, Martin (1889–1976) 175,
178ff., 198f., 454, 470, 474, 491,
560, 603
Heiduczek, Werner (geb. 1926) 136,
344
Hein, Christoph (geb. 1944) 128, 136,
138, 187ff., 198f., 349ff., 441, 518,
520, 595
Hein, Manfred Peter (geb. 1931) 570
Heiseler, Bernt von (1907–1969) 408
Heißenbüttel, Helmut (1921–1996)
104, 107, 193, 256, 538, 543, 548f.,
551ff., 572
Henisch, Peter (geb. 1943) 273, 312
Henscheid, Eckhard (geb. 1941) 322,
324
Henz, Rudolf (1897–1987) 29, 82,
150, 152, 265, 269, 271, 276
Herburger, Günter (geb. 1932) 304,
316
Hermlin, Stephan (eigtl. Rudolf Leder,
1915–1997) 50, 55, 74, 130, 137,
222, 330
Herrmann, Karl–Ernst (geb. 1936)
506
Herzfelde, Wieland (1896–1988) 330
Herzmanovsky–Orlando, Fritz von
(1877–1954) 262
Herzog, Werner (eigtl. W. H. Stipetic,
geb. 1942) 702, 706ff.
Hesse, Hermann (1877–1962) 94, 480
Heym, Stefan (eigtl. Helmut Flieg, geb.
1913) 48, 52, 135, 137f., 168, 171,
211, 330, 339, 341f., 348f.
Heyme, Hansgünther (geb. 1935) 505,
507
Hikmet, Nazim (1902–1963) 133

Hilbig, Wolfgang (geb. 1941) 66, 136,
138, 246, 353f., 356, 576, 594
Hildesheimer, Wolfgang (1916–1991)
94, 187, 195ff., 318, 408, 495
Hilpert, Heinz (1890–1967) 495
Hilty, Hans Rudolf (1925–1994) 362
Hitchcock, Alfred (1899–1980) 697,
700
Hochhuth, Rolf (geb. 1931) 104, 243,
412ff., 417, 424, 499, 715, 719
Hochwälder, Fritz (1911–1986) 85,
445, 450, 524
Hocke, Gustav René (1908–1985)
41f., 50, 253
Hodjak, Franz (geb. 1944) 575f.
Hofer, Karl (1878–1955) 217
Hoffer, Klaus (geb. 1942) 280, 312
Hoffmann, Jutta (geb. 1941) 519
Hofmann, Gert (1932–1993) 191,
200, 320
Hohl, Ludwig (1904–1980) 374
Höllerer, Walter Friedrich (geb. 1922)
194, 256f., 541f., 570, 576, 580
Holthusen, Hans Egon (1913–1997)
40, 103f., 478, 484
Holzer, Stefanie (geb. 1961) 274
Honecker, Erich (1912–1994) 11,
125, 133, 136, 138, 169, 339, 516
Honigmann, Barbara (geb. 1949) 516
Horkheimer, Max (1895–1973) 39,
180, 258
Hübner, Kurt (geb. 1916) 497f.
Huchel, Peter (1903–1981) 128, 132f.,
205, 488, 566
Huppert, Hugo (1902–1982) 525
Hüser, Fritz (geb. 1908) 623

nglin, Meinrad (1893–1971) 359

ngold, Felix Philipp (geb. 1942)
371f., 543

nnerhofer, Franz (geb. 1944) 636f.

onesco, Eugène (1909–1994) 501

aeger, Henry (eigtl. Karl–Heinz Jäger,
geb. 1927) 631

ahn, Hans Henny (1894–1959) 96,
133, 247, 367, 501, 646, 653, 655ff.

akobs, Karl–Heinz (geb. 1929) 66,
119, 206, 230, 233, 345, 594

andl, Ernst (geb. 1925) 151, 266, 270,
281ff., 446f., 538, 541, 548f., 550f.

anka, Walter (1914–1994) 132, 162,
225

aschke, Gerhard (geb. 1949) 272

aspers, Karl (1883–1969) 40, 253

auß, Hans Robert (1921–1997) 209

elinek, Elfriede (geb. 1946) 90, 153,
280, 314, 445, 453f., 531, 533f.

ens, Walter (geb. 1923) 105

entzsch, Bernd (geb. 1940) 66, 137

ohnson, Uwe (1934–1984) 66, 94,
127, 135, 187, 238, 299, 303f., 335,
637

okostra, Peter (geb. 1912) 66

onke, Gert (geb. 1946) 90, 314

ünger, Ernst (geb.1895) 442, 470ff.,
482f., 487, 490ff., 723

ünger, Friedrich Georg (1898–1977)
474, 483f., 606

Kaiser, Joachim (geb. 1928) 105

Kant, Hermann (geb. 1926) 66, 116,
120, 339, 355

Kantorowicz, Alfred (1899–1979)
162, 222, 227

Karaoulis, Kostas (geb. 1941) 631

Karge, Manfred (geb. 1938) 442, 507,
518f.

Karsunke, Yaak (geb. 1934) 326, 597

Kasack, Hermann (1896–1966) 35,
42, 378

Kaschnitz, Marie Luise (eigtl. Freifrau
von K.–Weinberg, geb. von Holzing
Berstett, 1901–1974) 562

Kästner, Erich (1899–1974) 46

Katzenelson, Jizchak (1886–1944) 570

Kaufmann, Ueli (geb. 1948) 369

Kein, Ernst (1928–1985) 151

Kempowski, Walter (geb. 1929) 312

Kerstens, Paul (geb. 1943) 312

Kieseritzky, Ingomar von (geb. 1944)
322

Kinder, Hermann Hans (geb. 1945)
107, 196f., 235, 241, 313

Kipphardt, Heinar (1922–1982) 66,
222, 412ff., 434f., 499f., 514f.

Kirchhoff, Bodo (geb. 1948) 111,
320, 323, 655ff., 666ff., 723

Kirsch, Rainer (geb. 1934) 119, 434

Kirsch, Sarah (geb. Bernstein, eigtl.
Ingrid, geb. 1935) 66, 119, 137,
566, 569f., 576, 593ff.

Kirst, Hans Hellmut (1914–1989) 93,
414

Kirsten, Wulf (geb. 1934) 575

Klages, Ludwig (1872–1956) 489

Klemperer, Victor (1881–1960) 43

Klier, Walter (geb. 1954) 273f.

Kling, Thomas (geb. 1957) 584

Kluge, Alexander (geb. 1932) 187,
317, 554, 697f., 700, 702ff., 708f.,
711

Knittel, John (eigtl. Hermann K.,
1891–1970) 640

Köhler, Barbara (geb. 1959) 119

Koeppen, Wolfgang (1906–1996) 46,
87, 94, 235, 237f., 245, 256, 289,
295, 297f.

Koestler, Artur (1905–1983) 49

Kogon, Eugen (1903–1987) 39, 255

Kolbe, Uwe (geb. 1957) 138, 575, 594

Kolbenhoff, Walter (eigtl. W. Hoffmann, 1908–1993) 44, 46, 96, 386,
388f.

Kolleritsch, Alfred (geb. 1931) 152, 270, 272, 280f.

Koneffke, Jan (geb. 1960) 323

Konrad, Marcel (geb. 1954) 654

Konsalik, Heinz G. (eigtl. Heinz Günther, geb. 1921) 139, 678, 683, 689

Köpf, Gerhard (geb.1948) 323

Körner, Wolfgang (geb. 1937) 624

Kortner, Fritz (1892–1970) 445, 497

Kracauer, Siegfried (1889–1966) 673f.

Kramer, Theodor (1897–1958) 445

Kraus, Karl (1874–1936) 526

Kraus, Wolfgang (geb. 1924) 272, 448, 453

Krauß, Angela (geb. 1950) 119

Krauss, Werner (1900–1976) 34f., 253

Kreisky, Bruno (1911–1990) 153f.

Krechel, Ursula (geb. 1947) 577

Kresnik, Johann/Hans (geb. 1939) 498

Kreuder, Ernst (1903–1972) 42

Kroetz, Franz Xaver (geb. 1946) 416, 530, 629

Kröhnke, Friedrich (geb. 1956) 326

Krolow, Karl (geb. 1915) 256, 569ff., 580

Kronauer, Brigitte (geb. 1940) 324f.

Krüger, Michael (geb. 1943) 249, 257, 580

Kruntorad, Paul (geb. 1935) 271

Kuba (eigtl. Kurt Barthel, 1914–1967) 55, 57, 591

Kübler, Arnold (1890–1983) 362

Kubsch, Hermann Werner (1911–1983) 222

Kuby, Erich (geb. 1910) 252

Kuhlmann, Harald (geb. 1943) 419

Kühn, August (eigtl. Helmut Münch, 1936–1996) 627f., 630

Kühn, Dieter (geb. 1935) 246, 320

Kundera, Milan (geb. 1929) 198

Kunert, Günter (geb. 1929) 66, 128, 133, 137, 222, 319, 341, 560, 576, 595

Kunze, Reiner (geb. 1933) 66, 135, 137f., 341, 560, 570, 595

Kurella, Alfred (1895–1975) 52, 119, 133, 226, 486

Kurzeck, Peter (geb. 1943) 323

Kusz, Fitzgerald (eigt. Rüdiger Kusz, geb. 1944) 417

–ky (eigtl. Horst Bosetzky, geb. 1938) 326

Laederach, Jürg (geb. 1945) 371f.

Lang, Fritz (1890–1976) 700

Lang, Otto (1906–1984) 512

Lange, Hartmut (geb. 1937) 66, 415, 431

Lange–Müller, Katja (geb. 1951) 136, 138

Langgässer, Elisabeth (verh. E. L. Hoffmann, 1899–1950) 35f., 46, 51, 378, 565

Langhoff, Matthias (geb. 1941) 507, 518f.

Langhoff, Wolfgang (1901–1966) 509, 512

Langner, Maria (1901–1967) 222

Lavant, Christine (eigtl. Habernig, geb. Thonhauser, 1915–1973) 266, 559

Le Fort, Gertrud Freiin von (1876–1971) 265

Lebert, Hans (1919–1993) 85, 272, 653

Ledig–Rowohlt, Heinrich–Maria (1908–1992) 94

Lehmann, Wilhelm (1882–1968) 46, 484, 537, 565, 571

Lehner, Peter (1922–1987) 362

Lenz, Hermann (Karl) (geb. 1913) 246, 315

Lenz, Siegfried (geb. 1926) 289, 292f., 295, 312, 412, 637f.

Lernet–Holenia, Alexander (eigtl. von Hollenia, 1897–1976) 148, 151, 266f., 281

Loest, Erich (geb. 1926) 66, 116f., 119, 132, 137f., 225, 343, 347, 350, 357

Loetscher, Hugo (geb. 1929) 362

Löwith, Karl (1897–1973) 610

Ludwig, Volker (geb. 1937) 503

Lukács, Georg (György von) (1885–1971) 63, 109, 183f., 195, 201, 203f., 208, 212, 227, 327, 330

Lyotard, Jean–François (geb. 1924) 197, 199

Maar, Paul (geb. 1937) 503

Malraux, André (eigtl. André Berger, 1901–1976) 217

Mann, Heinrich (1871–1950) 53, 57, 114, 118, 120, 235, 330

Mann, Thomas (1875–1955) 41, 56, 94, 191, 204, 382, 384, 475, 643f.

Manthey, Axel (1945–1995) 506

Marchwitza, Hans (1890–1965) 131, 133, 231, 330, 332ff.

Marcks, Marie (geb. 1922) 546

Marcuse, Herbert (1898–1979) 12, 193, 576

Margul–Sperber, Alfred (1898–1967) 576

Maron, Monika (geb. 1941) 66, 136, 138

Marquardt, Fritz (geb. 1928) 518

Martin, Christian (geb. 1950) 424

Matthies, Frank–Wolf (geb. 1951) 66

Matusche, Alfred (1909–1973) 428

Mauch, Thomas (geb. 1937) 704

Maurer, Georg (1907–1971) 558, 596

Maurer, Otto (1907–1973) 265

Mayer, Hans (geb. 1907) 105f., 152, 162, 227, 281, 284, 287, 330, 566

Mayröcker, Friederike (geb. 1924) 85, 266, 268, 281, 284, 324, 446, 541, 558, 581ff.

Mechtel, Angelika (geb. 1943) 624

Meckel, Christoph (geb. 1935) 312, 577, 588

Meienberg, Niklaus (1940–1993) 374

Meier, Gerhard (geb. 1917) 315

Meinhold, Gottfried (geb. 1936) 61, 141ff.

Meister, Ernst (1911–1979) 560, 568, 610ff., 618f.

Mell, Max (1882–1971) 82, 277, 408, 445, 524

Menasse, Robert (geb. 1954) 21, 284, 326f.

Michel, Detlef (geb. 1944) 503

Michel, Karl Markus (geb. 1929) 193, 259, 287

Michelsen, Hans Günther (geb. 1920) 412

Mickel, Karl (geb. 1935) 66, 517, 567, 574, 576

Miehe, Ulf (geb. 1940) 66

Minks, Wilfried (geb. 1931) 498

Mitterer, Felix (geb. 1948) 445, 452

Moers, Hermann (geb. 1930) 408

Molo, Walter von (1880–1958) 475

Mon, Franz (eigtl. F. Löffelholz, geb. 1926) 542

Moníková, Libuše (geb. 1945) 323

Monk, Egon (geb. 1927) 513

Moorse, George (geb. 1936) 702

Morgner, Irmtraud (1933–1990) 63, 128

Morshäuser, Bodo (geb. 1953) 319

Moser, Hans Albrecht (1882–1978) 361

Mrozek, Slawomir (geb. 1930) 501

Mueller, Harald Waldemar (geb. 1934) 417, 507

Mühl, Karl Otto (geb. 1923) 417

Müller, Armin (geb. 1928) 222, 230

Müller, Elfriede (geb. 1956)   423

Müller, Heiner (1929–1995)   69, 72ff.,
133, 135ff., 206, 214, 425ff., 488f.,
506f., 514ff.

Müller, Herta (geb. 1953)   323

Müller, Horst Wolf (geb. 1935)   418

Muschg, Adolf (geb. 1934)   362f.,
366, 368f., 373f.

Muschg, Hanna Margarete (geb. 1939)
371

Nabl, Franz (1863–1974)   277

Nadolny, Sten (geb. 1942)   321

Nagel, Otto (1894–1967)   217

Nagy, Imre (1896–1958)   212

Naumann, Michael (geb. 1941)   249

Neruda, Pablo (eigtl. Neftalí Ricardo
Reyes Basoalto, 1904–1973)   57,
256

Neuenfels, Hans (geb. 1941)   498, 505

Neumann, Franz (1900–1956)   39

Neumann, Gert (eigtl. Gert Härtl, geb.
1942)   66, 136, 353

Neumann, Robert (1897–1975)   276f.

Neutsch, Erik (geb. 1931)   233, 335,
344, 436

Niekisch, Ernst (1889–1967)   470,
487f.

Nizon, Paul (geb. 1929)   374

Noll, Dieter (geb. 1927)   342f., 355

Nossack, Hans Erich (1901–1977)   235

Novak, Helga M. (eigtl. Maria
Karlsdottir, geb. 1935)   66

Oelschlegel, Gerd (geb. 1926)   495

Okopenko, Andreas (geb. 1930)   267,
270

Ören, Aras (geb. 1939)   631

Ortheil, Hanns–Josef (geb. 1951)   200,
245, 323

Ottwalt, Ernst (eigtl. E. Gottwalt
Nicolas, 1901–1943)   52

Özakin, Aysel (geb. 1942)   631

Özdamar, Emine Sevgi (geb. 1946)
326

Paeschke, Hans (1911–1991)   255

Palitzsch, Peter (geb. 1918)   497ff.,
513

Pannwitz, Rudolf (1881–1969)   474

Papenfuß–Gorek, Bert (geb. 1956)
575, 594

Pastior, Oskar (geb. 1927)   548, 569,
581ff.

Pataki, Heidi (geb. 1940)   266

Pedretti, Erica (geb. 1930)   370, 373

Peer, Oscar (geb. 1928)   374

Peltzer, Ulrich (geb. 1956)   326

Petschner, Raimund (geb. 1948)   325

Pevny, Wilhelm (geb. 1944)   445,
449f., 531, 692

Peymann, Claus (geb. 1937)   27, 40,
501, 505f.

Picard, Max (1888–1965)   40

Pinthus, Kurt (1886–1975)   693

Piscator, Erwin Friedrich Max
(1893–1966)   414, 500

Piwitt, Hermann Peter (geb. 1935)
312, 316

Plenzdorf, Ulrich (geb. 1934)   56, 66,
336f., 339, 434, 516

Plessen, Elisabeth (eigtl. E. Charlotte
Marguerite Augusta Gräfin von
Plessen, geb. 1944)   245, 312, 320

Plievier, Theodor (Ps. Plivier,
1892–1955)   53f., 95, 217, 387

Poche, Klaus (geb. 1927)   66, 343, 345

Pohl, Klaus (geb. 1952)   419f., 423,
507

Pörtner, Paul (1925–1984)   304

Poth, Chlodwig (geb. 1930)   322, 546

Preminger, Otto Ludwig (1906–1986)
697, 710

Preradovic, Paula von (1887–1951) 265

Priessnitz, Reinhard (1945–1985) 543, 579

Qualtinger, Helmut (1928–1986) 445f., 453, 530

Queneau, Raymond (1903–1976) 541

Raab, Kurt (1941–1993) 502

Raben, Peer (geb. 1941) 502

Rachmanow, Leonid (geb. 1908) 510

Raddatz, Fritz Joachim (geb. 1931) 105, 668

Raeber, Kuno (1922–1992) 361f., 367

Rakusa, Ilma (geb. 1946) 371f.

Ransmayr, Christoph (geb. 1954) 321, 554

Rathenow, Lutz (geb. 1952) 66

Rauter, Ernst–Alexander (geb. 1929) 312

Reich–Ranicki, Marcel (geb. 1920) 105ff., 135, 157, 243

Reimann, Brigitte (1933–1973) 230, 232f.

Reinecker, Herbert (geb. 1914) 683

Reinig, Christa (geb. 1926) 66

Reinshagen, Gerlind (geb. 1926) 418

Reitz, Edgar (geb. 1932) 630, 653f., 698, 700, 704, 706

Remarque, Erich Maria (eigtl. Erich Paul Remark, 1898–1970) 688

Renn, Ludwig (eigtl. Arnold Vieth von Golßenau, 1889–1979) 131, 330

Reschke, Karin (geb. 1940) 320

Richartz, Walter Erich (eigtl. W. E. Freiherr Karg von Bebenburg (seit 1942), 1927–1980) 235, 242

Richter, Hans–Werner (1908–1993) 43, 83, 96, 105, 207, 251f., 388

Rodenberg, Hans (1895–1978) 509

Römbell, Manfred (geb. 1941) 630f.

Roes, Michael (geb. 1960) 670f.

Rohmer, Éric (eigtl. Maurice Schérer, geb. 1920) 705

Rosei, Peter (geb. 1946) 281

Roth, Friederike (geb. 1948) 421

Roth, Gerhard (geb. 1942) 90, 153, 281, 314, 651ff.

Rühle, Günther (geb. 1924) 519

Rühm, Gerhard (geb. 1930) 151f., 270, 279, 281, 283f., 446, 537f., 542

Rühmkorf, Peter (geb. 1929) 535, 537, 565, 572ff., 718

Runge, Erika (geb. 1939) 108, 195, 308, 626f.

Rushdie, Salman (geb. 1947) 284

Rygulla, Ralf–Rainer (geb. 1943) 570

Ryncher, Max (1897–1965) 104

Sachs, Nelly (Leonie) (1891–1970) 558f., 603

Saeger, Uwe (geb. 1948) 434

Salomon, Ernst von (1902–1972) 49, 470, 476f., 483, 486

Salvatore, Gaston (geb. 1941) 415

Sartre, Jean–Paul (1905–1980) 45, 84, 95, 133, 185, 187ff., 217, 288, 494

Schädlich, Hans Joachim (geb. 1935) 66, 136, 138, 342, 347

Schalla, Hans (1904–1983) 496

Schallück, Paul (1922–1976) 299

Schaper, Edzard Hellmuth (1908–1984) 471, 674

Scharang, Michael (geb. 1941) 152, 273, 280f., 316

Schäuffelen, Konrad Balder (geb. 1929) 540, 545, 554f.

Schertenleib, Hansjörg (geb. 1957) 373

Schimmang, Jochen (geb. 1948) 325

Schirdewan, Karl (geb. 1907) 227

Schleef, Einar (geb. 1944) 441, 517, 519

Schlesinger, Klaus (geb. 1937) 66, 136, 138, 343

Schlöndorff, Volker (geb. 1939) 702, 707f.

Schmatz, Ferdinand (geb. 1953) 543

Schmidli, Werner (geb. 1939) 361, 369

Schmidt, Arno (Otto) (1914–1979) 46, 247, 256, 289, 295, 297f., 300, 544, 554

Schmidt–Rottluff, Karl (eigtl. Karl Schmidt, 1884–1976) 217

Schmitt, Carl (1888–1985) 470, 477, 490

Schmoll, Fritz, (geb. 1945) 326

Schneider, Hansjörg (geb. 1938) 503

Schneider, Michael (geb. 1943) 320

Schneider, Peter (geb. 1940) 108, 193f., 313, 721

Schneider, Reinhold (1903–1958) 36, 137, 470f., 477, 481f., 483

Schneider, Rolf (geb. 1932) 65, 138, 342

Schnurre, Wolfdietrich (1920–1989) 264

Schöfer, Erasmus (geb. 1931) 625

Schönberg, Arnold (1874–1951) 180

Schönwiese, Ernst (1905–1991) 82, 263f.

Schreib, Werner (1925–1969) 541

Schreyvogl, Friedrich (1899–1976) 151, 277, 445

Schröder, Rudolf Alexander (1878–1962) 471, 483

Schroeder, Margot (geb. 1937) 316

Schübel, Theodor (geb. 1925) 495

Schubert, Dieter (geb. 1929) 343

Schuh, Franz (geb. 1947) (148), 157, 273, 283f.

Schuh, Oscar Fritz (1904–1984) 496

Schuldt (geb. 1941) 543

Schulz, Max Walter (1921–1991) 119

Schürrer, Hermann (1928–1986) 272

Schütt, Peter (geb. 1939) 625

Schutting, Jutta (nach 1989: Julian, geb. 1937) 266

Schütz, Helga (geb. 1937) 66

Schütz, Stefan (geb. 1944) 66, 422, 436, 439, 519

Schwab, Werner (1958–1994) 445, 453, 533

Schweikart, Hans (1895–1975) 496

Schwitters, Kurt (1887–1948) 536f., 542

Schygulla, Hanna (geb. 1943) 502

Seghers, Anna (eigtl. Netty Radványi, geb. Reiling, 1900–1983) 52ff., 66, 120, 222, 330, 332ff., 336, 497

Seide, Adam (geb. 1929) 630f.

Seidel, Georg (1945 –1990) 423, 438, 520

Seuren, Günter (geb.1932) 304, 307, 312, 316

Seyppel, Joachim (Hans) (geb. 1919) 66

Sieburg, Friedrich (1893–1964) 103f., 106, 478

Simmel, Johannes Mario (geb. 1924) 678, 689, 692

Sloterdijk, Peter (geb. 1947) 199

Söllner, Werner (geb. 1951) 576

Sommer, Harald (geb. 1935) 531

Soyfer, Jura (1912–1939) 86, 526

Späth, Gerold (geb. 1939) 366, 368, 373

Specht, Kerstin (geb. 1956) 417

Spengler, Tilmann (geb. 1947) 259

Sperr, Martin (geb. 1944) 415f., 499, 629

Spiel, Hilde (seit 1971 verh. Flesch von Brunningen,1911–1990) 83, 285, 528

Stade, Martin (geb. 1931) 343

Staiger, Emil (1908–1987) 104, 365

Steckel, Frank–Patrick (geb. 1943) 501

Steeruwitz, Marlene (geb. 1950) 453

Stefan, Verena (geb. 1947) 313, 371, 721

Stein, Peter (geb. 1937) 421, 498, 500, 504, 506f.

Steinwachs, Ginka (geb. 1942) 421

Sterchi, Beat (geb. 1949) 638

Sternberger, Dolf (1907–1989) 43, 253

Stiller, Klaus (geb. 1941) 316

Storz, Claudia (geb. 1948) 371

Strasser, Otto (1897–1974) 486

Straub, Jean–Marie (geb. 1933) 702, 705

Strauß, Botho (geb. 1944) 108, 199, 324, 420f., 423, 442, 504, 507, 490ff., 723

Strittmatter, Erwin (1912–1994) 63, 230, 232f., 336, 349, 356, 427

Strittmatter, Thomas (1961–1995) 136, 417

Strobl, Karl (1908–1984) 265

Struck, Karin (geb. 1947) 236, 245, 313, 721

Suhrkamp, Peter (eigtl. Johann Heinrich S., 1891–1959) 93ff.

Süskind, Patrick (geb. 1949) 199, 321

Sylvanus, Erwin (1917–1985) 495

Tabori, George (geb. 1914) 507, 532f.

Tardieu, Jean (geb. 1903) 501

Thalbach, Katharina (geb. 1954) 519

Thate, Hilmar (geb. 1931) 519

Theobaldy, Jürgen (geb. 1944) 577

Thiess, Frank (1890–1977) 41, 475

Timm, Uwe Hans Heinz (geb. 1940) 242, 313, 316

Torberg, Friedrich (eigtl. Kantor–Berg, 1908–1979) 26, 90, 151, 278, 526

Tragelehn, Bernhard Klaus (geb. 1936) 514f., 517ff.

Traxler, Hans (geb. 1929) 322

Trolle, Lothar (geb. 1944) 441, 516

Truffaut, François (1932–1984) 696, 700

Tumler, Franz Ernest Aubert (geb. 1912) 269

Turrini, Peter (geb. 1944) 153, 444ff., 531, 533, 692

Uhse, Bodo (1904–1963) 131, 133, 486

Ulrichs, Timm (geb. 1940) 541

Unger, Heinz Rudolf (geb.1938) 148, 445, 531, 686

Unseld, Siegfried (geb. 1924) 94

Vallentin, Maxim (1904–1987) 509, 512

Vesper, Bernward (1938–1971) 241, 310, 313

Vesper, Will (1882–1962) 241, 311

Viertel, Berthold (1885–1953) 523

Vogt, Walter (1927–1988) 366

Völker, Klaus (geb. 1938) 501

Vormweg, Heinrich (geb. 1928) 106

Vostell, Wolf (geb. 1932) 546ff.

Waechter, Friedrich Karl (geb. 1937) 322, 324, 503

Wagenbach, Klaus (geb. 1930) 249, 260

Waggerl, Karl Heinrich (1897–1973) 82, 644

Wagner, Richard (geb. 1952) 575

Wallraff, Hans Günter (geb. 1942) 101, 308, 624, 626ff.

Walser, Martin (geb. 1927) 72, 76ff., 94, 107, 187, 195, 235, 238f., 240, 246, 256, 299, 301ff., 316, 320, 408, 412, 417, 499, 723

Walter, Otto Friedrich (1928–1994) 361, 364, 368, 373

Wangenheim, Gustav von (1895–1975) 222, 509

Waterhouse, Peter (geb. 1956) 583

Weber, Alfred (1868–1958) 253

Wegner, Bettina (geb. 1947) 66

Weigel, Hans (1908–1991) 82, 85, 87, 90, 150, 267, 277, 279, 446, 526f.

Weigel, Helene (1900–1971) 509, 517, 524

Weinert, Erich (1890–1953) 50, 52, 591, 622

Weisenborn, Günther (1902–1969) 40, 414, 510

Weiskopf, Franz Carl (1900–1955) 131

Weiss, Peter (1916–1982) 94, 195, 312, 412f., 414ff., 499f., 543f., 629, 715, 721

Wekwerth, Manfred (geb. 1929) 513, 517

Wellershoff, Dieter (geb. 1925) 104, 191, 194, 196, 304ff., 308, 316, 578

Welsch, Wolfgang (geb. 1946) 199

Wenders, Wim (geb. 1945) 315, 706, 708

Werner, Frank (geb. 1944) 247

Werner, Markus (geb. 1944) 370

Weymann, Gert (geb. 1919) 409

Weyrauch, Wolfgang (1904–1980) 43, 96, 716

Widmann, Joachim (geb. 1917) 409

Widmer, Urs (geb. 1938) 373

Wiechert, Ernst (1887–1950) 384, 470f. 476, 482, 674

Wiener, Oswald (geb. 1935) 270, 281, 446, 538, 545, 554f.

Wiens, Wolfgang (geb. 1941) 501

Wildenhain, Michael (geb. 1958) 326, 424

Winkler, Josef (geb. 1953) 645ff., 656ff.

Wisten, Fritz (1890–1962) 509

Wittgenstein, Ludwig Josef Johann (1889–1951) 90, 448, 460f.

Wittlinger, Karl (geb. 1922) 408, 495

Wohmann, Gabriele (geb. 1932) 316

Wolf, Christa (geb. 1929) 63, 65f., 74, 116, 124, 126ff., 134, 136f., 206, 230, 233, 335, 337, 339, 393ff., 488f.

Wolf, Friedrich (1888–1953) 52, 55f., 222, 330, 439, 509

Wolf, Gerhard (geb. 1928) 137

Wolf, Ror (geb. 1932) 194, 237, 323f., 544

Wollseiffen, Siegfried (geb. 1944) 325

Wollweber, Ernst (1898–1967) 162, 226f.

Wonder, Erich (geb. 1944) 506

Wondratschek, Wolf (geb. 1943) 577

Wotruba, Fritz (1907–1975) 28

Wühr, Paul (geb. 1927) 323, 543, 579

Wünsche, Konrad (geb. 1928) 207, 408

Wysocki, Gisela von (geb. 1940) 421f.

Wyss, Hedi (geb. 1949) 371

Zadek, Peter (geb. 1926) 497f., 505, 507

Zahl, Peter Paul (geb. 1944) 325, 419, 624

Zand, Herbert (1923–1970) 88f.

Zangerle, Ignaz (1905–1987) 263

Zaum, Ulrich (geb. 1954) 419f.

Zavattini, Cesare (1902–1989) 695, 699

Zenker, Helmut (geb. 1949) 273

Ziem, Jochen (geb. 1932) 66

Zimmering, Max (Mix) (1909–1973) 119

Zinner, Hedda (1907–1994) 222, 439, 509f.

Zopfi, Emil (geb. 1943) 371, 374

Zuckmayer, Carl (1896–1977) 380, 409, 494

Zweig, Arnold (1887–1968) 131, 330

Zwerenz, Gerhard (geb. 1925) 66, 96

Werkregister

13 unerwünschte Reportagen (1969, erw. u.d.T. Unerwünschte Reportagen, 1970) 627

1848 (1973) 502

Abendlandleben oder Apollinaires Gedächtnis (1987) 421

Abschied von den Eltern (entst. 1959, Dr. 1961) 312

Abschied von einem Mörder (1980) 312

Abschied von gestern (1965/66) 698, 703ff.

Abspann. Erinnerung an meine Gegenwart (1991) 355

Abwässer. Ein Gutachten (1963) 362

Acht Stunden sind kein Tag. Eine Familienserie (1972/73) 630

acht-punkte-proklamation des poetisches actes (1953) 538, 562

Acid. Neue amerikanische Szene (1969) 570

Adieu Philippine (1960) 696

Akzente. Zeitschrift für Dichtung (1, 1954 ff.) 194, 249, 256f.

Alles in Allem (1952 – 1955) 359

Alltägliche Gedichte (1968) 572

Alpenglühen. Ein Theaterstück (1992) 450, 533

Alpensaga (UA 1976/80) 449f., 692

Alte Abdeckerei (1991) 356

Alte Meister. Komödie (1985) 465

Alternative. Zeitschrift für Literatur und Diskussion (1, 1958 – 25, 1982) 198, 257

Amiwiesen (UA 1990) 417

Amok (UA 1992) 424

Amphitryon (1958) 436

Amras (1964) 458

An der Donau (UA 1987) 422

An diesem Dienstag (1947) 387

Anarchie in Bayern (UA 1969) 416

Anatomie Titus Fall of Rome (UA 1985) 440, 519

Andere Tage (1968) 246

Andorra. Stück in zwölf Bildern (UA 1961) 410, 495

Angaben zur Person (1978) 325

Angenommen, um 0 Uhr 10 (1965) 362

Anita G. (1962) 703

Ankunft im Alltag (1961) 233

Anschwellender Bocksgesang (1993) 490

Anselm-Kristlein-Trilogie (1. Halbzeit, 1960; 2. Das Einhorn, 1966; 3. Der Sturz, 1973) 239, 301

Ansichten eines Clowns (1963, als Schauspiel u.d.T. Der Clown von A. Radok uraufgeführt 1970) 238

Ansprache im Goethejahr (1949) 56

Antigone (entst. 1942, UA 1944, Dr. 1946) 493

Antikenprojekt (1973) 504

Antiklimax (1993) 453

Antiope und Theseus (1974, UA u.d.T. Die Amazonen) 436

Anton Tschechows Stücke (1985) 438

Apokalypse (1946) 36

Arbeitsjournal (Bd. 1: 1938 – 42, Bd. 2: 1942 – 55, Dr. 1973) 512f.

Arena (1976) 284

Artikel 3(3) (1976)   597

Ästhetik & Kommunikation (1,1970 ff.)   257

Ästhetische Theorie (1970)   180

Atemnot (1978)   345

Atemwende (1967)   599, 602, 605, 607

Auf dem Chimborazo (UA 1975)   418

Auf der Erde und in der Hölle (1957)   456

Auf der Karte Europas ein Fleck. Gedichte der osteuropäischen Avantgarde (1991)   570

Auf der Suche nach Gatt (1973)   344

Auf der Suche nach Lady Gregory (1981)   371

Auf verlorenem Posten (UA 1990)   423

Aufenthalt in Tirol (1973)   707

Aufruf zum Mißtrauen (1946)   151, 264

Aufstand der Offiziere (UA 1966)   413

augenblick (1955 – 1956, 1958, 1959 – 1961)   540

Aus dem Leben eines Fauns siehe: Nobodaddy´s Kinder

Aus dem Tagebuch einer Schnecke (1972)   241, 315

Aus dem Wörterbuch des Unmenschen (1957)   43

Aus der Fremde. Sprechoper in 7 Szenen (UA 1979)   447

Aus meiner Botanisiertrommel. Balladen und Naturgedichte (1975)   563

Ausgewählte Gedichte. 1944–1978 (1979)   581

Auslöschung. Ein Zerfall (1986)   466f.

Autorschaft und Management. Eine poetologische Skizze (1993)   372

Balzapf oder Als ich auftauchte (1977)   368

Barbarswila (1988)   368

Baukasten zur Theorie der Medien (1971)   184

Bayerische Trilogie (Jagdszenen aus Niederbayern, UA 1966; Landshuter Erzählungen, UA 1967; Münchener Freiheit, UA 1971)   415

Beethoven und der schwarze Geiger (1990)   246

Bekannte Gesicher, gemischte Gefühle (UA 1975, Dr. 1979)   420

Bekenntnis eines Künstlers zur neuen Welt (1952)   591f.

Bekenntnis zur Trümmerliteratur (1952)   42, 289

Bereitschaftsdienst. Bericht über eine Epidemie (1973) 235

Bergfahrt (1975)   374

Berittener Bogenschütze (1986)   324

Berlin (1954)   53

Berlin, ein Meer des Friedens (UA 1985)   441

Berliner Simulation (1983)   319

Berührung (1977)   401

Beschreibung eines Sommers (1961)   206, 233

Besuchszeit. Vier Einakter (1985)   452

Beton (1982)   465

Biedermann und die Brandstifter. Ein Lehrstück ohne Lehre (UA 1958)   186, 192, 410

Bildbeschreibung (UA 1985)   438

Bilder Bilder (1994)   367

Billard um halb zehn (1959, Film 1964)   238, 291, 295, 379

Bis zum bitteren Ende (1946)   39f.

Blankenburg (1986)   373

Blattgold (UA 1987)   419

blindenschrift (1964)   572

Blösch (1983)   638f.

Bockerer (1949) 526, 531

Body-Building (1980) 668

Bottroper Protokolle (1968) 308, 626

Brachland (1980) 369

Brand's Haide siehe: Nobodaddy's
Kinder

Brandung (1985) 239

Bremer Freiheit. Ein bürgerliches
Trauerspiel (UA 1971, Film 1972)
416, 498, 530

brennstabn (1991) 584

Brief an meine Erzieher (1980) 312

Brunsleben (1989) 372

Büchners Tod (UA 1972) 415

Buckower Elegien (1953/54) 592

Bunker (UA 1993) 424

Bürgerliche Gedichte (1970) 572

Bürgermeister Anna (UA 1950,
Film 1949) 56

Burgtheater (UA 1985) 454, 534

Buridans Esel (1968) 336

Büroroman (1976) 242

Cabaret (1968) 319

Caféhaus Payer (UA 1945) 510

Carmen Kittel (1987) 520

Cham. Symposion (1993) 671

Change (1969) 531

Chausseen, Chausseen (1963) 488, 566

Chronik der Anna Magdalena Bach
(1967) 702

Chuck's Zimmer (1974) 577

Clara S. (1982) 454

Collin (1979) 138, 348f.

Commedia (1980) 368

Computer für tausendundeine Nacht
(1980) 371

Contratexte (1988) 548

Coriolan (nach W. Shakespeare,
1952/53) 435

Cosimo und Hamlet (1987) 365

Cromwell (1978) 520

Da nahm der Himmel auch die Frau
(UA 1979) 420

Dame und Schwein (1985) 668

Danziger Trilogie (1. Die Blechtrommel,1959; 2. Katz und Maus, 1961;
3. Hundejahre, 1963) 300, 674

Das Alte Land. Schauspiel in fünf
Akten (UA 1984) 419

Das Andechser Gefühl (1975) 707

Das Argument (1, 1959 ff.; seit 1970
Untertitel: Zeitschrift für
Philosophie und
Sozialwissenschaften) 257f.

Das beispielhafte Leben und der Tod
des Peter Göring. Biographie eines
glücklichen Bürgers (UA 1971,
Dr. 1976) 516

Das Brot der frühen Jahre (1955, Film
1962) 698

Das Ei (1981) 367

Das Einhorn (1966) 239, 301

Das Ende der Alternative. Einfache
Geschichten siehe: Projekt

Das Ende der Landschaftsmalerei
(1974) 567

Das Frühlingsfest (UA, Dr. 1980) 418

Das Ganze ein Stück (UA 1986) 421

Das Gatter (1964) 306

Das Gedicht von der wiedervereinigten
Landschaft (1988) 580

Das Gefängnis der Wünsche (1992)
370

Das geheime Fieber (1987) 369

Das Gespenst (1982) 708

Das getilgte Antlitz (1953) 481

Das Gleichgewicht. Stück in drei Akten
(1993) 491

Das Goldene Tor. Monatsschrift für
Literatur und Kunst (1, 1946 – 6,
1951) 52, 254

Das hältste ja im Kopf nicht aus. Eine Grips-Produktion für Hauptschüler, Realschüler, Berufsschüler, Sonderschüler, Gymnasiasten und deren Geschwister, Freunde, Eltern, Lehrer, Erzieher und Ausbilder (1975) 503

Das Haus (1993) 356

Das Impressum (1972, Teilabdr. 1969) 339

Das ist unser Manifest (1947) 43

Das Kalkwerk (1970) 459

Das Kamel (1970) 317

Das Kannibalenfest (1968) 307

Das Leben des Jean Paul Friedrich Richter (1975) 352

Das leise Lachen am Ohr eines andern (1976) 577

Das letzte Band (Krapp's Last Tape, UA 1958, dt. Erstauff. 1959) 498

Das Licht und der Schlüssel (1984) 368

Das Nest (UA 1975, Dr. 1976) 416

Das Parfum. Die Geschichte eines Mörders (1985) 199, 321

Das Schicksal des A.D. Ein Mann im Schatten der Geschichte (1960) 483

Das siebte Kreuz (1942, Film 1944) 120

Das Silberboot. Zeitschrift für Literatur (1, 1935/36 – 5, 1951) 82, 263f., 267f.

Das Sonntagsevangelium in Reimen (1952) 483

Das Spiegelkabinett (1980) 320

Das Spiel vom Fragen oder Die Reise zum Sonoren Land (UA 1990) 453

Das steinerne Herz. Historischer Roman aus dem Jahre 1954 (1956) 297f.

Das suchen nach dem gestrigen tag oder Schnee auf einem heißen brotwecken. Eintragungen eines bizarren liebhabers (1964) 546

Das Tier in der Tiefe siehe: Die Sintflut

Das Totenfloß (UA 1986) 507

Das Treibhaus (1953) 235, 237, 241, 295

Das unauslöschliche Siegel (1946) 35, 378

Das ungezwungene Leben Kasts (1. Der Schlamm, 1959; 2. Der Hörsaal, 1964; 3. Die Bühne, 1968) 346

Das Verhör des Harry Wind (1962) 362f.

Das Verhör des Lukullus (1940/49) 131, 135

Das Verhör von Habana (UA 1970) 414

Das Vertrauen (1968) 333, 336

Das Vorkommnis (1978) 434

Das Waisenhaus (1965) 660

Das wilde Kärnten (1. Menschenkind, 1979; 2. Der Ackermann aus Kärnten, 1980; 3. Muttersprache, 1982) 646ff., 657ff.

Das Wort. Literarische Monatsschrift (1, 1936 – 4, 1939) 201

Das Zöglingsheft des Jean Genet (1992) 656ff.

De Profundis (1946) 37

Death Destruction & Detroit. A Play with Music in 2 Acts. A Love Story in 16 Scenes (UA 1979) 506

Deine Söhne, Europa. Geschichten deutscher Kriegsgefangener (1947) 43

Dem Spiegelkabinett gegenüber (1954) 612

Der Abstecher (UA 1961) 408

Der Ackermann aus Kärnten siehe: Das wilde Kärnten

Der alltägliche Tod meines Vaters (1978) 312

Der amerikanische Traum (1989) 246

Der anachronistische Zug oder Freiheit und Democracy (1947) 55, 222

Der andere Prozeß. Kafkas Briefe an Felice (1969) 606

Der Anschluß ist vollzogen (1954) 89

Der Atem. Eine Entscheidung (1978) 463

Der aufhaltsame Aufstieg des Arturo Ui (entst. 1941, UA 1958, Dr. 1957) 426

Der Auftrag. Erinnerung an eine Revolution (Dr. 1979, UA 1980) 433, 489

Der Befehl (1966) 445

Der Besuch der alten Dame (entst. 1955, UA 1956) 410, 495

Der Brenner. Halbmonatsschrift für Kunst und Kultur (1,1910/11 – 18, 1954) 261, 263, 265

Der Brief. Drei Erzählungen (1985) 354

Der Butt (1977) 241, 315

Der Chinese des Schmerzes (1983) 328

Der Drache (Drakon, entst. 1943, UA 1961, dt. Erstauff. 1962) 518

Der dritte Kranz (1962) 482

Der Feuerkreis (1971) 653

Der Flüchtling (1945) 445

Der Fragebogen (1951) 49, 476

Der fremde Freund (1982) 351

Der Friede. Ein Wort an die Jugend Europas und an die Jugend der Welt (1946) 473

Der Frosch (UA 1982) 422

der gelbe hund (1980) 549

Der Gerichtstag (UA 1945) 509

Der geteilte Himmel (1962 in der Zs. „Forum" / 1963) 127, 206, 233, 335, 395f.

Der graue Regenbogen siehe: Die Sintflut

Der große Potlatsch (1983) 312

Der gute Mensch von Sezuan. Ein Parabelstück (entst. 1939–41, UA 1943, Dr. 1953) 409, 524

Der Herr Karl (UA 1961) 530

Der Himbeerpflücker (1965) 445

Der Hofmeister oder Vorteile der Privaterziehung (nach J.M.R. Lenz, UA 1950, Dr. 1951) 513

Der Hörsaal siehe: Das ungezwungene Leben Kasts

Der Hunger nach Wahnsinn. Ein Bericht (1977) 313

Der Ignorant und der Wahnsinnige (UA 1972) 460, 532

Der junge Mann (1984) 199, 324

Der kaukasische Kreidekreis (entst. 1944/45, UA in engl. Sprache 1948, dt. Erstauff. 1954, Dr. 1949) 496, 513

Der Keller. Eine Entziehung (1976) 463, 467

Der König David Bericht (1972) 339, 341f.

Der Kopf (1962) 246

Der krimgotische Fächer (1978) 548, 582f.

der künstliche Baum (1970) 549

Der kurze Brief zum langen Abschied (1972) 720

Der kurze Sommer der Anarchie. Buenaventura Durrutis Leben und Tod (1972) 308

Der Leibeigene (1987) 659

Der letzte Rittmeister (1952) 482

Der Lohndrücker (UA 1958) 427, 515

Der Mann am See (1985) 361

Der Mann aus Amsterdam. Literarischer Kriminalroman (1993)   361

Der Mann im Fisch (1963)   482

Der Mensch vor dem Gericht der Geschichte (1946)   481

Der Meridian (1960)   599, 602f., 604

Der Müller von Sanssouci (UA 1958)   439

Der Ozeanriese (1981)   320

Der Park (UA 1984, Dr. 1983)   420

Der Pfau (1962)   588

Der Präsident (UA 1975)   460

Der Prozeß der Jeanne d'Arc zu Rouen 1431 (nach Anna Seghers, UA 1952, Dr. 1953)   497

Der Richter und sein Henker (1952, Hsp. 1957)   361

Der Ritt über den Bodensee (1970)   448, 504

Der Rote Ritter. Eine Geschichte von Parzivâl (1993)   369

Der Ruf. Unabhängige Blätter der jungen Generation. (1, 1946/47 – 4, 1949)   44, 251ff., 386, 388

Der Sand aus den Urnen (1948)   599

Der Schatten des Körpers des Kutschers (entst. 1952, Dr. 1960)   543f.

Der Schatten des Schlotes (1947)   622

Der schiefe Turm von Pisa. Einakter (UA 1959)   408

Der Schlamm siehe: Das ungezwungene Leben Kasts

Der Schleiftrog. Ein Bildungsroman (1977)   235, 241, 313

Der schöne Vogel Phönix. Erinnerungen eines Dreißigjährigen (1979)   325

Der schwarze Schwan (UA 1964)   412, 499

Der Skorpion (1, 1948 ff.)   252

Der SS-Staat. Das System der deutschen Konzentrationslager (1946)   39

Der Stadtstreicher (1966)   705

Der staunenswerte Aufstieg des Alois Piontek (UA 1956)   435

Der Stellvertreter (UA 1963, erw. 1967 m. Untertitel Ein christliches Trauerspiel)   412, 499, 715, 719

Der stille Ozean (1980)   651

Der Stimmenimitator (1978)   461

Der Stoff zum Leben 1–3 (1990)   489

Der Stumme (1959)   361

Der Sturz (1973, Film 1978)   235, 239f., 301

Der Sturz des Engels. Erfahrungen mit Dichtung (1982)   354

Der Tangospieler (1989)   136, 350

Der Theatermacher (1985)   460

Der Tod des Handlungsreisenden (Death of a Salesman. Certain Private Conversations in Two Acts and a Requiem, UA 1949, dt. Erstauff. 1950)   494

Der Tod in Rom (1954)   237, 295

Der tollste Tag (UA 1972)   449

Der Torso (1947)   378

Der Totenwald (entst. 1939, Dr. 1945)   385

Der Turm. Österreichische Monatsschrift für Kultur (1, 1945/46 – 3, 1948)   148, 261, 266ff.

Der unsterbliche Mensch. Ein Religionsgespräch (1946)   480

Der Untergang der Titanic (1978)   580

Der Untergang des Abendlandes (1918/1921)   473

Der Untergeher (1983)   465

Der unwürdige Liebhaber (1929)   637

Der Verdacht (1953)   361

Der vierte Zensor. Vom Entstehen und Sterben eines Romans in der DDR (1984) 347

Der Waldgang (1951) 471f.

Der Weg noch Oobliadooh (1966, DDR 1989) 127, 135

Der Weg zu den Schafen (1979) 370

Der Weltstaat. Organismus und Organisation (1960) 477

Der Wendehals. Eine Unterhaltung (1995) 356

Der Wundertäter, Dritter Band (1980) 349

Der Zorn des Schafes. Aus meinem Tagewerk (1990) 136

Der Zug war pünktlich (1949) 42

Des Schweizers Schweiz (1969, erw. 1984) 374

Des Teufels General (entst. 1942, UA 1946, Film 1955) 380, 494

Detlevs Imitationen »Grünspan« (1971) 663

Deubner Blätter. Arbeitsmaterialien des Zirkels schreibender Arbeiter. BKW Erich Weinert (1961) 232

deus ex skatola. Lotterie (1975) 545, 554f.

Deutsche Kalligraphie oder: Glanz und Elend der modernen Literatur (1946) 41

Deutsche Daseinsverfehlung (1946) 487·

Deutsche Literatur in der Entscheidung. Ein Beitrag zur Analyse der literarischen Situation (1948) 45

Deutschland im Herbst (1977/78) 701f., 706

Deutschstunde (1968) 312

Diabelli, Prestidigitateur (1979) 373

Dialektik der Aufklärung (1947) 39, 181, 184

Die Abschiede (1980) 324

Die Abtei (1977) 320

Die Alexanderschlacht (1971) 317, 707

Die allmähliche Verfertigung der Idee beim Schreiben (1986) 372

Die Angst des Tormanns beim Elfmeter (1970, Film v. Wim Wenders 1972) 315

Die Arbeitersaga (1984–1987) 450

Die Arche siehe: Die Sintflut

Die Artisten in der Zirkuskuppel: ratlos (1967) 702

Die Asche von Birkenau (1951, datiert: „Sommer 1949") 55

Die Ästhetik des Widerstands (1975 – 1981) 195, 629, 721

Die Atlantikschwimmer (1975/76) 318

Die Augen der Kämpfer. Zweite Reise siehe: Thuja-Trilogie

Die Bauern siehe: Die Umsiedlerin

die bearbeitung der mütze (1978) 549f.

Die Befreiten (1945) 445

Die Bettlerschale (1956) 559

Die Blechtrommel (1959, Film 1978/79) 238, 300, 381, 392, 676, 702

Die Blindheit des Kunstwerks (1956) 179

Die bösen Köche (UA 1961) 408

Die Bühne siehe: Das ungezwungene Leben Kasts

Die Bürger (1981) 450

Die Bürgschaft (1985) 326

Die Dorfstraße (UA 1955) 428

Die Ehe der Maria Braun (1978) 706

Die Ehen des Herrn Mississippi (UA 1952) 410

Die eigene Stimme. Lyrik der DDR (1988) 575

Die Einsamkeit der Haut (1981) 668f.

Die einzige Geschichte (UA 1985,
Dr. 1986, Hsp. 1984) 421
Die Enkel siehe: Verwandte und
Bekannte
Die Entdeckung der Langsamkeit
(1983) 321
Die Entscheidung (1959) 333
Die erdabgewandte Seite der
Geschichte (1976) 242, 313
die erde bei Meißen (1986) 567
Die Ermittlung. Oratorium in elf
Gesängen (UA 1965) 413, 500
Die ersten Unruhen. Ein Konzept
(1972) 364
Die Fabrikglocke. Vom Aufstand der
Glarner Stoffdrucker gegen die Zeit
(1991) 371
Die Frau in den Kissen (1990) 324
Die Gärten im März (1979) 312
Die Geisel (The Hostage, UA 1958, dt.
Erstauff. 1961) 498
Die Gerechten (Les justes, UA 1949,
dt. Erstauff. 1950) 494
Die Geschlagenen (1949) 388
Die Gesellschaft vom Dachboden
(1946) 42
Die Glücklichen (1979) 325
Die Goldgräber (UA 1976) 434
Die größere Hoffnung (1948) 87, 379
Die Hamletmaschine (UA 1979) 489
Die Hebamme (Dr. 1971, UA 1972)
413
Die heile Welt (1950) 471, 565
Die Heimkehr der Kumiaks (1952)
332
Die Herren des Morgengrauens (1978)
721
Die Hinterlassenschaft (1965) 363f.
Die Hochzeit von Port-au-Prince
(1984) 320

Die Horen. Zeitschrift für Literatur,
Kunst und Kritik (1, 1955/56 ff.)
256
Die Hornissen (1966) 315
die humanisten (1976) 447
Die Hundeblume (1947) 387
Die Hypochonder (UA 1972) 420
Die Illegalen. Drama aus der deutschen
Widerstandsbewegung (UA 1946)
40, 510
Die Innenwelt der Außenwelt der
Innenwelt (1969) 579
Die Interviewer (1973) 345
Die Jerominkinder (1945 – 1947) 482
Die kalte Haut der Stadt (1991) 326
Die Kälte. Eine Isolation (1981) 464
Die Kannibalen (UA 1969) 507
Die Kette der tausend Kraniche (1972)
483
Die Kiepe (1965) 304
Die Kipper (UA 1972, Dr. u.d.T.:
Kipper Paul Bauch 1966) 431, 516
Die Kirschen der Freiheit. Ein Bericht
(1952, 1. Fassg. u.d.T. Flucht in
Etrurien, 1950) 45, 294, 391f.
Die Klandestinität der Kesselreiniger.
Versuch des Sprechens (1989) 353
Die kleine Figur meines Vaters (1975)
312
Die Korrektur (UA 1958) 428f., 515
Die Kumiaks und ihre Kinder (1959)
332
Die künstliche Mutter (1982) 373
Die Kurve (UA 1960, Dr. 1962) 408
Die Lehre der Sainte-Victoire (1980)
315
Die Leiche im Keller. Dokumente des
Widerstandes gegen Dr. Kurt
Waldheim (1988) 153
Die letzte Welt (1988) 321, 554

Die letzten Indianer Europas. Kommentare zum Traum, der Leben heißt (1991) 319, 530

Die Lügner sind ehrlich (1960) 361f.

Die Macht der Gefühle (1983) 318

Die Macht der Gewohnheit (1974) 452, 460

Die Macht des Löwengebrülls (1970) 317

Die Mätresse des Bischofs siehe: Trilogie des laufenden Schwachsinns

Die Minderleister (1988) 450

Die müde Jagd (UA 1993) 420

Die Nacht aus Blei (1956) 655

Die Neue Gesellschaft (32, 1985 ff.) 255

Die neuen Leiden des jungen W. (1972) 56, 336, 339, 434, 517

Die Niederschrift des Gustav Anias Horn nachdem er neunundvierzig Jahre alt geworden war (1949) 656

Die Niemandsrose (1963) 599, 603

Die Palette (1968) 315, 660ff.

Die Parabel siehe: Zeit und Ewigkeit

Die Physiker (entst. 1961, UA 1962) 410, 413, 495

Die Pilgerin Aetheria (1948–49) 480

Die Piloten (1968) 578

Die Präsidentinnen (1990) 453

Die Rampe. Hefte für Literatur (1, 1975 ff.) 272

Die Reise. Romanessay (postum 1977, Film 1986) 241, 310f.

Die Ritter der Tafelrunde. Eine Komödie (1989) 441, 520

Die Rittmeisterin (1954) 482

Die Rote (1960, Film 1962) 294

Die russische Frage (UA 1946) 510

Die Schattengrenze (1969) 306

Die Schicht (UA 1984) 434

Die Schlacht (1982) 519

Die Schlacht bei Lobositz (UA 1956) 439

Die Schlacht um Wien. Schauspiel in drei Akten (1995) 452, 533

Die Schlacht. Szenen aus Deutschland (entst. 1951 – 1974, UA 1975) 439

Die Schmähschrift oder Königin gegen Defoe (1970) 341

Die schöne Wilhelmine (1965) 483

Die Schuld der Worte (1979) 353

Die Schuldfrage (1946) 40, 412

Die Schweiz am Ende. Am Ende die Schweiz (1990) 374

Die Seele im technischen Zeitalter (1956) 475

Die Seidels (Groß & Gross) (Dr. 1984, UA 1986) 422

Die silberne Ampel (1956) 481

Die Sintflut (1. Das Tier in der Tiefe, 1949; 2. Die Arche, 1951; 3. Der graue Regenbogen, 1959) 482

Die Söhne siehe: Verwandte und Bekannte

Die Sonette von Leben und Zeit, dem Glauben und der Geschichte (1954) 484

Die Sorgen um die Macht (entst. 1958, UA 1959, 2. Fassg. UA 1960, 3. Fassg. UA 1962) 430, 515

Die sozialpartnerschaftliche Ästhetik. Das Österreichische an der österreichischen Literatur (1990) 21

Die Sprache der Liebe. Polemische Anmerkungen zu Querelle de Brest von Jean Genet (1982) 656, 658, 664

Die Stadt hinter dem Strom (1947) 35, 42, 378

Die Stasi war mein Eckermann oder: Mein Leben mit der Wanze (1991) 348

Die sterbende Jagd (1953, Teildr.
1945) 53

Die Sternenreuse. Gedichte 1927 –
1947 (1967) 488

Die Struktur der modernen Lyrik
(1956) 561

Die Stühle des Herrn Szmil (1958)
435

Die Stunde da wir nichts voneinander
wußten. Schauspiel (1994) 453

Die Stunde der wahren Empfindung
(1975) 315

Die Stunde des Todes. Bericht eines
Überlebenden (1975) 707

Die Sünden der Faulheit (1987) 326

Die Tage mit Sepp Zach (1959) 230

Die Tat des Hilko Boßmann. Eine
Erzählung aus dem Jahr 1945 (1947)
622

Die Technik und die Kehre (1962)
189

Die Toten bleiben jung (1949, Film
1968) 53, 333

Die Tribüne (1974) 346

Die Übergangsgesellschaft (UA 1986,
Dr. 1988/89) 423, 438, 501, 520

Die Uhren (UA 1959, Hsp. 1958) 408

Die Umsiedlerin oder Das Leben auf
dem Lande (entst. 1956–61, UA
1961, Neufassg. u.d.T. Die Bauern,
UA 1976) 429, 436, 515, 518

Die unendliche Geschichte (1979) 200

Die Ursache. Eine Andeutung (1975)
462

Die Väter siehe: Verwandte und
Bekannte

Die Väter. Erzählungen und
Geschichten (1968) 312

die verbesserung von mitteleuropa
(1965) 270, 545, 554f.

Die Verfolgung und Ermordung Jean
Paul Marats dargestellt durch die
Schauspielgruppe des Hospizes zu
Charenton unter Anleitung des
Herrn de Sade (UA 1964) 415

Die verlorene Ehre der Katharina Blum
oder: Wie Gewalt entstehen und
wohin sie führen kann (1974,
Film 1975) 98, 243, 721

Die Versager. Roman vom sanften Haß
(1979) 326

Die Verschwörer (UA 1968) 414

Die Verteidigung der Kindheit (1991)
246

Die Verurteilung des Lukullus
(UA 1951) 131

Die Villa (UA 1980) 418

Die Vollidioten siehe: Trilogie des
laufenden Schwachsinns

Die Vorzüge der Windhühner (1956)
572

Die wahre Geschichte des Ah Q
(Zwischen Hund und Wolf). Nach
Lu Xun (1983) 520

Die Wandlung. Eine Monatsschrift
(1, 1945/46 – 4,1949) 40, 253f.

Die Wiederholung (1986) 328

die wiener gruppe (1967) 279

Die Wirklichkeitsmaschine (1994)
371

Die Wirtin (UA 1973) 449

Die Wolfshaut (1960) 653

Die wunderbaren Jahre (1976) 135,
341

Die Zeichen der Welt (1952) 570

Die Zickzackbrücke. Ein
Abrißkalender (1992) 489

Dies Irae. Eine Dichtung (1945) 36,
484

Dieser Betrieb wird bestreikt. Berichte
über die Arbeitskämpfe in der BRD
(1974) 625

Diskurs in der Enge. Aufsätze zur Schweizer Kunst (1970) 374

Diskurs über die Vorgeschichte und den Verlauf des langandauernden Befreiungskrieges in Viet Nam als Beispiel für die Notwendigkeit des bewaffneten Kampfes der Unterdrückten gegen ihre Unterdrücker sowie über die Versuche der Vereinigten Staaten von Amerika, die Grundlagen der Revolution zu vernichten (UA 1968) 414, 500

Doktor Faustus. Das Leben des deutschen Tonsetzers Adrian Leverkühn, erzählt von einem Freunde (entst. 1943 – 1947, ersch. 1947) 382ff.

Don Juan oder der steinerne Gast (nach Molière, 1952) 435, 513

Donauwellen (UA 1949) 445

Doppelleben. Zwei Selbstdarstellungen (1950) 385, 557

Dorfchronik zum <Landläufigen Tod> (1984) 651ff.

Dorothea Merz (UA 1976) 418

Dos lied vunem ojsgehargtn jidischn volk/Großer Gesang vom ausgerotteten jüdischen Volk (1995) 570

Dr. Lilli Wanner (UA 1946) 509

Drachenblut (1983) 351

Draußen vor der Tür (UA 1947) 40, 44, 95, 387, 494

drehpunkt. Schweizerische Literaturzeitschrift (1, 1969 ff.) 366

Duell mit dem Schatten (1953) 293

Durch die Erde ein Riß (1981) 350

Ehen in Phillipsburg (1957) 238, 303

Eiche und Angora. Eine deutsche Chronik (UA 1962) 412

Eichendorffs Untergang und andere Märchen siehe: Projekt

Eichmann in Jerusalem. A Report of the Banality of evil (1963, dt.: Eichmann in Jerusalem) 39

Eigentlich möchte Frau Blum den Milchmann kennenlernen (1964) 362

Ein Fest bei Papadakis. (UA 1973) 503

Ein Fest für Boris (1970) 451, 460

Ein fliehendes Pferd (1978) 108, 320

Ein Fremdling (1983) 246

Ein Held der inneren Sicherheit (1981) 244, 320

Ein Inspektor kommt (An Inspector Calls, UA 1946, dt. Erstauff. 1947) 494

Ein Kind (1982) 464

ein lilienweißer brief aus lincolnshire (1969) 562

Ein Molotow-Cocktail auf fremder Bettkante. Lyrik der siebziger/achtziger Jahre von Dichtern aus der DDR (1991) 575

Ein schöner Tag (1966) 305f.

Ein Tag im Leben des Iwan Denissowitsch (Odin den' Ivana Denisovica, 1962) 201

Ein weites Feld (1995) 108

Ein Wort weiter (1965) 562

Eine Liebe in Deutschland (1978, Film 1983) 243

Eine Übertragung (1989) 354

Einmalig wie wir alle (1989) 574

Eis am Stecken (1974) 628

Eis auf der Elbe. Tagebuchroman (1982) 245

Elf Uhr (1981) 353

Ella (UA 1978) 418

Emanuel. Wörterbuch des hingerissenen Flaneurs (1990) 372

Empedokles. Hölderlin lesen (1975) 505

Ende einer Dienstfahrt (1966, als
   Fernsehspiel 1971) 238
Endlich tot. Endlich keine Luft mehr
   (1993) 453
Engelbert Reineke (1959) 299
Epikurs Garten (1995) 492
Erdreich (1982) 566
Es geht seinen Gang oder Mühen in
   unserer Ebene (1978) 347
Es ist noch nicht genug (1950) 484
Es kam die Nachricht (1969) 613
Es pocht an der Tür (1968) 484
Es waren Habichte in der Luft (1951)
   292f.
Eskalation ordinär (1993) 453
Eumeswil (1977) 483

Fadensonnen (1968) 599
Fahrt ins Staublose (1961) 559
Fast ein Prolet (UA 1978, Dr. 1980)
   417
Felder (1964)   554
Fermate (1957) 613
Ferne Frauen (1987) 667
Festung. Stücke (1993)   670
Fighters (1996) 424
Flucht und Verwandlung (1959) 558f.
Flug ins Herz siehe: Thuja-Trilogie
Flugasche (1981) 136
Flugelmeyers Wahn (1986) 372
Flugversuch (1983) 434
Flut und Stein (1962) 613
Fortsetzung des Berichts (1964) 237,
   544
Forum.Österreichische Monatsblätter
   für kulturelle Freiheit (1, 1954 – 12,
   1965) 25f., 151, 261f.
Frankfurter Hefte. Zeitschrift für
   Kultur und Politik (1, 1946 – 19,
   1984) 255, 287

Frankfurter Vorlesungen (1966) 191,
   289f.
Frankfurter Zeitung und Handelsblatt
   (11, 1866 – 81, 1936; 82, 1938 – 88,
   1943) 253
Frau Flinz (UA 1961, Dr. 1962) 429f.
Frauen. Krieg. Lustspiel (UA 1988)
   421, 532
Freibeuter. Vierteljahreszeitschrift für
   Kultur und Politik (1, 1979 ff.) 249,
   260
Freibord. Kulturpolitische Gazette
   (1, 1976 ff.) 273
Fremde in der Nacht (UA 1991) 423
Fremde Körper (1959) 572
Friede, Freude, Pustekuchen (UA
   1982) 503
Friedensgeschichten (1950) 222
Friedhof der bitteren Orangen (1990)
   659, 666
Frost (1963)   456, 458, 640ff.
Fünf Tage im Juni (1974) 135
Fünfzig Tage (1950) 222
Fürsorgliche Belagerung (1979) 235,
   244

G-man Jerry Cotton (1956ff.) 678,
   681, 686
Galileo Galilei – Papst Urban VIII.
   Ein Kampf (UA 1972) 516
Ganz unten (1985) 627, 629
Gedicht an die Dauer (1986) 328
Gedicht vom Menschen (1948) 55
Gedichtgedichte (1973) 548
Gehen oder Kaputtgehen.
   Betriebstagebuch (1973) 625
Geht in Ordnung - sowieso -- genau ---
   siehe: Trilogie des laufenden
   Schwachsinns
Geisterbahn (UA 1975, Dr. 1972) 416
Geisterjäger John Sinclair (1977ff.)
   678, 686

Gemeinplätze, die Neueste Literatur betreffend (1968) 192, 259

General Wlassow (1951) 483

Generationen (1955) 409

George Sand. Eine Frau in Bewegung, die Frau von Stand (UA 1980, Dr. 1983, Hsp. 1981) 421

Germania anno zero (dt. Deutschland im Jahre Null, 1947) 695

Germania Tod in Berlin (UA 1978) 439f.

Gesang vom lusitanischen Popanz (UA 1967) 414

Geschichte der Literatur der Deutschen Demokratischen Republik (1976) 722

geschmacksverstärker (1989) 584

Gesellschaft Literatur Lesen (1973) 208f.

Gespräch im Hause Stein über den abwesenden Herrn von Goethe (1976) 436

Gespräche über Balzacs Pferd (1981) 320

Gezählte Tage (1972) 488, 566

Gilgamesch siehe: Zeit und Ewigkeit

Gleisdreieck (1960) 572

Glück der Ferne, leuchtend nah (1951) 54, 486

Glückauf Kumpel oder Der große Beschiß (1990) 631

Goldener Oktober (UA 1991, Dr. 1992) 423

Gottes Utopia (1950) 471

Groß und klein (UA, Dr. 1978) 420

Großer Wolf (UA 1968, Dr. 1970) 417

Grundeis - Ein Fall (1990) 326

Grünsee (1978) 369

Gruppenbild mit Dame (1971) 240

Guerillas (UA 1970) 415

Guevara oder Der Sonnenstaat (entst. 1975, UA 1977) 433

Guntens stolzer Fall (1989) 361

Gust (entst. 1979, UA 1984) 418

Gute Nacht, guten Morgen. Gedichte 1978–1981 (1982) 581

Halbzeit (1960) 239, 301

Haltbar bis Ende 1999 (1979) 574

Hamletmaschine (UA 1979) 136, 438

Happy oder Der Tag wird kommen (1975) 317

Haus mit Gästen (1992) 247

Häutungen. Autobiographische Aufzeichnungen Gedichte Träume Analysen (1975) 313, 371

Heiliger Krieg (Dr. 1986, UA 1987) 420

Heimarbeit. Hartnäckig (UA, Dr. 1971) 416

Heimat (Film 1981 – 84) 630, 653

Heimatmuseum (1978) 638

Heimweh (1987) 418

Heinrich Schlaghands Höllenfahrt (1973) 434

Heiße Lyrik (zus. mit Werner Riegel, 1956) 574

Heißer Sommer (1974) 242, 313

Heldenplatz (UA 1988, Dr. 1989) 156, 455, 460, 452, 533

Heliopolis. Rückblick auf eine Stadt (1949) 482

Helm (UA 1965) 412

Heloisa und Abaeleard (1975, UA 1979) 436

Herbstsonett mit Hegel (1981) 580

Herr Puntila und sein Knecht Matti (entst. 1940, UA 1948, Dr. 1950) 513

Herrnburger Bericht (1951) 55

Herz aus Glas (1975, F 1976) 707

Herz über Kopf (1981) 580

Hier (1964)   568

Hinze-Kunze-Roman (1985)   124, 136, 353, 489

Hitler in uns selbst (1946)   40

Hölderlin (UA 1971, veränd. Fassg. 1973)   415, 499

Holzfällen (1984)   465, 642

Holzwege (1950)   188

Homo faber (1957)   360

Höricht (1975)   548, 582

Horns Ende (1985)   136, 349

Hülle (1969)   317

Hundejahre (1963)   300

Hundert Gedichte: 1918 – 1950. (1951)   222

Hundert geistliche Gedichte (1951)   483

Ich (1993)   247, 356

Ich Ich Ich (1982)   324

Ich schreibe. Anthologie schreibender Arbeiter I – V (1960 – 1964)   232

Ich Wolkenstein. Eine Biographie (1977)   320

idyllen (1989)   551

Il nome della rosa (1980, dt. Der Name der Rose, 1982, Film 1986)   198, 554

Im Berg. Texte und Dokumente aus dem Nachlaß (1991)   354

Im Sommer des Hasen (1965)   362f.

Im tiefen Granit (1983)   484

Im Weißen Rößl (Film 1952)   494

Im Zeitspalt (1976)   615

Im Zementgarten (1971)   364

In der Sache J. Robert Oppenheimer. Szenischer Bericht (UA 1964)   413, 499

In diesem besseren Land. Gedichte der Deutschen Demokratischen Republik seit 1945 (1966)   574f.

In einem Jahr mit 13 Monden (1978)   706

In hora mortis (1958)   456

In Ulm, um Ulm und um Ulm herum (1964)   547

Infanta (1990)   323

Ingeborg (UA 1921, Film 1960)   494

Ingrid Babendererde. Reifeprüfung 1953 (postum 1985)   135

Ins Offene (1992/93)   424

Inventur (1947)   43, 559

Irdisches Vergnügen in g (1959)   574

Irre (1983)   245, 325

Irreführung der Behörden (1973)   341

Irrlicht und Feuer (1963)   627f.

Ithaka (1996)   492

Jagdszenen aus Niederbayern (UA 1966)   415

Jahre und Zeiten (1948)   476

Jalousien aufgemacht. Ein Lesebuch (1987)   548

Jede Minute kostet 33 Franken (1977)   371

Jeder für sich und Gott gegen alle (1974)   702

Jeder stirbt für sich allein (1947, Fernsehsp. 1970)   54

Jenseits der Liebe (1976)   108

Jenseits vom Paradies (UA 1954)   408

Jizchak. Ein Versuch über das Sohnesopfer (Diss. FU Berlin 1990, ersch. 1992)   670

Jochen Schanotta (1985)   520

Johann Faustus (1952)   131, 135, 204

Johann Georg Elser. Ein deutsches Drama (UA, Dr. 1982)   419

Josef und Maria (1980)   450

Josefine Mutzenbacher. Der Roman einer Wiener Dirne (später u.d.T. Die Lebensgeschichte einer wienerischen Dirne, von ihr selbst erzählt, 1906) 101ff.

Jubiläum (UA 1983, Dr. 1984) 507

Jud Süß (1940) 523

Junge deutsche Prosa (1940) 43

Juristen. Drei Akte für sieben Spieler (Dr. 1978, UA 1980) 413, 721

Kabelkran und Blauer Peter. Reportage (1961) 206, 233

Kaff auch Mare Crisium (1960) 297f., 554

Kahn, Knaben, schnelle Fahrt (1995) 370

Kalldewey, Farce (Dr. 1981, UA 1982) 420

Karate-Billy kehrt zurück (UA 1991) 423

Kargo. 32. Versuch auf einem untergehenden Schiff aus der eigenen Haut zu kommen (1977) 346

Kaspar (1968) 448

Kassandra (1983) 65, 136, 403f., 489

Katz und Maus (1961) 300

Katzelmacher (UA u. Film 1969) 416, 501, 705f.

Katzgraben. Szenen aus dem Bauernleben (UA 1953) 427

Kein Ort. Nirgends (1979) 65, 401ff.

Kein Platz für Idioten (1976) 452

Kein schöner Land (1987) 452

Kein Zauberspruch (1972) 562

Keine Zeit für Heilige (UA 1959) 409

Keiner weiß mehr (1968) 235, 240, 307

Kennen Sie die Milchstraße? (UA 1956) 408

Kiez. Ein unbürgerliches Trauerspiel um Ganovenehre und Ganovenkälte (UA 1980, Dr. 1976) 417

Kiezkoller. Nachrichten aus der angstfreien Zone (1988) 326

Kikerikikiste (UA 1973) 503

Kindheitsmuster (1976) 394, 398ff.

Kindsmord (UA 1973) 449

Kiosk. Neue Gedichte (1995) 573f.

Kippenberg (1979) 342f.

Klage um den Bruder (1947) 484

Klaras Mutter (UA, Dr. 1978) 418

Klassenliebe (1972) 245, 313

Kleines Chaos (1966) 705

Kohlhaas (UA 1978) 320, 439

Komarek (UA 1986) 418

Kondensmilchpanorama (1981) 520

König Hirsch (Il re Cervo, UA 1762, dt. Erstauff. 1956) 518

Konkursbuch. Zeitschrift für Vernunftkritik (1,1978 ff.) 260

konstellationen constellations constelaciones (1953) 540

Kontrolliert (1988) 244, 325, 670

Kopfgeburten oder Die Deutschen sterben aus (1980) 235

Kopfschmuck für Mansfield (1985) 320

Koralle Meier. Geschichte einer Privaten (UA 1970) 499

Korrektur (1975) 432, 459

Krankheit oder Moderne Frauen (1987) 454

Krieg (1. Heiliger Krieg, 2. Schlachten, 3. Kolik, UA 1987/88, Dr. 1986) 421f., 670

Krieg ohne Schlacht. Leben in zwei Diktaturen (1992) 490

Kritik der zynischen Vernunft (1983) 199

Kulturpolitisches Wörterbuch (1. Aufl. 1970, 2. Aufl. 1978) 210

Kürbiskern. Literatur, Kritik, Klassenkampf (1, 1965 – 1987) 257, 715

Kursbuch (1, 1965 ff.) 257ff., 715
Kursbuch 15 (1968) 192ff., 259, 287, 308
Kurze Geschichte der Deutschen Literatur (1981) 722
Kuschwarda City (UA 1980) 422

L'Etat c'est moi (1972) 317
La Balkona Bar (UA 1985) 419
Laden (1983/1987/1992) 356
Landaufenthalt (1967) 566
landessprache (1960) 572, 589
Landläufiger Tod (1984) 651
Landser. Erlebnisberichte aus der Geschichte des Zweiten Weltkriegs (1957ff.) 675f., 678, 683, 686, 691
Landshuter Erzählungen (UA 1967, Dr. 1972) 416
lange Gedichte (1964) 541
Langsame Heimkehr (1. Langsame Heimkehr, 1979; 2. Die Lehre der Saint-Victoire, 1980; 3. Kindergeschichte, 1981; 4. Über die Dörfer, 1981) 324, 327
Las Casas vor Karl V. Szenen aus der Konquistadorenzeit (1938) 36, 481
Lassiter. Der härteste Mann seiner Zeit (1972ff.) 678, 686
Laut und Luise (1966) 548
Lazaretti oder Der Säbeltiger (UA 1975) 450
Leben des Galilei (1. und 2. Fassg. u.d.T. Galileo Galilei 1. Fassg. entst. 1938/39, UA 1943, 2. Fassg. entst. 1945–1947, UA 1947) 409f., 413, 426
Leben Gundlings Friedrich von Preußen Lessings Schlaf Traum Schrei (UA 1979) 437, 440
Lebensbewegung im Nachmittag eines Schriftstellers (1987) 328

Lebensläufe (1962, erweitert 1974 u. d. T. Lebensläufe. Anwesenheitsliste für eine Beerdigung) 554, 703
Lefeu oder Der Abbruch (1974) 135, 235, 433
Legenden um den eigenen Körper. Frankfurter Poetikvorlesungen (1995) 670
Lenins Tod (entst. 1970, UA 1977) 135, 433
Lenz (UA 1970) 194, 313, 702, 721
Lesen und Schreiben (1968) 396
Letzte Ausfahrt. Roman der Eingekesselten (1953) 88
Letzte Liebe (1987) 372
Leviathan oder Die Beste der Welten (entst. 1946, Dr. 1949) 46f.
Liebe ist kälter als der Tod (1969) 705
Liebe Kollegin. Texte zur Emanzipation der Frau in der Bundesrepublik (1973ff.) 625
Lieber Georg (1979) 519
Lili Marleen (1980) 706
Literarische Widerspiegelung (1981) 210
Literatur und Kritik. Österreichische Monatsschrift (1, 1966 ff.) 262, 271f.
Literatur und Öffentlichkeit (1966) 365
Literaturmagazin (1, 1973 – 14, 1981; 15, 1985 ff.) 249, 256
Litfass. Berliner Zeitschrift für Literatur (1, 1976 ff.) 249
Lleu Llaw Gyffes (1994) 670
LTI - Lingua Tertii Imperii (1947) 43
Lucie, geh oder Das Unglück aus dem Theater (1978) 421
Ludwig muß sterben (1989) 323
Lust (1989) 454
Lützower (1955, Neufassg. 1956) 439

Lynkeus. Dichtung, Kunst, Kritik (1, 1948/49 - 8, 1951; 9/10, 1979 ff.) 82

Lyrik der DDR (1984, 1. Aufl. 1970) 575

Lyrik des expressionistischen Jahrzehnts. Von den Wegbereitern bis zum Dada (1955) 535

Macbeth (UA 1972) 437, 516, 519

Magic Afternoon (entst. 1968, UA 1969) 448, 531

Mahlzeiten (1966) 698

Mamma (1970) 246

Männer und Frauen (1978) 577

Männersache (UA 1972, Dr. 1971, 2. Fassg.: Ein Mann ein Wörterbuch UA 1973, 3. Fassg.: Wer durch Laub geht, UA 1976) 416

Mannomann! Ein Theaterstück für Kinder (UA, Dr. 1972) 503

manuskripte. Zeitschrift für Literatur, Kunst, Kritik (1, 1960 ff.) 90, 152, 262, 270f., 273, 280

Marbot (1981) 318

Maria Schnee. Eine Idylle (1988) 324

Märkische Argonautenfahrt (1950) 378

Märkische Forschungen. Erzählung für Freunde der Literaturgeschichte (1979) 352

Marski (entst. 1962/63, UA 1966) 431

Martin Luther & Thomas Münzer oder Die Einführung der Buchhaltung (UA 1970, Dr. 1971) 415

Maschine und Eigentum (1949) 474

MauerStücke (1990/91) 442

Mauser (entst. 1970, UA 1975) 433f., 438, 489

Mausoleum. Siebenunddreißig Balladen aus der Geschichte des Fortschritts (1975) 573, 580

med ana schwoazzn dintn. gedichta r aus bradnsee (1958) 540, 562

Mein Herbert (UA 1983) 418

Mein Jahr in der Niemandsbucht. Ein Märchen aus den neuen Zeiten (1995) 327f.

Mein Kampf (UA 1987) 507, 533

Mein Name sei Gantenbein (1964) 360

Mensch Meier (UA 1978, Dr. 1979) 416

Menschen an unserer Seite (1952) 222, 334

Menschenkind siehe: Das wilde Kärnten

Menz (1984) 583

Mercedes (UA 1983) 421

Merkur. Zeitschrift für europäisches Denken (1, 1947/48 ff.) 176, 249, 255

Merlin oder Das wüste Land (UA 1981) 506

Minetti (1976) 460

Minima Moralia. Reflexionen aus dem beschädigten Leben (1951) 182

Mirakel im Müll (UA 1958) 409

Mit 15 hat man noch Träume. Arbeiterjugend in der Bundesrepublik (1975) 625

Mitteilung an den Adel (1976) 245, 312

Moabiter Sonette (1946) 37

Mogadischu Fensterplatz (1987) 244

Mohn und Gedächtnis (1952) 599, 604

Mommsens Block (1993) 490

Momo (1973) 200

Monsieur X oder Die Witwe des Radfahrers (1988) 422

Montauk (1975) 315, 370

Mord im Dom (Murder in the Cathedral, UA 1935, dt. Erstauff. 1947) 494

Moritz Tassow (entst. 1961, UA 1965) 430f.

Moskau (1952) 53

Moskauer Novelle (1961) 394f.

movens. Dokumente und Analyse zur Dichtung, bildenden Kunst, Musik, Architektur (1960) 542f.

Mozart (1977) 318

Münchener Freiheit (UA 1971, Dr. 1972) 416

Museum der modernen Poesie (1960) 256, 570

Mutmaßungen über Jakob (1959) 66, 127, 238, 303f., 637

Mütter (1986) 519

Mutter Courage und ihre Kinder. Eine Chronik aus dem Dreißigjährigen Krieg (entst. 1939, UA 1941, Dr. 1949) 409, 429, 512, 524f.

Muttersprache siehe: Das wilde Kärnten

Mutterzunge (1990) 326

My Mother's Courage (UA, Dr. 1979, Hsp. 1980) 507

Nachdenken über Christa T. (1968) 65, 124, 134f., 337, 339, 351, 394, 396ff.

Nachgetragene Liebe (1980) 312

nachschrift (1986) 160

Nackt unter Wölfen (1958) 333

Negative Dialektik (1966) 182

Neue Deutsche Hefte. Beiträge zur europäischen Gegenwart (1, 1954/55 – 36, 1989/90) 256

Neue Deutsche Literatur. Monatsschrift für schöne Literatur. (1, 1953 – 33, 1985) 123, 135, 169

Neue Gedichte (1957) 562

Neue Herrlichkeit (1984) 136, 352

Neue Industriedichtung (1965) 624

Neue Reportagen, Untersuchungen und Lehrbeispiele (1972) 627

Neue Rundschau (15, 1904-55, 1944; 56/57, 1945, Okt.-) 254

Neue Wege. Kulturzeitschrift junger Menschen (1, 1945 – 1988; bis 1945/46 noch m. Untertitel Theater der Jugend) 82f., 85, 151, 268f.

Neue Zeit (1975) 246

Neues Deutschland. Zentralorgan der Sozialistischen Einheitspartei Deutschlands. (1,1946 (23. Apr.) ff.) 124, 513

Neues Forum. Internationale Zeitschrif für den Dialog (14, 1967 – 26, 1979) 262

New York, New York (1993) 453

Nihilismus und die werdende Welt (1951) 474

Nikolaikirche (1995) 357

Nina, Nina, tam kartina (UA u. Dr. 1989) 520

Nobodaddy's Kinder (1. Brand's Haide, 1951; 2. Schwarze Spiegel, 1951; 3. Aus dem Leben eines Fauns, 1953) 47, 298

Noch zehn Minuten bis Buffallo (UA 1954) 408

Noface – Nimm was du brauchst (1973) 235

Noten zur Literatur (1958 – 1963) 180, 186

November (1979) 342

Nur eine Rose als Stütze (1959) 568

O.S. (1929) 487

Oberösterreich (UA 1972, Dr. 1973) 416

Odenthals Küste (1986) 567, 580

Ödipus Tyrann (1966, UA 1967) 436, 518

Odysseus' Heimkehr (UA 1972, Dr. 1977) 519

Oh Cello voll Echo. Palindromgedichte (1992) 548

Ohne Eifer, ohne Zorn (1979) 320

Ole Bienkopp (1963) 233, 336

Omphale (UA 1970) 436

Orangen und Tode (1961) 361f.

Orangentraum (1961) 363

Orest-Obsession (UA 1991) 422

Örtlich betäubt (1969, u. d. T. „Davor" 1969 in dramatisierter Fass. uraufgeführt) 235f., 240

Ost und West (1947) 487

Österreichisches Tagebuch, siehe: Tagebuch

Pardon. Die deutsche satirische Monatsschrift (1962 – 1979) 322

Passage. Ein Kammerspiel in 3 Akten (1987) 520

passim (1986) 583

Pastor Hall. Schauspiel (1938) 510

Pastorale (UA 1959, Hsp. 1958) 408

Patrioten (UA 1946) 510

Perry Rhodan. Der Erbe des Universums (1961ff.) 675, 678, 682, 684, 686

Phänomenologie der Entgeisterung. Geschichte des verschwindenden Wissens (1995) 327

Philemon und Baucis (UA 1956) 408

Philoktet (Dr. 1965, UA 1968) 436

Philosophische Untersuchungen (1953) 448

Pistole mit sechzehn (1979) 347

Plan. Literatur, Kunst, Kultur (1, 1945/46 – 2, 1947/48) 83f., 87, 151, 261, 264ff.

Plattling (UA 1982) 422

PLN. Die Passionen der halkyonischen Seele (entst. 1943/44, Dr. 1946) 34f.

Polenweiher (UA 1984) 417

Pornographie (1993) 453

Präsident Abendwind (1987) 454

Preisverleihung (1972) 340

Preparadise sorry now (UA 1969) 416

Prinzenbad (1987) 326

Prinzip Hoffnung (3 Bd.e, 1954 – 1959) 439

Probleme der Lyrik (1951) 38, 177, 535, 563

Projekt (1. Eichendorffs Untergang und andere Märchen, 1978; 2. Wenn Adolf Hitler den Krieg nicht gewonnen hätte. Historische Novellen und wahre Begebenheiten, 1979; 3. Das Ende der Alternative. Einfache Geschichten, 1980) 551f.

Protokolle. Wiener Jahresschrift für Literatur, bildende Kunst und Musik (1, 1966 ff.) 262, 272

publikationen einer wiener gruppe junger autoren (1951 – 1953) 270

Publikumsbeschimpfung (1966) 443, 447

Quartett. Nach Laclos (UA 1982, Dr. 1981) 440, 519

Querelle – Ein Pakt mit dem Teufel (nach Jean Genet, 1989) 706

Raststätte oder Sie machens alle (1994) 454, 533

Rede über die Widerstandskraft der Vernunft (1962) 133

Refrain einer tieferen Aufklärung (1995) 491

Reginapoly (1976) 580

Rehabilitierung des Ich (1965) 207

Reportagen aus der Schweiz (1975) 374

Résumé über Kulturindustrie (1963) 184

Rheinpromenade (UA 1973) 417

Rita Münster (1983) 324

Robinson lernt tanzen (UA 1974) 503

Roheisen (1955) 334

rot (seit 1960) 540f.

Rotstrassenzeit (1989) 630

Rotter. Ein Märchen aus Deutschland (UA 1977) 419, 434

rozznjogd (entst. 1967, UA 1971) 449f., 531

Rückkehr der Schiffe (1962) 568

Sacco di Roma (1989) 367f.

Sage vom Ganzen den Satz (1972) 613

Saiäns-Fiktschen (1981) 354

Sansibar oder der letzte Grund (1957, Film 1961) 292, 294

Sappa (1981) 519

Sarmatische Zeit (1961) 566

Sartre in Stammheim. Zwei Themen aus den Jahren der großen Turbulenz (1982) 478

Sauschlachten (1971) 449f.

Schabir (1966) 363

Schattenland Ströme (1962) 566

Schauspieler Tänzer Sängerin (UA 1988) 422

Schedelhöfen (UA 1987) 418

Schlachtbeschreibung (1964, überarb. 1968, u.d.T. Der Untergang der Sechsten Armee, 1969, erw. u.d.T. Schlachtbeschreibung. Der organisierte Aufbau eines Unglücks 1978) 318

Schlußball (1958) 482

Schlußchor (1991) 423, 491

Schmitten (entst. 1969/78, UA 1982) 432

Schneepart (1971) 599

Schöne Tage (1974) 637

Schreibende Arbeiter aus dem Bezirk Potsdam greifen zur Feder (1961) 232

Schreibheft. Zeitschrift für Literatur (1, 1977 ff.) 249, 260

Schubumkehr (1995) 326

Schule mit Clowns (UA 1974) 503

Schwarze Bohnen (1973) 593f.

Schwarze Spiegel siehe: Nobodaddy´s Kinder

Schweig, Bub! Volksstück (UA 1976, Hsp. 1977) 417

Schweiz ohne Armee. Ein Palaver (1989) 374

Schwerenöter (1987) 245

Sein und Zeit (1927) 189

Selige Zeiten, brüchige Welt (1991) 326

Senftenberger Erzählungen oder Die Enteignung (entst. 1960, Dr. auszugsw. 1961, vollst. 1977) 431

Sensible Wege (1969) 135

Servus Bayern (1977) 708

Shakespeare dringend gesucht: Dramatische Satire (UA 1953) 434

Sibirien (1989) 452

Sichtbare Zeit (1967) 484

Sie fielen aus Gottes Hand (1951) 388

Sie suchten die Freiheit (1952) 483

Simplex Deutsch (1979, UA 1980) 440

Sindbadland (1984) 368

Sinn und Form. Beiträge zur Literatur (1,1949ff.) 123, 132f., 135, 169, 205, 340, 342, 488f., 566

Sinnliche Gewißheit (1988) 326

Sissi (Filme: 1. Sissi, 1955; 2. Sissi, die junge Kaiserin, 1956; 3. Sissi. Schicksalsjahre einer Kaiserin, 1957) 27

So zärtlich war Suleyken (1955, Film 1972) 637

Soldaten. Nekrolog auf Genf (UA 1967) 413

Sommergäste (Film 1975) 504

Sommerstück (1989) 401, 404

Sommerwende (1989) 365

Sonett-Werk 1913–1955 (1956) 486

Sonntag. Eine Wochenzeitung für Kulturpolitik, Kunst und Wissenschaft. (1, 1946 (7. Juli) - 45, 1990) 124, 169

Sonntagskinder (UA 1976) 418

Spacelords (1. Hadrians Mond, 1993; 2. Sankt Petersburg zwei, 1994; 3. Sandaras Sternenstadt, 1994) 679

Spectacle Cressida (UA 1984) 423

Spektakel I (1973) 518

Spektakel II (1974) 518

Spekulationen über eine Literatur von übermorgen (1962) 554

Spielende (1983) 580

Spindel im Mond (1959) 559

Sprache im technischen Zeitalter (1, 1961/62 ff.) 150, 256

Sprachgitter (1959) 599, 605

Spur der Steine (1964) 233, 335

Stadtgespräch (1963) 293

Stallerhof (UA 1972) 416

Stanislaw der Schweiger (1975) 246

stanzen (1992) 550

Statische Gedichte (1948) 38, 176, 563f.

steirischer herbst (1975) 284

Stellenweise Glatteis (1973) 628

Sterne, unendliches Glühen (1951) 486

Stiller (1954) 359f.

Stilles Gelände am See (1991) 368

Stimmen der Gegenwart (1952) 82, 85, 87, 279

Stinkwut. Volksstück (UA 1979, Hsp. 1984) 417

Stokkerlok und Millipilli. Ein abenteuerliches Puzzlespiel (UA 1969, Dr. 1975) 503

Stoppelfelder (1983) 654

Störfall. Nachrichten eines Tages (1987) 403

Studien zur Anthropologie und Soziologie (1963) 475

Stürmischer Lebensabend (1937) 510

Sturzflüge. Eine Kulturzeitschrift (1982 ff.) 274

Suchbild. Über meinen Vater (1980) 312

Susn (entst. 1979, UA 1980) 418

Sylvester oder Das Massaker im Hotel Sacher (1971) 449

Tabula rasa (1945/46) 40

Tadellöser & Wolff (1971, Fernsehsp. 1975) 312

Tagebuch (Österreichisches Tagebuch. Wochenschrift für Kultur, Politik, Wirtschaft, 1, 1946 – 11, 1956, Tagebuch, 12, 1957 – 1969, Wiener Tagebuch, 1970 – 1989) 82f., 85, 267

Tagebuch 1966 – 1971 (1972) 315

Tagebuch vom Überleben und Leben (1978) 246

Tallhover (1986) 347

Tanz Marie! (Dr. 1986, UA 1989) 418

Tauben im Gras (1951) 295

Taubenkasper. Von Kämpfen, Siegen, Niederlagen, Verstrickungen, Weimarer Republik und Zechenkolonie (1985) 630

Tausend Gramm (1949) 43

Text + Kritik. Zeitschrift für Literatur (1, 1963 ff.) 105, 256

Textbuch 1 – 6 (1960 – 1967) 538

Texte und Zeichen. Eine literarische Zeitschrift (1, 1955 – 3, 1957) 256f., 259

The End of Fiction (1975) 195

The Silver-Tongued Devil (1978) 325

Theater der Jugend, siehe: Neue Wege

Theater heute. Die deutsche Theaterzeitschrift (1, 1960 ff.) 256

Theaterprobleme (1955) 411

Theorie des gegenwärtigen Zeitalters (1955) 474

Theorie des kommunikativen Handelns (1981) 197

Theorie des Partisanen (1963) 477

Thesen zum langen Gedicht (1965) 580

Thomas Müntzer, der Mann mit der Regenbogenfahne (UA 1953) 439

Thuja-Trilogie (1. Flug ins Herz, 1977; 2. Die Augen der Kämpfer. Zweite Reise, 1983; 3. Thuja, 1991) 136, 316

Tinka (entst. 1973, UA 1976) 432

Titanic. Das endgültige Satire-Magazin (1979 ff.) 322, 546

Tod am Meer (1977) 344

Todesfuge (entst. 1945, Dr. zuerst u.d.T. Tango-ul mortii, 1947) 55, 87, 456, 601, 604

Toller. Szenen aus einer deutschen Revolution (UA 1968) 415, 499

Totenauberg. Ein Stück (1991) 454, 533

Totentanz und Gedichte zur Zeit (1947) 562

Tractatus logico-suicidalis. Über die Selbsttötung (1988) 372

Transatlantik (1980 – 1991) 260

Transit Europa (1987) 489, 570

Transit. Lyrikbuch der Jahrhundertmitte (1956) 570

Trauer muß Elektra tragen. Eine Trilogie (Mourning Becomes Electra. A Trilogy, UA 1931, dt. Erstauff. 1947) 494

Trilogie der Erinnerung (Amok, Bunker, Fighter) 424

Trilogie des laufenden Schwachsinns (1. Die Vollidioten, 1973; 2. Geht in Ordnung - sowieso -- genau ---, 1977; 3. Die Mätresse des Bischofs, 1978) 322f.

Trilogie des Wiedersehens (Dr. 1976, Film 1979) 420, 504

Trotzki im Exil (UA 1970) 415

Trotzki in Coyoacan (UA 1972) 415

Turandot oder Der Kongreß der Weißwäscher (UA 1969) 426

Über den Humanismus (1947) 474

Über die Linie (1950) 471f.

Über Literatur (1966) 538

Übergewichtig, unwichtig: Unform (UA 1991) 453, 533

Überlebensgroß Herr Krott. Requiem für einen Unsterblichen (UA 1963) 499

Und niemand weiß weiter (1957) 558

Und sagte kein einziges Wort (1953) 290

und Vietnam und. Einundvierzig Gedichte (1966) 590f.

Und wie die Welt so weit (UA 1985) 418

Ungleiche Welten (1951) 476

Universitas. Zeitschrift für interdisziplinäre Wissenschaft (1, 1946 ff.; Zusatz bis 1989: Zeitschrift für Wissenschaft, Kunst und Literatur) 254

Unpersönliche Abläufe (1976) 325

Unruhige Nacht (1950, Film 1968) 380

Unschlecht (1970) 368

Unsere Welt (1981) 506

Unter dem Eisen des Mondes (1958)
  456

Unterm Neumond (1982) 353

Unvollendete Geschichte (1975) 136,
  346

Vatermord (1922) 486

Venezianisches Credo (1945) 36, 484,
  558

Verfolgte des Glücks. Findebuch der
  Henriette Vogel (1982) 320

Vergewaltigung (1984) 438

Verkommenes Ufer/ Medeamaterial/
  Landschaft mit Argonauten
  (1982/83) 519

Verlassene Zimmer (1966) 246

Vernehmungsprotokolle (1978) 342

Verstörung (1967) 458, 640

Versuch über den geglückten Tag. Ein
  Wintertagtraum (1991) 328

Versuch über die Juke-Box (1990)
  328

Versuch über die Müdigkeit (1989) 328

Versuch über die Pubertät (1974)
  660ff.

Versuchte Nähe (1977) 136, 347

verteidigung der wölfe (1957) 572, 589

Verwandte und Bekannte (1. Die Väter,
  1943; 2. Die Söhne, 1949; 3. Die
  Enkel, 1953) 54, 332

Via Mala (1934, Filme 1945/61) 640

Viehjud Levi (UA 1982) 417

Villa Jugend (UA 1990) 23, 438

Vineta (1955) 361

Vita nova mea (1966: Ostausgabe,
  1967: Westausgabe) 567

Völkerschlachtdenkmal (1984) 347

Volksvernichtung oder Meine Leber ist
  sinnlos (1992) 453

vom vers zur konstellation (1954) 539

Von Schwelle zu Schwelle (1955) 599

Von unserm Fleisch und Blut (1946)
  44, 389

Vor dem Ruhestand. Eine Komödie der
  deutschen Seele (1979) 452, 460

Vor der Verwandlung. Aufzeichnungen
  (1995) 356

Voraussetzungen einer Erzählung:
  Kassandra (1983) 403

Vorspiegelung wahrer Tatsachen
  (1983) 374

Walküre 44 – 20. Juli 1944
  (Urlesg. 1966) 414

Wandloser Raum (1979) 589f., 615f.

Was bleibt (1990) 404f.

Was geschah, nachdem Nora ihren
  Mann verlassen hatte oder Stützen
  der Gesellschaft (1979) 454

WAS ist DAS (1972) 362

Watten. Ein Nachlaß (1969) 458

Weiberkomödie (nach einem Hsp. von
  Inge Müller, UA 1971) 433, 518

Weimarer Beiträge. Zeitschrift für
  Literaturwissenschaft, Ästhetik und
  Kulturwissenschaften. (1, 1955 ff.)
  123f., 169

Weissmann und Rotgesicht (UA 1990,
  Hsp. 1979) 507

Weltbesteigung. Eine Fünftagefahrt
  (1984) 141ff.

Weltuntergang Berlin (UA 1984) 441

Wenn Adolf Hitler den Krieg nicht
  gewonnen hätte. Historische
  Novellen und wahre Begebenheiten
  siehe: Projekt

Wenn man aufhören könnte zu lügen
  (1951) 299

Wespennest. Zeitschrift für brauchbare
  Texte (1, 1969 ff.; Untertitel seit
  1971) 273

Wessis in Weimar (UA 1993) 424
Westwärts 1 & 2 (1975) 579f.
Wie Tiere des Waldes (UA 1947) 56
Wiener Tagebuch, siehe: Tagebuch
Wildwechsel (UA 1971, Dr. 1973)
    416, 530
Wilhelmsburg (1979) 345
Will Ulrike Meinhof Gnade oder freies
    Geleit (1972) 243
Winterglück. Gedichte 1981–1985
    (1986) 581
Winterliche Reise zu den Flüssen
    Donau, Save und Drina oder Ge-
    rechtigkeit für Serbien (1996) 492
Wir brauchen dich. Als Arbeiter in
    deutschen Großbetrieben (1966)
    627
Wir Eichmannssöhne (1964) 312
Wittgensteins Neffe (1982) 455, 465
Wo bleibt die junge Dichtung? (1947)
    50
Wo warst du, Adam? (1951) 290, 379,
    390
Wohnen Dämmern Lügen (1994) 492
Wolken. Heim (1988) 454
Wolokolamsker Chaussee I – V (Teil 1:
    Russische Eröffnung nach einem
    Motiv von A. Bek, UA 1985, Teil 2:
    Wald bei Moskau, UA 1986, Teil 3:
    Das Duell, UA 1986, Teil 4:
    Kentauren, UA 1988, Teil 5: Der
    Findling, UA 1988) 438
Wort in der Zeit. Österreichische
    Literaturzeitschrift (1, 1955 – 11,
    1965) 152, 261f., 269f., 271
Wort und Wahrheit. Zeitschrift für
    Religion und Kultur (1, 1946 – 28,
    1973) 261, 265ff.
Wörterbuch der Literaturwissenschaft
    (1986) 209f.
Wunschangst (1993) 370

Wünsche und Krankheiten der
    Nomaden (UA 1987) 419
Wüste kehr wieder (1976) 345
Wüstenfahrt (1984) 369

Xango. Die afroamerikanischen
    Religionen II: Bahia, Haiti, Trinidad
    (1976) 666

Zaubersprüche (1973) 566
Zeichen um Zeichen (1968) 613
Zeit des Fasans (1988) 364
Zeit und Ewigkeit (1. Gilgamesch,
    1966; 2. Die Parabel, 1978; 3.
    Echnaton, 1982) 366f.
Zeit zum Aufstehen (1975, Fernsehsp.
    1978) 628
Zeitgedichte. Deutsche Politische Lyrik
    seit 1945 (1963) 587
Zeitgehöft (1976) 599
Zement (UA 1973) 432
Zettels Traum (1970) 544
Züchtung (1933) 176
Zukunftsmusik (1950) 562
Zukunftsmusik (1991) 573
zum beispiel k. (1983) 326
Zur Zeit der Distelblüte (UA 1958)
    408
Zürich, Anfang September (1981) 374
Zweiundzwanzig Balladen (1947) 55
Zwiebelmuster (1985) 347

Prof. Dr. Mario Andreotti

Die Struktur
der modernen Literatur

Neue Wege in der Textanalyse
Einführung – Epik und Lyrik

Uni-Taschenbücher (UTB) Band 1127
2., völlig überarbeitete Auflage
275 Seiten, 8 Abbildungen
kartoniert Fr. 28.80 / DM 28.80 / öS 213.–
ISBN 3-258-04253-5 (Haupt)
ISBN 3-8252-1127-4 (UTB)

Moderner Roman, moderne Gedichte, modernes Theater… Begriffe, die oft reine Schlagworte sind und damit unklar bleiben. Ist moderne Literatur einfach die Literatur der Gegenwart, der moderne Schriftsteller identisch mit dem zeitgenössischen? Andreottis Buch zeigt, dass nur jene Dichtungen unseres Jahrhunderts als wirklich modern gelten können, deren Struktur sich gegenüber anderen Texten grundsätzlich gewandelt hat. Diesen Strukturwandel, der vor allem mit einer veränderten Vorstellung der menschlichen Figur zusammenhängt, beschreibt der Autor an zahlreichen Beispielen von Döblin, Kafka und Brecht über die hermetische und die konkrete Lyrik bis hin zur Erzählprosa der späten achtziger Jahre.
So ergibt sich eine neue Sicht moderner Texte, öffnet sich der Blick für neue Textproduktions- und Interpretationsverfahren. Auf sie geht der Autor (im Hinblick auf den Literaturunterricht, aber auch auf die schriftstellerische Arbeit) ausführlich ein. Zentral sind dabei Begriffe wie *Gestus, Montage* und *Verfremdung,* die sich von einer semiotischen Argumentation her neu definieren lassen und so für die Analyse moderner Texte besonders fruchtbar werden.

Verlag Paul Haupt Bern • Stuttgart • Wien

Prof. Dr. Mario Andreotti

Traditionelles
und modernes Drama

Eine Darstellung auf semiotisch-strukturaler Basis
Mit einer Einführung in die Textsemiotik

Uni-Taschenbücher (UTB) Band 1909
392 Seiten, 10 Abbildungen
kartoniert Fr. 32.80 / DM 32.80 / öS 242.–
ISBN 3-258-05225-5 (Haupt)
ISBN 3-8252-1909-7 (UTB)

Ausgehend von einer praxisnahen Einführung in die semiotische Textanalyse, wird hier, mit Hilfe textsemiotischer Ansätze, der Strukturwandel des deutschen Dramas (vom mittelalterlichen über das barocke und das klassische Drama bis hin zur modernen Tragikomödie und zum absurden Theater) beschrieben.

Im Zentrum dieser Beschreibung steht der Wandel der Figurengestaltung, den wir von den beiden Brechtschen Kernbegriffen «feste Figur» und «Gestus» aus zu erfassen versuchen. Das führt konsequenterweise zur Unterscheidung zweier Grundtypen des Dramas: eines *traditionellen* Dramentyps, der durch das Heldenprinzip und eine mit ihm verbundene Vermittlungsstruktur definiert ist, und eines genuin *modernen* Dramentyps, dessen Basis eine nicht mehr auf den Helden und den Schluss hin angelegte, gestische Schreibweise bildet. Der vergleichende Einbezug von Beispielen aus der Epik und Lyrik soll dabei zeigen, dass diese *strukturelle* Unterscheidung grundsätzlich auch für nichtdramatische Texte gilt.

Der Band ist als Studien- und als Arbeitsbuch konzipiert; er enthält, neben zahlreichen Textbeispielen, zu jedem Hauptkapitel konkrete Arbeitsvorschläge. In diesem Sinne richtet er sich vor allem an Studierende der Literatur- und Theaterwissenschaft, an Sprachlehrer/innen der Sekundasstufe II, an Theaterschaffende/Theaterinteressierte und nicht zuletzt auch an Autorinnen und Autoren.

Verlag Paul Haupt Bern • Stuttgart • Wien

Prof. Dr. Kurt Wuchterl

Lehrbuch der Philosophie

Probleme – Grundbegriffe – Einsichten

Uni-Taschenbücher (UTB) Band 1320
4., überarbeitete Auflage
277 Seiten, 12 Abbildungen
kartoniert Fr. 24.– / DM 25.80 / öS 188.–
ISBN 3-258-04461-9 (Haupt)
ISBN 3-8252-1320-X (UTB)

Das Lehrbuch führt in die Philosophie ein, indem es zentrale philosophische Fragestellungen, Grundbegriffe, Methoden, Repräsentanten und Einsichten aus Anthropologie, Wissenschaftstheorie, Ethik und Metaphysik darstellt. In einer didaktisch völlig neuen Konzeption die Texte nur sparsam verwendet und statt dessen auf eine zumutbare Lesbarkeit für den Anfänger achtet, wird eine Synthese geboten aus systematischer Explikation wissenschaftsorientierter Philosophie, aus der Vermittlung wirkungsgeschichtlich bedeutsamer Traditionen und aus kritischen Elementen eines allgemein dialogischen Verständigungsprozesses.

Verlag Paul Haupt Bern • Stuttgart • Wien

Prof. Dr. Kurt Wuchterl

Streitgespräche und Kontroversen in der Philosophie des 20. Jahrhunderts

Uni-Taschenbücher (UTB) Band 1982
371 Seiten
kartoniert Fr. 32.50 / DM 34.80 / öS 254.–
ISBN 3-258-05427-4 (Haupt)
ISBN 3-8252-1982-8 (UTB)

In diesem Werk werden einige philosophische Auseinandersetzungen vorgestellt, die zu den Höhepunkten lebendigen Philosophierens im 20. Jahrhundert zählen. Die behandelten Kontroversen vom Werturteilsstreit über die Davoser Disputation bis hin zum Streit um die Moderne lösten jeweils intensive Nachfolge-Diskussionen aus und betreffen die verschiedenartigsten philosophischen Disziplinen.
Den historischen Darstellungen schliessen sich Analysen zur Argumentationsstruktur an, so dass das Buch nicht nur als exemplarische Einführung in die Gegenwartsphilosophie dienen kann, sondern zugleich einen Beitrag zum Selbstverständnis der Philosophie innerhalb unseres Kulturlebens liefert.

Verlag Paul Haupt Bern • Stuttgart • Wien